KB273838

역비한국학연구총서 21

한국 사회주의의 기원

임 경 석

역사비평사

한국 사회주의의 기원

책을 내면서

이 책은 초창기 한국 사회주의자들에 대한 연구이다. 한국 역사상 처음으로 사회주의사상을 받아들이고 그 이념을 실현하기 위해 행동에 나섰던 이들이다. 그들이 무슨 생각을 했고 어떤 행동을 했는지, 사회주의를 수용하기 전에는 무엇을 했는지 등을 조사하여, 그것을 바탕으로 사회주의운동과 이념이 한국 역사에 처음 출현하게 된 인과관계를 해명하고자 했다.

한국 근현대사 전개과정에서 그 운동과 이념이 지울 수 없는 커다란 자리를 차지하고 있다는 사실은 누구도 부인하지 못할 것이다. 일제 식민지시기에도 그러했고, 해방 이후에도 그러했다. 그 이념에 찬성하느냐 반대하느냐에 상관없이 실재했던 이 역사적 사실을 학문적으로 분석하는 일은 역사학계의 큰 과제 가운데 하나가 되고 있다.

나는 일제 식민지시기 한국 사회주의운동의 역사를 4부작으로 나누어 서술하려고 한다. 이 책은 그 제1부작에 해당하는 셈이다. 이 책에서 다루고 있는 사건들은 주로 1917년부터 1921년 사이에 일어난 일이다. 한국 사회주의운동사의 첫 국면에 해당하는 이 시기에 최초의 사회주의단체가 출현했다. 한국 국내는 물론이고 한국인이 거주하는 해외 여러 곳에서 비온 뒤 죽순 솟듯 수많은 사회주의자들이 등장했다.

이때는 제1차 세계대전 전후에 표출되었던 거대한 혁명적 고양기이기도 하다. 한국인의 근대적 정체성을 창출했다는 평가를 받는 저 위대한 3·1운동도 이 시기에 일어났다. 역사를 이끌어가는 민중의 도도한 흐름 한가운데서 한국 사회주의의 전통이 형성되었던 것이다.

첫 국면의 공간적 배경은 국내와 해외에 두루 걸쳐있다. 그 중에서도 중심적 역할을 한 곳은 해외 망명지이다. 거기서 두 개의 구심체가 형성

4

되었다. 전 한국적 범위에서 중앙기관의 역할을 자임한 두 공산당은 당권, 군사지휘권, 자금의 배분, 대중단체에 대한 지도권 등을 놓고 서로 다투었다. 그런 의미에서 제1부는 '해외 시대'라고 부를 수 있다.

제2부의 시간적 배경은 일본의 식민통치체제가 안정화되는 1922년 이후 몇 년간이다. 조선공산당이 코민테른의 지부로 가입해있었던 시기는 제3부, 지부 승인이 취소된 이후의 시기는 제4부의 시간적 배경이 될 것이다.

이 책의 초고는 10년 전에 처음 썼다. 1993년 8월에 나온 박사학위논문 『고려공산당 연구』가 그것이다. 하지만 책의 형식과 내용에서는 매우 달라졌다. 논문의 뼈대만 빼고 온통 뜯어 고쳤다. 제목을 『한국 사회주의의 기원』으로 바꾼 이유는 여기에 있다. 10년 전에 출발하여 이제사 목표점에 도달한 셈이다. 왜 이렇게 더뎠냐고 묻는 분들이 있는데, 거기에는 사정이 있었다.

박사논문을 낸 직후 곧 단행본으로 출간할 예정이었으나, 그때 막 공개되기 시작했던 모스크바 소재 구코민테른 문서보관소에 온통 마음을 빼앗겨버렸다. 소련이 해체된 게 1991년이고, 그동안 비공개되었던 구코민테른 문서보관소가 일반에 열람을 허용한 게 1992년 말이었다. 이 문서보관소가 러시아현대사문서보관연구센터라는 긴 이름을 새로 내걸고 외국인 학자들에게도 열람을 허용했다는 소식을, 당시 모스크바에 유학중이던 지인에게 전해듣고는 내내 마음이 들떴다. 만가지 일을 제치고 그곳에 가고 싶었다. 결국 출간계획을 잠시 늦추기로 하고 자료조사를 위해 두 달간 말미를 내어 모스크바행 비행기에 몸을 실었다.

예정했던 두 달은 터무니없이 짧았다. 문서보관소에 소장된 압도적인 자료의 양과 질에 놀랐다. 거기에는 조국의 독립과 인간의 보편적 해방에 헌신했던 사람들의 행적이 오롯이 보관되어있었다. 70~80년간 잠자고 있던 먼지 쌓인 문서들 속에서 그 사람들의 열정과 고뇌, 희망과 애환을 읽었다. 운동 당사자들이 뿜어내는 열기와 현장성에 매료되었다. 전인미답의 생생한 자료를 접하는 일은 역사연구를 업으로 삼는 사람으로서 다시 맛보기 힘든 행운이었다.

체류기간을 늘렸다. 1994년에 6개월, 1995~1996년에 1년간을 늘려 도합 1년 6개월 동안 모스크바에 머물렀다. 문서보관소에 매일 출근하면서 거의 날마다 새로운 정보들에 접했고, 그때마다 억누를 수 없는 흥분과 희열을 느꼈다. 퇴근한 뒤에도 낮에 느꼈던 감흥을 추스르기 어려워 독한 보드카를 기울이곤 했다. 연구주제와 관련된 방대한 양의 새로운 자료들을 접했기 때문이다. 국내에서는 볼 수 없었던 새로운 정보들을 분석해야 했다. 자료 읽기는 귀국한 뒤에도 오랫동안 계속되었다. 출간이 늦어진 이유는 바로 여기에 있었다.

오래된 건물을 리모델링하는 것이 새로 짓는 것보다 더 힘들다는 말을 정말 실감했다. 옛 논문의 골격을 남겨둔 채 10년 동안 쌓인 새로운 의식과 변화를 담아내는 일이 만만치 않았다. 마음에 들지 않은 대목을 과감히 들어내고 많은 부분을 고쳐 썼다. 예전 글을 읽은 분 가운데는 전혀 다른 저작이라고 논평할 분도 있을 듯하다.

책 집필을 처음 기획하던 1980년대 중엽에는 왜 사회주의운동사를 연구하느냐고 묻는 사람이 거의 없었다. 그 시절 젊은 역사학도들에게는 그 의미가 너무나 자명했기 때문이었던 것 같다. 한국근대사에 대한 연구사를 일별할 때 이 분야는 미개척의 처녀지였기 때문이다.

그뿐만이 아니다. 군사독재 치하의 숨 막히는 분위기 속에서 사회변화를 꿈꾸던 젊은이들이 자신의 갈망을 '혁명'이나 '변혁'이라는 말로 표현하던 때였다. 반공이데올로기가 온 사회를 뒤덮고 있었지만, 4·19혁명과 5월 광주항쟁의 세례 속에서 자의식을 형성한 세대는 사회적 금기에 구애받지 않았다. 자명하다고 생각하는 것에 관해서는 질문이 나오지 않는 법이니까.

그새 강산이 두 번이나 변했을 시간이 흘렀다. 동유럽과 소련의 사회주의체제가 해체되었다. 루마니아의 차우셰스쿠는 국민의 손으로 단죄되었고, 천안문 광장에는 민주주의와 인권을 요구하는 군중이 몰려들었다. 보편적 인간해방의 갈망은 이제 더이상 사회주의라는 용어를 빌려서 표현되지 않는 듯하다.

그래서인지 더러 묻는 분들이 있다. 아직도 사회주의운동사를 공부하느냐고. 그런 질문을 받을 때마다 내심 당황하지만, 은유법을 사용해서 에둘러 답하곤 한다. '비극'이야말로 사람들의 정서와 심리를 고양하는 유용한 서사 양식이라고.

비극이란 단지 슬픈 이야기를 지칭하는 것만은 아니다. 그리스 비극의 특성은 신이 부여한 엄연한 객관적 질서와 인간의 자유의지 사이의 투쟁을 그리는 데 있다. 신의 질서는 엄연한지라 그에 맞서는 인간의 자유의지는 꺾인다. 실패와 좌절의 원인은 항상 인간 내부에 있으니까.

비극적 서사의 클라이맥스는 인간이 참담한 실패 속에서도 해방을 향한 자유의지를 포기하지 않는 데 있다고 생각한다. 바로 그러한 인간상을 형상화하는 것이 비극적 서사의 핵심이며, 이는 내 역사서술의 목표이기도 하다. 신이 부여한 운명을 거역하는 인간의 자유의지와 열정, 그들의 좌절과 고뇌를 재현하고자 한다. 그것은 1991년 이후 시대를 살고 있는 역사학자들이 주의를 기울여야 할 글쓰기 목표 가운데 하나라고 생각한다.

인간에게 문명을 일굴 불을 가져다주었다는 이유로 코카서스 산맥의 높은 바위산에 묶여 고통받는 프로메테우스를 한국근대사 속에서 형상화하고자 한다. 프로메테우스는 13세대의 역사가 지난 뒤에는 제우스도 파멸에 부딪칠 것이며, 그때 자기는 해방될 것이라 확신했다. 그래서 온갖 고통을 감내하면서 제우스와 타협하기를 단호히 거절할 수 있었다. 프로메테우스의 그런 확신을 내가 쓰는 역사서술 속에 담고 싶었다.

대의를 추구하다가 실패와 좌절을 겪은 한국근대사의 숱한 영혼들에게 이 책을 바친다. 일신의 이익을 돌보지 않고 운동에 헌신했던 옛 친구들에게도 이 글이 자그마한 위안이 되었으면 좋겠다.

10년이 지난 뒤에야 겨우 약속을 지키는 내게 항상 부드러운 낯빛을 보여주신 역사비평사 식구들에게 깊은 감사를 드린다. 내 책을 읽어주실 독자 여러분께도 감사의 뜻을 전하고 싶다.

임 경 석

제8장 대한의용군과 고려혁명군

제9장 두 개의 창당대회

제10장 자유시의 비극

제11장 두 공산당의 혁명이론과 정책

제14장 사회주의운동의 지각변동

한국 사회주의의 기원

상해임시정부 국무총리 겸 한인사회당 위원장 이동휘

大正六年五月十八日接受
青島朝憲機第一四三號

排日鮮人李東輝就縛ニ關スル件

浦潮派遣員情報

東寧縣三岔口ニ在住セル排日鮮人李
東輝(元韓國陸軍参領、衣光派傳道師常ニ排日鮮人ト往来シ排日思想ヲ鼓吹ニ努ムル者)ハ四月十六日浦潮新
韓村「ハバロフスカヤ」街金洛善方ニ於テ露國官憲ノ為逮捕セラレタルノ原因ニ就テハ李東輝ノ答辯要領其ノ他ノ情報ヲ綜合スルニ獨探嫌疑ニ

이동휘가 러시아 백위파 정부에
체포된 사실을 보고하는
일본관헌의 정보문서(1917. 5. 14)

「한인신보」 제18호, 1917년 11월 4일자 제1면

Декларація независимости Кореи.

1919년 3월 13일 대한국민의회가 발표한
노어본 한국독립선언서

제1장 동트는 새벽

1. 오래된 염원

이상향

이상향에 대한 염원은 아주 오래된 것이다. 그것은 한국사회에 면면히 내재해온 오래된 전통이다. 구비전승과 설화, 고전문학 작품 속에는 이상향을 갈구해온 한국인의 심리적 흔적들이 담겨있다. 거기에는 사람이 온전히 사람대접을 받으며 사는 세상이 묘사되어있다. 억압과 차별, 착취와 수탈, 궁핍과 고통으로부터 해방된 별천지가 그려져 있다.

지리산 청학동 설화는 문헌상 확인할 수 있는 가장 오랜 이상향 설화이다. 이 설화는 13세기 고려시대 명종 때 문인 이인로(李仁老)의 손을 빌어 비로소 기록에 올랐다. 『파한집(破閑集)』에 묘사된 바를 보면, 지리산 깊은 곳에 위치한 100리 평야 청학동은 가는 길이 험하여 누구도 쉽사리 찾아가지 못하는 곳이다. 거기에는 한번 울면 온 천하가 태평하게 된다는 새, 청학(靑鶴)이 살고 있다. 그곳에서는 현세의 고통이란 찾아볼 수 없다. 사람들은 억압과 차별, 전란의 고통도 없이 풍요와 평화 속에서 산다.[1]

청학동 이야기는 그 후에도 여러 기록들에서 다양하게 변주되었다. 신선이 사는 곳, 종교집단의 신성한 장소, 전란을 피할 수 있는 천험의 요해지라는 여러 이미지가 부가되었다. 그러나 어떤 경우에도 천하태평

---

1) 이종은 외, 「한국문학에 나타난 유토피아 의식 연구」, 『한국학논집』 28, 한양대 한국학연구소, 1996, 7~226쪽.

의 이상향에 대한 갈망이 지워진 적은 없었다.

산중 이상향에 대한 설화는 여러 개의 변종을 갖고 있다. 금강산 깊은 곳에 있다는 이화동(梨花洞) 설화, 강원도 심산유곡에 존재한다는 산도원(山桃源) 설화 등이 그것이다. 『청구야담(靑邱野談)』, 『해동야언(海東野言)』, 『동야휘집(東野彙輯)』, 『파수편(破睡篇)』, 『계서야담(溪西野譚)』 등과 같은 설화집 속에는 그에 관한 전승이 숱하게 기록되어있다.

이상향의 공간은 산 속에만 있지 않았다. 동굴 너머 미지의 장소에도 소재하는 것으로 상상되었다. 태평동(太平洞) 설화가 그 전형적인 예이다. 함경남도 갑산 동북방에 있다는 이 이상향은 진입이 거의 불가능한 곳에 있다. 이곳에 들어가기 위해서는 사람 하나 겨우 지날 만한 좁은 동굴을 거쳐야 한다. 촛불 열 개를 태우고서야 비로소 벗어날 수 있는 기나긴 동굴이다. 그 너머에 존재하는 태평동은 낙원이었다. "국세(國稅)도 없고 병화(兵禍)도 미치지 못하는 곳"으로 묘사되어있다.

경상북도 상주 근처에 있다는 오복동(五福洞) 설화도 마찬가지이다. 일제 식민지시대에 민속학자 손진태가 채록한 이 설화에 따르면, 오복동은 동굴을 지나서 펼쳐지는 공간이다. 일찍이 난리를 피하여 이주한 사람들이 자자손손 거처하는 곳으로서 세상과 소통할 생각도 하지 않고 갖가지 복을 누리며 사는 곳으로 상정되고 있다.[2]

이상향의 공간은 바다 너머 섬에도 있었다. 동해상의 섬 '단구(丹邱)' 설화가 대표적이다. 그곳에는 속세의 고통에서 벗어난 신선들이 살고 있다고 한다. 조선후기 비결서 『정감록(鄭鑑錄)』에 언급된 '해도(海島)'도 이상향 범주에 속한다. 이 책은 소장했다는 이유만으로도 투옥되거나 유배당하던 위험한 책이었다. 18세기 초엽에 출현한 것으로 추정되는 이 책에는 조선왕조가 멸망한다는 예언이 수록되어있다. 또한 '해도'로부터 새시대를 이끌어갈 정(鄭)씨 성을 가진 진인(眞人)이 출현한다고

---

2) 소재영, 「한국문학에 나타난 이상향 연구」, 『동양학』 23, 단국대 동양학연구소, 1993, 94쪽.

적혀있다.[3]

섬을 이상향의 공간으로 상정한 문학작품으로서 허균(許筠)의 소설 『홍길동전』을 들 수 있다. 바다 속 섬나라 '율도국(硉島國)'이 궁극의 이상향으로 제기된 것은 이러한 설화의 전승 배경과 무관하지 않을 것이다. 그뿐인가? 박지원(朴趾源)이 지은 『허생전』에서도 이상향 건설의 포부는 바다 건너 무인도에서 실현된다.

상상 속 이상향은 현세와 격리된 곳으로 비정된다. 깊은 산 속이나 동굴 너머 미지의 곳이며, 때로 바다 너머 섬이기도 하다. 그렇지만 이상향의 소재지로 지목되는 곳이 전국 도처에 고루 퍼져있음에 주목할 필요가 있다. 이상향이 존재한다는 전승 속의 소재지를 보자. 지리산, 금강산, 강원도, 함경도, 경상도, 동해와 남해상의 섬 어딘가이다. 그뿐만이 아니다. 충청도 일원에는 식장산(食藏山) 설화가 있고, 제주도에는 서남쪽 해상 어딘가에 존재한다는 이어도 설화가 전승된다. 결국 한국의 어느 지방이나 할 것 없이 이상향에 관한 갈망이 고루 퍼져있었던 것이다.

이와 같이 한국 고전문학의 여러 장르 속에는 이상사회에 대한 다양한 형상이 풍부하게 용해되어있다. 이는 이상향에 대한 염원이 한국사회의 오래된 전통임을 보여준다. 거기에는 전통시대 한국인의 사회적 심리상태가 반영되어있다. 다가올 미래에 대한 사람들의 꿈과 동경, 희망과 기대가 담겨있다. 공동체적 가치관도 엿보인다. 사람이란 공동체적 존재이며 더불어 살며 서로 도와야 한다는 신념이 함축되어있다.

인류의 염원

물론 이상사회에 대한 지향이 한국역사에만 나타나는 것은 아니다. 그것은 동·서양을 막론하고 도처에서 광범하고도 다양하게 표출되어

---

3) 백승종, 「18세기 전반 서북지방에서 출현한 『정감록』」, 『역사학보』 164, 1999.

왔다. 그것은 인류의 오랜 꿈이었다. 그리스·로마시대의 사람들은 잃어버린 '황금시대'의 회복을 꿈꾸었다. 중세 유럽인들은 원죄없이 조물주의 섭리 속에서 삶을 구가하는 '파라다이스'로의 복귀를 염원했다. 와트 타일러나 토마스 뮌처 같은 중세 유럽 농민봉기의 지도자들도 기독교적 언어를 통해 자신의 염원을 표현했다. 그들은 『성서』 묵시록에 약속된 그리스도의 재림과 함께 지상에 실현될 '천년왕국'의 도래를 열망했다. 근대 초엽에도 이상향에 대한 열망은 식지 않았다. 서양 세력이 유럽의 지리적 울타리를 넘어 전세계로 확장되어나가던 첫 시기에 영국의 대법관 토마스 모어는 인류의 오랜 꿈을 '유토피아'라는 어휘로 표현했다. 그리스어로 '이 세상에 없는 곳(ou+topos)'과 '좋은 곳(eu+topos)'이라는 두 가지 뜻을 내포하는 이 말은 지금도 이상사회를 가리키는 대명사로 쓰이고 있다.

서양뿐이랴. 동양 전통사회에서도 이상향은 사람들의 오랜 갈망의 대상이었다. 노자가 말한 '소국과민(小國寡民)'의 이상향, 『예기(禮記)』 예운(禮運)편에 거론된 '대동(大同)'세상, 장자가 언급한 '무하유지향(無何有之鄕)', 남북조시대 시인 도연명(陶淵明)이 『도화원기(桃花源記)』에서 묘사한 '무릉도원(武陵桃源)'은 용어와 개념은 다르지만 모두 다 동일한 본질을 표현하고 있다. 이상향에 대한 사람들의 동경을 사상적, 문학적으로 형상화한 것이었다.

이상향 설화는 그밖에도 많다. 눈덮인 히말라야산맥 꼭대기 깊은 바위틈에 존재한다는 샹그릴라 설화도 그 중 하나이다. 영국의 문인 제임스 힐튼이 소설 『잃어버린 지평선』에서 묘사한 탓에 사람들에게 널리 알려진 이 설화는 티베트 사람들의 이상향에 대한 갈망과 무관하지 않을 것이다.

오래된 전통

이상향에 대한 간절한 바람은 사람들의 의식과 심리 속에만 머물러있지 않았다. 그것은 동·서양의 여러 나라에서도 그러했듯이 한국에서도 사람들의 집단행동으로 표출되었다. 한국사회의 전개 속에서 그것은 사회진보의 원리로 작용했다. 더 나은 미래를 구현하려는 정치적, 사회적 시도는 이상향 관념과 깊이 연루되어있었다.

보기를 들자. 『허생전』에 표현된 이상향 무인도의 존재는 실재했던 역사적 사실을 반영한 것이었다. 그것은 1728년 무신란(戊申亂)과 연관을 맺고 있다. 이상향으로 상정된 무인도의 존재는 무신란 당시 반란 참가자들이 경흥에서 삼봉도로 가기 위해 선박을 건조한 사건을 은유하고 있다. 이 사건에는 빈부귀천 없는 새로운 세상, 자유롭고 평등한 사회의 실현을 지향하는 민중의 이상향 관념이 투사되어있다.[4]

『홍길동전』에서 표상된 이상향 이미지도 한국 근대의 역사적 실제와 결합되어있다. 가난한 사람들을 구원한다는 '활빈당'이라는 명칭을 한말의 '도적'집단이 스스로 채택하고 나선 것이다. 1886년 충청도 음성에서 결성된 한 비밀결사가 활빈당을 자임했다. 그들은 1900년부터 6년 동안 한국 중남부 일대를 무대로 하여 활발한 활동상을 보였다. 3개 권역에서 3개의 활빈당이 독자적으로 활동했다. 충청도 내포를 근거지로 하여 경기·충청도 일대, 청도 운문령을 근거로 하여 낙동강 동쪽의 경상도 일대, 지리산을 중심으로 한 전라도 동부와 경상도 서부 일대가 그들의 활동무대였다. 이들은 약탈을 일삼았다. 양반·부호가, 지방관청, 사찰, 장시, 외국인이 습격 대상이었다. 이 중 가장 빈번한 습격 대상은 양

---

4) 정석종, 「조선후기 이상향 추구 지향과 三峰島—燕巖 許生傳의 邊山群盜와 무인도의 실재성 여부와 관련하여」, 『碧史李佑成教授停年退職記念論叢』 下, 창작과비평사, 1990.

반·부호가였다. 그들이 화적이나 도적떼로 지목된 이유는 여기에 있었다. 그러나 당사자들은 의적을 표방했고, 그들은 행인이나 행상에 대한 무차별적 약탈을 자제했다고 한다. 탈취한 재물 가운데 일부를 빈민이나 굶주린 사람들에게 나누어주기도 했다. 이 때문에 그들은 단순한 비적집단에서 벗어나 사회적 의의를 지니는 집단으로 등장했다. 그들의 활동상은 당대의 사회적 조건에 비추어볼 때 반(反)봉건적 성격을 띤다는 평가를 받는다.5)

『정감록』은 조선후기에 숱하게 발발한 농민봉기, 역모(逆謀), 정변, 괘서(掛書)사건과 깊은 관련을 맺고 있다. 한두 가지 보기를 들어보자.6) 1819년 화성(華城) 괘서사건은 그 중 하나이다. 그 괘서에는 '해도'로부터 10만 대병이 배를 타고 바다를 건너올 것이라는 내용이 적혀있었다. 1826년 청주 괘서사건도 한 보기이다. 이 사건의 주모자는 『정감록』을 빗대어 농민봉기를 선동했노라고 자백했다. 그는 이르기를, 홍하도(紅霞島)라는 섬에 웅거하고 있는 정재룡이라는 진인이 군사를 모으고 군복과 무기를 갖추고 있으므로 머지 않아 병화(兵禍)가 해도에서 일어날 터라고 선동했다. 해도로부터 진인이 출현하여 이 세상을 구제한다는 이미지가 반복되고 있음을 알 수 있다.

『정감록』의 이상향 관념은 일제 식민지시대에 들어와서는 독립운동과 관계를 맺었다. 1913년 10월 말 연해주의 반일망명자들이 결성한 대한광복군정부는 그 두드러진 보기이다. 러일전쟁 10주년에 해당하는 1914년에 즈음하여 러시아에서는 일본에 대한 복수전의 여론이 높아가고 있었다. 이에 한국인 망명자들은 제2의 러일전쟁 발발 가능성을 내다보고서 반일결전의 영도기관을 결성했다. 이 기관은 러시아와 중국의 한국인 이주민 구역을 3개 군구로 나누었다. 연해주(제1), 북간도(제2), 서

---

5) 박찬승, 「활빈당의 활동과 그 성격」, 『한국학보』 10권 2호, 일지사, 1984, 107~154쪽.

6) 이이화, 「19세기 전기의 민란 연구」, 『한국학보』 10권 2호, 62~63쪽.

간도(제3)가 그것이다.[7]

이 기관의 수반은 '정도령(正都領)'이라고 명명되었다. 초대 정도령에는 헤이그 세 밀사 가운데 한 사람으로 유명한 이상설(李相卨)이 취임했다. 수반의 명칭에 주목하자. 『정감록』에서 말하는 진인 '정도령(鄭道令)'의 이미지를 연상케 한다. 그뿐이 아니다. 연해주와 북간도는 교통과 통신이 자유롭게 이루어진 데다가 서로 연접되어있었다. 그래서 한인 이주민과 망명자들은 연해주의 '해'자와 북간도의 '도'자를 합하여 양자를 '해도'라고 부르곤 했다.[8] 결국 정도령과 해도라는 두 용어는 한국인들에게 낯익은 이미지를 연상시켰을 것이다. 정도령이 해도로부터 군사를 일으켜 일본 제국주의를 몰아내고 새 세상을 건설한다는 이미지가 바로 그것이다. 이러한 착상에 대해 내부의 비판도 없지 않았다. 기독교적 배경을 갖고 있던 사람들은 이러한 행위가 『정감록』을 빌어 일반동포들을 잘못 이끄는 것이라고 비판하기도 했다.[9]

이상향 관념은 근대 전환기에 들어와 유례를 찾기 어려울 만큼 강렬한 형태로 표출되었다. 폭풍우 같은 혁명을 거쳤다. 1894년(갑오) 농민전쟁이 그것이다. 그것은 전국에 휘몰아친 일대 내전이었으며, 일본과 청나라 사이에 벌어진 국제전의 도화선이었다. 이 농민전쟁에는 이상향에 대한 열망으로 뜨겁게 달구어진 수많은 사람들이 참가했다. 그들은 일정한 사회적 심리상태를 공유했다. 봉건적 모순으로 가득찬 사회를 부인하는 현실부정의 말세의식, 전염병의 공포로부터 해방되기를 기원하는 치병사상, 서양 열강의 침입에 따른 대외적 위기의식, 흉년과 기근으로 굶주리는 사람을 재산 있는 자가 도와야 한다는 유무상자(有無相資)의 공동체의식, 도래하는 신시대에는 빈천자들이 부귀하게 될 것이라는

---

7) 반병률, 「이동휘와 1910년대 해외민족운동」, 『한국사론』 33, 서울대 국사학과, 1995, 226~234쪽.

8) 辛鐵, 「만주사정에 관한 재료」, 1926. 1. 15, 3쪽, РГАСПИ(러시아사회정치사문서보관소) ф.495 оп.135 д.124 л.1~200б.

9) 반병률, 앞의 글, 230쪽.

예언에 대한 기대감 등이 그것이다.

이러한 사회적 심리상태를 개념화함으로써 사람들의 신망을 모았던 사상이 있다. 바로 동학(東學)이다. 동학은 '다시 개벽' 또는 '후천개벽(後天開闢)'의 도래를 약속했다. '開'란 하늘이 열리는 것을, '闢'이란 땅이 열리는 것을 뜻한다. 음양이 나뉘어 가벼운 것은 하늘이 되고 무거운 것은 땅이 되는 우주탄생이 곧 선천개벽이다. 후천개벽이란 사람에 의해 하늘과 땅이 새롭게 열리는 것을 뜻한다. 그것은 신문명의 도래를 표상하는 것으로 이해되기도 하고, 사회의 혁명적 변화를 의미하는 개념으로도 사용되었다. 그래서 동학은 조선왕조의 통치이념인 성리학을 대체하는 혁명적 정치이념을 제시했다는 평가를 받는다. 그것은 평등주의적 휴머니즘에 기초하여 민중이 중심이 되는 새로운 정치체제를 지향했다는 것이다.[10]

뒷날 한국 사회주의자들은 1894년 농민전쟁에 대해 각별한 친밀감을 표시했다. 그것의 혁명적 성격에 대한 공감 때문이었다. 1922년 1월 24일 모스크바에서 열린 극동민족대회 본회의 제5회 회의석상에서 「한국의 혁명운동」이라는 제목의 보고가 이루어졌다. 이 보고문은 대회준비를 주관했던 이르쿠츠크파 고려공산당이 주도적으로 작성한 일본어 번역본을 기준으로 29쪽 분량에 달하는 장문의 글이었다. 보고자는 김규식(金奎植)이었다. 3·1운동 당시 파리강화회의에 한국대표로 참석했던 바로 그 사람이다. 보고를 행할 당시 그는 고려공산당 후보당원이었으며, 또한 56명에 달하는 극동민족대회 한국대표단의 단장이기도 했다. 그 자리에서 김규식은 1894년 농민전쟁을 가리켜 '한국 혁명역사의 출발점'이라고 규정했다. 그는 이르기를, 농민전쟁은 특권계급의 타도, 빈부 평등을 표방한 계급투쟁이고, 전 동양의 근본적 변혁이 이때부터 이루어지게 되었다고 했다.[11]

---

10) 오문환, 「동학의 개벽사상」, 『한국정치의 재성찰』, 한국정치학회, 1996, 347
～348쪽.

이상향 관념은 한국인들의 의식과 심리 속에 깊이 뿌리내린 오래된 전통이었다. 그것은 사람들의 관념 속에 머물러있을 뿐 아니라 집단적인 실제 행동으로도 표출되었다. 집단행동은 대체로 기존 지배체제를 혁명적으로 전복하려는 양상을 띠었다. 반란, 의적, 역모(逆謀), 정변, 패서사건, 민란, 농민전쟁 등의 형태로 나타났다. 이 전통은 근대 전환기에 접어들면서 더 강화되었다. 서양문명의 침입으로 인해 대외적 위기의식이 고조되던 그 시기에, 이상향에 대한 갈구는 더욱 간절해지고 그를 지향하는 사회적 행위는 더욱 격화되었다.

이러한 전통은 한국 사회주의 탄생의 내적 근거가 되었다. 사회주의 사상이 서양으로부터 건너오던 그즈음에 한국인들의 사회심리적 상태 내에는 그를 수용할 내적 근거가 이미 성숙되어있었던 것이다. 한국사람들은 서양에서 건너온 사회주의사상 속에서 오랜 낯익은 이미지를 발견할 수 있었다. 그 사상이 비록 나라 밖에서 이식되어왔지만, 들어오자마자 곧바로 내재화될 수 있었던 까닭은 바로 여기에 있었다. 한국인들 사이에 이상향에 관한 오랜 전통이 없었더라면, 근대 이후 사회주의 이념이 그처럼 짧은 기간에 폭넓게 수용되기는 어려웠을 것이다.

2. 사회주의의 이식

언제부터인가 한국인들은 이상향에 대한 갈망을 '사회주의'란 용어로 표현하기 시작했다. 그것은 근대 이후의 일이다. 이 용어는 전통 사회에서 통용되던 게 아니라 근대 이후 서양으로부터 이식되어온 말이다.

한국 최초의 근대적 신문으로 꼽히는 『한성순보(漢城旬報)』는 서양의

---

11) Comintern, *The First Congress of the Toilers of the Far East*, Petrograd, 1922 ; 高屋定國·辻野功 譯, 『極東勤勞者大會, 議事錄全文』, 東京 : 合同出版, 1970, 116~117쪽.

사회주의사조를 소개하는 데서도 선구적 역할을 했다. 이 신문은 「각국 근사(各國近事)」란을 두어 서양의 문물과 사건을 소개했는데, 그 속에 유럽 각국의 혁명운동과 사회주의정당에 관한 기사가 빈번히 실렸다. 「유럽사회당」이라는 제하에 실린 아래 기사는 『한성순보』의 사회주의관을 전형적으로 보여준다.

　　유럽의 사회당은 어느 나라에나 다 있는데, 독일·프랑스 두 나라가 가장 많다. 대체로 이 당은 귀천과 빈부를 평등하게 하는 것을 주의(主意)로 삼기 때문에, 그 당에 끼여든 자는 유독 빈천한 무리들뿐이고, 부인(富人)·귀족 및 경세(經世)에 통달한 학자는 전혀 없다. 그러나 이 당은 날로 더욱 당인을 소집하여 백성들에게 해독을 끼치고 있기 때문에 각국 정부가 아무리 온갖 방법으로 이들을 제거하려고 하여도 신통한 계책을 펴지 못하고 있다.[12]

유럽 내 사회당의 분포, 사회당의 이념과 구성원 등에 관해 개괄적으로 소개하고 있다. 사회당이 유럽 각국 어디에나 존재한다는 것, 그 중에서도 독일과 프랑스 사회당이 가장 강력하다는 것이 지적되었다. 사회당의 이념에 대해서는 "귀천과 빈부를 평등하게 하는 것"이라고 간략히 규정했다.

하지만 『한성순보』는 사회당의 사회적 역할에 대해서는 매우 부정적인 태도를 취했다. 그것을 보면, 당원 속에는 오직 '빈천한 무리'만 존재하고 부자나 귀족, 지식층은 전혀 없다고 한다. 그뿐만이 아니다. 사회당을 가리켜 "백성들에게 해독을 끼치는" 존재로 간주했다. 『한성순보』의 위상이 정부 기관지임을 주목할 필요가 있다. 그래서인지 『한성순보』는 사회당을 포함해서 반정부적 태도를 취하는 모든 혁명당에 대해 곱지 않은 시선을 보냈다. 러시아의 나로드니키, 아일랜드의 독립당, 독일과 프랑스의 사회당은 모두 "국법을 문란케 하고 생민(生民)에게 해를 끼치

---

12) 「歐洲社會黨」, 『漢城旬報』 제9호, 1884년 1월 18일자.

는 단체들"이다.13) 잔뜩 경계심을 품고 있음을 확인할 수 있다.

특히 러시아황제 알렉산드르 2세를 암살한 나로드니키에 대해서는 더욱 적대적인 시선을 보냈다. 저격사건이 있은 1881년 3월을 불과 2년 6개월밖에 지나지 않은 시점이므로 그 적대성은 더욱 선명했다. 『한성순보』는 그를 '허무당'이라 불렀다. 허무당에는 '빈천한 무뢰배'가 많고, 황제암살 사건 이후 '행패'가 더욱 심해졌다고 표현했다.14)

1883~84년 시기 『한성순보』에 반영된 사회주의 관념은 타자인식의 영역에 속하는 것이었다. 그것은 먼 유럽의 낯선 풍경으로 간주되었을 뿐이다. 마치 강 건너 불을 보는 것과 같이 대했다. 한국 내부의 문제로 보는 시각은 전혀 존재하지 않았다.

이런 특성은 10여 년이 지난 뒤에 발간된 『독립신문』에서도 똑같이 나타난다. 사회주의라는 용어는 외국의 사정을 소개하는 기사에서만 발견된다. 러시아에서 사회주의운동이 확산되는 양상을 보도한 「노국 내정」이라는 기사는 그 보기이다.15) 그것을 보면, 러시아 사회주의자들이 노력자를 선동하는 목적은 혁명을 일으키는 데 있다고 한다. '사회주의'라는 용어가 명시적으로 사용되고 있으며, '노력자'라는 말로서 노동자 계급을 표현하고 있음이 눈에 띈다. 한편 러시아의 산업화와 인구증가는 노력자의 수적 증가를 초래함으로써 "혁명을 도와 이루는 원인이 된다"고 보고 있다. 사회주의에 대한 이해가 10여 년 전과 비교할 수 없을 만큼 심화되었음을 확인할 수 있다.

사회주의에 관한 정보는 시간이 흐를수록 늘어났다. 1904년에서 1910년 동안에 발행된 『대한매일신보』 지면에서는 이전 신문과 비교할 수 없을 만큼 관련 기사량이 늘었다. 대다수의 기사가 유럽 각국 사회주의자들의 동향에 할애되어있었다. 이 신문에 반영된 유럽 사회주의자들의

---

13) 「西班牙國內亂」, 『漢城旬報』 제1호, 1883년 10월 31일자.
14) 「俄羅斯新皇行戴冕禮」, 『漢城旬報』 제2호, 1883년 11월 10일자.
15) 「노국 내정, 전호 연속」, 『독립신문』 1899년 10월 19일자, 4쪽.

이미지는 두 가지 양상을 띠었다. 하나는 대중적 혁명운동의 주도자라는 것이고, 다른 하나는 진보적 의회정당의 이미지이다.

혁명운동의 주도자라는 이미지는 주로 러시아와 프랑스 사회주의자들에 관한 기사에서 두드러지게 나타난다. 러시아에서는 1905년 혁명이 발발한 탓에 혁명운동과 사회주의자들에 관한 기사가 넘쳐났다. 그 기사들을 보면, 혁명당이 각지에 만연해있으며, 러시아 치하의 폴란드에서도 봉기가 일어나고 있었다. 사회주의자들은 황제암살을 획책하고 있다는 기사들도 게재되었다. 모스크바의 시위운동은 정부의 가혹한 '압제정책'으로 인해 종식되는 중이며, 수천 명이 체포되고 수백 명이 유배형을 받았다는 기사가 잇달아 실렸다.[16]

프랑스 사회당은 폭동을 일으키고 사보타주를 음모하는 존재로 묘사되었다. 파리의 거리에서 "사회당의 폭동이 일어났는데 경관의 엄한 수단으로 진압하였다"[17]는 기사, 새로 건조된 프랑스 군함이 "진수식을 거행하다가 실패가 되어 겨우 44미터까지 진행하고 정지되었는데, 이것은 사회주의파의 음모로 난 것이라는 말이 낭자하다"[18]는 기사 등은 그 보기이다.

진보적 의회정당의 이미지는 독일과 영국 사회당에 관한 기사에서 두드러진다. 독일 사회당의 활동과 관련해서는 1904년의 군사비증액 반대, 1910년의 선거법개정 시위운동, 황실경비 증액반대 정책 등이 보도되었다.[19] 영국 사회당에 대해서는 의회 내에서 실업자구제 문제를 제기했으나 소수파에 멈추었다거나, 자유당과 모종의 타협에 합의했다는 기사 등이 실렸다.[20]

---

16) 「로국의 정형」, 『대한매일신보』 1905년 2월 10일자, 1쪽.

17) 「사회당 폭동」, 『대한매일신보』 1908년 1월 28일자, 1쪽.

18) 「법국군함 실패」, 『대한매일신보』 1909년 5월 30일자, 1쪽.

19) 『대한매일신보』(「덕국의회」, 1904년 12월 20일자, 2쪽 ; 「사회당 시위」 1910년 1월 23일자, 1쪽 ; 「황실비 증가」, 1910년 6월 15일자, 1쪽).

20) 『대한매일신보』(「하의원의 결정」 1908년 10월 25일자, 1쪽 ; 「양파타협」

유럽 각국의 사회당만이 아니었다.『대한매일신보』지면에는 유럽 이외 지역의 사회주의운동에 관한 정보도 실렸다. 러시아혁명 후원금을 모금하는 미국 사회당, 대규모 폭동을 일으킨 남아메리카 베네수엘라 사회당에 관한 보도는 그 보기이다.21) 사회주의는 유럽에만 고유한 현상이 아니라 전세계적 현상으로 간주되고 있다. 그뿐만이 아니다. 사회주의는 점차 한국에 가까이 접근하고 있었다. 한국강점을 꾀하는 인접국 일본 사회주의자들의 동향도 신문지상에 나타났다. 도쿄 시내에서 거행된 사회주의자들의 시위운동이 상세히 묘사되었으며, 유력한 사회주의자가 반정부적 태도를 취한 탓에 체포된 소식 등이 실렸다.22)

이 시기에 들어 이제 사회주의는 한국 내부의 문제로 전화했다. 망국 전해인 1909년 한국정부가 채택한 각급학교 교과서 검정기준을 보자. 정치, 사회, 교육 각 방면에서 14개항의 검열기준이 제시되어있다. 거기서는 "일본을 배척하는 사상"과 더불어 사회주의사상이 나란히 거론되고 있다. 교과서 속에 포함되어서는 안되는 사상으로서 사회주의가 지목된 것이다. 검정기준안을 보면, "각국 사회에 미만한 바 위험한 사회주의와 또 혹 이와 같은 사상을 편입하는 것은 불가불 극력 금지할 것"이라고 명시되어있다.23) 반일사상에 뒤이어 사회주의가 일본의 식민지배를 위협하는 불법적인 사상으로 간주되기에 이르렀다.

1909년 12월 12일자, 3쪽).

21)『대한매일신보』(「혁명당을 도와주다」 1907년 7월 30일자, 1쪽 ;「남미에 대소란」 1909년 5월 11일자, 1쪽).

22)『대한매일신보』(「일본사회 풍진」 1908년 6월 26일자, 2쪽 ;「좌등피착」 1910년 8월 3일자, 2쪽).

23)「교과서 검정의 조사」,『대한매일신보』 1909년 3월 13일자, 1쪽.

3. 최초의 사회주의자들

모태

한국에서 처음으로 사회주의사상을 받아들인 사람들은 누구인가? 이 물음에 답해보자. 이 질문은 달리 말하면 최초의 사회주의자들이 어떠한 사회집단에서 나왔는지를 묻는 것이다. 이에 대해서는 초창기 사회주의자들의 진술이 있다. 조선공산당 중앙후보위원을 지낸 김영식(金泳植)의 견해를 보자.

> 민족운동에 용약(勇躍)하였던 진보적 사상가, 혈기의 청년들은 그들의 새로운 감격을 사회운동의 이념 중에서 구하게 되었다. 그리하여 우리 운동의 초기가 민족주의 급진분자로부터 출발하게 된 것은 또한 자연의 세(勢)이었으니, 여기서 곧 우리 신흥계급운동이 그 출발에 있어서 직접 급진적 민족주의 운동의 계승이라고 볼 수 있다.[24]

이에 따르면 초창기 한국 사회주의자들은 급진적 민족주의 운동에서 분화되어나온 사람들이다. 급진적 민족주의란 비타협적 절대독립파를 가리킨다. 그들이 사회주의를 받아들인 것을 '자연의 세'라고 파악했다. 식민지 처지에 놓인 한국의 자연스러운 현상이라는 것이다. 최초의 사회주의자들은 "민족주의 급진분자, 진보적 사상가와 청년층"으로 간주되고 있다.

엠엘파 공산주의그룹의 이름 높은 논객 고경흠(高景欽)도 같은 의견을 갖고 있었다. 한국에서 처음으로 사회주의사상을 받아들인 사회집단은 "민족운동의 일 분파인 지식계급 청년군(群)"이라고 보았다.[25] 초창기

---

24) 金泳植, 「전환기에 직면한 조선신흥운동(5)」, 『동아일보』 1927년 2월 19일자.

사회주의운동의 담당자는 신지식층이며, 그들은 사회주의사상을 받아들이기 이전에는 민족운동의 한 분파였다는 것이다.

여러 사람들이 이러한 인식을 공유하고 있었다. 초창기 사회주의운동의 내막을 잘 아는 익명의 문필가가 잡지『개벽』에 투고한 글이 우리의 주목을 끈다. 그는 이르기를, 한국 내부에는 "오래 전부터 사회주의사상이 있었던 것이 아니요, 최근까지도 너나 할 것 없이 누구나 한가지로 민족주의사상을 가지고 있었다"고 한다. 그는 사회주의가 수입된 구체적 경로를 두 가지로 든다. "하나는 동(東)으로 수입된 것과 하나는 북(北)으로 수입된 자로서 볼 수 있다"고 한다.26) 동쪽이란 재일본 한국인 유학생층을 염두에 둔 말이며, 북쪽이란 연해주·북간도의 한국인 이주민과 망명자층을 가리킨다.

이처럼 초창기 사회주의자들은 한국 사회주의의 모태가 혁명적 민족주의 운동이었다고 이구동성으로 말하고 있다. 그들은 최초의 사회주의자들이 혁명적 민족주의자층에서 나왔다고 보았다. 해외로 망명한 전투적 민족주의자들과 일본에 유학한 신지식층이 사회주의자를 배출하는 풍부한 원천이 되었다는 것이다. 이 명제들이 경험적으로 증명될 수 있는 것인지를 구체적인 보기를 통해 따져보기로 하자.

북쪽에서 부는 바람

코민테른 제2차 대회에 참가한 한인사회당원 박진순(朴鎭順)은 『공산주의 인터내셔널』에 기고한 「한국의 사회주의운동」이라는 글에서 흥미로운 주장을 내놓았다. 1910년 국내에서 조직된 '해방동맹(Союз Освобожд ения)'을 '한국 최초의 사회주의 세포의 기초'라고 지목했다.

---

25) 고경흠, 「동경의 조선 공산주의운동은 어떻게 발전하였는가?」(1931), 梶村秀樹·姜德相 共編, 『現代史資料』29, みすず書房, 1972, 150쪽.

26) 「癸亥와 甲子」, 『개벽』1924. 1, 3쪽.

한국의 모든 사회운동은 이러한 참담한 조건(무단정치—인용자)하에 놓이게 되었으며, 그 조건하에서 우리 단체 '해방동맹'은 발생·발전했다. 1910년의 조직자대회는 '동맹'의 집행부를 결성했으며, 한국 내에 최초의 사회주의 세포의 기초를 놓았다. 그러나 집행부는 강화되는 반동의 압제하에서 처음에는 만주로, 이어서 시베리아로 망명했다.[27]

박진순에 의하면, 머지 않아 해방동맹 내에서 사회주의적 조류가 형성되었다고 한다. 일본정부의 한국병합에 대한 일본 사회주의자들의 항의와 일본정부의 사회주의자 탄압사건이 그 계기가 되었다. 이때부터 해방동맹 좌파는 일본 사회주의자와의 협력 가능성을 모색했다. 그들과 협력하여 일본 제국주의를 그 내부로부터 붕괴시킬 가능성에 관하여 진지하게 생각하게 되었다는 것이다.

박진순 외에 이 단체의 존재에 관해 언급한 사람이 또 있다. 1920년 『공산주의 인터내셔널』에 기고한 또 한 사람의 한인사회당원 한형권(韓馨權)은 자기 당이 '광복동맹(Союз Светлого Освобождения)'의 좌익에서 분립되었다고 썼다.[28] 여기서 '해방동맹' 혹은 '광복동맹'의 실체가 관심의 표적이 되고 있다. 이것의 해명은 최초의 사회주의단체가 형성되는 내적 맥락을 정치사, 사상사적으로 밝히는 단서가 될 수 있을 것으로 기대된다.

이러한 중요성 때문에 '해방동맹'의 실체에 대해서는 연구자들의 의견이 구구하다. 미즈노 나오키(水野直樹)는 1907년 국내에서 비밀리에 창설된 신민회로 해석했다.[29] 그에 반해 권희영은 광복회를 지목했다. 이 단체는 1912년 윤세복, 신채호, 이동휘, 이갑 등이 조직한 국권회복을 목

---

27) Пак Диншунь(朴鎭順), Социалистическое движение в Корее(한국의 사회주의 운동), Коммунист Интернационал, М. Пг., 1919, No.7~8, с.1171.

28) R. Положение в Восточной Азии(동아시아의 상황), Коммунист Интернационал, М.-Пг., 1920, No.13, с.2560.

29) 水野直樹, 「コミンテルンと朝鮮」, 『朝鮮民族運動史』 1, 1984, 78쪽.

34

적으로 하는 민족주의단체로서 블라디보스톡에 본부를 두었다고 한다.[30]

나도 이 문제에 개입한 적이 있다. 나는 미즈노 나오키의 추정이 옳다고 보았다. 초창기 한국 사회주의운동의 지도자인 장도정(張道政)이 남긴 문서 「고려공산당의 연혁」과 비교하는 방법을 통해 해방동맹은 곧 신민회를 가리킨다고 생각했다. 장도정은 뒤에서 살펴볼 한인사회당의 창립회의(1918년 2월 하바로프스크)를 '신민회의 중요 당국자(當局者)'의 집합이라고 진술했다.[31] 이 진술은 해방동맹이 곧 신민회임을 보여주는 결정적 증거가 된다고 판단했다.

반병률도 이 문제를 상세히 다루었다. 그는 한인사회당의 기원을 신민회로 거슬러 올라가는 데는 동의하지만, 해방동맹이 곧 신민회는 아닐 것이라고 판단했다. 왜냐하면 신민회는 105인 사건으로 이미 붕괴했으며, 한인사회당 창립을 둘러싼 일련의 논의과정에는 신민회 출신이 아닌 사람들도 관여하고 있고, 신민회 간부 출신자들은 이동휘(李東輝) 노선에 반대했기 때문이라고 한다.[32] 그는 최근의 논문에서 자신의 추정을 더욱 확고히 했다. 『선봉』(1935. 2. 4)에 게재된 「이동휘 동무의 일생」이라는 글에 의거하여, 이동휘가 북간도에 체재하던 1911년 1~2월경에 망명자들과 함께 조직한 비밀결사 '광복단'이라고 판단하고 있다. 이 단체는 1918년 재노령 청년비밀결사 '철혈단'과 통합하여 철혈광복단으로 개칭되었다고 한다.[33]

다시 이 문제를 들여다보자. 학자들 사이에 계속 논란되고 있을 뿐 아니라 초기 사회주의자 등장과정을 전형적으로 보여주기 때문이다. '해방동맹'의 실체가 무엇인지를 판정하는 가장 중요한 기준은 바로 당사

---

30) 권희영, 「한인사회당연구」, 『한국사학』 11, 정신문화연구원, 1991, 171~172쪽.

31) 張道政, 「高麗共産黨の沿革」, 1쪽, РГАСПИ ф.495 оп.154 д.248.

32) 반병률, 「한인사회당의 조직과 활동」, 『한국학연구』 5, 인하대 한국학연구소, 1993, 138~189쪽.

33) 반병률, 『성재 이동휘 일대기』, 범우사, 1998, 78~79쪽.

자의 해명일 터이다. 뒷날 한인사회당 창립에서 중심적 역할을 했던 이
동휘가 남긴 다음의 언급에 주목해보자.

> 그 당(한인사회당-인용자)의 성립을 대략 말하면, 어느 나라를 무론하
> 고 좌당·우당의 분별이 없지 않은지라, 사회당은 1918년에 하바롭쓰크에
> 서 성립되었다. 1907년에 고려 서울서 신민회라는 혁명기관이 성립된 후,
> 나는 아령에 있어 많은 사람을 연락하였노라. 1918년에 신민회 회원 류동
> 렬, 량기탁, 조성환, 리동령, 안정근 등 수십인이 회의하다가 의견이 부동
> 하여, 나는 그 회의에서 탈퇴하여 사회당 조직에 착수하여……34)

이 언급은 1921년 12월 15일 이르쿠츠크 소재 고려혁명군 공산당지부
에서 고려공산당 임시연합간부 자격으로 행한 연설의 일부이다. 신민회
와 한인사회당의 상호 계승성에 대해 명백히 언급한 점이 주목된다. 이
동휘는 이르기를, 한인사회당은 1918년 '신민회 좌당' 인사들이 주도하
여 결성한 것이라고 했다. 이를 박진순의 다음 표현과 대비해보자.

> 1918년 하바로프스크 대표자회의는 해방동맹 내의 분열을 확고한 사실
> 로 만들었다. 이 대표자회의에서 한인사회당이 창립되었으며, 그 창립과
> 함께 한국의 좌익은 세계 사회주의운동의 흐름 속으로 합류했다.35)

박진순은 해방동맹이 분화하여 그 좌익적 조류가 한인사회당을 창립
했다고 말한다. 이 말은 '신민회 좌당' 인사가 한인사회당 결성을 주도
했다는 이동휘의 말과 정확히 일치한다. 박진순이 말한 '해방동맹'의 실
체가 무엇인지는 이제 논란의 여지없이 판명되었다고 생각된다.

그렇더라도 한두 가지 문제가 더 남는다. 박진순이 말한 해방동맹이
곧 신민회라면 이것이 1910년에 창립되었다는 정보는 사실과 다르지 않

---

34) 「두 공산당의 련합」, 『붉은군사』 2호, 1921년 12월 24일, 5쪽.
35) Пак Диншунь(朴鎭順), 앞의 글, 1172쪽.

은가? 이동휘도 말하고 있듯이 그것의 성립은 1907년의 일이었다. 그뿐이 아니다. 신민회를 가리켜 최초의 사회주의 세포의 기초라고 표현한 것도 사실과 어울리지 않는다. 신민회는 통감부 영향하의 대한제국시절에 비밀결사로서 존재했던 혁명적 민족주의 단체였다.

지금으로서는 이 두 가지 의문에 정확히 답하기 어렵다. 연도의 차이는 박진순의 착오였던 것 같다. 박진순은 1907년 당시 10세 소년으로서 연해주에서 성장하는 중이었다. 국내 비밀결사 신민회의 창립 내막에 대해서는 뒷날 전해들었을 터였다. 따라서 구체적인 연도에 관해서는 착오를 범하기 쉬웠을 것으로 보인다.

다른 하나의 문제는 어떠한가. 박진순이 신민회를 "최초의 사회주의 세포의 기초"라고 규정한 것은 맹백히 과장된 표현이었다. 그의 글을 통독해보면, 제2인터내셔널로부터 제3코민테른이 분화되어 나오는 일반적 이미지를 염두에 두고 글을 썼다는 느낌을 받는다. 그러나 한국에서는 제2인터내셔널류의 사회민주주의로부터가 아니라 혁명적 민족주의로부터 맑스레닌주의 정당이 출현했다. 이것은 식민지 사회주의운동의 한 특성이다. 그럼에도 불구하고 박진순이 신민회를 제2인터내셔널류의 일반 사회주의적 단체인 양 묘사한 것은 무엇 때문일까? 그는 유럽 사회주의자들을 독자로서 염두에 둔 것으로 보인다. 아마도 박진순은 동양의 사정에 낯선 유럽인 사회주의자들의 이해를 돕기 위해 유럽의 일반적 경향에 준거해서 한국 혁명운동을 해설하는 것이 필요하다고 보았던 것 같다.

한말의 혁명적 민족주의단체 신민회는 한국 사회주의운동의 한 모태였다. 혁명적 민족주의진영이 좌우분열을 거쳐 그 좌파가 사회주의자로 전화하는 경로를 전형적으로 보여준다. 신민회를 모태로 하는 사회주의자들의 출현은 '북으로부터 수입되는 경로'를 대표한다. 대한제국 멸망을 전후한 시기에 북간도와 연해주로 망명한 사람들은 그 길을 걸었다.

동쪽에서 부는 바람

이제 다른 하나의 경로를 주목해보자. '동으로부터 수입되는 경로'는 재일본 한국인 유학생들의 사상동향을 통해 살펴볼 수 있다. 일본경찰은 재일본 한국인 학생들의 사상동향에 각별한 관심을 기울였다. 그들의 판단을 보면, 1919년 3·1운동 이전에는 "도쿄에 유학하는 조선인 학생들 사이에 비밀리에 연구에 종사하는 자가 있었지만, 그 표현적 운동으로서 하등 볼만한 것은 없었다"고 한다.36) 이 정보를 통해 1910년대 동경 유학생들의 사상상태를 엿볼 수 있다. 3·1운동 이전에도 사회주의사조가 재일본 유학생사회에 흐르고 있었음을 증언하고 있다. 다만 그것은 암암리에 이루어졌다고 한다. 눈에 띄지 않게 비밀결사를 중심으로 사회주의사상의 확산이 이루어졌던 것이다.

1910년대에 사회주의를 수용한 사람들이 나타났음을 시사하는 증거는 그밖에도 많다. 일본의 초창기 사회주의자인 요코타 소지로(橫田宗次郞)는 1914년 시점에 그와 비슷한 말을 했다. 그가 교분을 맺고 있는 한국인들 가운데 다수가 '위험사상을 가진 자'였다. 특히 재일본 한국인 중에는 "맹렬한 반일사상을 가진 자는 물론이고 사회주의자도 적지 않다"고 한다.37)

뒷날 북풍파 공산주의그룹의 리더가 된 정태신(鄭泰信)은 그 중 한 사람이었다. 그는 23세 되던 1914년 오사카(大阪)에서 일본인 사회주의자들과 교유하는 과정에서 사회주의사상을 받아들였다. 사회주의 서적과 신문·잡지의 독서, 사회주의자들과 대화, 그들의 인품과 삶에 대한 감화 등이 그를 사회주의로 이끌었다고 한다.38)

---

36) 朝鮮總督府 警務局, 『朝鮮の治安狀況(昭和2年版), 1927, 40쪽.
37) 「特別要視察人狀況勢一斑, 第五」, 『續現代史資料, 社會主義沿革(一)』 1, み
　　すず書房, 412쪽.

정태신에게 일본인 사회주의들과의 만남을 주선했던 나경석(羅景錫)도 그즈음에 사회주의를 수용했던 것으로 보인다. 그는 경기도 수원의 지주집안 출신이다. 동경고등공업학교를 졸업한 1914년 가을에 그는 자기네 집안의 소작료를 거두는 타작마당에 감독인으로 입회한 경험이 있다. 25세 때의 일이다. 그 자리에서 나경석은 소작농민의 가난한 생활상과 지주에 대한 비굴한 태도를 목격했다. 그는 복잡한 상념에 빠져들었다. 한편에서 연민과 동정심, 다른 한편으로 분노와 모멸심을 느꼈다. 그는 도쿄에 체류중인 가까운 친구 최승구(崔承九)에게 그때 심정을 편지로 썼다.

'제네럴 스트라이크, 사보타주' 이것이 그들의 자위자존(自衛自存)하는 유일 방법이오 생즉(生則)의 진리언마는, 누가 '브 나로드, 브 나로드' 하면서 붉은 기를 높이 들 사람이 있겠소?! 그 몇 사람이오?![39]

뒷날 상해파 고려공산당 국내부 책임비서가 되는 나경석은 그때 이미 사회주의에 경도되고 있었다. 혁명적 열정에 물든 지식청년들이 왕왕 그러하듯이, 나경석의 심리는 자신의 계급적 출신성분에 배치되었다. 지주적 출신기반에도 불구하고 그의 의식은 노동자와 농민의 이익을 옹호했다. 총파업과 태업은 노동자·농민의 투쟁수단이다. 나경석은 그것을 가리켜 노동자·농민이 스스로를 지켜나갈 유일한 방법이라고 말했다. 그뿐인가? 붉은 깃발을 높이 들고서 민중 속으로 들어가야 할 당위성을 인정하고 있다. 러시아 나로드니키를 염두에 둔 표현이다. 혁명적 지식층이 민중 속으로 파고들어가 그들을 조직화·의식화해야 한다는 말이다. 이미 그 시점에 사회주의적 명제를 긍정하고 있음이 명백하다.

재일본 유학생들의 사회주의사조 수용은 은밀히 이루어졌을 뿐 아니

---

38) 박철하, 「북풍회 그룹의 형성과정」, 한국역사연구회 코민테른과조선연구반 발표문, 1997, 5쪽.

39) KS생, 「低級의 생존욕(타작마당에서, C군에게)」, 『학지광』 4, 1915. 2, 35쪽.

라 작으나마 집단적 형태로 진행되었다. 1916년에 결성된 비밀결사 신아동맹당(新亞同盟黨)은 그 대표적 보기이다. 이 단체는 한국, 중국, 대만 3개국 청년들의 국제적 결사였다. 일본제국주의를 타도하여 호혜평등의 새로운 아시아를 건설한다는 목표를 내건 이 단체에는 한국인 8명을 포함한 40여 명의 유학생들로 구성되어있었다.[40]

이 단체에 주목하는 이유가 있다. 신아동맹당 한국지부는 1911년 서울에서 국어학자 주시경(周時經) 등의 발기로 조직된 '배달모음'이라는 비밀결사였다고 한다. 이 단체는 1920년 사회주의 단체로 전환되었다. 1920년 6월 제5차 대회를 열고서 사회주의강령을 채택하고 이름도 '사회혁명당'으로 바꾸었다고 한다.[41]

신아동맹당의 한국인 당원 중에는 뒷날 상해파 공산당의 리더로 부상하는 사람들이 여럿 포함되어있다. 김철수(金錣洙), 장덕수(張德秀), 정노식(鄭魯湜), 김명식(金明植) 등이 그들이다. 이들의 사회주의 수용은 집단적으로 이루어졌음을 확인할 수 있다. 뒷날 상해파에 적대적 입장을 지닌 사람들도 '배달모음'과 상해파 공산당의 연관성을 인식하고 있었다. 이르쿠츠크파 공산당 중앙간부 위원장 김철훈(金哲勳)은 배달모음을 가리켜 '박진순 일파 당의 기간(基根)'이라고 불렀고,[42] 그 당의 모스크바 파견 대표자 한명세(韓明世)는 사회혁명당의 전신(前身)이라고 일컬었다.[43]

1914년 11월 23일 재일본 조선유학생학우회는 '고(故) 주시경 선생 애도회'를 개최했다. 참석자들은 주시경을 가리켜 "우리말 연구에 심신을

---

40) 김철수, 「본대로 드른대로 생각난대로 지어 만든대로」, 『遲耘金錣洙』, 한국정신문화연구원 현대사연구소 편, 1999, 7~8쪽.

41) 『붉은군사』 2, 1921년 12월 24일, 5쪽.

42) 고려공산당 중앙간부 위원장 김철훈, 「박진순 일파에 대한 보고, 제3국제공산당 동양비서부에」, 1921. (12). 27, 2쪽, РГАСПИ ф.495 оп.135 д.41 л.15~18.

43) Представитель Коркомпартии Хан‐Мен‐Ше(고려공산당 대표 한명세), Доклад в Президиум ИККИ, 1921. 11. 16, 2쪽, РГАСПИ ф.495 оп.135 д.46 л.10~12.

희생한 반도 교육계의 모범"이라고 기렸다. 식장에는 "다수의 출석이 유(有)하여 애도의 색(色)이 회장에 충만"했다고 한다.[44] 이 애도회가 열린 배경에는 신아동맹당 관련자들이 조선유학생학우회의 주요 간부직을 맡고 있었던 사정과 무관하지 않은 것 같다. 당시 김철수는 학우회 문서부장, 장덕수는 편집부장의 직임을 맡고 있었다.[45]

결국 한국에서 가장 먼저 사회주의자가 된 사람들은 혁명적 민족주의 진영 속에서 나왔음을 확인할 수 있다. 대한제국 멸망 전후 국내에서 비밀리에 결성된 신민회, 배달모음 등과 같은 혁명적 민족주의단체들이 초창기 사회주의자들의 모체 역할을 했다. 물론 모체단체 참가자들이 모두 다 사회주의를 받아들인 것은 아니다. 그들은 1910년대의 복잡다단한 우여곡절 속에서 점차 좌우 양 진영으로 분화되었다. 그 분화는 연해주·북간도 같은 망명지에서도 일어났고, 재일본 유학생 사회에서도 진행되었다. 좌측을 선택한 사람들은 점차 사회주의를 수용하여 한국 최초의 사회주의자가 되었다. 그리하여 망명한 전투적 민족주의자들과 일본에 유학한 신지식층이 사회주의자를 배출하는 풍부한 원천이 되었다.

4. 사회주의 수용의 배경

사회경제적 조건

사회주의는 한국 땅에 상륙하자마자 짧은 기간 동안 급속히 확산되었다. 거기에는 그럴만한 역사적 조건이 있었다. 그것은 두 개 측면으로 대별해볼 수 있다. 하나는 사회경제적 조건이고, 다른 하나는 국제정세

---

44) 「우리소식」, 『학지광』 3, 1914년 12월, 52쪽.
45) 「우리소식」, 『학지광』 5, 1915년 5월, 63쪽.

의 영향이다.

먼저 사회경제적 조건을 들여다보자. 일본제국주의가 식민지 한국에서 펼친 초창기 경제정책은 하나의 뚜렷한 목표를 갖고 있었다. 그것은 한국경제를 자국의 재생산체계 순환 속으로 편입시키는 일이었다. 이를 위해 무엇보다 먼저 식민지 한국에 근대적 토지소유권제도를 확립시켰다. 이 조치는 일본자본이 식민지에서 자유롭게 토지투자를 행할 수 있게끔 보장하는 역할을 했다.

일본은 한국경제를 원료와 자원을 공급하는 곳으로 재편성하고자 했다. 식민지 통치당국은 쌀·면화·누에고치·소의 개량과 증산을 독려했다. 또한 많은 예산을 투입하여 도로·항만 등의 생산기반을 급속히 확충시켰다. 이러한 조치는 일본이 원하는 식량과 원료를 증산하여 그것을 일본으로 원활하게 이전시키기 위한 것이었다.

한국은 식량·원료 공급지뿐만 아니라 일본자본주의의 상품시장 역할을 해야 했다. 회사령은 공업을 억제하기 위한 일제의 입장이 법률로 현실화된 것이었다. 회사령과 함께 한국공업의 성장을 가로막은 경제정책이 또 하나 있었다. 바로 저율관세의 존재이다. 1910년 한국은 일제의 관세영역으로 편입되었음에도 불구하고, 일본정부는 10년 동안 종전의 한국 관세제도를 그대로 존속시키겠다고 대내외적으로 선언했다. 이는 일제의 서구제국에 대한 종속성을 반영하는 조치였다. 그것을 통해 종전부터 한국과 통상관계를 맺고 있던 미국, 영국, 독일, 프랑스 등 서양 열강은 종전과 다름없이 손쉽게 한국시장에 침투해 들어올 수 있었다.[46)]

일제의 식민지 경제정책은 한국사회에 커다란 변화를 가져왔다. 종래의 지주제는 온존되었다. 아니, 온존되었을 뿐 아니라 식민지 통치당국의 보호하에 더욱 강화되었다. 그로 인해 지주계급이 한국사회 내부의

---

46) 권태억, 「식민지 초기 일제의 경제정책과 조선인 상공업」, 『3·1민족해방운동연구』, 청년사, 1989, 105~140쪽.

보수적 지배력을 여전히 장악할 수 있었다.

한국의 공장공업은 매뉴팩처 단계에 머무른 채 성장이 저지되었다. 당시 형성중에 있던 미약한 한국인 부르주아지는 원료·상품·금융 등의 측면에서 자체의 시장을 박탈당했다. 그런 까닭에 그들은 일본독점자본과 첨예한 모순관계에 놓이게 되었다.

농민과 도시 소상공업자들은 끊임없이 파산의 위험에 처하게 되었다. 한국은 일제 독점자본의 식민지시장으로 재편되는 과정에서 소경영의 안정화를 보장할 수 있는 조건들을 박탈당하고 있었기 때문이다.

농민 가운데서 빈농층이 70~80%를 점하고 있었다. 그들은 지주 - 소작 관계에 짓눌린 채로 과중한 육체노동과 궁핍한 생활수준을 감내해야 했다. 극빈 속에서 근근이 생명을 부지했다. 이들은 끊임없이 노동자계급으로 전화하거나 유리걸식했다. 도시에서는 일자리를 구하는 산업예비군이 넘쳐흘렀다. 만주·일본 등지로 떠나는 해외이주민 대열이 줄을 이었다.

노동자계급은 1919년 현재 약 20만 명 정도 형성되어있었다. 그 중에는 약 4만 2,000명의 공장노동자들이 포함되어있다. 1912~17년 기간에는 연평균 10건에도 미치지 않던 노동자들의 파업투쟁 건수가 1918년에 들어 일약 50건으로 증가했다. 3·1운동이 일어난 1919년에는 84건을 기록했다. 파업투쟁은 일본인 또는 총독부 직영의 대공장에 고용된 노동자들에 의해 주도되었다. 100명 이상의 참가자를 낸 파업사례가 1919년 1년 동안 28건으로 전체 파업 건수의 33%를 점하고 있는 것은 그 좋은 근거이다.[47]

노동자들은 파업 외에 반일시위운동에 적극 진출하고 있었다. 만세시위운동이 최고조에 달했던 1919년 3~5월 시기에 투옥된 8,511명 가운데 노동자는 4%에 해당하는 328명이었다. 이것은 당시 전인구 중에서 노동

---

47) 임경석, 「1910년대 계급구성과 노동자·농민운동」, 『3·1민족해방운동연구』, 205쪽.

자층이 점하고 있던 비중에 비하면 여타 계급·계층보다 4배 이상 되는 수치이다. 이러한 양상은 도시 지역에서는 더욱 두드러졌다. 보기를 들면 서울 지역에서 운동에 참가한 '죄'로 일제에 의해 기소된 사람들 가운데 노동자는 17%를 점했다.[48] 이것은 3·1운동을 통해 노동자계급이 자신의 투쟁경험에 의거하여 독자적 정치의식을 형성할 수 있는 기반이 마련되었음을 의미하는 것이다.

3·1운동에서 표출된 광범한 대중의 정치적 진출은 그들로 하여금 자신의 정치적 경험에 의거한 독자적인 정치의식의 단초를 형성케 했다. 물론 당시에는 민족구성원 대다수가 민족주의적 애국심을 폭넓게 공유하고 있었다. 그에 대신하는 별개의 정치사상이 유포되어있지도 않았다. 그러나 3·1운동에 참가한 대중들은 자신의 정치적 경험 속에서 맹아적 형태로나마 독자적 의식을 형성하고 있었다. 이들은 민족독립만이 아니라 '재산균분'·'토지분배'라는 민중적 이해에 기초한 독립국가의 건설을 전망할 수 있었다. 이리하여 1910년대 말 1920년대 초엽 한국사회에는 사회주의운동이 성장할 수 있는 양호한 토양이 마련되었다. 거기에는 대중의 빈곤, 민족적 차별, 정치적 압박, 광범한 대중의 정치의식의 성장 등이 이루어지고 있었다.

국제정세의 영향

한국에서 사회주의를 급속히 확산시킨 계기 가운데 하나는 국제정세의 영향이다. 특히 1917년 러시아혁명이 식민지 피압박 민족의 해방운동에 끼친 영향은 다대했다. 신생 러시아소비에트공화국은 혁명 후 즉시 「러시아인민 권리선언」을 비롯하여 「평화에 관한 선언」, 「러시아 및 동양의 모든 근로자에 대한 선언」 등을 발표했다. 그를 통해 러시아 내

---

48) 정연태 외, 「3·1운동의 전개양상과 참가계층」, 『3·1민족해방운동연구』, 238, 249쪽.

각 민족들 간의 평등, 각 민족의 자유로운 자결권, 모든 민족적 특권과 제한의 철폐 등이 약속되었다. 이 약속들은 주로 제정러시아 영토 내의 소수민족들에게 우선적으로 적용되었다. 하지만 그것은 아시아의 식민지·종속국 각 민족에게도 고무적인 영향을 주었다. 이로부터 식민지·종속국의 민족해방운동은 볼셰비키 혁명정부의 물질적·사상적 영향을 받게 되었다.[49]

한국 독립운동에 참가한 사람들은 러시아혁명을 긍정적으로 이해했다. 그것은 역사발전의 당연한 결과이며, 한국 독립운동에 유리한 조건을 제공한다고 보았다. 저명한 민족주의 지도자인 박은식(朴殷植)은 자신의 저서에서 러시아혁명에 대한 찬사를 표명했다. 그는 이르기를, 러시아혁명을 통해 종래의 극단적 침략국가가 이제 극단적 공화국가가 되었다고 했다. 러시아혁명은 전제정치를 타도하고 여러 민족의 자유와 자결을 선포했으며, 그것은 세계개조의 첫 신호탄이 되었다는 것이다. 박은식은 천지의 대변화가 일어났으니 한국도 활발히 맹진해야 한다고 주장했다.[50]

러시아혁명에 대해 특히 희망찬 반응을 보였던 것은 한국의 청년·학생들이었다. 3·1운동이 발발하기 직전, 일본 도쿄에 유학중이던 학생들은 「조선청년독립단선언서」를 발표했다. 그에 따르면, 러시아혁명은 군국주의적 야심을 포기하고 정의와 자유에 기초한 신국가를 건설하는 행위이다.[51] 이러한 인식은 중국 상해 지역의 한국인 학생들도 갖고 있었다. 1920년 2월 13일 상해에서 '재상해 유일(留日)학우구락부' 주최로 제1회 공개강연회가 개최되었다. 150여 청중이 참가한 자리에서 '볼셰비즘'이란 제목으로 강연한 이는 민족주의 논객으로 이름이 높던 이광수(李光

---

49) 조민, 「제1차 세계대전 전후의 세계정세」, 『3·1민족해방운동연구』, 52~53쪽.

50) 朴殷植, 『朝鮮獨立運動之血史』, 서울신문사, 1946, 59쪽.

51) 조선청년독립단, 「선언서」 1919. 2. 8(『李光洙全集』 17, 三中堂, 1962, 14쪽).

珠)였다. 그는 앞서 말한 「조선청년독립단선언서」 집필자이기도 했다. 이광수는 혁명의 불가피성을 인정했다. 그는 "혁명이란 사회제도의 기(其) 결함에서 발(發)하는 것"이라고 전제한 뒤, "역사란 항상 피(被)혁명계급이 혁명계급에 정복된 기록"이라고 말했다. 그는 볼셰비즘을 긍정적으로 보았다. 그것은 "사회주의 중 가장 철저하고, 가장 대표적인 것"이라고 소개했다. 그는 한국 독립운동을 국권 회복 운동일 뿐 아니라 '신국가·신사회 건설운동'이라고 규정했다. 나아가 "사상문제의 연구는 독립운동의 일부"라고 주장했다.[52] 이광수의 인식은 상해에 망명한 한국인 청년·학생들 인식의 일단을 드러내주고 있다. 사회주의에 대한 지지 여부에 상관없이 볼셰비즘과 혁명운동에 지대한 관심과 호의를 지니고 있었던 것이다.

1920년 4월 5일 '유일학우구락부'의 제2회 강연회에서도 「사회주의에 대하여」가 연제에 올랐다. 강연자 손두환(孫斗煥)은 프롤레타리아트 독재에 호감을 표시했다. "사회주의가 주창하는 노동전제(勞動專制)는 자유와 평등에 달하는 도정(道程)뿐이오 결코 노동전제의 영속을 의미함이 아니라"고 이해했다. 그는 한국독립을 진정으로 돕는 자는 국제 사회주의운동뿐이라고 주장했다. "오인의 운동에 진정으로 동정하는 자는 세계의 노동계급과 사회주의자"라는 게 그의 판단이었다.[53]

『독립신문』도 사회주의에 대한 호감을 표시했다. 창간호(1919. 8. 21) 사설에서 그 호감을 읽을 수 있다. 사설은 한국인들이 "오등(吾等)에게 적당하다고 생각하는 신학술과 신사상을 섭취하여야" 한다고 주장했다. 『독립신문』은 '신사상의 소개'를 자기 사명 가운데 하나로 꼽았다.[54] 사회주의가 배제되지 않았음은 물론이다. 도리어 사회주의를 적극적으로 소개했다. 사회주의에 관한 연재기사를 게재한 신문편집자는 그 취지에

---

52) 『독립신문』 1920년 3월 18일자, 4쪽.
53) 『독립신문』 1920년 4월 10일자.
54) 『독립신문』 1919년 8월 21일자, 1쪽.

대해 이렇게 말했다. "독립운동의 기관으로 출현한 본지(本紙)는 또한 세계사조의 소개자로 자임한다 함은 본지 창간사에 성명한 바라"고 전제한 뒤, "우리 독립운동에 종사한 자는 독립운동을 진행하는 일 요건으로서나 독립 후의 건국사업을 준비하는 의미에서나 이(사회주의—인용자)의 연구를 소홀히 하지 못할지라"라고 주장했다.[55]

「노농공화국 각 방면 관찰」이라는 기사는 소비에트 러시아와 사회주의를 옹호하는 내용으로 채워져 있다. 그 기사를 보면, 소비에트 정부를 가리켜 '붉은 공포'라거나 러시아의 특산물이라거나 굶주린 폭도(暴徒)라고 보는 사례가 있으나, 그것은 오해일 뿐이라고 한다. 그러한 견해는 어리석고 극히 잘못된 말이라고 규정하면서 반공(反共)적 관점을 일축했다.[56]

위에서 거론한 간행물과 표현은 사회주의자들의 진술이 아니다. 그것은 한국 독립운동에 참가하고 있던 인사들의 일반적 생각을 대변하는 것으로 볼 수 있다. 한국 독립운동에 참가한 인사들은 러시아혁명을 가리켜 "오인(吾人)의 독립운동에 진정으로 동정하는 자"로 이해하고 있었다. 또한 독립 이후 수립할 "신사회·신국가 건설운동의 모범 가운데 하나"로 간주하고 있었다.

사회주의에 대한 호감은 국내 민중들 사이에서도 어느 정도 전파되어 있었다. 3·1운동 당시에 작성된 조선총독부 경무국의 한 정보문서를 보자. 그에 이르기를, "하층민 계급 가운데는 아직도 독립만세를 고창하는 자가 있는데…… 대통령이 선출되면 국민 전체에 걸쳐 재산의 균분을 하게 될 것이라고 칭하여 자못 공산주의적 언사를 농(弄)하는 자가 있다"고 한다. 그러한 경향은 하층청년들 사이에 더욱 강했다고 한다. 그들 사이에는 "조선독립시에는 재산을 평등하게 나눠줄 것이므로 빈곤자로서는 무상의 행복이 될 것이라고 칭하면서 독립의 실현을 기대하는

---

55) 『독립신문』 1920년 5월 29일자, 4쪽.
56) 『독립신문』 1920년 4월 10일자, 4쪽.

정황이 있다”고 전한다.57) 3·1운동 당시에 이미 민중들 사이에 한국독립 이후에 건설될 신국가를 소비에트 러시아와 같은 유형의 것으로 간주하는 경향이 존재했음을 알 수 있다.

러시아혁명만이 아니다. 제1차 세계대전 직후 고양된 국제적 범위의 혁명운동도 한국에서 사회주의 확산에 영향을 미쳤다. 3·1운동으로 인해 투옥된 민족주의자 한용운(韓龍雲)은 감옥에서 「조선독립의 서(書)」를 집필했다. 이 글은 상해에서 발간되던『독립신문』1919년 11월 4일자에 「조선독립에 대한 감상의 개요」라는 제목으로 게재됨으로써 널리 알려지게 되었다. 그는 제1차 세계대전 종결이 연합국의 손으로 이루어진 것이 아니라 독일혁명에 의한 것이라고 보았다.

> 전쟁(제1차 세계대전-인용자)의 종극을 고함은 어떤 까닭인가? 정의·인도의 승리요 군국주의의 실패니라. 그렇다면 정의·인도, 즉 평화의 신은 연합국의 손을 빌어 독일의 군국주의를 타파함인가? 아니다. 정의·인도 즉 평화의 신은 독일인민들의 손을 빌어 세계의 군국주의를 타파함이니, 곧 전쟁중의 독일혁명이 이것이다. 독일혁명은 사회당의 손에서 일어난즉, 그 유래가 오래되고……58)

이에 따르면, 군국주의는 연합국의 군사력에 의해서가 아니라 독일혁명 때문에 패퇴했다. ‘독일사회당(독일사회민주당)’의 지도하에 독일인민들이 혁명을 일으켜 독일 군국주의를 타파했다는 것이다. 이 때문에 전후 세계는 정의와 인도의 정신에 따라 재편성이 이루어지고 있다고 보았다.

한국의 초기 사회주의자들은 전후 고양되고 있는 국제 혁명운동에 대해 깊은 관심을 표명했다.『독립신문』지상에 게재된「노동문제 개관」이라는 글에는 그러한 관심이 담겨있다. 그것을 보면, “신문명의 미래를

---

57) 박찬승,「3·1운동의 사상적 기반」,『3·1민족해방운동연구』, 413쪽.

58) 한용운,「조선 독립의 書」,『독립운동사자료집』6, 1973, 212~216쪽.

지배할 2대 원동력이 출현"했다고 한다. 2대 원동력이란 '전러시아의 피비린내'와 '전유럽의 울부짖는 사람들'이다. 러시아의 볼셰비키혁명과 유럽의 노동운동·혁명운동을 지칭한 것이다.[59]

---

59) 綿包, 「노동문제 개관」, 『독립신문』 1919년 10월 2일자, 2쪽.

제2장 한인사회당

1. 러시아혁명과 한인 사회

러시아령 극동

한국 땅이 아니면서도 한국 근대사와 속 깊은 연관을 맺은 곳들이 있다. 이주민과 망명자들이 모여들던 곳은 어디나 그러했다. 일본 도쿄와 오사카, 중국 상해와 북경, 압록강 너머 서간도와 두만강 너머 북간도, 미국 하와이와 캘리포니아주, 러시아 극동지역과 모스크바 등이 그런 곳이다.

그 중에서 러시아 극동지역에 주목할 것을 권하고 싶다. 왜냐하면 그곳에서 한국 최초의 사회주의정당이 출현했기 때문이다. 그곳은 초창기 한국 사회주의운동의 중심지 가운데 하나가 되었다.

'러시아 극동'이란 바이칼호에서 태평양에 이르는 러시아영토를 가리키는 말이다. 서쪽으로 시베리아로 연결되고, 동쪽으로 태평양과 동해에 잇닿아있다. 남쪽으로 몽골·만주·한국과 국경을 접하고 있으며, 북쪽에는 북극해가 펼쳐져 있다. 제정러시아 시기 이곳은 5개 주(州)로 구분되어있었다. 자바이칼주, 아무르주, 연해주, 사할린주, 캄차트카주가 그것이다. 이 중 자바이칼주는 이르쿠츠크에 위치한 이르쿠츠크 총독부 관할구역이었다. 그를 제외한 4개 주는 하바로프스크에 소재한 프리아무르 총독부 관할하에 놓여있었다. 주에는 주지사가, 총독부에는 총독이 임명되었다. 광활한 면적에 비해 인구는 매우 희박했다. 1915년 현재 인구수는 대략 414만 6,900명이었다.[1]

---

1) 憲兵司令部, 『西伯利出兵憲兵史』, 東京 : 國書刊行會, 1976, 21~22, 28쪽.

한국사람들은 이 지역을 통상 시베리아라고 불러왔다. 그러나 엄밀한 의미에서 시베리아는 '러시아 극동'의 서쪽을 가리킨다. 시베리아는 우랄산맥과 바이칼호 사이를 지칭하는 지리적 용어로서 '러시아 극동'과는 다르다.

러시아 극동지역에서 한국의 첫 사회주의단체가 나타나고 사회주의운동이 활발하게 전개될 수 있었던 데는 다음과 같은 이유가 있었다.

첫째, 한국인 이주민사회가 형성되어있었기 때문이다. 3·1운동이 일어나던 1919년 즈음에 그곳 사회에서는 "한국인 이주민이 약 20만이 된다"는 추정이 꽤 퍼져있었다.[2] 이 추정치는 사실에 근접했던 것으로 보인다. 1922년 말 현재 러시아공산당 극동국이 집계한 바를 보면, "러시아령 극동의 한국인 주민수는 25만 명에 달했고, 그 중 5만 명은 러시아 국적을 갖고 있었다"[3]고 한다. 이 이주민층은 한국인의 정치, 사회적 운동에 두터운 인적·물적 기초를 제공했다.

둘째, 그곳은 만주(중국 동북지방)와 더불어 한국 민족해방운동의 해외 근거지로 손꼽히는 곳이었다. 러시아 극동지역은 두만강을 경계로 하여 한국국경과 잇닿아있기 때문에 정치적 망명지를 구하거나 군사적 근거지를 구축하려는 한국인들의 주목을 받아왔다. 그뿐이 아니다. 국제정치상으로 러시아는 제정시대 이래 오랫동안 일본제국주의와 모순관계에 있었다. 그 때문에 러시아 극동지역에서 한국인들은 비교적 자유롭게 반일운동을 전개할 수 있었다. 이런 사정으로 인해 두만강을 넘는 망명자들이 줄을 이었으며, 한국 혁명운동의 저명한 지도자와 신진 청년들이 이곳에 집결할 수 있었다.

셋째, 현지 한국인 망명자와 이주민들이 러시아혁명의 영향을 받았기

---

2) 이지택, 「시베리아의 3·1운동」, 『월간중앙』, 1971년 3월호, 186쪽.

3) М. А. Персиц(페르시츠), Восточные интернационалисты в России и некоторые вопросы национально-освободительного движения, 1918~июль 1920(러시아의 동양인 국제주의자들과 민족해방운동의 몇 가지 문제) ; АН СССР, КОМИНТЕРН И ВОСТОК, Изд. НАУКА, Москва, 1969, с.56.

때문이다. 1917년 2월 혁명 이후 전러시아는 혁명과 반혁명이 맞부딪치는 일대 격전장으로 변했다. 한국인 이주민들도 첨예화한 혁명의 소용돌이에 말려들었다. 러시아혁명이 한국 민족해방운동에 미친 영향은 러시아 이외 지역의 경우 사상적·이념적 성격을 띠는 것이었다. 하지만 러시아 내에 거주하는 한국인들에게 그것은 현실의 생활문제였다.

2월혁명

러시아 극동의 한국인들에게 혁명의 파도가 닥친 것은 1917년 2월 혁명 직후였다. 차르는 폐위되고 제정러시아의 구지배체제는 붕괴되었다. 종래의 지배체제가 파괴된 상황 속에서 다양한 정치세력들은 자신의 영향력을 확장하기 위한 경쟁적 활동에 착수했다.

연해주 블라디보스톡에서는 3월 4일(러시아아력)에 블라디보스톡 노동자·병사소비에트 제1차 대회가 개최되어 소비에트집행위원회를 선출했다. 같은 시기에 현지의 부유층들도 또 하나의 지방정부를 조직했다. 블라디보스톡의 젬스토보·증권산업위원회·협동조합의 대표자들은 3월 17일 집회를 가졌으며, 거기서 '사회보안위원회'를 조직했다. 사회보안위원회에서는 케렌스키를 수반으로 하는 러시아임시정부를 지지했다. 그리하여 블라디보스톡에서는 '소비에트'와 '사회보안위원회'라는 2중 권력체제가 조성되었다. 이러한 현상은 러시아 극동의 다른 지역에서도 공통적으로 나타났다. 블라디보스톡에 뒤이어 연해주의 다른 도시들, 즉 하바로프스크, 니콜스크우수리스크 등지에서도 '사회보안위원회'와 '노동자·병사소비에트'가 형성되었다.[4]

이 두 조류는 각각 러시아 극동 전체를 포괄하는 통합과정을 밟았다.

---

4) Ким Сын хва(金承化), Очерки по истории Советских Кореичев, изд. наука, Ал ма Ата, 1965(鄭泰秀 옮김, 『소련한족사』, 대한교과서주식회사, 1989, 76~77쪽).

소비에트가 먼저였다. 1917년 5월 블라디보스톡에서 제1차 극동지방 소비에트대회가 열렸다. 거기서 러시아 극동지역을 관할하는 '소비에트 극동지방위원회'가 조직되었다. 이것이 제1차 극동소비에트 위원회이다. 그 속에서 볼셰비키는 소수였고, 사회혁명당과 멘셰비키계열의 위원들이 다수를 점했다.

러시아임시정부도 극동지방에 대한 통치권 장악에 나섰다. 임시정부는 루사노프를 극동전권위원으로 임명하여 제정시기 총독부가 소재하던 하바로프스크로 파견했다. 루사노프는 러시아정부를 대표하는 극동지역 최고위 책임자였다. 그는 아무르주·연해주·자바이칼주의 각 사회보안위원회와 협력하여 행정권을 장악했다. 그리하여 1917년 5월경에 러시아 극동 전역에 걸쳐 2중권력 상태가 조성되었다. 중앙정부 전권위원의 지휘 아래 활동하는 각급 사회보안위원회를 한편으로 하고, '소비에트 극동지방위원회'를 다른 한편으로 하는 양자간의 모순이 점차 격화되어갔다.[5]

러시아 극동지역에 거주하는 한국인 이주민들도 혁명의 불길로부터 자유롭지 못했다. 그들은 러시아 내 다른 민족들과 마찬가지로 혁명의 소용돌이 속으로 이끌려 들어갔다. 러시아공산당 극동국 통계를 보면, 당시 극동지역 전체 한국인 거주자는 1922년 말 현재 25만 명이었다. 초기 사회주의운동의 지도자 이동휘의 추산에 의하면, 1924년 당시 연해주에 거주하는 한국인은 약 20만 명이었다.[6] 전체 이주민 가운데 80%에 해당하는 사람들이 연해주에 살고 있었던 셈이다.

이들은 사회적 처지상 두 그룹으로 나뉘어있었다. 한 그룹은 러시아 국적의 귀화인이었다. 이들은 "노령에 이주한 지 오래되어 상당한 정도로 러시아화된 한인들"이었다. 또 다른 그룹은 비귀화인이었다. 그들은

---

5) 藤本和貴夫, 「極東ロシアにおける初期ソヴェト政權の成立〜1917年」, 『阪大法學』 116·117, 1981, 220〜222쪽.
6) 이동휘, 「사랑하는 내지 동포에게」, 『동아일보』 1925년 1월 19일자.

이주한 지 얼마 되지 않았거나 정치적 망명자들이었다. 그들은 "사고방식이나 충성심에서 철저히 한국인이라고 할 수 있는 사람들"이었다.[7] 두 그룹 가운데 비귀화인의 비중이 훨씬 컸다. 1914년 말 현재 연해주 행정청에서 조사한바 연해주 관내 귀화인 수는 2만 109명이었고, 비귀화인은 6만 4,309명이었다.[8] 전자는 전체의 24%, 후자는 76%를 점하고 있었다.

제정러시아 정부는 두 부류의 한국인을 차별적으로 대우했다. 귀화인에게는 1호당 15데샤치나의 토지를 무상분배했다.[9] 그 토지면적은 약 16.4헥타르(4만 9,000여 평)에 달하는 넓이로 1917년 식민지 한국의 농가 1호당 평균 경지면적이 1.4헥타르였던 데 비하여 무려 12배에 달한다.[10] 비귀화인은 그러한 대우를 받지 못했다. 그들은 토지소유권을 인정받을 수 없었다. 그 때문에 러시아인 지주와 귀화 한국인의 토지를 소작하거나 고용노동자 생활을 해야 했다. 소작계약 기간은 보통 1~2년으로 매우 짧았고, 소작료도 40~60%에 달하는 고율이었다. 따라서 비귀화 한국인들은 귀화 한국인들에 비해 열악한 생활을 할 수밖에 없었다.[11]

차별과 거리감은 두 부류의 한국인들 내부에도 존재했다. 귀화인은 '원호(原戶)'라고 부르고 비귀화인은 '여호(餘戶)'라 불렸는데, 양자 사이에는 심각한 이질화가 진행중이었다. 고용노동을 하는 여호 사람들은

---

7) Robert A. Scalapino & Chong-Sik Lee, *Communism in Korea, Part 1 : The Movement*, University of California Press, 1972(한홍구 옮김, 『한국공산주의운동사(1~3)』, 돌베개, 1986, 40쪽).

8) 「朝憲機第65號, 浦潮情報」 1917. 3. 6, 2쪽 ; 『不逞團關係雜件, 朝鮮人の部, 在西比利亞(6)』, 한국역사정보통합시스템, http://kh2.koreanhistory.or.kr (이하 『不逞團, 西比利亞(6)』으로 줄임).

9) B. Граве(그라베), Китайцы, Корейцы и Японцы в Приамурье(프리아무르의 중국인·한국인·일본인), 1912 ; 南滿洲鐵道株式會社 調査課 日譯, 『極東露領に於ける黃色人種問題』, 大阪每日新聞社, 1929, 106쪽.

10) 「耕地面積及農業者戶口」, 『朝鮮總督府統計年報(大正6年)』, 1919. 3, 102~103쪽.

11) 반병률, 「대한국민의회의 성립과 조직」, 『한국학보』 46, 1987년 봄, 131쪽.

원호 사람들과 한 좌석에 앉을 권리도 없을 정도로 천대를 받았다. 심지어 통혼도 하지 않았다. 그래서 부유한 원호 농민들과 가난한 여호 사람들 간에는 은연중에 적대감이 쌓이는 실정이었다.[12] 두 부류의 이질화는 당시 연해주에서 생활한 경험이 있는 사람의 회고담에 생생하게 표현되어있다.

귀화인은 비귀화인을 '레베지(두루미)'란 별명으로 그들을 깔보고 있었고, 비귀화인은 귀화인을 '얼마우재'라고 천시했다. '레베지'란 농촌의 한인들이 외출할 때는 두루미 모양으로 흰옷을 입고 일렬 종대로 줄지어 가는 것이 두루미 같다는 것이요, '얼마우재'란 것은 러일전쟁 후에 관북지방에서 러시아인을 마우재라고 불렀는데, 중국어에 둘째라는 '얼'을 붙여서 '얼마우재' 즉 제2의 러시아인, '새끼 마우재'라고 천시하는 호칭이다.[13]

양자의 이질화는 사회경제적, 심리적 수준에만 머물지 않았다. 그것은 러시아 2월 혁명 이후 조성된 새로운 정치정세 속에서 정치적 태도의 차이로도 표출되었다.

되돌아보면 제1차 세계대전 기간 동안에 제정러시아 정부는 자국 내 한국인의 반일운동을 불법시했다. 러시아정부는 독일과의 전쟁수행 필요 때문에 동맹국인 일본정부의 요청을 외면하지 못했다. 러시아령 내부에서 이루어지는 한국인의 민족운동과 반일운동을 억압했던 것이다. 러시아령의 대표적 한국인 단체인 권업회(勸業會)는 전쟁 발발 직후인 1914년 9월에 강제 해산되었다. 그 기관지인 권업신문(勸業新聞)도 폐간당했다. 그리하여 제1차 세계대전 기간 동안 러시아 영토 내에서는 한국인의 민족운동은 공공연한 형태로 전개될 수 없었다.[14]

---

12) 이인섭, 「최고려자서전을 연구하다가 나의 소감, 다만 참고재료로써」, 1961. 10. 27(『한국독립운동사자료집』, 홍범도편, 한국정신문화연구원, 1995, 314쪽).
13) 이지택, 앞의 글, 193~194쪽.
14) 劉孝鐘, 「極東ロシアにおける朝鮮民族運動-'韓國併合'から第一次世界大戰

전로한족회

1917년 2월 혁명의 발발은 이러한 상황을 일변시켰다. 러시아령에 거주하는 한국인들에게 정치적 운신의 폭이 대폭 확대되었다. 그들은 지체없이 행동에 착수했다. 한인사회의 결집을 위해 대규모 회의가 소집되었다. 이를 위해 4월 20일 '노령한인협회발기회' 명의로 작성된 3종의 문서(「통고서」, 「노령의 동포 여러분에게 고함」, 「발기회에서 처리한 사항 제1호」)가 각지로 발송되었다. 대회를 소집한 목적은 러시아령 한국인 사회의 자치적 대표기관을 창설하는 데 있었다. 이 행동의 이니셔티브는 원호 사람들이 쥐었다. 발기회 임원진은 원호인 지도자로 이름 높은 최재형(崔在亨), 문창범(文昌範) 등 9명으로 이루어져 있었다.[15]

대회는 그해 5월 21일부터 30일까지 니콜스크우수리스크 시에서 개최되었다.[16] 이 도시는 러시아령 한국인들에 의해 소왕령(蘇王領) 또는 송왕령(宋王嶺, 松王嶺) 등으로 지칭된 연해주 내륙의 중심도시 가운데 하나였다. 이 회의에는 인구비례에 의거하여 선정된 러시아령 극동에 소재하는 각지 한국인 사회의 대표자들이 참석했다. 연해주, 아무르주, 자바이칼주 각처에 소재하는 한족회, 군인회, 교사회, 농민동맹 등에서 96명의 대표자가 당도했다.

대표자 구성은 복잡했다. 그들 중 3분의 2는 러시아국적을 취득한 원호였으며, 3분의 1은 여호였다.[17] 대회를 주도하게 된 원호인들은 여호

の勃發まで」, 『朝鮮史硏究會論文集』 22, 1985, 157쪽.

15) 在哈爾賓總領事代理 佐藤尙武, 「露領韓人協會に關する件」 1917. 6. 4, 『不逞團, 西比利亞(6)』.

16) 劉孝鐘, 「2月革命と極東ロシアの朝鮮人社會」, 『ロシアと日本』 3, 1992, 63쪽.

17) 반병률, 「노령지역 한인정당의 결성과 변천―한인사회당과 상해·이르쿠츠크파 고려공산당을 중심으로」, 『독립운동의 이념과 정당』, 독립기념관 개관

인들에게 배타적인 태도를 취했다. 여호인 대표자들은 '노령한인협회'
내에 귀화·비귀화인을 막론하고 러시아령에 거주하는 모든 한국인을
망라할 것을 주장했다. 그러나 원호인들은 여호인 농민대표들에게 의결
권을 주지 않으려고 했다. 비귀화인을 받아들일 경우 일본제국주의자들
에게 간섭의 기회를 줄지도 모른다는 것을 이유로 '노령한인협회'를 귀
화인들만으로 구성한 것이다. 여호인 대표들에게 의결권을 부여할 것인
지 여부를 둘러싸고 논란이 격화되었다. 급기야 원호인들은 여호인 대
표들에게 발언권만 인정한다는 의안을 다수결로 가결해버렸다.

조직문제를 둘러싼 분열은 정치문제의 견해 차이와 맞물려있었다. 참
석자들을 분열시킨 정치문제는 2중권력 상태의 러시아혁명 정세 속에서
취해야 할 한국인의 입장문제였다. 케렌스키를 수반으로 하는 임시정부
를 지지하는 세력과 소비에트를 지지하는 세력 간의 대립이 표면화된
것이다.[18]

조직과 정치문제에서 드러난 이 견해 차이는 결국 회의의 분열을 가
져왔다. 소비에트 지지를 표명한 대표자들은 대회장에서 탈퇴했다. 회의
장에 잔류한 다수파는 예정된 회순에 따라 의사를 계속 진행했다. 이들
은 중앙기관을 설립했다. 그 명칭의 러시아어 표기는 '한국민족회 중앙
집행위원회(Ц.И.К. Корейских Национальных Союзов)였다.[19] 한국인은 이 단
체의 한글명칭을 다양하게 불렀다. '전로한족회 중앙총회', '노령한인협
회', '고려족 중앙총회', '고려국민회' 등으로 호칭했다. 이 중 우리는 당
시 한인들 사이에 가장 널리 사용되었다고 판단되는 '전로한족회 중앙
총회'라는 이름을 사용하기로 하자.

이 단체의 위상은 귀화 한국인들의 자치제를 실행하기 위한 상설적

___

4주년기념 제5회 독립운동사 학술심포지엄 자료집, 1991. 8, 92쪽.

18) Ким Сын хва(金承化), 앞의 책, 78쪽.

19) Гоженский И.(고젠스키), Участие корейской эмиграции в револющинном движ
  ении на Дальнем Востоке(극동혁명운동에서 한국인 이주민들의 참여), Револю
  ция на Дальнем Востоке, М., Испарт., 1923, с.361.

중앙기관으로 간주되었다. 이 단체는 '입적한 한인의 대단결' 기관이라는 계봉우의 표현에서도 알 수 있듯이 러시아 귀화 한국인들만을 조직 대상으로 설정했다.

대회 결의 중에는 한국어신문을 창간하는 문제도 포함되어있었다. 니콜스크우수리스크 시에 신문사를 설립하고 일주일에 2회씩 발간하기로 결정했다. 이 결정에 의거하여 발간된 신문이 곧 『청구신보(靑邱新報)』이다. 창간호는 7월 7일에 발행되었다. 이 신문은 전로한족회 중앙총회의 기관지였으며, 따라서 원호 사람들의 의견을 충실히 대변한다는 지목을 받았다.

대회는 러시아 임시정부를 지지하기로 결정하고 축전을 보냈다. 또한 임시정부의 전쟁지속 정책에도 지지의 뜻을 표명했다. 모스크바의 헌법제정의회에 한인 대표를 파견하기로 한 결정도 같은 취지에서 나온 것이었다. 국체문제에 관해서는 민주공화제를 주장하기로 결정했다. 결국 갓 태어난 전로한족회는 2중권력 체제하에서 노동자·농민소비에트가 아니라 러시아 임시정부에 대한 지지를 선택한 것이다.

러시아 임시정부를 지지한다는 대회의 결정은 식민지 한국의 독립을 꾀하는 사람들에게는 실망스러운 일이었다. 독일과의 전쟁에서 승리를 얻으려는 러시아 임시정부가 일본을 동맹국으로 간주했기 때문이다. 결국 전로한족대표자회를 주도한 원호인들은 항일의 이슈를 뒷전으로 돌렸다. 그들은 항일운동의 과제보다 러시아 내 소수민족인 귀화 한인들의 자치와 권리신장에 몰두했다.[20]

---

20) 반병률, 『성재 이동휘 일대기』, 139~141쪽.

2. 한인신보 그룹

한인신보 그룹의 형성

전로한족대표자회에서 탈퇴한 사람들에 주목해보자. 이들은 러시아령 한인의 자치와 권익옹호에 더하여 항일 독립운동의 전면화를 꾀하는 사람들이었다. 전쟁지속 정책을 표방한 러시아 임시정부에 대해서는 비판적이었고, 그 대신 노동자·농민소비에트의 집권에 호의적이었다. 또한 원호·여호 여부를 막론하고 러시아령 한인들의 대단결을 지향했다. 이들은 원호 중심의 전로한족회 간부파에 맞서 블라디보스톡 신한촌에서 독자적인 세력화를 꾀했다.

이들은 블라디보스톡 신한촌에서 몇 달 전부터 준비해오던 한글신문 『한인신보(韓人新報)』 설립에 능동적으로 참여했다. 이 신문은 니콜스크 우수리스크 시의 『청구신보』(7월 7일 창간)와 거의 같은 시기에 간행되었다. 『한인신보』 창간호 발행일은 1917년 7월 8일이었다. 이 신문의 발간에는 블라디보스톡 한인회의 적극적인 지지가 큰 힘이 되었다. 귀화 여부를 불문하고 신한촌의 영향력있는 한인들이 그를 도왔다. 이들은 한인신보를 중심으로 활동했기 때문에 사람들로부터 '한인신보' 그룹이라고 불리었다.[21]

이들은 러시아 임시정부에 의해 투옥된 한국인 망명자들의 지도자 이동휘 석방운동을 주도했다. 이동휘는 블라디보스톡에서 독일 스파이 활동 혐의로 케렌스키 임시정부 관리들에 의해 체포되었다. 1917년 4월 16일의 일이었다.[22] 러시아 임시정부는 독일과 전쟁을 지속하기 위해 일

---

21) Гоженский И.(고젠스키), 앞의 글, 361쪽.

22) 在浦潮斯德總領事代理 坪上貞二, 「朝鮮人近狀ニ關シ報告ノ件」, 1917. 4. 16, 2
　　~3쪽, 『不逞團, 西比利亞(6)』.

본과 우호적인 관계를 유지하고자 그를 투옥시켰던 것이다. 이동휘는 블라디보스톡의 러시아 육군감옥에 수감되었다. 그는 전직 대한제국 육군소령을 지낸 경력이 있었기 때문에 감옥에서도 상당한 대우를 받았다고 한다.

이동휘 석방문제를 둘러싼 러시아령 한인사회 양대 세력의 태도는 서로 달랐다. '전로한족회' 주도그룹은 대회석상에서 투옥된 한국인 정치망명자를 석방케 하자는 제안을 의사일정에서 제외한 바 있다. 그에 반해 한인신보 그룹은 블라디보스톡 소비에트위원회와 하바로프스크의 극동소비에트 정부를 상대로 이동휘 석방운동에 착수했다.

이동휘는 10월 18일 블라디보스톡 감옥에서 블라고베셴스크 감옥으로 이감되었다.[23] 그가 석방된 것은 수감된 지 약 7개월이 지나서였다. 11월 중순 마지막 수감지인 알렉세예프스크 감옥에서 석방된 그는 그달 26일 밤 비밀리에 블라디보스톡에 도착했다. 얼마 안되어 그는 다시 만주 목릉현(穆稜縣)으로 잠시 거처를 옮겼다.[24] 이동휘의 석방은 하바로프스크 일원에서 영향력을 갖고 있던 볼셰비키세력과 새로이 형성되고 있던 친볼셰비키적 지향을 보인 한인신보 그룹의 노력으로 성사된 일이었다.

한인신보 그룹은 종래의 전투적 민족주의운동의 흐름과 내면적 연계를 맺고 있었다. 이 그룹의 중핵에는 만주와 러시아로 망명한 신민회원들이 포함되어있었다. 이동휘 측근 가운데 한 사람인 장도정(張道政)이 이르기를, 이동휘는 러시아에 망명한 신민회원들의 활동을 주도했다고 한다. 국내 신민회는 1912년 '105인 사건'이라 명명된 대탄압으로 인해 커다란 타격을 받았다. 주요 회원 400여 명이 투옥되었고, 남은 회원들

---

23) 在浦潮斯德總領事 菊池義郎, 「排日鮮人李東輝に關する件」, 1917. 10. 27, 1
～2쪽, 『不逞團, 西比利亞(6)』.

24) 「朝憲機第404號, 李東輝の近情に關する件」, 1917. 12. 28, 1～3쪽, 『不逞團,
西比利亞(6)』.

은 국외로 망명했다. 장도정에 따르면, "안창호는 미국으로 망명하여 한인국민회를 조직하고, 이동휘는 노령으로 망명하여 신민회의 사무와 연락을 취했다"[25]고 한다. 대탄압 이후에도 러시아령으로 망명한 신민회원들은 이동휘를 중심으로 계속 활동하고 있었던 것이다.

한인신보 그룹은 이동휘 석방운동과 함께 러시아령 한국인 사회에서 독자적인 영향력 확대를 꾀했다. 그들은 니콜스크우수리스크 시의 전로한족회 중앙총회와 별개로 러시아령 한국인 대표기관을 조직하고자 했다. 이들은 전로한족회 창립대회가 러시아 국적이 있는 한국인만을 받아들인 사실을 비판했다. 이들은 새 단체 발기문을 통해 "아령(俄領)에 재류하는 남녀는 입적·비입적을 불문하고 18세 이상 된 사람을 모두 모아 단결"할 것을 주장했다.[26] 전로한족회가 원호들만의 단체였기 때문에 원호와 여호를 망라하는 대단체를 조직하자는 제안은 한인들의 폭넓은 호응을 받았다.

이 움직임의 무대는 하바로프스크 시였다. 그곳은 제정러시아 시대에 프리아무르 총독부가 소재한 덕분에 오랫동안 러시아 극동의 행정중심지 역할을 하던 도시이다. 그뿐만이 아니라 러시아령 극동 전역을 관할 범위로 표방한 극동소비에트 정부가 바로 그 도시에 터를 잡았다. 하바로프스크는 러시아령 한인들의 대표기관이 소재할 만한 이유를 갖추고 있었다.

새 단체 창설을 촉구하는 발기문이 작성되었다. 귀화 여부를 불문한 러시아령 한국인 대표기관을 설립하기 위해 1918년 1월 14일 하바로프스크에서 대표자회의를 소집한다는 발기문이 러시아 내 각 한국인 단체들 앞으로 발송되었다.

원호들만의 단체 '전로한족회'에도 발기문이 왔다. '전로한족회 중앙

---

25) 張道政, 「高麗共産黨の沿革」 1쪽, РГАСПИ ф.495 оп.154 д.248.

26) 劉孝鐘, 「極東ロシアにおける10月革命と朝鮮人社會」, 『ロシア研究』 45, 1987, 26쪽.

'총회'는 새 단체 설립계획에 대해 맹렬한 반대입장을 드러내면서 '한인신보' 그룹이 재러시아 한국인 사회의 분열을 꾀하고 있다고 비난했다. 기관지『청구신보』는 "입적·비입적 한인이 연합한다면서 아무런 협의도 없는" 점을 비판하는 기사를 게재했다.

그러나 원호·여호를 망라한 대단체 결성에 반대할 명분이 그들에게는 없었다. '전로한족회 중앙총회'는 태도를 바꾸기 시작했다. "소왕령(니콜스크우수리스크－인용자)회의 시대와는 이미 시절이 달라졌다"는 점을 감안하여 하바로프스크 '아령한인회'와 합동할 용의가 있음을 내비쳤다. 전로한족회가 하바로프스크 대회에 참여하기로 결정한 것은 1918년 1월 11일(러시아력 12월 29일)로 대회가 개최되기 직전의 시점이었다. 전로한족회는 "문제가 되어온 입적·비입적의 계한(界限)을 없애고 모든 한인은 행동을 통일"한다는 명분에 동의했다. 이어서 "화발포(花發浦 : 하바로프스크－인용자)에서 새로이 발족한 한인회와 협의하여 아령재류 한인은 이 두 회를 통일하며 이외의 별도의 단체를 조직하지 않는다"고 결정했다.[27]

유효종은 전로한족회가 태도를 바꾼 원인을 두 가지로 설명했다. 그는『청구신보』기사 가운데 "소왕령회의 시대와는 이미 시절이 달라졌다"는 언급에 주목했다. 변화된 정세란 무엇을 가리키는가. 첫째, 하바로프스크에서 제3회 극동지방소비에트 권력 수립이 선언된 시점이 12월 24일임을 감안할 때 청구신보 그룹은 그곳에 수립된 현실권력에 대하여 찬반 여부와 상관없이 그들의 존재를 감안할 수밖에 없었다. 둘째, 전로한족회측이 비귀화 한국인을 배제하는 이유로 들고 있던 일본의 간섭이 그즈음에는 이미 현실화되는 시점에 있었다. 따라서 비귀화인 배제의 명분이 이미 사라져버렸던 것이다.[28]

전로한족회가 태도를 바꾼 원인을 한인신보 그룹의 영향력이 확장된

---

27) 위의 글, 28쪽.
28) 위의 글, 27쪽.

데서 찾는 견해도 있다. 한인신보에 우호적이던 한 러시아인의 관찰결과를 보면, 청구신보 그룹은 한인신보 그룹의 점증하는 영향력에 경각심을 갖게 되었다. 청구신보 그룹은 그 현상을 방치할 수 없다고 판단했다고 한다. 그러한 고려 때문에 결국 한인신보 그룹에게 양보하여 동등한 권리를 인정하게 되었다는 것이다.[29]

어느 쪽이나 다 실제에 부합한 설명이라고 생각된다. 전로한족회는 하바로프스크로 대표자를 파견하여, 1918년 1월 14일부터 21일까지 개최된 '아령한인회 대표자회의'에 참석케 했다. 이 자리에서 두 세력의 타협이 성립되었다. 대회 결정 중에는 "한족회는 러시아 내에 있는 한인으로 조직하며 국적의 구별없이 대동단결할 것"이라는 조항이 명시되었다. 한족회의 조직체계는 지방회, 지방연합회, 중앙회 3등급으로 나누기로 했으며, 앞으로 5개월 내에 '헌장회의'를 소집하기로 약정했다.[30]

통합에 합의한 양 그룹은 헌장회의가 소집될 때까지 중앙기관의 역할을 맡을 임시 '중앙총회'를 구성했다. 상해『독립신문』에 보도된 바를 보면, 중앙총회는 7명의 위원으로 구성되었다. 위원회는 위원 중에서 정·부회장을 선임하고, 정·부회장이 집행부를 선임했다. 통합된 새 기관의 소재지는 종래와 마찬가지로 니콜스크우수리스크 시에 두기로 했다. 회장에는 청구신보 그룹의 지도자 문창범이, 부회장에는 한인신보 그룹의 유력자인 김립(金立)과 김주프로프가 선임되었다. 그외 총무 장기영, 재무 서윤철(徐允喆) 등도 중앙총회 위원으로 선출되었다. 이 임시 간부진은 서로 대립하던 청구신보 그룹과 한인신보 그룹의 연합진영이었다.

통합된 전로한족회는 산하 기관을 러시아 극동 각 지역에 설치했다. 산하 기관에는 두 등급을 두었다. 한국인이 밀집하여 거주하는 각 지방마다 지방회를 설치하고 다시 적당한 구역을 나누어 지방연합회를 두었다. 새 중앙총회는 구기관지『청구신보』를『한족공보(韓族公報)』로 개칭

---

29) Гоженский И.(고젠스키), 앞의 글, 361쪽.

30) 「朝憲機第42號 韓族會創立に關する件」 1918. 2. 7, 5쪽, 『不逞團, 西比利亞(6)』.

했다. 또한 민족교육을 강화하기 위해 교원양성을 목적으로 하는 사범학교 설립을 추진했다. 그를 위해 4만 루불의 의연금을 걷기로 결정했다.[31]

한인신보 그룹의 실재성 문제

한인신보 그룹은 머지 않아 사회주의단체 출현의 매개가 되었다. 그것은 한국 역사상 최초의 사회주의정당을 배태한 모체 그룹이었다. 그러나 우리 의견에 반론을 제기한 연구자가 있다. 반병률은 한인신보 그룹의 존재 자체에 의심을 품었다. 그의 논거를 보자. 첫째, 한인신보의 간부 중에는 원호인들이 다수 포함되어있다고 한다. 보기를 들면 발행인 겸 편집인 한용헌(韓容憲)은 전로한족회 임원이었고 원호인 지도자였다. 한인신보의 다른 간부진들도 그렇다고 한다. 김치보(고본단 단장), 이형욱(부단장), 김철훈(고본단 서기), 윤능효(재무), 채성하(회계검사원), 강양오(회계검사원), 김병흡(사장), 김하구(총무) 등은 블라디보스톡 한민회 주요 간부들이다. 거기에는 원호인과 여호인이 망라되어있다. 둘째, 한인신보와 청구신보는 대립적인 위치에 있지 않았다고 한다. 두 신문의 지면은 논조상으로도 구별되지 않는다는 것이다.[32]

반병률의 반론에는 경청할 만한 요소가 있다. 그가 제시한 예증들은 실제에 부합한다. 그러나 그가 딛고 서있는 전제에 간과할 수 없는 문제점이 놓여있다. 반병률은 한인신보 그룹이 여호인들만으로 구성되어있는 양 부당전제하고 있다. 이 전제는 잘못이다. 한인신보 그룹은 원호·여호를 가리지 않는 모든 이주민의 대단체 결성을 주장했다. 원호인만의 배타적인 권리신장 움직임에 제동을 걸었던 것이다. 따라서 한인신보 간부진에 원호인과 여호인이 고루 포진되어있는 현상은 지극히 당연

---

31) 뒤바보, 「俄領實記(10)」, 『독립신문』 1920년 4월 1일자, 1쪽.
32) 반병률, 『성재 이동휘 일대기』, 149~150쪽.

64

한 일이다.

한인신보 그룹이 전로한족회에 대립했음을 뒷받침하는 증거는 많다. 이미 앞에서 사실들의 전후 인과관계를 설명했거니와, 서로 다른 처지에 있던 당대인들의 다음 진술들도 그 증거가 된다.

연해주에 장기간 거주해 온 백원보(白元普)가 1917년 7월 23일에 안창호(安昌浩)에게 쓴 편지를 보자. 거기에는 청구신보와 한인신보가 대립하는 두 세력을 대변하고 있음이 명시되어있다. 백원보는 "원호(原戶) 고려국민회에서는 청구신보, 여호(餘戶)측에서는 한인신보를 발간하여 두 호씩 세상에 탄생"했다고 썼다.[33]

비슷한 시기에 작성된 일본영사관 경찰의 정보기록을 보자. 거기에는 한인신보가 청구신보측에 '대항'해서 발간된 것이라고 명시되어있다. "본지(本紙 : 한인신보 - 인용자)는 니콜스크 국민협회가 발행하는 것과 합병하자는 논의가 일어나는 모양이지만, 그 협회 대회에서 귀화하지 않은 조선인의 참가를 거절한 데 분개하여 그에 대항하는 의미로서 계획된 것이므로 합병 등은 하지 않을 것이라"[34]고 전하고 있다. 두 신문을 통합하자는 문제제기가 있으나 채택될 수 없으리라고 보았다.

그뿐만이 아니다. 러시아내전이 종결된 직후에 쓰여진 러시아인 사회주의자 고젠스키의 논평을 보자. 그는 1917년 2월 혁명 이후 한인 사회의 동향을 두 그룹으로 나누어 파악했다. 한인신보 그룹은 친볼셰비키적 입장을 대표하고, 청구신보 그룹은 반볼셰비키적 입장을 견지했다고 한다. 한인신보 그룹은 1917년 5월 전로한족회 대회에서 항의의 표시로서 대회장을 떠났고, 그해 말에는 자신들의 대회를 소집하는 데 성공했다고 썼다.[35]

결국 서로 다른 처지에 놓여있던 당대인들의 진술이 모두 일치함을

---

33) 『도산안창호자료집 (1)』, 독립기념관, 1990, 222쪽.
34) 「在朝鮮人の近狀に關する報告の件」 1917. 7. 7, 『不逞團, 西比利亞(6)』.
35) Гоженский И.(고젠스키), 앞의 글, 361쪽.

알 수 있다. 연해주에 거주하던 안창호 계열의 민족주의자, 일본영사관 경찰의 정보문서, 러시아 사회주의자의 진술은 모두 동일한 사실을 증언하고 있다. 한인신보 그룹이 전로한족회의 원호 중심 노선에 대립하는 지위에 섰다는 것은 움직일 수 없는 명제로 봐도 좋을 듯하다.

3. 한인사회당

10월혁명과 극동

러시아령 한인사회의 정치적 동향은 러시아혁명의 추세에 깊이 연결되어있다. 초기 한국인 사회주의자들의 정치적 결속도 러시아 극동의 혁명정세 변화와 뗄 수 없는 관련을 맺고 있다.

1917년 10월 페트로그라드에서 볼셰비키의 무장봉기가 승리를 거두었다. 사회주의혁명의 파도는 즉각 러시아 전역으로 퍼졌다. 러시아 극동지역도 예외가 아니었다. 1917년 12월 볼셰비키는 극동지방의 권력을 장악하는 데 성공했다. 하바로프스크에서 열린 제3회 극동지방 소비에트 대회(1917. 12. 12~20)를 통해서였다. 대회는 극동지방 소비에트를 중앙 정권의 유일한 대표자로 인정한다고 선언했다. 이 대회에서 선출된 집행위원회에서는 볼셰비키가 다수를 점했다.[36] 극동소비에트 정부는 아무르주·자바이칼주·연해주에서 약간의 무장반란을 진압한 뒤 마침내 통치권을 장악하게 되었다.

하바로프스크에 본부를 둔 극동소비에트 정부의 수반은 볼셰비키인 크라스노쇼코프였다. 그는 어떤 사람인가 약력을 알아보자. 알렉산드르 미하일로비치 크라스노쇼코프(Александр Михайлович Краснощёков, 1880~

---

36) Ким Сын хва(金承化), 앞의 책, 81~82쪽.

1937)는 키예프의 작은 도시 체르노빌의 유태인 집안에서 태어났다. 그의 본래 성은 토벨손(Тобельсон)이었다. 그는 1896년 러시아사회민주당에 입당했다. 두 차례 투옥된 후 또 다른 체포를 피하여 미국 시카고로 이민했다. 그는 시카고를 무대로 노동운동을 전개하는 한편 미국사회당에 참여했다. 1917년 2월 혁명이 발발하자 블라디보스톡을 통해 러시아로 되돌아왔다. 그는 볼셰비키당에 가입하는 한편 블라디보스톡 소비에트에서 활동했다. 얼마 지나지 않아 니콜스크우수리스크로 옮겨 활동했다. 10월 혁명 후 러시아 극동소비에트 정권인 극동인민위원회 초대 의장으로 선출되었다. 극동공화국 수립에 주도적 역할을 했으며, 그 초대 수상을 지냈다. 그는 김알렉산드라 여사와 함께 한인사회당을 적극 후원했으며, 이동휘의 상해파 공산당과 가까웠다. 1937년 스탈린의 대숙청 당시에 사망한 것으로 알려진다.[37]

종래 여러 연구자들은 한인사회당 결성을 원조한 러시아 극동의 볼셰비키 유력자로서 '코민테른 간부 그레고르노프'를 언급해왔다. 스칼라피노·이정식은 이르기를, 그레고르노프는 이동휘의 한인사회당 창립을 도왔으며, 1919년 8월 백위파정권에 의해 처형되었다고 한다. 그 결과 후원자를 상실한 한인사회당은 심각한 타격을 입었다. 그해 9월에는 그레고르노프가 맡아왔던 코민테른의 극동국장 자리에 슈마츠키가 부임했는데, 그는 한인사회당이 아니라 이르쿠츠크당 한족부를 지원하여 '전로한인공산당'을 발족시켰다고 설명했다.[38]

스칼라피노·이정식만이 아니다. 김준엽·김창순·서대숙도 그와 똑같이 파악했다. 그러나 이 견해는 완전한 착오이다. '그레고르노프'란 사람은 실재하지 않은 허구의 인물이다. 이러한 착오는 일본관헌의 정

---

37) Гл.ред. С. С. Хромов, Гражданская война и военная интервенция в СССР : Энциклопедия(소련의 내전과 간섭전쟁 : 백과사전), М., Сов.Энциклопедия, 1987, 305쪽 ; 반병률, 「김알렉산드라 페트로브나(스탄케비치)의 생애와 활동」, 『윤병석교수화갑기념 한국근대사논총』, 지식산업사, 1990, 782쪽.

38) 스칼라피노·이정식, 앞의 책(1권), 45~46쪽.

보문서를 과신하는 데서 왔다. 「고려공산당과 전로공산당의 경개(梗槪)」 (1922. 11), 「고려공산당과 전로공산당에 관한 조사서」(1923. 3. 6)가 그것 이다.[39] 이 두 문서는 제목만 약간 다를 뿐 내용은 동일하다. 이 문서는 한국 사회주의운동의 분열경위를 파악할 목적으로 조선총독부 간도파 견원이 작성한 것이다. 조사작업은 1922년 11월에 이루어졌는데, 그 정 확도는 조사시기로부터 멀면 멀수록 떨어진다. 따라서 1918년 정황에 관한 기재사실은 많은 착오를 안고 있다.

'그레고르노프'라는 사람의 행적에는 서로 다른 두 사람의 행적이 중 첩되어있다. 하나는 크라스노쇼코프이다. 그는 극동소비에트 정부의 수 반이자 러시아공산당 극동국 위원장을 지낸 이로서, 1918년 이동휘를 도와 한인사회당을 탄생시킨 공로자였다. 이르쿠츠크당 한족부를 지원 했다는 다른 한 사람은 부르트만(Наум Григорьевич Буртман)을 가리키는 것으로 보인다. 그는 러시아공산당 시베리아국 '동양국'의 책임자였다. 그는 1920년 12월 17일 반혁명파에게 암살당했다.[40] 그 사후에 슈마츠 키가 코민테른 극동비서부 전권위원으로 부임해 와서 그 역할을 계승했 다. 결국 그레고르노프는 실재했던 이 두 사람을 혼합시킨 가상의 인물 이었던 것이다.

극동소비에트 정부 수립에는 초기 한국인 사회주의자들도 적극적으 로 참가했다. 정부 내각에는 볼셰비키 당원인 김알렉산드라 페트로브나 와 박애(朴愛) 등이 참가했다. 두 사람은 각각 외무인민위원, 서기장 직 책을 담당했다. 특히 한국인 최초의 사회주의자로 꼽히는 김알렉산드라 는 정부수반인 크라스노쇼코프의 큰 신임을 받고 있었다.[41] 박애는 뒷

---

39) 「高麗共産黨及全露共産黨ノ梗槪」 1922. 11(梶村秀樹・姜德相 共編, 『現代史 資料』 29, 451~461쪽) ; 「朝特報第12號, 高麗共産黨及全露共産黨に關する調 査書」 1923. 3. 6(金正明 編, 『朝鮮獨立運動 5 ─共産主義運動篇』, 東京 : 原書 房, 1967).

40) 『동아공산』 제10호, 1920년 12월 27일자, 3쪽.

41) 뒤바보, 「김알렉산드라전」 2, 『독립신문』 1920년 4월 20일자, 3쪽.

날 한인사회당과 상해파 고려공산당의 중진을 지냈고, 혁명가구원회(모
프르) 극동부장, 코민테른 동양비서부 한국위원 등을 역임한 러시아 귀
화인 출신의 사회주의자이다. 이외에 한인신보 그룹의 일원인 유(兪)스
테판도 극동소비에트 정부에 참가했음을 확인할 수 있다.[42] 그는 1918
년 5월 전로한족회 제2차 정기대회에서 극동소비에트 정부를 대표하여
축사를 한 바 있다.

그러나 이 정부의 지반은 매우 불안정했다. 제국주의 열강의 간섭전
쟁과 그에 고무받은 러시아 내 백위파 세력의 발호 탓이었다. 제국주의
열강은 혁명 러시아에 대한 간섭전쟁을 도발했다. 시베리아와 극동지역
에 대한 무력간섭에서 맨 먼저 행동을 개시한 것은 일본이었다. 일본은
1918년 1월 12일 군함 이와미(石見)를 블라디보스톡에 파병하고, 뒤이어
순양함 아사히(朝日)를 증파했다.

최초의 사회주의 정당 탄생

이와 같이 혁명과 반혁명이 격렬하게 맞부딪치고 있는 정세 속에서
한국인 최초의 사회주의정당이 결성되었다. 러시아 극동의 볼셰비키당
과 소비에트 정부는 이 지역에 거주하는 한국인들을 자기편으로 끌어들
일 필요를 절감했다. 이러한 정세는 초기 한국인 사회주의자들의 결속
을 더욱 촉진했다.

극동소비에트 정부와 한인신보 그룹의 입장은 딱 들어맞았다. 한인신
보 그룹 내에서 이미 사회주의를 수용하는 사람들이 나타났기 때문이
다. 그들은 자체의 독자적 세력화를 꾀하고 있었다. 그것은 정당 창설
움직임으로 표현되었다. 한인신보 그룹의 한국인 사회주의자들이 정당
조직에 착수한 것은 1918년 2월이었다.

---

42) 「朝憲機第429號, 第2次全露韓族代表會會議錄」 1918. 7. 24(劉孝鐘, 앞의 글,
1987, 41쪽에서 재인용).

극동소비에트 외무인민위원인 김알렉산드라 여사와 한국 독립운동의 오랜 지도자인 이동휘가 이를 주도했다. 그들은 급박한 정세를 분석하고 대응책을 고안하기 위해 해외망명자들의 일대 회의를 소집했다. 극동소비에트 정부가 이동휘 석방을 결정한 당사자였음을 감안하면, 이 회의는 그 정부의 적극적인 후원하에 열렸음을 쉽사리 짐작할 수 있다. 실제로 "원동집행위원장(크라스노쇼코프) 주최로 고려혁명자들을 하바로프스크 시에 소집"했다는 기록이 남아있다.[43]

회의 참석자들은 대한제국 멸망 전후에 만주와 러시아로 망명한 민족주의자들이었다. 이동휘의 측근 장도정이 이르기를, 이 사람들은 '신민회의 주요 당국자'들이었다.[44] 회의 참석자 가운데 신민회원은 이동휘, 양기탁(梁起鐸), 유동열(柳東說), 이동녕(李東寧), 안공근(安恭根), 안정근(安定根), 조성환(曹成煥) 등이다. 대한제국 멸망 이전에 서울에서 애국계몽운동에 참가한 사실이 확인되는 김립(金立), 김하구(金河球)도 신민회원이었을 것으로 추정된다. 극동소비에트 정부의 장관이자 볼셰비키 당원인 김알렉산드라 여사, 박애도 이 회합에 참석했다. 반일 의병운동의 저명한 평민지도자 홍범도(洪範圖)도 그 속에 있었다. 그외에 신민회 소속 여부를 확인할 수 없지만 참가자 10여 명의 이름을 확인할 수 있다.[45]

이 회의에서 다룬 주요 의제는 두 가지였다. 러시아 극동지역 및 남·북만주 일대에서 한국인 반일부대를 조직하는 것과 러시아혁명에 대한 한국인들의 태도를 확정하는 문제였다. 첫번째 의제에 관해서는 이견이 없었다. 일본군의 시베리아 출병이 임박한 정세 속에서 러시아 극동지역과 남·북만주의 한국인 군사역량을 조직하여 항일무장투쟁을 전개하는 것이 필요하다는 점에서는 의견의 일치를 보았다. 그들은 러시아

---

43) 십월혁명십주년원동기념준비위원회, 『십월혁명 십주년과 쏘베트 고려민족』, 해삼위도서주식회사, 1927, 46쪽.

44) 張道政, 앞의 글, 1쪽.

45) 반병률, 『성재 이동휘 일대기』, 146쪽.

혁명정부 지원하에 일제에 반대하는 대규모 군사행동을 시도할 때가 왔다고 판단했다. 반일의병운동을 재연할 좋은 기회가 왔다고 본 것이다.

그러나 두번째 의제는 논란의 표적이 되었다. 참가자들은 러시아혁명에 대해 한국인들이 취해야 할 태도문제에서는 이질적 성향을 보였다. 시베리아 내전에서 한국인 무장부대는 어떤 입장을 취할 것인가? 볼세비키의 지원을 받아 한국인 무장부대를 창설한다면 그 부대는 백위군에 반대하는 투쟁에 참여해야 하는지 여부가 첨예한 쟁점이 되었다. 의견은 둘로 나뉘었다. 양기탁과 이동녕을 비롯한 일부 참가자들은 광의단(光義團)이라는 무장단체를 조직하되, 극동소비에트 정부로부터 후원만을 얻자는 견해를 제기했다. 이동휘를 비롯한 다른 일부는 "볼세비키 주의에 찬동하여 고려혁명을 그 길로 촉진시키자"는 의견을 개진했다.46) 이 견해차이의 배후에는 한국혁명의 성격에 관한 전략적 관점과 사상의 차이가 전제되어있었다. "1917년 10월 러시아혁명 이래 이동휘는 공산혁명을 주의와 목적으로 삼고 이동녕·양기탁 등은 민족혁명을 주장"47) 했다고 한다.

결국 이 회의는 결렬되었다. 이동녕과 양기탁을 지지하는 참석자들은 한국인 무장부대의 시베리아 내전 개입을 반대했다. 급기야 그들은 회의석상에서 퇴장했다. 뒷날 박진순은 1918년 하바로프스크 회의의 분열은 '해방동맹', 즉 '신민회' 내에서 오랫동안 지속되어온 견해차이가 격화된 것이었다고 설명했다.48) 신민회가 좌우로 분열하여 좌익이 최초의 사회주의정당을 결성했다는 한형권의 언급도 이 전후의 사정을 가리키는 것으로 보인다.

신민회의 '좌익 대표자들'은 사회주의사상을 이미 수용한 사람들이었

---

46) 십월혁명십주년원동기념준비위원회, 앞의 책, 46쪽.

47) 張道政, 앞의 글, 1쪽.

48) Пак Диншунь(박진순), Социалистическое движение в Корее(한국의 사회주의 운동), Коммунист Интернационал, М.-Пг., 1919, No.7~8, с.1172.

다. 달리 말하면 이들은 "러시아 볼셰비키당을 모방하여 조선혁명당을 창건하는 것을 찬성·지지하거나 동정하는 자들"이었다.[49] 이들은 한국인의 사회주의정당을 창설하기로 결정했다. 이들의 노력이 결실을 거둔 것은 1918년 4월 28일(서력 5월 10일)이었다. 그날 한국 최초의 사회주의정당인 한인사회당이 창립되었다.[50]

이 당의 이름은 비록 사회당으로 명명되었지만, 그 성격은 제2인터내셔널류의 사회주의정당이 아니라 제3인터내셔널류의 공산주의정당이었다. 러시아사회민주당(볼셰비키)이 자기 명칭을 공산당으로 고친 것이 1918년 봄 당대회 이후의 일이었다. 한인사회당이 창립되던 그 시기에는 볼셰비키적 노선을 지지하는 사회주의자들도 자기 단체의 명칭을 사회당 혹은 사회민주당이라고 부르던 때였다.

한인사회당의 결성은 한국근대사 속에서 최초로 볼셰비키 유형의 사회주의정당, 곧 맑스레닌주의 정당이 출현했음을 의미한다. 뒷날 후배 사회주의자들도 이 정당 결성의 의의를 충분히 인식하고 있었다. 1930년대 초반에 활동하던 '조선국내공작위원회'는 구성원의 교양을 위해 작성한 한 문서(「당건설 문제」)에서 한인사회당을 가리켜 '조선 최초의 공산주의적 정당'이라고 평가했다.[51]

한인사회당의 설립과정은 한국 사회주의운동의 기원에 관한 풍부한 시사점을 제공한다. 그것은 한국혁명의 전략·전술을 둘러싸고 구신민회원들이 좌우로 분화하는 속에서 최초의 사회주의단체가 조직되었음을 보여준다. 혁명적 민족주의진영 내부로부터 최초의 사회주의자들이 분립·형성되었던 것이다. 그들은 구체적인 전술문제를 둘러싸고 종래의 민족주의적 노선을 견지하는 자들과 치열한 내부논쟁을 경과했다. 이러한 일련의 특징은 한인사회당뿐만 아니라 그 이후에 출현한 초기

---

49) 김세일, 『홍범도』 3, 제3문학사, 1989, 122쪽.
50) 십월혁명십주년원동기념준비위원회, 앞의 책, 46쪽.
51) 『한국공산주의운동사』 2(자료편), 고려대학교 아세아문제연구소, 518쪽.

72

사회주의단체들에서도 공통적으로 발견된다.

한인사회당의 이모저모

한인사회당의 정강은 러시아공산당의 정강을 기초로 하여 작성되었다. 한인사회당이 발표한 격문 속에는 한국 민족해방운동과 러시아 혁명운동 간의 국제적 연계 필요성이 다음과 같이 표현되어있다.

한인들은 한국혁명의 운명이 러시아 혁명운동과 밀접하게 관련된다는 것을 이해해야 한다. 러시아 노동계급과의 밀접한 연계에 의해서만 압박받는 한국의 승리가 가능하다.[52]

한인사회당 중앙위원으로는 이동휘(위원장), 오바실리(부위원장), 유동열(군사부장), 김립(선전부장), 김알렉산드라 등이 선임되었다. 중앙위원회 내에는 3개의 집행부서, 즉 조직부·선전부·군사부가 설치되었다.[53] 집행부서의 명칭에서도 알 수 있듯이 한인사회당의 활동영역은 러시아 내 한국인 이주민들 사이에서 조직·선전활동에 종사하고 무장부대를 양성하는 데 있었다. "사업으로는 선전과 조직을 하였고, 한편으로 적군(赤軍)을 조직하여 일본제국주의 군대에 대항"[54]하려 했다는 증언은 바로 이 점을 말하는 것이다.

한인사회당 중앙위원회의 소재지는 하바로프스크였다. 그곳은 극동소비에트 정부의 소재지였으며, 따라서 러시아 극동지역 혁명세력의 보루였다. 한인사회당 결성대회에 참석한 인사들 가운데 "중앙간부들만 (하바로프스크에 —인용자) 남고, 기타 대표들은 파견을 받아 각 지방으로"

---

52) Ким Сын хва(金承化), 앞의 책, 87~88쪽.
53) 「노병김규면비망록」(박환, 『재소한인민족운동사』, 국학자료원, 1998), 260쪽.
54) 張道政, 앞의 글, 1쪽.

출발했다.55) 각 지방으로 간 한인사회당원들은 연해주와 아무르주에 8개 당지부를 설립했다고 한다.56)

무장부대 편성사업은 한국인 사관학교를 설립하는 것으로부터 시작되었다. 한인사회당은 군사부장 유동열을 책임자로 하는 사관학교를 극동소비에트 당국 지원하에 하바로프스크에 설립했다. 당시 남만주 유하현(柳河縣)의 산골에 설치된 소규모 독립군 사관학교에 재학중이던 학생들을 이동시켜 편입시킬 방침을 세웠다. 또한 홍범도가 이끌던 의병부대도 하바로프스크로 이동하기로 내정되었다. 이러한 일련의 노력 끝에 "1918년 6월 말에 이미 100명의 보병으로 이루어진 제1 한인적위병 부대가 형성"되었다.57)

출판·선전·교육활동은 선전부장 김립의 주관 아래 진행되었다. 한인사회당은 한글로 저술된 맑스주의 서적을 간행하기 위해 1917년 9월에 설립된 바 있는 출판사 보문사(普文社)를 활용했다. 보문사 설립경위와 활동양상에 관해서는 『독립신문』에 다음과 같은 기사가 있다.

> 이한영, 김립 양씨의 발기로 보문사(普文社)를 설(設)하여 우리 민족에게 문화보급한다는 주의하에서 본국 역사, 지지(地誌) 등의 교과서를 간행하고, 그나마 정신적 서류를 계속 출판하려고 하는 중 아국(俄國) 사회당 수령 그라스노초꼬프(크라스노쇼코프 — 인용자) 씨가 대동정을 표하여 석판(石版)기계 1대, 인쇄용비 5천 류(留 : 루불 — 인용자), 또 1,000류 이상의 가치되는 지물(紙物)을 기부하매, 해사(該社)의 목적을 대규모로 실천하기 위하여 한문(韓文) 번역에는 유동열·김립, 아문(俄文) 번역에는 김진보·오와실리 제씨(諸氏)가 되었었는데……58)

---

55) 김세일, 앞의 책, 125쪽.

56) DAE-SOOK SUH, *The Korean Communist Movement, 1918~1948*, Princeton University Press, 1967(현대사연구회 옮김, 『한국공산주의운동사 연구』, 화다, 1985, 23쪽).

57) Ким Сын хва(金承化), 앞의 책, 89쪽.

58) 뒤바보, 「俄領實記(11)」, 『독립신문』 1920년 4월 3일자, 1쪽.

이에 따르면 보문사는 극동소비에트 정부의 재정지원을 받았다. 인쇄기와 종이, 자금이 지급되었다. 출판활동의 중점은 한국인의 민족문화를 보급하고, 맑스주의 정치서적을 간행하는 데 있었다. 한글로 집필된 한국역사와 지리교과서, 정치적 단행본들과 맑스주의 서적들이 이미 출판되었거나 혹은 출판하기로 예정되어있었다.

또한 당기관지로서 한글잡지『자유종(自由鐘)』발간을 준비했다. 이 잡지의 주필은 선전부장인 김립이 직접 담당했다. 그외에 한국인 학교가 설립되었다. 하바로프스크에 거주하는 한국인 2세들에게 민족교육과 반일정신·맑스주의를 교육하기 위해서였다. 학교 명칭은 '문덕(文德)중학교'였다.

4. 한인사회당과 전로한족회

전로한족회 내부의 두 흐름

1918년 6월 니콜스크우수리스크 시에서 전로한족회 헌장회의가 소집되었다. 그해 1월 통합 전로한족회 성립 당시 청구신보 그룹과 한인신보 그룹 간에 약속된 바에 따른 것이었다. 이 회의는 6월 13~24일(러시아력 5. 31~6. 11) 동안 계속되었다.

이에 참석한 각지의 대표자는 한인사회당 대표를 포함하여 128명이었다. 대표자들은 두 갈래로 선발되었다. "각 지방의 인구를 계산하여 지방대표를 선래(選來)케 하고, 그외에 또 각단 대표를 참예(參預)케 했다"[59]는 언급은 그것을 가리킨다. 참석자들은 러시아령 각지의 인구비례에 따른 지방대표자들과 각 한국인 단체 대표자들로 구성되었던 것이

---

59) 뒤바보, 「俄領實記(10)」, 『독립신문』 1920년 4월 1일자, 1쪽.

다. 대표자격 심사결과 이 중 2명을 제외한 126명에게 의결권이 부여되었다.

대회 개막에 앞서 극동소비에트 정부 수상 크라스노쇼코프가 축하연설을 했다. 그는 러시아령 한인들과 러시아사회민주당(볼셰비키)의 협력을 역설했다. "한인 중에는 약간의 자산계급 사람들이 있으나, 대개 한인은 자본가 및 제국주의의 압제하에 고통받고 있으므로 우리 당의 주의에 반드시 찬동할 것을 확신"한다고 말했다. 그는 한국의 독립도 이를 통해 달성할 수 있을 것이라고 덧붙였다. 마지막으로 그는 "한인과 소비에트 권력과의 연락을 위해 2인의 대표자를 극동지방인민위원회에 파견해줄 것을 제안"했다.60)

이 연설에 대해 참석자들은 만장의 박수갈채로 응답했다. 그러나 원호인 세력의 지도자로 꼽히는 전로한족회 중앙회장 문창범은 크라스노쇼코프의 소비에트 정부에 대해 내심 불만이었다. 이 박수갈채가 "크라스노쇼코프의 현 지위에 대한 경의에서 나온 것이지 반드시 과격파의 주장을 찬성한다는 뜻을 표한 것은 아니다"라는 부정적 반응을 보였다고 한다. 그와 같은 반응을 보인 사람은 적지 않았다. 자산층에 속하는 대표자 전태국(田泰國)은 박수를 친 다른 사람들을 노골적으로 비난하고 모욕을 가하기까지 했다.61)

대회 2일째에는 정세문제에 관한 토론이 있었다. 이 과정에는 3개의 결의안이 제출되었으며, 41명이 발언에 참가했다. 토론과정에서 해묵은 논란이 되풀이되었다. 이날 회의에서도 러시아혁명에 대한 재러시아 한국인들의 태도문제를 둘러싸고 대립적 양상이 표출된 것이다. 결의안 중 하나는 사회주의자 그룹에 의해 제출되었다. 그들은 한국독립과 러시아 한국인들의 지위향상을 위해서는 소비에트 권력을 지지할 필요가

---

60) 「朝憲機第429號, 全露韓族代表者會議ニ對スル過激派ノ行動ニ關スル件」 1918.
  7. 11, 2~4쪽, 『不逞團, 西比利亞(6)』.
61) 위의 글, 4~5쪽.

있다고 주장했다. 그에 반해 일부 참석자들은 소비에트 권력에 반대하는 결의안을 제출했다. 후자의 제안자들은 10월 혁명 직후 조성된 정세를 가리켜 "금일 국내에 미만하고 있는 국정의 파괴·혼란은 …… 국민전체의 신뢰를 갖지 못하는 개개의 당파가 국내 정권을 장악한 결과"라고 규정했다. 이어서 "러시아를 혼란상태로부터 구출하는 길은 오직 전러시아건국대회(헌법제정의회 — 인용자)에 재(在)하며, 또한 시베리아에서는 시베리아의회에 재(在)하고, 각 지방에서는 지방의회 및 시 자치체를 부흥하지 않을 수 없다"는 내용의 결의안을 상정했다.[62]

논란 끝에 앞서 말한 두 개 결의안은 모두 부결되었다. 여기에는 파국을 막으려는 대다수 참석자들의 염원이 반영되어있다. 결국 제3의 절충안이 다수결로 채택되었다. 이 대회에서 러시아혁명에 대해 '중립' 노선이 결의되었다는 기존의 연구결과는 바로 이 점을 지칭하는 것이다.

동일한 성격을 갖는 논쟁이 그 다음날에도 다시 재연되었다. 이번에는 토지문제였다. 3일째 회의에서는 토지문제가 의안에 올랐다. 참가자 가운데 사회주의자 그룹은 "소비에트 정권만이 토지문제를 해결하고 한국인 근로자의 권리상태를 개선할 수 있으므로, 레닌을 수반으로 하는 소비에트 정부의 지지와 인정을 요구"했다.[63] 그러나 반소비에트 입장에 있는 사람들은 대부분 이에 반대했다고 한다. 반소비에트 입장에 선 원호인 중에는 지주·부농과 상공업자들이 적지 않게 포함되어있었다. 그들은 소비에트 권력의 토지문제 해결방식이 자신들의 희생을 가져올까 두려워했던 것으로 보인다. 시베리아 지방의회를 지지하고 소비에트 권력승인에 반대하는 사람들의 배경에는 원호인들의 계급적 이해관계가 숨어있었음을 알 수 있다.

대회 참석자들은 이 문제를 둘러싸고 여러 시간 동안 논쟁했다. 논쟁이 가열되어 장내가 소란해졌고, 그 결과 회의는 중단되고 말았다. 이

---

62) 위의 글, 44쪽.

63) Ким Сын хва(김승화), 앞의 책, 89쪽.

때 전로한족회 주도그룹의 한 사람인 한용헌은 권총을 뽑아들었다. 그는 "본회를 악의로써 파괴하고자 하는 자가 있으면 그를 총살하고 나도 자살하겠다"고 격앙된 어조로 위협했다고 한다.[64]

정치문제와 토지문제만이 아니었다. 그와 더불어 전로한족회 조직문제도 논란대상이 되었다. 사회주의 그룹은 전로한족회 중앙총회 임원을 개선하고 그 소재지를 극동인민위원회의 근거지인 하바로프스크로 옮길 것을 주장했다. 그러나 이 제안은 다수결로 부결되었다. 종전과 같이 니콜스크우수리스크 시에 둔다는 결정이 채택되었다.[65]

분열

한인사회당의 요구는 대회장의 다수를 점하고 있던 전로한족회 주도그룹에 의해 모두 부결되고 말았다. 주요 의안이었던 정치문제, 토지문제, 조직문제에서 사회주의자들의 요구는 다 기각되었다. 회의는 결렬되었다. 사회주의적 입장에 선 대표자들은 모두 대회석상에서 퇴장했다.[66]

장도정은 이르기를, 이 대회의 분열은 "러시아에 입적한 한인과 비입적 한인 사이의 충돌"이었다고 한다. 그는 전로한족회 주도그룹을 비판했다. "노어를 아는 한인과 입적한 한인들이 비입적 한인에 대하여 권리를 남용했다"고 한다. 결국 원호인과 여호인 사이에 조성된 이해관계의 차이가 러시아 내 한국인 사회의 정치적·사상적 분화를 가져왔음을 알 수 있다. 이모순은 1918년 6월 전로한족회 헌장회의를 또 다시 결렬시키고 말았다. 그해 1월에 어렵사리 이루어졌던 양대 세력의 협력은 고작 5개월밖에 지속되지 못했다.

---

64) 「朝憲機第461號, 第2次全露韓族代表會會議錄」 1918. 7. 24(劉孝鐘, 앞의 글, 1987, 41쪽에서 재인용).

65) 「한족회약법」 제14조(劉孝鐘, 앞의 글, 1987, 42쪽에서 재인용).

66) Ким Сын хва(김승화), 앞의 책, 89쪽.

비귀화 한국인들의 이익을 대표하던 사회주의 그룹이 퇴장한 후에도 잔류한 대표자들은 의사를 계속 진행했다. 그리하여 신임 간부진은 원호인 위주로 구성되기에 이르렀다. "그때에도 입적자(入籍者)가 비입적자를 압박하여 전로한족 중앙총회의 전권을 잡게 되었다"[67]는 장도정의 언급은 바로 이러한 상황을 표현한 것이다.

신임 중앙총회는 7명의 위원으로 구성되었다. 회장 문창범을 비롯하여 윤해(尹海), 채(蔡)안드레이, 김주프로프, 김야코프, 원세훈(元世勳), 한여결(韓汝潔)이 선임되었다. 중앙위원 후보로는 강양오(姜良五), 김이직(金利稷), 채(蔡)표트르 등이 선출되었다. 검사위원 3명에는 고창일(高昌一), 엄주필(嚴柱弼), 한(韓)미하일이 선출되었으며, 검사위원 후보에는 김기룡(金起龍), 김철훈(金哲勳), 김(金)미하일이 선임되었다. 극동인민위원회 외교부 파견대표로는 한용헌과 박(朴)이반 표도르비치가 선임되었다.[68]

5. 위기

다가오는 먹구름

하바로프스크에 본거지를 둔 극동인민위원회 정권은 1918년 봄부터 점차 위태로운 상태에 빠져들었다. 러시아혁명의 파급을 막으려고 시베리아에 출병한 제국주의 열강이 군사행동을 실행에 옮기기 시작했기 때문이다. 1918년 4월 5일 마침내 일본군이 블라디보스톡에 상륙했으며, 같은 날 소규모의 영국군도 파병되었다. 미국은 그해 8월 3일 무력간섭에 참가할 것을 성명하고, 머지 않아 군대를 블라디보스톡으로 파병했

---

67) 張道政, 앞의 글, 3쪽.

68) 「朝憲機第461號, 第2次全露韓族代表會會議録」 1918. 7. 24(유효종, 앞의 글, 1987, 42~43쪽 재인용).

다. 거의 같은 시기에 캐나다군, 프랑스군도 파병을 단행했다. 최대 규모의 병력을 파견한 일본은 1918년 8월 현재 2만 8,000명의 병력을 블라디보스톡 일대에 배치했다.[69] 일본군을 필두로 한 연합군의 극동상륙은 반혁명세력을 고무했다. 이들의 후원하에 백위파의 반혁명 활동도 활발하게 되었다.

또한 체코군단 문제가 발생했다. 체코군단이란 오스트리아군에 징집되어 대(對)러시아 전투에 투입되었다가 포로로 잡힌 체코슬로바키아군을 가리킨다. 체코인과 슬로바키아인은 16세기 초 오스트리아·헝가리국에 병합된 약소민족이다. 1914년 제1차 세계대전이 발발하자 그들은 연합국측에 가담하여 오랜 숙원인 독립국가를 건설하고자 했다. 나라 안팎에서 독립운동이 착착 진행되고 프랑스 파리에는 임시정부가 설치되었다.[70]

러시아에 포로로 잡힌 체코인과 슬로바키아인은 의용군을 편성했는데, 그 병력이 5만 명에 달했다. 이들은 체코슬로바키아 독립을 위해 전날의 동맹군이었던 독일 및 오스트리아군과 맞서싸울 것을 선언했다. 그들은 독자적인 군단을 조직하여 러시아 서남부전선에 참전했다. 독일 및 오스트리아와 전쟁중이던 미국·영국 등 연합국은 이 사태를 소비에트러시아의 전복에 이용하고자 의도했다. 당시 독일과 정전협정을 맺고 있던 소비에트러시아 정부는 이에 적절히 대응해야 했다. 결국 체코인 군대를 제 나라로 돌려보내기로 결정했다. 다만 전쟁이 계속중인 유럽쪽 국경을 넘는 것이 아니라 시베리아와 극동지역을 경유하는 머나먼 우회로를 통하도록 했다.

그러나 체코군은 시베리아와 극동으로 이동하던 중에 반란을 일으켰다. 1918년 5월 볼가강 중류와 시베리아의 수용지에서 반란을 일으킨 체코군은 러시아내전에 개입했다. 그들은 반소비에트 입장에 섰다. 그들은

---

69) 김준엽·김창순, 『한국공산주의운동사』 제1권, 92~96쪽.
70) 憲兵司令部, 『西伯利出兵憲兵史』, 東京 : 國書刊行會, 1976, 12쪽.

일정한 지역을 점령한 채 현지의 반혁명세력을 지원했다. 급기야 6월 4일에는 영국·프랑스·미국·이탈리아정부가 성명을 발표하여 이 군단이 이제는 연합군의 일원임을 선언했다.

백위파 세력은 이러한 상황전개에 고무받았다. 연해주의 백위파 세력은 전로한족회 헌장회의가 종료된 직후인 1918년 6월 29일 블라디보스톡에서 반혁명 정변을 일으켰다. 연해주 일대의 통치권은 백위파 수중에 넘어갔고 볼셰비키들은 지하로 들어가야 했다.

러시아령 극동의 세력관계는 일변했다. 저울추는 백위파에게 유리하게 기울었다. 극동의 철도간선과 그 연변지대는 전부 체코슬로바키아 반란군들이 차지하고 있었다. 오직 하바로프스크 일대만이 아직 소비에트정권하에 놓여있었다.

러시아내전에서 중립을 지킨다는 선언을 채택한 바 있는 전로한족회 중앙총회도 태도를 바꾸었다. 그들은 급변하는 정세 속에서 중립적인 입장을 버리고 반볼셰비키 태도를 명백히 하고 나섰다. 보기를 들어보자. 전로한족회 중앙총회는 반란을 일으킨 체코슬로바키아 군이 도착하자 그들에 대한 환영회를 개최했다.[71] 또한 반볼셰비키 입장을 표명한 시베리아 정부를 지지했으며, 시베리아 의회에 대표단을 파견했다. 전로한족회 대표단은 시베리아 정부의 수반이자 러시아 사회혁명당원인 데르베르와 회견했으며, 시베리아 정부에 대한 지지의 대가로 한국인 군대의 무장을 위한 자금지원을 요청했다.

와해

전로한족회 중앙총회가 백위파 정부를 지지하면서 공공연하게 득의의 활동을 벌인 반면 초기 한국인 사회주의자들은 위기에 직면했다. 이

---

71) 張道政, 앞의 글, 5쪽.

위기는 극동 볼세비키의 주요 근거지이던 하바로프스크가 백위파의 공세에 노출됨으로써 현실화되었다. 1918년 8월 일본과 미국의 무력간섭이 적극화되자, 그에 힘입은 백위파는 칼미코프 주도하에 군사적 공격에 착수했다. 칼미코프군은 8월 하순 일본·미국·체코부대의 후원하에 하바로프스크 공격에 나섰다. 하바로프스크의 극동인민위원회 정부를 타도하기 위해서였다.

하바로프스크 정부는 방위전에 나섰다. 한인사회당도 그에 호응했다. 한인사회당의 군사간부인 전일(全一)과 유동열 등은 100여 명의 한국인 적위대를 이끌고 참전했다. 그들은 하바로프스크 시가지 전투, 크라스나야 레츠카(красная речка) 지구 전투에서 러시아 적군과 어깨를 나란히 하여 칼미코프 백위군과 맞서 싸웠다. 그러나 적위군은 처참히 패배했다. 한국인 적위대도 커다란 피해를 입었다. 100명 가운데 절반 이상이 전사했다고 한다.[72]

하바로프스크 소비에트·당기관 지도자들의 비상회의가 열렸다. 백위군 점령하에서 빨치산운동을 전개하는 한편, 당·소비에트 기관을 블라고베셴스크 시로 이전한다는 결정이 내려졌다. 마침내 칼미코프 백위군이 하바로프스크 시를 점령했다. 일본간섭군 후원하에 무장을 잘 갖춘 백위군이 1918년 9월 4일 하바로프스크에 입성했다. 극동 인민위원회 정부는 붕괴되었으며 수많은 사회주의자들과 소비에트 관계자들이 체포되었다.[73]

상황은 급박했다. 하바로프스크가 함락되기 직전인 9월 2일 러시아당·소비에트 간부들이 아무르강 수운을 통해 탈출을 시도했다. 한인사회당 간부 12명도 이에 합류했다. 이들은 기선 바론 코르프 호를 타고 블라고베셴스크로 향했다.

그러나 불운이 뒤따랐다. 이틀 뒤 그들은 백위군에게 적발되고 말았

---

72) 「노병김규면비망록」, 260쪽(박환, 『재소한인민족운동사』).

73) Ким Сын хва(金承化), 앞의 책, 89쪽.

다. 다행히 한인 12명은 상인이라고 신분을 속이는 데 성공했다. 그들은 석방되었다. 이동휘, 김립, 유동열 등은 그렇게 목숨을 건졌다. 그러나 김알렉산드라를 포함한 러시아인 볼셰비키들은 신분이 드러나고 말았다. 이들은 막다른 길에 몰렸다. 한국인 최초의 사회주의자 김알렉산드라 여사는 결국 러시아인 동료 십여 명과 함께 아무르 강변 하바로프스크 시 공원 근처 강변에서 처형당했다. 1918년 9월 13일이었다.[74]

이제 러시아 극동지역은 온통 제국주의 간섭군과 그 후원하에 설립한 백위파 정권의 통치지구로 변모하고 말았다. 이 지역에서 사회주의운동은 불법화되었으며, 사회주의자들은 오직 비밀활동 방식에 의거해야 했다. 하바로프스크에 본부를 둔 한인사회당의 정치·군사활동은 사실상 중단되고 말았다. "이동휘 제씨(諸氏)의 모든 경영도 다 실패"[75]로 돌아갔다. 한인사회당도 공공연하게 존립할 수 없게 되었으며, 안정된 조직 활동은 벽에 부딪쳤다.

---

74) 김세일, 앞의 책, 152~163쪽.
75) 뒤바보, 「俄領實記(9)」, 『독립신문』 1920년 3월 30일자, 1쪽.

제3장 3·1운동, 한국 사회주의의 어머니

1. 3·1운동의 세례

싹트는 혁명

1918년 11월 3일 독일 해군기지 키일 군항에서 수병들의 반란이 일어났다. 이 반란은 독일혁명의 기폭제가 되었고, 급기야 제1차 세계대전의 종결을 촉진시켰다. 안팎의 적에 포위된 독일정부에게는 하나의 힘만 남아있었다. 내부의 적 혁명군중에게 정권을 내줄 것인가 외부의 적 연합군에 항복할 것인가? 독일정부는 후자를 택했다. 마침내 11월 11일 정전협정에 조인했다. 제1차 세계대전이 끝났다. 4년 4개월 동안 28개국 8억 인구가 관련되고, 7,000만 명 이상의 병력이 참전하여 3,000만 명 이상에 달하는 사상자를 낸 전대미문의 참혹한 전쟁이 이로써 종결되었다.

전후 세계질서의 재편을 논의하기 위해 전승국들의 주도하에 베르사유 강화회의가 소집되었다. 전통적 열강들을 제치고 미국이 국제정치 무대에서 주도적 지위를 차지하게 되었다. 전승국 영국·프랑스와 패전국 독일은 모두 오랜 기간에 걸친 전쟁의 참화에 휘말려 국민경제력의 현저한 약화를 경험하게 되었다. 미국은 달랐다. 전쟁기간 동안 군수물자 공급기지 역할을 맡음으로써 일약 세계 최대 공업국의 지위에 올랐다. 미국은 전후 세계질서 재편과정에서 주도권을 쥐고 싶었다. 미국 대통령 윌슨이 자국 대외정책의 기본방향을 담은 14개조 선언을 발표한 배경에는 이러한 의도가 깔려있었다. 이 선언은 '세계평화와 민주주의'를 표방했다. 그 중에는 민족자결주의 원칙이 포함되어있었다.

84

제1차 세계대전이 종결된 뒤 식민지 한국에서는 혁명적 기운이 움트기 시작했다. 그 기운은 러시아혁명과 독일혁명, 민족자결주의와 베르사유 강화회의에 힘입은 바 크다. 그러나 혁명적 정세를 초래한 가장 큰 힘은 한국인들의 마음 속에 솟아난 독립에 대한 희망이었다. 한국인들은 전후 세계질서 재편과정에서 한국의 국제적 지위가 변동될 가능성이 생겼다는 기대감에 흥분을 감출 수 없었다.

세 가지 운동론

3·1운동이 발발한 1919년에 수백만 한국인들은 독립을 요구하는 정치적 행동에 몸을 던졌다. 당시 한국인들 사이에는 민족해방운동 방법론을 둘러싸고 여러 개의 사상적 조류가 형성되어있었다. 그 정황을 전해주는『독립신문』기사를 다소 길지만 찬찬히 읽어보자.

독립운동의 방식에 관하여 수종(數種)의 의견이 있을 것은 면치 못할 일이며 또 그것이 해될 것은 아니라. 혹은 독립운동의 유일한 방법은 혈전뿐이라 하여 닥치는 대로 집어들고 방금이라도 나가 싸우기를 주장하고 혹은 해외의 선전(宣傳)을 성(盛)히 하여 세계의 여론과 동정에 소(訴)하여서 제1차 이하의 국제연맹회의에서 □□을 결(決)하기를 주장하며, 같은 주전파 중에도 혹 준비를 충분히 하고 시기를 대(待)하여 일대 결전을 행하기를 주장하고 혹 당장에 폭탄이나 단총이나 닥치는 대로 들고 적을 학살하기를 주장하며, 선전론자(宣傳論者) 중에는 혹은 구미(歐美)에 대한 선전만을 주장하는 이도 있고, 혹은 일본에 대한 선전을 중요시하는 자도 있으며, 또 혹은 청년의 교육·민족의 개조·산업의 장려로써 독립운동·건설운동의 주지(主旨)를 삼으려는 자도 있나니, 독립운동자 중에는 이상의 어느 일종(一種)의 주장을 가졌을 것이라.[1]

독립운동에 투신한 한국인들 사이에 수많은 방법론이 검토되고 있었

---

1)『독립신문』1919년 12월 2일자, 1쪽.

음을 느낄 수 있다. 이 문장에서 거론되고 있는 운동론을 대별해보면 세 종류이다. 첫째, "독립운동의 유일한 방법은 혈전뿐"이라고 주장하는 '주전파'가 있다. 이 부류에는 독립전쟁론자와 테러투쟁론자들이 포함되어있다. 둘째, "세계의 여론과 동정에 호소"함으로써 한국의 독립을 꾀하려는 '선전론'이 있다. 달리 말하면 '외교론'이다. 이들은 제1차 세계대전 이후 미국과 일본 사이에 조성된 국제적 모순을 한국독립에 유리하게 이용하고자 외교활동에 전념했다. 국제질서 재편을 논의하기 위해 소집된 베르사유 강화회의, 국제연맹회의, 워싱턴회의는 이들의 희망이었다. 셋째, "교육, 민족의 개조, 산업의 장려" 등을 주장하는 사람들이 있다. 이들의 견해는 통상 '문화운동론'이나 '실력양성론'이라고 지칭되었다.

3·1운동기의 주된 운동론은 외교론이었다. 이 운동론의 핵심은 국제회의에 한국대표단을 파견하는 것이었다. 재상해 신한청년당은 김규식을 베르사유 강화회의에 파견했고, 재러시아 대한국민의회는 윤해와 고창일을, 재미 대한인국민회는 이승만(李承晩)과 정한경을 각각 파견했다. 그뿐만이 아니었다. 국제연맹회의에도 한국대표단을 파견하려는 움직임이 있었고, 워싱턴회의에도 한국대표단이 파견되었다. 이 전술은 국제질서 재편과정에서 미국과 일본 사이의 모순 격화가 한국의 국제적 지위를 변모시킬 가능성을 낳는다는 예견에 입각한 것이었다.

한국대표단의 외교적 영향력을 강화할 목적으로 하위전술이 배치되었다. 평화적 대중정치 시위전술과 국경지대 무장부대의 국내진공 작전은 그 대표적인 것이었다. 대중정치 시위전술의 지위는 1918년 말 1919년 초 북간도 장동에서 열린 '지사계의 비밀회의' 참석자들의 발언에서 잘 드러난다. 베르사유 강화회의에 한국대표를 파견하되 "민족 전체가 떠들고 일어나 시위운동을 격렬하게 하여, 대표의 뒤를 성원하여야 하겠다"는 것이 이들의 생각이었다.[2] 달리 말하면 만세시위 운동이 베르사유 한국대표단의 외교적 교섭력을 강화하기 위한 압력수단으로 간주되었다.

무장부대의 국내진공 전술도 다르지 않았다. 3·1운동 직후 무장부대 조직에 참여한 사람들은 무장투쟁의 효용을 강화회의와 연결지어 생각했다. 국내에 무장대를 진공시켜 '병란지'로 만드는 행위의 목적은 '열강의 주의를 환기'시키는 데 있었다.[3] 국경지대 무장투쟁의 지위는 국제회의에 한국독립 문제를 상정시키기 위한 압력수단으로 상정되었다.

그러나 외교론은 머지 않아 영향력을 상실했다. 베르사유 강화회의는 한국문제에 대해 아무런 언급 없이 종료되었다(1919, 6). 뒤이어 국제연맹회의와 워싱턴회의도 한국문제에 관한 한 침묵함으로써 일본의 기득권을 인정하는 결과를 낳았다. 외교론은 더이상 독립을 위한 방법론으로서 효용을 보여줄 수 없었다.

1919년 후반기엔 외교론이 쇠퇴하고, 그 대신 실력양성론과 독립전쟁론이 대두했다. 실력양성론자들은 외교론을 비판하고 나섰다. 그들은 외교활동이란 "독립운동의 일부적 활동에 불과"하다고 했다. "실력으로 표준을 삼는 20세기 무대에 당당히" 서기 위해서 "제일로 요구할 바는 우리의 실력"이라고 주장했다. 실력양성론은 자주적 입장을 강조했다. "연맹회도 의뢰치 말고 미국 기타 여하한 동정국이든지 의뢰치 말라"고 일갈했다. 열강은 자국의 "이해관계가 그리 심(甚)치 아니한 경우에는 그다지 우리를 조(助)치 아니하리라"는 것이다.[4]

실력양성론자들은 자주·자립의 실력양성만이 한국독립을 보장한다고 파악했다. 이 운동론은 외교론에 기대를 걸었다가 실망한 한국인 대중에게 실현 가능한 대안으로 받아들여졌다. 실력양성론자들에 의해 뒷날 1930년대 민족통일전선운동의 저 유명한 구호가 만들어졌다. "생명

---

2) 김규찬, 「북간도 고려인 혁명운동 약사」, 『동아공산』 제14호 1921. 5. 10, 4쪽.

3) 박찬승, 「3·1운동의 사상적 기반」, 『3·1민족해방운동연구』, 한국역사연구회·역사문제연구소 엮음, 청년사, 1989, 420쪽.

4) 蘭坡, 「의뢰심을 타파하라」, 『독립신문』 1919년 10월 7일자, 1쪽.

을 희생할 자 생명으로, 금전이 유(有)한 자는 금전으로, 학문이 유한 자는 학문으로, 철권(鐵拳)이 유한 자는 철권으로"라는 구호가 그것이다.[5]

이 운동론은 안창호·이광수 등에 의해 적극 주장되었고 대다수 민족주의자들의 지지를 얻었다. 그러나 실력양성론은 광범한 한국인 대중의 지지를 얻기에는 두 가지 약점이 있었다. 하나는 한국독립을 기약 없는 먼 장래에나 실현되는 것으로 제기한 점이었다. 다른 하나는 이 노선이 계급적 제한성을 띤다는 점이었다. 결국 부르주아지의 계급적 이익을 옹호할 따름이지 한국인의 대다수를 이루는 빈천자들에게는 아무런 이익도 주지 않을 뿐 아니라 그 계급적 지배를 합리화하고 영속화한다는 점이었다.

실력양성론의 약점에 동의하지 않는 인사들이 '독립전쟁론'을 지지했다. 이 운동론의 지지자들 중에는 초창기 한국인 사회주의자들이 포함되어있었다. 아니 그보다 초창기 한국인 사회주의자들이 이 운동론을 가장 열렬히 주장했다고 하는 편이 더 옳을 것이다. 물론 독립전쟁론을 지지하는 흐름 속에는 다른 정치적 지향을 갖는 사람들, 즉 복벽론자·공화주의자들도 포함되어있었다.

독립전쟁론이 고조된 것은 1919년 8월 이후였다. 그달에 상해임시정부는 '개조'를 선언했다. 연해주의 한인사회당이 상해로 근거를 옮긴 것도 이때였다. 독립전쟁론자들은 임시정부가 외교론에 치우쳐 있었음을 비난했다. 그 대신 북쪽 국경지대에 "아령(俄領), 서간도, 길원(吉垣 : 북간도—인용자) 3처에 중견적 통일의 최고기관"[6]을 설립할 것을 주장했다.

독립전쟁론의 배경에는 제1차 세계대전 직후 고조된 세계적 차원의 혁명운동이 동시적으로 폭발할 것이라는 기대가 깔려있었다. "세계의 신창시(新創始)를 작(作)하려면…… 세계 전민족의 대동란(大動亂)이 유(有)하여야 할"[7] 것이라 전망했던 것이다. 독립전쟁론에는 세계혁명론이

---

5) 위와 같음.
6)『독립신문』1919년 9월 16일자, 1쪽.

결합되어있었다. 소비에트 러시아, 일본·구미의 사회주의 혁명세력이 독립전쟁의 국제적 우군으로 간주되었다. 세계 혁명운동의 일환으로서 한국독립전쟁이 수행되어야 한다는 것이 이들의 주장이었다. 이 때문에 독립전쟁론은 사회주의 수용의 통로가 되었다. 그것은 한국독립을 열렬히 갈구하는 사람들로 하여금 사회주의를 받아들이게 만든 촉매제였다.

조선총독부 경무국은 한국인들 사이에 사회주의가 수용된 원인 중 하나를 이렇게 설명했다.

> 윌슨의 민족자결주의를 동경하고 미국의 힘에 의지하여 독립을 기대한 불령선인은 그 후 소위 미국의 후원이란 단지 필설(筆舌)의 성원일 뿐이고 하등 구체적 사상(事象)에 도움되는 바 없음을 자각하게 되어…… 점차 과격파에게 접근하는 경향을 보였다.8)

미국의 역할에 한국독립의 희망을 걸었다가 그 기대가 어그러지자 사회주의 쪽으로 접근하게 되었다는 말이다. 외교론의 영향력이 퇴조함에 따라 사회주의에 대한 호감이 증대되었음을 보여준다.

1919년 3~4월에 온 나라를 뒤덮었던 만세시위 운동의 열풍은 이미 보았듯이 외교론적 전망과 결합된 것이었다. 그러나 외교론은 성공을 가져다주지 못했다. 그런 의미에서 베르사유 강화회의는 한국인들에게 교훈을 주었다. 그 회의는 미국과 일본 간에 조성된 국제적 긴장관계를 이용하여 한국의 독립을 이룰 수 있다고 믿었던 대다수 한국인들의 신뢰에 찬물을 끼얹었다. 외교론에 기대를 걸었던 한국인들은 베르사유 강화회의와 국제연맹회의, 워싱턴회의 등을 거치면서 거듭 실망을 맛보아야 했다.

---

7) 위와 같음.

8) 「朝特報第12號, 不逞鮮人と過激派との關係」 1921. 6. 8(金正明 編, 『朝鮮獨立運動』 第2卷, 原書房, 1966, 999쪽).

사회주의로 가는 길

전망부재의 캄캄한 어둠이 엄습했다. 사람들은 나아갈 길을 찾아 헤 맸다. 그때 한줄기 등불이 나타났다. 그것은 세계혁명의 전망과 결합된 독립전쟁론의 길이었다. 한국인들은 그 길을 거쳐 사회주의로 나아갔다. 한국의 독립과 자유를 열망하는 사람들은 이제 "전세계의 혁명적 근로 자들과의 연대 속에서 지주(支柱)를 찾기 시작했으며, 제3인터내셔널 쪽 으로 지향해 나아가기 시작"9)했던 것이다. 한국인들은 3·1운동의 세례 를 거쳐 사회주의자가 되었다. 그러한 의미에서 3·1운동은 한국 사회 주의의 어머니였다.

새로운 길 찾기에 선봉이 된 사람들이 있다. 3·1운동에 헌신적으로 참여한 민족주의자들과 중등 이상의 신교육을 이수한 청년층이 그들이 다. 혁명운동에 직접 참여했던 대중들, 특히 청년학생·인텔리·전투적 민족주의자들이 바로 그 사람들이다. 이들은 맑스주의의 호소에 귀를 기울였다. 이들은 거대한 조류가 되었다. 그것은 한두 줄기 가녀린 물줄 기가 아니라 도도한 강물이었다. 이 흐름이 거대할 수 있었던 이유가 있 다. 3·1운동의 체험을 광범한 대중이 직접 겪었기 때문이다. 수많은 사 람들이 자신의 정치적 경험에 의거하여 정치적 자각을 갖게 되었기 때 문이다.

한국 사회주의운동은 3·1운동의 소산이었다. 이 점은 「공산당선언」 의 어법을 빌려 이 상황을 묘사한, 뒷날 조선공산당 중앙위원을 지낸 구 연흠(具然欽)의 다음 문장에 잘 표현되어있다.

---

9) Гранд Н.(그란트), Этапы освободительного движения в Kopee(한국 해방운동 의 여러 단계들), Народы Дальнего Востока(극동민족) 2, Иркутск, 1921, No.5, c.620.

90

오호! 괴물은 침입해왔다. 지금으로부터 77년 전에 칼 마르크스, 엥겔스
가 말한 유럽을 배회하던 그 유령의 발자국이 …… 한국에 침입한 때는
바로 1919년 3월 1일에 발발한 민족 독립운동이 실패로 돌아간 직후였
다.10)

사회주의는 1919년 이래 한국의 일대 유행적 사조가 되었다. 국내에서
발간되는 신문·잡지의 지면에서 맑스주의를 소개하거나 소비에트 러
시아의 사회주의제도에 관한 견문기가 연재되는 일은 1920년대 전반기
에는 흔한 일이 되었다. 한국인들 사이에는 "경향 각처에서…… 입으로
사회주의를 말하지 아니하면 시대에 뒤진 청년같이 생각하게 되었다"11)
고 말할 정도의 분위기가 형성되었다. 사회주의에 반대입장을 표명한
한 파리 유학생은 이러한 상황을 다음과 같이 풍자했다.

　　수년 전만 하여도 맑스 등록상표 아닌 사상상품은 조선사상 시장에 가
　격이 적었고, 맑스 신도가 아니면 시대의 낙오자라는 불미한 칭호를 얻게
　되었다. 억지로라도 맑스 도금술과 맑스 염색술을 발명하여 사상적 낙오
　자됨을 면하기에 노력했었다.12)

이 문장은 역설적으로 맑스주의가 한국의 청년 학생들에게 끼친 영향
력이 거대했음을 전해주고 있다. 억지로라도 '맑스주의자'를 자칭하지
않으면 '시대의 낙오자'로 지목될 정도의 분위기가 형성되었던 것이다.

---

10) 具然欽, 「朝鮮共産黨及高麗共産靑年會大獄記」(梶村秀樹, 姜德相 編, 『現代
　　史資料』 29, 418쪽).
11) 羅景錫, 「空京橫事」, 『朝鮮之光』 1927. 5, 76쪽.
12) 李晶燮, 「맑스에 대한 일 의문」, 『중외일보』 1927년 4월 18일자.

2. 3·1운동과 한인사회당

대한국민의회

1919년 2월 25일 연해주 니콜스크우수리스크 시에서 제2차 전로한족회 대회가 소집되었다. 제1차 세계대전 종결 이후 국제정세와 베르사유 강화회의에 대한 대책을 논의하기 위해서였다. 그 대회에는 러시아령 한국인 대표자들은 물론이고 만주에서도 대표자들이 참석했다.[13]

러시아와 만주의 한인 단체들이 공동행동에 나설 것을 모색한 것은 제1차 세계대전이 종결된 직후였다. 1918년 12월 상순 전로한족회 중앙총회는 북간도 민족주의자들에게 사람을 파견했다. 제1차 세계대전 이후의 새로운 정세에 공동으로 대응할 것을 권유하기 위해서였다. 그 권유에는 심각한 내용이 포함되어있었다. 북간도 대한국민회 간부를 지낸 김규찬의 언급에 의하면, "그해(1918년-인용자) 12월 상순에 아령 한족중앙총회로서 중(中)·아(俄) 양령(兩領)이 연합하여 대표를 파리강화회의에 보내어 독립을 요구하자는 통첩이 왔다"[14]고 한다. 한국독립 문제와 베르사유 강화회의에 한국대표를 파견하는 문제가 제기되었던 것이다.

북간도 한인 지도자들은 신중히 회합을 거듭했다. 장동회의(1918. 12~1919. 1. 사이), 명동회의(1919. 2. 4), 용정회의(1919. 2. 10) 등을 연속으로 가졌다. 그들은 변화무쌍한 국제정세와 전로한족회 중앙총회의 제안을 검토했다. 마침내 한국독립을 위해 대담한 행동에 나선다는 결정이 이루어졌다. 내용을 보자. "임시정부를 조직하여 아령에 두고, 아령에서 먼저 독립을 선언하되, 그 당일에 내외지 동포가 한 목소리로 만세를 부르

---

13) Доклад о положении корейских революционных организаций комиссии(한인 혁명단체의 상황에 관한 보고), 1921. 1, РГАСПИ ф.495 оп.154 д.90.

14) 『동아공산』 제14호, 1921. 5. 10, 4쪽.

게 하기로 가결"했던 것이다. 나아가 "임시정부는 국민의회로 인증"할 것을 결정했다.[15)

북간도 한인 지도자들이 1919년 2월 25일 니콜스크우수리스크의 제2차 전로한족회 대회에 대표자를 파견한 까닭은 바로 이 때문이었다. 이 대회에서 전로한족회의 조직개편이 이루어졌다. 개편된 조직은 '대한국민의회'로 명명되었다. "전로한족중앙총회가 1919년 3월 혁명 이래 형체를 전환하여 중국령의 단체(남·북만주)와 합쳐서 대한국민의회로 명칭했다"[16)는 장도정의 언급은 바로 이 사실을 말하는 것이다.

조직을 개편하고 명칭을 바꾼 것은 무엇을 의미하는가? 그것은 이 단체 조직의 위상을 변모시켰음을 뜻한다. 종래에는 러시아에 거주하는 한인들 대표기관이라는 지위를 갖고 있었다. 그러나 이제는 달랐다. 거기에 더하여 재만주 한인들도 망라적으로 대표하는 단체로서 자신의 조직 위상을 재규정했던 것이다. 이제 대한국민의회는 해외 모든 한국인의 대표기관이자 한국임시정부를 자임했다. 대한국민의회는 러시아와 만주 한인들의 여망을 담아 베르사유 강화회의에 대표자를 파견하기로 결정했다. 대표자로는 윤해, 고창일 두 사람이 선정되었다.[17)

급변하는 국제정세에 뒤이어 러시아 내 한국인들에게 커다란 충동을 준 사건이 발생했다. 한국 국내에서 일제의 삼엄한 무단통치를 뚫고 대규모의 만세시위 운동이 폭발한 것이다. 러시아와 만주 한국인들은 커다란 심리적 격동을 느꼈다. 해외이주민 사회에서도 만세시위 운동이 조직되었다. 북간도에서는 3월 13일 수천 명의 군중집회가 열리고 한국 독립 선언과 함께 반일시위가 조직되었다. 노령에서도 대한국민의회의 지도 아래 3월 17일 대규모 독립시위 운동을 조직했다.

고조되는 독립운동은 외교론에 의해 지도되고 있었다. 베르사유 강화

---

15) 위와 같음.

16) 張道政, 「高麗共産黨の沿革」, 3쪽, РГАСПИ ф.495 оп.154 д.248.

17) 뒤바보, 「俄領實記(10)」, 『독립신문』 1920년 4월 1일자, 1쪽.

회의에 파견할 한국인 대표에게 더욱 강력한 교섭력을 부여하기 위해 임시정부를 조직하려는 움직임이 일어났다. 국내에서 기독교 지도자들에 의해 '한성정부'가 조직되었음이 발표되었다. 상해에서도 임시의정원 및 임시정부 수립이 선포되었다. 그밖에도 임시정부가 수립되었음을 알리는 크고 작은 선언서와 삐라가 도처에 살포되었다.

그러나 러시아에 거주하는 모든 한국인들이 베르사유 회의에 대한 대표파견을 지지한 것은 아니었다. 한인사회당측 인사들은 그에 반대했다. "러시아의 백당은 일본제국주의자와 공동 일치하리라는 것을 예견했을 뿐 아니라 베르사유 회의에서는 한족의 해방이 이루어지지 못하리라는 것도 선각했다"18)고 한다. 베르사유 회의는 한국독립을 위해 소집되는 것이 아니며 오직 제국주의자들의 이해관계를 조정할 뿐이라는 것이 그들의 생각이었다. 따라서 거기에 대표를 파견할 것이 아니라 소비에트 러시아와 협력을 강구해야 한다고 보았다.

한인사회당 인사들은 대열을 정비할 필요를 느꼈다. 전해(1918년) 9월에 하바로프스크 근거지를 빼앗긴 이후 사방으로 흩어진 당원들을 수습할 필요가 있었다. 게다가 내외 정세에 조응한 적절한 정책을 수립해야 했다. 한인사회당은 제2차 대회를 소집했다.

한인사회당 제2차 대회

한인사회당 제2차 대회는 1919년 4월 25일 블라디보스톡에서 비밀리에 개최되었다. 그 당시 러시아 연해주 일대는 백위파 정권이 통치권을 잡고 있었기 때문에 사회주의자들의 회합은 공공연히 진행될 수 없었다. 대회에 참석한 김규면(金圭冕)의 회상기를 보면, 블라디보스톡 시내가 아니라 그 부근 삼림 속에서 열렸다고 한다.19)

---

18) 張道政, 앞의 글, 5쪽.

19) 「노병김규면비망록」(박환, 『재소한인민족운동사』, 261쪽).

94

이 대회에서 중앙위원으로 선출되고, 모스크바에 파견된 박진순은 대
회 참가자에 대해 이렇게 말했다.

> 금년(1919년-인용자) 4월 블라디보스톡의 한 구역에서 두 사회단체 ―
> 한인사회당과 신민단 ―의 통합대회가 열렸다. 대회에는 3만 명의 선거인
> 을 대표하는 49명의 대표자들이 참석했는데, 그 중 1/3은 전자의 구성원
> 이었으며, 2/3는 후자의 구성원이었다.[20]

이에 따르면 한인사회당 제2차 대회는 종전의 한인사회당과 신민단의
통합대회였다. 박진순은 이르기를, "두 동맹의 활동가들은 그 이전부터
거의 모든 문제에 대하여 견해의 일치를 보았으며 동지적 연대감을 갖
고 행동"[21]해왔다고 한다. 두 단체는 이 대회를 통해 하나의 당으로 통
합했고, 그 명칭을 '한인사회당'으로 부르기로 했다.

이 언급은 대체로 사실에 부합한 것으로 판단된다. 그러나 이 대회가
3만 명의 조직원을 대표한 것이라거나, 신민단을 마치 사회주의단체인
양 표현한 것은 과장된 것으로 보인다. 신민단은 어떤 단체인가? 일제의
정보문서를 보면, 신민단(新民團)이란 대한기독교 성리교(聖理敎) 계열의
신도들로 이루어진 반일단체이다. 그것은 원래 북간도 훈춘현(琿春縣)을
근거로 활동했다. 그러나 중국 관헌의 단속이 점차 엄격해지면서 본부
를 러시아령 연해주로 옮겼다고 한다.[22]

상해임시정부 특파원 왕삼덕(王三德)이 그에 관해 조사한 보고서가 있
다. 1920년 7월 3일자로 보고한 기록을 보면, 이 단체는 500명의 무장부
대를 편성하고 있는데 본부 소재지는 북간도이며 색채는 '종교파'라고

---

20) Пак Диншунь(박진순), Социалистическое движение в Kopee(한국의 사회주의
　　운동), Коммунист Интернационал, М.-Пг., 1919, No.7~8, c.1173.

21) 위와 같음.

22) 조선헌병대사령부 편, 『朝鮮三一獨立騷擾事件―槪況,思想及運動(復刻)』, 巖
　　南堂, 1969, 326쪽.

한다.[23]

뒷날 이르쿠츠크 고려공산당대회(1921. 5.)에 참석한 한 대표자는 한인사회당 제2차 대회를 맹렬히 비난했다. 그는 신민단과 한인사회당이 통합했다는 박진순의 이 기록을 예로 들면서, 한인사회당이 민족주의자들을 사회주의 대열 내에 아무런 검열도 없이 마구 끌어들인다고 공격했다.

박진순은 코민테른에 대한 자신의 보고에서 종교단체인 신민단이 약 2천 명을 거느리는 사회주의 조직인 양 말했다. 이 단체의 지도자는 김규면인데, 그도 코민테른에 한인사회당의 대표자로 등록되어있다. 우리는 노동계급을 착각 속에 빠뜨리는 이들 사이비 공산주의자들과 단호한 투쟁을 전개할 필요가 있다.[24]

위 기록들을 감안할 때 신민단은 박진순의 주장과 달리 사회주의단체는 아닌 것으로 보인다. 그것은 기독교적 배경을 갖는 반일 민족주의단체였다. 그렇다고 해서 신민단의 주요 간부성원들이 1919년 4월에 사회주의를 수용했을 가능성이 없는 것은 아니다. 신민단 지도자 김규면은 이후 시종일관 한인사회당과 보조를 같이했다. 그는 열렬한 사회주의자로서 족적을 남겼다. 따라서 우리는 1919년 4월 대회 당시 신민단이 사회주의 단체인 양 말하는 것은 명백히 과장이지만, 그 주요 간부 성원들이 사회주의를 수용하여 한인사회당과 합류했던 것은 사실이라고 판단한다.

---

23) 재상해 일본총영사관 경찰부, 『조선민족운동연감 : 1919~1936』, 115~116쪽 (『조선민족운동사』 5, 고려서림, 495~496쪽).

24) Учредительный Съезд Корейской Коммунистической партии.(고려공산당 창립대회), Народы Дальнего Востока 2, Иркутск, 1921, c.228.

전략과 전술

한인사회당 제2차 대회에서 한국혁명의 나아갈 길에 관한 논의가 이루어졌다. 한인사회당은 활동의 축을 바꿨다. 종래 러시아 내 이주민 사회에서 군사·선전활동에 중심을 두던 것으로부터 한국혁명 전체를 조감하는 방향으로 전환한 것이다. 이러한 필요 때문에 한국혁명 전략과 전술에 관한 문제들이 구체적으로 논의되었다.

이 대회에서 채택된 한인사회당 강령은 그 전문을 구해보기 어렵고, 그 요지를 통해서만 접할 수 있다.

① 한국인 근로대중의 정신상·육체상의 정상적인 발전을 보장하기 위해서는 일본제국주의의 압제 및 자본주의적 착취로부터 한국을 해방하는 것이 불가피하다.

② 일본 및 한국의 근로대중의 이해가 서로 연관을 갖고 있으며 일본제국주의와 자본의 압제가 그들에게 동일하게 고통을 주는 점을 고려한다면, 양국 혁명단체들 간의 긴밀한 연관은 불가피하다.

③ 한국이 자본주의단계에 들어섰기 때문에 당은 프롤레타리아트와 고농을 조직하고, 그들을 혁명적 맑스주의의 정신으로 교양하며, 그들의 자본에 대한 일상투쟁을 지도해야 한다.

④ 1890년대에 농민봉기 형태로 나타난 우리의 고유한 혁명의 경험은 물론이고, 전세계 혁명운동의 경험은 다음을 보여준다. 평등과 공정의 승리를 위한 첨예한 계급충돌의 시기에는 수탈자에 대한 피수탈자의 강압이 불가피하다는 것을. 따라서 우리 당은 소비에트 권력을 가장 합목적적인 권력형태로 간주한다.[25]

4개항의 강령요지를 통해 우리는 이 시기 한인사회당의 전략노선을 파악할 수 있다. 제1항에서는 한국혁명의 목표를 천명했다. 그것은 일본

---

25) Пак Диншунь(박진순), 앞의 글, 1173~1174쪽.

제국주의로부터의 해방이었다. 한인사회당의 당면과제는 한국독립이었던 것이다.

제2항에서는 한·일 양국 혁명세력의 긴밀한 제휴에 관해 언급하고 있다. 한국독립과 일본혁명의 성패가 맞물려 있다고 보는 것이다. 여기서는 동아시아 차원의 혁명적 전환이 고려되고 있다. 프롤레타리아트의 국제적 협력을 통해야만 동아시아 제국주의체제를 타도할 수 있다고 보는 것이다.

당시 한인사회당은 한국혁명의 성격을 사회주의혁명으로 간주했던 것 같다. 제3항에서 자본주의적 관계의 발전을 과대하게 평가하고 있는 점, 노농동맹을 협소하게 이해하여 도시와 농촌의 프롤레타리아트적 요소만을 운동의 동력으로 파악하고 있는 점, 제4항에서 소비에트권력 수립론을 제기한 점 등이 눈에 띈다. 제1항에서 자본주의적 착취관계로부터의 해방을 주장했으며, 제4항에서 장래 혁명권력을 소비에트로 제시한 것도 우리의 추정을 뒷받침해준다.

그렇다고 해서 한인사회당이 식민지 한국의 독립이라는 과제를 소홀히 했다는 것은 아니다. 일제로부터 민족해방의 과제를 명시적으로 제1의 지위에 놓고 있는 점에 주목해야 할 것이다.

이로부터 우리는 1919년 4월 블라디보스톡 대회 당시 한인사회당의 혁명론은 한국의 독립과 동시에 사회주의혁명 과제를 수행할 프롤레타리아트 독재권력을 세운다는 것이었음을 확인할 수 있다. 그 당시 한인사회당은 당면 혁명의 부르주아 민주주의적 성질을 미처 고려하지 않았으며, 따라서 연속2단계 혁명론의 관점에 서 있지 않았던 것으로 보인다.

당대회는 한국혁명을 둘러싼 국제적 지원역량에 관해서도 논의했다. 한인사회당은 대한국민의회가 베르사유 강화회의에 대표를 파견한 데 대해 반대입장을 취했다. 왜냐하면 그들의 생각에 베르사유 강화회의는 열강들이 자기 승리의 열매를 분배하고 후진 세계를 재분할하기 위해 소집된 것이었기 때문이다. 따라서 베르사유 회의에서 약소민족의 대표자들은 하잘것없는 소수파에 머물 뿐이라고 예측했다. 한국문제를 포함한 약소민족 대표자들의 정당한 요구는 받아들여지지 않을 것이라고 판단한 것이다.

국제연맹도 반역사적 의의를 갖는다고 보았다. 그것은 프랑스혁명 당시 혁명의 파급을 두려워하여 유럽 각국의 지배계급이 체결한 신성동맹과 같은 것이라고 파악했다. 따라서 그것은 결코 약소민족의 해방을 보장할 수 없다고 판단했던 것이다. 그래서 당대회 참가자들은 "강화회의 및 국제연맹으로부터 한국대표를 소환하기 위해 대중 속에서의 선전·선동을 강화할 것"을 결의했다. 대한국민의회 대표 명의로 베르사유로 파견된 윤해, 고창일 두 명의 한국인을 소환하는 캠페인을 전개한다는 뜻이었다.

이러한 견해는 국제 사회주의운동에 대한 협력방침과 표리를 이루는 것이었다. 블라디보스톡 당대회는 중앙위원회에게 "즉각적으로 러시아 소비에트공화국과 공동보조를 취할 것"을 지시했다. 그 이유로는 세 가지가 거론되었다. 첫째, "러시아소비에트 공화국 극동지역의 승리와 한국의 해방은 일본제국주의의 운명과 긴밀히 연관"되어있기 때문이다. 둘째, 한인사회당이 "장래 한국공화국 건설의 기초를 소비에트권력의 원리들에 두고자" 하기 때문이다. 셋째, 소비에트 러시아는 한국인의 항일투쟁과 부르주아지 및 귀족에 대한 투쟁에서 많은 원조를 줄 것이기 때문이다.

블라디보스톡 당대회에서는 한국 민족주의자들에 대한 태도를 결정했다. 그들은 진행중이던 3·1운동에 대해 우려를 표명했다. 그것이 민족주의자들에 의해 지도되고 있으며, 반제국주의 투쟁으로서가 아니라 민족적 적대감에 의해 이끌려가고 있나고 보았다. 그러한 조건 속에서는 바람직한 결과를 거둘 수 없다는 것이다. 그들은 민족주의 지도자들에 대해 비우호적인 태도를 표명했다. 그들은 "운동을 계급투쟁의 방향으로 나아가도록" 노력하겠다고 말했다. 일본 금융자본과 함께 '애국주의적 양반'도 반대할 대상으로 지목했다.

뒷날 박진순은 코민테른에 출석한 자리에서도 이러한 방침을 되풀이 천명했다. "한인사회당은 최근 대회(1919년 4월 블라디보스톡 대회－인용자) 이후 한국의 부르주아지 및 양반들과의 관계를 최종적으로 단절"했다고 말했다. 나아가 계급투쟁 노선을 더욱 분명히 했고, "「자유로운 한국공화국」의 슬로건을 선언했다"고 언급했다.[26]

부르주아지와 민족주의에 대한 이러한 적대적 태도는 대한국민의회에 대한 정책에 반영되었다. 당대회는 "소위 「대한국민의회」에 대한 거부 결의를 채택"[27]했다. 대한국민의회가 예전처럼 한인사회당의 정책과 모순되는 정책을 수행할 경우 당원들로 하여금 국민의회의 책임있는 직위에서 물러나도록 한다는 것을 결정했던 것이다.[28]

하지만 이 결정이 즉각적으로 대한국민의회와 한인사회당의 결렬을 가져온 것은 아니었다. 왜냐하면 당대회는 대한국민의회의 간부직에 취임해 있는 한인사회당원들의 사임을 결정했지만, 구체적인 사임시기와 방법에 대해서는 당중앙위원회에게 위임했기 때문이다.

권한을 위임받은 당중앙위원회가 곧바로 소환조치를 실행에 옮긴 흔적은 아직 찾아볼 수 없다. 쌍방은 정책 차이로 인해 서로 대립하고 있었지만, 그렇다고 해서 한인사회당이 대한국민의회를 탈퇴한 것은 아니었다. "대한국민의회 쪽에서는 자신은 전한(全韓)의 최고기관이라고 자처하면서 사회당을 그 지배하에 두려 하고, 사회당의 사업을 빼앗으려 했다"[29]는 한인사회당 간부의 언급을 보라. 양자는 내부적으로 여러가지 수준에서 서로 대립하고 있었지만 조직적 결렬에는 이르지 않았다.

---

26) Пак Диншунь(박진순), 위의 글, 1174~1176쪽.

27) Ким Сын хва(金承化), Очерки по истории Советских Кореичев, изд. наука, Алма Ата, 1965(鄭泰秀 옮김, 『소련한족사』, 대한교과서주식회사, 1989, 91쪽).

28) Пак Диншунь(박진순), 앞의 글, 1175쪽.

29) 張道政, 앞의 글, 5쪽.

쌍방이 최종적으로 갈라선 것은 상해임시정부와의 통합문제를 둘러싼 이견이 표출된 다음부터였다. 그 이전까지 한인사회당은 대한국민의회 내에 잔류해 있으면서 내부에서 간부진에 반대하는 캠페인을 전개했던 것으로 보인다.

다음으로 상해에서 입안되고 있던 정부수립운동에 대해서는 어떤 입장을 취하고 있었는지 검토해보자. 서대숙은 한인사회당이 상해임시정부에 대해서도 보이코트 정책을 취했다고 파악한 바 있다. 그는 말하기를, "이 회의에서 중앙집행위원회는 상해에서 고안되고 있는 대한민국임시정부에 당원을 참가시키지 않겠다는 결의를 채택했다"[30]고 한다. 그러나 필자는 이 해석에 대한 사실적 근거를 아직 찾지 못했다.

1919년 4월 블라디보스톡 대회에 관해 가장 자세한 정보를 담고 있는 박진순의 보고서에도 상해임시정부에 대해서는 아무런 언급도 없다. 게다가 한인사회당 간부인 한형권은 서대숙의 해석과 배치되는 언급을 남기고 있다. 한형권은 한인사회당이 상해임시정부에 참가한 것은 4월 블라디보스톡 대회의 결정에 따른 것이라고 주장했다.[31]

반병률의 연구를 보면, 이 대회는 '민족운동단체들 내에서 한인사회당의 영향력을 강화하기 위한 대책'을 수립했다고 한다. 이를 위해 "대한국민의회와 신민단 내에서 당의 영향력을 강화"하기로 결정했다. 또한 정부적 지위를 주장하는 각 단체의 통합을 추진하기로 결정했다고 한다. 3·1운동 이후 임시정부를 자임하고 있는 여러 단체들, 즉 "대한국민의회, 상해임시정부, 길림군정부 간에 통합을 위한 국민대회를 개최"하기로 했다는 것이다.[32]

---

30) DAE-SOOK SUH, *The Korean Communist Movement, 1918~1948*(현대사연구회 옮김, 『한국공산주의운동사 연구』, 23쪽).

31) Положение в Восточной Азии.(동아시아의 상황), Коммунист. Интернационал, М.-Пг., 1920, No.13, c.2560.

32) 반병률, 「노령지역 한인 정당의 결성과 변천－한인사회당과 상해·이르쿠츠크파 고려공산당을 중심으로」, 102쪽.

이 정책은 민족부르주아지를 부정적으로 평가한 강령상의 규정과 모순된다. 반병률은 한인사회당 제2차 대회 결정 내에는 명문화된 선언과 실제 정책 사이에 괴리가 존재하는 것으로 이해했다. 한인사회당 제2차 대회를 가리켜 ”선언상으로는 좌파의 분명한 승리였지만, 현실적인 당면문제에 관한 협의에 있어서는 우파의 입장이 반영되어있었던 대회”라고 평가했다.[33]

당대회는 연해주의 한인 무장투쟁을 발전시킬 것을 결정했다. 이를 위해 두 가지 조치를 취하기로 했다. 첫째, 만주에서 활동중인 한국인 독립군부대들과 연락을 맺는 일이었다. 둘째, 연해주에서 활동중인 한인 무장부대들을 결집시켜 그들을 단일한 지휘체제하에 통합하는 일이었다. 구체적으로 지목된 곳은 “러시아 극동의 수찬, 타반, 이만, 슬라뱐카, 라즈돌리니 지역들에서 작전중인 한국인 독립군부대들”이었다.[34]

당대회는 국제 사회주의운동에 대한 태도를 결정했다. 대회 결의의 골자는 “제2인터내셔널의 다수파와는 결코 협력하지 않는다”는 데 있었다. 왜냐하면 그들은 자국 정부의 식민지 통치정책을 지지하고 있었기 때문이다. 그 대신에 곧 조직될 예정인 제3인터내셔널에 가입할 것을 결의했다. 당시 한인사회당 관계자들은 모스크바에서 제3인터내셔널 창립 대회가 머지않아 개최될 것이라는 사실을 알고 있었다고 한다. 그래서 한인사회당은 코민테른과의 적극적인 교섭을 위해 대표자 3명을 선출했다.[35]

이때 선정된 사람들은 박진순, 이한영(李翰榮), 박애(朴愛)였다. 이들은 모두 대회에서 선출된 중앙위원이기도 했다. 이들은 대회가 끝난 지 3개월이 지난 그해 7월 모스크바로 출발했다.

---

33) 위의 글, 103~104쪽.
34) Ким Сын хва(김승화), 앞의 책, 91쪽.
35) Пак Диншунь(박진순), 앞의 글, 1174쪽.

3. 상해임시정부와 한인사회당

임시정부 통합운동

3·1운동이 고조된 조건 속에서 임시정부 수립문제는 한국 독립운동자들의 깊은 관심의 대상이 되었다. 지금까지의 연구성과에 의하면, 3·1독립선언 이후에 조직되었거나 발표된 임시정부 조직안은 모두 9개에 달한다. 이 중 실질적인 활동을 전개할 수 있는 정치적 실체는 두 개로 꼽힌다. 하나는 1919년 2월 25일 연해주 니콜스크우수리스크 시에서 성립한 대한국민의회이다. 다른 하나는 같은 해 4월 10일 상해 임시의정원에 의해 설립된 대한민국임시정부이다.[36]

이 두 정부는 대내외적으로 실질적 정부로서 기능하기 위해서는 통합이 불가피하다는 점을 서로 인정했다. 그리하여 양자 사이에 임시정부 통합을 위한 교섭이 개시되었다.

대한국민의회 지도부는 1919년 4월 29일 블라디보스톡 신한촌 한민학교에서 의원총회를 열었다. 이 집회에는 상설의원 23명이 모였는데, 그 중에는 러시아령 원호인 지도자로 유명한 최재형(崔才亨), 문창범 등이 포함되어있었다. 상해임시정부에 대한 승인문제가 의제로 올랐다. 그 결과 그를 '잠정 승인'하되, "그 정부가 노령으로 이전한 후에 비로소 일치 행동을 하기로" 결정되었다.[37]

이어서 대한국민의회는 전권 교섭원을 파견했다. 상해임시정부의 러시아령 이전을 교섭하기 위해서였다. 교섭원으로는 원세훈이 선정되었다. 그는 1919년 5월 7일 상해에 도착했다.[38]

---

36) 반병률, 「대한국민의회와 상해임시정부의 통합정부 수립운동」, 『한국민족운동사연구』 2, 1988. 3, 89~90쪽.

37) 金正明 編, 『朝鮮獨立運動』 第3卷, 原書房, 1966, 437쪽.

상해임시의정원도 대한국민의회와의 통합문제를 논의했다. 임시의정원 제4회 회의(1919. 4. 30~5. 13)에서 「의회통일에 관한 건」이 상정되었다. 이는 상해임시의정원과 재러시아 대한국민의회 간의 통일문제를 거론한 것이다. 토론 끝에 의정원은 대한국민의회에 교섭원을 파견하기로 의견을 모았다. "아령에 설립된 국민의회에 대하여 정부로 하여금 3일 이내에 요원을 파견, 조사케 한 후 그 사건을 본원(本院)에 제출시켜 해결하자"고 결정했다.[39]

상해임시정부는 대한국민의회 전권대표 원세훈과 통합에 관한 교섭에 착수했다. 당시 상해임시정부는 사실상 안창호에 의해 지도되고 있었다. 안창호는 국무총리 대리의 직위에 있었다. 그는 "각부 차장(次長)으로 더불어 만기(萬機)를 총람(總攬)"[40]하고 있었다.

임시정부와 임시의정원, 대한국민의회 전권위원 원세훈 간의 교섭은 8월 중순경에 마무리되었다. 임시정부는 5개항의 통일안을 작성하여 전권위원 2인을 러시아 연해주로 파견했다. 현순(玄楯)과 김성겸(金聖謙)이 전권위원으로 선임되었다. 그들이 휴대한 통일안은 다음 5개항으로 이루어져 있었다.

① 상해와 아령에서 설립한 정부들을 일체 취소하고 오직 국내에서 13도 대표가 창설한 한성정부를 계승할 것이니, 국내의 13도 대표가 민족 전체의 대표인 것을 인정함이다.

② 정부의 위치는 아직 상해에 둘 것이니, 각지에 연락이 비교적 편리한 까닭이다.

③ 상해에서 설립한 정부의 제도와 인선을 취소한 후에 한성정부의 집정관 총재제도와 그 인선을 채용하되, 상해에서 수립 이래 실시한 행정은 그대로 유효를 인정할 것이다.

---

38) 『朝鮮民族運動史(未定稿)』 1, 高麗書林, 1989, 281~282쪽.

39) 위의 책, 181~182쪽.

40) 『독립신문』 1919년 9월 23일자, 1쪽.

④ 정부의 명칭은 대한민국임시정부라 할 것이니, 독립선언 이후에 각 지를 원만히 대표하여 설립된 정부의 역사적 사실을 살리기 위함이다.

⑤ 현재 정부 각원은 일제히 퇴직하고 한성정부가 선택한 각원들이 정부를 인계할 것이다.[41]

통일안의 골자는 문제가 되는 두 정부(상해임시정부, 대한국민의회)를 폐지한다는 데 있었다. 그 대신 국내에서 13도 대표 명의로 공포된 '한성정부'의 법통을 계승하기로 했다. 그 법통을 잇는다는 말은 그 정부의 인선에 따라 내각을 다시 구성하며, 그 정부의 제도를 시행한다는 뜻이었다. 다만 임시정부의 소재지는 상해에 그대로 둘 것을 제안했다. 왜냐하면 국내와 해외 여러 곳과의 연락이 가장 손쉽기 때문이었다.

대한국민의회는 상해임시정부 전권위원이 지니고 온 정부통일안을 심의하기 위해 블라디보스톡에서 의원총회를 개최했다. 1919년 8월 30일의 일이었다. 35명의 의원총회 참가자들은 상해임시정부측의 제안을 승인할 것을 결정했다. 그 결과 대한국민의회는 조건부 해산을 결정했다. "한국 내지에서 발표한 정부를 봉대하고 쌍방이 다같이 취소한다"는 조건하에서였다.[42]

결국 대한국민의회는 해산을 결의했으며, 새 국회가 소집될 때까지 잔무를 처리하기 위해 당분간 존속한다는 것을 밝히는 「선포문」을 발표했다. 당시의 결정 내용은 뒷날 대한국민의회가 발표한 경위 해명서에 의하면 다음과 같다.

상해정부에서 내무차장 현순과 김성겸 양군을 본 의회에 특파하여 작년(1919년―인용자) 8월 30일 본 의회 석상에서 협정하기를, "대한국민의회와 상해의정원을 일절 취소하고, 13도 대표가 한성에서 국민대회 명의로 조직·발표한 임시정부를 봉대하기로 하며, 본 의회는 한성정부 각원

---

41) 독립운동사 편찬위원회 편, 『독립운동사자료집』 8, 858쪽.
42) 張道政, 앞의 글, 4쪽.

이 취임하여 적법한 신 국회를 소집할 때까지 잔무처리를 하기로 함"은 선포문에 명백한 바이다.[43]

이에 따르면 당시 합의 내용의 골자는 세 가지이다. 첫째, 입법기관의 성질을 띠는 대한국민의회와 상해의정원을 동시에 취소할 것, 둘째, 행정집행기관의 성질을 띠는 상해정부와 대한국민의회 집행부를 동시에 해체하고 한성정부의 제도와 인선을 봉대할 것, 셋째, 한성정부 각원들에 의한 새 정부의 소집 등이다. 여기서 주목되는 것은 대한국민의회가 자신의 위상을 입법권과 행정권을 동시에 갖는 소비에트로 간주하는 점이다. 따라서 자신의 해체는 상해임시정부와 임시의정원의 동시적 '취소'와 병행되어야 한다는 입장을 견지했다.

이 결정을 내리는 과정에서 한인사회당은 주도적 역할을 했다. 당시 의원총회에 참가했던 이강(李剛)의 회고에 의하면, "이동휘 씨가 찬성하니까 만장일치로 국민의회가 취소되었다"[44]고 한다.

개조냐 승인이냐

대한국민의회 해체선언을 전해들은 상해임시정부는 정부개조안과 헌법개정안을 임시의정원에 상정했다. 국무총리 서리 안창호가 의정원에서 행한 의안 제출이유를 들어보자. 그는 이르기를, "한성에서 조직된 정부와 상해에서 조직된 정부는 둘 다 세계에 공포되어" 세간에 의혹이 일고 있다고 했다. 한국에 두 개 정부가 있는 양 알려지고 있다는 것이다. 그 때문에 이승만의 지위가 국무총리인지 혹은 대통령인지 불명확한 상태가 계속되고 있다는 것이다. 이에 "경성(京城) 조직안에 준거한 임시정부 개조안을 작(作)하며, 또한 시의에 적합한 임시헌법 개정안을

---

43) 대한국민의회, 「선포문」, 1920. 2. 15(金正明 編, 『朝鮮獨立運動』 第2卷, 931쪽).
44) 도산기념사업회 편, 『安島山全書』, 汎洋社出版部, 1990, 215쪽.

제출"한다는 것이었다.[45]

이 의안은 임시의정원에서 토론된 결과 원안대로 통과되었다. 당시 통과된 임시헌법 개정안의 골자는 "대통령만 의정원에서 선거하고, 국무총리 이하의 각 국무원은 대통령이 임명케 됨과 주권의 행사를 대통령에게 위임"한다는 데 있었다. 임시정부 개조안의 골자는 두 가지였다. "첫째, 제도를 변경하여 총리제를 통령제로 할 것, 둘째, 조직을 확장하여 행정 6부를 7부 1국으로 할 것" 등이었다.[46]

그리하여 9월 11일 임시헌법 개정이 공포되었고, 개정헌법에 의거하여 이승만이 임시대통령으로 선출되었다. 임시정부는 9월 13일 종래의 정무를 폐지하고, 9월 15일을 새 임시정부의 시정일로 삼는다고 발표했다.[47]

상해임시정부의 조치는 상해정부의 기존 골격을 인정하되, 그 인선을 한성정부안에 준하여 개편하는 것이었다. 따라서 '개조'라 불리었다. 이는 대한국민의회가 말하는 '상해의정원·상해정부·대한국민의회의 동시 취소, 한성정부 각원들에 의한 신 국회 소집'과는 다른 것이었다. "상해정부 쪽에서는 취소는 하지 않고 개조 형식을 취하여 내지 정부의 각원을 그대로 상해정부의 각원으로"[48] 삼는 데 그쳤다. 상해임시정부와 임시의정원의 이러한 조치는 대한국민의회와 맺은 약속을 뒤엎는 것이었다. 이로부터 이른바 '개조·승인' 논쟁이 야기되었으며, 민족해방운동진영의 내분이 초래되었다.

상해임시정부의 면모는 일신되었다. 한성정부 내각의 각부 총장으로 지목된 인사들 가운데 6명이 많은 사람의 관심 속에 9~10월 사이에 상해로 집결했다. 국무총리 이동휘, 법무총장 신규식(申奎植), 교통총장 문

---

45) 『朝鮮民族運動史(未定稿)』 1, 242~243쪽.
46) 『독립신문』 1919년 9월 2일자, 1쪽.
47) 『조선민족운동연감』(金正明 編, 앞의 책 제2권, 205쪽).
48) 張道政, 앞의 글, 4쪽.

창범, 내무총장 이동녕, 재무총장 이시영(李始榮), 노동총판 안창호이다. 이동휘는 임시정부 특사인 현순, 김립, 남공선(南公善) 등과 함께 1919년 9월 18일 상해에 도착했다. 당시 현순은 내무차장의 직위에 있었다. 『독립신문』은 "6두령(頭領)의 취회(聚會)"라는 표제하에 사설을 실었다. "독립운동 발생 후의 성사(盛事)일 뿐더러 실로 국치(國恥) 이래의 성사라 할지라"[49]는 표현으로 환영과 기대의 뜻을 나타냈다.

그러나 상해임시정부의 '개조'는 민족해방운동진영의 단결을 가져오는 데는 역부족이었다. 대한국민의회의 구성원인 이동휘와 문창범은 상해임시정부측의 '개조' 조치에 대한 항의 표시로 내각 취임을 거부했다. 이들의 보이코트 태도는 적어도 10월 말경까지 계속되었다.[50] 1919년 11월 1일 약 400명의 청중이 참석한 속에서 개최된 상해 '시국 대연설회'에서 한인사회당원 김립은 이동휘가 국무총리에 선뜻 취임하지 않고 있는 이유를 설명하고 있다. 이 연설을 들어보면, 이동휘는 11월 1일까지만 해도 취임 보이코트의 입장을 취하고 있었던 것으로 보인다.

'승인·개조' 문제가 장기화됨으로써 독립운동진영의 분열과 반목이 영속화될 조짐이 나타났다. 이에 대한국민의회 내에서는 두 개의 대응방식이 나타났다. 하나는 상해임시정부를 승인하자는 주장이었다. "혁명시대에 처하여 통일을 위해서 개조인가 취소인가 하는 문제는 그다지 중요하지 않으므로 그대로 승인하자"는 논리였다. 이 입장은 한인사회당에 의해 주도되었다. 다른 하나는 "상해 쪽에서 조건을 위반했기 때문에 대한국민의회를 부활하자"는 주장이었다.[51] 이 입장은 전로한족회구 집행부에 의해 주도되었다.

이 입장 차이는 끝내 해소되지 못했다. 대한국민의회 내부의 두 그룹은 각기 제 갈 길을 갔다. 하지만 이 결렬은 비극을 잉태하고 있었다. 한

---

49) 『독립신문』 1919년 10월 28일자, 1쪽.
50) 『독립신문』 1919년 11월 4일자, 2쪽.
51) 張道政, 앞의 글, 4쪽.

국 독립운동과 사회주의운동에 일대 재앙을 가져올 불행의 씨앗이 그 속에 잠재해 있었음을 당사자들 어느 누구도 예측하지 못했다.

1919년 11월 3일 새로운 임시정부가 출범했다. 이동휘(총리), 이시영(재무), 이동녕(내무), 신규식(법무) 등 4명의 총리와 총장 취임식이 재상해 독립운동자들과 교민들 300명이 참석한 가운데 거행되었다.[52] 이전보다 훨씬 강화된 면모를 갖춘 '통합정부'가 출범하는 순간이었다. 그러나 이 때 교통총장 문창범은 취임을 여전히 거부하고 있었다. 그는 약속을 위반한 상해임시정부를 비난하고 대한국민의회 부활을 꾀하는 입장을 고수하고 있었다.

『독립신문』은 이에 대해 "교통총장 문창범 씨는 국민의회에 대한 책임상 아직 취임치 못하거니와 역시 불원(不遠)에 취임하리라"고 기대 섞인 보도를 했다. 그러나 이 사안에 대해 일본의 신문들은 "임시정부 중에 무슨 대알력(大軋轢)이 있는 듯"하다고 보도했다.[53] 이 문제에 관한 한 일본신문의 보도가 훨씬 사실에 가까웠다. 상해임시정부와 대한국민의회 사이에, 대한국민의회 간부그룹과 한인사회당 사이에 넘기 어려운 골짜기가 파였다. 이는 뒷날 상해파와 이르쿠츠크파 공산당 간의 알력의 한 단초가 되었다.

한인사회당의 임시정부 참여

상해임시정부의 '개조' 조치를 인정하고 그에 참가하기로 결정한 한인사회당의 입장은 어떠한 것이었나? 1919년 4월 블라디보스톡 대회에서 민족주의자들에 대해 적대적 전술을 견지하기로 결정한 한인사회당이 왜 부르주아적 정부인 상해임시정부에 참가하려고 했을까? 이론과 실제 사이에 커다란 모순이 존재해 있은 듯하다. 이에 대해 한인사회당

---

52) 『독립신문』 1919년 11월 4일자, 1~2쪽.
53) 『독립신문』 1919년 11월 4일자, 1쪽.

간부이며 대한민국임시정부의 러시아 파견대사인 한형권은 1920년 코민테른 기관지 『공산주의 인터내셔널』에 기고한 글에서 이렇게 설명했다.

> 만일 우리가 임시정부에 참가하기를 거부하고 4월 대회에 따르지 않았다면 광범한 인민대중은 우리 한인사회당에게 어떤 태도를 취했을까? 만일 우리 당이 대회 결의에 따르지 않았다면, 단지 원칙적 고려하에서 정부 내의 사회주의적 소수파는 존재할 수 없다고 예단하면서 대내적으로 사회주의혁명 노선을 실행했을 것이다. (중략) 그러나 대중은 우리의 행동을 이해하지 못했을 것이며, 우리를 대한국민의회의 복구를 꾀하는 음모자들과 동일시했을 것이다. 대중들은 우리를 떠났을 것이다. 우리 당은 마치 군사 없는 장군과 같은 처지가 되었을 것이다.[54]

한인사회당이 상해임시정부에 참가한 것은 4월 대회의 결정에 따른 것이었다고 한다. 그러나 우리는 4월 블라디보스톡 대회에서 한인사회당이 임시정부에 관해 어떤 결정을 내렸는지를 아직 확인할 수 없다. 이 문제는 자료발굴이 진전됨에 따라 밝혀질 수 있으리라 생각한다.

한형권의 해명에서 중요한 지위를 점하는 것은 대중획득론이다. 광범한 대중을 획득하기 위해 사회당이 택한 유연한 전술 운용의 하나로 설명되고 있다. 한형권은 이르기를, 통합 임시정부는 한국 국내에서는 "오직 친일파들, 즉 대지주들로부터만 지원을 받지 못했으며, 해외이주민 사회에서는 단지 대한국민회의의 지지자들로부터만 지원을 받지 못했다"고 한다. 따라서 한인사회당이 임시정부를 단지 부르주아적 정부라는 이유로 보이코트했다면, 사회주의자들은 광범한 한국인들 사이에서 고립되고 말았을 것이라고 한다.

한인사회당이 독립운동진영 내에서 사회주의의 영향력을 확대하고자

---

54) Положение в Восточной Азии(동아시아의 상황), Коммунист. Интернационал, М.-Пг., 1920, No.13, c.2560.

힘쓴 흔적은 여러 곳에서 확인된다. 보기를 들면 한인사회당은 임시정부 내의 선전, 출판관계 업무에 관한 전권을 요구했다. 이 제안은 모두 수용되었다.

> 우리 당중앙위원회는 혁명적 선전·선동을 위해 정부의 출판권을 장악할 목적으로 정부조직에 들어가기로 결정했다. 두 명의 동지가 정부조직에 들어갔기 때문에 요구는 만족스럽게 이루어졌다.[55]

여기서 말하는 두 명의 동지란 곧 국무총리 직위에 취임한 이동휘와 임시정부 비서장 직위에 취임한 김립을 가리킨다.

임시정부에 임하는 한인사회당의 논리는 국무총리 이동휘가 1919년 11월 27일 '간도한족독립운동 간부'에게 보낸 편지에도 잘 나타나 있다. "노령국민의회가 주장하는 '한성정부를 승인해야 한다'는 것과 상해의 정원이 주장하는 '한성정부를 개조해야 한다'는 것의 여하에 불구하고 나는 몸을 굽혀 2천만을 위하여 진충(盡忠)하고자 합니다"라는 말로 시작되는 이 편지에서, 이동휘는 다음과 같이 임시정부에 참여하는 자신의 심정을 표현했다.

> 금일 나는 차마 노령 주장을 고집하며 상해당국 여러분과 정전(政戰)을 벌일 수 없습니다. 광복을 목적으로 하고 독립을 요구하는 데는 매한가지인데, '승인'에 의하여 달리 일의 성공하는 바 없고 '개조'에 의해 일의 불성공이 없는 바에는 차라리 우리 동지간의 의견충돌에 양보하는 이동휘가 될지언정 나의 의견을 극단으로까지 주장하여 대국(大局)을 파괴하는 이동휘가 되는 것은 일층 불능한 문제입니다.[56]

이동휘는 약속을 어긴 상해임시정부측의 잘못을 인정하고 있다. 그러

---

55) 위의 글, 2561쪽.
56) 金正明 編, 앞의 책(제3권), 116쪽.

나 '한성정부의 승인'을 주장하는 대한국민의회의 주장이나 '한성정부의 개조'를 주장하는 상해임시정부의 주장은 둘 다 '성공·불성공'을 판가름하는 결정적인 문제가 아니다. 더 중요한 것은 민족해방운동진영의 통일이다. 이를 위해서는 대국(大局)을 파괴하지 않는 것이 옳기 때문에 결국 상해임시정부에 참가하게 되었다는 것이다.

이동휘의 이러한 요청은 북간도 대한국민회에 의해 수용되었다. 북간도 대한국민회는 대한국민의회 부활에 참여하지 않았다. 그들은 의정원 의원 2명을 선출하여 상해에 파견했다. 계봉우(桂奉瑀)와 유예균(劉禮均)이 그들이다. 그렇게 함으로써 이동휘와 한인사회당의 노선에 화답했다.

그러나 한인사회당의 상해임시정부 참여는 대한국민의회 부활을 추진하는 세력에 의해 맹렬한 비난의 대상이 되었다. 이동휘는 운동대열이 문란하게 되는 것을 무릅쓰고 상해임시정부에 참여했다는 것이다. 그뿐 아니라 수십 년 동고동락하던 동지들의 신의를 무시했다는 것이다. 그처럼 무리한 결정을 내린 것은 오직 국무총리 지위를 탐낸 때문이었다는 게 비판자들의 의견이었다.[57] 대한국민의회 부활그룹은 이후 상해임시정부와 한인사회당을 격렬하게 비난했다. 이후 양자 간에는 정치, 군사, 외교 등의 영역에서 기나긴 적대적인 경쟁이 되풀이되었다.

---

57) 「在魯高麗革命軍隊沿革」, 9쪽(『한국공산주의운동사』 2(자료편), 고려대 아세아문제연구소, 1980).

РОССИЙСКАЯ КОММУНИСТИЧЕСКАЯ ПАРТИЯ В Г. ОМСКЬ

Корейской коммунистической
партии 14 человек в г.Омске

ЗАЯВЛЕНИЕ

После свержения колчаковского ига. На днях прибывает наша твер-
для почва движение коммунистической Российской организации.

После сего на-днях прибыл к нам в г.Омск корейский организатор
из московской коммунистической партии через г.Челябинск тов.ЛИПИТИ
к что заключили наше экстренное заседание в 20-е ноября 1919 года
в Омске.

Заслушав речь организатора Тов.Липити мы все коммунисты в г.Ом-
ске в численности четырнадцать 14 человек приветствуем российскую
коммунистическую партию 3-го ИНТЕРНАЦИОНАЛА и единогласно постанов-
или организовать в мире в г.Омске корейский коммунистический язык.

На основании вышеизложенного мы желаем соединиться с Россий-
ской Коммунистической организацией в г.Омске, как можно скорейшем
времени.

При сем прилагаю список 14 коммунистов
21-го ноября 1919 г.
г. Омск   Подпись коммунистов:
занная 63.

Верно:

21 ноября 1919 г. в Омске.

СПИСОК КОММУНИСТОВ

1. Ким-гирбой
2. Ан-ген-эк
3. Ким-шетори
4. Цой-циннами
5. Ким-Василий Глебович
6. Цой-губой
7. Чен-тоун
8. Ан-енхак
9. Ли-инсеби
10. Им-чангири
11. Ким-ченшу
12. Цой-енхони
13. Нам-тохи
14. Юн-менхени

Член Российской Коммунистической Партии г.Челябинска
агитатор командиров.из Москвы от Комиссариата по Иностран-
ным делам в Дальневосточный Отдел в Сибири: ЛИПИТИ.

Агитатор г.Омска студент Томского Университета Юриди-
ческого факультета коммунист   В Ким.

Верно:

Секретарь

1919년 11월 21일 옴스크 한인공산당원 14명이 단체 설립 이튿날 옴스크 러시아공산당에 입당할 것을 요청한 청원서

청원서를 제출한 14명 한인공산당원 명단. 2번 안경억, 9번 이인섭, 12번 최영훈 등의 이름이 눈에 띈다.

한인사회당의 코민테른 파견 대표 박진순의 필적.
1920년 8월 3일 한인사회당 대표 박진순이
코민테른 제2회 대회 기간중에 작성한
「지 레닌 씨에게 대한 나의 의견이라」 중 일부

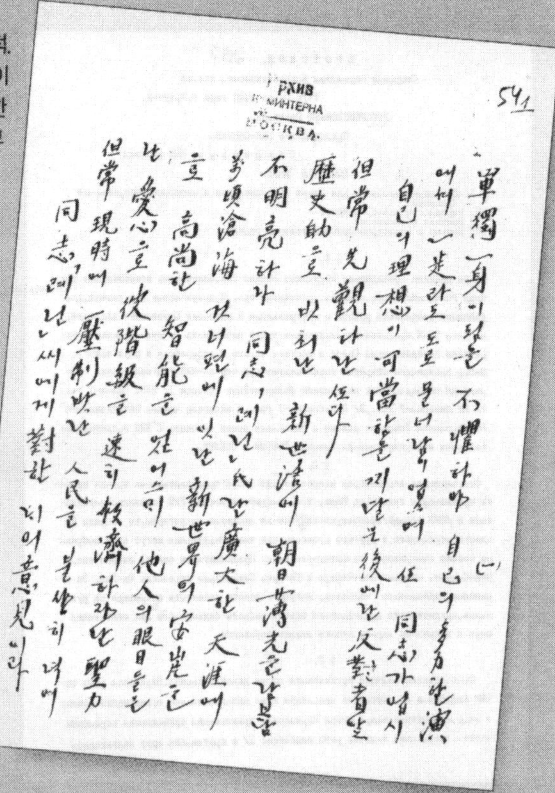

РХИВ
ИНТЕРНА
ОСКВА

54

(一) 單獨一身이 되고 不懼하며 自己의 勢力을 演
어서 一足라도 물너낮... 同志가 업시
自己의 理想이 可當한 ... 後에 反對者을
但常 先觀하난 ...
歷史的으로 ... 新世溢에 朝日簿光은 갓틀
不明亮하다 同志 레닌씨간 廣大한 天涯에
... 新世界의 宇宙을
芳頃滄海 ... 他人의 眼目을
高尚한 智能은 ...
愛心으로 次階級을 速히 救濟하야난 聖力
但常 現時에 歷刺밧난 人民을 불상히 녀여
同志 레닌씨에게 對한 나의 意見이라

소비에트러시아 외무인민위원부 장관 치체린

소비에트러시아 외무인민위원부 차관 카라한

ПРОТОКОЛ. № 1

Собрания Корейской Коммунистической ячейки

7-го Марта 1920 года г.Иркутск.

ПРИСУТСТВОВАЛО 8человек.

Председатель ПАК-СИМАН.

Секретарь: ПАК Алексей

ПОВЕСТКА ДНЯ:

1. О выборе Ревсовета для связи с Российскими и местными центральными органами.
2. Перевыборы членов секции.
3. Военная организация
4. Вопрос о культурно-просветительном отделе.

§ 1.

После доклада Председателя Корейской секции тов.Пак-Симан относительно выбора Ревсовета и его задачах, указанных тов. Красношековым, все решили, для успешного решительной работы с центральными и местными Советскими властями, выбрать ТРЕХ представителей, которые будут составлять из себя Временный Корейский Революционный Совет в составе одного председателя и двух членов. Выбор произведен открытым голосованием при чем на ЧЕТЫРЕ кандидата избранными оказались:как получившие большинство голосов 1/ ПАК Павел-7 гол. 2/ АН Николай-7 гол., 3/ ПАК-Симан-7 гол.,и запасный членом ПАК Алексей-4 Вр.Корейский Ревсовет обязан в ближайшее время созвать С-ЕЗД представителей всех коммунистических ячеек в РОССИИ и СИБИРИ.

§ 2.

Относительно перевыборов членов секции после продолжительных прений принято предложение тов.Павла Нами, т.е. выбрать в секцию ТРИ человека:Председателя и ДВУХ членов/всекоммунистов/,что же касается секретаря,то выбрать из одного корейского и другого русского,при чем секретарями могут быть выбраны не только коммунисты, но и сочувствующие. Председателем секции избран тов. ПАК-Симан, членами Ким-Черхун и Те-Хун. Секретарем корейским Ким-Хва. За неимением подходящего человека, могущего занять должность секретаря на русском языке,предоставить председателю секции выбрать подходящего для означенной цели и в крайнем случае занять вольно-служащего.

§ 3.

Относительно военной организации после доклада инванд. Корейской роты тов. ПАК Алексей о ея настоящем положении и ея назначении все единогласно решили: в виду недостатка кадра среди Корейцев и приключении организации корейских рот..., ближайшей задачей роты является: 1/ в кратчайший срок подготовить

설립 후 한 달 보름이 지난 1920년 3월 7일에 처음 열린 이르쿠츠크 한인공산당 집행부 회의록

ВОЙТИНСКИЙ Григорий Наумович

Год и место рождения : 1893г. г.   Невель, бывш.Витебской губернии

Национальность: еврей

Соц.положение: служащий

Место жительства: Москва

Отн.к военной повинности: политсостав

Адрес: Ул.Горького 36 гост."Люкс".

НАНРОН-ВОЙТИНСКАЯ Евгения Львовна

Год и место рождения: 1906 г. Ленинград

Национальность: еврейка

Соц.положение: служащая.

Адрес: Ул.Горького 36 Гост."Люкс".

코민테른 극동비서부 상임간부회 위원
보이친스키와 그 부인

1920년 9월 1일 재상해 코민테른
임시동아비서부 의장 빌렌스키가
코민테른집행위원회 앞으로 제출한 보고서

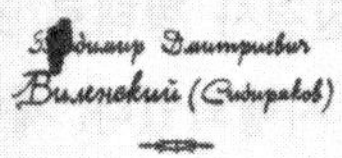

Владимир Дмитриевич Вилинский (Сибиряков)

В ИСПОЛКОМ КОМИНТЕРНА.

Архив КОМИНТЕРНА № 354 МОСКВА

Уважаемые Товарищи,

Представляя при сем " Краткий доклад о работе Восточно-Азиатскаго Секретариата", по поручению своих коллег оставшихся на Дальнем Востоке считаю необходимым выдвинуть нижеследующие вопросы, которые имеют большое практическое значение для работы в Восточной Азии.

Первое. Признать следующую организационную схему.

а) За Москвой (Исполком Коминтерна и ЦЕКА Р.К.П) остается руководящее и направляющее влияние.

б) Для непосредственнаго практическаго действия в Восточной Азии (Китай, Корея и Япония) существует организационый центр (в Шанхае) " Восточно-Азиатский Секретариат Коминтерна" состоящий из секций: китайской, корейской и японской(в каждой тройка или пятерка по избранию конференций или с,ездов). Пленум "Секретариата выделяет бюро в составе трех + два русских, по избранию конференции русских коммунистов работающих в Восточной Азии.

в) В Иркутске создается перевалочный пункт для передачи директив Москвы и для перевалки литературы, работников и средств.

г) Деятельность различных учреждений обслуживавших до сих пор Дальний Восток координируется в одном центре при Коминтерне или ЦЕКА.

Второе. Признать необходимым продолжать помощь революционным народам Восточной Азии, но осуществлять ее исключительно через Востазиатский Секретариат.

Для чего необходимо поручить:

а) Центропечати включить в разверстку " Пуды Секретариата" и направлять в Иркутский перевалочный пункт

б) Роста – обслуживать Секретариат по указанным адресам информацией в размере не менее 1000 слов ежедневно.

в) Всем партийным организациям и главным образом Сиббюро и Дальбюро освободить всех работников -ориенталистов-восточников, владеющих языками (восточными и английским) и направить их в распоряжение Секретариата.

г) Изыскать средства (главным образом в валюте) и предоставить их в распоряжение Востазиатскаго секретариата.

По поручению Восточно-Азиатскаго Секретариата Вилинск[ий]

Москва 1/IX 20 г.

제4장 분출하는 사회주의 단체들

1. 서울

국내에서 사회주의운동이 시작된 시점은 1919년 3·1운동 직후였다. 만세시위운동이 일제의 탄압에 맞부딪쳐 점차 소강국면으로 접어들던 1919년 하반기부터 국내에서는 사회주의단체들이 하나 둘 출현하기 시작했다. 그것은 해외와 달리 비밀결사 형태로 조직되었다.

1919년 10월부터 '문화정치'가 시행되었다. 제한된 범위에서나마 언론과 출판, 결사의 자유가 허용되었다. 합법 공개 영역을 활용할 수 있는 여지가 생긴 것이다. 1920년 조선노동대회, 조선노동공제회, 청년회연합회기성회가 차례로 결성되었다. 1921년 1월에는 서울청년회가 발족했다. 이들은 표면적으로는 노동자의 상호부조 혹은 민족주의에 입각한 전국 청년단체들의 통합을 표방하고 있었다. 그러나 이 단체들 속에서는 초기 사회주의자들의 소규모 비밀결사가 꿈틀대고 있었다.

당시 사정을 잘 아는 사회주의자의 후일담을 보자. "1920년경에는 벌써 사회운동에 대하여 상당한 신념을 가진 자가 민족주의적 운동단체 또는 그와 유사한 단체의 내부에 포함"[1]되어있었다고 한다. '사회운동에 대한 신념을 가진 자'들이 어떻게 조직화되었는가? 현존하는 자료를 통해서는 1919년 10월에서 이듬해 6월에 이르기까지 서울에서 모두 5개의 사회주의 비밀단체가 결성되었음을 확인할 수 있다.

---

1) 배성룡, 「조선 사회운동의 사적 고찰 (1)」, 『개벽』 1926. 3, 28쪽.

서울공산단체

1919년 10월 서울에서 20여 명의 인원으로 이루어진 '서울공산단체'가 조직되었다. 이 단체는 한국 국내에서 조직된 최초의 사회주의 비밀결사인 듯하다.[2]

이 단체의 정식 명칭이 무엇인지는 알지 못한다. 비밀리에 활동해야 하는 조건이었기에 특정한 명칭을 채택하지 않고 활동했을 가능성도 있다. 뒷날 이르쿠츠크 고려공산당 창립대회에 참석한 이 단체의 대표자는 노동공제회가 '서울공산단체'의 이니셔티브하에 설립되었다고 말했다. 단체를 설립할 당초에 이미 그 계획을 입안했다는 것이다. 조선총독부의 허락을 받아야 하는 조건이므로 "노동자의 상호부조와 훈련"을 표방한 합법적인 노동자단체를 조직하기로 했다고 한다. 이 계획은 1920년 4월 11일 조선노동공제회 창립총회가 개최됨으로써 열매를 맺었다.

하지만 노동공제회가 전적으로 서울공산단체의 지도하에 놓여있었는지는 의문이다. 위 대표자의 말은 과장되었을 가능성이 있다. 그즈음 한국 국내에는 3·1운동의 열기 속에서 형성된 크고 작은 비밀결사들이 움직이고 있었다. 이들은 '문화정치' 국면에 접어들면서 합법단체 결성에 나섰다. 1920년 초 조선청년회연합회를 발기하는 과정에는 4~5개의 비밀 소그룹이 참여했다고 한다.[3] 노동공제회도 그랬을 것이다. 서울공산그룹은 노동공제회 설립에 참여한 여러 비밀 그룹 가운데 하나였을 것으로 추정된다.

서울공산단체의 조직역량은 어떠했는가? 앞서 말한 대표자는 1921년 5월 현재 당원이 85명이고, 후보당원은 약 5,000명이며, 노동공제회원 3

---

2) Учредительный Съезд Корейской Коммунистической партии(고려공산당 창립대회), Народы Дальнего Востока 2, Иркутск, 1921, с.215(이하 「고려공산당 창립대회」로 줄임).

3) 「연합회휘보」, 『我聲』 1, 1921. 3, 85쪽.

만 명은 동조자 부류에 속한다고 주장했다. 그러나 이 수는 명백히 과장된 것으로 보인다. 후보당원과 동조자란 곧 노동공제회 회원을 의미하는 듯하다. 정당원 수를 액면 그대로 믿는다면, 1919년 10월에는 20여 명이고 1921년 5월에는 85명이다. 1년 6개월 동안 약 4배 가량 늘어났음을 알 수 있다.

서울공산단체 내에는 부서가 설립되어있었다. 노동부, 출판부, 선동부, 테러부 등이 있었다고 한다. 이 중에서 '테러부'가 주목을 끈다. 테러부는 산하에 50명의 결사대원을 직접 관리하고 있었다고 한다. 1921년 5월 현재 그 대원 중 남아있는 인원은 30명이었다. 인원이 줄어든 이유는 대원의 상당수가 일본헌병에 의해 투옥되었거나 야수적인 고문으로 사망했기 때문이라고 설명했다. 사회주의자들이 일반적으로 테러전술을 대중과 유리된다는 이유로 택하지 않는 것에 비추어보면 매우 이채롭다. 위 대표자의 설명이 사실인지 아니면 과장된 것인지 여부는 아직 확인되지 않는다.

위 대표자는 서울공산단체 각 부서들이 노동공제회 해당 부서를 통해 활동했다고 말했다. 노동부는 노동공제회에서 조직 및 교육활동을 전담한 것으로 보인다. 이들은 조선노동공제회 명의로 성인노동자를 위한 3개소의 야학과 아동노동자를 위한 2개소의 초급학교를 개설했다고 한다. 또한 노동공제회를 통해 서울, 평양, 대구, 제물포, 원산, 부산 등에서 철도노동자, 인력거꾼, 제화공, 담배노동자, 재봉사, 짐꾼, 식자공 등으로 구성된 12개의 노동조합을 결성했다. 이것은 조선노동공제회 지회에 관해 언급한 것으로 해석된다. 그밖에도 서울공산단체 노동부는 조선노동공제회 명의로 서울, 평양, 대구 3개 도시에 가족이 없는 노동자들을 위한 기숙사를 설치했다.

서울공산단체 선동부는 학생운동, 노동운동, 농민운동 내에서 공산주의의 영향력을 확대하는 일을 전담했다. 선동부는 산하에 13명의 조직자를 두었는데, 이들 중 3명은 학생, 5명은 노동자, 5명은 각 지방의 농민들 속에서 활동했다고 한다.

출판부는 조선노동공제회 편집부를 통해 월간잡지 『공제』를 발행하는 데 주도적 역할을 했다고 한다. 그외에 자체적으로 합법 활동을 위한 인쇄소와 지하활동을 위한 등사판 인쇄소를 갖고 있었다고 한다. 1921년 초에는 하얼빈으로부터 한글로 번역된 책과 팸플릿을 받아 그것을 등사판으로 다량 인쇄한 뒤 밤중에 서울 전역에 살포한 적이 있었는데, 이 일은 대단한 센세이션을 불러일으켰으며, 일본경찰의 대대적인 수색에도 불구하고 아무런 타격도 입지 않았다고 한다.[4]

이 비밀단체는 뒷날 1921년 5월 이르쿠츠크에서 개최된 고려공산당 창립대회에 대표를 파견했다. 이 단체는 이르쿠츠크파 공산당의 국내조직 기반이 되었다.

조선공산당(중립당)

1920년 3월 15일 서울에서 15명의 사회주의자들이 '조선공산당'이라는 이름의 사회주의단체를 결성했다. 구성원의 면면에 대해서는 아직 알려진 게 없지만, 그 중에 한 사람은 정재달(鄭在達)이었다. 전우(田友)라는 가명으로 동지들 사이에 알려진 그는 고향인 충북 진천에서 초등교육과 농업강습소 과정을 졸업한 뒤, 3·1운동에 참가한 경력을 갖고 있다. 다른 사람들도 비슷한 경력을 갖고 있었을 것으로 보인다. 다시 말해 3·1운동에 참여한 중등 수준의 근대 교육을 이수한 신지식 청년층이었을 것이다.

이 단체의 명칭은 1925년 4월에 창립된 코민테른 지부로서 '조선공산당'과 명칭이 같다. 하지만 실체는 다른 것이다. 이 단체는 설립된 지 얼마 안되어 일본경찰의 추적을 받았다. 경찰의 엄중한 감시로 인해 비밀

---

4) 「고려공산당 창립대회」, 216쪽.

적발의 위험을 느꼈다. 그래서 조선공산당 구성원들은 "조직을 일시적으로 해체하고 상호 연락을 유지하되 개별적으로 활동"하기로 결정했다.[5] 해체를 결정한 시점이 정확히 언제인지는 알 수 없다. 그해 8월 미국 의원단의 한국방문 전후였을 것으로 추정된다. 당시 일본경찰은 미국 의원단의 서울 입성에 즈음하여 한국인들의 시위운동이 재발할 것을 우려했기 때문에 삼엄한 경계를 폈다.

머지않아 '조선공산당'은 재건되었다. 1921년 5월 이 단체는 활동을 재개했는데, 그즈음에는 당원 수가 47명으로 늘어나 있었다.[6] 그 중 이름을 알 수 있는 사람은 7명이다. 신백우(申伯雨), 김사국(金思國), 원우관(元友觀), 김한(金翰), 이영(李英), 정재달, 윤덕병(尹德炳) 등이다.[7]

이 단체는 '중립당'이라는 별칭으로 지칭되었다. 해외의 두 공산그룹, 상해파와 이르쿠츠크파의 분쟁에 대해 중립을 지켰기 때문에 나온 별칭이었다. 이 단체는 뒷날 해외 양파에 대한 태도를 둘러싸고 둘로 분열되었다. 하나는 김사국과 이영을 중심으로 하는 '서울파'이고, 다른 하나는 김한과 신백우 등이 지도하는 '화요파'이다. 한국 국내에서 가장 큰 영향력을 가진 두 공산그룹이 모두 이 단체에서 갈려나왔던 것이다.

사회혁명당

1920년 6월 서울에서 비밀리에 '사회혁명당'이 설립되었다. 이 단체의 연원은 매우 길다. 그 기원은 1911년 국어학자 주시경(周時經)이 중심이 되어 결성한 비밀결사 '배달모음'에까지 거슬러 올라간다. 배달모임은

---

5) История и деятельность нейтральной коркомпартии : Доклад делегата Тену (중립 조선공산당의 역사와 활동 : 대표자 전우의 보고), 1922년 말 추정, 1쪽, РГАСПИ ф.495 оп.135 д.64 л.51~57.

6) Тену(전우), 위의 글, 1쪽.

7) 「서울청년회에 대한 보고」, РГАСПИ ф.495 оп.135 д.198, л.204а~204в об ; 「고려당 운동의 약사」, 1924. 9. 29, 1쪽, РГАСПИ ф.495 оп.135 д.222а л.1~11.

'정치혁명(한국독립)'과 '문명사업'을 종지로 하는 혁명적 민족주의단체였다.[8]

배달모임 구성원 가운데 일본에 유학중인 청년들이 중심이 되어 1915년 도쿄에서 신아동맹단이라는 비밀결사를 결성했다. 신아동맹단은 중국인, 대만인 유학생과 더불어 결성한 국제적 반일 단체였다. 그 종지는 '일본제국주의 타도'와 '민족평등'에 있었다. 배달모임은 신아동맹단의 한국지부로 간주되었다.

신아동맹단 한국지부는 사회혁명당으로 계승되었다. 신아동맹단 구성원들은 1920년 6월 서울에서 비밀리에 제5차 대회를 열고 명칭을 사회혁명당으로 바꾸었다. 당시 결속된 인원은 대략 30명 정도였다. 그에 참여했던 김철수(金錣洙)의 회고를 통해 15명 정도의 구성원을 밝혀낼 수 있다.

가나다순으로 소개해보자. 김명식, 김일수(金一洙), 김종철(金鍾喆), 김철수, 도관호(都寬浩), 도용호(都容浩), 송무영(宋武英), 엄주천(嚴柱天), 유진희(兪鎭熙), 윤자영(尹滋暎), 이봉수(李鳳洙), 이증림(李增林), 장덕수, 정노식, 주종건(朱鍾建), 채규항(蔡奎恒), 최팔용(崔八鏞), 최혁(崔爀), 홍도(洪濤) 등이 그들이다.[9] 대다수가 일본유학생이라는 점, 3·1운동에 참가한 경력을 갖고 있는 점 등에서 공통된다. 단지 사회주의사상을 수용했다는 이유만으로 입당자격을 준 것은 아니었다. 절대 비밀을 지킬 수 있는 사람, 생사를 같이 할 만큼 신의를 갖춘 사람들만이 허용되었다고 한다.

창립회의 장소로 이용된 최린(崔麟)의 집은 "너르고도 너른 사랑 전체를 개방하여 불평객들의 쌀롱으로 제공하는" 장소로 유명한 곳이었다.[10] 당시에는 천도교 지도자 최린의 계동(桂洞) 집과 변호사 김병로(金炳魯)의 서대문정(西大門町) 집이 그러한 장소로 흔히 이용되었다고 한다.

---

8)『붉은군사』2, 1921. 12. 24, 5쪽.
9) 한국정신문화연구원 현대사연구소 편,『遲耘金錣洙』, 1999, 210쪽 참조.
10)『三千里』1932. 9, 14쪽.

사회혁명당은 "계급타파와 사유제도 타파, 무산계급 전제정치"를 목표로 설정한 사회주의단체였다.[11] 참가자인 김철수의 회고를 들어보자. 창립 당시의 정치노선은 "먼저 일본제국주의를 구축하자는 것이 선결문제이기 때문에 어디까지든지 민족운동자들과 손을 잡고 나아가야 한다는 것, 그 다음에 우리 사회주의자의 힘을 길러서 사회주의혁명을 해야 한다는 것"[12]이었다.

사회혁명당은 결성 이듬해인 1921년 5월 상해에서 열린 고려공산당 창립대회에 8명의 대표단을 파견했다. 이로부터 우리는 사회혁명당이 상해파 공산당의 국내조직 기반이 되었음을 알 수 있다.

김약수 소그룹

1920년 5월 조선노동공제회 내에 7명으로 구성된 '마르크스주의 크루조크(소조)'가 결성되었다.[13] 이 단체는 맑스주의의 연구·선전을 목적으로 하는 비밀결사였다. 구성원 중에서 지도적 역할을 수행한 이는 김약수(金若水), 정태신(鄭泰信), 정운해(鄭雲海) 등이었다. 이들은 그해 4월에 결성된 노동공제회의 주요 임원들이었다. 김약수와 정태신은 기관지 『공제』 편집위원이었고, 정운해는 노동공제회 평의원이었다. 이들 외에 『공제』 편집부원인 조성돈(趙誠惇), 남상협(南相協)도 이 단체의 구성원이었을 것으로 판단된다.[14]

이 단체의 정식 명칭이 있었는지 여부는 불분명하다. 리더의 이름을 따서 '김약수 소그룹'이라 부르기로 하자.

---

11) 『붉은군사』 2, 1921. 12. 24, 5쪽.

12) 「김철수 친필유고」, 『역사비평』 1989년 여름, 350쪽.

13) K.H.黨(北風會內 共産主義秘密結社) 代表 辛鐵·金泳雨, 「國際共産黨執行委員會 貴中」 1926. 2. 11, 3쪽.

14) 박철하, 「북풍파 공산주의 그룹의 형성」, 『역사와현실』 제28호, 한국역사연구회, 1998. 6.

이들이 어떤 활동을 했는지에 대해서는 잘 알려져 있지 않다. 하지만 구성원들 다수가 『공제』 편집부에 포진해있는 점으로 미루어보아, 이 잡지 간행에 주도적 역할을 한 것은 틀림없는 듯하다. 특히 창간호(1920. 9)와 제2호(1920. 10)는 이들의 작품이었다고 할 수 있다. 이 두 개 호에서만 김약수는 「전후 세계대세와 조선 노동문제」를 비롯한 5편의 글을, 정태신은 「구미 노동운동사」를 필두로 7편의 글을 실었다. 남상협도 2편, 조성돈도 1편을 실었다.

이 소그룹이 『공제』 발행에 지도적 역할을 수행했음은 잡지 지면에도 명시되어있다. 『공제』 제7호(1921. 4) 말미에는 초창기 잡지 발행에 공로가 있었던 4명의 이름이 거론되어있다. "창립 당시부터 정신과 물질을 아울러 희사하던 조성돈 군과 간사와 편집에 전임 노력하던 김두희(김약수의 본명－인용자), 정태신, 남상협 4군의 성의로 본지 제1호와 제2호를 발행"했다고 한다.[15]

이 소그룹은 앞서 살펴본 서울공산단체와 더불어 노동공제회 내에 비밀리에 존재했다는 또 하나의 사회주의 비밀결사이다. 서울공산단체와 이 단체 사이에 상호 교섭이 있었는지 여부는 확실하지 않다. 다만 상대방의 존재를 서로 인지했을 가능성은 높아 보인다.

이 그룹의 주도자들은 1921년 5월 일본으로 이동했다. 이들은 도쿄에서 사회주의 조직과 선전활동을 계속했다. 이들은 그해 5월 7일 '재일본 조선인 공산단체'라는 비밀단체를 결성했다. 월간잡지 『대중시보(大衆時報)』는 이들의 기관지였다. 이 단체는 뒷날 북풍파 공산주의그룹의 모체가 되었다.

이영 소그룹

1920년 6월 조선청년회연합회기성회를 발기한 소그룹이 있다. 언제

---

15) 『공제』 7, 1921. 4, 93쪽.

처음 결성되었는지는 알려져 있지 않지만, 이 소그룹은 그즈음 이미 결속력과 영향력을 지닌 비밀단체로 성장해있었다. 이 소그룹 속에는 훗날 서울파 공산주의그룹의 유력한 지도자로 활동한 이영(李英)이 관련을 맺고 있었다. 지도자의 이름을 빌어 '이영 소그룹'이라 부르기로 하자.

이 소그룹은 전국적 청년단체의 결성을 꾀하였다. 뒷날 조선청년회연합회라는 이름을 갖게 되는 전국 단체를 발기하기 위해서 서울청년회를 먼저 결성할 필요가 있다는 것이 이들의 판단이었다. 그를 위해 '노동, 종교, 신문, 학생, 실업계'와 비밀리에 연락을 주고받았다고 한다. 그 과정에서 '이영 소그룹'은 전국적 청년단체 결성을 꾀하던 다른 비밀그룹들과 조우했고, 그들과의 원만한 타협을 위해 조직론을 변경했다. 발기단체인 청년회연합회기성회를 먼저 설립하기로 합의했다는 것이다.16)

이처럼 청년회연합회를 설립하는 데는 둘 이상의 비밀그룹이 독자적으로 간여했다. 이 그룹들이 구체적으로 어떤 사람들로 이루어졌는지, 어떠한 지향을 가졌는지는 알 수 없다. 하지만 그 중 '이영 소그룹'이 사회주의를 수용한 사람들의 비밀단체임은 틀림없다. 이들은 청년회연합회기성회를 발기한 지 6개월 뒤인 1921년 1월 서울청년회를 발족시켰다. 이들이 바로 뒷날 서울파 공산주의그룹의 모체였던 것이다. 앞에서 말한 '조선공산당(중립당)'과 이들이 어떤 관계에 놓여있었는지는 아직 정확히 알 수 없다. 이영이 양쪽에 다같이 참여한 점으로 미루어보면, 이 그룹은 분립 이전의 '조선공산당(중립당)'과 동일한 것일 가능성이 있다.

이상에서 1919년 하반기부터 이듬해 상반기까지 서울에서 활동중이던 사회주의 비밀단체들을 개관했다. 이 비밀단체들은 적게는 7명 많게는 40여 명의 회원을 아우르는 소규모였으며, '공산주의'와 '사회혁명', '맑스주의'를 표방했다. 이 단체의 구성원들은 어느 단체에 속해 있든지 간에 일정한 공통성을 갖고 있었다. 이름이 밝혀진 31명의 이력을 살펴보

---

16) 李英, 「기성회의 배태된 내용」, 『我聲』 2, 1921. 5, 85~86쪽.

면 다음과 같은 특징을 발견할 수 있다.

첫째, 이들은 3·1운동의 열기 속에서 자신의 사회적 정체성을 형성한 사람들이었다. 시위운동에 참가했을 뿐 아니라 대부분 투옥경험이 있었다. 그 중에는 지도적 역할을 수행한 사람들도 있었다. 2·8독립선언에 참여한 최팔용, 48인 재판의 일원인 정노식, 학생시위 지도부의 일원인 윤자영, 서울독립단의 대표로 상해에 파견된 이봉수, 국민대회 사건의 김사국, 신한청년당의 일원으로서 3·1운동 기획에 참여한 장덕수 등은 그 보기이다.

둘째, 이들은 일본이나 국내에서 중등 이상의 근대교육을 이수한 신지식층이었다. 출신학교를 알 수 있는 21명 가운데 일본 각 대학에 유학한 사람의 비중이 67%에 달했다. 그밖에 10%는 중국유학생이었고, 24%에 해당하는 사람이 국내에서 중등 이상의 근대교육을 이수했다.

셋째, 이들은 20~30대의 청년층에 해당했다. 태어난 해를 확인할 수 있는 사람은 25명인데, 그 가운데 30대가 7명이고(28%), 20대가 18명(72%)이다. 최고령자는 37세(윤덕병)이고, 가장 나이가 적은 이는 20세(도관호)이다. 그들의 평균연령은 28세였다.

넷째, 비교적 나이가 많은 사람들은 전투적 민족운동에 참가한 경력이 있었다. 평균연령 28세 이상자의 절반(8명)에 해당하는 사람들이 대한제국 멸망 전후에 만주, 중국 등지에 망명한 경력을 갖고 있었다. 혁명적 민족주의자들의 좌우분화 속에서 초기 사회주의자들이 형성되었다는 명제가 여기서도 확인된다.

초창기 사회주의단체 상호간에 연락이나 협의가 있었는지 여부는 확인되지 않는다. 하지만 이 단체들은 거의 예외없이 합법적 대중단체에 대한 영향력 확대를 위해 노력했다. 1920년에 등장한 조선노동공제회, 조선노동대회, 조선청년회연합회, 서울청년회 등과 같은 합법 공개단체 결성을 주도하거나 혹은 그에 능동적으로 참가했음을 확인할 수 있다.

2. 만주

만주지역은 한국 민족해방운동과 긴밀한 연관을 가진 곳이었다. 그곳은 한국과 국경선을 맞대고 있을 뿐 아니라 수십만 한국인 이주민들이 집단적 거주지대를 형성하고 있었다. 따라서 그곳은 일찍부터 반일운동의 온상이 되었다.

한국인 이주민이 가장 밀집해있었던 곳은 두만강 너머 북간도였다. 북간도란 길림성(吉林省) 노송령(老松嶺) 이남에 위치한 화룡(和龍), 연길(延吉), 왕청(汪淸), 훈춘(琿春) 등 4개 현을 가리킨다. 1920년 초엽 15만여 호에 80여만 명의 한국인이 거주하고 있었다. 이곳은 '동만주'라고도 지칭되었다.

서간도는 압록강 이북 길림성의 여러 현을 지칭하는 지리적 용어이다. '남만주'라고도 불리는 이곳은 북간도와 더불어 일찍부터 한국 독립운동자들의 활동기지가 되었다.

'북만주'도 주목할 만한 곳이다. 이곳은 중동선(中東線) 철도 연선지대를 가리킨다. 중동선은 원래 "만주리(滿洲里)에서부터 목릉(穆稜)현 이동(以東)까지"의 철도를 가리킨다. 그러나 한인들이 말하는 '북만주'란 그 중에서도 하얼빈(哈爾賓)의 동쪽지구로 한정된다. 왜냐하면 하얼빈 서쪽지구에는 한인들이 별로 거주하지 않았기 때문이다. 이곳에는 1920년 초엽 당시 3,400여 호에 1만 4,700여 명의 한국인이 거주하고 있었다.[17]

만주에서 한인 사회주의자가 나오기까지

이 지역들은 3 · 1운동을 거치면서 한국 독립운동뿐만 아니라 사회주

---

17) 『독립신문』 1922년 11월 30일자, 3쪽.

의운동의 강력한 기지가 되었다. 이곳에서 한국인 사회주의운동은 언제 어떠한 조건 속에서 발생했는지 살펴보기로 하자.

1920년대 만주의 한국인 사회주의운동사에 관해 서술한 몇 안 되는 기존 연구들은 1926년 5월에 설립된 '조선공산당 만주총국'에서 설명의 기점을 찾는다. 예컨대 서대숙은 재만주 한국인 사회주의운동이 시작된 것은 조선공산당이 설립된 이후라고 보았다.[18] 1925년 이전에는 개인 차원의 미미한 수준에 머물렀다는 것이다.

그러나 1920년대 전반기에 만주에서 조직적인 사회주의운동이 부재했던 것은 아니다. 1930년 6월에 '만주 조선인공산주의자동맹'이 발표한 '선언'은 이를 뒷받침해준다. 이 문서를 작성한 사람은 "10년 가까운 역사를 갖는 만주 조선인 공산주의운동은 수백 수천의 전위투사를 제국주의와 군벌의 독아(毒牙)에 빼앗겼으나, 그 예기(銳氣)를 조금도 굴하지 않고 부단한 투쟁을 계속 발전시켜왔다"[19]고 자부하고 있다. 당사자들이 자기 역사의 시초를 1920년경으로 이해하는 점에 주목할 필요가 있다. 거기에는 그럴만한 근거가 있다.

만주에서 한국인 사회주의운동이 발생할 수 있었던 조건은 3·1운동과 연관지어 이해할 수 있다. 1919~1921년 시기에 고양된 한국 독립운동은 국내외에 걸쳐서 전개되었다. 만주지역에 이주한 백수십만 한국인 농민들도 국내의 반일봉기에 호응하여 만세시위 운동에 참가했다. 3·1운동 당시 만주는 "조선 국외에서 운동이 가장 격렬한 지역"[20]이었다.

만주의 한국인들도 제1차 세계대전 이후 조성된 미·일간의 대립을 한국독립과 관련시켜 파악했다. "1919년에 전 만주에 있는 군중은 고려의 독립을 미국이나 또는 파리강화회의에서 얻을 것을 믿고" 있었던 것

---

18) DAE-SOOK SUH, *The Korean Communist Movement, 1918~1948*(현대사연구회 옮김, 『한국 공산주의운동사 연구』, 139쪽).
19) 梶村秀樹·姜德相 編, 『現代史資料』 29, 567쪽.
20) 朝鮮共産黨滿洲總局, 「報告－滿洲朝鮮人的一情形及對中共中央提議的見解」, 1930. 1. 30.

이다. 그러나 "그 몽상은 얼마 안되어 환멸이 되고" 말았다.[21]

이에 외교론은 퇴조하고 새로운 전술이 제시되었다. 독립전쟁론이 그 것이다. 이 전술 주창자 중에는 초기 사회주의자들도 포함되어있었다. 그때부터 만주지역은 "연병(練兵), 무장운동의 중심지역"[22]이 되었다. 1919년 3월부터 1920년 10월 시기에 북간도와 서간도 지방에서는 30여 개의 항일군사단체가 조직되었다.[23] 이 단체들은 국내진공 작전을 포함 한 적극적인 항일무장투쟁에 나섰다.

재만주 무장투쟁은 1920년 10월부터 1921년 4월에 실시된 일본군의 '간도출병'으로 인해 심각한 시련에 처하게 되었다. 일본군의 '간도출 병'은 "잔학한 야수적인 군사행동"[24]이었다. 일본군의 목표는 무장한 독 립군부대만이 아니었다. 그들은 간도의 한국인 집단거주지를 반일의 온 상으로 간주했으며, 그 온상 자체를 '토벌'했다. 일본군은 "우리 동포를 만나면 민족해방운동 관계자의 가족은 물론이고 산간촌민이라 하더라 도 사살"[25]했다. 그 결과 "각처에서 학살당한 동포는 6,000여 인"에 달 했다.[26] 재만주 한국인들이 일본군의 살육을 가리켜 '경신(庚申, 1920년) 참변'이라 부른 것은 이 때문이다.

경신참변 이후 만주를 무대로 하는 한국인의 무장항일투쟁은 현저히 퇴조했다. 일본제국주의는 '간도출병' 이후 조·중 접경지대의 항일무 장투쟁이 종식되었으며, 그곳에서 평온을 되찾았노라고 공언했다.

외교론의 파탄과 항일군사노선의 실패는 한국 민족해방운동의 위축

---

21) 「제1회 고려공산청년회 만주단체 협의회록」, 1927. 1, 27~28쪽, РГАСПИ ф.533 оп.10 д.1899 л.1~61.

22) 朝鮮共産黨滿洲總局, 앞의 글, 제3항 '在滿洲的朝鮮共産主義者的傳統' 참조.

23) 愼鏞廈, 「독립군의 청산리독립전쟁의 연구」, 『한국민족독립운동사연구』, 을 유문화사, 1985, 392쪽.

24) 李錫台 編, 『社會科學大辭典』, 文友印書館, 1949, 10쪽.

25) 임시정부 간도파견원 安定根의 보고(金正明 編, 『朝鮮獨立運動』 2, 126쪽).

26) 李錫台 編, 앞의 책, 11쪽.

을 가져왔다. 새로운 대안을 획득하지 않고서는 더이상 운동을 전개하
는 것이 곤란하게 되었다. 바로 이러한 상황에서 낙담한 한국인들에게
독립을 위한 새로운 노선으로 등장한 것이 바로 사회주의였다. 사회주
의자들은 군사노선이 아니라 대중노선을, 구미 열강과의 연계가 아니라
국제 사회주의세력과의 연계를 제시했다.

사회주의자들은 자본주의 열강의 원조를 통해서는 한국독립이 불가
능할 뿐 아니라 설사 독립이 이루어진다 하더라도 '또 다른 자본주의적
예속을 한국에 가져다줄 뿐'이라고 설명했다.27) 한국혁명의 승리는 일
본제국주의의 붕괴를 전제로 한다. 한국독립은 일본제국주의에 대항하
는 국제적 동맹을 통해 실현될 수 있다는 것이다. 따라서 한국 혁명운동
은 "세계 피압박민족의 해방운동과 세계무산자 혁명, 특히 일본의 그것
과 또 소비에트사회주의연합 공화국과 밀접한 동맹"28)을 맺어야 한다고
주장했다.

사회주의는 전망을 상실한 한국인들에게 독립에 대한 새로운 희망을
제공해주었다. 일본군 정보문서에 "한국인 적화운동이 점차 왕성하게
된 것은 간도토벌 이후 특히 워싱턴회의 전후부터"29)라 표현된 것은 바
로 이러한 사정을 반영한 것이었다. 북간도 한국인들 사이에 맑스주의
가 급격히 보급되기 시작했다. 일본군 정보기관은 이러한 상황에 우려
를 표명했다. 반일 한국인들 사이에 "적색(赤色) 흐름이 한순간도 쉬지
않고 침윤하고 있다"30)고도 표현했다. 재만주 한국인 거주지역에 한글
로 작성된 사회주의 선전물이 널리 유포되었으며, "국경지대와 국외 이

---

27) Проект Программы Корейской коммунистической партии принятной Учредите
 льным Съездом Коркомпартии(고려공산당 창립대회에서 채택된 당 강령안), На
 роды Дальнего Востока, Иркутск, 1921, No.3, c.358~359.

28) 「조선공산당선언」, 『불꽃』 제7호, 1926. 9. 1.

29) 「間島方面鮮人赤化運動의 現勢」 1922. 5. 23(金正明 編, 『朝鮮獨立運動』 5,
 227쪽).

30) 金正明 編, 위의 책, 239쪽.

주민들의 모든 거점에 공산주의단체의 그물망"[31]이 조직되기 시작했다.

북간도

만주에서 가장 일찍 조직사업을 개시한 세력은 뒷날 상해파라고 불리게 된 사회주의자들이었다. 조선총독부의 정보보고 속에서 상해파 인사들의 동향기록을 쉽게 찾아볼 수 있다. 큰 활동력을 보였던 인사들로는 김립, 김하구(金河球), 주건(朱健), 최동욱(崔東旭), 박응칠(朴應七) 등을 꼽을 수 있다.

상해파 사회주의자들은 1921년 3월부터 1922년 4월 시기에 만주 각지에서 3개 '지방회'를 설치했다.[32] 돈화(敦化)현에 본부를 둔 북간도지방회, 길림에 근거를 둔 서간도지방회, 요하(饒河)현에 근거를 둔 요하현지방회가 그것이다. 각각 북간도, 서간도, 북만주지방의 사회주의자들을 관할했던 이 3개 지방회는 1921년 5월 상해에서 결성된 고려공산당 산하기관이었으며, 중령총회(中領總會)라는 상급기관에 의해 통괄되고 있었다. 3개 지방회에는 정당원 2,149명, 후보당원 981명이 소속되어있었다. 소규모이지만 공산청년회 조직도 별도로 편성되어있었다. 그 중에서도 활동의 중심은 북간도지방회였다. 북간도지방회는 상해파의 전 만주지역 조직원의 80%를 포괄하고 있었다.

상해파는 북간도의 유력한 반일단체인 '재간도 대한국민회'와 긴밀한 연락을 맺고 있었다. 1922년 4월경에는 "그 간부원 12인 중 8인"이 상해파 사회주의자들이었다.[33] 상해파 인사들은 1923년 1월 이후에는 '적기

---

31) Шумяцкий(슈마츠키), Б. Коммунистический Интернациоал на Дальнем Востоке (극동에서의 코민테른), Народы Дальнего Востока, Иркутск, 1921, No.1, с.23.

32) 고려공산당, 「사업성적・경비결산 개략보고」(朝鮮總督府 警務局, 『朝鮮治安狀況(大正11年)』, 高麗書林 影印, 432~433쪽).

33) 고려공산당, 위의 글, 432쪽.

단'을 설립하여 활동했다. "상해파 공산당의 재만 별동대"[34]라 지목받았던 적기단은 남만주, 북만주, 동만주의 3개 지대로 편성되었다. 이 단체는 둔전병(屯田兵) 제도에 입각하여 무장투쟁을 준비했다. 둔전병 제도란 단체 구성원으로 하여금 한편으로 광산·삼림벌채·농장 등지에서 노동하고 다른 한편으로 군사훈련에 종사케 하는 제도였다.

상해파는 1921~1923년 시기 중국 동북지역에서 최대 영향력을 가졌던 사회주의단체였다. 일본경찰의 정보기록을 보면, "남·북만주의 공산당원에는 상해계와 전로계(이르쿠츠크계－인용자)의 양파가 있다. 전로계는 근소하며, 상해파 공산당원이 우세하다"[35]고 한다.

1923년 이후에는 상해파 외에 여러 계통의 사회주의세력이 만주에 발을 내디뎠다. 이르쿠츠크파, 서울파, 북성회파, 만주공청파 등이 그들이다. 이들은 1920년대 전반기에 만주 한인 사회 속에 사회주의를 보급하고 공산주의단체를 조직하는 데 지도적 역할을 했다. 이들은 각자 자체의 조직체계와 규율을 갖고 있었다. 각 그룹은 독자적 대오를 유지한 채 서로 협력하거나 혹은 대립했다.

북만주

북만주 중심도시인 하얼빈에서 한국인 사회주의단체가 비밀리에 조직된 것은 1919년 12월이었다. 이 단체의 조직대상은 한국인에게만 한정되어있지 않았다. 중동선 철도 연선지대의 한국인 이주민들, 하얼빈·중동선 일대의 중국인 노동자들, 중동선과 송화강(松花江) 일대 중국인 마적부대들이 그 조직대상이었다. 활동영역은 흑룡강성 남반부, 중동선 철도 연선 전 지역, 목단강성 북반부에 이르는 광활한 지역에 걸쳐있었다. 하지만 자금부족 때문에 성공적인 사업을 벌일 수는 없었다고 한다.

---

34) 金正明 編, 앞의 책, 66쪽.
35) 金正明 編, 앞의 책(제2권), 1062쪽.

이 단체의 대표자는 1920년 2월 50명의 청년결사대를 조직하여 한국 국내로 파견했으며, 그들은 국내에서 테러활동에 종사했다고 한다. 그러나 이 언급이 구체적으로 어떤 사건과 사람들을 가리키는 것인지는 아직 확인할 수 없다. 이 단체의 구성원 수는 1921년 5월 현재 당원 27명, 후보자 5명이었다.[36]

3. 연해주

일세당

1919년 상반기 연해주는 백위파의 세상이었다. 일본군의 지원을 받아 성립한 백위파 정권이 그곳을 통치했다. 그곳에서 공공연하게 사회주의를 표방하는 것은 불가능했다. 한국인 사회주의자들은 비밀리에 활동할 수밖에 없었으며, 동료들 사이에 유기적인 연락이 불가능했다. 이러한 상황 때문에 기존의 한인사회당과 별개로 새로운 사회주의단체가 결성되었다. 일세당(一世黨)이 그것이다.

일제 관헌측은 일세당이 1919년 중엽 블라디보스톡에서 비밀리에 조직되었다고 관찰하고 있다.[37] 이 관찰은 정확한 것이었다. 일세당의 주요 지도자인 장도정의 언급을 들어보자.

때는 1919년 7월경, 상해 방면에서 본인이 (블라디보스톡으로―인용자) 온 뒤로 수년래 목적으로 삼던 공산당을 조직하기 위해 각 방면의 동지와 함께 중흥의 운(運)을 일으키게 되었다. 마침내 러시아공산당의 정강을 표준으로 하고, 각 지방의 동지들을 구하여 지방회를 조직하였으며, 외면

---

36) 「고려공산당 창립대회」. 214쪽.
37) 朝鮮總督府 警務局, 『大正11年朝鮮治安狀況』, 高麗書林 影印, 27쪽.

으로는 일세당(一世黨)이라 하고, 『일세보(一世報)』라는 신문을 발간하여 주의를 선전하였다.[38]

이것을 보면 일세당은 1919년 7월 블라디보스톡의 한인촌을 근거지로 하여 결성되었음을 알 수 있다. 일세당이 결성되던 당시 블라디보스톡에는 "시내에 한국인 호수는 850호(입적자 105戶)이오, 인구는 4,000인(입적자 400인)"이었다.[39]

일세당이라는 명칭은 일본군이 주둔해 있고 백위파 정부가 들어서 있던 연해주의 정세를 고려하여 지은 것이었다. 실제로는 비밀리에 사회주의 정강을 채택했다. 또 하나의 한국인 사회주의단체가 연해주에 출현한 것이다.

일세당은 블라디보스톡에 거점을 두었지만, 그 도시에만 한정된 것은 아니었다. 장도정의 표현에 의하면, '각 방면 각 지방'의 한인들이 이에 참여했다. 각 지방에 '지방회'를 조직했다는 데서 보듯이 자체의 조직체계를 갖고 있었다. 일세당 조직 당시 중요 간부는 장도정, 김진(金震), 전일(全一), 최성우(崔聖禹, 최바실리), 한용헌(韓容憲) 등이었다. 조직 후 6개월 동안 약 2,000명의 당원을 획득했다고 한다.[40]

새로 결성된 이 사회주의단체는 기존 단체, 즉 한인사회당과 어떤 관계에 있었던가? 장도정은 양자가 서로 다른 것이라고 말했다. "일세당 당원 중에는 사회당(기존 한인사회당－인용자) 당원이 많이 입당했고, 그 밖에 입당하지 않은 사회당 당원도 서로 공감을 갖고 있었다"[41]고 한다. 양자는 둘 다 사회주의단체였고 비밀리에 존재했지만, 동일하지는 않았던 것이다.

양자의 관계는 우호적이었던 것 같다. 둘 사이에 원만한 관계설정이

---

38) 張道政, 「高麗共産黨の沿革」, 2쪽, РГАСПИ ф.495 оп.154 д.248.

39) 『독립신문』 1919년 10월 16일자. 3쪽.

40) 「鮮人ノ行動ニ關スル件」 1920. 2. 29(『現代史資料』 27권, 261쪽).

41) 張道政, 앞의 글, 2쪽.

가능했던 이유는 사상적 공통성에서 오는 동지적 유대감 때문이었다. 장도정이 말하기를, "하바로프스크의 사회당(한인사회당-인용자)도 정강은 오로지 러시아공산당의 정강을 채용하였기 때문"[42]이라고 설명했다. 두 단체는 정강이 같은 사회주의단체라는 동일성 때문에 우호적인 관계를 유지하고 있었던 것이다.

연해주 한인사회당

1920년 1월 연해주의 정세가 일변했다. 러시아 극동 각 지역에서 볼세비키가 지도하는 적색 빨치산부대가 적극적으로 공세에 나서고, 백위파 군대 내에서 병사들의 반란이 속출했다. 백위파 지방정권들의 토대가 위태롭게 되었다. 연해주에서는 1월 31일 혁명파의 정변이 일어나 백위파 로자노프 지방정권이 전복되었다. 사회혁명당원 메드베제프를 수반으로 하고 크라고베츠키를 군사령관으로 하는 중간파·혁명파 연립정권 '연해주 젬스트보 참사회 임시정부'가 수립되었다.

이 지방정권은 일본군이 도처에 주둔해있음에도 불구하고 한국인의 민족운동과 사회주의운동에 대해 우호적인 태도를 취했다.[43] 1920년 3월 1일에는 20개 한인 단체의 공동주관으로 3·1운동 1주년 기념식이 공공연하게 거행되었다. 연해주 신정부는 축전을 보내고 특사를 파견하여 축하연설을 했다.

사회주의활동의 자유가 합법적으로 보장되는 조건 속에서 일세당은 자신의 조직형태를 전환시켰다. 그 전환에 대해 장도정은 다음과 같이 말했다.

---

42) 위와 같음.

43) 原暉之,「極東ロシアにおける朝鮮獨立運動と日本」,『三千里』17, 1979년 봄, 52~53쪽.

1920년 러시아 적군이 극동을 점령하자 일세당은 세상에 모습을 드러
내서 총회를 개최함과 동시에 남아있던 사회당원도 전부 참가하게 되었
다.…… 그때도 연합군의 세력이 있었기 때문에 활동상 장애가 있어서 한
인사회당이라고 명명했다.44)

조직형태의 전환은 세 가지 변화를 수반했다. 첫째, 비밀단체를 '세상
에 모습을 드러내서' 공개조직으로 변화시켰다. 공개적, 합법적으로 사
회주의운동을 할 수 있게 된 정세에 조응하여 더욱 효율적이고 대규모
적인 정당활동을 할 수 있는 진영을 갖추게 된 것이다.

둘째, 단체의 명칭을 '일세당'에서 '한인사회당'으로 개칭했다. 러시아
공산당의 정강을 표방하면서도 '사회당'으로 자칭한 데는 이유가 있었
다. 아직 일본군을 비롯한 제국주의 연합군이 연해주에 주둔하고 있었
기 때문에 '공산당'을 공공연히 표방하는 경우 그들의 도발을 불러일으
킬 빌미를 줄 가능성이 있었다.

일제관헌측 자료에도 일세당의 조직형태 변화가 기록되어있다. "1920
년 1월 하순 정변으로 그 지방이 전부 과격파의 수중에 들어가자 일세
당은 한인공산당으로 개칭하고 장도정을 회장으로" 선임했다고 한다.
그들은 "대한국민의회와 연락하여 연해주 임시정부 양해하에 한국인 장
정을 모집하여 과격파 군대 내에 입영"시키고 있다는 것이다.45) 일제관
헌의 이 정보는 대체로 사실과 부합하지만 명칭문제에 관해서는 부정확
하다. 일세당이란 이름 대신에 새로 명명된 당명은 한인공산당이 아니
라 한인사회당이었다.

셋째, 기존의 한인사회당 구성원들이 모두 일세당에 합류했다는 점이
다. 이것은 연해주에 존재하던 두 사회주의단체가 사실상 하나로 통합

---

44) 張道政, 앞의 글, 2쪽.
45) 朝鮮總督府 警務局, 『大正11年朝鮮治安狀況』, 27~28쪽.

했음을 뜻하는 것으로 보인다. 비밀활동 시기에는 상호 연락이 불완전하고 부분적으로 이루어졌지만, 합법적 공개운동이 가능한 조건에서 양자는 전면적 협력을 맺었던 것이다.

하지만 의문도 없지 않다. 우리는 양당의 상호관계에 대한 풍부한 자료를 갖고 있지 않다. 그때는 구한인사회당 중앙위원들이 상해로 이전한 상태였다. 재상해 한인사회당 중앙위원회와 재연해주 한인사회당 간부진의 관계는 어떻게 설정되었는지 아직 알 수 없다. 추정컨대 재연해주 한인사회당은 연해주의 조직활동을 전담하는 '지방위원회'의 지위를 가졌던 것 같다. 그것은 재상해 한인사회당 중앙위원회의 하부기관으로 위치했던 것으로 보인다.

연해주 한인사회당은 연해주는 물론이고 남·북만주까지도 자신의 활동구역으로 간주하고 있었다. 장도정이 남·북만주와 연해주의 사회주의단체가 '유일'하게 되었다고 말한 것은 바로 이것을 뜻한다. 연해주와 북간도 사이에 그어진 러시아·중국 국경선은 한국인 민족주의자, 사회주의자에게는 장벽이 될 수 없었던 것이다.

새로 진용을 정비한 연해주 한인사회당의 간부진에 대해 알아보자. 한인사회당 총회는 3월 14일 블라디보스톡 신한촌의 슬라브정교 사원에서 개최되었다. 이 총회에서 중앙위원들이 선출되었다. 회장 장도정, 부회장 김미하일, 선전부장 전일, 노동부장 조장원(趙璋元), 재정부장 이영호(李永浩) 등이었다.46) 그외에 총회에서 의사를 이끌어간 의장 김진, 부의장 이흥삼(李興三), 한글서기 박갑(朴甲), 러시아어 서기 이재익(李在益) 등도 주요 당원이었다.

연해주 한인사회당의 활동 가운데 두드러진 것은 한인 무장부대를 편성한 일이다. 이 군대는 볼셰비키를 지지했다. 장도정의 표현에 따르면, 한국인으로 구성된 적군(赤軍)이었다. "각 방면 군대의 주동자는 우리 사

---

46) 金正明 編, 앞의 책(제5권), 93~94쪽 ; 『現代史資料』 27, 276~277, 294~295쪽.

회당원이었다"[47]고 한다. 이 군대는 일본제국주의에 대해서는 '반일독
립군'이었다. 한인사회당은 이 군대를 조직함으로써 한국 민족해방운동
진영 내에서 점하는 영향력을 더욱 증진시킬 수 있었다.

한인사회당이 반일 적군부대를 조직했다는 사실은 조선총독부 경무
국 블라디보스톡 파견원의 1920년 2월 16일자 정보문서에도 반영되어있
다. 한인사회당 지도부가 "러시아혁명군 사령부의 승인을 얻어 의용병
을 모집하여 한국인 혁명군을 편성중이며, 무기·피복은 러시아군으로
부터 공급받을 예정"[48]이라고 적고 있다. 한국인 적군부대가 연해주 현
지 혁명정권의 지원하에 편성되었음을 엿볼 수 있다.

일본관헌 문서는 한인사회당의 당원규모가 약 200명이며, 의용병 지
원자는 80명이라고 기록했다. 그러나 이는 한인사회당과 그 무장부대의
역량을 과소평가한 것이다. 회장을 지낸 장도정의 주장을 보면, 한인 군
대는 연해주 4군데에서 조직되었는데 그 병력은 1,260명이었다. 군대가
조직된 곳은 '아라스도우리(400명), 水淸(500명), 이만(300명), 타반(60명)'
등지였다.[49]

대한국민의회 부활선언과 한인사회당

러시아령 최대의 한국인 단체는 대한국민의회였다. 이 단체는 장도정
이 지도하는 연해주 한인사회당과 불편한 관계에 놓여있었다.

대한국민의회는 상해임시정부와 통합하기 위해 1919년 8월 중앙위원
회의 결정에 의거하여 해체선언을 발표한 바 있다. 그러나 이것은 지켜
지지 않았다. 문창범, 김하석(金夏錫), 한명세 등은 "상해 쪽에서 조건을
위반했기 때문에 대한국민의회를 부활하자"고 주장하고 나섰다. 대한국

---

47) 張道政, 앞의 글, 3쪽.
48) 金正明 編, 앞의 책(제3권), 460쪽.
49) 張道政, 앞의 글, 2쪽.

138

민의회 내에는 부활을 반대하는 사람들도 있었다. 한인사회당이 바로 그 세력이었다. 장도정은 대한국민의회 부활파가 소수파였다고 주장한다. "그들은 소수였음에도 불구하고" 7, 8명의 간부가 다중의 의사를 무시하고 제멋대로 부활선언을 했다는 것이다.[50] 이 때문에 부활한 대한국민의회의 세력은 종전보다 훨씬 미약했다.

부활파는 1920년 2월 15일 선언문을 발표했다. 이들은 대한국민의회와 상해임시정부의 교섭이 결렬되었음을 밝히고 그에 대한 자신들의 입장을 밝혔다. "상해정부는 앞서 협정한 공약을 위반했으므로 본 의회는 임시의회의 결의로써 다시 사무를 계속하고 종래의 직권을 여전히 행사할 것임을 내외에 선포"[51]한다는 것이다.

대한국민의회 부활선언은 격렬한 내부투쟁을 수반했다. 한인사회당은 부활을 선언해버린 대한국민의회에 어떻게 대응할지 논의했다. 그 과정에서 두 가지 방침을 검토했다. 하나는 "국민의회의 내부를 정복하여 그것을 개조"하는 방법이었고, 다른 하나는 "대항하여 타도"하는 방법이었다.[52] 이 두 가지 방안 가운데서 한인사회당은 결국 후자를 채택했다.

거기에는 이유가 있었다. 사회당이 국민의회 내에 계속 잔류하는 방법을 쓰기에는 두 가지 부적절한 이유가 있었다. 첫째, "대한국민의회는 인민 쪽에서 적대시 당하고 있으므로 그 기관을 이용하게 되면 그 죄가 우리 사회당에 미칠 우려가 있다"는 점이었다. 인민이 대한국민의회를 적대시한다는 구절은 결렬의 책임이 대한국민의회에 있다고 보는 사람들이 많았음을 시사한다. "노령 수청(水淸) 일대의 인민이 대표회를 개최하여 대한국민의회와 관계를 단절한다는 선언"을 채택한 것도 바로 이즈음이었다.

---

50) 위의 글, 4쪽.

51) 대한국민의회, 「선포문」 1920. 2. 15(金正明 編, 『朝鮮獨立運動』 第2卷, 931쪽 ; 梶村秀樹·姜德相 編, 『現代史資料』 27, 13~14쪽).

52) 張道政, 앞의 글, 6쪽.

둘째, 대한국민의회 부활 결정이 법리상 불법적이었기 때문이다. 의결권을 갖는 상임의원 중에서 부활에 반대하는 사람이 절반을 넘었다. 따라서 대한국민의회의 부활은 적법한 의결절차를 거쳐서 이루어진 게 아니었다. 부활된 대한국민의회는 '7, 8명의 농간'에 따라 좌우되는 기관이었다. 그들은 '공중(公衆)의 적'이었다. 따라서 그 속에 들어가 활동할 필요와 명분이 없다는 것이 한인사회당의 생각이었다. 결국 한인사회당은 대한국민의회를 '타도'하기로 결정했다.[53]

이후 한인사회당과 대한국민의회는 서로 격렬하게 대립했다. 1917년 말부터 유지되어오던 두 세력의 협력이 이에 이르러 마침내 결렬되었다. 2년 남짓 동안 대한국민의회라는 조직 울타리 안에서 공존해오던 러시아 한인 사회 내의 두 정치적·사회적 세력이 서로 적대시하면서 독자적으로 활동하게 되었다.

이 결렬은 심각한 후유증을 낳았다. 러시아령 한인 사회 내부에 메울 수 없는 깊은 균열을 초래했다. 상해임시정부가 옳은가 대한국민의회가 옳은가? 한인사회당이 옳은가 대한국민의회가 옳은가? 러시아령 한인만이 아니었다. 북간도와 상해를 포함한 해외망명지의 독립운동자들도 이 질문으로부터 벗어날 수 없었다. 이 결렬은 뒷날 사회주의운동 속으로 이전되었다. 또한 연해주와 북간도에 포진한 반일 독립군부대들의 동족상잔으로 이어졌다.

연해주참변

1920년 4월 일본군은 연해주 중간파·혁명파 연립정권을 전복하기 위한 군사행동에 나섰다. 일본군은 4월 4일 밤 연해주 정부의 혁명군에 대한 무장해제작전을 개시했다. 이 군사행동은 동시에 한국인 반일세력에

---

53) 위와 같음.

대한 대탄압이기도 했다. 작전은 신속히 전개되었다. 연해주 각지에서 혁명군 장교 468명, 하사관과 병졸 8,612명이 무장을 해제당했다. "일본군은 하룻밤만에 하바로프스크 동쪽지대를 점령"[54]했고, 연해주 연립정권은 붕괴되었다. 그를 대신하여 일본군의 꼭두각시인 백위파 정부가 들어섰다.

연해주의 러시아공산당과 적군세력은 큰 타격을 받았다. 소비에트측 기록을 보면, 이 당시 5,000명 이상의 빨치산과 민간인이 죽거나 부상당했다. 사망자 가운데는 러시아공산당 극동국 위원이자 연해주 군정위원인 세르게이 라조(С. Г. Лазо), 군정위원 루츠키(А. Н. Луцкий), 시비르체프(В. М. Сибирцев) 등과 같은 저명한 지도적 인사들도 포함되어있었다.

러시아신문 『크라스노에 즈나먀(적기)』의 보도를 보자. 일본군들은 현지 러시아군 병영을 포위·습격했으며, 군인들뿐 아니라 민간인들까지도 가리지 않고 학살했다. "큰 마당과 큰 거리에 주검이 산과 같으며, 가축들도 많이 쓰러졌고 집도 온전한 게 하나도 없을" 지경이었다. "참혹한 광경을 눈으로 볼 수 없"을 정도였다. 한인 사회에 대한 압박은 특히 심했다. 블라디보스톡 신한촌에서는 한국인 학교가 소각되고, 유력자와 청년들이 다수 체포되었다. "부모와 동생이 다 붙들려가고 고독히 있는 어린 여자들을 불러다가 여러가지 형벌로 문초"하는 일이 빈번했다.[55]

일본군의 또 하나의 표적은 연해주를 기반으로 활동하던 한인 민족해방운동세력이었다. 한인 민족운동의 중요 거점인 블라디보스톡 신한촌도 4월 4일 깊은 밤에 일본군의 습격을 받았다. 어느 러시아인 목격자는 신한촌 한국인들이 일본군들에 당한 참상을 이렇게 전했다.

블라디보스톡 외곽에 있는 한국인 마을(신한촌―인용자)은 놀랄만한 약탈을 당했다. 흉폭한 일본군 병사들은 한국인들을 개머리판으로 패면서

---

54) 위와 같음.
55) 『동아공산』 제1호, 1920. 8. 14, 2쪽.

마을에서 내몰았다. 블라디보스톡 거리는 신음과 통곡으로 가득 찼다. 피에 절은 긴 옷을 입은 채 반쯤 죽도록 얻어맞은 그들은 일본 호송병들에게 질질 끌려가고 있었다. 지하실과 감옥은 체포자들로 만원이었다. 그때 당시 사형집행인의 손에서 얼마나 많은 한국인들이 죽었는지는 이루 헤아리기가 어렵다.[56]

일본군의 자체 집계를 보면, 블라디보스톡에서는 61명의 '불령선인(不逞鮮人)'이 체포되었다. 연해주 한인 민족운동의 또 하나의 중심지인 니콜스크우수리스크도 똑같은 운명을 겪었다. 4월 5~6일 이틀 동안 일본군 헌병대와 보병부대는 반일 한인에 대한 가택수색을 단행해서 76명을 체포했다. 그 속에는 상해임시정부 재무총장을 지낸 바 있고 니콜스크우수리스크 부시장에 재임중인 최재형(崔才亨)을 포함하여 김이직(金利稷), 황경섭(黃景燮), 엄주필(嚴周弼) 등이 있었다. 원호인 사회의 저명한 지도자들이었다. 일본군은 7일 오후 6시경 위 네 사람을 총살했다.

연해주는 암흑천지가 되었다. 한국인들의 반일활동은 완전히 불가능하게 되었다. 일본군은 반일단체들을 폐쇄시키고 그 대신에 관제 친일단체 '조선인거류민회', '조선인 간화회(懇話會)' 등의 친일단체를 각지에 설립했다. 그를 통해 점령지역의 행정을 시행했으며 한인 사회의 분열을 노렸다.

한인 민족운동단체들은 새로운 타개책을 만들어야 했다. 지하 비밀활동 방식에 걸맞게 조직을 개편하거나, 아니면 일본인들 손이 미치지 않는 지역으로 이동할 수밖에 없었다.

한인사회당은 급박한 정세에 직면하여 두 가지 방침을 채택했다. 역량을 둘로 나누었다. 일부는 남·북만주로 피신시켰다. 그곳에서 독립군부대와 결합하여 반일항전에 나서도록 했다. 다른 일부는 북쪽 아무르주로 피신했다. 당시 아무르주에서는 1920년 2월 이래 볼세비키가 정권

---

56) Ким Сын хва(金承化), Очерки по истории Советских Кореичев, изд.наука, Алма Ата, 1965(鄭泰秀 옮김, 『소련한족사』,, 대한교과서주식회사, 1989, 95쪽).

을 장악하고 있었다. 그곳에서 한인사회당 조직을 재건하게 했다.[57] 이 두 가지 방식의 대응에 나서지 않은 사람들도 있었던 것으로 보인다. 그들은 일본군의 체포와 수색을 피해 지하로 숨어들 수밖에 없었다.

대한국민의회도 연해주에서 벗어나야 했다. 대다수의 간부들은 한인사회당과 마찬가지로 아무르주의 수도인 블라고베셴스크로 옮겨갔다.[58] 잔류한 몇몇 간부들은 지하 비밀활동 방식에 걸맞게 행동해야만 했다.

솔밭관 한족공산당

연해주참변은 도시만이 아니라 농촌지대의 한인 민족운동 양상에도 큰 영향을 미쳤다. 블라디보스톡에 근거를 두고 있던 대한국민의회와 한인사회당의 주력은 연해주를 떠나 아무르주의 수도인 블라고베셴스크로 옮겨갔다. 이에 반해 한인 농촌지대를 근거로 해서 활동하던 반일운동자들은 지하운동과 유격투쟁 방식을 택했다. 연해주 서남방 추풍(秋豊) 일대의 사회주의자들이 결성한 솔밭관 한족공산당과 우리동무군은 그 사례이다.

연해주 농촌지대의 한국인 사회주의자들이 활동재개를 위해 본격적으로 나선 것은 1920년 6월 5일이었다. 이날 연해주 추풍 신길동(新吉洞)에서 14명의 한인들이 비밀리에 회합했다. 이들은 연해주 농촌지대 사회주의 야체이카의 대표자들이었다. 참석자들은 새로운 정세를 검토한 뒤, 연해주 한인 사회주의조직의 재건을 위해 노력할 것을 합의했으며, 빨치산부대도 재조직하기로 결의했다.[59]

이들의 활동이 결실을 본 것은 1920년 8월 6일이었다. 이날 13개 지방을 대표한 26명의 한인이 회합하여 새로운 사회주의단체를 조직했다.

---

57) 張道政, 앞의 글, 6쪽.
58) 金正明 編, 앞의 책(제3권), 515쪽.
59) 朝鮮總督府 警務局, 『大正11年朝鮮治安狀況』, 72쪽.

이 단체의 정식 명칭은 '한족공산당 연해주연합총회'였다. 한인들은 이 당을 지칭할 때 흔히 '솔밭관 한족공산당'이라 불렀고, 러시아인들은 '고려공산당 연해주위원회', 일본군은 '송전관(松田關) 한족공산당' 등으로 불렀다.[60]

설립과정에 주도적 역할을 수행한 인사로는 두 사람이 꼽힌다. 한 사람은 함남에서 애국계몽운동에 참가한 바 있으며, 대한제국 멸망 후 북간도로 망명하여 간민회 설립에 참여하는 등 반일운동에 오랫동안 종사해 온 이중집(李中執)이었다. 그는 설립 첫해에 한족공산당 중앙집행위원장을 지냈고, 제3년차인 1922년에도 그 직위에 올랐다.

다른 한 사람은 상해·연해주를 근거로 활동하던 사회주의 이론가 유진구(柳鎭九)였다. 그의 아호가 해사(海史)였으므로 사람들은 흔히 '유해사'라고 지칭하기를 즐겼다. 일제 기록에 의하면, 그는 강원도 철원군 출신으로 러시아어에 능통하고, 당원들 가운데 맑스주의에 대한 이해가 가장 정통했다고 한다. 그는 연해주 한국인 사회주의운동의 전개과정에서 "항상 그 흑막에서 각종의 획책에 임"했다는 지목을 받았다.[61]

유진구의 신상에 관해서는 『독립신문』(1922. 9. 11)에 그의 어린 아들 유영국(柳榮國) 명의의 광고가 게재되어있다. 그 문안을 보자. "유진구 감(鑑). 아라사로 가려 합니다. 계신 곳과 형편을 상해 법계(法界) 마르세유로[吳興里] 67호로 알려주소서. 누구시든지 유진구 씨의 주소를 알려주면 감사하겠습니다"라는 내용이다.

그러나 얼마 안 있어 불운한 소식이 뒤를 이었다. '유진구 씨의 순직'이라는 기사가 『독립신문』에 보도되었다. 유진구는 1922년 음력 1월 2일에 추풍 당어재골 부령촌(富寧村)에서 일본군에 체포되었다. 그는 '동양 사회주의자 대표회'에 참석하기 위해 먼길을 떠나던 중이라고 한다. '극동민족대회'를 지칭하는 것으로 추정된다. 체포된 후 그의 행방을 아

---

60) 위의 책, 77쪽.
61) 위의 책, 73~74쪽.

는 사람은 아무도 없었다. 일본군이 시베리아에서 철수한 뒤에야 비로소 그의 행방이 알려졌다. "적의 악독한 형벌에 못 대어 인(因)히 별세하였더라"고 한다.62)

창립 이래 줄곧 선전부장을 맡았던 유진구 주도하에 당의 선전활동이 이루어졌다. 선전활동의 주된 수단은 정기간행물이었다. 솔밭관 한족공산당의 기관지에는 두 종류가 있었다. 『군성(群聲)』이라는 신문과 『한살림』이라는 잡지가 그것이다.

'군중의 소리'라는 의미를 지닌 주간신문 『군성』의 발간은 1921년 7월 6일에 개최된 제3회 대표회에서 결의되었다. 이때부터 발간준비 작업이 이루어졌으며, 실제 발간되기 시작한 것은 그해 12월부터였다고 한다. 신문 『군성』은 1922년 4월까지 118호가 간행되었다.63)

잡지 『한살림』은 1922년 4월까지 도합 3호가 간행되었다. 이 잡지의 제호가 주목을 끈다. '공산주의 생활'을 뜻하는 「한살림」이란 용어는 1919년 블라디보스톡을 근거지 삼아 활동하던 일세당의 기관지 『일세보』와 사실상 동일한 것이다. 이로 미루어볼 때 일세당 참가자들과 솔밭관 한족공산당 참가자들 사이에는 일정한 연관이 있었던 것으로 추정된다. 다시 말해 1920년 7월 당시 솔밭관 한족공산당의 결성을 주도한 사회주의자들 가운데는 이전에 일세당에 소속했던 사람들이 포함되어 있었던 것 같다.

한족공산당의 주된 활동구역은 연해주 서남방 쑤이푼강 연안의 한인 농촌지대였다. "서쪽으로는 러시아·중국 국경, 동북으로는 산차고우(Ca нчагоу, 山岔口)에서 니콜스크우수리스크 시로 가는 도로, 동남으로는 니

---

62) 『독립신문』 1923년 3월 14일자, 2쪽.

63) 이 신문이 주간으로 간행되었다면 1921년 12월부터 이듬해 4월까지 간행된 호수가 50호 미만일 것으로 추정된다. 그러나 자료 『십월혁명십주년과 쏘베트고려민족』, 64~65쪽을 보면 통산 118호를 발행했다고 한다. 이 불일치를 어떻게 이해해야 할 것인가? 결국 이 문제는 『群聲』 신문의 발굴을 기다려야 비로소 해명될 수 있을 것이다.

콜스크우수리스크 시에서 다바오를 잇는 선으로 이루어지는 3각지대"[64]
였다.

한족공산당은 그 산하에 13개 '지방회'를 두었고, 다시 그 아래에 '구역회'를 설치했다.[65] 최고의결기관은 13개 지방회의 대표자들로 구성되는 '지방대표회'였다. 이 기구는 '연합총회'라고도 지칭되었다. 이 기구에 의해 중앙집행기관인 '상설위원회'와 '집행위원회'가 선출되었다.

일본군 정보문서를 보면, 솔밭관 한족공산당 내에는 11개의 집행부서가 있었다. 집행부, 선전부, 군사부, 행정부, 재정부, 교육부, 노동부, 경무부, 위생부, 외교부, 교통부가 그것이다.[66] 공산당 조직이라기보다 마치 행정기관의 조직체계와 비슷하다는 느낌을 준다.

뒷날(1921. 5) 이르쿠츠크의 고려공산당 창립대회에 참가한 솔밭관 한족공산당의 대표자는 노동부, 군사부, 출판부, 선동부 등 4개 집행부서가 있다고 말했다. 그는 이르기를, 노동부는 흥개호(興凱湖) 주변에 대규모 토지를 얻어 공동으로 쌀농사를 지을 계획을 갖고 있었다고 한다. 출판부는 맑스의 저작을 출판할 예정으로 일하고 있으며, 군사부는 400명에 달하는 군대를 이끌고 있었다. 선동부는 추풍과 삼차구 지방에서 대중조직화 활동에 임했다고 한다.[67]

당의 기본조직은 '구역회'였다. 이것은 관할의 편의를 꾀하기 위해 설치한 것으로서 대략 100호로써 기준을 삼았다고 한다.[68] 이 당의 내부문서에 등록된 전체 당원 수는 420명 가량이었다. 1921년 5월 현재 당원은 500명이며, 후보자는 1,000명이었다는 기록도 있다.[69]

연해주 한족공산당의 활동 중에서 가장 두드러진 것은 군사활동이었

---

64) 朝鮮總督府 警務局, 앞의 책, 83쪽.
65) 위의 책, 77쪽.
66) 위의 책, 78쪽.
67) 「고려공산당 창립대회」, 212쪽.
68) 金正明 編, 『朝鮮獨立運動』 第5卷, 118~119쪽.
69) 「고려공산당 창립대회」, 212쪽.

다. '군사부'는 중앙집행위원회 직속하에 '군사에 관한 일체의 사항'을 총괄했다. 그 밑에는 약 400명에 달하는 무장부대가 편성되었다. 그 중에서 80명은 당원이었다. 이 군대의 명칭은 '우리동무군'이었다.

우리동무군의 지휘부는 러시아 적군의 조직원리에 따라 두 갈래로 이루어져 있었다. 정치적 지도를 담당하는 군정위원부와 군사적 지도를 담당하는 총사령부가 각각 설립되었다. 군인들에 대한 정치, 사상지도를 담당하는 군정위원장은 당군사부장이 겸임했다. 일본군 정보문서를 보면, 역대 군사부장에는 1920년 김세권(金世權), 1921년 최성삼(崔成三), 1922년 최경천(崔京天)이 취임했다.

군사작전을 책임진 총사령부 예하에는 참모부와 사령부가 설치되었다. 1922년 3월 당시 우리동무군 지휘관직은 총사령관 최추송(崔秋松), 참모부장 최성삼, 사령부장 신우여(申禹汝) 등이 맡고 있었다. 우리동무군의 전투부대는 3개 중대로 편성되었으며, 각 중대의 정원은 121명이었다. 편제된 병력 총수는 도합 363명으로 이루어져 있었다. 이외에도 기관총대가 별도로 구성되어있었다.[70] 무기로는 소총 123정, 기관총 2정, 탄약 3만 3,000여 발, 폭탄 18개 등을 보유하고 있었다.[71]

우리동무군은 연해주에서 활동하는 한인 민족주의 무장부대와 무관하게 독립적으로 편성되어있었다. 하지만 양자는 반일행동에 관한 한 서로 협력했다. 연해주 한족공산당의 1922년 3월 6일자 회의록에는 독립단과의 연합문제에 관한 결의가 기재되어있다. 실제로 1922년 3월 이 당이 주관한 3·1운동 기념식에는 대한독립군 혈성단장의 지위에 있는 강국모(姜國模)가 초대를 받아 참석했다.[72] 대한독립군단 임시단장인 이범윤(李範允) 등과도 상호 이해가 있었다고 한다. 일본군은 이를 가리켜

---

70) '우리동무군'의 간부명단과 내부편제에 대한 정보는 朝鮮總督府 警務局, 앞의 책, 80~91쪽에 수록.
71) 위의 책, 92쪽.
72) 위의 책, 101~102쪽.

한국인 공산군과 독립단이 "시의(時宜)에 따라 연합"하고 있다고 표현했
다.

블라디보스톡 고려공산당 극동위원회

4월참변 이후에 연해주 한인들의 사회생활은 얼어붙었다. 한인들의
정치활동을 이끌었던 단체들은 자취를 감추었다. 대한국민의회, 한인사
회당은 물론이고 한국독립을 표방한 자그마한 단체들, 청년회, 애국부인
회 등과 같은 사회단체는 가혹한 탄압의 대상이 되었다. 추적당하던 인
사들 가운데 일부는 안전지대로 망명했고, 다른 일부는 일본군에 체포
당했다. 남은 사람들은 지하에 숨어들어야 했다.

지하에 숨어든 사람들 가운데 일부가 사회주의 비밀운동에 합류하기
시작했다. 러시아공산당 극동위원회 블라디보스톡 지부가 그 움직임을
주도했다. 아브람손(Абрамсон), 에르델레프스키(Эрделевский), 마마예프(Ма
маев) 등과 같은 러시아인 공산당원들과 함께 소수의 한인들이 비밀단체
결성에 가담했다.73)

4월참변이 일어난 지 한 달 뒤인 1920년 5월 블라디보스톡에서 '고려
공산당 극동위원회(Д.В.Комитет Коркомпартии)가 비밀리에 출범했다. 위원
은 8명으로 이루어졌다. 그 중에는 위원장 '박창인(Пак Чан Ин)', 비서 한
명세가 포함되어있었다.74) 특히 한명세가 주목된다. 대한국민의회 지도
자 가운데 한 사람인 그의 이름이 사회주의운동사에 처음 등장하는 순

---

73) Доклад исполкому коминтерна об организации и деятельности секции вост
   очных народов при сиббюро ЦК РКП(러시아공산당 시베리아국 산하 동양국의
   조직과 활동에 관한 보고), Иркутск, 1920. 12. 21, ВКП(б), Коминтерн и Китай.
   документы т.1. 1920~1925, Москва, 1994, 49쪽.

74) Доклад члена Д-Восточного Комитета Корейской Коммунистической партии
   Пак Чан Ин(고려공산당 극동위원회 위원 박창인의 보고), 1920. 11. 11, 2쪽, РГ
   АСПИ ф.495 оп.135 д.19 л.48~49об.

간이다. 그는 4월참변 당시 아무르주로 피난하지 않고 지하로 숨어들었으며, 이때 처음으로 사회주의운동에 참가했던 것 같다.

고려공산당 극동위원회에는 지하에 잔류한 한인사회당원들도 가담했다고 한다. 이들은 연해주 각처에 야체이카(세포)를 조직했다. 블라디보스톡을 비롯하여 니콜스크우수리스크, 니콜라예프카, 타우제미, 시지미, 수주혜, 인치힌스카야 볼로스티 등지에 9개의 야체이카를 조직했다고 한다.[75]

이들은 일본군 점령하에서도 4월참변의 참상을 고발하는 격문을 살포했다. 또한 러시아당 극동국 블라디보스톡 지부의 요청을 받아 사회주의 문헌을 3개 동양언어로 번역하는 일도 했다고 한다.

4. 아무르주

아무르주의 한인들

러시아 극동 아무르주(흑룡주)에 거주하는 한국인은 흑룡강 맞은편 중국령 거주자들을 포함하면 대략 2만 명이었다. 1921년 5월 이르쿠츠크 공산당대회에 출석한 아무르주 한인공산당 대표자는 한국인 이주민이 약 5,000명이라고 보고했다.[76] 『독립신문』 기사를 보면, 1921년경 아무르주에 거주하는 한국인의 총호수는 1,050호이고, 인구는 5,487명이다. 한국인의 종교는 대개 슬라브정교였다. 학교로는 11개 소학교가 있으며, 각 지방 자치기관 외에 19개소의 노동회가 있다고 한다.[77]

총독부 간도 파견원의 1922년 1월 12일자 보고에 의하면, 한인들은 블

---

75) 위의 글, 3쪽.
76) 「고려공산당 창립대회」, 213쪽.
77) 『독립신문』 1922년 12월 23일자, 3쪽.

라고베셴스크, 블라고슬로벤노예 등의 도회지와 시베리아 횡단철도 연선 일대에 집단거주지를 형성하여 살고 있었다. 그들 중 약 1/3은 농업에 종사하며 풍족하게 생활하고 있다고 한다.[78] 특히 블라고슬로벤노예는 유족한 곳이었다. 토지가 비옥하고 한국인 이주의 역사도 깊었다. 한눈에 천리가 내다보이는 옥야(沃野)인 까닭에 2,500명에 달하는 한국인이 대규모 집단거주지를 형성하고 있었다. 한인들은 이곳을 사만리(沙滿里 또는 四萬里)라고 불렀다.[79] 이곳은 동경의 땅이었다. 한인들 사이에서 "천여(天與)의 낙토로서 인구에 회자되고 있을" 뿐 아니라 부자들 밀집지구로 알려져 있는 곳이었다.[80] 이곳에 거주하는 한인은 벽돌과 기와로 지은 저택에 거주했다. 러시아인과 하등 다를 바 없이 의복·음식과 살림살이에 이르기까지 하나같이 유럽식으로 생활했다.

그러나 나머지 2/3는 유족하지 못했다. 아무르주 거주 한국인의 과반수는 "노동자 및 무뢰한이라고 칭해도 과언이 아닌" 형편에 놓여있었다. 이들은 아편·주류 밀매, 엽연초 제조업 등에 종사하고 있었다.[81]

1920년 2월 아무르주 지방정부는 적위군 수중에 넘어왔다. 일본군이 연해주 방면으로 퇴각함에 힘입어 적위군이 백위파 정권을 타도하고 임시혁명정부를 수립하는 데 성공했다. 이 사실은 『독립신문』에도 보도되었다. 일본군이 아무르주에서 철수하여 동쪽 연해주지방으로 물러가고, 러시아 백위파 세묘노프 군대가 서쪽 자바이칼주로 물러간 뒤 아무르주에서는 러시아인 대표자회의가 열려 임시정부가 조직되었다고 한다.[82]

아무르주 임시혁명정부는 1920년 2월 17일 블라고베셴스크 시에서 수립되었다. 그 결과 아무르주 일대는 "혁명결사의 자유지"가 되었다.[83]

---

78) 金正明 編, 앞의 책(제3권), 523쪽.
79) 『독립신문』 1922년 12월 23일자, 3쪽.
80) 金正明 編, 앞의 책, 528쪽.
81) 위의 책, 522쪽.
82) 『독립신문』 1922년 12월 23일자, 3쪽.
83) 「在魯高麗革命軍隊沿革」, 4쪽.

150

이에 힘입어 현지의 한국인들도 공공연하게 자신의 정치적 결사를 조직하게 되었다. 당시에 형성된 한국인 단체 중에서 영향력 있는 것은 두개 단체였다. "하나는 아무르주의 한인공산당연합회이고, 또 하나는 아무르주 한인의회라는 민족혁명기관"[84]이었다.

아무르주 한인의회

아무르주 한인의회는 1920년 3·1운동 1주년 기념식장에서 발기되었다. 적위파 임시혁명정부가 들어선 지 불과 10여 일 지난 뒤였다. 기념식은 알렉세예프스크(자유시)에서 열렸다. 이 식장에 회합한 한인들은 아무르주 한인 사회의 자치기관을 결성할 필요성에 공감하고, "흑룡주(아무르주) 고려 주민대회를 소집" 하기로 합의했다. 이 대회 발기인 가운데 이름이 밝혀진 사람은 "최고려(崔高麗), 박주운(朴周運), 이훈(李勳), 이영섭, 최군실, 김진보, 김인현" 등이다.[85] 발기인들은 대표자를 선정하여 아무르주 임시정부에 파견했다. 대표자는 최고려와 이훈 두 사람이었다. 이들은 아무르주 임시정부를 찾아가 한인들의 지방자치와 군사운동을 청원했다.[86] 이 청원은 아무르주 임시혁명정부에 의해 받아들여졌다.

발기인들의 노력에 힘입어 3월 20일 아무르주 한인대회가 소집되었다. 대회에 참가한 한국인들은 "흑룡주 전체에 거주하는 한인 약 1만의 복지증진을 도모"하기 위해 민족자치기관을 설립할 것을 결정했다. 그 결과 설립된 기관이 '흑룡주 한인총회'이다.[87] 이 기관은 한국인들에 의해 다양하게 불리었다. '흑룡주 한인총회', '흑룡주 한인협회', '아무르주

---

84) 張道政, 앞의 글, 6쪽.
85) 「在魯高麗革命軍隊沿革」, 4쪽.
86) 『독립신문』 1922년 12월 23일자, 3쪽.
87) 「在魯高麗革命軍隊沿革」, 4쪽.

한인의회', '아무르주 한인총회' 등이 그것이다. 일본측 정보문서를 보면, 이 단체는 아무르주 한국인의 자치를 내세우고 있지만 "실제는 한국의 독립을 기도하는 불령단체"[88]라고 한다.

아무르주 한인의회는 아무르주에 거주하는 한인들의 최고자치기관으로 자임했다. 아무르주 한인들은 모두 이 단체의 구성원으로 간주되었다. 아무르주 한인의회는 한인들 개개인에게 '공민증'을 교부했으며, 한국인이 밀집해서 거주하는 각 마을마다 지방기관을 설치했다. 그리하여 아무르주의 어느 한인 마을에서나 이 단체 산하기관이 조직되기에 이르렀다.[89]

아무르주 한인의회는 중앙기관을 알렉세예프스크에 설치했다. 그 산하에는 군사, 학무, 외무, 노동 4개 부서가 설치되었다.[90] 회장은 처음에 최고려였으나, 곧 박주운이 뒤를 이었다. 한인의회는 경찰기관을 설치하여 아무르주 한인들에 대한 경찰업무를 수행케 했다. 일제측 정보문서에 의하면, "그 의회에 예속된 경관은 각자 권총을 휴대하고 있는데 이들은 러시아관헌의 허가"를 받아서 활동했다. 이들은 한인의회로부터 매월 월급을 지급받았다. 1인당 대양(大洋) 20원씩을 받았다고 한다.[91]

한인의회는 무장부대 창설에 착수했다. 군대편성에 필요한 재원과 인력은 아무르주 한인들에게 부과되었다. 한인의회측 기록에 의하면, 당시 "흑룡주 고려주민들은 혁명열이 극도로 팽배하므로 자기들의 생명과 재산을 위 기관에 공헌"했다고 한다. 아무르주 한인 사회에서 200여 명의 자원병이 입대했고, 그밖에 모집된 군인 총수가 500명에 달했다.[92]

이 부대는 1개 대대로 편성되었으며, 러시아적군의 편제에 따라 조직

---

88) 金正明 編, 앞의 책, 515쪽.
89) 위의 책, 522쪽.
90) 『독립신문』 1922년 12월 23일자, 3쪽.
91) 金正明 編, 앞의 책, 522쪽.
92) 「在魯高麗革命軍隊沿革」, 4~5쪽.

되었다. 군대의 지휘부로는 참모부장에 안훈(安勳), 군정위원에 전희서 (田希瑞), 대대장에 승훈(承勳) 등이 재임했다. 식량과 피복은 한인의회 경비로 보급했으며, 무기는 아무르주 임시정부로부터 공급받았다. 이 부대는 러시아적군과 보조를 같이했다. 이 부대는 패주하는 백위파 군대와의 전투에 참전했다. 모고치 지방 전투에서는 한인군대 20여 명이 러시아 백위파 세묘노프군과 싸우다가 5, 6명의 전사자를 내기도 했다.[93]

아무르주 한인공산당

아무르주 한인의회는 민족주의자들이 설립한 기관이었다. 그에 대해 한인 사회주의자들은 '아무르주 한인공산당'을 조직했다. 이 단체는 한인의회보다 약간 늦은 1920년 4월에 블라고베셴스크 시에서 결성되었다.[94]

일본측 정보문서를 보면, 이 당은 "일찍이 블라디보스톡에서 활동하였던 한인사회당의 변신(變身)으로 추정된다"[95]고 했다. 이 추정은 사실과 부합한 것으로 판단된다. 연해주 한인사회당의 지도자 장도정은 아무르주 한인공산당 창립 당시 의사부장의 직위에 올라있다. 장도정 자신이 직접 양자의 연관을 명시적으로 진술한 기록이 있다. 그것을 보면, 아무르주로 이동한 연해주 한인사회당 인사들이 현지의 사회주의자들과 협력하여 아무르주 한인공산당을 결성했다고 한다.

단체의 명칭이 사회당에서 공산당으로 바뀐 점이 눈에 띈다. 그에 대해 장도정은 "당시 아무르 지방은 연합군도 일본군도 없었기 때문에 우리 정강대로 명칭을 변경하기로 결정"했다고 증언했다. 그뿐만이 아니다. 아무르주 한인공산당은 "중국령, 러시아령 양쪽에 통지하여 전부 공

---

93) 『독립신문』 1922년 12월 23일자, 3쪽.
94) 金正明 編, 앞의 책, 496쪽 ; 「고려공산당 창립대회」, 213쪽.
95) 金正明 編, 위의 책, 496쪽.

산당의 명칭을 갖게 했다"96)고 한다. 연해주 한인사회당과 관련을 갖고 있던 모든 사회주의단체들은 이때부터 '공산당'을 표방했던 것이다.

이 당의 당원 총수는 약 200명이었다. 그 주요 간부의 명단을 보자. 회장 최태일(崔泰一), 부회장 임성춘(林成春), 의사부장 장도정, 통신부장 김진, 외교원 겸 러시아어 비서 박이반(朴昌殷과 동일인), 번역원 오성묵(吳成默) 등의 면면이다. 일본측 정보문서를 보면, 이들은 "누구나 다 블라디보스톡에서 도망해온 자"97)들이었다.

아무르주 한인공산당은 해외 각지에 산재한 한인 사회주의단체들과 연락을 주고받았다. 상해, 연해주, 남·북만주 방면의 단체들이 그에 해당한다. 장도정은 이르기를, 아무르주 한인공산당은 간부들을 각 지역으로 파견했다고 한다. 상해 방면의 공산당과 '일치동작'을 했고, 연해주와 남·북만주에도 사람을 보내 공산당 군대의 동작을 연락했다. 예컨대 1920년 가을에 아무르주 한인공산당은 2명의 대표자를 선정하여 한 명은 하얼빈으로, 다른 한 명은 상해와 북경으로 파견했다. 이들은 그곳의 한인 및 중국인 사회주의단체들과 연락을 맺고 의견을 교환하는 것을 임무로 삼고 있었다.98) 여기서 말하는 상해의 한국인 사회주의단체란 곧 이동휘 등이 지도하는 재상해 한인사회당을 가리키는 것으로 보인다.

아무르주 한인공산당은 현지의 러시아공산당과 긴밀한 협력을 맺었다. 그것은 러시아당 아무르주위원회 한인부의 지위도 겸했다. 관할범위는 아무르주에만 머물지 않았다 인접한 프리아무르주, 중국령에 거주하는 한인들도 조직활동의 대상이 되었다.

몇 가지 보기를 들어보자. 아무르주 제이스키(Зейиский) 지방의 한인 사회주의단체를 들 수 있다. 이 단체는 1920년 9월 아무르주 한인공산당

---

96) 張道政, 앞의 글, 6쪽.
97) 「黑龍州排日鮮人ノ狀況ニ關スル件」 1920. 10. 14(『現代史資料』 27, 297쪽).
98) 「고려공산당 창립대회」, 213쪽.

154

파견자의 지도하에 결성되었는데, 1921년 5월 현재 36명의 당원을 안고 있었다.99)

프리아무르주 한인 사회주의단체도 그 관할하에 있었다. 이 단체는 1920년 7월 아무르주 한인공산당 간부의 지도하에 결성되었으며, 당원은 57명, 후보자는 5명이었다. 이 단체는 처음에는 교통수단이 없어서 선동사업을 잘할 수 없었다고 한다. 그러나 1921년 초에는 한국인 주민이 거주하는 프리아무르주 전지역으로까지 활동을 넓힐 수 있었다.100)

프리아무르주 오시포프 한인 사회주의단체도 그 예가 될 것이다. 이 단체는 1920년 8월에 결성되었으며, 프리아무르주 한인 사회주의단체에 소속되었다. 이 단체는 3명의 조직자를 오시포프, 풍덕동, 하동, 포우친스크 공장 등지에 파견하여 한국인 노동자들 속에서 사회주의 선전에 종사하고 있었다.101)

아무르주 한인공산당은 한국인의 사회주의 청년운동에도 관여했다. 스보보드니(Свободний, 일명 자유시), 수라제프카(Суражевка) 등지에 활동 거점을 두고 있던 한국인 공산청년동맹은 1921년 1월에 결성되었다. 장도정의 표현을 보면, "한국 역사상 처음"으로 조직된 공산주의 청년단체라고 한다. 동맹원은 1921년 5월경 77명이었으며, 후보자는 19명이었다. 이 단체는 러시아 레닌공산주의 청년동맹 아무르주위원회 한인부라는 지위도 겸하고 있었다. 이 단체는 한인 청년에 대한 문화계몽 및 사회주의 교육에 주력했다. 그 산하에는 선동부와 문화계몽부라는 2개 부서가 설치되어있었으며, 그 지도자는 김아파나시[한국명 김성우(金聲宇)]였다.102)

아무르주 한인공산당은 신문 『신세계(新世界)』를 발행했다.103) 이 신문

---

99) 위와 같음.
100) 위의 글, 212쪽.
101) 위의 글, 217쪽.
102) 위의 글, 213쪽.

의 편집자는 최태일과 오성묵이었다. 2주일에 한번씩 발간되었다. 그밖에도 한글 팸플릿과 단행본이 여럿 출판되었다. 일본어 선전물도 발행했다. 이것은 시베리아에 파병되어있는 일본군들 사이에 살포할 목적으로 제작되었다. 장도정은 이르기를, 일본어 선전물은 "8회에 1만 6,000매를 발간했다"[104]고 한다. 그밖에 부속학교를 설립했다. 회동(回東)학교가 그것이다.[105] 이 학교는 현지 한인들의 문맹퇴치와 정치의식 고양을 위한 성인 재교육기관이었을 것으로 보인다.

아무르주 한인공산당은 무장투쟁의 필요성을 인정하고 연해주와 남·북만주의 한인 무장부대와 긴밀한 연락을 취해왔다. 하지만 1920년 말에 이르기까지 자체의 무장부대 편성은 이루지 못했다. 그 대신 이 당은 군사문제에 관한 원대한 계획을 입안했다. 러시아 극동지역과 남·북만주의 한인 무장부대를 모두 통합하고자 했다. 자신의 지휘 아래 대규모의 통일된 한국인 군대를 창설하는 계획을 입안했다.

5. 자바이칼주

자바이칼주에서는 한국인 사회주의운동이 활발하지 못했다. 한인 거주자들이 많지 않은 데다가 세묘노프 백위파 정부가 1920년 10월까지 그곳에 존재해있었기 때문이다. 러시아 극동의 여타 지역과 비교할 때 한인 사회주의단체의 발생시기가 상대적으로 늦었고, 또한 그 규모도 크지 않았다. 이 지역의 한인 사회주의운동은 자바이칼주의 정치, 행정, 문화의 중심지인 치타와 베르흐네우진스크 두 도시를 중심으로 전개되었다.

---

103) 金正明 編, 앞의 책, 496쪽.
104) 張道政, 앞의 글, 7쪽.
105) 金正明 編, 앞의 책, 496쪽.

치타 한족공산당

치타 한족공산당의 조직경위를 살펴보자. 1921년 1월 17일에 작성된 이 단체의 공문을 보면, 창립된 지 이미 수개월이 지났다고 한다.[106] 집행위원장 권화순(權化純)이 러시아공산당 '동아총국(극동국) 고려부'에 보낸 공한이었다. 이 단체의 설립은 1920년 후반기에 이루어졌음을 알 수 있다. 권화순의 언급은 이르쿠츠크 고려공산당대회(1921. 5)에 출석한 대표자의 발언에서도 뒷받침된다. 그에 따르면 이 단체는 1920년 10월에 결성되었다고 한다.[107]

결성시기에 주목하자. 이 시기는 세묘노프 백위파 지방정권이 붕괴하던 때이다. 1918년 9월 치타를 점거한 이래 2년 동안 자바이칼 일대를 통치하던 세묘노프 지방정부는 1920년 10월에 붕괴되었다.[108] 러시아 적군이 치타 시를 점령한 것은 1920년 10월 21일이었다.[109]

이때부터 극동공화국이 자바이칼주의 정권을 장악했다. 극동공화국은 신행 소비에트러시아 정부가 일본군과의 직접 충돌을 피하기 위해 수립한 완충 국가이다. 1920년 4월부터 1922년 11월까지 존속했다. 성립 당초 베르흐네우진스크에 임시수도를 정했던 극동공화국은 세묘노프 정부를 축출한 뒤 수도를 치타로 옮겼다. 1921년 1월의 일이었다.

치타 한족공산당은 백위파 정부가 무너지고 혁명정부가 들어선 직후에 출현했다. 현지의 한인 사회주의자들이 변화된 정세에 맞추어 자발

---

106) 치타고려공산당 집행부장 권화순, 「공산당 동아총국 고려부에게 보내는 공한 No.13」 1921. 1. 17, РГАСПИ ф.495 оп.154 д.118 л.89.

107) 「고려공산당 창립대회」, 216쪽.

108) Гл.ред. С. С. Хромов, Гражданская война и военная интервенция в СССР—Энциклопедия(소련의 내전과 간섭전쟁 : 백과사전), М., Сов.Энциклопедия, 1987. 541쪽.

109) 『동아공산』 제6호, 1920. 11. 7, 2쪽.

적으로 결성했던 것이다. 권화순의 편지를 보면, 그때까지만 해도 아직 '고급기관의 정식 승인'이 없었다고 한다.[110] 이것은 한인 사회주의자들이 러시아공산당 상급기관의 지령이 내려오기 이전에 자연발생적으로 조직했음을 보여준다.

한인들은 이 단체를 흔히 '치타 한족공산당'이라고 불렀다. 이 단체의 러시아어 표기는 '고려공산당 치타군(郡)위원회(Корейская Коммунистическая Партия Читинский уездный Комитет)'이다. 활동구역은 치타 시와 그 주변 지역인 네르친스크, 스트레틴스크 지방 등이었다. 치타 한족공산당은 한인 조직사업을 위해 5명의 조직자를 상주시키거나 파견했다.[111]

1921년 1월 현재 소속 당원은 40여 명이었다. 이 당원들은 치타 일원의 한인 대중단체 내에서 주도적 역할을 수행했다. 치타 시내에 소재하는 한인 단체는 4개였는데, 그 안에는 예외없이 한족공산당의 야체이카가 설치되어있었다. 한인노농회에는 김형보(金亨甫)가, 신흥단(新興團)에는 태용서(太用瑞)가, 노인단에는 김청운(金青云)이, 베싼크 농민조합에는 김흥준(金興俊)이 각각 회장 겸 야체이카 책임자 지위를 맡고 있었다.[112]

베르흐네우진스크 고려공산당

베르흐네우진스크 고려공산당이 처음 결성된 것은 1920년 4월이었다. 이성실(李成實)이 그 지도자였다. 이 단체의 러시아 명칭은 공식 인장에도 적혀 있듯이 '고려공산당 베르흐네우진스크 구역위원회(Корейская Коммунистическая Партия, В~Удинский Раионый Комитет)'였다.

이 단체는 한인 무장부대를 편성할 계획을 세운 바 있었다. 그러나 당

---

110) 치타고려공산당 집행부장 권화순, 앞의 글.

111) 「고려공산당 창립대회」, 216쪽.

112) 동아국 한인부 조직부, 「일지(1921. 1. 17~2. 9)」, 1쪽, РГАСПИ ф.495 оп. 154 д.117.

시 상급기관의 지위에 있던 이르쿠츠크 한인공산당은 이에 동의하지 않았다. "귀 지방은 한국인 수가 적을 뿐 아니라 위치가 불편하므로 군대의 조직은 절대로 불가능하다"고 회신했다. 이로 미루어보면 베르흐네우진스크 고려공산당의 당세는 매우 미약했던 것 같다.

이 단체의 상급기관은 비교적 자주 바뀌었다. 처음 결성될 당시에는 러시아공산당 현지기관의 한인부를 겸하고 있었다. 1920년 7월 이후에는 러시아공산당 시베리아국 동양국 예하에 배속되었다. 1921년 1월에는 러시아공산당 극동국 관할로 넘겨졌다.

러시아공산당 극동국 산하기관으로 재편된 이후 임원명단을 알 수 있다. 재편작업은 극동국 한인부 조직지도원 조응순(趙應順)의 지도하에 이루어졌다. 재조직된 뒤 이 단체의 회장은 이재형(李在衡)이었으며, 그 밖에 이름을 확인할 수 있는 당원으로 김춘선(金春先), 김상완(金相完), 방태호(方太湖) 등이 있었다.[113]

6. 시베리아와 그 너머

바이칼호 서쪽의 시베리아와 러시아 중앙부에는 한인들이 많이 살지 않았다. 하지만 철도 연선지대의 도시들에는 작지만 한인 집단거주지가 형성되어있었다. 그곳에는 각종 한인단체가 조직되어있었다. 국민회, 청년회, 적십자회, 부인회 등이 그것이다. 이 중에서 한인국민회가 설립되어있던 곳은 대략 10곳이었다. 펠름, 쿨간, 튜멘, 옴스크, 모스크바, 노브이니콜라예프스크, 톰스크, 크라스노야르스크, 칸스루크, 이르쿠츠크 등을 꼽을 수 있다.

시베리아에서 한인 사회주의단체가 출현한 것은 옴스크에 근거를 두

---

113) 베르흐네우진스크 고려공산당 회장 李在衡, 「No.11 조직보고서」, 1921. 1. 20, 1쪽, РГАСПИ ф.495 оп.154 д.118.

고 있던 백위파 콜차크 정권이 몰락하던 1919년 말 1920년 초엽이었다. 시베리아의 정치, 문화적 중심지인 옴스크를 필두로 하여 이르쿠츠크, 크라스노야르스크, 튜멘, 세미팔라진스크, 노브이니콜라예프스크 등지에서 사회주의단체가 출현했다. 이들은 러시아공산당 현지 지방당 내 한인부의 위상을 갖고 있었다.

옴스크 한인공산당

옴스크 시는 당시 시베리아의 정치, 경제, 문화적 중심지였다. 백위파 콜차크 정권의 수도도 이 도시였고, 러시아공산당 시베리아국 집행부가 소재한 곳도 바로 이곳이었다. 시베리아의 혁명운동도 반혁명운동도 모두 이곳을 거점으로 전개되었다.

이 도시에는 일찍부터 현지 한인들에 의해 국민회와 청년회가 조직되어 있었다. "변혁되기 이전에 유세력(有勢力)한 회(會)는 국민회와 청년회"114)였다고 한다. 콜차크 정권하에서도 한인들은 국민회와 청년회를 조직해서 활동하고 있었던 것으로 보인다. 국민회 회장은 김봉준(金奉俊)이었고, 청년회 지도자는 이인섭(李仁燮)이었다.115)

옴스크 한국인들 중에서 맨 먼저 맑스주의 사상을 수용한 사람들은 청년회원들이었다. 초기 사회주의운동의 주요 활동가였던 이인섭은 이르기를, "1917년 옴스크 사회당원 '파벨리카조르 리'라 하는 이가 있어 사회주의를 전파"116)했다고 한다. '옴스크 사회당'이란 아마도 볼셰비키와 멘셰비키로 분열되기 이전의 러시아 사회민주노동당 옴스크 지구 위원회를 가리키는 것으로 보인다.

옴스크 한인청년회 내부의 사회주의자들이 볼셰비키적 색채를 선명

---

114) 「전로한인공산당 제1대 의회록」, 『동아공산』 제12호, 1921. 2. 3, 4쪽.
115) 梶村秀樹·姜德相 編, 『現代史資料』 27, 74쪽.
116) 「전로한인공산당 제1대 의회록」, 4쪽.

히 한 것은 1919년 말 콜차크 백위파 정권이 무너진 직후였다. 옴스크의 내막을 잘 아는 채성룡(蔡成龍)은 말하기를, 1919년 11월 14일 백위파가 패하고 적위군이 그곳을 점령한 직후에 14명의 한인 청년회원들이 공산당을 조직했다고 한다.[117]

조직 당초의 정황을 보여주는 문서가 있다. 「옴스크 한인공산당 14인의 상신서」가 그것이다. 거기에는 조직경위와 당원 14명의 성명이 기재되어있다. 그에 따르면, 콜차크 통치가 붕괴되고 얼마 안되어 모스크바공산당 한인 조직지도원 이피득(Липити)이 첼랴빈스크(Челявинск) 시를 거쳐 옴스크에 도착했다. 그의 주도하에 1919년 11월 20일 특별회의가 개최되었다. 회의 참석자 14명은 이피득의 주장을 받아들여 옴스크 시에 한인 공산주의 세포단체(корейский коммунистический ячеек)를 조직할 것을 결의했다고 한다.[118]

이피득의 역할이 눈길을 끈다. 그는 모스크바공산당 한인부에서 전러시아 한인의 조직화를 위해 파견된 조직지도원이었다. 문서 말미에 적힌 서명을 보면, 이피득의 직위는 '첼랴빈스크 시 러시아 공산당원'이며, '시베리아 주재 외무인민위원부 극동부 파견 선동원'이라고 적혀있다. 그는 러시아당과 정부기관의 지침을 받아 활동했던 것으로 보인다.

위의 문서에는 14명 창립 당원들의 이름이 러시아어 철자로 적혀있다. 그 중 한글이름을 확인할 수 있는 사람은 안경억(安京億), 이인섭, 안용학, 최영훈 등이다.

이 단체는 결성 직후에 현지 러시아공산당의 민족별 지부인 '옴스크 공산당 고려족부(高麗族部)'로 승인받았다.[119] 승인된 일자는 1919년 11월 20일이며, '이피득 씨의 주선'이 큰 역할을 했다. 이때 옴스크공산당

---

117) 위와 같음.

118) Заявление Корейской коммунистической партии 14 человек в г.Омске(옴스크한인공산당 14명의 상신서), 1919. 11. 21, 1쪽, РГАСПИ ф.495 оп.135 д.3 л.1 ~2.

119) 「전로한인공산당 제1대 의회록」, 3쪽.

이란 무엇을 가리키는가? 그것은 시베리아 전역의 공산주의운동을 대표하는 러시아공산당 시베리아국을 지칭하는 것으로 추정된다. 따라서 이 때부터 옴스크 한인공산당의 활동반경은 옴스크 시에만 한정되지 않고 시베리아 전역을 대상으로 했던 것 같다. 옴스크 한인공산당은 시베리아 전역의 한인 사회주의자들을 대표하는 지위를 획득했던 것이다.

옴스크 한인공산당은 결성 이후 조직활동에 주력했다. 그들은 매주 1회씩 '통상회'를 열어 사무를 처리했다. 또한 러시아 중앙부와 시베리아에 산재한 한인들을 총괄하는 대단체의 결성을 꾀했다. 그를 위해 전러시아 한인국민회 대표자회의를 성사시키기 위해 노력했다. 그러나 이 대표자회의는 결국 성사되지 못했다.

옴스크 한인공산당은 기관지를 발행했다. 『새벽북』이라는 명칭의 한글신문이다. 이 신문 창간호는 한글 인쇄설비를 구입하지 못해 1920년 5월 10일에야 발간되었다. 그러나 오랫동안 간행되지는 못했다. 고작 4호까지 간행되었을 뿐이다. 이 신문은 각 호마다 약 800부 정도가 인쇄되었으며, 시베리아와 러시아 중앙부 일대의 한인 이주민들 사이에 배포되었다.

신문 외에 맑스주의 한글 단행본이 번역 출판되었다. 『민주공화와 의회공화』, 『부하린 과목』, 『제8회 대의(代議)과목(러시아공산당 제8회 대회 해설 – 인용자)』 등의 팸플릿이 그것이다. 러시아당의 정강과 소비에트 제도의 우월성을 주장하는 내용이 위주였다. 그 중에서 『민주공화와 의회공화』의 발행부수는 4,000부나 되었다.[120]

교육활동도 큰 비중을 점했다. 한인공산당은 특별선전원을 선임하여 각지에 파견했다. 각 지방 사회주의단체 조직을 지원하기 위해서였다. 또한 옴스크 국민회에서 설립한 야학교에도 3명의 당원을 교사로 파견했다. 한인공산당은 일주일에 한 번씩 정치에 관한 강연회를 개최했다.

---

120) 위와 같음.

162

또한 한인공산당 자체 내에 "'정치속성과'를 열고 학생을 모집하여 매일 4시간씩 강연과 교수에 진력"했다.[121)

옴스크 한인공산당의 활동 중에서 특히 중요하게 간주된 것은 군사활동이었다. 당은 군사간부 양성을 위한 '한인사관학교'를 설립했다. 이 학교는 한인공산당 자력이 아니라 현지 국민회, 청년회와 연합하여 세운 것이었다. "옴스크 한인 사관학교는 그곳 국민회·청년회의 대표자 이다물(李多勿)·안경억 양씨의 주선과 김표도르 씨의 원조에 의해 설립"되었다는 신문보도는 그 정황을 잘 보여준다.[122)

사관학교의 규모는 작지 않았다. 사관생도는 도합 80명이었다. 톰스크에서 11명, 노브이니콜라예프스크에서 17명, 옴스크에서 50여 명을 선발했다. 수업기한은 4개월이며, 교관은 한인이 맡았다. 교과서는 한글로 된 것을 사용했다고 한다. 한인사관학교에 재학중인 생도는 거의 모두가 사회주의자였다. 그 가운데 공산당원은 10여 명, 후보당원은 60여 명이었다고 한다.[123)

옴스크 한인공산당은 발족 당초에는 현지의 한인국민회와 긴밀한 연관 속에서 활동했다. 한인공산당은 1919년 11월 결성될 당시 "국민회를 받들어 일하기로 작정하고 중대한 사건은 국민회를 경유·가결"하는 방식으로 활동했다. 한인사관학교의 설립이 그 좋은 보기가 된다. 그 설립은 한인공산당, 한인국민회, 한인청년회 간부들의 공동주선으로 이루어진 것이었다. 즉 "무관학교를 건설할 때 공산당의 이름으로 하면 반대가 많아 학생을 모집할 수 없으리라 하여 국민회 명의로 설립하기로 가결되어 청년들이 국민회에 청원하여 국민회의 승낙을 얻어 시베리아 외교부에 교섭"[124)했다는 언급은 바로 그러한 분위기를 잘 반영해준다.

---

121) 위의 글, 4쪽.
122) 『적기』 1920. 4(金正明 編, 앞의 책 제5권, 97쪽).
123) 「전로한인공산당 제1대 의회록」, 4쪽.
124) 위와 같음.

옴스크 한인공산당의 내분

옴스크 한인공산당은 1920년 중엽에 둘로 분열되었다. 내부에 반대파가 형성된 탓이었다. 분열의 초점은 민족주의자들에 대한 정책문제였다. 내분은 국민회에 협력정책을 취하던 간부진에 대해 당내 청년 사회주의자들이 이견을 제시함으로써 비롯되었다. 간부그룹은 김표도르 이바노비치, 안경억, 이다물, 박애 등이 이끌었고, 반대파는 이성(李成), 이괄(李适), 채성룡, 채동순(蔡東順) 등에 의해 지도되었다.

간부그룹은 한국 최초의 사회주의단체인 한인사회당과 긴밀한 연관을 갖는 인사들이 중심이었다. 김표도르 이바노비치는 그 보기이다. 그는 연해주에서 성립한 한인사회당의 군사담당 전권위원의 직위를 갖고 있었다. 그는 옴스크 당에서도 한인사관학교 설립문제에 관하여 러시아 현지기관과 교섭할 대표자로 선임되었다. 러시아어를 능숙하게 구사할 수 있었던 덕분이다. 그는 교섭과정에서 '극동사회당(한인사회당) 대표를 자임했으며, 사관학교에 관한 전권을 위임받았노라고 주장했다.'125)

박애도 한인사회당의 중진이었다. 그는 1919년 4월 블라디보스톡 한인사회당 대회에서 코민테른 파견 대표자의 한 사람으로 선임된 바 있다. 그는 모스크바로부터 되돌아오던 도중 옴스크에 머물면서 그곳 한인공산당 간부그룹의 일원으로 활동했다. 그와 대립했던 반대파 인사는 박애를 무원칙한 사람이라고 비난했다. 박애는 "우리 공산주의자들이 자기 성원을 대부분 노동계급에서 모집하는 데 반해, 한인사회당에는 원하는 사람이면 모두 참여시킨다"는 입장을 취했다고 한다.126)

옴스크 한인공산당 간부파의 주장을 보자. 한국은 일본자본가들의 쇠사슬 아래서 발전을 억압당하고 있기 때문에 한인들 중에는 자본가도

---

125) 위와 같음.
126) 「고려공산당 창립대회」, 228~229쪽.

없고 군주주의자도 없고 오직 피억압자만 있다. 따라서 공산당은 모든 사람들에게 문호를 개방해야 한다. 민족주의자들은 한국 혁명운동의 주된 요소를 이루고 있는데, 조국을 일본으로부터 해방시키려는 민족주의자들의 이상은 공산당의 원칙에 대립되지 않는다. 민족주의자들은 혁명적 성격을 갖는다. 그들의 존재는 당으로서는 바람직한 일이라는 게 간부파의 생각이었다.[127]

옴스크 공산당 내 청년 반대파의 생각은 달랐다. 이들은 옴스크 한인 공산당이 더이상 국민회와 협력해서는 안된다고 생각했다. 또한 공산당의 입당기준은 엄격해야 한다고 주장했다. 이들의 주장을 직접 들어보기로 하자.

> 한국에는 다른 나라들과 마찬가지로 공산주의 이념에 대한 의식적, 무의식적인 적대자들이 있다. 다른 나라에서 노동운동에 해로운 요소들은 한국에서도 해로운 요소이다. 따라서 ‘민족통일전선’의 이념은 프롤레타리아 독재라는 강령 위에 서있는 우리 공산주의자들에게 아무런 의미도 없다.[128]

결국 옴스크 한인공산당 내에서 발생한 반목은 두 가지 문제에 대한 견해차이를 내포한 것이었다. 하나는 공산당 조직원칙의 문제이며, 다른 하나는 민족주의자에 대한 태도문제이다.

옴스크 공산당 간부파는 조직문제와 관련하여 출신성분이나 전력에 상관없이 사회주의에 동의하는 사람이라면 누구나 받아들여야 한다고 간주하고 있었다. 입당 희망자가 민족주의자라 하더라도 그가 사회주의에 헌신할 것을 맹세한다면 누구나 받아들일 수 있다는 것이 이들의 생각이었다. 따라서 이들은 국민회와 같은 민족주의단체의 간부성원들도

---

127) 「고려공산당 창립대회」, 239쪽.
128) 위와 같음.

공산당원으로 수용할 용의를 갖고 있었다.

이에 반해 청년 반대파는 국민회 간부들을 공산당에서 배제해야 한다고 주장했다. 공산당의 결성은 민족주의자들을 엄격히 가려내고 계급투쟁의 대의에 충실한 '순수한' 사회주의자들만으로 이루어져야 한다는 입장이었다. 청년 반대파들이 박애와 김표도르를 가리켜 노동계급 속에서 당원을 구하는 것이 아니라 국민회를 포함한 한국인 사회 전체를 기반으로 하여 '사회당'을 결성하려 했다고 비난한 것은 바로 이 때문이었다. 청년 반대파의 관점에서 보자면, 박애와 김표도르는 진정한 사회주의자라기보다 민족주의자나 다를 바 없었다.

청년 반대파들이 제기한 또 하나의 문제는 국민회에 소속된 민족주의자들에 대해 공산당이 어떻게 대해야 하는가 하는 것이었다. 이들의 생각에 '민족통일전선'의 이념은 진정한 사회주의자와 무관한 것이었다. 민족주의자는 노동자계급을 착취하는 부르주아지의 대표자들이다. 그들은 노동운동의 발전을 저해하며, 사회주의사상에 대한 의식적, 무의식적 적대자라는 것이 이들의 주장이었다.

정치문제와 조직문제를 둘러싼 양 그룹의 내분은 화해하기 어려울 만큼 격화되었다. 옴스크 한인공산당은 격렬한 내분의 소용돌이로 말려들어갔다. 분쟁은 옴스크에 설립된 한인 야학의 교육내용을 둘러싸고 점화되었다.

청년 반대파의 주장을 보자. 야학에 파견된 한인공산당측 교사 3명이 사회주의를 선전하자 국민회 간부들이 이들을 야학에서 축출하려 했다고 한다. 청년 반대파는 격분했다. 그들은 국민회 임원들의 행동을 폭로하기 위해 야학 서류를 압수했다.

이 행동은 한인사회당과 국민회 지지자들의 격분을 샀다. 그들은 청년 반대파의 불법적 행동을 응징하려고 했다. 그것을 위해 러시아 행정당국에 처벌을 호소했다. 러시아 경찰에 호소하여 한인공산당 당원들의 거처를 수색하고 그 중 몇 사람은 수감되기에 이르렀다.

청년 반대파도 러시아 관청에 대한 영향력을 동원했다. 그들은 반혁명 적발을 위한 비밀경찰 체카(ЧК)에 호소했다. 상황은 역전되었다. 수감되었던 청년당원들은 곧 석방되었다. 그대신 국민회 간부 몇 사람이 체포되었다. 그뿐만이 아니다. 간부파를 옹호하던 러시아인 관리 두 사람도 수감되었다. 하나는 러시아군정국 검사였고, 다른 하나는 구역경찰서 서장이었다.

청년 반대파는 옴스크 한인공산당 내 대다수 성원들의 지지를 받은 것으로 보인다. 결국 이 내분은 청년 반대파의 승리로 끝났다. 국민회 주요 간부들은 끝내 체포·투옥되었다. 청년 사회주의자들은 국민회 조직도 재편했다. 그들은 옴스크 한인국민회 총회를 소집하여 임원을 교체했다. 신임 간부진은 청년 사회주의자들이 차지했다.[129]

이르쿠츠크 한인공산당

이르쿠츠크는 옴스크와 더불어 시베리아 한인 사회주의운동의 주된 거점이었다. 먼저 이르쿠츠크에서 한인공산당이 언제 어떠한 배경하에서 설립되었는지부터 살펴보자. 1921년 2월 26일자 일본측 정보문서를 보면, 이 단체는 "작년 1월 22일에 남만총(南萬聰, 남만춘의 착오), 김봉기(金鳳基), 이재형(李載亨), 조훈(趙勳), 안화춘(安和春), 김성찬(金聖讚), 이동엽(李東葉), 윤협(尹協) 제씨의 발기로 공산당 한인부를 조직"[130]했다고 한다. 이 정보는 이르쿠츠크 한인공산당 기관지『적기』(1920. 4. 7)에 보도된 기사를 전재한 것이었다.

여기서 말하는 작년이란 1920년을 뜻한다. 이 점은 뒷날 이르쿠츠크에서 열린 당대표대회(1921. 5) 석상에서 조훈이 1920년 1월 러시아공산당 이르쿠츠크 현위원회 고려부가 창립되었다고 언급한 것에 의해 확인된

---

129) 「전로한인공산당 제1대 의회록」, 4쪽.

130) 「大正10年2月26日附, 高警第3283號」(金正明 編, 앞의 책, 97쪽).

다.[131)

1919년 11월경 이르쿠츠크는 백위파 콜차크 정부의 지배하에 놓여있었다. 한인 사회주의자들은 "비밀히 군사혁명단체를 조직하고 러시아공산당에 연락하면서 암암리로 활동"하고 있었다. 1920년에 들어 이르쿠츠크의 백위파를 구축하는 운동이 격렬하게 일어났다. 한인들도 이에 참여하기 위해 한인공산당과 무장부대를 조직했다. 이때 조직된 한인공산당은 '러시아공산당 내 고려부', 즉 러시아공산당 이르쿠츠크 현위원회 산하의 민족별 지부라는 위상을 갖고 있었다.[132)

이 단체 집행부의 면면을 보자. 1920년 3월 7일에 처음 열린 한인공산당 집행부 회의에는 8명의 간부가 참석했다. 의장 박승만(朴承晩), 서기 박알렉세이[박익용(朴益容)], 남파벨[남만춘(南萬春)], 윤협, 조훈, 김철훈(金哲勳), 안니콜라이, 김춘선이 그들이다. 이들은 집행부 위원들이었다.[133) 당원은 1921년 5월 현재 98명이었으며, 47명의 후보당원이 있었다.[134)

이르쿠츠크 한인공산당이 특히 역점을 두었던 활동은 적색 빨치산을 유지·강화하는 일이었다. 한인 빨치산은 '고려특립중대'란 명칭으로 불렸다. 중대장은 박알렉세이였고, 군인 수는 35명이었다.[135) 군인들 가운데 약 20명은 이르쿠츠크 현공산당 고려부에 소속된 당원이었다. 고려특립중대는 설립하자마자 '합동민족연대'에 참여하게 되었다. '합동민족연대'란 1920년 1월 22일 이르쿠츠크에서 결성된 11개 민족으로 구성된 빨치산부대였다.[136) 그 속에는 한국인을 비롯하여 중국인, 독일인,

---

131) Протокол заседания 10 мая, 7 - ое заседание(5월 10일 제7회의록), РГАСПИ ф.495 оп.135 д.38 л.18.

132) 「在魯高麗革命軍隊沿革」, 22쪽(『한국공산주의운동사』 2 자료편).

133) Протокол №.1 Собрания Корейской Коммунистической ячейки 7 - го Марта 1920 года г. Иркутск(1920년 3월 7일 한인공산당 제1회의록), 2쪽, РГАСПИ ф.495 оп.135 д.14 л.1об.

134) 「고려공산당 창립대회」, 216쪽.

135) 「在魯高麗革命軍隊沿革」, 22쪽.

136) 「고려공산대대의 연혁」, 『동아공산』 제8호, 1920. 12. 7, 3쪽.

마자르인, 오스트리아인, 체코인, 남슬라브인, 폴란드인, 루마니아인, 무슬림 등이 참여했다. 고려특립중대는 군사적으로는 '합동민족연대'에 편성되어 그 지휘를 받았고, 정치적으로는 이르쿠츠크 현공산당 고려부의 지도를 받았다.[137]

'고려특립중대'는 이르쿠츠크 공방전에 참가했다. 적군이 이르쿠츠크를 해방한 직후인 1920년 1월 말경 백위파는 이르쿠츠크를 탈환하기 위해 두 갈래로 나뉘어 압박해 들어왔다. 카벨리 군대는 북쪽에서 이르쿠츠크를 공격하고, 세묘노프 군대는 남쪽에서 진격해왔다. 긴박한 정세가 조성되었다. 합동민족연대는 다시 사단으로 규모를 확대편성한 뒤에 반격전에 출전했다. 당시 출전한 한인 빨치산은 20명이었다. 이 사실은 신문『적기』에도 보도되었다. "2월 8일 카벨리 군대와 전투하기 위하여 군인 22명을 영솔하여 스나멘스코에·브레멘스코에로 향하여 선전(宣戰)하기 위해 출발"했다고 한다.[138]

이 전투에서 백위파가 졌다. 이르쿠츠크는 여전히 볼셰비키와 혁명군의 장악하에 놓이게 되었다. 1920년 2월 초 소비에트러시아 정규군인 적군 제5군이 이르쿠츠크에 입성한 뒤, 이 도시의 치안은 안정적으로 확보되었다. '인테르나치오날 사단'은 해체되었다. 다만 한국과 중국의 혁명운동에 복무케 할 목적으로 한국인과 중국인들로 구성된 '인테르나치오날 대대'가 재조직되었다. 그 중 한국인은 1920년 4월 현재 1개 중대 70명의 병력을 유지하고 있었다.[139] '인테르나치오날 대대'는 러시아 정규군인 제5군단에 편입되었다.[140]

그 후 이르쿠츠크의 한국인 무장부대는 시베리아의 다른 지역에 편성된 한국인 무장대들과 합동하여 대대 규모로 확장되었다. 옴스크 사관

---

137) 「在魯高麗革命軍隊沿革」, 22쪽.
138) 金正明 編, 앞의 책, 97쪽.
139) 「고려공산대대의 연혁」, 3쪽.
140) 「在魯高麗革命軍隊沿革」, 22쪽.

학교 졸업생 81명, 크라스노야르스크에서 조직된 군대 40여 명이 이르쿠츠크 군대에 합류했던 것이다. 당시 한국인 무장부대의 규모는 이르쿠츠크 부대원 70여 명, 옴스크 부대원 81명, 크라스노야르스크 부대원 40여 명을 합한 것으로서 약 200명에 달했던 것으로 보인다.

이르쿠츠크 한인공산당은 선전사업을 담당하기 위해 '출판부'를 두었다. 그의 활동에 힘입어 『적기』라는 이름의 기관지가 발행되었다. 또한 러시아공산당 강령과 규약, 기타 여러 종의 삐라가 한글과 중국어로 인쇄되었다.[141]

이르쿠츠크 한인공산당은 그곳에 거주하는 한인을 망라하여 '이르쿠츠크 한인노동회'를 조직했다. 노동회 조직은 1920년 9월 중순 회원 총수 83명 중 62명이 출석한 자리에서 이루어졌다. 이 회의에서는 이봉춘, 조훈, 이형근, 박창내, 최홍면 등 5명의 집행위원이 선출되었다.[142] '국민회'가 아니라 '노동회'를 조직한 것은 그들의 정치노선과 밀접한 관계를 갖는 것이었다. 이르쿠츠크 한인공산당은 설립 당초부터 민족단체들과의 공동사업을 인정하지 않았다. 프롤레타리아트 독재 강령을 승인하는 사회주의자들에게는 어울리지 않는 것으로 보았던 것이다. 이르쿠츠크 한인공산당의 이러한 태도는 옴스크 청년 사회주의자들의 노선과 일치하는 것이다. 그것은 한국혁명의 성격을 사회주의혁명으로 간주하며, 한국의 민족주의자들을 비혁명세력이라고 이해한 소산이었다.

시베리아의 도시들

노브이니콜라예프스크[143]의 한국인 사회주의단체는 1920년 12월에 결성되었다. 이듬해 5월 현재 26명의 당원과 35명의 후보당원을 아우르

---

141) 「고려공산당 창립대회」, 216쪽.
142) 『동아공산』 제3호, 1920. 9. 25, 4쪽.
143) 현재 노브이시비리스크로 개칭되었음.

고 있었다. 그 활동구역은 노브이니콜라예프스크와 그 일대였다.[144]

이 단체의 설립은 이르쿠츠크와 옴스크의 사회주의혁명론자들의 정치적·사상적 영향력 아래서 이루어졌다. 이 사실은 1920년 7월 옴스크에서 열린 '고려인중앙선전의회' 창립대회에서 행한 전윤언의 발언에서 확인된다. 그는 노브이니콜라예프스크 노동회 조직을 위한 파견원이었다. 그는 "옴스크 대의회 결정서에 의하여 지방국민회는 폐지하고 노동회를 조직"했다고 한다. 또한 "공산지부(야체이크)를 설립하였는데 지원자가 30여 명"[145]이었다고 보고했다. 한인국민회를 한인노동회로 개조한 사실은 바로 이르쿠츠크와 옴스크 사회주의자들의 정치노선이 관철되었음을 의미한다.

시베리아의 또 하나의 주요 도시인 크라스노야르스크에서는 한국인 사회주의단체가 이미 1920년 4월 이전에 조직되어있었다. 이 지방의 한국인 단체로는 공산당, 국민회, 청년회 등 3개의 주요 기관이 조직되어 있었다. 각 단체의 지도자들은 서로 긴밀한 협력관계를 수립했다. 사회주의자와 민족주의자가 공동의 보조를 유지했던 것이다. 이 지역 한인들의 동향을 전하는 한 신문기사를 보면, 이 3개 단체의 지도자들은 "사무진행상 상호 하등의 충돌 없이 한 사무실에서 합의적으로 화기융융하게 사무처리에 당(當)하며, 구적(仇敵)과의 전투준비를 위하여 야간에는 청년을 모아 속성으로 병식체조(兵式體操)를 교련"[146]했다고 한다.

민족주의자들과 공산당지도자들 간의 협력관계는 곧 심각한 도전을 받았다. 크라스노야르스크 공산당 내의 청년 반대파들이 문제를 제기한 탓이었다. 민족주의와 협력하는 것은 옳지 않으며, 한인국민회를 노동회로 개조해야 한다는 것이었다.

두 개의 경향 사이에 투쟁이 발생했다. 이 투쟁의 승리자는 민족통일

---

144) 「고려공산당 창립대회」, 213쪽.
145) 『동아공산』 제12호, 1921. 2. 3, 3쪽.
146) 金正明 編, 앞의 책, 97쪽.

전선을 부인하는 사람들이었다. 이르쿠츠크 당대회에서 "몇 조직은 와해되었으며 모스크바 조직과 크라스노야르스크 조직이 그러하였다"[147]고 말한 것은 바로 그것을 지칭한다. 이러한 방침의 전환은 이르쿠츠크와 옴스크의 한인 사회주의자들의 영향력 아래서 이루어진 것으로 추정된다.

튜멘(Тюмен) 지역의 한인 사회주의단체는 1920년 12월 옴스크 한인공산당에서 파견한 활동가의 지도하에 결성되었다. 튜멘의 한국인 사회주의자들은 이 일대의 한국인 노동자들 속에서 사회주의사상을 보급했다. 성인 노동자들을 위한 교육과정이 마련되었다. 그곳에서 노동자들은 한국어로 노동조합운동과 국제 프롤레타리아트운동에 관한 교육을 받았다.[148]

세미팔라친스크에 한국인 노동자가 최초로 거주하기 시작한 것은 1917년이다. 그 후 해마다 그 수가 증가했다고 한다. 1920년 현재 거주 한국인은 50여 명이었다. 그들 속에서 사회주의단체가 조직된 것은 1920년 6월이었다. 사회주의자들은 현지 한국인들을 위한 정치교육기관으로 '정치야학교'를 설립했다. 1921년 5월 현재 37명의 학생이 등록되어있었다. 한인노동회도 조직되었다. 1921년경 그 회원은 약 100명이며, 여성소조도 포함되어있었다. 1921년 5월 당시 한인 당원은 13명이며, 후보자는 62명이었다.[149]

예카체린부르크와 카잔

우랄산맥 서쪽의 러시아 중앙부에는 한국인들이 희소했다. 그 때문에 사회주의단체가 조직된 지역도 많지 않았을 것이다. 현재 확인된바, 러

---

147) 「고려공산당 창립대회」, 239쪽.
148) 「고려공산당 창립대회」, 213쪽.
149) 『동아공산』 제1호, 1920. 8. 14, 2쪽.

시아 중앙부에서 모스크바 이외에 한국인 사회주의단체가 조직된 곳은 예카체린부르크와 카잔이었다. 한규선(韓奎善)이 '회장'으로 일하고 있던 예카체린부르크 한인공산당은 1921년 3월 "이르쿠츠크 고려공산당학교를 위하여 의연금을 모집"하여 전달한 바 있다. 당시 의연금 모집에 참가한 사람들은 김하일 등 16명이었는데, 이들은 예카체린부르크 한인공산당의 구성원들이었을 것으로 보인다.[150] 그밖에 카잔에도 '한인공산당'이 조직되어있었으며, 회장은 이대덕이었다.

모스크바 한인공산당

러시아 중앙부에서 가장 먼저 한인공산당이 조직된 곳은 1919년 3월 모스크바였다. 이 단체는 자신을 "최초의 한국 공산주의위원회"라고 자임했다. 그 뜻은 전한국이 아니라 유럽 러시아 및 시베리아 일대에서 최초로 출현했음을 의미한다. 이 단체는 공식적으로 러시아공산당 모스크바 위원회의 민족별 지부로서 존재했다. 그러나 "러시아공산당의 아무런 통제도 받지 않고 독자적으로 활동했다"는 평가가 있음이 주목된다. 이 단체의 활동은 민족별 자치권이 널리 인정된 조건 속에서 비교적 자율적으로 이루어진 것으로 보인다.[151]

이 단체가 출현하기 전에 이미 모스크바에는 한인노동회가 존재해 있었다. 그들 중 일부는 혁명의 와중에 볼셰비키를 지지했다.[152] 이로 미루어볼 때 모스크바 한인공산당은 현지의 한인노동회를 모태로 하여 성립된 것으로 추정된다. 다소 뒷날의 통계이긴 하지만, 1923년 당시 모스

---

150) 『동아공산』 제13호, 1921. 3. 20, 4쪽.

151) 「고려공산당 창립대회」, 238쪽.

152) М. Т. Ким, Корейские интернационалисты в борьбе за власть Советов на Дальнем Востоке, изд.наука, М., 1979(김 마트베이 지음, 이준형 옮김, 『일제하 극동시베리아의 한인 사회주의자들』, 역사비평사, 1990, 132~133쪽).

크바에는 약 30명의 한국인 학생이 거주하고 있었고, 페트로그라드에는 약 150명의 한국인 학생이 거주하고 있었다.[153] 모스크바 한인공산당원 가운데 상당수는 유학생들이었을 것으로 보인다.

모스크바 한인공산당 지도자 가운데 한 사람은 코민테른 창립대회에 참가한 것으로 인해 널리 알려지게 된 강상주(姜尙柱)였다.[154] 그는 대회 석상에서 러시아의 케렌스키나 미국의 윌슨과 같은 부류들이 한국인들의 반일투쟁을 결코 원조하지 않았음을 지적했다. 오직 소비에트러시아만이 한국인의 해방투쟁을 지지하고 있음을 언급한 뒤, 한국의 노동자·농민들은 코민테른과 연대하여 투쟁할 것임을 천명했다.[155]

그러나 모스크바 한인공산당은 결성 이듬해에 내부의 분규를 겪었다. 뒷날 이 단체의 분규 원인에 대해 설명하고 있는 한 기록을 보면, 그것은 "공산주의이념뿐만 아니라 심지어 한국의 민족해방과 아무런 공통점도 갖고 있지 않는 사람들이 잠입"[156]했기 때문이라고 한다. 그래서 한편에는 민족주의자, 투기분자, 기타 노동운동에 해로운 분자들이 모였고, 다른 한편에는 한인 사회주의자들이 모였다고 한다.[157]

모스크바 한인공산당은 이 내분으로 인해 1920년에 와해되었으나, 이 단체는 머지않아 재편되었다. 민족주의자와 투기분자를 제외한 뒤 '순수한 공산주의자'들만으로 재조직되었다는 것이다. 이르쿠츠크 고려공산당 창립대회(1921. 5)에 참가한 '러시아공산당 모스크바 현위원회 고려부' 즉 모스크바 한인공산당의 대표자는 밝히기를, 이 단체의 재조직은 1920년 8월에 이루어졌다고 했다.[158]

---

153) Революционы Союз Учащихся Кореицв при Н.К.Нн(소수민족인민위원부 내 한인 학생혁명동맹), Телеграмма Завдальвостотделом ИККИ Воитинскому(코민테른 집행위원회 극동부장 보이친스키에게 보내는 전보), 1923. 10. 3.

154) 梶村秀樹·姜德相 編, 『現代史資料』 29, 66~67쪽.

155) M. T. Ким 지음, 이준형 옮김, 앞의 책, 133쪽.

156) 「고려공산당 창립대회」, 238쪽.

157) 위의 글, 239쪽.

　재조직된 모스크바 한인공산당의 당원은 1921년 5월 현재 20명이었으며, 47명의 후보자를 두고 있었다. 이 단체는 모스크바 한국인들 속에서 사회주의 사업을 수행하기 위해 3명의 상임조직원을 두었으며, 그들은 현지의 한인노동회를 지도했다. 또한 이 단체는 한글로 '공산당선언'을 번역하여 1,000부를 간행하기도 했다.

　이 단체의 내분이 구체적으로 어떠한 이유 때문에 야기되었으며, 어떠한 성격을 갖는지를 확인하는 것은 매우 중요한 문제이다. 왜냐하면 이 현상은 모스크바에서만 일어난 것이 아니라 다른 지역에서도 발견되기 때문이다. 그것은 크라스노야르스크, 옴스크, 이르쿠츠크 등지에서 일어난 분쟁과 동일한 성격을 띤 것이었다.

　이르쿠츠크 당대회 문헌을 보면, 이 분규의 성격은 '민족주의자와 공산주의자 간의 대립'으로 간주된다. 하지만 이 규정은 사실과 다르다. 그것은 러시아령 초기 한인 사회주의자들 사이에 표출된 민족통일전선 문제를 둘러싼 두 가지 경향 간의 분쟁이었다.

　각 지역의 분쟁은 민족통일전선이 불필요하다고 생각하는 사람들의 승리로 끝났다. 특히 옴스크 한인공산당이 '러시아공산당 시베리아국 한인부'를 겸하고 있었음에 주목해야 한다. 러시아공산당 시베리아국이 우랄산맥 이동에서 바이칼호 이서 지역 러시아 공산주의운동의 지도기관이었던 것과 마찬가지로, 시베리아국 한인부도 같은 지역의 모든 한인공산당에 대해 상급기관으로서 영향력을 행사할 수 있는 지위에 있었다. 따라서 옴스크 한인공산당을 장악한 청년 반대파들은 시베리아 전역에 걸쳐서 자신의 영향력을 확장시킬 수 있었던 것으로 추정된다.

　결국 옴스크와 이르쿠츠크의 한인공산당에서 주도권을 장악한 청년 반대파들의 영향력으로 인해 유럽 러시아와 시베리아의 한국인 사회주의운동 내에서 프롤레타리아트 독재 강령에 입각한 사회주의혁명론이

---

158) 위의 글, 216쪽.

대세를 점하게 되었다. 1920년 7월 이르쿠츠크에서 형성된 '전로한인공산당 중앙총회'가 옴스크와 이르쿠츠크 청년 반대파들의 주도적 노력에 힘입어 형성된 것임을 명시한 것도 이 때문이었다. 즉 "이 두 조직은 전로한인공산당 중앙총회가 생겨날 토대를 닦았다"는 평가를 받았던 것이다.[159] 이들의 영향력으로 인해 유럽 러시아와 시베리아의 한국인 사회주의운동 내에서 민족통일전선론은 현저히 후퇴되었다. 국민회와의 통일전선을 추구하던 크라스노야르스크와 모스크바의 한인공산당은 그 뒤 해산 및 재조직의 경로를 밟아야 했다.

---

159) 위의 글, 238~239쪽.

제5장 상해 한국공산당

1. 상해로 간 한인사회당

임시정부의 정책전환과 한인사회당

상해는 일본관헌들에게 골치 아픈 곳이었다. 상해임시정부가 소재한 때문만은 아니었다. 그곳은 "극동에서 과격파의 적화선전의 중심지"[1]였기 때문이다. 일본경찰은 그곳을 가리켜 "극동 적화운동 책원지의 일 중심"[2]이라고 지목했다. 상해는 초창기 한국 사회주의운동 발생의 한 요람이었다.

상해에서 한인 사회주의단체가 조직된 것은 1919년 9월경이었다.[3] 이 단체의 결성에는 한인사회당의 중요 간부들이 주도적 역할을 담당한 것으로 보인다. 이동휘와 김립을 비롯한 한인사회당의 주요 당원들이 상해로 이동한 것은 그해 9월 18일이었다.[4] 이는 한인사회당 중앙위원회가 상해로 이전했음을 뜻한다.

한인사회당은 1919년 9월 이후 상해임시정부를 지지했다. 그들은 상해임시정부를 한국의 혁명운동을 지도할 최고기관으로 인정한 것이다.[5]

---

1) 朝鮮總督府 警務局, 『大正11年朝鮮治安狀況』, 363쪽.
2) 위의 책, 365쪽.
3) Учредительный Съезд Корейской Коммунистической партии(고려공산당 창립대회), Народы Дальнего Востока 2, Иркутск, 1921, c.214~215(이하 '고려공산당 창립대회'로 줄임).
4) 『독립신문』 1919년 10월 28일자, 1쪽.
5) R(한형권), Положение в Восточной Азии(동아시아의 상황). Коммунист. Интернационал, М. - Пг., 1920, No.13, c.2559.

이동휘는 임시정부의 국무총리에 올랐고, 김립은 국무원 비서장에 취임했다.

　한인사회당이 임시정부에 참여한 것은 그것을 사회주의기관으로 보았기 때문이 아니다. 그들은 통일된 임시정부가 명백히 부르주아적 성질을 띠는 기관이라고 인식하고 있었다. 그러면 한인사회당이 부르주아 정부에 참가한 이유는 무엇인가?

　이에 대해 한형권(韓馨權)이 자세한 대답을 준 바 있다. 그는 한인사회당 간부이며 대한민국 임시정부의 소비에트러시아 파견 대사이기도 했다. 그는 코민테른 기관지『공산주의 인터내셔널』에 기고한 글에서 자신의 뜻을 설명했다. 한형권은 부르주아 정부에 대한 보이코트는 사회주의혁명 노선의 실행으로 이어졌을 것이며, 만약 그랬다면 그것은 실패했으리라고 단언했다. 그것은 광범한 인민대중으로부터 한인사회당을 고립시키는 결과를 낳았을 것이라는 것이다. 한형권은 "현 시기 우리의 임무는 민족해방운동을 농업혁명의 방향으로 나아가게 하는 것"[6]이라고 못박았다. 이때 농업혁명이란 사회주의적 성격을 갖는 것이 아니라 제국주의와 유착한 봉건제도에 대한 투쟁을 뜻한다. 그것은 지주와 양반에 대한 근로대중의 투쟁이라고 한다. 또 한형권은 "지주와 양반들은 일본의 압제가 무너진 뒤에는 근로대중이 급진적인 농업개혁의 실행을 요구하리라는 것을 잘 알고 있기 때문에 해방운동에 대해 적대적인 태도를 취하고 있다"[7]고 말했다.

　한인사회당은 지주와 양반에 대해서는 맞서야 한다고 했지만, 한국 부르주아지에 대해서는 협력의 필요성을 주장한다. 한형권의 설명을 더 들어보자.

　몰락하는 봉건제 대신에 자본주의가 성장하는 시기에 살고 있는 부르

---

6) R(한형권), 위의 글, 2560쪽.
7) 위와 같음.

178

주아지는 한국의 특수한 사회·정치적 조건 때문에 대단히 혁명적이며
무산자대중과 손잡고 있다. 한국 부르주아지는 한국의 사회혁명으로부터
극히 미미한 피해밖에 입지 않을 것이다. 왜냐하면 한국 부르주아지의 모
든 자본은 금융자본의 형태로 '외국 유가증권'에 투자되어있기 때문이다.
한국인의 자본은 일본의 경제정책이 한국을 식민지적으로 착취하기 위해
한국 부르주아지의 독립적 발전을 허용하지 않고 있기 때문에 자신의 고
국인 한국에서는 사용될 수 없다.…… 이로 인해 한국의 부르주아지는 혁
명화하고 있다. 그러므로 우리 선전의 중심은 부르주아지와의 투쟁이 아
니라 농업혁명이다.[8]

이 설명에 따르면 한국 부르주아지는 한국자본의 독립적 발전을 가로
막고 있는 일본정부의 경제정책으로 인해 혁명화하고 있다고 한다. 한
국자본은 국내에 아무런 대규모 산업기관도 갖고 있지 못하기 때문에
'사회혁명'이 수행된다 하더라도 그다지 많은 피해를 입지 않는다. 한국
의 이러한 특수한 사회·정치적 조건은 부르주아지로 하여금 혁명적 태
도를 취하게끔 만들고 있다. 그들은 실제로 무산자대중과 제휴하고 있
다는 것이 한형권의 생각이었다. 이것은 한인사회당의 노선이기도 했다.
따라서 한인사회당이 본질상 부르주아 정부인 상해임시정부에 참가하
는 데는 논리적 갈등이란 있을 수 없었다.

한인사회당 중앙위원회가 직면한 문제는 상해임시정부 내에서 자신
들이 취할 적절한 정책을 수립·집행하는 것이었다. 한인사회당은 무엇
보다 먼저 임시정부의 외교정책을 전환시키려고 힘썼다. "대외적으로
국제연맹과 완전히 결별하고 코민테른에 합류"하도록 노력했다.

그 당시 민족주의자들은 곧 개최될 예정이었던 국제연맹 회의를 중시
했다. 한인사회당이 합류하기 직전 상해임시정부는 국제연맹 회의에 한
국독립 문제를 상정하고자 외교적 노력에 전념하고 있었다. 국무총리서
리의 직위를 갖고서 임시정부를 지도하고 있던 안창호는 국제연맹에 대

---

8) 위와 같음.

한 기대감이 높았다. 그는 파리강화회의에서 한국독립 승인 요청이 안건으로 상정되지 않은 데 대해 "우리 일이 평화회의에 제출할 안건이 아니라 하여 국제연맹으로 넘어"[9]간 것으로 이해했다.

상해임시정부는 1919년 8월경 이미 국제연맹 파견대표단을 선정했다. 김규식, 서재필(徐載弼), 이승만이 그들이다.[10] 쟁쟁한 민족주의 지도자들이 그에 선임된 것으로 보아, 임시정부측의 기대감이 얼마나 높았는지를 잘 알 수 있다. 임시정부는 대표단의 외교교섭력을 강화하기 위해 다양한 노력을 기울였다. 보기를 들면, 일본의 침략상과 한국인의 독립 의지를 선전하기 위해 『한일관계사료집』을 편찬했다. 그를 외국어로 번역하여 국제여론에 호소하기 위해서였다. 국제연맹에 제출할 안건을 작성한 일도 있다. 유럽과 미국의 여러 도시에 선전사무소를 설립하고자 노력했다. 파리, 런던, 제네바, 워싱턴, 필라델피아, 뉴욕, 샌프란시스코, 상해 등이 그 대상지였다.[11]

그러나 국제연맹회의는 한국독립에 아무런 도움도 주지 못했다. 연기를 거듭하던 국제연맹 회의는 미국이 불참한 가운데 1920년 11월 15일 제네바에서 개최되었다. 그것이 종결된 것은 한 달 만인 12월 18일이었다. 이 회의에는 41개국 대표가 출석했으나, 미국은 의회의 비준이 없다는 이유로 대표자를 보내지 않고 참관자만 출석시켰다.[12]

국제연맹을 향한 외교론은 미국에 대한 기대감에서 나온 정책이었다. 미국과 일본 사이에 조성된 대립이 결국 '미일전쟁'으로까지 발전할 가능성이 있다는 정세인식이 전제된 것이었다. 『독립신문』1920년 3월 20일자 사설에 실린 「미일전쟁」이라는 글은 그 심리를 잘 보여준다. 그 글은 "현금의 형세대로 진보한다면 미·일의 개전은 길어도 수년 내에, 짧

---

9) 1919년 9월 10일 임시의정원의 국정질의에 대한 국무총리대리 안창호의 답변(『독립신문』 1919년 9월 16일자, 2쪽).
10) 『독립신문』 1919년 9월 13일자, 4쪽.
11) 『독립신문』 1919년 11월 1일자, 1쪽.
12) 『독립신문』 1920년 12월 25일자, 2쪽.

으면 몇 달 내에 있으리라 단정할 수 있다"고 결론을 맺고 있다.[13]

미·일전쟁론은 상해에 망명중인 민족주의자들에게 널리 수용되었다. 당시 상해에 체류중이던 청년 문인 주요한(朱耀翰)도 그 중 한 사람이다. 그는 신문에 기고한 글에서, 미일전쟁은 기정 사실이요, 다만 시간의 문제일 뿐이라고 단언했다. 그는 한 걸음 더 나아갔다. 시기가 무르익었는가 아닌가? "오인(吾人)은 단정하노니, 그 시기가 이미 숙(熟)하였다"고 썼다.[14]

한인사회당과 독립전쟁론

한인사회당은 이러한 정세관에 비판을 가하였다. 국제연맹과 미국의 지원에 기대를 거는 견해에 대해 다각적인 방법으로 반론을 제기했다. 『독립신문』 제2호(1919. 8. 26)에 '철혈(鐵血)'이라는 필명으로 기고한 「현국(現局)의 해결」이라는 글이 그 좋은 보기이다. '철혈'이란 사람이 사회주의자인지 여부는 알 수 없으나 글을 발표한 시점으로나 문맥으로 볼 때 한인사회당과 일정한 관련을 가진 인물로 추정된다.

'철혈'은 국제연맹에 기대를 거는 외교론자를 맹렬히 비난했다. 홍시가 익어서 떨어질 것을 기다리는 듯하다고 비꼬았다. 외교론자들은 국제연맹이란 말을 유행어처럼 사용하고 있고, 말끝마다 '미국의 동정'을 입에 올리며 미국을 구세주같이 대하고 있다고 비판했다.[15] 철혈은 외교운동이 아니라 대중시위 운동과 무장항쟁을 주창했다. 그는 "진정한 것은 곧 자기에게서 구하라"고 갈파했다. 국내에서는 "한번 더 제2회의 시위운동을 계속"할 것이며, 국경 일대에서는 '광복전쟁'을 전개해야 한다고 주장했다. 그는 국제연맹과 미국의 지원은 한국독립을 완성시키는

---

13)『독립신문』1920년 3월 20일자, 1쪽.
14)『독립신문』1920년 3월 16일자, 4쪽.
15)『독립신문』1919년 8월 26일자, 1쪽.

것이 아니라 단지 그 실마리를 줄 수 있을 뿐이라고 이해했다.[16)]

　미국은 한국 독립운동에 어떠한 역할을 하는가? 이것이 문제의 핵심이었다. 한인사회당원 한형권은 이렇게 말했다.

　　서방의 전 국가들 가운데서 미국은 우리에게 가장 동정적인데, 그들은 우리의 운동을 일본의 지배력에 어느 정도 흠집을 낼 수 있는 세력으로 보고 있다. 미국 의회는 자국 정부에게 아일랜드 및 한국의 해방운동을 지지하라고 요구했다. 심지어 필요한 경우에는 물질적 지원도 불사하라고. 그러나 아마도 워싱턴 정부는 아직 잠시 동안은 이를 실행하고 싶어 하지 않을 것이다. 우리도 제국주의적인 미국의 친절을 신뢰할 수 없으며 그들의 청렴함에 대해서도 신용할 수 없다. 한국 인민은 일본의 압제로부터 미국의 경제적 노예상태로 들어가는 것을 전혀 달갑게 생각하지 않는 것이다.[17)]

이 글에는 한인사회당의 미국관이 잘 표현되어있다. 미국이 한국 독립운동에 대해 어느 정도 동정적 태도를 취하고 있음을 인정하고 있다. 그러나 이 동정은 한국독립을 진정으로 희망하기 때문에 나온 것은 아니다. 거기에는 일본의 지배력 약화에 힘입어 대일교섭 과정에서 더 많은 양보를 받아내고자 하는 의도가 숨어있었다. 미국이 내비치는 친절은 한국을 해방시키는 데 있는 것이 아니다. 미국의 본심은 한국을 일본 식민지로부터 자국의 '경제적 노예'로 재편하는 데 있다고 말한다.

　한인사회당은 미국과 국제연맹에 희망을 거는 데 반대하고 그 대신에 '광복전쟁론'을 제시했다. '광복전쟁론'의 논리를 잘 보여주는 글이 있다. 『독립신문』 1920년 3월 23일자 사설 「세계대전이 오리라」가 그것이다. 이 글에는 제2의 세계대전이 도래한다는 주장이 실려있다. 그 근거로는 피압박 민족의 해방운동이 고조하고 열강의 갈등이 격화하며, 자

---

16) 위와 같음.

17) R(한형권), 앞의 글, 2562쪽.

본주의 나라들 내부의 '계급전'이 격화하고 있다는 점을 들었다. 이 글의 필자는 세계대전 발발이 동아시아에서 기원할 것이라고 예언했다. 또한 그 세계대전은 지구상의 모든 제국주의 국가의 파괴로 귀결될 것이라고 예상했다.18)

이러한 국제정세론의 확산은 임시정부로 하여금 정책전환을 단행하도록 압박했다. 외교의 초점은 국제연맹과 미국이 아니라 소비에트러시아와 제휴하는 데 있다는 주장이 점차 강화되었다. 임시정부 내에서 한인사회당의 주장이 점차 강화되어가는 양상은 한형권의 설명에 잘 나타나 있다. 아래 인용문에는 자신이 한인사회당원이면서도 대한민국임시정부의 전권대사로서 소비에트러시아에 파견될 수 있었던 이유가 실감나게 묘사되어있다.

> 여기에 임시정부가 자신의 모든 부르주아성에도 불구하고 국경을 향해 붉은 군대가 진군해오는 것을 초조하게 기다리는 이유가 있는 것이다. 한국의 자유주의자들이 정부와 의정원에서 다수를 차지하고 있음에도 불구하고, 한인사회당원만이 러시아 노농혁명정부의 대표들과 상호이해에 이를 수 있다고 생각하며, 우리 사회주의자들을 소비에트러시아에 전권대표로 파견하는 것이 필요하다고 생각했던 이유도 여기에 있는 것이다. 그들 자신은 10여 년의 반일혁명투쟁 경험으로부터 근로계급이 주도하지 않고서는 '한국독립'은 불가능하다는 점에 설득되고 있는 것이다.19)

한인사회당의 임시정부 참여는 정부 외교정책 전환의 직접적인 계기가 되었다. 그때부터 외교론의 깃발은 꺾이고, 새로운 '독립전쟁론'의 깃발이 게양되었다. 국제연맹과 미국 대신에 소비에트러시아가 주목을 받게 되었다. 1920년 초 벽두에 상해임시정부는 독립전쟁론을 공공연하게 표방하고 나섰다. 재만주 한국인 사회에 징병령을 발포하고 연해주,

---

18) 『독립신문』 1920년 3월 23일자, 1쪽.
19) R(한형권), 앞의 글, 2562쪽.

북간도, 서간도에 동로(東路), 북로(北路), 서로(西路)라 부르는 3대 군관구를 설정했다. 각 군관구 사령관도 임명되었다. 독립전쟁론에 기초한 일대 정책전환이 단행되었던 것이다.

2. 모스크바 대표단

모스크바 입성

한인사회당 모스크바 대표단이 사지(死地)를 벗어나 안전한 곳에 도착한 것은 1919년 11월 15일이었다. 『독립신문』은 영국 로이터통신사 보도에 의거하여 한인사회당 대표단의 동정을 실었다. 그것을 보면, 대표단이 그날 첼랴빈스크에 도착하여 성명을 발표했다고 한다.[20] 7월에 블라디보스톡을 출발한 후 5개월 만이었다. 내전이 치열하던 러시아령 극동 시베리아 지역을 벗어나는 데 그처럼 긴 시간이 걸렸던 것이다. 평화 시기라면 열차편으로 2주일 만에 통과할 거리였다.

대표단 일행은 세 명이었다. 박진순, 박애, 이한영이 그들이다. 목적지로 가는 도중에 어떠한 고초를 겪었는지에 대해서는 잘 알려져 있지 않다. 하지만 언제 위험에 처할지 모르는 긴장된 여행길임에 틀림없었을 것이다. 그들은 여행 도중에도 한인사회당 본부와 교신을 갖기 위해 애썼다. 어쩌다 그러한 노력이 성공하는 경우도 있었다. 1919년 8월 어느 날 블라디보스톡의 한인사회당 본부는 대표단이 보내온 비밀통신문을 전달받았다. "도중에서 2중·3중의 전선을 통과하느라고, 언제나 목적지에 도달할는지 난관이 막심하다"는 내용이었다고 한다.[21]

---

20) 『독립신문』 1919년 11월 27일자, 2쪽.

21) 「노병김규면비망록」, 262쪽(박환, 『재소한인민족운동사』, 259~316쪽).

184

첼랴빈스크는 시베리아를 벗어나 러시아 중앙부로 들어가는 우랄산맥 초입의 교통중심지였다. 그곳은 시베리아 철도 본선(이르쿠츠크 - 첼랴빈스크 구간)이 끝나는 도시였다.[22] 이 도시에 도착했다 함은 시베리아를 장악하고 있던 콜차크 백위파 정권의 관할구역을 벗어났음을 뜻한다. 첼랴빈스크는 1919년 7월 하순 콜차크 지배지역에서 벗어났으니, 이제부터 소비에트 정부의 관할구역이었다. 백위파 장악지역을 비밀리에 통과하면서 느꼈을 위험은 이제 더이상 존재하지 않았다. 목적지 모스크바로 향하는 데는 아무런 장애도 없었다.

대표단이 모스크바에 입성한 것은 11월 말경이었다. 기나긴 기다림 끝에 목적지에 도착한지라, 도착하자마자 그들은 활발한 외교활동에 착수했다. 코민테른과 러시아공산당, 소비에트 정부기관이 그들의 교섭대상이었다.

대표단은 맨 먼저 한인사회당의 코민테른 가입의사를 밝혔다. 코민테른 기관지 『공산주의 인터내셔널』에 보도된 것을 보면, 대표단 가운데 한 사람인 박진순은 코민테른 집행위원회에 출석하여 구두로 보고했다고 한다. 그는 말하기를, "한국 노동자들은 제국주의 열강의 식민정책을 지지하지 않는 인터내셔널에 소속되기를 희망한다"고 했다. 그 말은 열강의 식민정책을 지지하고 있는 제2인터내셔널에 대한 불신을 표명한 것이었다. 말하자면 "제3인터내셔널에 가입"하기를 희망한다는 의사표현을 명료히 했던 것이다.[23]

구두보고만이 아니었다. 대표단은 한인사회당 조직배경과 4월 당대회에 관한 보고서, 당원명부 등의 문건을 갖추어 코민테른 집행위원회에 제출했다. 그들의 요청은 곧 수용되었다. 한인사회당의 코민테른 가입 사실은 1919년 12월 7일자 소비에트 정부의 성명을 통해 대외에 알려졌

---

22) 憲兵司令部, 『西伯利出兵憲兵史』, 東京 : 國書刊行會, 1976. 23쪽.

23) Пак Диншунь(박진순), Социалистическое движение в Корее(한국의 사회주의 운동), Коммунист.Интернационал, М. - Пг., 1919, No.7~8, л.1171.

다.[24]

　12월에는 모스크바에서 개최된 제7차 전러시아 소비에트 대회에도 참석했다. 한인사회당 대표단은 축사를 통해 "소비에트러시아가 한국의 프롤레타리아트와 농민에게는 목마른 여행자에게 생명수를 공급하는 오아시스"[25]와 같다고 언급했다. 소비에트러시아와 한국 독립운동 사이에 연대의 뜻을 천명했던 것이다.

　대표단은 러시아정부 외무인민위원부에 대한 교섭에 힘을 넣었다. 박진순이 1920년 1월중에 외무인민위원부 앞으로 보낸 두 통의 서한이 남아있다. 거기에는 소비에트 정부의 아시아 정책에 관한 거시적 논의가 담겨있다. 박진순은 러시아혁명과 아시아 피압박 민족들과의 국제적 제휴에 관한 원칙적, 이론적 문제들을 논하였다.[26]

　그뿐만이 아니다. 박진순은 동아시아 3국의 혁명을 성취하기 위한 구체적 조건들에 대해서도 세세히 논했다. 그는 한국・중국・일본 세 민족 상호간에는 가슴아프게도 민족적 적대감이 상존해있다고 썼다. 그것은 극동의 혁명정세 도래를 지체시키고 있다. 따라서 극동 세 나라 근로대중의 연대성을 고양시킬 필요가 있다는 것이 박진순의 진단이었다. 그를 위해서는 동아시아 3국에서 사회주의사상을 확산시키는 것이 중요하고, 그것은 혁명 발발을 위한 조건 가운데 하나가 된다는 것이었다.

　박진순은 자금을 요청했다. 동아시아에 사회주의문헌 출판사와 사회주의선전 사무국을 설립해야 하며, 그것을 위해 자금이 필요하다는 것이다. 그 기관들의 입지로는 상해나 남경 혹은 블라디보스톡을 지목했다. 구체적으로 액수까지 거론했다. 일본돈 20만 엔이나 미국돈 10만 달

---

24) 반병률, 「노령지역 한인 정당의 결성과 변천─한인사회당과 상해・이르꾸츠크파 고려공산당을 중심으로」, 121쪽.

25) Ким Сын хва(김승화), Очерки по истории Советских Кореичев. изд. наука, Алма Ата, 1965(鄭泰秀 옮김, 『소련한족사』, 92쪽).

26) Диншунь Пак(박진순), Открытое письмо тов.Л.М.Карахану(카라한 동무에게 보내는 편지), 1920. 1. 18, РГАСПИ ф.495 оп.135 д.22 л.4~7.

러를 제시했다. 그 돈을 소비에트 정부가 한인사회당 앞으로 지출해줄 것을 요청했다.[27] 박진순의 요청을 소비에트 정부는 흘려듣지 않았다. 외무인민위원부는 그의 제안을 진지하게 검토하기 시작했다.

동아혁명연합기관 문제

1920년 4월 즈음에 동아시아 혁명의 장래를 좌우할 새로운 문제가 제기되었다. 동아시아 혁명가들의 연합기관을 설립하자는 논의가 시작된 것이다. 이 논의는 외무인민위원부와 러시아공산당, 코민테른의 동양담당관들 사이에서 이루어졌다. 그들은 동아시아 혁명운동을 촉진할 조직적 근거지를 이르쿠츠크에 두고자 했다. 그곳에 중국, 한국, 몽골의 혁명가들이 합류할 연합기관의 창설계획을 입안했다.

박진순은 그 계획에 대해 명백한 반대의사를 표명했다. 왜냐하면 입지가 부적절했기 때문이다. 시베리아에는 동아시아 혁명운동을 지휘할 수 있는 주체적 조건이 갖추어져 있지 않다는 것이 그의 생각이었다. 박진순은 이르기를, "현재 러시아소비에트 사회주의공화국 연방의 영토 안에는 중국인과 한국인의 문화역량이 매우 적다"고 했다. '문화역량'이란 유능한 혁명가·전문가집단을 가리킨다. 그들 없이는 동아시아 혁명의 당면과제를 감당할 수 없다는 말이다. 박진순이 보기에, 러시아령 시베리아 내에는 "집회에서 몇몇 구호를 습득한 예비정치학교의 학생들"이나 "모험을 찾아다니는 여러 등급의 단순 협잡꾼들"밖에는 찾을 수 없다는 것이다.[28]

---

27) Доклад уполномоченного Корейской делегации ЦК Корейской Социалистичес кой партии Диншунь Пак(한인사회당 전권대표 박진순의 보고), Народному Коммиссариату по Иностранным Делам(외무인민위원부 앞), 1920. 1., 3~4쪽, РГАСПИ ф.495 оп.135 д.22 л.25~28.

28) Пак Диншунь(박진순), Письмо Леву Михайловичу(레프 미하일로비치 카라한에게 보내는 편지), 1920. 4. 5, 3쪽, РГАСПИ ф.495 оп.135 д.22 л.29~31.

그 입지는 러시아령 극동지방이어야 한다는 게 박진순의 생각이었다. 그곳에는 오랜 혁명운동 경험으로 단련된 우수한 활동가들이 다수 포진해있다. 그들을 끌어들여야 한다. 박진순이 보기에, 적어도 자바이칼주를 넘어서야 했다. "자바이칼의 경계를 벗어나기만 하면 뛰어난 활동가들은 많을 거라고 믿어 의심치 않는다"고 말했다.29)

그러나 현실은 박진순의 뜻대로 움직이지 않았다. 그의 반대에도 불구하고 이르쿠츠크를 거점으로 하는 동아혁명 연합기관 설립안은 실행에 옮겨졌다. 마침내 1920년 7월 하순 러시아공산당 시베리아국 산하에 동양국(Секция Восточных Народов Сибирского областного Бюро при Ц.К.Р.К.П.)이 결성되었다. 박진순이 '시베리아 동무들'이라고 부른 이 계획의 주도자들은 시베리아국 동방사업 전권위원 곤차로프(Гончаров), 동양국장 부르트만(Буртман), 부국장 가퐁(Гапон) 등이었다.30)

이한영과 박애의 귀환

4월 중순 한인사회당 대표단 가운데 이한영, 박애 두 사람이 귀환길에 올랐다. 이르쿠츠크에서 간행되던 한글신문 『적기』 1920년 4월 7일자에 이들의 동정이 실려있다. "극동한인대표 귀환"이라는 제하에 실린 기사를 보자. "모스크바에 체재중이던 극동 한인사회노농당 대표자 토마토베리(トマトベリ), 이한영(李韓英) 양씨는 일주간 내로 그곳을 출발할 예정이라는 전보가 대표자 박전순(朴全順) 씨로부터 모처로 왔다더라"고 한다.31)

---

29) 위와 같음.

30) Протокол No.1 Заседания Секции Востнародов Сиб.Обл.Бюро Ц.К.Р.К.П.(러시아 공산당 시베리아국 동양부회의록 제1호), 1920. 7. 27, РГАСПИ ф.496 оп.154 д.7 л.2.

31) 『赤旗』 1920. 4. 7(姜德相 編, 『現代史資料』 27, 73쪽).

얼핏 흘려보면 한인사회당 대표단의 동정이라고 간파하기 어렵다. 일본관헌이 한글기사를 일역하는 과정에서 고유명사 표기가 뒤죽박죽이 되었기 때문이다. 토마토베리(トマトベリ)란 박마트베이(朴マトベイ)의 오식이다. 곧 박애를 가리킨다. 착오를 고쳐서 위의 기사를 다시 읽어보자. "극동 한인사회당 대표자 박마트베이[朴愛], 이한영(李翰榮) 두 사람은 일주일 내로 모스크바를 출발할 예정이라는 전보가 대표자 박진순(朴鎭順)으로부터 모처로 왔다"는 내용이다.

박애와 이한영이 모스크바를 출발하여 귀로에 오른 데는 이유가 있다. 그해 3월 한인사회당 대표단이 러시아정부로부터 400만 루불의 자금을 제공받았기 때문이다. 앞서 보았듯이 박진순은 그해 1월 자금을 요청한 바 있다. 동아시아에 사회주의문헌 출판사와 사회주의선전 사무국을 설립한다는 명목이었다. 러시아 외무인민위원부는 그 요청을 선선히 수용했던 것이다.

400만 루불은 세 종류 지폐로 이루어져 있었다. 차르 루불 200만, 두마 루불 150만, 소비에트 루불 50만, 도합 400만 루불이었다. 차르 루불이란 제정시대에 유통되던 화폐이며, 두마 루불이란 1917년 2월 혁명 후 케렌스키 정부가 발행한 지폐이다.[32] 박애와 이한영은 이 자금을 운반하기 위해 귀환길에 올랐던 것이다.

이 자금 가운데 재상해 한인사회당 중앙위원회에까지 전달될 수 있었던 돈은 1/4에 불과했다. 총액 가운데 절반은 이르쿠츠크에서 외무인민위원부 시베리아 전권위원 가퐁에게, 1/4은 극동공화국 북경 전권위원 유린(Юрин)에게 압류당했다고 한다. 외무인민위원부의 동양담당관들이 어떤 논리와 자격으로 그 자금의 일부를 압류했는지는 아직 알려져 있지 않다. 다만 동아시아 혁명가들의 연합단체 설립에 관한 이견이 이와

---

32) Ли-Донхи·ПакДиншунь(이동휘·박진순), Отчет-Народному комиссару иностранных дел, Уважаемый товарищ Чичерин(외무인민위원부 치체린 동무에게 보낸 보고), 1921. 10. 16, 5쪽, РГАСПИ ф.495 оп.135 д.49 л.9~16.

깊이 연관되어있었을 것으로 보인다.

목적지에 도착한 돈 100만 루불을 상해의 **환율**에 따라 환전해보니 7,500 멕시코달러였다고 한다. 이로 미루어보면 지불된 자금 총액 400만 루불은 3만 멕시코달러에 해당한다. 멕시코달러란 19세기 중엽부터 20세기 초엽까지 중국에서 널리 유통되던 은화이다. 표면에 멕시코라는 글자와 독수리문양이 새겨진 탓에 중국인들이 묵양(墨洋), 응양(鷹洋), 영양(英洋) 등으로 부르던 고액 **화폐이다.**[33]

박진순과 한형권

이때 박진순은 모스크바에 남았다. 세 가지 할 일이 있었다. 그해 7월 19일부터 약 20일간 예정으로 개최될 예정이던 코민테른 제2차 대회에 참석해야 했다. 러시아 중앙부와 시베리아 일대 한인 사회를 조직화하는 임무를 수행해야 했고, 상해임시정부가 파견한 대표자를 맞아 그와 협력하는 일이 남아있었다.

상해로부터 대한민국임시정부 대표자가 모스크바에 도착한 것은 1920년 5월 말이었다. 한형권이 그 사람이다. 4월 말에 상해를 출발한 그는 북경과 몽골을 경유하여 한 달만에 모스크바에 도착했다.[34] 소요기간이 짧아졌음이 눈에 띈다. 이때는 시베리아 백위파 정부가 전복된 직후이기 때문에 그의 여정을 가로막는 장애가 이미 제거되고 없었다.

박진순은 한형권이 도착한 직후 러시아 중앙부에 산재한 한인들에게 임시정부에 대한 지지를 호소하는 유인물을 돌렸다. 「러시아에 주재하시는 한인 여러분 앞에 삼가 고합니다」라는 제목의 이 문서는 한인사회당 대표와 상해임시정부 전권위원 사이의 유대가 공고했음을 잘 보여준

---

33) 狹間直樹・岩井茂樹・森時彦・川井悟, 『データでみる中國近代史』, 東京 : 有斐閣, 1996, 145~146쪽.

34) 반병률, 『성재 이동휘 일대기』, 242쪽.

다. 이 문서에는 한형권의 외교활동을 돕기 위해 자금모금에 동참해주기 바란다는 간곡한 요청의 뜻이 담겨있다.[35]

당과 정부를 대표하는 두 사람의 협력으로 인해 외교교섭력은 강화되었다. 러시아정부를 상대로 하는 활발한 외교활동이 이루어졌다. 상해임시정부 전권위원은 러시아정부로부터 융숭한 대우를 받았다. 구미 열강을 파트너로 삼던 외교론을 폐기하고 소비에트러시아와의 제휴에 의거한 독립전쟁론을 새로이 채택한 반일망명정부의 대표자였기 때문이다.

한형권은 러시아정부에 대해 대략 네 가지 문제를 갖고 협상했다고 한다. 첫째, 대한민국임시정부를 승인할 것, 둘째, 한국 독립군의 무기와 장비를 지원할 것, 셋째, 시베리아에 한국 사관학교를 설립해줄 것, 넷째, 혁명운동자금을 지원할 것 등이었다.[36]

두 대표자는 혁혁한 성과를 올렸다. 다시 한번 러시아정부가 자금제공에 동의했던 것이다. 이번에는 자금의 규모가 달랐다. 금화 200만 루불을 제공한다는 약속이 이루어졌다. 시세에 따라 진폭이 있지만, 금화 1루불이 상해에서 유통되는 은화 1원(元)과 대략 상응했음을 감안한다면 그 총액은 은화 200만 원에 상당한다. 앞서 1920년 3월 한인사회당 대표단에게 제공된 금액의 환전 후 가격이 은화 3만 원이었음을 비교하면, 그 규모가 무려 70배나 더 컸다.

그뿐만이 아니다. 독립전쟁론을 실행에 옮길 수 있는 비밀군사협정도 체결되었다. 일본측 정보문서에 따르면, 그 협정의 명칭은 '대일한로공수동맹(對日韓露攻守同盟)'이라고 한다. 조약안은 6개항으로 이루어져 있었다. 그 중 제1, 2항은 소비에트러시아의 공산주의운동과 임시정부의 독립운동을 서로 원조하며 '공동동작'을 취할 것을 규정하고 있다.

---

35) 한인사회당 대표 박진순, 「露西亞에 주재하시는 한인 諸位의 앞에 敬告」, P ГВА(러시아국립군사문서보관소) Ф.1709 Оп.1 Д.6 Л.8.

36) 한형권, 「임시정부의 대아외교와 국민대표회의의 전말」, 『카톨릭청년』 1948년 8·9월 합병호, 636~641쪽.

특히 제3, 4항이 중요하다. 거기에는 한인 무장부대의 통일계획이 언급되어있다. 제3항을 보면, "소비에트 정부는 시베리아 지방에 대한민국임시정부의 독립군 주둔 및 양성을 승인하며, 그에 대해 무기와 탄약을 공급할 것"이라고 규정되어있다. 시베리아 주둔 한국 독립군에 대한 기지 제공, 무기·탄약 공급 등이 약속되었던 것이다.

제4항을 보면, "대한민국임시정부는 시베리아에 주둔한 독립군으로 하여금 소비에트 정부가 지정하는 러시아군 사령관의 명령을 받아 행동케 할 것이며, 시베리아를 침략하려는 목적을 갖는 적국과 교전할 경우에는 그를 사용할 것을 승인함"이라고 명시되어있다.[37] 결국 이 조약은 소비에트러시아 영토 내에 한인으로 구성된 대규모 무장부대를 편성할 수 있는 근거가 되었다.

이외에도 박진순이 할 일은 많았다. 그는 다가오는 코민테른 제2차 대회에 참석할 예정이었다. 대회 준비에 분망하던 6월 30일 박진순은 지노비예프에게 서한을 보냈다. 지노비예프는 러시아공산당 페트로그라드 시당 위원장이자 코민테른 의장에 재임중이었다. 박진순은 대회석상에서 자신이 맡고 싶은 일 두 가지를 적었다. 하나는 한국문제에 관한 보고를 자신에게 맡겨달라는 것이었고, 다른 하나는 동방문제에 관한 보고자로 지명해달라는 것이었다. 그리고 자신이 작성한 '동방에서의 코민테른의 과제'에 관한 보고서 개요와 테제를 동봉했다.[38]

이 편지에는 한형권이 작성한 흥미로운 문서도 동봉되었다. 상해임시정부 대표자 명의로 러시아 외무인민위원부 앞으로 제출한 「동아시아의 일반상황」이 그것이다. 코민테른 기관지 『공산주의 인터내셔널』 1920년 제13호에 게재되어 널리 유명해진 바로 그 글이다.[39]

---

37) 『朝鮮民族運動史(未定稿)』 1, 22~23쪽.

38) Пак Диншунь(박진순), Письмо Зиновьеву(지노비예프 앞으로 보낸 편지), 1920. 6. 30, 1~2쪽, РГАСПИ ф.495 оп.135 д.22 л.32~33.

39) R. Положение в Восточной Азии(동아시아의 상황), Коммунист. Интернационал, М.‐Пг., 1920, No.13, стб.2554~2562.

동방문제에 관한 보고자로 지명해달라는 박진순의 요청은 수용되지 않았다. 하지만 대회석상에서 그가 행한 역할은 두드러졌다. 그는 코민테른 제2차 대회(1920. 7. 19~8. 7)에 의결권을 가진 정식 대의원 자격을 인정받았다. 또한 민족·식민지문제위원회에 배속되었으며, 그 문제에 대해 연설했다. 대회 마지막날에는 코민테른집행위원회 위원으로 선출되었다. 집행위원 총수는 26명이었다. 박진순은 그 중에서 '극동'을 대표하는 위원으로 선임되었다.[40] 아시아를 대표하는 위원으로는 박진순 외에 두 명밖에 없었다. '근동'의 술탄 자데, 자바의 마링(Г.Маринг)이 고작이었다. 그나마 마링은 의결권 없이 발언권만 인정받았다. 그 뒤로도 박진순보다 더 고위의 코민테른 직위에 오른 한국인은 없었다.

박진순이 모스크바에 체류하는 동안에 추진한 일 가운데 하나는 '한인노동연합회'를 발기하는 것이었다. 그는 1920년 6월 29일자로 이 단체 발기문을 발표했다. 자신을 포함해서 9명 연명으로 작성된 유인물이었다.[41]

한인노동연합회의 위상은 '러시아에 거주하는 한인의 총괄기관'으로 간주되었다. 명칭에서 보듯이 한인 노동자단체를 만들려는 것이 아니었다. 문서 말미에 서명한 9명의 공동명의에 주목하자. 그것을 보면 '전로한인각단체연합조직 발기회'라고 적혀있다. 이 단체의 조직대상은 러시아에 거주하는 한인 '수천 명'이었다. 이때 러시아란 바이칼호 서쪽의 시베리아와 러시아 중앙부를 가리키는 것으로 보인다. 러시아령 극동 경내는 제외되고 있다. 왜냐하면 극동지방을 염두에 두었다면, 거주 한인의 수를 '수천 명 동포'라고 표현할 리가 없었기 때문이다.

이 단체는 한인사회당 주도하에 이루어지는 대중조직사업이었다. 그

---

40) Г.М.Адибеков, Э.Н.Шахназарова, К.К.Шириня, Организационная структура Коминтерна(코민테른의 조직 구조), Москва : РОССПЭН, 1997, 21쪽.

41) 「한인노동연합회 조직대 발기문」 1920. 6. 29 : РГВА(러시아 국립문서보관소) ф.1709 оп.1 Д.6 Л.8.

렇게 판단할 만한 이유가 있다. 첫째, 발기인 9명 가운데 한인사회당 요
인인 박진순과 조응순이 포함되어있다. 둘째, 상해임시정부를 명백히 지
지하고 있다. 발기문 첫 문장을 보면, 상해에 위치한 '우리의 임시정부'
가 성립한 이후로 나라 안팎을 가리지 않고 모든 '대한국민'이 하나의
깃발 아래 순서있게 일을 하고 있다는 표현이 있다. 뒷날 한인사회당과
맞서게 된 이르쿠츠크 한인공산당 중앙총회도 이 대회를 가리켜 한인사
회당이 소집했다고 규정한 바 있다.[42]

  결성대회 장소와 시기도 공포되었다. 위치는 옴스크 시이고, 시기는
1920년 9월 15일이라고 못박았다. 참석자 1명의 대표성은 한인 50명당 1
명꼴로 지정되었다. 그러나 이 결성대회는 순조롭게 추진되지 못했다.
한인사회당과 이르쿠츠크 한인공산당 사이의 불화 때문이었다.

  1920년 9월 초 박진순은 한형권과 더불어 귀환길에 올랐다. 그에게는
막중한 임무가 부여되어있었다. 그의 직위는 '코민테른 재외전권위원(за
граничный уполномоченный Коминтерна)'이었고, 그 임무 가운데 하나는 '동
양공산당(Компартия Востока)'을 조직하는 데 있었다. 동양혁명을 촉진할
세 나라 혁명가들의 연합기관 결성 임무를 코민테른으로부터 부여받았
던 것이다.[43]

  그뿐만이 아니다. 그는 막대한 분량의 금괴를 운송해야만 했다. 앞서
말했듯이 러시아정부가 원조하기로 약속한 금화 200만 루불 가운데 40
만 루불이 지불되었기 때문이다. 루불의 가치가 안정되어있지 않았기
때문에 재정원조는 실물화폐로 제공되었다. 박진순과 한형권은 마차 3
대 분량의 금괴뭉치를 상해에까지 운반해야 했다.[44]

---

42) Протокол No.5 заседания Центрального Комитета Корейских Коммунистичес
    ких организации(한인공산당 중앙총회 회의록 제5호), 1920. 8. 12, 1쪽, РГАСП
    И ф.495 оп.135 д.19 л.6.

43) Чуньу(춘우), Телеграмма, Коминтерн No.2(코민테른 앞 전보 제2호), 1920. 10.
    17, РГАСПИ ф.495 оп.135 д.22 л.62.

44) Ли-Донхи·ПакДиншунь(이동휘·박진순), Отчет-Народному комиссару иност

3. 재상해 한국공산당

형성

3·1운동 이듬해인 1920년 상해에서 한인들로 구성된 공산당이 조직되었다. 이 당의 명칭은 사료에 따라 다양하게 표현된다. '한국공산당', '한인공산당', '고려공산당', '대한공산당', '조선공산당' 등이 그것이다. 당시 한인들이 자신을 한국인, 한인, 대한인, 조선인, 고려인 등으로 섞어 불렀던 사정을 반영한다.

구두상으로는 그처럼 다양하게 불리었을지라도 정식 명칭은 '한국공산당' 또는 '대한공산당'이었다. 그해 하반기에 이르쿠츠크 전로한인공산당 중앙총회의 밀사로서 상해에 파견되었던 이괄(李括)이 이에 대해 언급한 바 있다. 그에 따르면, "상해 공산당은 자칭 한국공산당 중앙총회"라고 불렀다고 한다.45) 상해임시정부의 명칭이 '대한민국임시정부'였기 때문이다. 머지않아 그에 대한 지지를 철회하게 된 사람들도 그 시기에는 임시정부의 리더십과 권위를 인정하고 있었다. 사회주의자도 예외가 아니었다.

이 당은 언제, 누구에 의해 결성되었는가? 그 전년도에 상해로 이동해 갔던 한인사회당 중앙위원회와는 어떤 관계에 있었는가? 이 질문들은 간단히 대답하기 어려운 난제들이다. 현 사료의 여건에서는 쉽사리 해명할 수 없기 때문에 이 문제에 관해서는 그간 여러가지 추정이 이루어져 왔다. 먼저 결성시기에 대해 검토해보자. 기존에 제출된 견해들은 다

ранных дел, Уважаемый товарищ Чичерин(외무인민위원부 앞 보고, 존경하는 치체린 동무에게), 1921. 10. 16, 6쪽, РГАСПИ ф.495 оп.135 д.49 л.9~16.

45) 이괄, 「보고 제3호 : 일꾸쓰크 공산당 고려중앙집행부 귀중」 1921. 4. 19, 2쪽, РГАСПИ ф.495 оп.135 д.41 л.2~12.

음과 같다.

첫째, 1920년 3월 설이 있다. 재상해 일본총영사관 경찰이 작성한 조사보고서 「재상해조선인단체조사」를 보면, 재상해 공산당의 설립시기가 1920년 3월로 적혀있다.[46]

둘째, 1920년 5월 설이 있다. 뒷날 작성된 치안유지법 위반사건 재판기록에 나오는 정보이다. 1930년에 체포된 '조선국내공작위원회' 관련자들의 예심결정서를 보면, "1920년 5월 중국 상해에서 이동휘 등에 의해 민족해방 및 무산자 독재정치의 실현을 강조하며 고려공산당이 조직되고, 국제공산당과의 연계가 이루어졌는데"[47] 운운하는 구절이 있다.

셋째, 1920년 봄이라고 적은 기록이 있다. 뒷날 일본경찰에 체포된 여운형(呂運亨)은 1920년 봄 상해에서 고려공산당을 결성했다고 진술했다. 그는 코민테른 위원 보이친스키의 권유를 받아 "이동휘의 공산주의자 그룹에 가입"했으며, 그 공산주의자 그룹은 곧 고려공산당으로 개칭되었다고 한다.[48]

넷째, 1921년 1월 설이 있다. 김준엽·김창순은 일본경찰 자료에 의거하여 1921년 1월 10일 상해에서 열린 '한인사회당 대표회'를 통해 이루어진 것이라고 추정했다. 그를 통해 종래의 한인사회당이 고려공산당으로 개명했다는 것이다.[49] 서대숙도 그에 동의한다. 재상해 고려공산당은 김립이 새 자금을 가지고 온 후인 1921년 1월 10일 상해에서 창립되었다고 본다. 구한인사회당의 대표자들로 이루어진 회의석상에서 당의 명칭이 고려공산당으로 바뀌었다는 것이다.[50]

이 중에서 우리는 '1920년 봄'에 주목할 필요가 있다고 본다. 왜냐하

---

46) 朝鮮總督府 警務局, 『大正11年朝鮮治安狀況』, 194쪽.

47) 『한국공산주의운동사』 2(자료편), 548쪽.

48) 『朝鮮民族運動史(未定稿)』 1, 463쪽.

49) 김준엽·김창순, 『한국공산주의운동사』 1, 172쪽.

50) DAE-SOOK SUH, *The Korean Communist Movement, 1918~1948*(현대사연구회 옮김, 『한국공산주의운동사 연구』, 28쪽).

면 이 정보는 운동 당사자인 여운형의 진술로부터 나온 것이기 때문이다. 물론 구금된 상태에서 이루어진 진술이므로 신빙성에 다소 의문이 있다. 하지만 조사를 받던 때로부터 비교적 먼 과거의 일인 만큼 여운형이 굳이 사실을 은폐할 필요를 느끼지는 않았을 것으로 판단된다.

재상해 코민테른 동아비서부와 보이친스키

여운형의 입당을 권유했다는 보이친스키의 전후 행적을 추적해보자. 이는 재상해 한국공산당 결성경위를 밝히는 데 도움이 될 것이다. 보이친스키가 상해에 온 시점은 1920년 5월이었다. 그와 동행했던 김만겸(金萬謙)의 글을 보면, 1920년 5월 보이친스키를 비롯한 몇 사람이 러시아 공산당의 지시를 받아 블라디보스톡으로부터 상해로 파견되었다. 그 속에는 김만겸 자신도 속해있었다고 한다. 한·중·일 3국에서 사회주의 선전과 조직사업을 행하는 것이 그들의 임무였다.[51]

파견자들은 누구이며, 그들은 어떤 기관의 지시를 받는가? 그해 연말에 작성된 다른 기록을 보면, 당시 파견된 사람은 셋이었다. 전권위원 보이친스키를 비롯하여 보좌역 세레브랴코프와 티토프가 그들이다.[52]

그리고리 나우모비치 보이친스키(Григорий Наумович Войтинский)는 당시 28세의 러시아인이다. 그는 20대 초에 5년간 미국과 캐나다에서 지낸 경험이 있다. 그 기간 동안 노동자이면서 또한 학생생활을 했다. 1917년 혁명이 일어나자 귀국하여 러시아공산당에 입당했다. 내전 기간에는 시베리아와 극동지구에서 활동했다. 크라스노야르스크, 옴스크 지구에서

---

51) Краткий очерк о корейском коммунистическом движении, История образавания Иркутской и Шанхайской групп(한국공산주의운동 개괄, 이르쿠츠크파와 상해파의 형성사), 4쪽(이하 「한국공산주의운동 개괄」로 줄임), РГАСПИ ф.495 оп.135 д.63 л.29~35.

52) ВКП(б), КОМИНТЕРН И КИТАЙ. документы т.1(코민테른과 중국 : 자료 제1권), 1920~1925, Москва : АО Буклет, 1994, 48쪽.

백위군과 맞서 투쟁했다. 1919년 5월에는 블라디보스톡에서 투옥되어 사할린 섬으로 유배되기도 했다. 그가 풀려난 것은 1920년 1월이었다. 이때부터 그는 러시아 영토 밖의 해외 사회주의운동에 종사했다. 그해 봄 중국에 처음 파견된 그는 코민테른과 러시아공산당 내에서 손꼽히는 중국전문가로 성장해갔다.

이반 스테파노비치 세레브랴코프(Иван Степанович Серебряков)는 한국인으로, 김만겸이다. 김만겸은 연해주 이주민 2세로서 한국인들의 전통적인 한학교육과 러시아 중등교육을 이수한 지식인이다. 상해로 올 당시 그는 35세의 장년층에 속했다. 그는 대한제국 멸망 전후에 블라디보스톡에서 발간되는 러시아어 신문 『달료카야 오크라이나』(변경) 특파원으로서 서울에 거주했다. 그는 반일 기사를 송고했다는 이유로 일본경찰에 의해 러시아로 추방당하기도 했다.[53]

티토프의 신상에 대해서는 잘 알려져 있지 않다. 그는 블라디보스톡 극동대학을 졸업한 청년이었다고 한다. 세 사람은 모두 러시아공산당원이었다. 그들을 파견한 기관은 러시아공산당 극동국 블라디보스톡 지부 (Владивостокское отделение Дальбюро РКП) 산하에 조직된 외국부(Инотдел)였다. 외국부의 임무는 러시아영토 내에서가 아니라 해외에서 사회주의 운동을 조직하는 데 있었다.

상해에 도착한 그들은 곧바로 행동에 착수했다. 동아시아 3국의 사회주의운동을 확대하기 위해 같은 달에 '임시중앙기관'을 결성했던 것이다. 이 기관의 소재지는 상해였고, 명칭은 '코민테른 동아비서부(Восточн о - Азиатский секретариат 3 - го Коминтерна)'라고 부르게 되었다.[54]

---

53) 최근에 김만겸의 전기와 그의 저작물을 모은 자료집이 러시아에서 출간되었다(Ким Мангым(И. С. Серебряков), Москва : ИВ РАН, 2001. 참조).

54) Председатель Времен.Бюро Востазиат.Секретариата Виленский(임시동아비서부 의장 빌렌스키), Краткий Доклад о зарубежной работе среди Восточно~Аз иатских народов(период сентябрь 1919 г. по август 1920 г.) (동아시아 각 민족사업에 관한 보고 개략), 1쪽, РГАСПИ ф.495 оп.154 д.2 л.2~5.

여기서 의문이 제기된다. 러시아공산당 극동국 블라디보스톡 지부 산하 외국인부의 지시를 받고서 파견된 사람들에게 코민테른 동아비서부를 설립할 자격과 권한이 있었을까? 그들만의 힘으로는 불가능했을 것이다. 외무인민위원부 극동전권위원(уполномоченный наркоминодела по делам Дальнего Востока) 빌렌스키와 조직적으로 결합했기 때문에 그러한 시도가 가능했을 것으로 보인다.

블라디미르 드미트리예비치 빌렌스키(Владимир Дмитриевич Виленский)는 시비랴코프(Сибиряков)라는 가명으로 더 널리 알려져 있는 1919년 9월에 러시아공산당 중앙위 정치국의 지시에 따라 극동에 파견된 고위간부였다. 그는 1919년 9~12월에는 시베리아에, 1920년 2~6월에는 블라디보스톡에 근거지를 두고서 활동했다. 그는 표면적으로는 러시아정부의 극동전권위원이라는 고위관료였지만, 내면적으로는 러시아공산당 중앙위 정치국이 부여한 과제를 수행하는 고급당원이었다.

그에게 부여된 임무는 대별하자면 두 가지였다. 첫째, 극동 변방을 위태롭게 할 가능성이 있는 일본·미국·중국의 상호관계를 면밀히 검토하여 그 충돌을 가능한 한 촉진시키는 것이었다. 말하자면 러시아령 극동의 안전을 위해 잠재적인 적성 국가들을 서로 충돌시키는 것이 그의 주된 과업이었다. 그들이 러시아 극동을 위협할 여가가 없도록 노력한다는 것이었다. 둘째, 한국·중국·몽골·일본의 혁명운동을 실질적으로 지원하는 일이었다.[55]

보이친스키가 상해에서 코민테른 동아비서부를 '임시'로 조직할 수 있었던 것은 그 배경에 빌렌스키가 버티고 있었기 때문이다. 빌렌스키는 보이친스키의 재상해 활동을 지시할 만한 위치에 있었다. 여기서 말하는 '임시'라 함은 코민테른과 러시아공산당의 정식 승인을 받기 이전에 현지 전권위원의 재량하에 설립된 기구였음을 뜻한다.

---

55) 위와 같음.

빌렌스키는 1920년 7~8월에 중국 북경을 경유하여 모스크바로 귀환했다. 그는 코민테른 동아비서부를 공식적으로 승인해줄 것을 당중앙과 코민테른 집행위원회에 요청했다. 그러나 그즈음은 동아시아 공산주의운동을 통괄할 연합기구 편성에 관한 논의가 매우 분분하던 때였다. 이미 말했듯이 코민테른 집행위원회는 박진순에게 '동양공산당' 조직을 위임한 바 있었다. 또한 박진순이 '시베리아 동무들'이라고 불렀던 러시아당의 동양담당관들은 이르쿠츠크에 거점을 둔 러시아공산당 시베리아국 동양국을 그러한 기관으로 발전시키고자 노력하고 있었다. 빌렌스키의 복안은 액면 그대로 수용되기 어려웠다.

이처럼 1920년경에는 러시아의 여러 기관이 동아시아 사회주의운동에 개입함으로써 심각한 혼란이 야기되었다. 이 점은 러시아당의 동양담당관들도 인정했다. 동양국의 '시베리아 동무들'이 작성한 한 문서를 보자. "코민테른, 러시아당 중앙위원회, 외무인민위원부, 극동국은 총괄적인 계획도 없이 독자적인 과업을 부여하여 자기 일꾼들을 파견하고 있다"는 것이다. 파견자들은 서로 소식을 주고받지 못했으며, 협력체계를 갖추지 못했다. 동양사업을 행하는 기관들 상호간에는 통일성이 부재하다는 것이 이들의 솔직한 고백이었다.[56] 한치도 틀림없는 진단이었다. 초창기 동아시아 3국의 사회주의운동이 겪었던 혼선에 대한 책임은 바로 러시아공산당과 정부 그리고 코민테른에게서 찾아야 할 것이다.

상해 한국공산당의 이모저모

다시 상해로 눈을 돌려보자. 코민테른 임시동아비서부는 설립과 동시에 3개의 민족별 지부를 조직했다. 중국부·한국부·일본부가 그것이다. 한국부는 어떤 사람들로 이루어졌는가? 보이친스키가 상해에 도착

---

56) ВКП(б), КОМИНТЕРН И КИТАЙ. документы т.1(코민테른과 중국 : 자료 제1권), 1920~1925, 54쪽.

한 직후에 작성한 문서를 보면, 그들은 곧 상해임시정부에 포진한 한인 사회당 중앙간부들이었다.

상해에 도착한 보이친스키는 상해임시정부 국무원 내에 한인사회당 원들이 다수를 점하고 있음을 발견했다. 임시정부 자체는 사회주의적 성격을 갖지 않지만, 내각의 절반 이상이 공산주의자였다. 9명 가운데 5 명이 공산주의자이며, 그들은 국무총리, 비서장, 군무차장, 그밖에 두 개 의 직책을 쥐고 있다는 것이다.[57]

보이친스키가 말한 3개 직위에 재임중인 사람은 각각 이동휘, 김립, 이춘숙을 가리킨다. 그밖에 직위를 밝히지 않은 두 사람이 누구인지는 아직 확실히 알 수 없다. 1919년 8월 5일에 새로 임명된 국무원 차장 명 단을 보자. "내무에 현순(玄楯), 외무에 여운형, 재무에 윤현진(尹顯振), 법 무에 신익희(申翼熙), 군무에 이춘숙(李春塾), 교통에 김철(金澈) 제군이 당 선"되었다고 한다.[58] 이 가운데서 2명일 것이다.

김철수의 회고를 보면 다른 두 사람이 누구인지 추정할 수 있다. 국무 원 차장들 가운데 '4인조'라 지칭된 사람들이 있었다. "우리 당의 제2인 자인 김립, 부산 출신의 윤현진, 영광 출신의 김철, 양산 출신의 이규형" 이 그들이다. 이들은 서로 의기가 통했고 항상 정책적으로 의견이 일치 했다고 한다.[59] 김립을 제외한 다른 세 사람 가운데 적어도 둘은 한인사 회당원이었던 것으로 보인다.

보이친스키 일행은 이동휘를 수반으로 하는 한인사회당과 관계를 맺 었다. 빌렌스키의 표현을 빌리면, "재상해 대한민국임시정부 내 공산주 의 프락치야를 중앙기관으로서 임시로 활용"하기로 했던 것이다.[60] 보

---

57) 위의 책, 28쪽.

58) 「한일관계사료집」 4, 『한국독립운동사자료』 4(임정편), 국사편찬위원회 편, 1974, 210쪽.

59) 「구술자료 정진석 소장본」, 『遲耘金錣洙』, 한국정신문화연구원 현대사연구 소 편, 1999. 1, 270쪽.

60) Председатель Времен.Бюро Востазиат. Секретариата Виленский(임시동아비

이친스키의 보좌역 김만겸도 똑같이 말했다. "한국 사업의 노선에 따라 우리는 사회주의자 이동휘와 관계를 맺었다"고 썼다. 왜냐하면 이동휘 그룹은 일정한 군중을 거느리고 있으며, 한국민족의 중앙기관인 임시정부에 영향력을 갖고 있었기 때문이다. 따라서 그들과 제휴하여 공산당을 조직하는 것은 가능할 뿐 아니라 필요한 일이라는 게 김만겸의 생각이었다.[61]

한인사회당측도 한국공산당 설립 제안에 즉각 찬동했다. 이동휘는 김만겸의 제안에 "조금도 망설임없이 동의했다"고 한다.[62] 그해 하반기에 이르쿠츠크 전로한인공산당 밀사로서 상해에 왔던 이괄은 관찰결과를 다음과 같이 간략하게 썼다.

　　1920년 5월경에 블라디보스톡 항을 건너간 김만겸과 보이친스키는 상해에 머물면서 임시정부 당국에 들어가 있는 사회당원 몇 사람과 연락·회의한 결과에 공산단(共産團)이 조직되어 혁명간부를 치(置)하고 혁명에 대한 사(事)와 연락에 관한 사항을 처리하였더라.[63]

결국 재상해 한국공산당은 1920년 5월경에 조직되었던 것으로 보인다. 이 당은 코민테른 임시동아비서부의 한국부와 표리일체 관계에 있었다. 양자는 사실상 동일한 것이었다. 재상해 한국공산당의 주도자들은 코민테른 임시동아비서부 조직자인 보이친스키와 김만겸을 한편으로 하고, 상해임시정부 내각에 포진한 한인사회당을 다른 한편으로 하는 두 세력의 연합진영이었다.

여운형의 경찰 진술에 보면 한국공산당 중앙간부 7명의 명단이 나온다. 책임비서 이동휘를 필두로 김립, 이한영, 김만겸, 안병찬(安秉瓚), 여

서부 의장 빌렌스키), 앞의 글, 2쪽, РГАСПИ ф.495 оп.154 д.2 л.2~5.
61) 「한국공산주의운동 개괄」, 4쪽, РГАСПИ ф.495 оп.135 д.63 л.29~35.
62) 위와 같음.
63) 이괄, 앞의 글, 2쪽, РГАСПИ ф.495 оп.135 д.41 л.2~12.

운형, 조동호(趙東祜)가 그 면면이다.[64] 우리는 이 진술이 사실에 부합한 다고 판단한다. 한국공산당 창립 당시의 간부진이었을 것이다.

재상해 한국공산당은 상해의 망명자들 속에서 조직을 확대했다. 그 결과 당원들 중에는 '조완구(趙琬九), 신채호(申采浩), 안병찬, 이춘숙, 조동호, 최창식(崔昌植), 양헌(梁憲), 선우혁(鮮于爀), 윤기섭(尹琦燮), 김두봉(金枓奉)' 등과 같은 저명한 독립운동자들이 포함되어있었다고 한다.[65] 공산당에 가입했을 것이라고 생각하기 어려운 인물들이 섞여있다. 특히 조완구, 신채호, 선우혁, 윤기섭, 김두봉 등과 같은 저명한 민족주의자들이 과연 한국공산당에 입당했는지 여부는 논쟁적인 문제이다. 하지만 당중앙위원으로서 내막을 잘 아는 여운형의 진술인 만큼 터무니없는 일이라고 지나쳐 버리기에는 망설임이 따른다. 한때나마 이들이 한국공산당에 입당했을 가능성이 있다고 판단된다.

상해 한국공산당의 활동목표는 사회주의 조직을 확산하고, 유세와 출판을 통해 맑스주의를 선전하며, 독립전쟁을 위한 무력을 준비하는 데 있었다. 즉 조직·선전·군사 3자의 활동에 주안점을 두었다. 이것은 초창기 해외 사회주의단체의 전형적인 활동방식이었다.

상해 한국공산당은 맑스주의 선전을 위해 중앙위원회 산하에 출판부와 문화계몽부, 노동부 등을 설치했다. 출판부는 『공산당선언』(2만 부), 『거미와 하루살이』(5,000부) 등의 팸플릿을 발간했으며, 신문 『신생활』, 잡지 『공산』을 5,000부씩 발행했다. 출판부는 이들 공산주의 간행물의 인쇄를 위해 중국 은화 1만 원(元) 어치의 설비를 갖춘 한글인쇄소를 갖고 있었다.[66]

문화계몽부는 작은 사회주의 도서관을 운영하고 있었다. 거기에는 당원과 후보자, 노동자들이 출입했다. 노동부는 재상해 한국인 노동자들의

---

64) 『朝鮮民族運動史(未定稿)』 1, 464쪽.

65) 위의 책, 463쪽.

66) 「고려공산당 창립대회」, 214~215쪽.

조직화를 꾀했다. 그 결과 200여 명의 노동자들을 망라한 노동회를 조직했으며, 매주 1회씩 노동운동, 세계혁명운동, 사회주의운동에 관한 강연회를 개최했다.[67]

상해 이외 지역에 대한 조직사업을 위해 5명의 밀사를 각지에 파견했다. 한국 내에 1명, 일본에 1명, 중국령에 3명이 각각 파견되었다. 국내에 잠입한 밀사는 1921년 초엽 이미 11개의 비밀 야체이카를 조직하는데 성공했다고 한다.

일본에 파견된 밀사는 1920년 7월에 건너갔는데, 그의 임무는 '일본 사회주의운동과 그 지도자들과의 연계'를 맺는 데 있었다.[68] 그는 약 1,000명에 달하는 한국인 유학생들과 긴밀한 연관을 맺었으며, 일본 사회주의운동의 지도자 오스기 사카에(大杉榮)와도 밀접하게 연락중이었다고 한다.

상해 이외 중국령에 파견된 3명의 조직자들은 1921년 초엽에 25명의 당원과 14명의 후보자를 조직했다고 한다.[69]

그 중 한 곳은 북경이었다. 북경의 한인 사회주의단체가 처음 결성된 시점은 1920년 6월이었다. 장건상(張健相)을 지도자로 하는 이 단체는 상해 한국공산당과 밀접한 연계를 갖고 있었다. 이 단체 속에는 출판부와 선전부가 조직되어있었다. 출판부는 주간신문『새벽별』을 발간했다. 북경 사회주의단체는 활동범위도 넓었다. 그들은 2명의 밀사를 한국 북부로 파견한 바 있으며, 1명을 서간도로 파견했다. 이 단체는 북경 일원의 한국인들 내에 사회주의를 선전하는 것은 물론이고, 서간도 지역과 한국 국내 지역도 자신의 활동구역으로 삼고 있었던 것으로 보인다. 활동자금은 기부금, 당원들의 회비징수 등 다양한 방법으로 충당하고 있었다.[70]

---

67) 위와 같음.
68) 「한국공산주의운동 개괄」, 4쪽, РГАСПИ ф.495 оп.135 д.63 л.29~35.
69) 위와 같음.

전국적 통일공산당의 창립을 향하여

한국공산당은 자신의 위상을 잠정적인 중앙위원회로 간주했다. 그래서 전 한국의 통일된 공산당을 조직하는 것을 긴급한 임무로 간주했다. 코민테른과의 교섭도 자신의 과제로 생각했다. 당대표자 2명을 1920년 9월 22일 러시아로 출발시킨 것은 바로 이 때문이었다. 두 대표의 행적을 적은 간단한 기록이 있다.

> 김립과 계봉우로 하여금 대표를 선정하여 노령으로 파견하되, 이르쿠츠크 고려공산당과 협의하여 전 고려공산당을 완전히 조직하도록 도모한 후, 모스크바에 입거(入去)하여 제3국제공산당에 역시 완전한 연락을 득(得)하기로 위임을 대(帶)하고 등정(登程)……71)

대표자로 선임된 사람은 김립과 계봉우였다. 이들의 가장 큰 임무는 '전 고려공산당'을 완전히 결성하는 데 있었다. 그를 위해서는 다음 두 가지 목표를 달성할 필요가 있었다.

첫째, '이르쿠츠크 고려공산당', 다시 말해 '전로한인공산당 중앙총회'와 협의하는 일이었다. 한국공산당은 전로한인공산당을 동료로 인정하고 있었던 것이다. 양자간에 경쟁의식이나 적대감은 보이지 않는다. 적어도 1920년 9월까지는 그러했음을 본다.

상대방도 마찬가지였다. 전로한인공산당 중앙총회도 전국적 공산당의 창설을 위해서는 상해 한국공산당과 협의할 필요가 있음을 인정했다. 전로한인공산당은 7월 대회에서 상해 방면으로 밀사를 파견하기로 결정했다. 밀사로는 이괄이 선정되었다. 8월 1일 이르쿠츠크를 출발한 그는

---

70) Протокол заседания 9 мая, 6-ое заседание(5월 9일자 제6회의록), РГАСПИ ф.495 оп.135 д.38, л.17.

71) 「在魯高麗革命軍隊沿革」, 9쪽(『한국공산주의운동사』 2 자료편).

9월 21일에야 상해에 도착했다.[72] 이러한 전후 사정을 미루어볼 때 1920년 가을 시점에는 상해 한국공산당과 이르쿠츠크의 전로한인공산당 사이에는 감정적 알력이 존재하지 않았음을 알 수 있다. 오히려 협력의 필요성을 공유하고 그것을 위해 노력하고 있었던 것이다.

둘째, 코민테른과의 완전한 연락을 맺는 일이었다. 다시 말하면 코민테른의 지부 승인을 획득하는 데 노력을 기울였던 것이다. 이러한 행동은 다른 사회주의단체들의 동의를 얻지 않으면 논란을 낳을 수 있는 문제였다.

---

72) 이괄, 앞의 글, 1쪽.

ПРОТОКОЛ №1

заседания Центрального Комитета Корейских Коммунистических организаций

21 июля 1920 года

Присутствуют т.т. Лисенг, Хан-Поик, Пак Синман и Цай Ал. Председательствует тов. Лисенг, секретарь Цай Ал.

Слушали	Постановили
1. Вопрос о выборе президиума Центрального Комитета	1. Выбрать президиум в составе трех членов: председателя, товарища председателя и секретаря. Председателем выбрать т.Лисенг, товарищем председателя т.Пак Синман и секретарем т.Ни Дамур, а в отсутствие последнего до его приезда обязанности секретаря возложить на т. Цай Ал.

Председатель *[подпись]*

Секретарь *[подпись]*

전로한인공산당 중앙총회 첫번째 회의록
(1920. 7. 21)

ПРОТОКОЛ

заседания Президиума Секвостпара и Цека коркоморганизаций от

29 ноября 1920 года.

Присутствуют тов. Гапон, Даниилович, Наим, Цай и Пак Синман.

СЛУШАЛИ:

ПОСТАНОВИЛИ:

1. Постановление Цека коркорганизаций ходатайствовать пред Секвостпаром о приостановке эвакуации кор. Цека из России / приложение протокол № 28 Цека коркоморганизаций/.

1. Послать через Сиббюро Сибревком телеграмму о прекращении дальнейшей эвакуации корейцев эшелоны, прибывающие сюда должны подвергаться регистрации через посредство Цека коркорганизаций не предав возможности дальнейшего проезда.

2. Постановление Цека коркорганизаций о финансировании товарищей, командированных на Восток.

Выдать: тов. Пак Синман и Цай Григорию рейнговскими 300.000 руб. советскими - 700.000 руб. тов. Ким Черхук- десять тысяч иен, двести тысяч романовскими, пятьдесят тысяч советскими. тов. Т ф Хун - пять тысяч иен, десять тысяч советскими.

Зампредзексвостпар

Секретарь презид.

러시아공산당 시베리아국 산하 동양국 상임간부회와 전로한인공산당 중앙총회 연석회의록
(1920. 11. 29)

POOR ORIGINAL

ОРИГИНАЛ ПЛОХОГО КАЧЕСТВА

Приложение к №16

СПИСОК

сотрудников секции Восточных народов при Сибирском областном Бюро Р.К.П.

№	имена и фамилии	должности.	примечания.
1	Ли-Сенг	предс. кор.отдела	
2	Пак Синман	Зав. орг.-инстр.п/о.	
3	Цай Александр	секретарь отдела	
4	Хан -Поик	член кор. отдела	
5	Хан Гюсен	Зав. изд.п/отделом	
6	Пак Хигри	сотрудник редакции	
7	Ким-Тонхан	сотр-переводчик	
8	Ли Понтай	"	
9	Ли Бончун	"	
10	Ким Пенчан	"	
11	Тф -Хун	сотр. инф.-связи	
12	Наим Павел Ник	Зав. инфор-связи	
13	Пак Чаннал	сотр. калиграфич.	
14	Цай, Григорий	сотр. орган.-инстр.	
15	Ким Мария	сотр.-переводчик.	
16	Ли-Хенги	сторож-рассыльный	

Председатель секции
восточных народов при Сиб. обл. Бюро

러시아공산당 시베리아국 산하 동양국 임직원 명단

전로한인공산당(이르쿠츠크 고려공산당) 중앙
총회 회장 대리 남만춘이 작성한 「지령」(1920.
12. 15). 극동으로 파견한 이성, 박승만, 김철
훈, 채성룡에게 부여한 활동지침이 담겨있다.

러시아공산당 극동국(동아국) 한인부
서무부장 박애와 그 부인

러시아공산당 극동국
한인부 회의록 제1권 표지

극동 파견원 이성, 박승만, 김철훈, 채성룡이
전로한인공산당 중앙총회에 보낸
활동보고서 첫 페이지(1920. 12. 23)

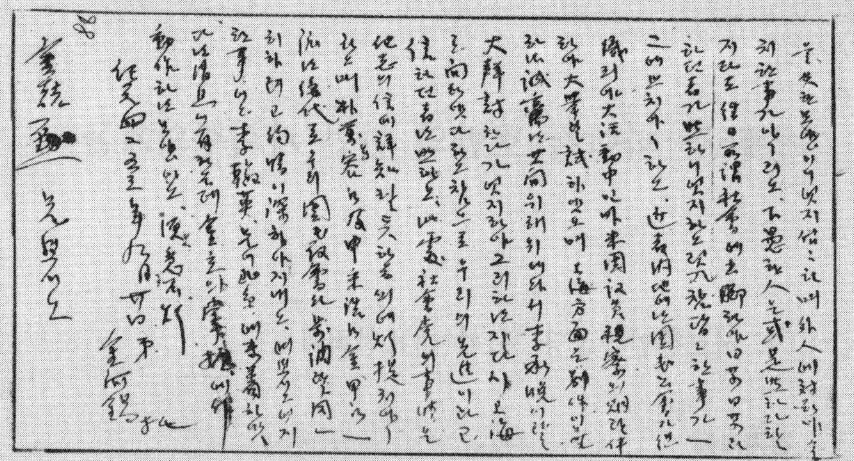

대한국민의회 군무부장 김하석이 전로한인공산당 간부 김철훈에게 보내는 편지(1920. 9. 20).

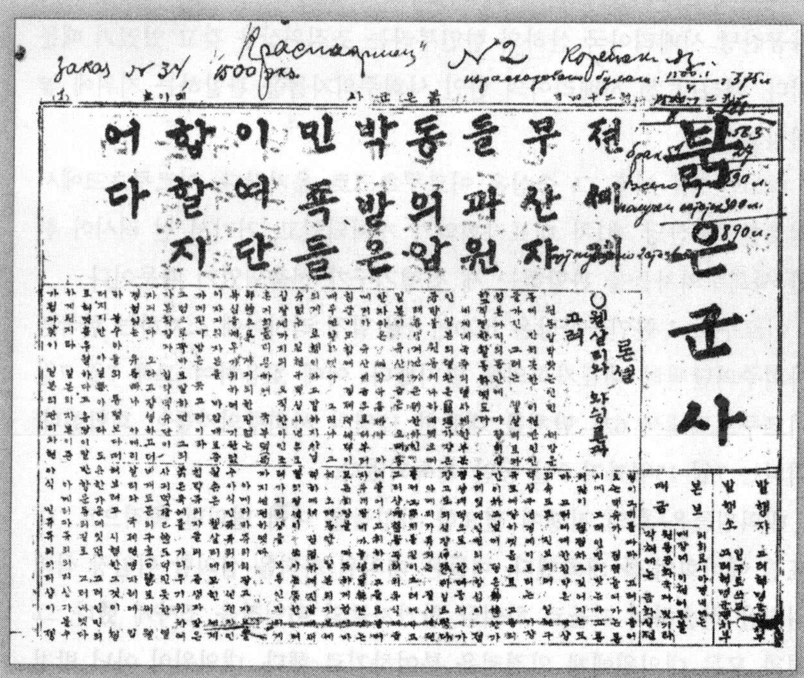

고려혁명군 기관지 『붉은군사』 제2호(1921. 12. 24) 제1면(윗부분)

제6장 바이칼 호반의 한인 사회주의자들

1. 전로한인공산당 제1차 대표원회의

참가자들

옴스크와 이르쿠츠크에 주목하자. 거기서 한국 사회주의운동사의 주역 가운데 하나인 이르쿠츠크파 공산주의 그룹이 태동했기 때문이다. 1919년 말에서 1920년 6월까지 시베리아 한인 사회주의운동의 중심은 옴스크 한인공산당이었다. 왜냐하면 이 단체는 옴스크에 소재하는 러시아공산당 시베리아국 산하의 한인부라는 조직위상을 갖고 있었기 때문이다. 따라서 전 시베리아의 한인 사회주의자들을 관할하는 지위에 놓여있었다.

1920년 7월 이후 그 중심은 이르쿠츠크로 옮겨갔다. 이르쿠츠크에서 전로한인공산당 제1차 대표자회의가 개최되었고, 거기서 전 러시아 한인 사회주의자들을 관할하는 새 집행기구가 선출되었기 때문이다.

이르쿠츠크 한인공산당은 1920년 6월 말경 러시아에 소재하는 한국인 사회주의단체의 대표자회의를 발기했다. 이에 호응하여 그해 7월 7일 이르쿠츠크에서 6개 단체를 대표한 12명의 사회주의자들이 회합했다. 회의는 7월 15일까지 9일 동안 계속되었다.

대의원들은 회의 진행에 필요한 사항들을 미리 협의할 목적으로 '대표원 예비회의'를 개최했다. 이들은 대의원 자격을 심의할 위임장 심의위원을 선출하여 그들로 하여금 참가자들의 위임장을 조사케 했다. 그 결과 모든 대의원에게 의결권을 부여하기로 했다. 대의원이 아닌 방청자에게도 제한된 범위에서 회의에 참여하는 것을 허용했다. 당원일 경

우 발언권을 인정해주고, 그외에는 단지 방청권만 부여했다.[1]

예비회의 참가자들은 대회 진행을 맡아볼 집행부를 선출했다. 의장 이성, 러시아어 서기 채동순, 한글 서기 이괄 세 사람이 그들이다. 예비회의에서는 회의진행 규칙도 제정되었다. 13개조로 구성된 「대의회 잠행 규정」이 그것이다.[2]

이튿날부터 본회의가 시작되었다. 러시아공산당을 대표하여 추지노프, 러시아공산당 극동국을 대표하여 게르세비츠, 한인사회당을 대표하여 이한영, 코민테른을 대표하여 남만춘, 헝가리공산당을 대표하여 '픽덕카를', 체코공산당 대표 '어루지노프', 옴스크 공산당 대표 이괄, 방청인 조훈이 각각 축사를 했다.

대회에서 의결권을 부여받은 대표자들의 명단과 그 소속 단체는 다음 <표1>과 같다.[3]

〈표 1〉 전로한인공산당 제1대표원회의 참가자와 그 소속 단체

소속 단체	대의원
옴스크공산당 한족부	이성, 이괄, 채동순, 최영훈, 김길봉
이르쿠츠크지방공산당 한족부	박승만
이르쿠츠크 제5군단 국제부대 정치과	박안드레이
베르흐네우진스크공산당 한족부	우학준
베르흐네우진스크 한인군대 공산당지부	김춘선, 조도선, 한학규(불참)
한인사회당	이한영, 박애

* 1920년 7월 7일에서 12월까지 이르쿠츠크.

이 회의에 대표자를 파견한 단체는 6개였다. 옴스크, 이르쿠츠크, 베르흐네우진스크 3개 도시에서 활동하는 5개 단체와 일찍이 연해주에서

---

1) 「전로한인공산당 제1대표원회의회록」, 4쪽.
2) 위의 글, 3~4쪽.
3) 위의 글, 4쪽.

212

설립된 한인사회당이 그것이다. 한인사회당의 두 대표자 이한영과 박애
는 모스크바 파견 전권위원들이었다. 1920년 4월 모스크바를 출발하여
귀환길에 올랐던 두 사람은 7월 현재 이르쿠츠크에 머물고 있었던 것이
다. 한인사회당을 제외한 다른 단체들은 모두 러시아 바이칼호 부근 지
역에 소재하는 단체들이었다.

그 당시 한인 사회주의단체들이 조직되어있었던 곳은 시베리아뿐만
이 아니다. 이미 보았듯이 러시아령 극동의 연해주, 아무르주를 포함하
여 중국·만주·한국 국내에도 조직되어있었다. 따라서 이 회합은 전
한국적 규모의 회합이라기보다 국지적, 지방적 성격을 띠었음을 알 수
있다. 다만 한인사회당이 참가함으로써 그 국지성은 어느 정도 극복되
었다고 할 수 있다.

이 대회의 국지적 성격은 명칭에서도 드러난다. 이 대회의 정식 명칭
은 『동아공산』에 수록된 대회의사록에 의하면 '전로한인공산당 제1회
대표원회의'였다. 이르쿠츠크파의 한 공산주의자에 의해 작성된 『재노
고려혁명군대연혁』에서는 '러시아공산당 내 고려공산단체 제1차 대표
회의'라고 지칭되고 있다.4) 이 대회는 러시아어 표기로는 '소비에트 러
시아 및 시베리아 고려공산단체 대회'로 불리었다.5) 결국 이 회의는 참
가단체의 구성으로 보거나, 그 명칭으로 보거나 소비에트러시아 내에
소재하는 한인 공산주의단체들의 통합을 꾀하기 위해 소집된 것임을 확
인할 수 있다.

대회의 위상문제는 참가자들 사이에서도 논란이 되었다. 회의 도중
일부 참가자들이 이 대회를 전한공산당 창립대회 자격으로 진행하자는
주장을 제기했다. 이 제안은 아마도 바이칼호 인접 지역의 사회주의자

---

4) 「在魯高麗革命軍隊沿革」, 23쪽(『한국공산주의운동사』 2 자료편).

5) Доклад Корейской Коммунистической партии 3 Конгрессу Коминтерна, Народ
ы Дальнего Востока, Иркутск, 1921, No.2 ; 고려공산당, 「코민테른 제3차 총회
에 대한 보고」, 『역사비평』 1989년 가을, 363쪽(이하 「고려공산당 보고」로 줄
임. 쪽수 표기는 번역본에 따름).

들에 의해 제기된 것으로 보인다. 그러나 이 견해는 반론에 부딪쳐 끝내 채택되지 못했다. 회의 참가자들은 볼셰비키가 정권을 장악하고 있는 지역, 즉 한인들의 사회주의운동이 합법적이고 공공연하게 진행되고 있는 지역 공산주의단체들의 대표자회의로 간주했던 것이다. 지방적 차원의 회합임을 스스로 인정한 셈이다.

하지만 역사적 맥락에서 보면 이 회의의 의의는 결코 작지 않았다. 소비에트러시아는 한인 사회주의운동의 발생지 가운데 하나이다. 그곳의 한인 사회주의단체는 다른 곳에 위치한 단체들보다 양적으로 월등하게 많았다. 이 대회는 비록 국지적 범위의 통합을 당면목적으로 삼고 있지만, 그 이상의 정치적 의의를 갖는 셈이었다. 이 회합은 전 한국적 통합으로 나아가는 통과점이었다.

대회에는 방청자들의 입장이 허용되었다. 결의권을 가진 정식 대의원 외에 개인 자격의 사회주의자들이 참석했다. 이르쿠츠크 한인공산당의 쟁쟁한 간부들이 이 회의에 참석하여 발언권을 행사할 수 있었던 것이다. 의사록을 보면 조훈, 남만춘, 채성룡, 김성찬 등과 같은 이르쿠츠크 한인공산당 간부들이 방청인 자격으로 참석했음을 확인할 수 있다. 따라서 이 대회는 이르쿠츠크 한인공산당의 복안대로 움직여갈 공산이 컸다.

의안 심의

대회 의안은 다양했다. 그것은 ① 당면시기, ② 한국에 존재하는 종교단체와 정치단체에 대한 태도, ③ 상해임시정부에 대한 태도, ④ 민족적 결사체에 대하여, ⑤ 기타 전술문제, ⑥ 당건설에 관하여(조직문제), ⑦ 중앙총회 선거 등이었다.[6] 단지 지방적 관심사에만 머물지 않았음을 알

---

6) Учредительный Съезд Корейской Коммунистической партии(고려공산당 창립 대회), Народы Дальнего Востока 2, Иркутск, 1921, с.239∼240(이하 「고려공산

214

수 있다. 전 한국의 관심사가 심의되었던 것이다.

의안 심의는 시끄러운 논쟁을 불러일으켰다. 대의원들은 두 그룹으로 나뉘었다. 그 중 하나는 한인사회당의 대표들(박애·이한영)과 옴스크 한인공산당의 일부 대표들로 이루어져 있었다. 한인사회당과 보조를 같이 하는 옴스크 대의원은 아마 '최영훈, 김길봉'을 가리키는 것으로 추정된다. 앞서 살펴보았듯이 옴스크 한인공산당은 현지 한인국민회에 대한 태도문제를 둘러싸고 격렬한 내분을 겪은 바 있다. 그를 반영하여 이 대회에 파견된 옴스크 대의원들도 정책문제를 둘러싸고 양분되었던 것 같다.

다른 한 그룹은 대회소집을 주동한 바이칼호 인근의 사회주의자들이었다. 특히 옴스크 한인공산당의 청년 반대파를 대표한 '이성, 이괄, 채동순'이 맹렬한 논전을 벌였던 것 같다. 그들은 옴스크 국민회에 대한 적대정책을 주장했고, 한인사회당원 박애·김표도르 등의 지도노선에 격렬히 반대했던 사람들이다. 이들은 이르쿠츠크공산당 한족부 당원들과 더불어 이 그룹의 중심적 지위를 점하고 있었다. 이 그룹은 대회석상에서 다수를 점했다.[7]

이 두 대의원 그룹은 정책과 조직문제를 둘러싸고 심각한 논쟁에 돌입했다. 가장 뜨거운 쟁점은 민족주의자에 대한 태도문제였다. 특히 상해임시정부에 대한 정책, 한국 내 종교단체와 정치단체에 대한 정책을 다룰 때 견해차이가 두드러졌다.

한인사회당 대표자들은 민족주의자들이 혁명적 역할을 담당하고 있으므로 그들과 제휴해야 한다고 주장했다. 그 반면에 이르쿠츠크·옴스크 사회주의자들은 그들을 적대시해야 한다고 보았다. 민족주의자들은 부르주아지 정치세력이며 노동계급에 대한 계급적 착취자이기 때문에 일본 부르주아지에 대해 투쟁하는 것과 마찬가지로 한국 민족주의자들

당 창립대회」로 줄임).
7) 「고려공산당 보고」, 363쪽.

에 대해서도 맞서 싸워야 한다는 논리였다.

민족주의에 대한 정책차이는 한국혁명의 장래에 관한 전략적 문제를 둘러싸고도 되풀이되었다. 부르주아 민주주의적 단계로 보는가 아니면 프롤레타리아트 독재를 즉시 수립하는 사회주의혁명 단계로 보는가, 이 문제에 대해 서로 다른 해답을 내놓았다. 후자의 입장에 섰던 이르쿠츠크 사회주의자들은 한인사회당 대표자들이 "언론·출판의 자유를 민주주의의 불가결한 원칙으로서 옹호"[8]했다고 격렬히 비난했다.

두 그룹 사이에 논란을 불러일으킨 또 하나의 문제는 러시아와 시베리아 한국인들의 조직형태에 관한 문제였다. 한인사회당 대표와 그 지지자들은 러시아 내 한국인들을 러시아인들과 분리시켜 한인국민회·노동회·청년회·부녀회 등과 같은 한국인들만의 대중단체를 통해 조직하자고 제안했다. 이르쿠츠크·옴스크 사회주의자들은 그와 달랐다. "한국인 노동자들을 러시아 노동자들과 동등하게 일반적 산업별 연맹으로 조직"할 것을 주장했다고 한다.

양자 사이의 대립은 당조직문제를 둘러싸고도 제기되었다. 대회의 다수파들은 전국적 공산당 창립대회를 최단시일 내에 소집할 임무를 갖는 '전로한인공산당 중앙총회'를 구성하기로 결정했다.[9] 이 문제에 대해 한인사회당 대표자들이 동의했는지 여부는 확실하지 않다. 아마도 그들의 반대를 무릅쓰고 이 결정이 채택된 것으로 보인다. 왜냐하면 한인사회당은 앞으로 건설될 전 한국의 통일된 공산당이 한인사회당 중앙위원회를 임시중앙기관으로 인정한 위에서 건설되어야 한다고 주장했기 때문이다. 한인사회당 간부 중의 한 사람인 장도정이 이르쿠츠크의 중앙총회를 "중앙총회라고 승인한 일도 없었"[10]다고 말한 사실은 바로 이러한 사정을 증언해준다.

---

8) 「고려공산당 창립대회」, 228~229쪽.
9) 「고려공산당 보고」, 363쪽.
10) 張道政, 「高麗共産黨の沿革」, 10쪽, РГАСПИ ф.495 оп.154 д.248.

결국 대회 의안들은 다수파의 의지에 따라 채택되었다. 대의원들은 대회 마지막 날 '전로한인공산당 중앙총회'를 선출했다. 이 기관은 한인들 사이에서는 '고려공산당 중앙총회'로도 불리었다. 러시아어로는 '전로고려공산단체 중앙위원회'라고 지칭되었다.

이 대회는 초창기 한국 사회주의운동사에서 주목할 만한 의의를 지니고 있다. 뒷날 상해파, 이르쿠츠크파로 불리는 한국 사회주의운동 내부의 정치적·조직적 분열이 이 대회를 통해 최초로 구체화되었기 때문이다. 상해파와 이르쿠츠크파 사이의 분파투쟁이 바로 이 대회에서 처음으로 표출되었던 것이다.

이전에도 사회주의자들 사이에 내분이 존재하지 않은 것은 아니다. 예를 들면 옴스크와 크라스노야르스크, 모스크바 등지에서 이미 한인국민회에 대한 태도문제를 둘러싼 내분이 존재했다. 극동의 한인사회당도 자체의 발전과정에서 스스로 그러한 굴곡을 겪었다. 그러나 과거의 현상은 어디까지나 국지적·지방적 차원에서 일어난 것이었다. 이제 그 분쟁은 전 한국적 범위의 공산당 창립을 준비하는 운동 내부로 인입되었다. 분쟁은 국지적·지방적 경계를 넘어 전 한국적 문제로 전화했다.

2. 전로한인공산당 중앙총회 회의록

회의록 종류와 양식

흥미있는 회의록 자료가 있다. 전로한인공산당 중앙총회 회의록이 그것이다. 1번에서 30번까지 잇달아 일련번호가 붙어있는 이 회의록은 1920년 7월 21일에 시작해서 같은 해 12월 27일자로 끝나고 있다. 하지만 모든 회의록에 일련번호가 붙지는 않았다. 회의록 뭉치 가운데는 번호가 적히지 않은 것도 포함되어있다. 8월 14일자 회의록이 그것이다.

사무착오 탓으로 보인다.

이 회의록 뭉치가 망라하는 기간은 5개월 7일간이다. 날짜로 환산하면 158일이 되는데, 그동안 회의가 31차례 열렸다. 평균 닷새에 한 번씩 개최된 셈이다. 하지만 회의가 열리는 간격은 일정하지 않았다. 사안에 따라서 매우 조밀할 때도 있었고, 듬성듬성한 때도 있었다. 긴급한 사안이 있을 때는 이틀에 걸쳐 한 회의가 계속되기도 했다. 9월 9일에서 10일까지 이틀간 계속된 제12차 회의가 그 보기이다. 또한 차수를 변경하며 연일 회합한 경우도 있었다. 이런 사례는 4번이나 눈에 띈다.

그에 반해 상당한 공백기간도 있었다. 가장 긴 공백기는 한 달이었다. 제15차와 제16차 회의 사이의 기간은 9월 23일부터 10월 22일에 해당되는데, 이 기간 동안 전로한인공산당 중앙총회는 아무런 공식 회의도 갖지 않았다. 왜 그랬을까? 한가한 탓은 아니었다. 그 반대였다. 이 공백기간에 옴스크에서 '제1회 전로고려인대의회'가 열렸음을 상기하고 싶다. 너무나 분망했던 것이다. 시베리아 한인 사회의 주도권 향배에 관련된 이 대회를 전로한인공산당 중앙총회는 극히 중시했다. 1920년 10월 3일부터 11일까지 옴스크에서 17개 지방 24개 한인 단체 대표자 52명이 참가한 이 회의에는[11] 전로한인공산당 중앙위원 과반수가 참석했던 것이다. 이 기간 동안 중앙위원들은 흩어져 있었다. 이르쿠츠크에 잔류한 소수의 중앙위원과 옴스크에 출장간 과반수의 중앙위원들은 각자 비공식 협의를 계속했겠지만, 중앙총회 공식 회의를 가질 수는 없었던 것이다.[12]

---

11) 『동아공산』 제6호, 1920. 11. 7, 3쪽.

12) 옴스크 전로고려인대의회에 출석한 중앙위원은 이성, 박승만, 남만춘 3명이었다. 이성과 남만춘은 이르쿠츠크 전로한인공산당 중앙총회 대표자 자격이고, 박승만은 러시아공산당 시베리아국 동양국 한족부 대표자 자격이었다. 이르쿠츠크에 잔류한 중앙위원은 채동순과 한봉익 두 사람이었다(Протокол о бъединенного заседания Центрального Комитета Корейских Коммунистически х организации и Секции Восточных народов(한인공산당 중앙총회와 동양국 연석회의록), 1920. 9. 17, РГАСПИ ф.495 оп.135 д.19).

회의록은 일정한 양식에 따라서 기록되었다. 문서의 맨 처음에는 참석자들의 이름이 적혀있다. 이어서 회의석상에서 검토한 의안이 소개되고, 각 의안별로 '보고'와 '결정'사항이 기재되어있다. 보고와 결정사항은 잘 정제된 문장으로 적혀있다. 회의석상에서 오고간 발언을 그대로 옮겨적은 것이 아니라 최종 결론만을 간추린 용어로 기재했다. 그런 점에서 볼 때 이 자료는 '속기록'이 아니라 '의사록'의 성격을 띤다.

이 기재양식은 이르쿠츠크뿐만 아니라 러시아 각지의 다른 한인 단체들도 공통적으로 사용하고 있었다. 사회주의단체는 물론이고 비사회주의 대중단체의 회의록 양식도 동일했다. 1923년 1월에 작성된 '치타 한족회'의 특별총회 회의록이 그 좋은 보기이다.13) 동일한 사례를 그밖에도 여럿 제시할 수 있다. 이 양식은 비단 한인 단체의 회의록에만 고유한 것은 아니었다. 그것은 러시아 공산당의 문서에서 널리 볼 수 있는 것으로서 '프로토콜(протокол)'이라는 명칭의 서식이었다. 결국 이르쿠츠크 한인공산당 중앙총회 회의록 기재양식은 현지에서 널리 사용되던 러시아 문서양식의 영향을 받은 것이었음을 알 수 있다.

회의록을 작성한 사람들

회의록 말미에는 '회장(председатель)'과 '서기(секретарь)'가 함께 친필서명을 남기고 있다. 회장은 이 회의를 주재한 사람이자 이르쿠츠크 한인공산당의 최고책임자를 가리킨다. 그의 서명은 이 문서들이 공식적 구속력을 갖고 있음을 증명하는 행위로 볼 수 있다.

회장 서명란에 필적을 남긴 사람은 이성이었다. 그는 당시 33세의 청년으로서 약 10년간 반일혁명운동에 헌신한 경력을 갖고 있었다. 20세를 전후한 시기에 서울의 기독교계 신교육기관인 상동(尙洞)청년학원에

---

13) 「치타한족회 특별총회회록」, 1923. 1. 28, РГАСПИ ф.495 оп.135 д.25.

서 근대교육을 이수했으며, 20대 중반에 북간도와 연해주로 망명하여 반일혁명운동에 투신했다. 사회주의운동 선상에 그의 이름이 발견되기는 1919년이 처음이다. 중앙총회 회의록에 이름이 등재되기 바로 1년 전이었다. 그는 옴스크 한인 사회주의자들이 발간한 신문『새벽북』의 편집인이었다. 1920년 7월에는 이르쿠츠크에서 열린 '전로한인공산당 제1차 대표원회의'에 옴스크 대표로 참석하여 대회 의장직을 맡기도 했다. 이 대회에서 그는 전로한인공산당 중앙총회 위원으로 선임되었으며, 뒤이어 중앙총회 회장에 취임했던 것이다. 그는 회의록 말미에 러시아어 철자로 서명했다. 그러나 그의 필체는 투박한 느낌을 준다. 러시아 체류 기간이 당시 5년쯤 되었기 때문에 러시아어로 말하고 듣는 것은 가능했겠지만 유려하게 작문하는 일은 힘겨웠던 것으로 보인다.

서기는 이 문서를 직접 작성한 사람이다. 서기란 한인공산당의 행정 실무를 집행하는 고위간부로서 중앙총회 회의에 참석할 자격이 있는 중앙위원 가운데 한 사람이었다. 서기 서명란에는 러시아어로 '채알(Цай А л.)이라고 적혀있다. 바로 채알렉산드르 표도르비치(Цай Александр Феодорович)이다. 당시 29세였던 그의 한국식 성명은 채동순이었다.

회장 이성이 망명 혁명가 출신인 데 반해 채동순은 러시아 한인 교포 2세였다. 아니, 엄밀하게 말하면 1.5세가 옳겠다. 함경도에서 출생한 그는 어려서 부모를 따라 두만강 너머 러시아 연해주로 이주했다. 러시아 정규 교육을 이수한 그는 대학까지 다녔다. 톰스크 대학에 재학중일 때 그는 제정러시아 군대에 징집되었다. 제1차 세계대전이 발발한 이듬해인 1915년이었다. 대학교육을 거친 고급 두뇌라는 이유로 그는 사관학교에 입교했으며, 단기 사관양성 과정을 마친 뒤 장교로 임관했다. 전쟁과 혁명, 내전의 와중이던 당시 정세는 청년 채동순의 인생역정에 몇 차례 굴곡을 가져다주었다. 제정러시아군 제33 투르게스탄 독립보병연대 장교, 콜차크 백위파 정부군 장교 등이 그가 겪은 직책이었다. 그가 사회주의운동 선상에 처음 등장한 것은 콜차크 백위파 정부가 붕괴되기 직전인 1919년 말이었다. 그는 옴스크 한인 사회주의자들의 알선으로 공산당에 입당했다.[14] 회장 이성과 달리 그의 필적은 꽤나 달필이다. 러시아에서 고등교육을 이수했고 군대와 정치단체에서 다채로운 조직생활을 겪은 사람답다.

회의록 가운데는 더러 회장과 서기의 서명이 생략된 게 있다. 이는 서명하기를 잊은 탓이라기보다 회의록 사본이 존재했다는 증거이다. 회의록은 단 한 부만 작성된 것이 아니라 여러 사본이 함께 만들어졌던 것이다. 회의록은 러시아어 타자기로 작성되었다. 타자를 칠 때 종이를 여러 장 끼우되, 종이 사이에 까만 카피 용지를 대고 여러 부의 사본을 함께 제작했던 것이다. 사본들은 이르쿠츠크에 소재하는 러시아당 기관 등에 제출하기 위해 만들어졌다. 서명은 통상 원본에만 행했던 것 같다.

회의록은 러시아어로 작성되었다. 러시아어를 능숙하게 구사할 줄 아는 사람이 서기에 보임된 것은 그 때문이리라. 그러나 회의록 작성은 오로지 러시아어로만 이루어진 것은 아니었다. 한글로 작성된 회의록도 존재했다. 1920년 9월 2일에 열린 제10차 회의 결과가 그를 입증해준다. 이 회의의 제4의안은 '중앙총회 한글서기 선임' 문제였다. 논의 결과 중앙총회 선전과 번역원 임무를 맡고 있던 중앙위원 한봉익(韓鳳翼)이 한글서기직을 임시로 겸임하기로 결정이 났다.[15] 이로 미루어보면 한글

---

14) 이인섭, 「망명자의 수기」, 『한국독립운동사자료집』(홍범도 편), 한국정신문화연구원, 1995. 3, 261쪽.

15) 임시 한글서기로 선임된 사람은 러시아어 표기에 따르면 'Хан - Поик'이다. 그의 한국식 성명이 무엇인지 아직 명백하지 않다. 소리나는 대로 옮기자면 '한보익'일 것이다. 하지만 '한보익'에 관한 정보는 쉽사리 발견되지 않는다. 이르쿠츠크 한인공산당 중앙위원이었다는 사실 외에 아직 단 하나의 신상정보도 밝혀진 바 없다. 우리는 'Хан - Поик'의 한국식 성명이 '한봉익(韓鳳翼)'일 가능성이 높다고 본다. 왜냐하면 이르쿠츠크 공산당 한족부 기관지 『적기』의 1920년 4월 7일자 기사에 관련기록이 나오기 때문이다. 이 신문을 입수한 일본경찰은 관련기사를 일본어로 번역하여 정보문서를 작성해둔 바 있다. 그에 따르면 1920년 2월 15일에 새로 선임된 이르쿠츠크 공산당 한족부 간부진 가운데 한봉익이란 이름이 포함되어있다(『적기』 1920. 4. 7 ; 金正

회의록이 적어도 9월 이후에는 러시아어 회의록과 동시에 작성되었을 것이다. 그러나 유감스럽게도 우리는 아직 한글 회의록을 접하지 못했다. 중앙총회의 내면을 엿보자면, 러시아어 회의록에 의거하는 데서 만족할 수밖에 없다.

3. 중앙총회를 이끈 사람들

중앙총회 위원들

중앙총회 회의록에는 참석자를 기재하는 난이 있다. 거기에는 참석자 이름이 거의 빠짐없이 적혀있다. 명단이 밝혀져 있는 회의록은 31개 가운데 28개이다. 이 명단은 역사학자들의 큰 관심을 끈다. 초창기 이르쿠츠크파 공산주의 그룹을 이끈 사람들의 면면을 더이상 명료하게 밝혀줄 수 있는 게 없기 때문이다. 그룹 내에서 각 개인이 수행한 역할까지 세세하게 추적할 수 있는 값진 자료로 평가된다.

'중앙총회'란 명칭은 곧 중앙위원회를 뜻한다. 당시 시베리아 한인들은 중앙위원회 대신에 이 용어를 즐겨 썼다. 전로한인공산당의 최고의 결기관이자 집행기관인 이 기구는 러시아에 소재하는 한인 공산단체의 최고기관으로 자임했다. 이들은 러시아에 소재하는 한인들이 자신의 지휘를 받아야 한다고 주장했다. 자기 기관지 창간호에서 "각 지방 각 단체는 본 지방총회의 경유를 받아 모든 사건을 시행"하라고 공개적으로 요구할 정도였다.[16]

明 編, 『朝鮮獨立運動』 5, 97쪽). 그의 직함은 기관지 신문기자였다. 한글로 문서를 작성하는 일은 한글신문 기자를 지낸 사람에게는 그다지 어렵지 않았을 것이다.

16) 『동아공산』 제1호, 1920. 8. 14, 4쪽.

따라서 아무나 임의로 중앙총회 회의에 참석할 수 있는 것은 아니었다. 그에 참가할 수 있는 사람은 그럴 만한 자격과 이유를 갖고 있었다. 어떤 사람이 어떤 자격으로 이 회의에 참석했는지 조사해보자.

7월 21일부터 12월 27일까지 모두 31차례 개최된 회의 참석자들을 합산해보았다. 연인원 14명이었다. 이들은 출석률을 기준으로 볼 때 두 개 그룹으로 구분된다. 하나는 80% 이상의 출석률을 보인 사람들이다. 출석자명단을 확인할 수 있는 28회 회의 가운데 23회 이상 참석한 사람들, 다시 말해 80% 이상의 출석률을 보인 사람은 5명이었다. 이성, 채동순, 한봉익, 박승만, 남만춘이 그들이다.

이들이 빈번하게 고정적으로 중앙총회 회의에 참석할 수 있었던 까닭은 중앙총회 위원이었기 때문이다. 중앙위원 선임은 1920년 7월 이르쿠츠크에서 이루어졌다. 이미 보았듯이 7월 7일부터 15일까지 '전로한인공산당 제1차 대표원회의'가 이 도시에서 개최되었는데, 대회 마지막날에 한인 사회주의운동의 중앙기관이 설립되었던 것이다. 선출된 중앙위원은 5명이었다. 이성, 채동순, 한봉익, 박승만, 이다물이 그 성원이었다.[17]

주의 깊은 독자라면 알아차렸을 것이다. 맨 처음 중앙위원으로 선출된 사람들과 중앙총회 회의석상에 실제 참석한 사람들 사이에 차이가 있다는 것을. '제1차 대표원회의'에서 선출된 5명 가운데 네 사람은 중앙위원 직무에 줄곧 종사하고 있지만, 한 사람은 그렇지 않았다. '이다물'이 바로 그 사람이다.

이 사실은 중앙총회 위원 구성이 변모했음을 시사한다. 중앙총회 첫 회의는 '제1차 대표원회의'가 종료된 지 6일 만에 열렸다. 7월 21일이었다. 이날 회의의 안건은 단 한 가지였다. 중앙위원의 보직을 확정하는

---

17) Центральный комитет Корейских коммунистических Организации(한인공산당 중앙총회), Письмо в Центральный комитет РКП(러시아공산당 중앙위원회 앞 편지), 1920. 11. 16, 1쪽, РГАСПИ ф.495 оп.135 д.17.

문제였다. 논의 결과 회장에 이성, 부회장에 박승만, 서기에 이다물이 선임되었다.[18] 그러나 서기에 선임된 이다물은 회의석상에 얼굴을 내밀지 않았다. 회의록에는 그가 이르쿠츠크 시에 부재하기 때문이라고 적혀있지만, 그 후에도 중앙총회 회의 불참은 계속되었다. 결국 중앙총회가 출범한 지 한 달쯤 지난 8월 26일 제9차 회의석상에서, 그는 건강상의 이유로 '중앙총회 서기의 직임과 중앙총회 내 사업 일반'에서 해임되었다.[19]

무슨 이유로 회의에 불참했는지는 명백하지 않다. 그러나 회의록에 적힌 바와 같이 단지 이르쿠츠크 시에 부재했거나 '건강상 이유' 때문만은 아닌 것 같다. 이다물은 중앙총회 위원 직무를 사보타주한 것으로 보인다. 왜냐하면 이르쿠츠크 한인공산당과 가파른 헤게모니 경쟁을 벌였던 치타 러시아공산당 극동국 한인부의 일꾼 명단에서 그의 이름을 발견할 수 있기 때문이다. 1921년 1월 현재 그는 치타 한인부의 기관지 『노농신보(勞農新報)』의 기자이자 번역원이었으며,[20] 또한 치타 한인부가 주도한 한국 의병대회 소집위원 가운데 한 사람으로 선임되기도 했다.[21] 이다물은 이르쿠츠크파보다 그에 경쟁하던 치타 극동국 한인부에서 정체성의 일치감을 더 느꼈던 것으로 보인다.

그가 어떤 경력을 가진 사람인지, 우리는 풍부한 정보를 갖고 있지 않

---

18) Протокол No.1 заседания Центрального Комитета Корейских Коммунистичес ких организации(한인공산당 중앙총회록 제1호), 1920. 7. 21, РГАСПИ, ф.495 оп.135 д.19.

19) Протокол No.9 заседания Центрального Комитета Корейских Коммунистичес ких организации(한인공산당 중앙총회록 제9호), 1920. 8. 26, 1쪽, РГАСПИ, ф.495 оп.135 д.19(이하 「회의록 제9호」로 줄임).

20) 동아국 한인부, 「선전부 일지 제1권」 1921. 1. 17~3. 2, 1쪽, РГАСПИ ф.495 оп.154 д.117.

21) Протокол No.9, Очередного заседания Корейской Секции при Дальбюро Ц.К. Р.К.П(러시아공산당 극동국 산하 한족부 정례회의록 제9호), 1921. 1. 16, РГАСПИ ф.495 оп.154 д.90.

다. 고토 회복을 뜻하는 '다물'이라는 말을 자신의 이름으로 내세운 점으로 미루어보아, 이다물은 사회주의운동에 입문하기 이전에 반일민족운동에 헌신한 적이 있다고 봐도 틀림없을 것이다. 그는 국한문 혼용의 문필 능력을 갖고 있었으며, 러시아어로 작문할 정도의 어학구사 능력도 갖추고 있었다. 이르쿠츠크 중앙총회에서 '서기' 직임에 선임된 바 있고, 『노농신보』 기자 겸 번역원에 종사했다는 경력이 이런 추정을 뒷받침해준다.

이다물과 반대로 중앙위원에 선출되지 않았는데도 높은 출석률을 보여준 사람이 있다. 남만춘이다. 그는 이다물을 대신하여 8월 5일자 제3회 회의 때부터 정기적으로 중앙총회 회의석상에 출석했다.22) 그에게는 회의에 참석할 자격이 있었다. '제1차 대표원회의'에서 중앙총회 '제1후보위원'으로 선임되었던 것이다. 급기야 이다물의 해임을 결정한 제9차 회의에서 남만춘은 중앙총회 정식 위원으로 인정받기에 이르렀다.23)

중앙위원 5명은 항상적으로 중앙총회 회의에 참여함으로써 최신 정보를 수시로 접할 수 있었고, 의안을 제출하며, 그에 대해 자신의 의견을 반영할 수 있었다. 전로한인공산당 중앙총회의 최고지도부 역할을 수행했던 것이다.

중앙총회 회의에 참가할 수 있는 자격은 매우 엄격했다. 원칙적으로 중앙위원만이 참석할 수 있었다. 그러나 중앙위원이 아니면서도 회의에 참석한 그밖의 사람들도 있었다. 다소 지루하겠지만 기타 인사들의 면면과 참석 횟수를 보자. 조훈 4회, '박창인' 4회,24) 채성룡 3회, 한규선 3

---

22) Протокол No.3 заседания Центрального Комитета Корейских Коммунистичес
  ких организации(한인공산당 중앙총회록 제3호), 1920. 8. 5, РГАСПИ, ф.495 о
  п.135 д.19(이하 「회의록 제3호」로 줄임).

23) 「회의록 제9호」 1920. 8. 26, 1쪽.

24) 러시아어 표기로는 'Пак - Чан - Ин'이다. 이 사람의 한국식 성명은 아직 확
  인하지 못했다. 소리나는 대로 표기한다면 '박창인'일 것이다. 1922년 초 연
  해주 해방전쟁에 참가한 李鏞 부대의 정치위원 가운데 朴昌仁이 있다. 그는
  이르쿠츠크파로 지목되고 있다(「在魯高麗革命軍隊沿革」, 『한국공산주의운동

회, 김성찬 3회, 최영훈 3회, 게르세비치(Гершевич) 2회, 김철훈 2회, '김
아무개' 1회였다.25)

초대받은 사람들

중앙위원 이외의 인사로서 중앙총회 회의에 참석한 사람은 9명이었
다. 이들의 출석률은 중앙위원들에 비해 두드러지게 낮다. 10% 안팎의
출석률을 보이고 있다. 가장 많이 참석한 사람도 13% 이하이다. 중앙위
원이 아닌 사람은 사안에 따라 중앙총회의 요청에 의해서만 회의에 출
석했음이 틀림없다.

중앙위원이 아닌 사람이 중앙총회 회의석상에 참석하는 경우는 다음
세 가지였다. 첫째, 산하 부서의 업무보고를 청취할 때였다. 중앙총회는
선전과, 조직과, 연락교통과라는 3개 부서를 설치했다.26) 각 부서의 책
임자들은 자신의 활동경과를 정기적으로 중앙총회에 보고했다. 한규선
이 중앙총회 회의에 세 차례 참석한 것은 모두 이 경우에 해당된다. 그
는 선전과장이었다.

둘째, 외부 단체에서 파견된 밀사로부터 비밀보고를 청취하거나 업무
를 협의할 때였다. 이 경우에 해당하는 사람은 박창인과 김아무개이다.
박창인은 11월 11일 제20차 회의에 출석하여 '연해주의 정세'에 관해 비
밀보고를 행했다. 그는 '고려공산당 극동위원회' 회장을 자임했다. 그의
보고에 따르면, 극동위원회는 그해 4월 연해주참변이 일어난 직후 블라
디보스톡에서 비밀리에 결성되었다. 이 단체의 중앙위원은 8명인데, 그

사 2 자료편』, 52쪽). 이 사람과 동일인일 가능성이 높다.

25) 러시아어 표기로는 'Ким. Н. Ф.'이다. 성씨 외에 아직 더이상 신상을 확인할
수 없다.

26) Секретарь Цека Коркоморганизации А.Цай(채동순), Доклад о работе Корейск
ого отдела Секции Восточных Народов(동양국 한족부 사업보고), 1쪽, РГАСПИ,
ф.495 оп.135 д.19.

226

가 임시회장이고 부회장에는 한명세가 선임되었다. 연해주 각지에 9개 세포단체가 결성되어있으며, 종래 존재해오던 일세당도 이 대열에 합류 했다고 한다.27)

다른 한 사람의 외부단체 밀사 '김아무개'는 9월 9~10일 이틀 동안 열린 제12차 중앙총회 회의에서 비밀보고를 행했다. 그는 러시아 백위 군 세묘노프 휘하에 소속된 한인 부대의 지휘관이었다. 그의 보고에 따 르면, 150~200명의 한인들로 이루어진 이 부대는 당시 다우리야(Даурия) 에 주둔하고 있었다. 다우리야는 제야 강이 합류하는 아무르강 중류 유 역의 철도정거장 지명으로서 적군에게 패퇴하던 세묘노프 백위군의 퇴 각로였다. 밀사는 다우리야 한인 부대를 세묘노프 휘하에서 벗어나 이 르쿠츠크의 러시아공산당 휘하로 귀순시키겠다고 제안했다. 그는 이를 실현하기 위해 어떠한 억압도 가하지 않을 것과 귀순에 필요한 자금을 제공해줄 것을 요청했다.28)

다우리야 한인 부대 대표자의 보고는 무척 홍미롭다. 러시아내전 기 간에 백위군에 협력한 한인 군대가 존재했다는 점, 이 군대는 한국독립 을 위한 무장투쟁 준비를 표방하며 초창기 사회주의자들과의 협력을 꾀 했다는 점 등이 우리의 주목을 끈다.

비중앙위원이 중앙총회 회의에 참석하는 세번째 경우는 협력단체들 과 연석회의를 개최할 때였다. 연석회의 상대방은 러시아공산당 시베리 아국 동양국 간부들과 '고려공산당 극동위원회' 대표였다. 이 경우에 해

---

27) Доклад члена Д - Восточного Комитета Корейской Коммунистической партии Пак - Чан - Ин(고려공산당 원동위원회 위원 박창인의 보고), 1920. 11. 11, РГАС ПИ ф.495 оп.135 д.19.

28) Доклад сделанный на заседании Центрального Комитета Корейских Коммуни стических Организации 9 и 10 сентября 1920 года товарищами Н.Ф.Ким приех авшего из Дальняго Востока для установления связи и разрешения политиче ских вопросов(관계설정과 정치문제 해결을 위해 극동에서 온 김동무가 1920 년 9월 9, 10일에 한인공산당 중앙총회 회의에서 행한 보고), РГАСПИ, ф.495 о п.135 д.19.

당하는 사람은 게르셰비치, 조훈, 채성룡, 김철훈, 박창인이다.

중앙총회와 러시아당 동양국 간부 사이의 연석회의는 발족 초기에 몇 차례 개최되었다. 양 기관의 관계를 조정하기 위해서였다. 연석회의의 주요 파트너는 게르셰비치였다. 그는 1920년 7월부터 러시아공산당 시베리아국 내에 동양국을 결성하기 위해 예비작업을 주도한 인물 가운데 하나였다. 그는 동양국이 설립된 직후 한족부장에 임명되었다.29) 동양국 한족부장 자격으로 이 회의에 참석했던 것이다.

연석회의는 중앙총회, 동양국, 고려공산당 극동위원회 3자 대표자들 사이에 개최되기도 했다. 활동의 중점을 한국 내부와 국경지대로 옮기는 방안을 모색하기 위해서였다. 11월 17~22일 사이에 세 차례 열린 중앙총회 회의는 이들 3자간의 연석회의 형식으로 개최되었다. 이 자리에는 채성룡도 동양국 예하 부서인 총무부 서기 자격으로 참석했다. 그는 8월 26일자로 이 직임에 임명되었다.30) 김철훈과 조훈도 동양국 한족부 직원 자격으로 이 연석회의에 참석했다. 이들은 비록 중앙총회 위원은 아니었지만 이르쿠츠크파의 활동중점을 한국으로 이전하는 사업에서 빠져서는 안될 유능한 열성당원이었던 것이다.

이제 김성찬과 최영훈이 남았다. 이들이 중앙총회 회의에 참석할 수 있었던 자격은 무엇이었는지 살펴보자. 이들이 회의에 참석한 시점은 12월 13일자 제28차 회의 이후였다. 다시 말해 활동의 중점을 한국으로 옮기기 위해 주요 간부를 동방으로 파견한 이후였다. 활동의 중점을 이동하는 일은 사활적 중요성을 갖는 것이었다. 그래서인지 파견원 가운데는 중앙총회 회장 이성, 부회장 박승만도 포함되어있었다. 이 때문에 중앙총회 성원의 변경이 불가피했다. 12월 3일 제27차 회의에서 동방으

---

29) Доклад о работе секции востнародов сиббюро ЦКРКП(러시아공산당 시베리아국 동양국의 활동보고), 1920. 10. 7, 1~2쪽, РГАСПИ ф.495 оп.135 д.10(이하 「동양국 활동보고」로 줄임).

30) 「회의록 제9호」 1920. 8. 26, 1쪽.

로 파견되는 중앙위원들을 대신할 새 중앙위원이 선임되었다. 일찍이 '제1차 대표원회의'에서 중앙총회 후보위원으로 선출된 바 있던 김성찬과 최영훈이 정식 중앙위원으로 발령받은 것이다.[31]

위에서 본 바와 같이 중앙총회 회의에 참석할 수 있는 자격은 매우 엄격했다. 중앙위원의 책임과 권한은 명목상의 것이 아니라 실제적이었다. 중앙위원은 명실상부하게 전로한인공산당을 지도하는 최고간부였던 것이다. 이 때문에 중앙총회 회의에 참석하는 인원 규모도 고정적이었다. 회의당 평균 참석인원은 5.4명이었다. 중앙위원 정원이 5명이었음을 상기해보라. 참가자가 많을 때는 9명(2회), 7명(1회)에 달하기도 했으나, 연석회의와 같은 특별한 경우에만 그러했다. 참가자가 가장 적을 때도 4명(6회) 이하로 내려가지 않았다. 매 회의 때마다 중앙위원 5명 가운데 4명 이상의 출석이 항상 보장된 조건 속에서만 회의가 개최되었던 것이다.

중앙총회 의안

중앙위원들이 어떻게 생각하고 어떻게 행동했는지를 살펴보려면, 중앙총회 회의록에 기재된 '의안'에 주목하는 것이 유익하다. 회의록에는 각 의안별로 '보고'와 '결정'이 요약되어있기 때문이다. 다행스럽게도 몇몇 중요 의안에는 서면 보고서가 첨부되어있다. 어떤 취지에서 의안이 제기되었는지를 상세하게 전해주는 이 보고서들이 우리의 작업을 더욱 손쉽게 해준다.

회의록에 실린 의안의 수를 헤아려보자. 31차례 회의에서 취급한 의안은 총 122건이었다. 회의당 평균 4개 의안을 다룬 셈이다. 의안내용은 다채로웠다. 시베리아 한인 사회 내에서 공산당과 대중단체를 조직하고

---

31) Протокол No.27 заседания Центрального Комитета Корейских Коммунистиче ских организации(한인공산당 중앙총회록 제27호), 1920. 12. 3, РГАСПИ ф.495 оп.135 д.19.

군대를 편성하는 일, 간부 일꾼을 양성하기 위해 정치·군사학교를 세우고 현지 러시아공산당과 연계를 맺는 일 등이었다. 또한 한국 혁명운동 속으로 사업의 중점을 옮기는 문제도 지속적으로 제기되고 있었다.

의안 가운데 가장 큰 비중을 점하는 것은 단연 '전로한인공산당' 내부조직 문제였다. 내부조직 문제에 관한 의안은 줄잡아도 44개에 달한다. 그 가운데 임직원 동향에 관한 의안이 18개였다. 사임, 면직, 복직, 휴가, 책벌 등에 관한 것들이다. 임직원이란 중앙위원과 산하 부서 직원을 가리킨다. 발족된 지 한 달 반쯤 지난 시기의 임직원 규모와 명단을 알 수 있다. 1920년 9월 2일자 제10차 회의록의 첨부문서에 그 현황이 기재되어 있는데, 여기에는 임직원 15명의 '일련번호, 성명, 직책, 급여, 취임일시'가 적혀있다.[32]

이 중에는 중앙위원 5명도 포함되어있었다. 중앙총회 회장 이성과 서기 채동순을 제외한 다른 3명은 예하 부서 업무를 겸직했다. 부회장 박승만은 조직과장을, 중앙위원 남만춘은 연락교통과장을 겸임했고, 다른 한 사람의 중앙위원 한봉익은 선전과 직원이었다.

집행부서와 임직원들

모든 직원은 3개 부서에 편제되어있었다. 그 중 선전과의 규모가 가장 컸다. 선전과의 임무는 "동양 노동자나 농민에게 공산주의를 전파하기 위하여 말로도 글로도" 노력하는 데 있었다.[33] 선전과의 실무 직원은 9명이었다. 과장 한규선을 비롯하여 이봉춘, 박창래(朴昌來), 김동한(金東漢), 박희일, 한봉익, 김마리야, 한세묜(Хангай Семен), 김철훈이 그들이다.

---

32) Список сотрудников Корейского Отдела Секции Восточных народов Сиббюро Р.К.П. Составлен 2 сентября 1920 года(1920년 9월 2일 현재 동양국 한족부 직원명단), РГАСПИ ф.495 оп.135 д.19.

33) 『동아공산』 제1호, 1920. 8. 14, 4쪽.

한글 신문 『동아공산』을 발행하는 것이 이들의 가장 중요한 업무였다. 1920년 8월 14일에 창간호가 나왔으며, 뒷날 이르쿠츠크파 고려공산당 대회가 열리던 1921년 5월까지 통권 14호가 발행되었다. 이 신문은 4면으로 된 순한글 신문으로서 '동양 빈천자'의 눈과 귀가 되겠다고 자임했다. '빈천자'란 말은 '노동계급'을 가리키는 것으로서 『동아공산』 지면에서는 두 용어가 혼용되고 있었다.

신문발행 외에 선전용 소책자를 번역하는 일도 이 부서의 중요 과제였다. 9월 하순 현재 3종의 소책자 번역이 완료되었다. 「공산당원과 비당원」, 「공산주의자란 어떤 사람인가」, 「민주공화국과 소비에트공화국」이 그것이다. 부하린이 지은 「볼셰비키의 강령」도 번역중이었다.[34]

다른 두 개 부서는 규모가 작았다. "해외와 러시아 각 지방 한인 단체와 연계를 수립"하는 임무를 갖는 연락교통과의 직원은 2명이었다. 과장 남만춘과 직원 조훈이다. 9월 하순 현재 '해외와의 연계' 업무는 거의 이루어지지 못했다. 그대신 러시아 영토 내 거의 모든 한인 지방단체와 서면 연락체계를 수립할 수는 있었다.[35] 러시아 내 35개 도시로 발송되었다는 『동아공산』의 배포선을 통해 연락체계가 수립된 지방의 수를 짐작할 수 있다.[36]

조직과의 임무는 러시아 각 지방에 한인 공산당 지부와 노동회를 새로 결성하는 일이었다. 이 부서의 직원도 2명이었다. 과장 박승만과 직원 채성룡이다. 그러나 이 부서의 업무는 활발하지 못했다. 직원이동이 있었던 데다가 업무가 중복된 탓이다. 8월 1일 직원으로 취임한 채성룡은 한 달 만에 러시아공산당 시베리아국 동양국 총무부 서기로 전임되었다. 또한 과장 박승만도 한인공산당 중앙총회의 이르쿠츠크 지부 의

---

34) 채동순, 앞의 글, 2쪽.

35 위의 글, 3쪽.

36) Протокол No.10 заседания Центрального Комитета Корейских Коммунистиче ских организации(한인공산당 중앙총회록 제10호), 1920. 9. 2, 1쪽, РГАСПИ ф.495 оп.135 д.19(이하 「회의록 제10호」로 줄임).

장에 취임하는 탓에 중앙총회 조직과 업무에 전념하기 어려웠다. 러시아 여러 도시에서 한인 공산지부와 노동회를 결성할 조직지도원을 보내달라는 요청이 왔으나 어느 한 군데도 파견하지 못할 정도였다. 일꾼이 부족했기 때문이다.37)

일꾼 부족은 중앙총회의 심각한 골칫거리였다. 조직된 첫날부터 그랬다. 사회주의 신념이 확고하고 업무수행 능력을 갖춘 당원을 선발하고 싶었지만 러시아와 시베리아 내에는 그런 사람이 많지 않았다. 사회주의 신념은 고사하고 '기술적으로 준비된 일꾼'을 찾기도 곤란했다. "아니 거의 불가능했다"고 당사자 문서에는 표현되어있다. 그래서 일꾼 선발기준은 엄격하지 않았다. "업무에 얼마라도 유용할 것 같은 당원들은 모두 불러모았다"고 한다.38)

이 때문에 중앙총회는 유능한 당 일꾼을 확보하는 일에 일찍부터 힘을 기울였다. 설립 직후에 이미 정치·군사간부를 양성하기 위한 당학교 개설을 준비했다. '당학교 설립위원단(Комиссия по организации партшколы)을 임명한 것은 그 때문이었다. 설립위원에는 남만춘, 채성룡, 채동순 3명이 임명되었다. 이들이 작성한 당학교 설립계획서에 따르면, 수강생 규모는 25~30명, 수업기한은 9주간, 강좌수는 26개였다. 수업은 매일 저녁 3시간씩, 일주일에 6일간 진행될 예정이었다. 이 계획은 러시아 적군의 간부양성 과정을 모방한 것이었다. 계획서에 적힌 표현에 따른다면, "러시아 적군 제5군 정치부 연대 당학교 프로그램을 한인 당학교에 수용할 수 있는 완전한 것으로 간주"했던 것이다.39) 설립위원 3명 가운데 두 사람이 러시아군 장교 출신이었다는 점도 이러한 모방을 자연스럽게 만든 요인이 되었다. 앞서 설명한 채동순과 마찬가지로 남만춘도 제1차 세계대전 당시 러시아군에 징집되어 장교로 임관한 경력을 갖

---

37) 채동순, 앞의 글, 3쪽.

38) 위의 글, 1쪽.

39) Протокол(회의록), 1920. 9. 5, 1쪽, РГАСПИ ф.495 оп.135 д.19.

고 있었다.

한인 당학교 설립은 장소와 재정난으로 실행이 늦어졌다. 당학교는 10월 하순께 설립된 것으로 보인다. 이즈음에야 가까스로 장소문제를 해결했다. 한인공산당 중앙총회가 들어선 건물의 사무실 하나에서 임시로 개교하기로 결정했던 것이다. 11월 4일에는 학생 21명의 선발을 완료했다.[40] 선발된 학생들 가운데 20명은 이르쿠츠크에서 편성된 한인 군대의 병사들이었다.[41]

중앙총회 임직원 동향 가운데 이채로운 것이 있다. '유학 청원'에 관한 심의안건이 적지않게 포함된 점이다. 유능한 당 일꾼들이 러시아 정규 대학에 유학하겠노라고 청원서를 내곤 했다. 특히 중앙총회 설립 초기에는 이런 청원이 줄을 이었다. 이들은 당사업에 필요한 정치적 사상적 훈련을 받겠다고 명분을 내세웠다. 보기를 들면, 조훈과 채성룡은 각각 두 차례에 걸쳐 모스크바의 고등교육기관이나 이르쿠츠크 노동대학에 입학할 것을 요청했다. 러시아의 정규 고등교육기관에 유학한다는 것은 초창기 한인 사회주의자들에게는 매혹적인 꿈이었던 것 같다. 사회주의자뿐만이 아니었다. 해외유학은 당시 한인 청년들의 공통된 갈망이었다.

그러나 모든 유학 청원은 기각되었다. 기각사유는 일꾼부족 현상과 밀접히 관련되어있었다. 중앙총회는 조훈과 채성룡의 청원에 대해 "현재 중앙총회 내에 훈련받은 당사업 책임일꾼이 지극히 부족"하기 때문에 허용할 수 없다고 결정했다. 중앙총회는 빈번한 유학 요청을 봉쇄해야 했다. 급기야 8월 20일자 제7차 회의에서 "1920~1921년 학기에는 모든 유학 목적의 파견을 중지하며, 파견 청원을 받아들이지 않는다"고 결

---

40) Список Курсантов Корейской Партшколы(고려당학교 학생명단), РГАСПИ ф.495 оп.154 д.15.

41) Протокол No.19 заседания Центрального Комитета Корейских Коммунистиче ских организации(한인공산당 중앙총회록 제19호), 1920. 11. 4, РГАСПИ, ф.495 оп.135 д.19.

정했다.[42)

중앙총회 임직원들은 급여를 제공받았던 것으로 보인다. 앞서 말한 임직원 명단에 '급여'란이 마련되어있는 사실이 그를 시사한다. 액수가 기재되어있지 않으므로 구체적인 정황은 알 수 없다. 하지만 인쇄된 서식이 아니라 펜으로 줄을 긋고 작성한 표인 만큼 급여가 지급된 사실 자체를 의심할 필요는 없겠다.

급여뿐만이 아니다. 생활용품과 숙소도 제공되었다. 9월 25일자로 작성된 생활용품 지급표가 그 구체적 정황을 짐작케 한다. 이 문서에는 11종의 물품이 적혀있다. 의복 1벌, 외투 1벌, 담요 1장, 담요 시트 2장, 침대 시트 2장, 수건 4~5장, 구두 1켤레, 구두밑창과 뒷축 1개, 털양말 3~4켤레, 모자 1개, 내복 2벌 등이 그것이다.[43) 시베리아의 9월 하순은 겨우살이를 준비해야 할 때였다. 혹독한 추위를 이길 의류와 잠자리용품이 겨울철을 앞두고 지급되었던 것이다.

당시 러시아에서는 기근과 내전으로 인해 수많은 사람들이 생활물품의 결핍을 겪고 있었음을 상기할 필요가 있다. 저 광대한 나라에 "처참한 빈궁과 결핍의 상태"가 휩쓸던 때였다. '대기근'이 러시아 민중에게 참을 수 없는 고난과 시련을 가져다주고 있었다.[44) 따라서 중앙총회 임직원이 된다는 것은 혁명운동에 가담하는 정치적 행동이었음과 동시에 생활상의 곤란을 해결한다는 측면도 아울러 갖고 있었다.

---

42) Протокол No.7 Экстренного заседания ЦК Коркоморганизации(한인공산당 중앙총회 회의록 제7호), 1920. 8. 20, РГАСПИ, ф.495 оп.135 д.19.

43) Протокол заседания Призидиума секции Востнародов с корейским отделом (동양국 상임간부회 및 한족부 연석회의록), 1920. 9. 19, РГАСПИ ф.495 оп.135 д.10.

44) 여운형, 「모스크바의 인상-나의 회상기 제4편」, 『중앙』 1936년 6월(『몽양 여운형전집』 1, 한울, 1991, 70~71쪽).

4. 러시아공산당 시베리아국 동양국

중앙총회 임직원의 급여와 생활용품은 누가 지급했을까? 중앙총회가 재원을 직접 조달했을 것으로는 생각되지 않는다. 전로한인공산당은 자금을 조성할 아무런 수단도 갖지 못했기 때문이다. 현지 러시아공산당의 협력이 없으면 불가능한 일이다. 중앙총회 임직원 명단을 적은 문서 제목에 주목해보자. 「러시아공산당 시베리아국 동양국 한족부 직원 일람표」이다.45) 이는 '전로한인공산당 중앙총회' 임직원의 급여를 '러시아공산당 시베리아국 동양국 한족부'가 지급했음을 시사한다.

두 단체는 명칭으로 볼 때 전혀 다르다. 그러나 둘 사이에는 간단치 않은 상호관계가 설정되어있었다. 형성 경위를 더듬어보자. 둘 사이의 연관이 언제, 어떻게 이루어졌는지 알 수 있을 것이다.

전로한인공산당 중앙총회는 '전로한인공산당 제1대표원회의'에서 설립되었다. 1920년 7월 7~15일에 개최된 이 대회는 옴스크와 이르쿠츠크에서 활동하던 초창기 한인 사회주의자들이 주도했다. 이 대회에서 선출된 중앙위원들이 한인공산당 중앙총회 간부회를 구성했음은 이미 앞에서 언급한 바와 같다. 중앙위원들은 자신의 존립근거를 이 대회에서 찾았다. 보기를 들면, 8월 12일자 제5차 회의에 상정된 의안 가운데 하나는 '한인공산당 제1대표원회의 결정의 실현문제'였다.46)

'러시아공산당 시베리아국 동양국'의 출현시기도 한인공산당 중앙총회와 거의 비슷했다. 이 단체의 러시아어 표기는 '러시아공산당 시베리

---

45) Список сотрудников Корейского Отдела Секции Восточных народов Сиббюро Р.К.П. Состовлен 2 сентября 1920 года(1920년 9월 2일 현재 동양국 한족부 직원명단), РГАСПИ ф.495 оп.135 д.19.

46) Протокол No.5 заседания Центрального Комитета Корейских Коммунистичес ких организации, 1920. 8. 12, РГАСПИ ф.495 оп.135 д.19(이하 「회의록 제5호」로 줄임).

아국 동방민족부(Секция Восточных Народов Сибирского областного Бюро при ц.K.P.K.П.)'이다. 하지만 현지 한국인들은 '동양국' 또는 '동양협회'라고 즐겨 불렀다. 당시 한인들의 호칭을 존중하여 앞으로는 '러시아공산당 시베리아국 동양국'으로 표기하기로 한다.

이 단체도 1920년 7월 초에 출현했다. 설립준비 사업은 곤차로프(Гончаров), 부르트만(Н. Буртман), 게르셰비치 세 사람이 맡았다. 이들은 시베리아의 러시아인 공산당원들이었다. 이 중에서 곤차로프가 최고위 간부였는데, 그는 1919년 이래로 시베리아 총회의 위원을 지녔으며 1920년 여름에는 시베리아 총회의 '동방사업 전권위원'으로 임명된 바 있다. 이때부터 그는 러시아공산당 시베리아 총회 내에서 동양의 소수민족 혁명운동을 담당하는 최고책임자가 되었다. 시베리아 총회의 소재지가 옴스크였기 때문에 그 위원인 곤차로프는 주로 옴스크에서 근무했다.

21세 청년 부르트만은 소년기부터 혁명운동에 종사한 열렬한 공산당원이었다. 15세부터 혁명운동에 투신했고, 1917년 가을부터 하얼빈, 일본, 연해주 등지에서 청년운동과 사회주의운동에 종사했다. 1920년 3월 베르흐네우진스크에서 성립한 극동공화국의 내각총무로 취임했으며, 1920년 8월 1일 정식으로 설립된 동양국의 책임자가 되었다. 직함은 '동양국장(председатель Секции)'이었다. 동양국의 소재지는 이르쿠츠크였기 때문에 부르트만의 주된 근무지는 이르쿠츠크였다. 이르쿠츠크 한인공산당 중앙총회의 상급 파트너는 바로 이 사람이었다.

게르셰비치의 동양국 내 직책은 부국장(тов.председатель)이었다. 그는 '전로한인공산당 제1대표원회의'가 열렸을 때도 러시아공산당을 대표하여 거기에 참석했다.47) 전로한인공산당 중앙총회의 설립은 러시아공산당 시베리아국 동양국의 긴밀한 개입하에서 이루어졌던 것이다.

동양국은 자기 산하에 네 개의 민족별 부서를 조직하고자 했다. 한족

---

47) 「전로한인공산당 제1대표원회의회록」, 4쪽.

부, 중국부, 몽골부, 일본부가 그것이다. 그러나 일본부는 일본어를 구사하는 인물이 없었기 때문에 끝내 실현되지 못했다.[48] 민족별 집행부 가운데 가장 먼저 설립된 것은 바로 한족부였다. '전로한인공산당 중앙총회'를 '동양국 한족부'와 합체시켰던 것이다.

두 기관의 상호관계를 명백히 하는 것은 중앙총회 설립 직후부터 문제시되었다. 8월 5일에 열린 제3차 회의는 전적으로 이 문제를 다루었다. 이 회의에는 중앙총회 위원들과 게르세비치가 합석했다. 게르세비치는 동양국 간부회를 대표하는 입장이었다. 이날 회의에서 중앙총회 위원들은 두 기관의 통합에 반대하고 나섰다. 양자의 통합은 "한인공산당 중앙총회의 개성을 완전히 없애는 것"이므로 바람직하지 않다는 것이 그들의 생각이었다.[49]

게르세비치는 중앙총회의 한인 위원들을 설득해야 했다. 동양국이 이제 막 창립되었기 때문에 각 민족부 책임자가 러시아인으로 임명되었을 뿐이며, 체계가 짜인 후에는 한족부는 한인들에게 인도될 것이라는 게 그의 논리였다. 게르세비치는 한인공산당 중앙총회가 동양국에 합체되는 것을 달갑지 않게 여기는 까닭은 동양국의 각 부서에 한인 사회주의자들이 임명되지 않은 때문이라고 이해했던 것이다. 실제로 그러했다. 동양국의 각 민족부 책임자는 러시아인이었다. 한족부장은 게르세비치, 중국부장은 아브람손(Абрамсон), 몽골부장은 보리소프(Борисов)였다.[50]

결국 문제의 초점은 동양국 한족부 책임자가 한인공산당 중앙총회 의장과 동일하지 않은 데 있었다. 그래서 한인공산당 중앙총회측이 달갑지 않게 여겼던 것이다. 중앙총회 위원들은 게르세비치의 해명을 받아들였다. "한인공산당 중앙총회와 동양국 사이에 맺어진 관계는 불가피하며, 한인공산당 중앙총회에 의해 일시적으로 수용될 수 있는 것"이라

---

48) 「동양국 활동보고」, 1920. 10. 7.

49) 「회의록 제3호」, 1920. 8. 5, 1쪽.

50) 「동양국 활동보고」, 1920. 10. 7.

고 결정했다.51) 중앙총회 회장이 동양국 한족부장을 겸임하지 못한다
하더라도 그것은 일시적이며, 일정기간이 지난 뒤에는 그 직위가 한인
공산당측에게 인도될 것이라는 언질을 받았기 때문이다.

이 결정은 전로한인공산당 중앙총회의 위상에 모순을 가져다주었다.
중앙총회는 유럽지역 러시아에 소재하는 한인 사회주의자들의 최고기
관으로 자임했다. 이 자부심에 어울리는 조직은 러시아공산당 중앙위원
회에 직할되는 것이 자연스럽다. 그러나 실제로는 지방당인 시베리아
총회의 산하 기관에 배속되는 데 머물렀던 것이다. 이 모순은 뒷날 중앙
총회가 사업의 중점을 극동으로 옮기기로 결정한 이후에 더욱 격화되었
다. 내용상으로 한국 혁명운동의 주도권을 지향하는 단체가 형식상 러
시아공산당 지방기관의 하부부서로 편제된 꼴이 되었던 것이다.

5. 시베리아 한인사회

전로한인공산당 중앙총회는 러시아 각지에 소재하는 한인 사회주의
단체들을 실질적으로 통합하는 일에 착수했다. 중앙총회는 맨 먼저 각
지 한인 단체의 정황을 조사하는 사업을 벌였다. 이를 위해 중앙총회의
연락교통과는 상세한 설문지를 작성하여 각처에 발송했다. 선전부는
"선전원을 지방마다 보낼" 계획을 수립했으며, 각 단체들에게 사회주의
선전물과 기관지를 발송했다.

중앙총회는 각 단체에게 활동상을 정기적으로 보고해달라고 요청했
다. "총회에서도 신문과 번역한 서적을 보내겠삽고 정성을 다 들이겠"다
고 전제한 뒤, 자신의 요청에 응하지 않을 경우에는 각종 지원을 "보낼
수도 없고 도와줄 수도 없나니다"라고 경고했다.52) 이러한 태도는 중앙

---

51) 「회의록 제3호」, 1920. 8. 5, 1쪽.
52) 『동아공산』 제1호, 1920. 8. 14, 4쪽.

총회가 자신의 위상을 러시아에 소재하는 한국인 사회주의단체들의 최고기관으로 자임하고 있었기 때문에 나올 수 있는 것이었다.

중앙총회가 한국인 사회주의 각 단체들에게 엄정한 규율을 유지할 것을 강조한 것도 바로 이 때문이었다. 한인공산당 중앙총회는 기관지 『동아공산』에 기고한 사설에서 "우리 공산당의 규율은 군대에서 쓰는 규율보다 더욱 엄중"하다는 점을 강조했다. 그들은 각지 한국인 사회주의단체로 하여금 이 규율에 복종해줄 것을 요청했다.[53]

제1회 전로고려인대회

전로한인공산당 중앙총회는 러시아에 거주하는 전체 한인들에 대한 통제권을 세우고자 했다. 이를 위해 이중의 노력을 기울였다. 하나는 각지 한인국민회를 한인노동회로 개조하는 작업이고, 다른 하나는 러시아령 한인들의 대표기관을 조직하는 일이었다.

재러시아 한인들의 대표기관을 설립하기 위해 소집된 것이 바로 '제1회 전로고려인대회'이다. 그러나 이 대회를 처음 발기한 것은 이르쿠츠크 한인공산당 중앙총회가 아니었다. '전로 한인각단체연합조직 발기회'가 대회를 맨 처음 소집했다. 박진순과 조응순을 포함한 9명의 연서로 그해 6월 29일 모스크바에서 발표된 발기문이 이 대회의 효시이다. 그 계획에 따르면, 이 대회는 9월 15일 옴스크에서 개최될 예정이었다.[54]

전로한인공산당은 이 대회를 적대적으로 대했다. 8월 12일에 열린 중앙총회 회의는 이 대회를 보이코트하기로 결정했다. 왜냐하면 "이 대회는 부르주아지 단체를 창설하기 위해 노동자의 깃발을 내걸고 사업하는" 것에 불과하기 때문이다. 중앙총회는 이 대회를 가리켜 "부르주아 분자들의 대회이지 노동자들의 대회가 아니다"라고 단언했다.[55]

---

53) 논설, 「고려공산당 규율」, 『동아공산』 제12호, 1921. 2. 3, 1쪽.
54) 「한인노동연합회 조직대 발기문」 1920. 6. 29, РГВА ф.1709 оп.1 д.6 л.8.

　전로한인공산당은 이 대회가 한인사회당의 이니셔티브하에 소집된 것임을 명료히 인식하고 있었다. 중앙총회 회의록을 보면, "이 대회의 발기자는 한인사회당이며, 재모스크바 한인사회당 대표자 박진순 동무가 지도하고 있다"고 명시되어있다.56) 이르쿠츠크 한인공산당이 자각적으로 한인사회당에 대해 적대적인 태도를 취했음을 확인할 수 있다.

　그러나 전로한인공산당측은 이 대회의 개최를 저지할 수 없었다. 러시아 중앙부와 시베리아에 산재한 한인 단체들이 그에 속속 응했기 때문이다. 할 수 없이 전로한인공산당은 정책을 수정했다. 그해 9월 14일자 회의에서 전로한인공산당 중앙총회는 보이코트 방침을 철회하고 능동적인 참여전술로 전환했다. 가능한 한 많은 대의원을 보내 대회의 다수파를 점하는 것으로 방향을 바꾸었던 것이다.57)

　결국 대회는 개최되었다. 제1회 전로고려인 대회는 1920년 10월 3~11일 옴스크에서 17개 지방 24개 단체를 대표한 52명의 대의원 참석하에 열렸다.58) 위임장 심사위원회의 심의를 거쳐 정식 대표자로 인정된 대의원 명단과 그 소속단체를 표로 작성하면 <표 2>와 같다.59)

　참석자들은 러시아 중앙부와 시베리아에 소재하는 17개 지방의 한인 단체를 대표하는 사람들이었다. 그 중 대표자를 많이 파견한 곳은 이르쿠츠크(15명), 옴스크(8명), 페트로그라드(6명) 등이었다. 이 세 도시의 대의원을 합한 수는 29명으로 전체 대의원의 과반수(55%)를 점한다. 특정 도시의 대표자들이 대회 성원의 다수를 점하는 현상은 의결권을 갖는 대의원 수를 검토할 때 더욱 두드러진다.

---

55) 「회의록 제5호」, 1920. 8. 12.

56) 「회의록 제10호」, 1920. 9. 2, 1쪽.

57) Протокол No.13 заседания пленума Центрального Комитета Корейских Комм унистических организации(한인공산당 중앙총회 확대회의록 제13호), 1920. 9. 14, с.1, л.27. ф.495 оп.135 д.19.

58) 『동아공산』 제6호, 1920. 11. 7, 3쪽.

59) 「제1전로고려인대의회회록」, 『동아공산』 제6호, 1920. 11. 7, 4쪽.

〈표 2〉 제1회 전로고려인대회 참가자 명단과 그 소속 단체 일람표

성명	지역	소속 단체	권한
전윤언	노보니콜라예프스크	국민회	의결권
이승호	노보니콜라예프스크	국민회	의결권
윤덕유(尹德有)	노보니콜라예프스크	국민회	발언권
조경진	노보니콜라예프스크	국민회	발언권
한용걸	모스크바	노동회	발언권
안희선	모스크바	노동회	의결권
이진필	모스크바	노동회	발언권
이창수	베르흐네우진스크	극동공화국 전보국	발언권
김경목	사라토프	국민회	의결권
박명호	사라토프	국민회	발언권
백운학	아스트라한	국민회	의결권
김하일	예카체린부르크	국민회	의결권
황문녀	예카체린부르크	국민회	발언권
장 순	옴스크	국민회	의결권
김서돌	옴스크	한인공산당 지회	의결권
장원삼	옴스크	국민회	의결권
박호극	옴스크	국민회	의결권
신태율	옴스크	국민회	발언권
박봉석(朴奉石)	옴스크	국민회	발언권
김이현	옴스크	국민회	의결권
허근	옴스크	국민회	의결권
김중천	왜드카	국민회	의결권
남만춘(南萬春)	이르쿠츠크	한인공산당 중앙총회	의결권
한규선(韓奎善)	이르쿠츠크	동양국 고려부	의결권
부르트만(Буртман)	이르쿠츠크	동양국	의결권
박승만(朴承晚)	이르쿠츠크	동양국 고려부	의결권
김춘선(金春先)	이르쿠츠크	이르쿠츠크 고려군대	의결권
김철훈(金哲勳)	이르쿠츠크	한인공산당 지부	의결권
이성(李成)	이르쿠츠크	한인공산당 중앙총회	의결권
박창래(朴昌來)	이르쿠츠크	노동회	의결권
김응윤	이르쿠츠크	이르쿠츠크 고려군대	의결권
조훈(趙勳)	이르쿠츠크	한인공산당 지부	의결권
이봉춘(李逢春)	이르쿠츠크	노동회	의결권
이형근(李亨根)	이르쿠츠크	노동회	의결권
채성룡(蔡成龍)	이르쿠츠크	한인공산당 중앙총회	의결권

조도선(趙道善)	이르쿠츠크	이르쿠츠크 고려군대	의결권
김제철	츄멘	노력단	의결권
홍운모	카잔	국민회	의결권
김수녀	쿠르간	노동조합	의결권
김하룡	쿠르간	노동조합	발언권
변창호(邊昌浩)	크라스노야르스크	국민회	의결권
한석범	크라스노야르스크	국민회	발언권
김두하	페르미	국민회	의결권
최무현	페트로그라드	국민회	의결권
이지성	페트로그라드	국민회	발언권
최치언	페트로그라드	국민회	발언권
최은	페트로그라드	국민회	발언권
김웅년	페트로그라드	국민회	발언권
홍종식	페트로그라드	국민회	발언권
김창한	페트르파블로프스크	노동조합	의결권
김영선	하르코프	노동회	의결권

대회 참가자 52명 가운데 발언권과 의결권을 다 갖는 대의원은 36명이었는데, 이 가운데 이르쿠츠크와 옴스크 두 도시 출신의 대의원 수가 20명으로 55%를 차지한다. 따라서 중요 안건의 표결에서 이르쿠츠크와 옴스크 지역의 한인 사회에서 지도적 역할을 하고 있었던 '한인공산당 중앙총회'의 의도가 관철되지 않을 수 없었다. 결국 '제1회 전로고려인 대회' 대의원 중에서 전로한인공산당 중앙총회는 다수파를 점할 수 있었던 것이다.

이 대회에는 위의 표에 기재된 각 단체 대표자 외에 참석자가 더 있었다. 조웅순은 이 대표자 명단에 포함되지 않았지만, 10월 3일에 개최된 예비회의에서 출석원 위임장 심사위원에 피선되었다.[60] 또한 10월 5일의 예비회의에서는 임시회장직을 맡았다.[61]

---

60) 『동아공산』 제6호, 1920. 11. 7, 4쪽.
61) 『동아공산』 제7호, 1920. 11. 24, 4쪽.

한인사회당 중앙위원인 박진순도 이 대회에 참석했다. 그는 대회 9일째 되던 날 대한국민의회에 대한 방침 토론을 제안한 바 있다. 조응순과 박진순은 대의원은 아니었으나 대회발기인 자격으로 참석했던 것이다. 특히 박진순은 이 대회 발기회장이었다.[62]

두 사람 외에 한인사회당원인 한형권도 이 회의에 모습을 드러냈다. 그는 '상해임시정부 대표자' 자격으로 축사를 했다. 박진순과 한형권에 주목하자. 러시아 외무인민위원부로부터 막대한 자금을 수령한 두 사람이 모스크바를 출발한 것은 9월 초였다. 그로부터 약 한 달 뒤에 두 사람은 옴스크에 모습을 드러내고 있다. 자금운반이라는 막중한 임무를 띠고 있으면서도 옴스크에 기착한 것은 두 사람이 이 대회를 매우 중요시했음을 보여준다. 박진순이 옴스크에 도착한 시점은 이 대회가 거의 끝나갈 때였다고 한다.[63]

대의원들은 본회의 첫날에 러시아 혁명운동과 국제 공산주의운동에 대한 연대의 뜻을 표명했다. '코민테른 집행위원회', '러시아소비에트 중앙집행위원회', '러시아공산당 중앙위원회', '바쿠 선전의회 집행위원회', '러시아혁명군사의회' 등에 축하전문을 발송했던 것이다.[64] 참가자들 가운데 상당수는 한인국민회, 한인노동회의 대표자들이었다. 그들은 아마 공산당원이 아니었을 것이다. 그런데도 이러한 결의가 가능했던 것은 당시 참가자들이 사회주의의 강력한 정치적·사상적 영향을 받고 있었음을 의미한다.

---

62) 『동아공산』 제9호, 1920. 12. 16, 4쪽.

63) Пак Диншунь Чуньу(춘우 박진순), Телеграмма, замнаркоминдел Карахану, четвертый(외무인민위원부 차관 카라한 앞 전보 제4호), 1920. 10. 17, РГАСПИ ф.495 оп.135 д.22 л.62.

64) 「제1전로고려인대의회회록」, 『동아공산』 제7호, 1920. 11. 24, 4쪽.

전로고려인대회의 정책노선

대회에서 중요하게 다루어진 의제는 러시아 한인들의 조직문제와 정치노선에 관한 것들이었다. 구체적으로 들자면 '시세문제', '전로한인공산당 중앙총회 보고', '상해임시정부에 대한 관계', '조직문제', '임원선거' 등이었다.[65]

대회 참석자들은 "금번 우리 대의회의 제일 종지"를 다음과 같이 규정했다.

> 일본의 자본가와 세계의 자본가로 최후 판결의 전쟁을 행하여 고려인의 자유를 회복하려 하노니, 우리 고려국 노농민은 분기하라. 일본의 자본가와 전쟁하자. 동양의 자유없는 노농민과 단합하고 서양 빈천자와 단합하여 제삼 공산인떼르나치오날의 지휘 아래서 세계 자본가를 전멸하기까지 전쟁하라.[66]

여기서 두 가지 점이 눈에 띈다. 하나는 '고려인의 자유'를 세계혁명과 연관짓고 있는 점이고, 다른 하나는 제국주의 열강과의 '전쟁'을 주된 투쟁형태로 생각하고 있는 점이다. 일본에 대항하는 투쟁형태도 '전쟁'으로 간주되고 있다.

이것은 일종의 군사노선 우월론이다. 전로한인공산당 중앙총회가 한인 군대 편성에 힘을 기울인 배경에는 이러한 생각이 깔려있었던 것이다. 그들은 소비에트 러시아와 연대하여 대규모 항일전쟁을 수행한다는 복안을 갖고 있었던 것으로 보인다. 대규모 한인 무장부대를 편성하여 국내로 진공해들어가는 것을 자신의 전략적 방침으로 설정했던 것이다.

대회 참석자들은 '상해임시정부에 대한 관계' 문제를 토의한 끝에 다

---

65) 「제1전로고려인대의회회록」, 『동아공산』 제6호, 1920. 11. 7, 4쪽.
66) 「제1전로고려인대의회회록」, 『동아공산』 제8호, 1920. 12. 7, 4쪽.

244

음과 같은 결정서를 채택했다. 중요 문제인 만큼 다소 길지만 찬찬히 읽어보기로 하자.

상해임시정부는 처음 조직할 때 귀족의 주동으로 노동자의 대표가 참석치 아니하였을 뿐더러 정부 임원도 부귀계급으로 선거되었으며, 성립된 지가 벌써 1년 반이 되도록 정체가 명확치 못하며, 정부의 안과 밖에서는 명예만 다투며, 혁명선에는 실로 나타난 것이 없었도다. 1918년 말경에 이승만은 고려를 미국의 위임통치로 주장하였으며, 1919년 중경에 대통령 이승만에게 전보하여 인천항의 이권을 전집(典執)하고 미국정부에 차관을 운동하였으며, 1919년 말경에는 외교차장 여운형을 일본정부에 파송하여 자치를 애소(哀訴)하였으니, 이것은 자본가의 국가에 동정하며 또는 고려를 다시 신식으로 노예를 만들려 하는 정부라. 고려노력자들은 결코 이러한 정부를 찬조할 수 없도다.[67]

이 결정은 상해임시정부를 명시적으로 부인하고 있다. 그 이유로는 세 가지를 거론했다. 임시정부의 구성이 '귀족'과 '부귀계급'의 대표들로 이루어져 있는 점, 노동자 대표가 배제되어있는 점, 그 정책이 부르주아적·대미예속적인 점 등이다. 이 때문에 상해임시정부를 찬조할 수 없다고 명백히 했다.

대의원들은 상해임시정부가 그 구성과 정책상으로 일대 쇄신을 단행한다면 찬조를 아끼지 않겠다고 덧붙였다. 그 조건으로 거론된 것은 노동자 대표의 참여, 정책의 변경(외교론 철회, 독립전쟁론 채택, 국제혁명과의 연대) 등이다. 상해임시정부에 대한 적대정책은 '제1회 전로고려인대회'에 참가한 다수 참가자들의 의견이었으며, 이 대회를 주도한 전로한인공산당 중앙총회의 견해이기도 했다.

이 정책은 한인사회당의 정책과 정반대된다. 초기 사회주의단체들의 상해임시정부에 대한 정책이 동일하지 않았음을 여기서 확인할 수 있

---

67) 위와 같음.

다. 이 결의를 채택하는 과정에서 한인사회당 대표와 그 지지자들이 어떠한 태도를 취했는지는 알려져 있지 않다. 그들은 필시 이 결의에 반대했을 것이다. 그러나 대회석상에서는 소수파에 지나지 않았을 것이다.

이 대회에서는 러시아 각 지방의 한인 조직문제도 논의되었다. 대의원들은 각지의 국민회를 해체하고 그대신 계급적 성격을 뚜렷이 하는 노동회를 조직해야 한다고 결정했다.[68] 중앙 차원에서는 '고려인중앙선전의회'를 설립하고, 지방 차원에서는 국민회를 노동회로 개편하는 것이 이 대회에서 도달한 조직문제의 핵심이었다.

그러나 조직문제를 둘러싸고 적지않은 논란이 일었다. "조직문제를 다시 토론하자는 최무현, 안희선, 김제철, 김하일, 전윤언, 이승호, 김수여 제씨의 동의"가 제출된 것이다. 이 제안은 부결되었다.[69] 구체적으로 어떤 것이 문제되었는지는 알 수 없다. 박진순이 이 대회가 끝난 직후에 러시아 외무인민위원부 앞으로 발송한 전보가 있다. 거기에는 "조직문제에 관해 대회를 이끌던 이르쿠츠크 대표단과 본인 사이에 의견 불일치가 생겼다"는 표현이 담겨있다.[70] 이로 미루어보면 위 대의원들이 한인사회당의 지지자였음은 틀림없는 듯하다.

대회가 거의 끝나가던 시점에 또 하나의 쟁점이 부각되었다. 그것은 "극동에서 조직된 고려인국민의회에 대한 방침을 토론하자"는 제안이었다. 대한국민의회에 대한 관계문제였다. 이 의안을 제기한 사람은 대의원회 발기회장이며, 한인사회당 중앙위원을 지낸 박진순이었다. 그러나 이 제안도 역시 다수결로 부결되고 말았다.[71]

결국 대회에서 찬반논란을 불러일으킨 문제는 세 가지였다. 상해임시정부에 대한 태도문제, 러시아 각 지방 한국인들의 조직형태 문제, 극동

---

68) 위와 같음.
69) 「제1전로고려인대의회회록」, 『동아공산』 제9호, 1920. 12. 16, 4쪽.
70) Пак Диншунь Чуньу(춘우 박진순), 앞의 글.
71) 「제1전로고려인대의회회록」, 『동아공산』 제9호, 1920. 12. 16, 4쪽.

의 대한국민의회에 대한 태도문제 등이 그것이다. 이 논란은 전로한인 공산당 중앙총회와 한인사회당 간의 정책차이가 표출된 것이었다. 이 견해차이는 이미 그해 7월 이르쿠츠크에서 열린 전로한인공산당 대표자 회의에서 표출된 바 있었다. 그것은 석 달 뒤인 1920년 10월 옴스크에서 열린 '제1회 전로고려인 대의원회'에서도 되풀이되었다. 여기서도 한인 사회당과 그 지지자들은 소수파의 지위에 머물렀다.

고려인중앙선전의회

고려인중앙선전의회는 '제1회 전로고려인대회'에서 설립되었다. 이 기관의 위상은 매우 높았다. 대회 참가자들은 그것을 한국 국내, 중국, 러시아에 걸쳐서 진행되는 "고려인의 혁명사업을 통일하고 지휘"하는 기관으로 해석했다. 그것은 "노동단체와 혁명단체의 가장 높은 기관이 며 각 단체·조직의 중앙집권제"로 규정되었다. 결국 고려인중앙선전의 회는 국내외를 막론하고 한국 혁명운동을 지도하는 최고기관으로 간주 되었음을 알 수 있다.

그러나 이 기관을 설립한 '제1회 전로고려인대회' 자체가 국지적 성격 을 갖고 있음에 유의해야 한다. 이 대회는 러시아 이외 지역의 한국인들 에 대해서는 대표성을 주장할 수 없었다. 이러한 문제 때문에 대회 참가 자들은 "고려나 극동이나 기타 외국의 고려인 혁명단체로서 대표가 올 때에는 이를 의회 위원으로 인정"[72]한다는 단서조항을 첨부했다. 이 단 서조항은 대회가 '고려나 극동, 기타 외국' 혁명단체의 참가없이 이루어 졌음을 스스로 인정하는 것으로 볼 수 있다. 조직위상에 대한 자기 규정 과 실제 조직기반 사이에 존재하는 이러한 모순은 곧 독립운동과 사회 주의운동 내부에서 분파주의를 낳는 한 원인이 되었다.

---

72) 위와 같음.

박진순은 고려인중앙선전의회의 위상이 터무니없이 과도하게 설정된 것을 비난했다. 전 한국의 혁명운동을 지도한다는 목표는 실현될 수 없는 것이라고 단언했다. 왜냐하면 "러시아영토 내 한인 대중 사이에 신뢰를 얻고 있는 혁명가들이 많지 않"았기 때문이다.[73]

고려인중앙선전의회 중앙위원회는 제1회 전로고려인대회에서 선출되었다. 정위원으로는 한규선, 김철훈, 박승만, 남만춘, 채성룡, 백운학, 김병옥 등 7명이 선출되었으며, 후보위원으로는 이영선, 조훈, 이섭인, 이형근, 장순 5명이 선출되었다.[74] 구성원의 면면을 볼 때 고려선전의회 중앙위원회는 전로한인공산당 중앙총회와 관련을 갖는 사람들이 대부분을 점하고 있음을 확인할 수 있다.

선출된 중앙위원들은 '고려인중앙선전의회 중앙위원회'를 통해 러시아에 소재하는 한인사회에 대한 자신의 영향력을 확대해나갔다. 고려인중앙선전의회 중앙위원회는 한규선(회장), 남만춘(부회장), 백운학(서기) 3명을 상임집행위원으로 선임했다. 그들은 1920년 11월 2일부터 사무집행을 시작했다.[75]

선전의회는 각 지방 한인국민회를 노동회로 개조하는 일에 역점을 두었다. 이를 위해 먼저 한인노동회 표준규약을 제정했다. 노동회 규약안 작성을 담당한 사람은 남만춘이었다.[76] 표준규약은 1920년 11월 초순경에 완성되었다. 이 규약안은 승인을 얻을 목적으로 모스크바의 노동조합인터내셔널에 제출되었다.

선전의회 중앙위원회는 각지에 지방위원을 파견하는 방법을 썼다. 그들로 하여금 현지의 한인국민회를 노동회로 개조하도록 했던 것이다.

---

73) Пак Диншунь Чуньу(춘우 박진순), 앞의 전보.

74) 「제1전로고려인대의회회록」, 『동아공산』 제9호, 1920. 12. 16, 4쪽.

75) 『동아공산』 제6호, 1920. 11. 7, 3쪽.

76) Протокол No.2 Заседании Корейского Центрального Совета Агитации и пропаганды(고려중앙선전의회 제2회의록), 1920. 11. 2, РГАСПИ ф.495 оп.135 д.19 л.45.

지방위원은 제1회 전로고려인대의원회에서 선출되었는데 이들의 임무는 규칙에 의거하여 '고려인 노동회'를 조직하는 데 있었다.[77]

각 지방에 파견된 지방위원은 12명이었다. 선전의회 회장 한규선은 각 지방위원들에게 통지서를 발송했다. 그를 통해 "한 달에 두 번씩 그 지방에 대한 사실의 정형을 보고"하는 것을 포함하여 통신, 연락에 힘써 줄 것을 당부했다.[78]

이르쿠츠크 한인무장부대

전로한인공산당과 고려인중앙선전의회는 세계전쟁의 일환으로서 한국 혁명전쟁론을 견지했다. 따라서 군대양성에 관심과 노력을 기울인 것은 자연스러운 일이다. 그들은 시베리아에서 조직된 한인 빨치산부대를 확장하고자 노력했다.

1919년 말 1920년 초 시베리아에는 콜차크 백위파 정부에 반대하여 조직된 3개의 한인 무장부대가 있었다. 이들은 1920년 4월경에 통합하여 '인떼르나치오날 대대' 내의 '고려특립중대'를 구성하고 있었다.

이 부대는 6월에 러시아 극동지방으로 출병하기 위해 극동공화국 임시수도이던 베르흐네우진스크로 이동했다. 그러나 이 계획은 좌절되었다. '정치상 관계와 기타 시세의 불리' 때문이었다. 극동 출병차 동방으로 나아가던 이 군대는 이르쿠츠크로 회군해야 했다.[79] '정치상 관계와 기타 시세의 불리'란 무엇을 뜻하는가? 그것은 일본군과 극동공화국 사이에 체결된 곤고타 협정을 가리킨다.[80]

곤고타 협정은 1920년 7월 17일 극동공화국과 일본 대표 사이에 체결

---

77) 「제1전로고려인대의회회록」, 『동아공산』 제8호, 1920. 12. 7, 4쪽.
78) 『동아공산』 제9호, 1920. 12. 16, 4쪽.
79) 「在魯高麗革命軍隊沿革」, 22쪽(『한국공산주의운동사』 2 자료편).
80) 진장철, 『러시아혁명과 아시아』, 법문사, 1991, 250쪽.

된 협정이다. 일본은 극동공화국 창설을 승인하는 대가로 엄격한 군사적 조건을 제시했다. 그 국가가 "일본과 밀접한 우호와 협력관계를 유지"해야 하고, "공산주의체제가 아니라 대중적이고 민주적이어야 하며, 소비에트 군대가 그 영토에 들어오게 해서는 안된다"는 규정을 담도록 했다. 이 협정에서 일본은 바이칼 지역에서 일본군을 완전히 철수시킬 것과 장래 분쟁방지에 노력한다는 조항에 합의했다. 이 협정이 발효된 이후 일본군은 자바이칼주에서 철수했다. 그에 힘입어 극동공화국 군대는 이 지역을 통치하던 백위파 세메노프정권에 공세를 취할 수 있게 되었다.

이 협정의 결과 극동공화국 내에서는 일본군을 적대하는 군대를 공공연하게 주둔할 수 없게 되었다. 그 때문에 이르쿠츠크의 고려특립중대는 1920년 8월 중순 다시 이르쿠츠크로 귀환해야 했다. 극동 출병차 동방으로 나아가던 당시 약 300명에 달하던 한인 군대는 이르쿠츠크로 되돌아왔을 때, 그 수효가 약 반수로 줄었다. 이는 일본군과의 전투를 기대하고 극동에 파견되었다가 다시 시베리아로 되돌아가는 것에 대한 실망감이 한인 군인들 내에 널리 퍼져있었음을 보여준다. 전로한인공산당 중앙총회의 기관지 『동아공산』은 이때 이르쿠츠크로 되돌아온 군인들을 가리켜 진정한 혁명군인이라고 높이 평가했다. 그와 동시에 이탈한 군인들을 가리켜 "남의 덕에 평안히 먹던 생각"에 젖은 투기상인과 다름없다고 격렬히 비난했다.[81]

이르쿠츠크로 되돌아온 한인 무장부대는 전로한인공산당의 지도하에 체제를 개편했다. 정치적으로는 전로한인공산당이 지도하고, 군사적으로는 러시아 적군 제5군단이 지휘를 맡았다.[82] 군대의 증원도 이루어졌다. 그 결과 군인 수가 600여 명에 달하게 되었다. 이 병력은 2개 대대로 편성되었으며, 중국인 군대 1개 대대와 합하여 국제연대를 구성했다.[83]

---

81) 「고려공산대대의 연혁」, 『동아공산』 제8호, 1920. 12. 7, 3쪽.
82) 「在魯高麗革命軍隊沿革」, 23쪽.

1920년 8월 29일 당시 한국인 부대장은 최메포디였으며, 국제연대 연대장은 러시아인 그로모프였다.[84]

전로한인공산당 중앙총회는 한인 군대 2개 대대에 대한 사회주의 정치교육을 담당했다. 그 결과 한국인 부대 내에는 1920년 11월부터 공산당 세포단체가 조직되었다. 세포는 중대 단위로 조직되었다. 그리하여 1921년 2월 현재 이르쿠츠크 한국인 군대 내에는 4개의 공산주의 야체이카가 결성되었으며, 그에 망라된 당원 수는 458명이고, 후보당원은 48명이었다.[85] 당시 이르쿠츠크 한국인 군대의 병력 총수가 약 600명이었음을 감안할 때, 전체 군인 가운데 약 80% 정도가 공산당 조직에 가입했음을 알 수 있다. 각 야체이카는 5명의 임원을 선출했으며, 이들은 "한인공산당 중앙총회에 의견을 제출할 권리"를 갖고 있었다고 한다.[86]

한국인 군대 내에 조직된 공산주의 각 야체이카는 여러가지 방법을 사용하여 한인 군인들을 사회주의적으로 각성시키고자 했다. 군대 내의 문화선전을 위해 군인구락부라는 취미·문화조직을 결성하고, 그것을 통해 연설·강연, 연극공연 등을 추진한 것은 그 때문이었다.

무관학교와 정치학교

전로한인공산당 중앙총회는 간부역량이 취약함을 고려하여 두 종류의 간부양성기관의 설립을 준비했다. 하나는 군사간부 양성을 위한 '무관학교'이고, 다른 하나는 당간부 양성을 위한 '정치학교'이다.

무관학교 설립을 위해 전로한인공산당 중앙총회는 소비에트 러시아 제5군단과 협의했다. 그 결과 1920년 8월 러시아 제5군단 예하의 이르쿠

---

83) 「在魯高麗革命軍隊沿革」, 22~23쪽.
84) 『동아공산』 제2호, 1920. 9. 8, 3쪽.
85) 「고려공산당 창립대회」, 213쪽.
86) 「고려공산대대의 연혁」, 『동아공산』 제8호, 1920. 12. 7, 3쪽.

츠크 소재 무관학교에 '고려부'를 부설할 수 있게 되었다. 이곳을 통해 한국인 군대를 지휘할 '사관양성' 교육이 이루어졌다. 그밖에도 한인 사관양성을 위해 "모스크바 무관대학교로 몇 사람, 옴스크 무관학교로도 몇 사람을 보내어 유학"하도록 알선하기도 했다.

정치학교는 1920년 12일 15일에 개교했다.[87] 이 정치학교는 러시아공산당 시베리아국이 경영하는 당간부양성학교에 부설된 것이었다. 이 학교는 '고려공산당학교'라고도 불리었다. 1921년 중엽 현재 고려공산당학교에 재학중인 학생은 21명이었다. 이들은 각 지역 한인 사회주의단체 구성원들로서 해당 지역 사회주의단체의 추천을 받아 입학했다. 그외 약간명의 청강생이 등록하고 있었다. 청강생들은 각지 단체의 간부급 활동가들로 이루어져 있었다.[88]

정치·군사간부 양성을 위한 교육기관을 갖춘 뒤 전로한인공산당 중앙총회는 기관지『동아공산』등을 통해 광고에 나섰다. "각 지방 동포 중 무관에나 정치에 유지(有志)하신 이는 하루속히 입학하시오"라는 공고를 냈다.[89] 그외 특파원을 각지에 보내 입교 지망자를 모집하기도 했다.[90]

6. 한국혁명 속으로

시베리아는 한인이 밀집된 거주지구가 아니었다. 유럽지역 러시아보다는 시베리아 쪽에 한인들이 더 많이 거주했겠지만 시베리아 거주 한

---

87)『동아공산』제6호, 1920. 11. 7, 3쪽.

88) СПИСОК Курсантов Корейской Партшколы(고려공산당학교 학생 일람표), РГАС ПИ ф.495 оп.154 д.15.

89)『동아공산』제2호, 1920. 9. 8, 2쪽.

90)「고려공산대대의 연혁」,『동아공산』제8호, 1920. 12. 7, 3쪽.

인들은 극동지역에 비하면 극소수였다. 당시 바이칼호 동쪽의 극동지역에는 여러 백위파 정권이 들어서 있었고, 적·백 내전이 치열하게 전개되고 있었다. 따라서 전로한인공산당 중앙총회의 세력권은 러시아공산당 시베리아 총회가 관할하는 범위 내에 한정될 수밖에 없었다.

중앙총회의 업무 가운데 많은 비중을 점하는 것은 시베리아 한인 사회의 주도권을 장악하는 일이었다. 중앙총회는 한인들에게 사회주의사상을 보급하고 그들을 정치·군사적으로 동원하는 일에 역점을 기울였다. 보기를 들면, 중앙총회 회의록에서 시베리아 한인 대중을 조직화하는 일에 관한 의안은 17개였다. 시베리아 한인들을 규합하여 적색 빨치산을 편성하는 일도 중앙총회의 주요 관심사였다. 러시아 적군 제5군단 산하 한인 군대 문제에 관한 의안은 10개였다.

그러나 중앙총회는 활동범위를 시베리아 한인 사회 안으로 국한시키지 않았다. 그들은 일찍부터 영역을 확장하려고 애썼다. 최종 목표는 한국 국내와 국경지대였다. 특히 한국혁명의 전통적 근거지인 연해주와 북간도에 큰 관심을 갖고 있었다. 그들은 한국 혁명운동 속에 영향력을 확대하고, 그 주도권을 잡고자 했다. 그들의 희망은 한국에서 진행중인 민족해방운동을 사회주의 혁명으로 이끄는 데 있었다.

밀사 이괄

첫 시도는 '전로한인공산당 제1회 대표원회의' 직후에 이미 이루어졌다. 중앙총회는 "극동의 당사업 기반을 마련하고 연계를 맺기 위해 그곳으로 1명의 동무를 파견"했다.[91] 파견된 사람은 이괄이었다. 중앙총회장 이성의 동생이기도 한 23세 청년의 목적지는 상해였다. 3·1운동 이후 한국 혁명운동의 중심지로 떠오른 상해는 이르쿠츠크 한인공산당이 한국혁명 속으로 진입하는 데 가장 먼저 연계를 가져야 할 곳이었다.

---

91) 채동순, 앞의 글, 2쪽.

7월 중순 이르쿠츠크를 출발한 이괄이 가야 할 길은 매우 험난했다. 백위파 세묘노프가 장악하고 있는 자바이칼 지방을 거쳐 또 다른 백위파 영향 지역인 몽골을 경유해야 했다. 그는 신분을 위장한 채 기차와 자동차를 번갈아 갈아타야 했다. 중국 북경을 거쳐 상해에 도착한 9월 20일까지 시종일관 그러했다.[92]

이르쿠츠크 중앙총회 입장에서 볼 때 이괄은 한국혁명과의 연결 열쇠를 쥔 셈이었다. 그러나 유감스럽게도 파견한 지 한 달이 지났는데 그에게서 연락이 오지 않았다. 8월 12일자 제5차 회의석상에서는 이괄과의 교신을 위해 또 한 사람의 밀사를 파견하는 문제를 논의했다.[93] 심지어 9월 2일자 제10차 회의에서는 이괄의 소재를 찾아달라고 러시아 외무인민위원부 현지 기관에 요청하기로 결정하기까지 했다.[94]

이괄이 보고서 쓰기를 게을리했던 것은 아니다. 그는 두 달간의 여행 일정 동안 꾸준히 편지를 썼다. 언제 첫 편지를 썼는지는 알 수 없지만 두번째 편지는 8월 30일 몽골 수도인 '우르가'에서 썼다. 이 도시를 떠나기 직전에 쓴 보고서에서 이괄은 암호가 미비한 탓에 전보로 연락할 수 없었으므로 앞으로도 계속 편지를 쓰겠다고 약속했다.[95]

그러나 편지를 교환하는 방법으로는 급박한 정세변화에 조응하는 정책을 세우기 어려웠다. 상해에서 작성한 이괄의 보고서가 이르쿠츠크에 도달하는 데는 무려 40일이나 걸렸다. 1920년 9월 22일 상해시에서 쓴 보고서가 11월 2일에야 중앙총회에 접수되었다.[96] 인편을 통해 우여곡

---

92) Доклад(письмо) тов.Ли - Кара из Шанхаи в ЦК Коркомморганизации[상해에서 이괄동무가 한인공산당 중앙총회 앞으로 보낸 보고서(편지)], 1920. 9. 22, РГАСПИ ф.495 оп.135 д.19(이하 「이괄의 편지」, 1920. 9. 22로 줄임).

93) 「회의록 제5호」, 1920. 8. 12, 1쪽.

94) 「회의록 제10호」, 1920. 9. 2, 3쪽.

95) Перевод письма товарища Ли - Квар из Урги от 30 августа 1920 года(우르가에서 이괄동무가 보낸 1920년 8월 30일자 편지 번역), РГАСПИ, ф.495 оп.135 д.19.

96) 「이괄의 편지」, 1920. 9. 22.

절을 거쳐 가까스로 문서가 오고갔던 것이다.

이르쿠츠크의 초창기 한인 사회주의자들은 한국혁명 속으로 나아가는 일을 '극동사업'이라고 표현했다. 그러나 극동사업을 효과적으로 추진하기에는 상해에 파견한 한 사람의 밀사만으로는 벅찼다. 극심한 교통난과 통신난 속에서 한 사람의 젊은 밀사를 통해 얻을 수 있는 성과는 너무 적었다. 극동사업을 강화할 다른 수단을 취해야 했다.

극동 파견 전권위원들

중앙총회가 전력을 기울여 극동사업을 추진한 것은 1920년 11월부터였다. 11월 17일자 제21차 회의록은 한국혁명의 중심부로 나아가고자 하는 이들의 열망을 잘 보여준다. 중앙총회와 고려공산당 극동위원회, 동양국 한족부 임원들이 연석으로 개최한 이날 모임에서 "사업의 중점을 극동으로 옮기는 문제"가 본격적으로 논의되었다.

'극동'이란 구체적으로 한국과 북간도, 러시아 극동을 가리킨다. 그 중에서도 특히 북간도에 주목했다. '가장 우수한 주요 역량'을 그곳으로 파견하기로 결정되었다. 왜냐하면 "그곳에는 다수의 혁명분자들과 빨치산 부대가 집중되어"있고, 또한 "거기서 한국 내로 문헌을 밀송"할 수 있었기 때문이다.97) 이곳에 파견할 사람으로는 중앙총회장 이성이 뽑혔으며, 연해주와 북간도에서 반일운동에 참가한 경력이 있는 김철훈도 선임되었다.

한국 내부로도 당 일꾼을 잠입시키기로 했다. 그에게는 본국의 사정에 관한 폭넓은 정보를 수집하고 비밀리에 당조직을 결성할 사명이 부

---

97) Протокол No.21 заседания Центрального Комитета Корейских Коммунистиче ских организации совместно с ответствнными корейскими партработниками (한인공산당 중앙총회와 책임일꾼 연석회의록 제21호), 1920. 11. 17, 1쪽, РГА СПИ, ф.495 оп.135 д.19.

과되었다. 한국 내에서 태어나고 교육받았기 때문에 국내 연고가 비교
적 튼튼한 조훈이 파견원으로 선발되었다.

바이칼호 동쪽의 러시아 극동지역 가운데 아무르주의 중심 도시인 블
라고베셴스크에 중앙총회의 관심이 모아졌다. 연해주는 아직 백위파와
일본 간섭군의 영향력하에 있었기 때문에 연해주와 바이칼호 사이에 위
치한 이 도시가 주목을 끌었던 것이다. 이곳은 '이르쿠츠크 중앙총회와
북간도 사이의 왕래를 위한 중간지점'으로 규정되었다. 현지의 한인 단
체와 연계를 맺고 그들을 이르쿠츠크 한인공산당 사업에 협력케 할 임
무를 띠고 박승만과 채성룡이 선발되었다.

파견원들에게는 '지령'이 주어졌다. 중앙총회 신임 회장 대리 남만춘
이 서명한 '지령서'에는 그들이 파견지에서 수행해야 할 임무가 폭넓게
규정되어있다. 한두 개의 개별 임무가 아니라 조직, 선전, 군사, 연락, 정
치사업에 걸친 폭넓은 일반적 임무였다.

그 중에서 가장 주목되는 사항은 당대회 준비 업무였다. 한국혁명의
주도권을 장악하기 위해서는 전로한인공산당의 국지성을 극복하는 것
이 무엇보다 긴요했던 것이다. 지령서는 파견원들에게 전 한국의 통일
공산당을 결성하기 위한 당 창립대회에 극동 각 지방 사회주의단체에서
대표를 선발케 하라고 지시했다. 창립대회 소집예정일은 1921년 2월 15
일이며, 장소는 이르쿠츠크였다.[98]

이들에게는 거액의 활동자금도 주어졌다. 아무르주 블라고베셴스크로
파견되는 박승만과 채성룡에게는 '30만 로마노프 루불과 70만 소비에트
루불'이 지급되었다. 북간도로 향하는 김철훈에게는 1만 엔(円)과 20만
로마노프 루불, 5만 소비에트 루불이 지급되었으며, 한국 국내로 파견될
조훈에게는 5,000엔의 사업비와 10만 루불의 여비가 제공되었다.[99] 파견

---

98) 일꾸트쓰크 고려공산당 중앙총회 회장 대리 남만춘, 「지령」 1920. 12. 15, Р
ГАСПИ ф.495 оп.135 д.19.

99) Протокол No.25 Центрального Комитета Корейских Коммунистических орган

지까지 여행하는 도중에 사용할 러시아화폐와 현지에서 통용되는 일본 화폐 두 종류의 자금이 지급된 점이 이채롭다.

물론 중앙총회 자체에 자금조달 능력이 있었던 것은 아니다. 자금은 전적으로 러시아공산당 시베리아국 동양국에 의존했다. 중앙총회는 극동 파견원들에게 지급할 자금명세서를 작성하여 동양국 앞으로 제출했다.

파견원의 출발은 12월 10일경에 이루어졌다. 국내로 파견될 조훈을 제외한 4명의 파견원들은 일행이 되어 바이칼호 너머 극동으로 향하는 기차편으로 이르쿠츠크를 출발했다. 이미 상해에 파견한 대표자 이괄에 뒤이어 5명의 새로운 유능한 대표자들이 극동 각처로 파견된 셈이다.

이르쿠츠크파 공산주의 그룹의 태동

이때부터 전로한인공산당 중앙총회는 성격의 전환을 겪었다. 종전까지는 시베리아 한인 교민단체의 영역에서 벗어나지 않았다. 역량도 미약했다. 인적 자원이라곤 중앙총회를 구성하는 20명 안팎의 열성자들에 지나지 않았다. 영향력을 행사할 수 있는 당외 단체로 200명 규모의 이르쿠츠크 주둔 한인 부대가 있긴 했다. 또한 유럽지역 러시아와 시베리아 지역 30여 개 도시에 산재해있는, 수는 많지만 규모가 작은 한인 교민단체들에도 영향력을 미칠 수 있었다. 그렇더라도 바이칼호 동쪽의 한인 밀집지대와 한국 국내에는 아무런 실제적 연계도 갖지 못하였다.

그러나 이제부터 이 단체는 한국 혁명운동의 주도권을 다투는 '공산주의 그룹'으로 전화하기 시작했다. 1921년 5월 이르쿠츠크 고려공산당 대회를 통해 출현할 '이르쿠츠크파 콤그룹'의 태동이 시작된 것이다. 성격전환을 가능케 한 요인들이 있었다. 한국혁명 속으로 진입하려는 그

изации(한인공산당 중앙총회록 제25호), 1920. 11. 26, РГАСПИ ф.495 оп.135 д.19.

들의 오랜 꿈을 실현할 수 있게 하는 두 가지 요인이 1920년 11월에 조
성된 것이다.

첫째, '극동'에서 지지세력을 획득했다. 주체적 요인에 변동이 생긴 것
이다. 앞서 언급했듯이 '고려공산당 극동위원회'의 대표자 박창인이 이
르쿠츠크 중앙총회에 출석한 시점은 1920년 11월 11일이었다. 그는 연
해주 정세와 공산당 극동위원회의 활동상에 관해 상세히 보고했다.[100]
중앙총회 위원들은 '극동위원회'와의 연계가 이루어진 데서 크게 고무
되었다. 연해주는 러시아 내 한인 민족운동의 거점이자 일본 식민통치
에 저항하는 한인 망명자들의 집결처였다. 바로 그곳에서 파트너를 확
보하게 된 것이다. 중앙총회 위원들은 극동위원회와 손잡고 사회주의자
들의 전 한국적 최고기관을 결성할 것을 결심했다. "러시아 극동, 중국,
한국에 존재하는 전한 공산단체 대회를 조속히 소집하는 것"이 필요하
다고 판단하기에 이르렀다.[101]

둘째, 객관적 요인에도 큰 변동이 생겼다. 러시아내전 정세가 이때 급
격히 전환되었다. 극동으로 세력을 뻗어나가는 데 심각한 장애가 되었
던 세묘노프 백위파 정부가 붕괴한 것이다. 세묘노프 정부가 처음 수립
된 것은 1918년 5월이었다. 바이칼호 동쪽의 시베리아철도 연선지대를
거점으로 삼는 이 정부는 이름을 여러 차례 바꾸었다. '임시 자바이칼
정부'(1918. 5), '몽골·부랴트 독립공화국'(1919. 1), '러시아 동방 변경정
부'(1920. 1) 등이다. 이름은 바뀌었지만 성격은 변하지 않았다. 치타를 수
도로 하는 백위파 지방정부에는 변함이 없었다. 이 정부는 러시아 극동
과 시베리아·유럽지역 러시아의 소통을 가로막는 중대한 장애물이었

---

100) Доклад члена Д. Восточного Комитета Корейской Коммунистической парти
и Пак - Чан - Ин(고려공산당 극동위원회 위원 박창인의 보고), 1920. 11. 11, РГА
СПИ ф.495 оп.135 д.19.

101) Протокол No.20 заседания Центрального Комитета Корейских Коммунистич
еских организации(한인공산당 중앙총회록 제20호), 1920. 11. 11, РГАСПИ
ф.495 оп.135 д.19.

258

다. '치타 장벽(Читинская пробка)'이라 불리는 이 장애물이 소멸된 것이 바로 1920년 10~11월이었다.[102] 10월 21일에는 수도 치타가 해방되었고,[103] 11월 19일 마치예프스카야 정거장 전투에서 세묘노프 군대가 궤멸적 패배를 당했던 것이다.

치타 장벽이 소멸되었다는 사실은 이르쿠츠크에서 극동으로 나아가는 교통·통신상의 장애가 소멸되었음을 뜻한다. 전로한인공산당 중앙총회는 바로 이때를 한국혁명 속으로 진입하는 결정적인 기회로 포착했던 것이다.

하지만 한국 민족해방운동의 주도권을 향한 전로한인공산당 중앙총회의 노력이 순조로운 결실을 본 것은 아니었다. 그들은 출발단계에서부터 벽에 부딪쳤다. 그들과 지지기반이 다르며 정치적 견해를 달리하는 사회주의단체들과 마찰을 빚게 되었다. 이미 한국혁명 속에서 확고한 기반을 장악하고 있을 뿐 아니라 자기네들보다 먼저 사회주의운동을 개척해나간 초창기 한인 사회주의자들과 분쟁을 겪었던 것이다. 분쟁의 조짐은 이전부터 있었다. 그러나 그것은 단편적이고 잠재적인 것들이었다. 폐해도 적었다. 그러나 이르쿠츠크파 사람들이 한국혁명의 중심무대로 진입하는 첫 순간에 이 대립은 국지성을 벗어났다. 그 대립은 한국 민족해방운동의 운명을 좌우할 정도로 큰 파장을 일으켰다.

---

102) Гл.ред. С. С. Хромов, Гражданская война и военная интервенция в СССР－Энциклопедия(소련의 내전과 간섭전쟁 : 백과사전), М., Сов.Энциклопедия, 1987, 541쪽.

103) 『동아공산』 제6호, 1920. 11. 7, 2쪽.

제7장 분열

1. 전권위원들의 회동

극동공화국과 크라스노쇼코프

1920년 4월 6일 극동공화국이 수립되었다. 이 공화국은 내란과 간섭전쟁 때문에 야기된 소비에트러시아의 경제위기를 극복하기 위해 볼셰비키가 설립한 완충국가였다. 이 국가를 세운 가장 큰 이유는 "극동 각국으로 하여금 통상을 체결한 후, 이 완충국을 경유하여 자국(러시아) 내지의 경제공황을 조정하고자 함"에 있었다.[1] 따라서 이 공화국은 볼셰비키가 주도했음에도 불구하고 부르주아 민주정체를 채택했다.

단지 경제적 필요 때문만은 아니었다. 열강의 간섭을 약화시키려는 외교적 고려도 작용했다. 극동에 대한 일본의 개입을 후퇴시켜 동쪽 변방을 안정화하려는 의도도 있었다. 이 국가의 외교정책은 일본 간섭군과의 군사적, 외교적 충돌을 회피하는 것을 주안점으로 삼았다.

극동공화국의 영역은 "서쪽으로 셀렌크 강과 바이칼 호수로부터 동쪽으로 북사할린과 캄차카를 포함하는 태평양까지의 옛 러시아제국의 전국토를 포함"[2]하는 넓은 지역이었다. 아무르주, 연해주, 자바이칼주, 사할린주, 캄차카주와 북만주 중동선 철도용지를 포괄했다. 제정러시아 당시 프리아무르총독부 관할구역과 대체로 일치한다.

---

1) 김경재, 「흑하사변의 진상 1」, 『독립신문』 1922년 5월 6일자, 1쪽.

2) Ким Сын хва(金承化), Очерки по истории Советских Кореичев, Алма Ата, изд. наука, 1965(鄭泰秀 옮김, 『소련한족사』, 112쪽).

260

그해 8월 극동공화국 관내의 혁명정세는 급변의 소용돌이에 휩싸였다. 극동공화국과 일본간섭군 사이에 협정이 체결되었기 때문이다. '곤고타 정거장 평화조약'이 그것이다. 이 협정의 골자는 자바이칼주 전 지역에서 쌍방간에 군사행동을 정지하는 데 있었다. 이에 의거하여 자바이칼주에 주둔하고 있던 일본군 제5사단은 1920년 8월 1일부터 퇴각하기 시작했다.[3]

일본주둔군 후원하에 자바이칼 일대의 통치권을 행사하고 있던 세묘노프 정부는 위기를 맞았다. 정권의 기반이 급격히 붕괴되었다. 극동공화국 군대는 즉각 세묘노프 정부군과의 전투에 돌입했으며, 드디어 1920년 10월 21일 자바이칼 주의 수도 치타 시를 점령했다.[4] 세묘노프 백위파 정부가 장악하고 있던 자바이칼 일대는 이제 극동공화국의 통치 지구로 변모했다.

세묘노프 정부 수뇌부는 북만주 방향으로 퇴각했고, 극동공화국 정부는 수도를 베르흐네우진스크로부터 치타 시로 이전했다. 이때에 이르러 비로소 내전 발발 이후 시베리아와 극동을 가로막고 있던 치타 장벽이 무너졌다. 모스크바로부터 하바로프스크에 이르는 기나긴 노정에는 통신과 교통을 방해하는 장벽이 더이상 존재하지 않게 되었다. "이때 처음으로 유럽 러시아와 극동의 연락로가 개통"되었다.[5] 이 공화국의 수도인 치타는 이제 러시아 극동지방 혁명운동의 중심지로 떠올랐다.

극동공화국의 지도자는 크라스노쇼코프였다. 그는 극동공화국의 집정관이자 러시아공산당 극동국의 지도자 중 한 사람이었다. 그는 "극동혁명사업을 제3국제공산당으로부터 받들어"[6]온 인물이었다. 크라스노쇼코프가 극동의 혁명사업을 코민테른으로부터 위임받았다는 것은 이중

---

3 『동아공산』 제1호, 1920. 8. 14, 1쪽.
4) 『동아공산』 제5호, 1920. 10. 25, 4쪽 ; 『동아공산』 제6호, 1920. 11. 7, 2쪽.
5) 위와 같음.
6) 위와 같음.

적 의미를 갖는다. 하나는 '극동공화국의 수립'이고, 다른 하나는 '동양의 무산혁명사업'에 대한 책임을 부여받은 것이다. 그는 "모스크바 중앙정부에서 위임된 2대 사명을 이행키 위하여 일면 즉 정치 변(邊)으로는 공화국정부를 구성하며, 타면 즉 주의 변(邊)으로는 원동부를 조직"[7]했다. 여기서 말하는 '원동부'란 '러시아공산당 중앙위원회 극동국'을 가리킨다. 그 집행부는 6명의 위원으로 구성되었다. 크라스노쇼코프는 그중 한 사람으로서 "다대한 권위를 악(握)한 1인"이었다.[8] '러시아공산당 중앙위원회 극동국'은 한인들에게 '원동공산총국' 또는 '원동부'로 호칭되었다.

전권위원단 연석회의

1920년 9월 22일 상해를 출발한 한국공산당 전권위원 김립과 계봉우는 러시아 국경에 도착하자마자 급격한 정세변동과 조우했다. 치타 장벽이 해소되는 현장에 맞닥뜨린 것이다. 세묘노프 백위파 정권이 몰락하고 극동공화국이 그것을 대신하는 격변을 지켜보게 되었다.

두 사람은 베르흐네우진스크에서 선임자들과 회동했다. 10월 말의 일이었다. 그들에 앞서 모스크바에 파견되었던 사절단들이 한 자리에 둘러앉았다.[9] 박애가 그 자리에 참석했다. 1919년 7월 한인사회당 대표단의 일원으로 모스크바에 파견되었다가 1920년 4월 이한영과 함께 귀환길에 올랐던 그였다. 귀환 도중이던 1920년 7월 이르쿠츠크에서 개최된 전로한인공산당 제1회 대표원회의에 참석했고, 거기서 이르쿠츠크파에 맞서 고군분투했다. 이즈음 그는 러시아공산당 극동국 전권위원으로서 극동공화국 내 한인 조직화에 관한 최고위 책임자의 직위에 올라있었

---

7) 김경재, 앞의 글, 1쪽.

8) 위와 같음.

9) 「在魯高麗革命軍隊沿革」, 9쪽(『한국공산주의운동사』 2 자료편).

다.10)

박진순도 이 회동에 참여했다. 박애·이한영과 더불어 한인사회당 모스크바 사절단에 선임되었던 그는 1년여의 체류를 마치고 그해 9월 초 귀환길에 오른 참이었다. 코민테른 집행위원에 선임된 그는 동양공산당 결성에 관한 전권을 부여받은 상태였다.

한형권도 참석했다. 한인사회당원으로서 상해임시정부 전권위원이기도 했던 그는 러시아정부가 제공한 금화 40만 루불을 수령한 상태였다. 박진순과 한형권은 모스크바를 함께 출발한 이래 줄곧 동행중이었다. 두 사람이 베르흐네우진스크에 도착한 것은 10월 24일 저녁이었다. 그들은 수행원들과 함께 특별열차 편으로 옴스크 시를 떠나 그곳에 도착했다고 한다.11)

이외에도 다른 참석자가 더 있었는지는 알 수 없다. 하지만 성명을 확인할 수 있는 참석자들은 한결같이 당과 정부의 모스크바 전권위원들이었다. 1919년 7월에 파견된 한인사회당 대표단, 1920년 4월에 파견된 상해임시정부 전권위원, 1920년 9월에 파견된 상해 한국공산당 대표단이한 자리에 모인 셈이다. 제외된 사람은 이한영 한 사람이었다. 그는 이때 상해에 체류중이었다. 한인사회당 중앙위원회와의 연락을 위해 서둘러 상해로 귀환한 것이다.12)

참석자들은 거대한 권한과 자금을 지니고 있었다. 이들은 당면한 거의 모든 중요 문제를 논의했다. 가장 중요한 현안은 전 한국의 통일 공산당을 조직하는 문제였다. 그것은 김립과 계봉우가 상해 한국공산당으

---

10) Доклад члена ЦЕКА Коркомморганизации тов. Нам-манчун о результатах ко
мандировни в город В-Удинск(한인공산당 중앙총회 위원 남만춘의 베르흐네
우진스크 출장보고), 1920. 11. 13, 1쪽, РГАСПИ ф.495 оп.135 д.19 л.42об.

11) 위와 같음.

12) Доклад(письмо) тов. Ли-Кара из Шанхаи в ЦК Коркомморганизации[이괄이
상해에서 전로한인공산당 중앙총회 앞으로 보낸 보고(편지)], 1920. 9. 22, РГА
СПИ ф.495 оп.135 д.19.

로부터 위임받아온 과제였다. 두 사람에게는 이르쿠츠크 전로한인공산
당과 협력하여 통일 공산당 창립대회를 소집한다는 막중한 과제가 부여
되어있었다.

그러나 다른 참석자들은 한결같이 우려의 목소리를 냈다. 두 단체 사
이에 정책차이가 너무나 현저하다는 것이었다. 상해임시정부에 대한 두
당의 태도는 정반대였다, 재러시아 한인 단체 조직론도 서로 다르며, 이
르쿠츠크 인사들은 한인사회당과 협력할 의사가 없을 뿐 아니라 그에
대해 적대적인 태도를 취하고 있다는 것이 그들의 판단이었다. 박애는
1920년 7월 전로한인공산당 제1차 대표원회의에서, 박진순과 한형권은
그해 10월 제1회 전로고려인대회에서 이를 몸소 겪은 바 있었다.

전권위원들은 이르쿠츠크 전로한인공산당과 협력하는 것이 불가능하
다고 의견을 모은 듯하다. 그들은 다른 방법을 고안해냈다. 통일 공산당
결성의 토대를 새로운 안전지대인 극동공화국 영내에서 구축한다는 방
안이었다. 이 방안이 제기된 데는 극동공화국 수반인 크라스노쇼코프가
1918년 이래 한인사회당과 맺어온 우호적인 역사가 영향을 미쳤다.

전권위원들이 고안한 새 방안을 보면, 전 한국의 통일된 공산당이 창
립되기 전까지는 상해 한국공산당을 임시중앙기관으로 본다고 한다.
‘전한공산당’ 창립의 사무는 극동공화국 영역 내에 새 기관을 조직하고
그에 위임하기로 했다. 새 기관은 극동공화국의 최고 당기관인 러시아
공산당 극동국 산하에 한인부 형태로 조직하며, 소재지를 공화국의 새
수도 치타 시에 두기로 했다. 이르쿠츠크의 ‘전로한인공산당 중앙총회’
와의 교섭도 새 기관이 담당하기로 했다. 이르쿠츠크 소재 기관의 위상
은 ‘중앙기관’이 아니라 시베리아를 담당하는 지방위원회로 간주한다는
결정도 이때 이루어진 것으로 보인다.

이 회합에서 검토된 또 하나의 주요한 문제는 거액의 모스크바 자금
문제였다. 전권위원들은 이 자금이 한인사회당의 외교적 노력에 의해
획득된 것이니만큼 그 회계 및 관리권을 ‘한인사회당’이 전담해야 한다

고 생각했다. 따라서 한인사회당 중앙위원들이 소재하는 상해로 자금을 운반하여 그들에게 넘기기로 결정했다. 모스크바 자금의 성격과 관리권에 대한 이 규정은 뒷날 격렬한 비난의 대상이 되었다. 그것은 사회주의자들 내부의 분파투쟁을 격화하는 씨앗이 되었다.

'동양공산당(Компартия Востока)' 조직문제도 논의되었다. '코민테른 재외 전권위원(заграничный уполномоченный Коминтерна)'인 박진순에게 위임된 과제였다. 참석자들은 러시아인 동양담당관들 사이에 흐르고 있는 미묘한 기류에 촉각을 곤두세웠다. 동양 3국의 혁명운동 연합기관을 이르쿠츠크에 두려는 음모가 착착 진행중임을 감지했던 것이다. 박진순은 옴스크에 체류중이던 그달 15일경 "코민테른 극동비서부가 이르쿠츠크에서 조직된다"는 통신을 접했다.13) 믿기 어려웠다. 코민테른 대회 결정과 배치되는 움직임이었기 때문이다.

박진순과 다른 전권위원들은 동양공산당 소재지로 상해가 가장 적합하다고 판단했다. 이르쿠츠크와 달리 상해에는 동양 3국의 가장 우수한 혁명역량이 밀집해있는 데다가 교통·통신의 편의가 보장되어있었기 때문이다. 전권위원들은 상해에서 동양공산당 설립을 추진하되, 새로 조직된다는 극동비서부 설립 움직임을 예의주시하기로 했다. 박진순은 "극동비서부에 대해 코민테른 재외 전권위원과 동양공산당이 어떤 관계를 맺을지에 관해 지령을 줄 것을 바란다"는 내용의 문의전보를 모스크바로 띄웠다.14)

3대 현안 문제에 관해 의견을 나눈 전권위원들은 즉각 행동에 들어갔다. 회동을 마친 뒤, 참석자들은 각자 임무를 분담하여 제각각 활동지로 떠났다. 김립과 박진순은 상해로 출발했다. 이들은 모스크바 자금을 전달하고 동양공산당 설립을 추진할 임무를 띠었다. 박애와 계봉우는 극

---

13) Чуньу(춘우), Телеграмма, Коминтерн No.2(코민테른 앞 전보 제2호), 1920. 10. 17, РГАСПИ ф.495 оп.135 д.22 л.62.

14) 위와 같음.

동공화국의 새 수도인 치타 시로 향했다. 그들에게는 러시아공산당 극동국 산하에 새 기관을 설립하여 '전한공산당' 창립대회를 소집할 임무가 부과되었다. 한형권은 모스크바로 발길을 돌렸다. 러시아정부가 약속한 추가자금을 수령하기 위해서였다.

2. 러시아공산당 극동국 한인부

극동국 한인부를 이끈 사람들

극동공화국의 수도이자 러시아공산당 극동국의 소재지인 치타는 인구 8만 명 안팎의 소도시였다. 러시아 자바이칼주의 거점도시로서 행정과 교통, 상업의 중심지였다.15) 한국역사와 무관했을 성싶은 이 도시는 1920년 말부터 이듬해 여름까지 한국근대사 전개의 가장 뜨거운 무대가 되었다.

전권위원단 연석회의가 끝난 뒤, 치타로 온 박애와 계봉우는 바이칼호 동쪽의 한인 사회주의자들을 규합해나가기 시작했다. 그 노력은 1920년 12월 2일에 결실을 맺었다. 그날 극동공화국 영토 내에 소재하는 한인 사회주의단체들의 대표자회의가 소집되었다. 참석자 면면을 보면, 연해주 대표 장도정, 아무르주 대표 김진·박창은(朴昌殷, 일명 박이반)·최의수(崔義洙), 자바이칼주 대표 권화순(權和順) 등이었다. 박애와 계봉우는 '상해대표' 자격으로 이 회의에 출석했다.16) 참석자 가운데는 조응순도 있었다. 그는 그해 10월 옴스크에서 열린 전로고려인대회 발기인 가운데 한 사람이었다. 이 회의에서 그가 어떤 자격으로 참석했는지는

---

15) 憲兵司令部, 『西伯利出兵憲兵史』, 東京 : 國書刊行會, 1976. 26쪽.
16) 동아국 한인부, 「일지(1921. 1. 20~2. 8)」, 1쪽, РГАСПИ ф.495 оп.154 д.117.

알려져 있지 않다.

참가자들은 이 모임을 '한인공산당 중임(重任)당원 회의' 또는 '상해, 연해주, 아무르주, 자바이칼주 대표자 연합회의'라고 명명했다.17) 이들의 대표성은 러시아령 극동의 한인 사회주의단체들과 재상해 한국공산당을 망라했다.

의안 가운데 중요한 것은 조직문제였다. 참석자들은 각지의 한인공산당을 통일적으로 '운전'할 임시중앙기관을 조직하기로 합의했다.18) 이 기관은 '전한공산당 중앙총회'가 성립되기 전까지 존속하는 것으로 간주되었다. 관할하는 범위는 '상해 방면', 연해주, 아무르주, 자바이칼주였다. 상해 방면이란 단지 상해 한 곳만 가리키는 것이 아니었다. 그곳을 경유하여 손쉽게 왕래할 수 있는 한국, 일본, 서·북간도, 기타 중국령을 뜻했다.

이 기관의 위상은 치타의 한인 사회주의자들만이 아니라 해외 한인사회에 널리 알려져 있었던 것으로 보인다.『독립신문』보도를 보면, 극동공화국의 수반 크라스노쇼코프는 동양사업 착수의 제일보로 한인들과 악수했다고 한다. 그 조직적 성과가 곧 '극동부 한인부'라는 기관인데, 이 기관의 세력범위는 "유독 한국의 무산혁명만을 지배할 최고기관"이라고 썼다.19)

이 기관은 한인들 사이에 여러가지 명칭으로 불리었다. '러시아공산당 동아국 한인부',20) '러시아공산당 원동부내 한인부',21) '원동공산당 중앙총회 한인부',22) '원동공산총국 한인부'23) 등의 용례가 있고, 줄여

---

17) Протокол No.5 Заседания Корейской Секции при Дальбюро Ц.К.Р.К.П.(러시아공산당중앙위 극동국 한인부 회의록 제5호), 1920. 12. 20, РГАСПИ ф.495 оп.154 д.39.

18) 위와 같음.

19) 김경재, 앞의 글, 1쪽.

20) 동아국 한인부, 「일지(1921. 1. 20~2. 8)」, РГАСПИ ф.495 оп.154 д.117.

21) 「在魯高麗革命軍隊沿革」, 10쪽.

서 '동아총국 한인부',24) '원동한인부'25)라고 부르는 경우도 있었다. 문서보관소에 남아있는 이 기관의 공식 문서에는 인장이 날인되어있는데, 그 인장에 기재된 명칭은 '동아총국 한인부'였다. 이 기관의 러시아어 명칭은 '러시아공산당 중앙위원회 극동국 한인부(Корсекции Дальбюро Ц.К. Р.К.П.)'이다. 오늘날 '원동'이라는 용어가 잘 쓰이지 않음을 고려하여 '극동국 한인부'로 줄여부르기로 하자.

극동국 한인부는 러시아공산당 극동국 산하 기관이었다. 극동공화국은 한인부를 관내 한인 사회주의자들을 대표하는 기관으로 인정했다. 러시아공산당 극동국 내에는 민족별 지부가 두 개 있었다. "5명으로 구성된 중국공산주의 조직국과 역시 5명으로 구성된 한인부"26)가 그것이다. 이 중 중국공산당 조직국은 1920년 7월 모스크바에서 설립되었으며, 그해 9월 2일 극동국 산하로 이관되었다.27)

러시아공산당은 이 두 민족별 지부를 극동공화국 영역 내 중국인과 한국인 사회주의자들의 유일한 대표기관으로 간주했다. 극동국 내에 민족별 뷰로를 따로 설치한 데는 이유가 있었다. 여러 소수민족으로 구성된 극동공화국 관내에서 내란을 승리로 이끌자면 현지의 한국인과 중국인들을 동원할 필요가 있었던 것이다.

극동국 한인부는 다른 지역에 소재하는 유력한 사회주의단체들과의 관계에 대해서도 그 성격을 명백히 했다. 그 중에서도 상해, 이르쿠츠크, 연해주 등에 근거를 둔 단체들에 대한 관계설정이 특히 주목을 끈다.

상해 한국공산당에 대해서는 임시나마 중앙기관의 위상을 인정했다.

---

22) 張道政, 「高麗共産黨の沿革」, 8쪽.

23) 위의 글, 17쪽.

24) 동아국 한인부, 「일지(1921. 1. 20~2. 8)」, 3쪽, РГАСПИ ф.495 оп.154 д.117.

25) 張道政, 앞의 글, 11쪽.

26) АН СССР, КОМИНТЕРИ И ВОСТОК(코민테른과 동양), Изд.НАУКА, Москва, 1969, 66쪽.

27) 위의 책, 77쪽.

극동국 한인부 회의록을 보면, "상해시는 극동(중국, 한국, 일본)에서 공산주의를 안전하게 보급할 수 있는 가장 편리한 지역이므로 당대회가 소집될 때까지 임시로 상해공산당을 고려공산당 중앙위원회 기관으로 인정한다"[28)고 규정했다. 이것은 상해 한국공산당과 치타 극동국 한인부가 조직적, 사상적으로 긴밀한 관련을 맺고 있었음을 말해준다. 상해 한국공산당은 전한공산당 창립 이전까지 중앙기관의 역할을 수행하며, 치타의 극동국 한인부는 극동공화국 내의 한인 사회주의운동을 지도하는 지역적 성격을 갖는다. 후자는 지리적 이점으로 인해 '전한공산당' 창립대회를 준비하는 임무를 상해 한국공산당으로부터 위임받은 상태에 있었다.

이와 대조적으로 극동국 한인부는 이르쿠츠크에 소재하는 '전로한인공산당 중앙총회'와 연해주의 한인 공산단체에 대해서는 "중앙위원회를 해산하고 지방위원회로 개칭할 것"[29)을 권고했다. 이 결정은 '극동국 한인부'와 '전로한인공산당' 사이의 날카로운 의견대립을 초래했다.

극동국 한인부의 집행부는 5명으로 구성된 '오두제(五頭制)'였다. 박애, 계봉우, 김진, 장도정, 박창은 등 5명의 위원이 선출되었다. 후보위원으로는 조응순, 권화순 등이 선임되었다.[30) 이 위원들은 극동국 한인부 내에 설치한 "서무, 선전, 조직, 재정, 검사" 등 5개 부서의 직무를 각각 담당했다. 그 업무분장 상황을 보자. "서무부장 박애, 선전부장 계봉우, 조직부장 장도정, 재무부장 박창은, 검사부장 김진 여러 동무로 선정하고 일체 행사를 전임"하게 되었다고 한다.[31)

---

28) Протокол No.3 Заседания Корейской Секции при Дальбюро Ц.К.Р.К.П.(러시아공산당 중앙위 극동국 한인부 회의록 제3호), 1920. 12. 14, РГАСПИ ф.495 оп.154 д.39.

29) 위와 같음.

30) Протокол No.1 Заседания Корейской Секции при Дальне - Восточном Вюро Ц.К.Р.К.П.(러시아공산당 중앙위 극동국 한인부 회의록 제1호), 1920. 12. 2, РГАСПИ ф.495 оп.154 д.39.

31) 동아국 한인부, 「일지(1921. 1. 20~2. 8)」, 1쪽, РГАСПИ ф.495 оп.154 д.117.

서무부장 박애는 극동공화국의 당과 정부에 대한 교섭과정에서 특히 유리한 입장에 놓여있었다. 그는 이미 러시아당 극동국의 전권위원으로서 극동공화국 내 한인문제에 관한 한 최고위 실권자 직위에 올라있었다. 박애는 "원동정부 집정관 크라스노쇼코프와 평소부터 지분(知分)이 있었던 터"였다.[32] 그는 1918년 당시 크라스노쇼코프가 의장으로 일하던 극동소비에트 집행부에 비서장으로 참가했다. 또 "1917년부터 1918 양년간에 크라스노쇼코프 씨와 함께 삼림 속에서 의병생활의 고락을 같이 한 터"였다. 그래서 크라스노쇼코프는 박애를 가장 신뢰했다고 한다.[33] 게다가 박애는 극동공화국에 대한 상해임시정부의 '영사' 직무도 겸하고 있었다. 그 때문에 "러시아에 대한 외교상 권리로 말하면 한인부 당국만으로도 상당한 신임을" 받았다. 그에 더하여 "정(政)·군(軍) 양계에 한인의 외교로는 박애면 그만"이었다고 한다.[34]

극동국 한인부에는 5명의 위원 외에 다수의 한인 사회주의자들이 실무자로서 활동하고 있었다. 보기를 들면, 강세레브레니코프는 조직부 서기로, 박윤해(朴允海)와 이다물은 번역원으로, 정기현과 이종구는 기관지 『노농신보』의 필경사로, 김마리야는 기자로, 박성오는 경리과장으로, 박군팔(朴君八)은 지도원으로, 조응순은 편집부원으로 일했다.[35]

산하단체의 조직화

극동공화국에 소재하는 한인 사회주의 단체들은 모두 극동국 한인부 산하 단체로 간주되었다. 그 조직화에 관련하여 한인부는 1920년 12월

---

32) 「在魯高麗革命軍隊沿革」, 10쪽.

33) 김경재, 앞의 글, 1쪽.

34) 「在魯高麗革命軍隊沿革」, 10쪽.

35) Протокол No.9 Очередного заседания Корейской Секции при Дальбюро Ц.К.Р.К.П.(러시아공산당 중앙위 극동국 한인부 정례회의록 제9호), 1921. 1. 16, РГАСПИ ф.495 оп.154 д.90.

14일 간부회의에서 다음과 같이 결정했다.

> 러시아공산당 중앙위원회 극동국의 1920년 12월 제?(원문대로 – 인용자)호의 결의에 따라, 현재 러시아 극동에서 러시아공산당 관할하에 있는 한인 공산단체들은 자치적인 단일체로서 분립한다. 즉 러시아공산당의 성원에서 벗어나서 전한공산당 중앙위원회가 창립될 때까지 임시로 러시아공산당중앙위 극동국 한인부에 직접 복종한다.[36]

이 문서를 통해서 볼 때 다음 세 가지 사실을 확인할 수 있다. 첫째, 러시아공산당 각 기관에 소속되어있던 한인 사회주의자와 그 단체들을 모두 러시아 당기관에서 분립시키고, 그 독자적 재조직을 꾀했다는 점이다. 민족별 지부조직을 계열화하려 했음을 알 수 있다.

둘째, 이 재편은 '전한공산당'이 정식으로 성립될 때까지 임시로 극동국 한인부를 정점으로 수행한다는 점이다.

셋째, 한인 단체의 재편은 1920년 12월경에 채택된 러시아공산당 극동국의 공식 결정에 의거하여 추진되었다는 점이다. 따라서 극동지역 한인 단체의 재편성은 러시아공산당의 전적인 지원하에 이루어졌음을 알 수 있다. 한인부가 러시아공산당 극동국으로부터 유일한 대표체로 간주되고 있었음을 다시한번 확인할 수 있다.

극동국 한인부는 러시아공산당 극동국 산하 각 지방위원회에 소속된 한인 사회주의자들을 자신의 예하에 재편하는 조치를 실행에 옮겼다. 보기를 들자. 극동국 한인부는 1920년 12월 23일자로 러시아공산당 자바이칼현 위원회에 다음과 같은 공문을 보냈다.

> 러시아공산당 중앙위원회 극동국의 결의에 따라 극동공화국 영역에 존

---

36) Протокол No.3 Заседания Корейской Секции при Дальбюро Ц.К.Р.К.П.(러시아공산당 중앙위 극동국 한인부 회의록 제3호), 1920. 12. 14, РГАСПИ ф.495 о п.154 д.39.

재하는 모든 한인 공산단체는 러시아공산당으로부터 분립하여 독립적 단일체를 이루며, 러시아공산당 중앙위원회 극동국 산하 한인부에 직접 복종하게 되었습니다. 앞서 말한 이유로 본 한인부는 러시아공산당으로부터 한인 공산단체들이 분립하는 사안을 처리해주실 것을 바라며, 또한 귀 현위원회에 속한 모든 한인 공산주의자들이 본 한인부에 등록하고 협력하도록 해주실 것을 바랍니다.[37]

위 문서는 바로 극동공화국 관내에 소재하는 한인 단체들을 통합하는 작업의 일환으로 발송된 것이었다. 이러한 공문은 자바이칼주뿐만 아니라 극동공화국 관내 모든 주(州)로 발송되었을 것으로 보인다.

극동국 한인부는 조직지도원을 각지에 파견했다. 보기를 들면, 1920년 12월 말 '스레첸스크' 구역의 한인노농회와 공산당 야체이카 조직을 위해 박군팔과 그외 한 사람을 파견했다. 또한 베르흐네우진스크의 한인 공산당 재조직을 지도할 목적으로 조응순을 파견했다.[38] 그는 지방대회 소집 전권을 부여받았다.

극동공화국의 수도인 치타 시와 자바이칼주 서부지역의 주요 도시인 베르흐네우진스크 시에서는 1921년 1월 중순경에 조직재편이 완료되었다. 1921년 1월 18일자 극동국 한인부 조직부의 「일지」(1921. 1. 17~2. 9)를 보면, "벨크니우진스크(베르흐네우진스크 – 인용자) 공산당 조직된 사항급 치타공산당 승인허가의 통신을 접수"했다고 기재되어있다. 한편 극동국 한인부의 1921년 1월 24일자 간부회의 회의록에는 베르흐네우진스크 한인공산당 대표자가 자신의 활동상을 보고했으며, 한인부가 그것을 승인했다는 기록이 있다. 이 지방 한인공산당의 재편은 1921년 1월 하순경에 완료되었음을 알 수 있다.[39]

---

37) Корейская Секция при Дальне - Восточное Бюро Ц.К.Р.К.П.(러시아공산당중앙위 극동국 한인부), отпуск No.42, 1920. 12. 23, РГАСПИ ф.495 оп.154 д.24.

38) Протокол No.7 Очередного заседания Корейской Секции при Дальбюро Ц.К.Р.К.П.(러시아공산당 중앙위 극동국 한인부 정례회의록 제7호), 1920. 12. 29, РГАСПИ ф.495 оп.154 д.39.

연해주의 조직화 경위는 1921년 1월 16일자 한인부 간부회의록을 통해 엿볼 수 있다. 거기에는 "러시아공산당 연해주위원회로 하여금 한인부 대표자가 도착할 때까지 한인공산당 연해주위원회에 자금을 지급할 것"[40]을 요청한다고 적혀있어, 이즈음에 재조직화가 진행되었음을 알 수 있다. 다른 지역에서도 비슷한 시기에 이러한 재편이 진행되었을 것이다. 그 결과 각 지방 한인공산당은 '독립'적으로 활동하게 되었으며, 극동국 한인부를 중심으로 '일치 동작'하게 되었다고 한다.[41]

한인 공산청년단체의 정비도 병행되었다. 그 재편과정도 당기관의 정비와 동일한 방식으로 수행되었다. 한인부는 1920년 12월 29일자 간부회의에서 "고려공산청년회를 러시아 공청으로부터 분립시키는" 한편, "독자적인 단일체 형성"을 결의했다. 한인 공산청년단체의 정식 명칭은 '공산청년회 극동국 한인부'였으며, 그 책임비서로는 비소츠키가 임명되었다. 비소츠키의 한국식 성명은 최성우(崔成宇)였다.[42]

극동국 한인부의 이모저모

극동국 한인부는 자신의 주요 활동과제를 다음 네 가지로 파악했다.

- 상해 한국공산당과 연락하여 조속히 전한공산당 대표회를 소집할 일.

---

39) Протокол No.11 Чрезвычайного Заседания КорСекции при Дальбюро Ц.К.Р.К.П. (러시아공산당 중앙위 극동국 한인부 비상회의록 제11호) 1921. 1. 24, РГАСПИ ф.495 оп.154 д.90.

40) Протокол No.9 Очередного заседания Корейской Секции при Дальбюро Ц.К.Р.К.П.(러시아공산당 중앙위 극동국 한인부 정례회의록 제9호), 1921. 1. 16, РГАСПИ ф.495 оп.154 д.90.

41) 張道政, 앞의 글, 8쪽.

42) Протокол No.7 Очередного заседания Корейской Секции при Дальбюро Ц.К.Р.К.П.(러시아공산당 중앙위 극동국 한인부 정례회의록 제7호), 1920. 12. 29, РГАСПИ ф.495 оп.154 д.39.

- 각 지방에 노농회를 조직하여 민족혁명을 방조할 일(제3국제공산당의 결정에 의거).
- 남·북만주에 있는 각 의병단체를 원동정부의 지대 안으로 집중시켜 원동정부의 국방과 함께 혁명군을 양성·단합시킬 일.
- 각 방면에 선전·조직을 할 일.[43]

이 네 가지를 한인부 사람들은 '대정방침(大政方針)'이라고 불렀다. 그중 첫 자리를 차지하는 것은 '전한공산당'을 창립하기 위해 대표회를 소집하는 문제였다. 여러 번 확인했듯이 여기서도 상해 한국공산당과 협력하여 전한공산당을 창립한다고 명시되어있다. 극동국 한인부는 "현재 상해에 소재하는 임시중앙위원회는 여러가지 사정 때문에 전당적 과업을 수행할 수 없기 때문에 본 한인부가 당대회 소집의 이니셔티브를 행사할 것"[44]을 자임하고 있었다.

한인부는 이르쿠츠크에서 태동하고 있던 당창립 준비활동에 대해서는 정반대 태도를 취했다. 1920년 7월 이르쿠츠크에서 열린 전로한인공산당 대표자회의 결의에 의거하여 고려공산당 창립 준비작업이 추진중에 있었다. 한인부는 그것을 사실상 묵살했다. '전한공산당'의 창립을 향한 움직임은 그해 12월경에 이르러 두 갈래로 표출되기에 이르렀다. 당 창립을 둘러싸고 한국 사회주의운동이 둘로 분열되기 시작한 것이다.

둘째, 극동공화국 내 "각지의 한인 기관을 노농회로 변경한 후 전한노농총대의회를 소집"[45]하는 문제였다. 한인부는 한인 대중단체들을 노농회로 재편하기 위해 노농회 표준규약을 작성했다.[46] 또한 노농회 활동

---

43) 張道政, 앞의 글, 8쪽.

44) Протокол No.3 Заседания Корейской Секции при Дальбюро Ц.К.Р.К.П.(러시아공산당 중앙위 극동국 한인부 회의록 제3호), 1920. 12. 14.

45) 동아국 한인부 조직부, 「일지(1921. 1. 17~2. 9)」, 1쪽.

46) Протокол No.8 Чрезвычайного Заседания КорСекции при Дальбюро Ц.К.Р.К.П. (러시아공산당 중앙위 극동국 한인부 비상회의록 제8호), 1921. 1. 5.

274

에 대한 현지지도를 위해 직접 지도원을 파견하기도 했다.47) 치타에서
는 한인노동자 내에서의 당사업을 강화하기 위해 치타 구역 한인공산당
사무실을 현지 노농회관으로 이전하도록 지시했다.48)

주목할 점은 '한인노농회' 조직사업이 민족혁명을 방조하는 차원에서
행하는 것이라고 명시한 데 있다. 한인부 간부 중 한사람인 장도정은 이
정책이 코민테른의 결정에 의거하여 수행된 것이라고 해설했다. 한인부
의 민족정책은 1920년 7~8월 코민테른 제2차 대회의 「민족·식민지문
제에 관한 테제」의 영향하에서 결정되고 있었음을 알 수 있다.

극동국 한인부의 태도는 이르쿠츠크의 '전로한인공산당 중앙총회'의
태도와는 달랐다. 한인부는 상해 한국공산당과 마찬가지로 민족혁명단
체에 대한 통일전선정책을 지지했다. 그 때문에 상해임시정부에 사회주
의자들이 참가하는 것도 인정했다.

한인부의 이러한 정치적 태도는 '전로한인공산당 중앙총회' 인사들에
게 비난의 표적이 되었다. 이르쿠츠크 사회주의자들은 한인부의 민족정
책을 맹렬히 비난했다. 상해임시정부는 이념상으로 볼 때 '절대의 적
(敵)'이라는 게 그들의 생각이었다. 그런데도 그를 봉대하는 것은 사회주
의적이지 않다는 것이다.49)

상해임시정부에 대한 정책차이는 양자의 혁명이론과 정치노선의 차
이에서 기인하는 것이었다. 임시정부를 지지하느냐 그를 적대시하느냐?
이것이 두 세력의 분화를 낳은 한 요인이었다. 그것은 초창기 한국 사회
주의운동의 분열을 장기적이고 화해하기 어려운 것으로 만든 내적 요인
이 되었다.

한인부가 각별히 관심을 기울인 또 하나의 활동과제는 군사정책에 관

---

47) Протокол No.9 Очередного заседания Корейской Секции при Дальбюро Ц.К.Р.
К.П.(러시아공산당 중앙위 극동국 한인부 정례회의록 제9호), 1921. 1. 16.

48) Протокол No.11 Чрезвычайного Заседания КорСекции при Дальбюро Ц.К.Р.К.П.
(러시아공산당 중앙위 극동국 한인부 비상회의록 제11호), 1921. 1. 24.

49) 「在魯高麗革命軍隊沿革」, 8쪽.

한 것이었다. 남·북만주와 극동공화국 내 한인 무장부대를 통일시키고, 그것을 위해 '전한군인총대의회'를 소집하고자 했다. 이 정책도 이르쿠츠크 '전로한인공산당 중앙총회'의 군사정책과 경쟁적으로 진행되었다. 전로한인공산당도 독자적으로 군사정책을 입안했기 때문이다. 군사정책을 둘러싼 분규는 큰 위험성을 내장했다. 그 분쟁은 정치적, 사상적인 것이 아니라 총구를 맞겨눌 수 있는 군사적인 것이었기 때문이다.

한인부의 활동과제 가운데 하나는 맑스주의를 한인 사회 내에 선전하는 일이었다. 선전활동을 주도한 사람들은 선전부장 계봉우를 필두로 하여 "번역원 이다물·박윤해, 출판원 조응순, 서기 정기현(鄭基鉉), 이종우(李鍾宇) 등이었다.[50] 이들은 한인부의 기관신문을 발행했는데, 그 명칭은 『노농신보(勞農新報)』였다.[51] 신문발간 사무는 1921년 1월 중순부터 본격화되었다. 기사 가운데 일부는 러시아측 신문사에서 정기적으로 제공받았다.[52] 이 신문은 석판인쇄물이었다. 극동국 한인부는 석판인쇄 시설을 입수하기 위해 극동공화국의 관계기관과 교섭한 바 있다.

선전부 임직원들은 대중강연회를 주최하기도 했다. 1921년 2월 13일 "치타 공산당원에게 공산의 도리를 알리기 위하여 본 부장 계동무(계봉우-인용자)가 노농회관 내에서 강연회를 개(開)하다"는 기록이 있다.[53]

극동국 한인부는 관할 내 한국인에 대한 행정권을 갖고자 노력했다. 특히 극동공화국 내 한인들에 대한 경찰업무를 자담하고자 했다. 한인부는 치타 거주 한인들의 교외통행증 발급권을 갖고 싶어했다. 한인부는 극동공화국의 여러 당국, 즉 국가정치안전부, 외무부, 치타 위수사령부, 교통국 등에 그것을 부여해달라고 요청했다.[54] 이 요청이 수용되었

---

50) 동아국 한인부 선전부, 「일지(1921. 1. 17~3. 2)」.

51) 위의 글, 3쪽.

52) Протокол No.8 Чрезвычайного Заседания КорСекции при Дальбюро Ц.К.Р.К.П. (러시아공산당 중앙위 극동국 한인부 비상회의록 제8호), 1921. 1. 5.

53) 위의 글, 3쪽.

54) Корейская Секция при Дальне-Восточное Бюро Ц.К.Р.К.П.(러시아공산당중앙

는지 여부는 알 수 없다. 하지만 한인부가 1921년 1월 '반혁명'에 대처하기 위해 자체의 경찰기관을 창설할 것을 결의했음을 아울러 감안할 때, 일정한 범위 내에서 경찰업무를 수행했던 것으로 보인다.[55]

극동공화국의 혁명과업 수행에 협력하는 것도 극동국 한인부의 역할 가운데 하나였다. 한인부는 러시아측 공산당, 정부, 군사기관들에게 한국·중국·일본의 정세를 정기적으로 통보했다. 한인부 간부회의는 이를 위해 "일본·중국·한국의 신문을 번역하여 최근 암호로 옮긴 뒤, 날마다 그 상황을 러시아공산당 극동국, 참모본부, 모스크바로 통보"했다. 그 임무를 맡아본 사람은 검사부장 김진과 그 조력자 박윤한이었다.[56]

극동국 한인부는 다양한 활동에 소요되는 자금을 러시아공산당 극동국에 의존했다. 한인부는 예산안을 작성하여 러시아공산당 극동국에 제출했다.[57] 중요 사업이 있을 때는 필요한 자금을 별도로 청구했다. 보기를 들면, 1921년 1월 28일 서무부장 박애는 당대회 소집비 '1만 5,000원'을 지원해줄 것을 크라스노쇼코프에게 요청했다.[58] 당활동만이 아니라 한인 대중단체 운영자금의 일부도 지원받았다. 보기를 들면, 치타 한인 노농회의 운영자금에 관한 지출청구서를 러시아공산당 극동국에 제출한 것이다. 그밖에 극동국 한인부의 회관을 마련하기 위해 관계기관과 교섭하기도 했다.[59] 지원금은 한인부 자체의 소요경비에 사용되었다.

위 극동국 한인부), отпуск No.26(발송문서 사본), 1920. 12. 14, РГАСПИ ф.495 оп.154 д.24.

55) Протокол No.10 Очередного заседания Корейской Секции при Дальбюро Ц.К.Р.К.П.(러시아공산당 중앙위 극동국 한인부 정례회의록 제10호), 1921. 1. 21.

56) Протокол No.3 Заседания Корейской Секции при Дальбюро Ц.К.Р.К.П.(러시아공산당 중앙위 극동국 한인부 회의록 제3호), 1920. 12. 14

57) Протокол No.9 Очередного заседания Корейской Секции при Дальбюро Ц.К.Р.К.П.(러시아공산당 중앙위 극동국 한인부 정례회의록 제9호), 1921. 1. 16.

58) 동아국 한인부, 「일지(1921. 1. 20~2. 8)」, 3쪽.

59) Протокол No.9 Очередного заседания Корейской Секции при Дальбюро Ц.К.Р.К.П.(러시아공산당 중앙위 극동국 한인부 정례회의록 제9호), 1921. 1. 16.

또한 극동공화국 내 아무르주와 연해주, 서·북간도의 한인 단체들에도 분배되었다.[60]

3. 이르쿠츠크 중앙총회와 치타 한인부

갈등

1920년 12월 '전한공산당' 창립을 둘러싸고 긴장이 조성되었다. 한인 사회주의자들 사이에 당 창립의 이니셔티브를 자임하는 두 그룹이 생겨났다. 하나는 이르쿠츠크에 본거를 둔 '전로한인공산당 중앙총회'이고, 다른 하나는 재상해 한국공산당과 치타에 본거를 둔 극동국 한인부였다.

1920년 12월 13일 이르쿠츠크를 출발한 네 사람이 극동공화국 수도인 치타에 도착했다. 전로한인공산당 중앙총회가 파견한 당대회 준비위원들이었다. 면면을 보자. 이성, 채성룡, 박승만, 김철훈이 그들이다. 이들은 전로한인공산당 중앙위원이었으며, 아울러 러시아공산당 시베리아국 동양국의 임직원들로서 대회소집에 관한 전권을 부여받고 있었다. 아무르주 블라고베셴스크와 북간도가 이들의 목적지였다.

이르쿠츠크 중앙총회 전권위원들이 치타에 도착함과 동시에 '전한공산당' 소집문제를 둘러싼 갈등이 표면화하기 시작했다. 치타 한인부 임원인 장도정의 표현을 빌면, "원동의 정치사회에 일대 변동을 일으키는 사정"이 생겼던 것이다.[61]

이르쿠츠크 전권위원들은 동방으로 더 나아가지 못했다. 치타 한인부

---

60) Протокол No.11 Чрезвычайного Заседания КорСекции при Дальбюро Ц.К.Р.К.П. (러시아공산당 중앙위 극동국 한인부 비상회의록 제11호), 1921. 1. 24.

61) 張道政, 앞의 글, 10쪽.

에 출두하여 동방여행의 목적에 관해 보고하라는 한인부 명의의 '엄중한 통보'를 받았기 때문이다. 이르쿠츠크 전권위원들은 자신이 부여받은 임무와 권한에 대해 상세히 설명했다.[62] '전한공산당' 창립대회를 1921년 2월 15일 이르쿠츠크에서 개최할 예정이며, 그에 출석할 극동 각 지방 한인 사회주의단체 대표를 선발하는 것이 자신들의 목적이라고.

극동국 한인부는 이르쿠츠크 대표자들과 견해를 같이할 수 없었다. 그들을 중앙위원회라고 인정한 일이 없었기 때문이다. 치타 한인부는 이르쿠츠크의 전로한인공산당을 일개 지방위원회로 간주하고 있었다. 따라서 그들이 전한공산당 창당대회 소집의 이니셔티브를 갖는다는 주장을 용납할 수 없었다.

치타 한인부는 이르쿠츠크 전권위원들이 "당원 총수는 80명"이라고 언급한 점에 주목했다. 한인부의 판단으로 그것은 정당한 보고였다. 왜냐하면 "바이칼호를 경계로 하여 이남(以南)이 70만, 이서(以西)가 2~3천의(한인-인용자) 주민을 갖고 있었으므로 당원도 그에 비례하는 것은 물론"[63]이라는 것이다. 바이칼호 서쪽 지방의 수천 명 한인사회에 대해 영향력을 갖고 있는 일개 지방위원회 수준의 단체가 중앙위원회를 자칭하는 것은 어불성설이라는 것이 그들의 주장이었다.

치타 한인부는 러시아 극동지역 한인 사회주의운동을 지도할 책임이 자신들에게 부여되어있음을 환기시키며, 이르쿠츠크 파견원들에게 여행 중단을 지시하기로 했다.[64]

이르쿠츠크 전권위원들은 그 '지시'에 따를 수 없었다. 자신들의 임무

---

62) Лишенг·Пак Сынман·Ким Черхун·Гр. Цай(이성·박승만·김철훈·채성룡), Письмо в Центральный Комитет Корейских Коммунистических Организации(한인공산당 중앙총회 앞 편지), 1920. 12. 23, 1쪽, РГАСПИ ф.495 оп.135 д.19 л.70~72об.

63) 張道政, 앞의 글, 10쪽.

64) Доклад о положении корейских революционных организаций комиссии(한인혁명단체의 상황에 관한 보고), 1921. 1. 10, РГАСПИ ф.495 оп.154 д.90.

는 '전로한인공산당 중앙총회'가 부여한 것으로, 극동국 한인부는 이를 중지시킬 권한이 없다고 간주했기 때문이다. 그러나 상대방을 무시하고 일방적으로 대회준비를 진행한다면 한국 사회주의운동선의 분열은 치유할 수 없을 정도로 심각해질 터였다. 이러한 위기감이 양파 사회주의자들을 협상 테이블로 끌어들였다.

동상이몽의 협상

전한공산당 창립대회 소집문제를 둘러싼 양 그룹의 협상은 1920년 12월 16일부터 18일까지 3일간 계속되었다. 이 자리에는 양파를 대표하여 11명이 참가했다. 한인부측에서 박애, 장도정, 김진, 박창은, 권화순, 계봉우, 이재형(李在衡)이, 이르쿠츠크 중앙총회를 대표하는 4명의 전권위원(이성, 김철훈, 박승만, 채성룡)이 각각 참석했다.

그러나 협상은 처음부터 삐걱거렸다. 회합의 성격문제가 맨 먼저 논란대상이 되었다. 이르쿠츠크 사람들은 이 회의를 양측의 이견을 조정하는 실무회담으로 이해했다. 그에 반해 치타 한인부는 전한공산당 창립대회 준비위원회를 결성하는 권위있는 모임으로 가져가기를 바랐다. 그래서 이 회의를 '한인공산당 대표자회의' 명의로 공식화하기를 희망했다. 이르쿠츠크 사람들의 반대는 묵살되었다. 이 문제는 다수결에 따라 가결되었다. 양측의 합의가 아니라 수적으로 우세한 치타측 견해가 채택된 것이다.[65]

회의 참가자를 선별하자는 또 하나의 문제가 걸림돌이 되었다. 박애는 회의의 권위를 높이기 위해 구성원을 엄격히 한정하자고 제안했다. 명실공히 '대표자들'의 회의가 되어야 한다는 것이었다. 이르쿠츠크 사람들은 거세게 항의했다. 참석자들이 소속단체로부터 이 회의에 대한

---

65) 이성 · 박승만 · 김철훈 · 채성룡, 앞의 글, 1쪽.

전권을 부여받지 않았기 때문이다. 그러나 박애는 형식논리에 얽매여서는 안된다고 주장했다. 규약이 잘 갖추어져 있는 러시아공산당과 달리 한국공산당은 아직 아무런 규약도 갖고 있지 않으므로 한국인 혁명가들은 정황에 부응하는 창조적 지혜를 발휘해야 한다고 말했다. 박애는 또 덧붙이길, 이르쿠츠크의 전로한인공산당은 러시아공산당의 일부에 속한 까닭에 그 규약을 준수해야 할지 모르겠지만, 지금 이 자리는 한국공산당을 창설하기 위한 모임이므로 러시아당의 규약에 얽매일 필요가 없다고 단언했다.

이 제안도 다수결로 통과되었다. 그 결과 회의 구성원은 각 지방 한인공산당의 대표자 자격을 가진 사람들만으로 한정되었다. 연해주 대표 장도정, 아무르주 대표 박창은과 김진, 상해 대표 계봉우와 박애, 자바이칼 대표 권화순, 베르흐네우진스크 대표 이재형, 이르쿠츠크 대표 이성과 박승만이 그들이다. 6개 지방당을 대표한 9명의 대의원들이 이 회의의 정식 멤버로 인정되었다.[66] 이르쿠츠크 전권위원 4명 가운데 2명만이 정식 성원으로 인정되었음이 눈에 띤다. 전체 9명 가운데 2명에 지나지 않았던 것이다.

결국 회의는 치타 한인부의 의도대로 진행되었다. 이 회의는 '전한공산당 창립대회 소집 발기그룹 회의'로 재명명되었다. 대회소집과 관련하여 다음 8개항이 결정되었다.

① 대회준비위원회를 선거한다.
② 대회는 이르쿠츠크나 블라고베셴스크에서 소집한다. 최종 선정은 준비위원회에 위임한다.
③ 대회소집일은 1921년 3월 1일로 한다.
④ 대표자 비율은 당원 25명당 1명으로 한다. 25명 이하의 성원을 가진 단체는 1명의 대표자를 파견한다. 38명 이상의 성원을 가진 단체는 2명.
⑤ 모든 준비업무는 준비위원회에 위임한다.

---

66) 위와 같음.

⑥ 준비위원회는 자신이 편리하다고 인정하는 곳에서 활동한다.

⑦ 준비위원회의 성원은 지방위원회급 단체의 대표자 5명으로 구성한다. 상해 1명, 연해주 1명, 아무르주 2명, 이르쿠츠크 1명.

⑧ 위원선출－상해(박애), 연해주(장도정), 아무르주(김진·박창은), 이르쿠츠크(이성).[67]

이 결의 가운데 제7항과 제8항에 주목할 필요가 있다. 이에 따르면 대회소집에 관한 전권을 갖는 준비위원 5명 중 4명은 치타 한인부 인사들이고, 1명만이 이르쿠츠크 중앙총회에 속한 사람이다. 제2항의 대회개최 장소에 관한 규정도 주목할 만한다. 개최장소는 시베리아의 이르쿠츠크나 혹은 아무르주의 블라고베셴스크로 지목되고 있는데, 중요한 것은 대회장소의 확정을 준비위원들의 결정에 맡긴다고 규정한 점이다. 준비위원 중 다수가 치타 한인부 소속임을 감안할 때 이 조항은 곧 극동국 한인부 영향하에 있는 아무르주의 블라고베셴스크가 대회장소로 지정될 것임을 예고한 것이나 다름없었다.

이르쿠츠크측에 명백히 불리하게 짜여진 이 항목들이 이르쿠츠크 전권위원들의 동의하에 이루어진 것인지, 아니면 그들의 반대를 무릅쓰고 다수결로 결정된 것인지는 알 수 없다. 그러나 분명한 것은 이 대회 소집안이 이르쿠츠크 전권위원들에 의해 금방 파기되었다는 사실이다.

결렬의 논리

이르쿠츠크 전권위원단은 12월 20일 '전한공산당 창립대회 소집 발기그룹' 앞으로 「의견서」를 보냈다. 이 문서는 내용상 세 부분으로 이루어져 있다. 발기그룹 회의에 참가한 이유, 극동 여행금지 결정의 부당성,

---

67) Протокол Заседания Представительей Корейских Коммунистических Организаций(고려공산단체 대표자 회의록), 1920. 12. 17, РГАСПИ ф.495 оп.154 д.39.

발기그룹 탈퇴 표명 등이 그것이다. 이르쿠츠크 전권위원단이 발기그룹 회의에 참가한 이유는 극동 출장을 보장받는 조건이었다고 한다. 그러나 그것이 지켜지지 않았으므로 발기그룹 회의에서 탈퇴한다고 언명했다.[68]

결국 이르쿠츠크 전권위원들은 자기네 임지인 극동으로만 나아갈 수 있다면 부분적 타협에도 응할 수 있다고 본 듯하다. 그들은 두 세력이 협력하여 공동으로 전한공산당을 창립한다는 생각 따위는 애초부터 갖고 있지 않았던 것이다.

치타 한인부는 협상이 결렬된 원인을 이르쿠츠크 대표들의 편협한 분열주의적 태도에 돌렸다. 이르쿠츠크 전권위원들이 당창립 계획의 공동 작성을 거절했고, 극동 사회주의단체들 내에서 분란을 일으킴으로써 분열주의적으로 행동했다는 것이다.

이르쿠츠크 전권위원들은 자신들에게 가해진 한인부측의 비난이 근거가 박약하며 부당하다고 주장했다. 전권위원들은 반론하기를, "당신네 관할구역인 치타에 파견된 것이 아니라 시베리아국 동양국과 전로한인공산당 중앙총회로부터 특정한 과제를 부여받고서 극동으로 파견"[69]된 것이라고 했다. 전권위원들은 극동국 한인부를 한인 사회주의단체들의 임시중앙기관으로 인정하기를 거부하고, 단지 치타 인근을 관리하는 한 지방위원회로 간주하고 있었던 것이다.

전권위원들은 양자의 공동행동이 불가능했던 진정한 원인을 정견의 불일치에서 찾았다. 전권위원들은 두 그룹 사이에 강령상의 불일치가 존재하며 그 때문에 양자의 통일이 불가능하다고 언급했다. 그에 따르면, 치타 한인부는 "언론·출판의 자유 등 의회주의적 자유를 옹호하고

---

68) 이성·박승만·김철훈·채성룡, 앞의 글, 3쪽.

69) 金哲勳·李成·朴承晩·蔡成龍, В Корейскую Секцию при Дальбюро Р.К.П.(러시아공산당 극동국 한인부 동지들에게 보내는 편지), 1920. 12. 22, РГАСПИ ф.495 оп.154 д.39.

있다.” 그에 반하여 자기들은 “노동계급에게 해로운 이 소부르주아적·민주주의적 자유들에 반대하여 투쟁한다”[70]고 강조했다.

치타 한인부가 의회주의적 자유를 옹호했다는 말은 구체적으로 무엇을 지칭하는 것인가? 이는 한국혁명이 부르주아적 성질을 띠고 있음을 치타 한인부가 승인하고 있으며, 전술적 수준에서는 부르주아 정부인 상해임시정부에 참가하고 있음을 지칭하는 것으로 해석된다. 이에 반해 이르쿠츠크 사람들은 한국혁명의 성격을 사회주의혁명으로 규정했고, 또한 부르주아 정부에 사회주의자들이 참가하는 것은 어떠한 명분으로도 정당화될 수 없다고 간주했던 것이다.

실제로 치타 한인부는 상해임시정부에 대한 지지의사를 확고히 표명했다. 한인부 지도자 박애는 이르쿠츠크 전권위원들에게 단언하기를, 한인 사회주의자들은 재상해 한국공산당을 중앙위원회로 승인해야 하며, 또한 상해임시정부를 적법한 정부로 인정해야 한다고 했다. 이를 인정하지 않는 이르쿠츠크 중앙총회는 불법이므로 해산되어야 한다고도 했다. 심지어 이르쿠츠크 사회주의자들을 가리켜 ‘한국혁명에 대한 가장 흉악한 범죄자’라고 극언했다. 왜냐하면 상해임시정부는 모든 혁명단체를 결속시킨 한국 혁명운동을 통제하는 유일한 기관인데 그에 사사건건 맞서기 때문이라는 것이다.[71]

결국 이르쿠츠크 전권위원들은 치타 한인부의 중지명령에도 불구하고 치타를 떠나 동방으로 출발했다. 자신의 프로그램대로 독자행동에 나선 것이다. 두 세력이 공동으로 전한공산당을 창립할 기회는 사라져버렸다. 양자 사이에는 적대감과 불신이 넘쳐흘렀다.

이르쿠츠크 대표자들이 동쪽으로 출발한 직후, 치타 한인부도 독자행동에 나섰다. 그들은 12월 16~18일 회의의 소산인 ‘전한공산당 창립대회 소집 발기그룹’의 결정을 고수할 것을 재삼 확인하고, 그밖에 다른

---

70) 위와 같음.
71) 이성·박승만·김철훈·채성룡, 앞의 글, 2쪽.

대회의 소집은 허용하지 않겠다는 단호한 의지를 표명했다.[72]

그뿐만이 아니다. 치타 한인부는 실력행사에 나섰다. 강제수단으로 이르쿠츠크 전권위원들의 여행을 저지할 것을 결정했다. 한인부는 1920년 12월 20일자 간부회의에서 그들의 여행을 저지할 수단을 강구했다. 그 결과 전권위원들을 체포·연행할 것, 이르쿠츠크 전권위원단의 분열적 태도를 신문에 공고할 것, 이르쿠츠크 중앙총회에 징계처분을 내릴 것 등이 결정되었다.[73]

한인부 서무부장인 박애는 1921년 1월 극동공화국 경찰당국에 공문을 보냈다. 아무르주에서 활동중인 이르쿠츠크 파견원들을 체포해달라고 요청하기 위해서였다. 그는 이르쿠츠크 한인들이 아무르주 한인사회에 커다란 손해를 끼치고 있으며, 한인들의 조직을 와해시킬 우려가 있다고 주장했다.[74] 거기에다가 이르쿠츠크에서 온 한인들은 투기꾼이며 마약을 운반하고 있다는 내용도 덧붙였다.

이르쿠츠크 전권위원들은 곧 체포되어 조사를 받았다. 이들에 대한 수색도 이루어졌다. 그러나 마약소지 혐의는 근거없음이 밝혀졌다.[75] 그들은 곧 석방된 것으로 보인다.

한인부는 독자적인 당창립대회 소집활동에 착수했다. 그를 위해 1921년 1월 5일 한인부 간부들을 성원으로 하여 대회소집위원회를 조직했다. 이들은 대회개최 장소로 아무르주의 블라고베셴스크 시를 선정했으며, 당대회가 개최되는 시기에는 치타 한인부 사무실을 임시로 아무르

---

72) Протокол No.8 Чрезвычайного Заседания КорСекции при Дальбюро Ц.К.Р.К.П. (러시아공산당 중앙위 극동국 한인부 비상회의록 제8호), 1921. 1. 5.

73) Протокол No.5 Заседания Корейской Секции при Дальбюро Ц.К.Р.К.П.(러시아공산당중앙위 극동국 한인부 회의록 제5호), 1920. 12. 20.

74) Секретарь Корейской Секции(한인부 비서), В агентурную часть Госполитоохраны ДальнеВосточной Республики(극동공화국 국가정치안전부 첩보과에 보내는 문서), РГАСПИ ф.495 оп.154 д.24.

75) Доклад о положении корейских революционных организаций комиссии(한인 혁명단체의 상황에 관한 보고), 1921. 1. 10, РГАСПИ ф.495 оп.154 д.90.

주로 옮기기로 결정했다.[76] 대회소집위원회는 극동공화국 각지의 한인 사회주의단체에 전보로 대표자 소집을 알렸다. 한편 전보연락이 불가능한 지역에는 직접 사람을 파견하기로 결정했다. 일본군 주둔하에 백위파 정부가 통치하고 있는 연해주 일부 지역과 상해, 북간도 지역에는 특사 1명을 파견하기로 결정했다. 또한 대회대표자들의 숙소를 물색하고 대회에서 논의할 의안을 작성하기 시작했다.[77]

4. 대한국민의회와 아무르주 한인공산당

아무르 강변의 대한국민의회

1920년 4월 일제의 '연해주 토벌'을 피해 대한국민의회 간부들이 아무르주로 이전해왔다. 대한국민의회 관계자 20여 명이 아무르주의 수도 블라고베셴스크 시에 도착한 것은 그해 5월 말경이었다.[78]

아무르강과 제야강의 합류점에 위치한 블라고베셴스크는 아무르주 내의 전략상 요지였다. 인구 6만 명 안팎의 소도시인 블라고베셴스크에는 금광회사들과 대규모 상점이 존재할 뿐 아니라 행정·군사기관들이 밀집해있었다. 이 도시는 아무르 철도와 아무르강 수로를 통해 각 방면으로 연락하기가 용이했다. 강 맞은편 중국령에는 흑하시(黑河市)와 애훈(璦琿)이 위치해있어 국경무역의 요충지가 되고 있었다.[79]

당시 대한국민의회 간부진은 회장 문창범, 비서 오창환(吳昌煥), 외교

---

76) Протокол No.11 Чрезвычайного Заседания КорСекции при Дальбюро Ц.К.Р.К.П.(러시아공산당 중앙위 극동국 한인부 비상회의록 제11호), 1921. 1. 24.

77) Програма 1 - го ВсеКорейского Съезда Коммунистических Организаций(제1회 전한 공산주의단체 대회 프로그램), РГАСПИ ф.495 оп.154 д.39.

78) 『독립신문』 1922년 12월 23일자, 3쪽.

79) 憲兵司令部, 『西伯利出兵憲兵史』, 東京 : 國書刊行會, 1976, 26쪽.

원 한용헌, 군무부장 오하묵(吳夏默), 평의원회 의장 김하석(金夏錫), 평의원 최의수(崔義洙), 한군명(韓君明), 서성권(徐成權), 김종(金鍾) 등이었다.[80]

대한국민의회는 대오를 정비했다. 집행부서로서 군무부, 재무부, 문무부, 외교부, 사법부 등을 두었고, 기관지『자유보』를 발행했다. 또한 아무르주 각 도시에 산하 단체를 조직했다. 자유시(Свободный), 블라고베센스크, 제야(Зея), 예카테르노에(Екатерное), 블라고슬로벤노에(Влагословенное) 등의 도시에 지방민회를 설립했다.[81]

대한국민의회는 한때 아무르주 한인공산당과 협력했다. 이 단체는 러시아공산당 아무르주위원회 산하 한인부의 위상을 갖고 있었다. 그러나 양 단체의 지도자들은 머지않아 반목하기 시작했다. 아무르주 한인공산당의 지도성원들이 연해주에서 대한국민의회 타도를 선언했던 한인사회당의 지도적 인사들로 구성되어있었음을 고려한다면 이것은 어느 정도 예상할 수 있는 일이었다.

한때 대한국민의회 제1서기에 취임했던 한인공산당 부회장 임상춘(林常春)이 국민의회 간부직을 사임한 것은 양자간의 반목이 가열화되었음을 표시하는 징표였다. 거의 같은 시기에 대한국민의회에 참가하고 있던 김아파나시[김성우(金聲宇)]도 그를 이탈하여 아무르주 고려공산청년동맹에 참여했다. 대한국민의회에서 탈퇴한 두 사람은 그를 독단적이고 불법적인 단체라고 주장하기 시작했다.[82]

아무르주 한인공산당과 대한국민의회 사이의 불화는 상해임시정부에 대한 태도문제가 연계되어있었다. 한인공산당은 상해임시정부를 지지

---

80)「黑龍州排日鮮人ノ狀況ニ關スル件」, 1920. 10. 14(姜德相 編,『現代史資料』 27, 297쪽).

81) Доклад члена Д-Восточного Комитета Корейской Коммунистической партии Пак Чан Ин(고려공산당 극동위원회 위원 박창인의 보고), 1920. 11. 11, 3쪽, РГАСПИ ф.495 оп.135 д.19 л.48~49об.

82) Доклад о положении корейских революционных организаций комиссии(한인 혁명단체의 상황에 관한 보고), 1921. 1. 10, РГАСПИ ф.495 оп.154 д.90.

한 데 반해 대한국민의회는 이때도 여전히 임시정부를 부인하고 있었
다.[83]

블라고베셴스크에서 불화를 겪은 대한국민의회는 알렉세예프스크 시
에서는 성공을 거두었다. 블라고베셴스크에 위치한 한인공산당과 반목
상태에 빠졌지만, 알렉세예프스크에 위치한 또 하나의 한인 정치세력과
는 긴밀한 협력체제를 갖추는 데 성공했던 것이다. 인구 1만 명 안팎의
알렉세예프스크 시는 아무르주 내에서 농업과 목축에 적합한 곳으로 유
명하며, 수로교통이 발달한 곳이었다. 그 도시에는 '아무르주 한인의회'
가 소재해있었다.

아무르주 한인의회는 제3회 대회(1920. 7. 5~15)를 개최하여 대한국민
의회를 최고정부기관으로 승인한다고 결의했다. 나아가 자신이 관할하
고 있던 한인 무장부대의 지휘권도 인계할 것을 결정했다. 그 무장부대
는 자유시에 주둔하고 있던 1개 대대병력이었다. 이 부대의 지휘권은
"대한국민의회 군무부에 인도"되었고, 새 시스템은 1920년 8월부터 작
동하게 되었다.[84]

자유시 보병대대의 지휘권을 넘겨받은 대한국민의회는 극동공화국
제2군단에 교섭하여 이 부대를 제2군단 예하의 특립대대로 편입시켰다.
군사지휘권은 극동공화국 제2군단에 넘겼지만, 정치적 지도권은 대한국
민의회 군무부가 갖게 되었다.[85]

한인 무장부대를 제2군단 예하에 편입시킨 이유는 러·일간의 분쟁을
피하기 위해서였다. 러·일간의 분쟁을 피한다는 것은 일본군의 군사적
도발을 회피하는 데 목표를 두고 있었던 극동공화국의 외교정책을 염두
에 둔 행위였다. 일본을 적대시하는 한인 무장부대를 공공연하게 극동
공화국 영토 내에 두는 것은 러시아와 일본간의 관계를 악화시키는 빌

---

83) 이성·박승만·김철훈·채성룡, 앞의 글, 4쪽.

84) 『독립신문』 1922년 12월 23일자, 3쪽.

85) 「在魯高麗革命軍隊沿革」, 5쪽.

미로 이용될 가능성이 있었기 때문이다.

게다가 대대 규모의 병력을 뒷받침할 경제적 능력을 갖지 못한 점도 그 원인이 되었다. 그동안 아무르주 한인들의 재정부담에 의거하여 자체 조달하던 식량과 의복의 보급이 더이상 장기적으로 지속되기 어려운 상태에 처하게 되었던 것이다.

대한국민의회는 자유시 보병대대를 제2군단 산하 특립대대로 편입시키면서 군대의 지휘부를 교체했다. 신임 대대장에는 오하묵이 취임했다. 그는 러시아 귀화인으로서 장교 경력이 있고, 제1차 세계대전에 참전한 경험이 있었다. 그가 신임 대대장으로 선임된 데는 또 다른 이유가 있었다. 오하묵은 당시 적군 제2군단 제6연대의 현직 연대장으로서 블라고베셴스크지방 수비대장의 직위를 갖고 있었다. 제2군단과의 교섭에서 그는 다른 어느 누구보다 유리한 위치에 있었던 것이다.86)

대한국민의회 간부들의 변신

아무르주로 옮겨간 대한국민의회 간부들은 그때부터 사회주의 무대에 주인공으로 등장한 것 같다. 아무르주는 공산당 세상이었다. 대한국민의회는 그들의 후원 없이는 어떤 활동도 할 수 없는 처지였다. 1921년 11월 15일자 코민테른의 한국문제 결정서를 보면 그를 시사하는 구절이 나온다. 대한국민의회와 관계를 맺고 있던 사회주의자들이 1920년 6월에 공산주의 강령을 수용했다는 구절이 그것이다.87) 대한국민의회 자체가 사회주의단체로 전화한 것은 아니었다. 이 단체에서 주도적 역할을 하던 사람들이 그룹을 지어 사회주의를 수용하게 된 것으로 보인다.

---

86) 위와 같음.

87) Члены комиссии Белакун · Куусинен · Сафаров, предств. РВСР Илюшин(위원 벨라쿤, 쿠시민, 사파로프, 군정위원 일류신), В Президиум ИККИ и в ЦКРКП(코민테른 집행위원회 상임간부회 및 러시아공산당 중앙위원회 앞), 1921. 11. 15, 1쪽, РГАСПИ ф.495 оп.135 д.30 л.19~21.

1920년 9월 대한국민의회 지도자들은 사회주의로의 방향전환을 공개적으로 표명했다. 종래 견지해오던 민족주의를 버리고 그대신 새로운 사상인 사회주의를 수용한다는 사실을 문서로서 공표하게 되었다. 1920년 9월 15일 대한국민의회 지도자 7명 연명으로 발표된 선언문이 바로 그것이다.

이 선언문은 미국을 비롯한 제국주의 열강의 원조에 기대어 한국의 독립을 꾀하지 않을 것임을 밝혔다. 선언서는 "부르주아적 국가제도를 설립하여 대한국민의회에 반대하려고 하는 각 단체들의 모든 경향을 용서 없이 압도"할 것임을 천명했다. 나아가 "소비에트러시아가 걷는 길을 밟아나갈 것"을 명시했다. 이 선언문에 서명한 이들은 대한국민의회 의장 문창범, 부의장 겸 내무부장 원세훈, 군무부장 겸 사법부장 김하석, 외무부장 김기룡(金基龍), 문무부장 오창환, 노동부장 겸 재정부장 한창해(韓滄海), 각 부장회의 서기장 박창윤(朴昌允)이었다. 이 문서는 '전세계 사회주의 만세!'라는 표어로 끝맺고 있다.[88]

몇 연구자들은 이 선언문에 표명된 사회주의사상 수용에 관한 표명이 러시아공산당의 지원을 얻기 위한 임기응변 성격을 지닌 것이라고 이해해왔다. 보기를 들면, 권희영은 "공산주의로의 진정한 전향"의 의미로 해석할 수 없다고 주장한다. 그 근거로서 이 선언이 발표된 뒤에 개최된 아무르주당 한인부의 회합(1920. 10. 6)에서 "대한국민의회는 순전히 민족적 일만을 추구하고 있으며, 아무르 한인들 사이에서 공산주의자들의 활동을 막고 있다"고 거론한 점을 들고 있다.[89]

반병률도 이것을 액면 그대로 이해하지 않았다. 그에 따르면 "국민의회의 이 선언은 한인 공산주의자들이나 볼셰비키당 책임자들에게는 공

---

88) 「全韓國民議會宣言文」, 1920. 9. 15(梶村秀樹 · 姜德相 編, 『現代史資料』 27, 30~13쪽).

89) 권희영, 「한인사회당 연구(1918~1921)」, 『한국사학』 11, 정신문화연구원, 1991, 194쪽.

290

산주의에로의 전향으로 받아들여지지 않았으며, 위선적인 기회주의 문건에 불과하였다"는 것이다.[90]

그러나 이러한 해석은 부적절해보인다. 이 선언을 믿지 않은 사람은 한국인 사회주의자 일반이 아니라 아무르주 한인 공산당원들이었다. 상해 한국공산당과 치타 한인부를 지지하던 아무르주 한인공산당은 그동안 사사건건 대립해오던 대한국민의회 간부들의 노선전환 선언을 믿을 수 없었던 것이다. 그러나 반대진영에 속한 사람들의 비난과 달리 대한국민의회 간부들의 변신은 사실이었다.

대한국민의회 간부들은 이 선언을 발표한 당시 실제로 자기 단체 내에 공산당 야체이카를 설치했다. 또한 이르쿠츠크의 전로한인공산당 중앙총회와 결합을 시도하고 있었다. 대한국민의회 군무부장 김하석이 전로한인공산당 중앙총회 임원인 김철훈에게 보낸 1920년 9월 20일자 편지는 그 보기이다. 김철훈은 1919년까지 연해주에서 대한국민의회 간부로 재임한 경력을 갖고 있는 전로한인공산당과 대한국민의회를 연결해줄 수 있는 유일한 사람이었다. 그 편지에서 김하석은 아무르주 대한국민의회 활동상을 상세히 전하고 있다.[91] 이러한 인맥관계는 두 세력의 제휴를 실현시키는 강력한 접착제가 되었다.

대한국민의회 지도자들이 사회주의를 수용했음을 증명해주는 또 하나의 사실이 있다. 자신의 지도 아래 편제된 한인 군대 내에서 사회주의 단체의 조직을 허용한 점에서도 드러난다. 대한국민의회는 1920년 9월경 이 무장부대의 명칭을 '한인보병자유대대'라 명명하고, 그 산하 각 중대마다 공산당 야체이카를 설치했다. 나아가 군대 내에서 사회주의 선전을 담당하는 군정위원장에 대한국민의회 임원인 최고려를 임명했

---

90) 반병률, 「노령지역 한인 정당의 결성과 변천─한인사회당과 상해·이르꾸츠크파 고려공산당을 중심으로」, 119~120쪽.

91) 金河錫, 「金喆勳 형 보시오」, 단기 4253(1920). 9. 20, РГАСПИ ф.495 оп.135 д.47 л.88.

다.92)

급기야 1921년 1월에 가서는 대한국민의회 내에 공산당 야체이카를 결성했다. 이르쿠츠크 고려공산당 창립대회(1921. 5)에 대한국민의회 내 공산당 야체이카를 대표해서 참석한 최고려는 뒷날 말하기를, 이 야체이카는 1921년 1월에 조직되었으며 당원은 22명이었다고 했다.93) 이로 미루어보면 대한국민의회의 모든 회원들이 사회주의를 수용한 것은 아니었음을 알 수 있다. 그 단체 속에서 주도적 역할을 하는 사람들 20여 명이 그룹을 지어 사회주의운동에 등장했던 것이다.

대한국민의회 지도자들의 사회주의 수용은 종래 러시아령 한인들 사이에 내재했던 대립양상과 성격을 변모시켰다. 과거의 대립은 민족주의세력과 사회주의세력 간의 분쟁이었다. 그러나 이제부터 그 양상은 한국 사회주의운동 내부의 분파투쟁으로 바뀌었다. 그뿐만이 아니다. 대립양상은 두 개의 민족단체 가운데 어느 편을 지지하느냐 하는 문제로 표출되었다. 상해임시정부인가 대한국민의회인가. 분쟁은 이 문제를 둘러싸고 전개되었다.

대한국민의회와 전로한인공산당의 제휴

대한국민의회와 전로한인공산당의 제휴를 구체화시킨 사람들은 이르쿠츠크 전권위원들이었다. 그들이 아무르주의 수도 블라고베셴스크에 도착했을 때 현지 한인들 사이에는 치열한 분쟁이 진행중이었다. 아무르주 한인공산당과 대한국민의회 간의 반목이 그것이다.

아무르주 한인공산당은 치타의 극동국 한인부와 이미 긴밀한 결합을

---

92) 「在魯高麗革命軍隊沿革」, 5쪽.

93) Учредительный Съезд Корейской Коммунистической партии(고려공산당 창립대회), Народы Дальнего Востока 2, Иркутск, 1921, c.217(이하 「고려공산당 창립대회」로 줄임).

유지하고 있었다. 아무르주 한인공산당은 극동국 한인부 결성회의에 대표자를 파견했다. 김진, 박창은, 최의수가 그들이다.

그뿐 아니라 1920년 말에는 치타 한인부의 조직 재편안에 적극적으로 호응했다. 이 단체의 과거 위상은 러시아공산당 아무르주위원회 산하 한국지부였다. 그들은 러시아당에서 떨어져 나왔다. 그대신 치타 한인부를 상급단체로 인정하는 '고려공산당 아무르주위원회'로 개명했다. 이러한 조직 전환은 1921년 1월 중순에 이미 완료되어있었다. 치타 한인부 간부회의가 "러시아공산당 아무르주위원회로 하여금…… 고려공산당 아무르주위원회에 자금을 지급할 것을 제안"[94]하기로 결정한 시기가 바로 그때였다.

블라고베셴스크에 도착한 이르쿠츠크 전권위원들은 맨 먼저 현지 한인 사회주의단체와 교섭을 갖고자 했다. '고려공산당 아무르주위원회'와 '고려공산청년동맹 아무르주위원회'가 그것이다. 그러나 접촉을 가지려는 모든 노력은 실효를 거두지 못했다. 냉담한 반응만 기다리고 있었다.

아무르주 한인공산당은 이미 치타 한인부로부터 이르쿠츠크 파견원들과 어떤 접촉도 갖지 말라는 지시를 받고 있었다. 아무르주 한인공산당은 이르쿠츠크 전권위원들에게 동지적 유대감이 아니라 분열주의자에게 보내는 싸늘한 경멸적 태도를 드러냈다. 양자 사이에는 적대적 감정이 조성되었다.[95]

이르쿠츠크 전권위원들은 자신을 따뜻이 맞이해주는 다른 한인 '사회주의자'들을 발견할 수 있었다. 대한국민의회 간부들이 그들이다. 그들은 이미 사회주의자를 자임했고, 대한국민의회 내부에 공산당 야체이카

---

94) Протокол No.9 Очередного заседания Корейской Секции при Дальбюро Ц.К.Р. К.П.(러시아공산당 중앙위 극동국 한인부 정례회의록 제9호), 1921. 1. 16(이하 「극동국 한인부 회의록 제9호」로 줄임).

95) Доклад о положении корейских революционных организаций комиссии(한인 혁명단체의 상황에 관한 보고), 1921. 1. 10, РГАСПИ ф.495 оп.154 д.90.

를 조직해둔 상태였다.96) 사회주의운동에 새로이 발을 디딘 대한국민의회 지도자들은 이르쿠츠크의 조직계획에 전폭적인 지지와 신뢰를 보냈다. 이르쿠츠크파 전권위원들은 "아무르 한인공산당과는 연락하지 않고 대한국민의회와 손을" 잡았다.97) 이때부터 대한국민의회와 아무르주 한인공산당 사이의 반목은 이르쿠츠크파와 상해파 사이의 분쟁으로 전화되었다.

전로한인공산당과 대한국민의회 두 세력의 연합은 한국 사회주의운동사에서 획기적인 의의를 갖는다. 그것은 '이르쿠츠크파'라고 부르는 공산주의그룹의 기원이 되었다. 두 세력 사이에는 과거에 별다른 연계가 없었다. 그들은 한인사회당을 공동의 적으로 삼고 있었을 뿐이다. 그런 점에서 볼 때 이 두 세력의 연대는 몹시 부도덕해보인다. 대한국민의회는 부르주아적 입장에서 한인사회당을 반대했고, 전로한인공산당은 좌익소아병적 입장에서 한인사회당을 반대하지 않았던가? 두 세력의 제휴를 뒷받침한 유일한 공통성은 바로 한인사회당을 반대한다는 점에 있었다.

치타 극동국 한인부와 아무르주 한인공산당이 "이르쿠츠크 공산당을 대한국민의회와 동일한 것으로 보게"98) 된 것은 바로 이 때문이었다. 극동국 한인부와 아무르주 한인공산당은 대한국민의회에 대해 적대정책을 취했다. 대한국민의회가 아무르주 한인 사회에서 행하는 세금징수에 대해 모든 사회주의자들이 불응하도록 지시했다.99)

---

96) 「在魯高麗革命軍隊沿革」, 8쪽.

97) 張道政, 앞의 글, 11쪽.

98) 위의 글, 11~12쪽.

99) 「극동국 한인부 제9회의록」, 1921. 1. 16.

5. 상해 한국공산당의 분열

모스크바자금이 가져온 재앙

재상해 한국공산당은 1920년 말 1921년 초에 둘로 분열되었다. 분열의 원인은 상해 한국공산당 내에 존재하던 정책문제를 둘러싼 견해차이와 모스크바 자금 관리권을 둘러싼 이견이었다.

첫번째 원인에 대해 살펴보자. 이르쿠츠크 당대회(1921. 5)에 재상해 한국공산당을 대표하여 참석한 안병찬(安秉瓚)은 자기들 내부에 종교단체에 대한 정책차이가 내재해있었다고 말했다. 김립과 박진순 그룹은 종교단체를 이용할 수 있다고 판단했다고 한다. 기독교와 천도교 등과 같은 종교단체와 협력하여 반일운동에 나서야 한다는 주장이었다. 그러나 안병찬은 그렇게 생각하지 않았다. 그는 "종교단체들이 대단히 강하고 그 지도자들이 그렇게 어리석지 않아서 박진순과 김립의 모험에 빠지지는 않을 것"이라고 주장했다.[100] 종교단체를 인정하는 자는 사회주의자가 아니라는 것이 안병찬의 생각이었다.

식민지 한국에서 종교단체에 대한 태도문제는 동시에 민족주의세력에 대한 정책문제와 깊이 연관되어있다. 한국 민족주의운동이 천도교와 기독교 같은 종교단체와 긴밀히 결합되어있었기 때문이다. 김립과 박진순 그룹은 그들과의 통일전선정책을 견지했다. 그에 반해 안병찬 그룹은 그들과의 협력에 거부반응을 보였다. 안병찬 그룹도 상해임시정부를 부인하지는 않았다. 하지만 이들의 통일전선정책은 김립·박진순 그룹보다 훨씬 협소했음을 알 수 있다.

그러나 이러한 정책차이가 분열을 가져온 주된 원인은 아니었던 것

---

100) 「고려공산당 창립대회」, 229쪽.

같다. 양자의 결렬을 가져온 더 결정적인 계기는 모스크바 자금문제였
다.

베르흐네우진스크 전권위원 회동을 마친 뒤 상해로 출발한 사람은 김
립과 박진순이었다. 두 사람은 모스크바 자금 40만 원을 상해로 운반했
다. 베르흐네우진스크를 출발하여 몽골을 경유하고 북경을 거쳐 상해까
지 도착하는 데는 대략 한 달 남짓한 시간이 걸렸다. 두 사람이 상해에
도착한 시점은 1920년 12월경이었다.[101]

두 사람의 도착은 상해 한국공산당의 분열을 가져온 직접적인 계기가
되었다. 왜냐하면 이들은 한국공산당과 상의하지 않고, 구한인사회당 중
앙위원들에게 자금을 넘겼기 때문이다.

두 사람이 모스크바 자금을 상해 한국공산당에 넘기지 않은 이유는
무엇일까? 김립과 박진순은 이 자금의 관리권이 한인사회당에 귀속되어
야 한다고 생각했기 때문이다. 그들의 생각으로, 이 돈은 한인사회당 모
스크바 대표단의 노력에 부응하여 러시아 혁명정부가 한인사회당에 지
급한 것이었다. 따라서 자금출납에 관한 책임과 권리는 전적으로 한인
사회당에 있다는 것이다.

이러한 생각은 재상해 한국공산당이 조직된 후에도 변함이 없었다.
자금문제에 관한 한 한국공산당이 아니라 한인사회당 중앙위원회가 독
자적으로 책임있게 취급해야 한다는 것이다. 그들은 한국공산당이 조직
된 뒤에도 한인사회당 중앙위원회는 계속 존속해있다고 본 듯하다. 한
인사회당 중앙위원회는 1920년 봄에 설립한 한국공산당을 자신의 재상
해 지방위원회로 간주했다. 다시 말해 한인사회당 중앙위원회의 정체성
을 계속 유지했던 것이다.

모스크바 자금을 한인사회당 중앙위원회 명의하에 지출했음을 보여
주는 자료가 있다. 그것은 뒷날 1922년 4월경에 작성된 상해파 고려공산

---

101) 『朝鮮民族運動史(未定稿)』 1, 466쪽.

당의 자금수지 결산서이다. 이에 의하면 한인사회당은 수입총액 40만 원 가운데 25만 원을 지출하고 나머지 15만 원을 1921년 5월 26일에 신설된 고려공산당(상해파)에 인계했다.[102) 바로 여기서 1921년 5월 이전에는 '한인사회당'이 자금출납에 관한 권리를 행사했음을 확인할 수 있다.

김립과 박진순은 재상해 한국공산당에 대해서는 모스크바로부터 자금을 지급받은 사실을 비밀로 하고자 했다. 상해 한국공산당의 중앙위원이던 여운형은 말하길, '전한공산당'의 완전한 조직과 코민테른과의 교섭을 위임받고 상해 한국공산당에 의해 파견되었던 김립이 1920년 12월에 되돌아와서는 허위보고를 했다고 한다. "치타에 갔다가 극동공화국 총리 크라스노쇼코프와 우연히 해후하게 되어, 그 사람으로부터 모스크바에 갈 필요 없다면서 금 1만 원을 교부받았는데 도중 여비로 3,000원을 사용했다"고 보고하고, 잔여금이라는 명목으로 7,000원을 제출했다고 한다.[103)

김립의 행위는 한인사회당 중앙위원회가 모스크바 자금에 대한 전결권이 있다고 보았기 때문에 나온 것이었다. 하지만 재상해 한국공산당의 입장에서 보면 그것은 용납하기 어려운 일이었다. 당내에서 비밀리에 분파를 조직하고 분파의 규율을 당의 공식 규율보다 우선시한 것으로 해석할 수밖에 없었다.

분열

구한인사회당 간부들의 분파적 행위는 상해 한국공산당의 다른 위원들을 격분시켰다. 여운형, 안병찬, 조동호, 김만겸, 최창식 등이 주도하는 이 그룹은 모스크바 자금의 처분권을 한국공산당 중앙위원회에 넘길 것을 요구했다. 자금의 출처는 세계혁명을 후원하는 소비에트 러시아정

---

102) 朝鮮總督府 警務局, 『大正11年朝鮮治安狀況』, 436~437쪽.
103) 『朝鮮民族運動史(未定稿)』 1, 466쪽.

부이고, 사용처는 '한국혁명의 장(場)'이다.104) 따라서 한국혁명의 중앙
기관인 한국공산당이 그 자금을 관리해야 한다는 것이 그들의 생각이었
다. 적어도 자금 처리방법에 관한 사전 협의가 있어야 한다고 보았던 것
이다. 그것이 불가능하다면 한 조직 내에서 혁명투쟁을 함께하는 동지
로 인정하기 어렵다는 것이 그들의 입장이었다.

한인사회당 중앙위원들은 이 요구에 승복하기를 거절했다.105) 한국공
산당 중앙위원이던 김립은 그 돈을 한인사회당 사업에 사용하겠노라고
대답했다고 한다. 결국 한인사회당 중앙위원들은 한국공산당 앞에 그
자금내역을 보고하지 않고 분리를 선언했다.106) 이동휘는 한국공산당
중앙위원회 회의석상에서 "자기와 김립, 이한영은 한인사회당 간부요
공산당원은 아니라"고 말하며 3명의 탈당을 선언했다.107) 세 사람은 한
국공산당 중앙위원이었다.

잔류파 중앙위원들은 분개했다. 그들은 한인사회당 출신 중앙위원들
의 축출을 선언했다. "박진순, 김하구, 김립, 이동휘는 상해 공산단체에
서 당규율 불복종 및 비공산주의적 방침의 실행으로 인해 제명"108)처분
을 받았던 것이다. 이리하여 상해 한국공산당은 1921년 1월경 두 개의
조직으로 분열되었다.

분열시점을 1921년 1월로 보는 이유는 1921년 1월 10일 당대표회가
열렸다는 기록이 있기 때문이다.109) 그것은 분열된 두 그룹이 각각 독자
적으로 자신의 조직을 정비하기 위해 소집한 것으로 추정된다.

상해 한국공산당의 잔류파는 이르쿠츠크로 시선을 돌렸다. 코민테른
극동비서부와 전로한인공산당 중앙총회측의 통일공산당대회 소집에 호

---

104) 「在魯高麗革命軍隊沿革」, 10쪽(『한국공산주의운동사』 2 자료편).

105) 「고려공산당 창립대회」, 228쪽.

106) 김준엽·김창순, 『한국공산주의운동사』 1(자료편), 303쪽.

107) 春谷, 「東海 동무여」, 1921. 3. 26, 1쪽, РГАСПИ ф.495 оп.135 д.47 л.136~137.

108) ДВСК(코민테른 극동비서부), Сводка(보고) No.7, Иркутск, 1921. 6. 13.

109) 「高麗共産黨及全露共産黨ノ梗槪」.

298

응해나섰다. 1921년 5월 이르쿠츠크에서 대회를 개최할 때 안병찬을 파견했다.[110] 그 뒤 잔류파 한국공산당원들은 이르쿠츠크파 고려공산당의 상해지방위원회를 구성했다.

모스크바 자금은 사회주의세력의 분열을 가져온 데 머물지 않았다. 상해임시정부의 민족주의자들도 불만을 터뜨렸다. 한인사회당이 임시정부에 대해서는 한 마디 보고도 없이 전결하는 데 대해 깊이 분노했다.

재무총장 이시영(李始榮) 명의로 발표된 「재무부 포고 제1호」(1923. 11. 5)를 보자.[111] 거기에 모스크바 자금에 대한 임시정부의 관점이 잘 나타나있다. 그에 따르면 자금을 주는 쪽은 이웃나라 소비에트러시아 정부이며, 받는 쪽은 대한민국임시정부이다. 따라서 상해임시정부가 그 자금의 관리권을 가져야 한다는 것이었다.

모스크바 자금의 성격과 관리권에 대해 각 정치세력은 서로 달리 파악하고 있었다. 이로 인해 상해 망명자 사회에서는 모스크바 자금을 둘러싼 3자의 대립과 균열이 생겼다. 자금전결권을 장악한 한인사회당, 그들을 제외한 잔류파 한국공산당, 대한민국임시정부의 민족주의자들이 그들이다. 모스크바 자금이 한국 혁명운동의 발전에 커다란 기여를 했음을 부인할 수 없다. 하지만 그것은 동시에 심각한 부작용을 낳았다. 그것은 해외 망명자들 마음 속에 돌이킬 수 없는 불신과 적의를 낳았던 것이다.

---

110) 김준엽·김창순, 『한국공산주의운동사』 1, 303쪽.
111) 『朝鮮民族運動史(未定稿)』 1, 131~132쪽.

6. 코민테른 극동비서부

코민테른 극동비서부와 슈마츠키

1920년 12월 중순 이래 치타, 블라고베셴스크, 상해 등지를 무대로 표출된 한인 사회주의자들의 내분은 1921년 1월에 분기점을 맞았다. 코민테른 극동비서부가 이르쿠츠크에 설치되었던 것이다. 그를 계기로 팽팽한 긴장을 유지하던 저울추는 한쪽으로 쏠리기 시작했다.

1921년 1월 15일 코민테른 집행위원회 소위원회는 제6의안 '극동의 조직사업'이라는 안건에 관련하여 두 가지를 결정했다. 첫째, 러시아공산당 시베리아국 산하 동양국(Секция востнародов)을 코민테른에 이관한다. 둘째, 슈마츠키를 극동주재 코민테른 대표자(предствитель Коминтерна на Дальнем Востоке)로 임명하며, 그에게 동양국의 재편을 위임한다는 내용이었다.[112]

코민테른 집행위원회 소위원회는 어떤 기구인가? 이 기구는 1919년 7월 18일 코민테른 집행위 뷰로 내에 설립된 것으로서, 1921년 8월 26일 코민테른집행위원회 상임간부회(Президиум ИККИ)로 개명했다.[113] 이 기구는 코민테른의 상설적인 최고집행기구였다.

이 기구에 의해 극동비서부 설립이 결의되었다는 것은 동아시아 문제에 관한 여러 갈래의 기존 논의가 정리되었음을 뜻한다. 이미 보았듯이 동아시아 혁명사업은 혼선을 빚고 있었다. 코민테른, 러시아당 중앙위원

---

112) Док. №272 из протокоал заседании малого бюро ИККИ(코민테른 집행위원회 소위원회 회의록 제272호), 1921. 1. 15, Ф.495 оп.2 д.6 л.10, ВКП(б), КОМИНТЕРН И ЯПОНИЯ(코민테른과 일본) 1917~1941, Москва, РАССПЭН, 2001, 253~254쪽.

113) ВКП(б),КОМИНТЕРН И ЯПОНИЯ(코민테른과 일본) 1917~1941, Москва, РАССПЭН, 2001, 254쪽.

회, 외무인민위원부 등이 총괄적인 계획도 없이 독자적으로 동아시아 사업에 개입했던 것이다. 현지 파견자들은 서로 소식을 주고받지 못했으며, 협력체계도 갖추지 못했다. 보기를 들면, 박진순은 코민테른 재외 전권위원 자격으로 동양공산당 설립을 추구했고, 이르쿠츠크의 러시아인들은 러시아공산당 시베리아국 산하 동양국을 세웠다. 그뿐인가. 상해에서는 코민테른 임시 동아시아비서부가 움직이고 있었다. 코민테른 소위원회의 1921년 1월 15일자 결정은 이 혼선에 종지부를 찍었다.

러시아공산당 시베리아국 산하 동양국(Секция Воснародов Сиб.об.Бюро при Ц.К.Р.К.П.)은 1921년 2월 코민테른 집행위원회 극동비서부(Дальневосточный секретариат ИККИ)로 개편되었다. 극동비서부 규정을 보면, 이 기구는 "중국, 일본, 한국, 티베트 및 몽골의 모든 공산주의 사업과 혁명사업을 조정하는 기관"이었다.114)

극동비서부는 이르쿠츠크에 설치되었다. 그것은 동양국 내의 각 부서를 그대로 보존했다. 제도만이 아니라 사람도 그대로 인계되었다. 동양국 산하 한국지부를 겸하고 있던 전로한인공산당 중앙총회도 자연히 코민테른 극동비서부의 산하 기관으로 재편되었다. 그것은 이제 '코민테른 극동비서부 내 한국지부'로서 활동하게 되었다.

93명의 임직원으로 구성된 극동비서부는 자체 건물과 부속 숙소를 배당받았으며, 교통수단으로서 자동차, 마차 등을 갖고 있었다. 도서관도 부설되어있었다. 전권위원 슈마츠키가 최고책임자였고, 보이친스키가 책임비서였다. 초창기 한국 사회주의운동에 막대한 영향력을 끼쳤던 이 두 사람을 포함해서 5명의 상임간부회가 이 기관을 지도했다. 산하에는 총무부를 비롯한 5개 집행부서가 설치되었고, 그외에 한국, 중국, 일본, 몽골·티베트 네 개의 민족별 지부가 조직되어있었다.115) 이 중에서 한

---

114) 위의 책, 254쪽.

115) Список сотрудников дальне - восточного секретариата коминтерна состоя щих на лицо к 1 - му наября 1921г. согласно утвержденных штатов от 1 - го и

국지부는 이르쿠츠크 전로한인공산당 중앙총회와 이름만 다를 뿐 사실상 동일체였다.

전로한인공산당 중앙총회가 코민테른 극동비서부의 한국지부를 장악함으로써 러시아 내 한인 사회주의자들 간에 조성된 갈등양상도 일대 변화를 겪게 되었다. 왜냐하면 코민테른 극동비서부 전권위원인 슈마츠키가 '동양혁명의 전권자'가 된 때문이다. 치타 한인부측 인사기록에 의하면, 슈마츠키는 이르쿠츠크 동양부와 수년 전부터 깊은 관계에 있었던 인물이다. 그는 전로한인공산당 및 대한국민의회와 손을 잡았다. 그와 동시에 그들의 무고에 따라 치타 극동국 한인부를 압박하기 시작했다고 한다.116)

슈마츠키(Борис Захарович Шумяцкий, 1886~1938)는 17세 청년기에 이미 입당한 36세의 정력적인 볼셰비키였다. 1917년 혁명이 발발한 뒤 러시아사회민주노동당 시베리아국 의장, 당 중앙위원회 시베리아 전권위원 등을 지낸 시베리아 일원의 대표적인 당지도자이다. 1917년 11월~1918년 3월에는 시베리아 소비에트 중앙집행위원회 의장직을 지냄과 동시에 군사혁명위원회(ВРК) 동시베리아 관구 의장을 겸임했다. 그즈음 그는 러시아당 내에서 '좌익공산주의자(Левые коммунисты)' 그룹에 가담했다. 1919년 7월부터 제51 보병사단에서 정치사업에 종사했고, 그해 9월부터 토볼스크(Тобольск) 군 혁명위원회 의장, 1919년 10월~1920년 1월 튜멘 혁명위원회 의장 및 공산당 튜멘현당 위원장을 지냈다. 1920년 6월부터 러시아공산당 극동국 의장 겸 극동공화국 외무인민위원을 지냈다. 7월에는 극동공화국 내각 의장이 되었고, 10월에는 시베리아 혁명위원회 부의장을 지냈다. 1921년 1월에는 코민테른 극동비서부 전권위원이 됨과 동시에 제5군 혁명군사위원회 위원이 되었고, 2월부터 러시아공산당

______

юля с/г.(1921년 11월 1일 현재 코민테른 극동비서부 임직원 명단), 1~2쪽, РГАСПИ ф.495 оп.154 д.91.

116) 張道政, 앞의 글, 12쪽.

시베리아국(Сиббюро РКП/б) 위원이 되었다.[117] 1921년 1월 현재 시베리아와 극동지역에서 슈마츠키의 위세는 등등했다. 그는 러시아공산당, 러시아 적군, 코민테른 현지기관의 책임있는 지위에 고루 몸을 담고 있었다.

기우는 저울추

코민테른 극동비서부와 치타 한인부의 관계는 어떻게 설정되었는가. 러시아공산당 극동국의 민족별 자치기관이라는 위상을 갖고 있던 한인부는 1921년 1월 26일 자신의 조직위상과 관련된 당 문서를 수신했다. 치타 한인부의 관할이 러시아공산당 극동국에서 벗어나 코민테른으로 이관되었다는 내용이었다.[118] 동아시아 3국의 혁명운동에 관한 사무는 코민테른 극동비서부가 담당하게 되었으므로 치타 한인부도 극동비서부의 지도를 받으라는 것이었다.

치타 한인부는 이 결정의 정확한 내용을 알기 위해 마음을 썼다. 문서를 수발한 이튿날, 조직부는 코민테른으로부터 어떤 지시가 있었는지 알기 위해 각처에 연락했다. 서무부도 이르쿠츠크 극동비서부에 '직통전화'를 걸어서 차후 방침을 물었다. 그러나 아무런 대답도 듣지 못하고 그대신 지시를 받기 위해 이르쿠츠크로 사람을 보내라는 말만 들었다고 한다.[119]

1921년 2월 초 슈마츠키는 직접 극동공화국의 수도 치타로 건너왔다. 그는 치타 한인부 지도자들에게 자신의 뜻을 밝혔다. 회담은 2월 8일에 열렸다.[120] 슈마츠키는 공산당 대회나 군인 대회를 모두 이르쿠츠크에

---

117) Гл.ред. С.С.Хромов, Гражданская война и военная интервенция в СССР—Энциклопедия(소련의 내전과 간섭전쟁 : 백과사전), М., Сов. Энциклопедия, 1987, 684쪽.

118) 동아국 한인부, 「일지(1921. 1. 20~2. 8)」, 3쪽.

119) 동아국 한인부 조직부, 「일지(1921. 1. 17~2. 9)」, 3쪽.

120) 동아국 한인부 조직부, 「일지(1921. 1. 17~2. 9)」, 4쪽.

서 개최하라고 지시했다. 나아가 치타 한인부도 이르쿠츠크로 이전하라고 주장했다.[121] 슈마츠키는 치타 한인부를 한국 사회주의운동의 임시 중앙기관으로 대우하지 않았다. 그것은 극동공화국의 한인 사회주의자들을 대표한 지방위원회로 간주되었다.

이러한 견해는 이르쿠츠크 중앙총회의 그것과 동일한 것이었다. 전한공산당 창립대회 소집권한은 치타 한인부에 있지 않고 이르쿠츠크의 '전로한인공산당 중앙총회'에 있다는 말이었다.

그러나 슈마츠키는 치타 한인부와 상해 한국공산당의 거센 저항을 받았다. 그들은 치타 한인부를 이르쿠츠크로 이전하라는 지시를 묵살했다. 전한공산당 대회를 이르쿠츠크에서 개최하라는 지시도 무시했다. 그들은 예정된 당대회와 '전한군사대회' 소집 준비를 계속해나갔다.

치타 한인부는 3월 1일로 예정된 당대회와 전한군사대회를 개최하기 위해 세 사람의 전권위원을 대회 예정지인 블라고베셴스크로 파견했다. 파견된 사람은 김진, 계봉우, 장도정 3명이었다. 그들은 2월 20일경에 대회소집 경비로 금화 1만 루블을 휴대한 채 목적지로 파견되었다.[122] 당대회 준비책임자는 계봉우와 김진이었고, 군사대회 준비책임자는 장도정이었다.

중재자들

긴장이 점점 고조되었다. 당대회와 군사대회 소집문제를 둘러싸고 알력이 점차 첨예화되어갔다. 위기감이 박두해왔다. 그 때문에 두 그룹의 바깥에서 양측의 충돌을 방지하려는 아래로부터 중재의 움직임이 일어났다. 그해 2월 말경 치타에서 열린 '특별당원회'는 그 소산이었다.

당시 치타에는 전로한인공산당과 치타 극동국 한인부 쌍방이 소집한

---

121) 동아국 한인부, 「일지(1921. 1. 20~2. 8)」, 4쪽.
122) 김경재, 앞의 글, 1쪽.

당대회에 참석하기 위해 각지방 공산당 대표 40여 명이 모여있었다. 이들은 둘 중 어느 하나를 지지하는 대신 통일된 당과 군사기관이 출현해야 한다는 점에 광범한 합의를 갖고 있었다. 당의 통일을 갈망하는 아래로부터의 요구에 힘입어 '특별당원회'가 소집되었던 것이다. 이 회의의 명칭은 러시아어로는 '당대회 대표자들과 당일꾼들의 비상회의'였다.

'특별당원회'에는 당대회에 참석할 지방당 대표자들만이 아니라 분쟁중인 양측의 임원들도 참석했다. 치타 한인부측에서는 박애, 박밀양(朴密陽), 최성우(崔成禹)가 참석했고, 이르쿠츠크 전로한인공산당측에서는 이성과 김철훈이 출석했다. 이들은 각각 자기 당의 현황에 관한 보고를 했다고 한다.[123]

가장 중요한 의안은 당대회 통일문제였다. 참석자들은 두 개의 공산당을 결성하는 것은 조직원칙에 맞지 않을 뿐 아니라 혁명운동의 앞길에 엄청난 불행을 일으킬 조짐이라고 보았다. 그것은 어떻게든 막아야 한다. 따라서 현재 소집중인 블라고베셴스크 당대회는 취소할 필요가 있다는 결정이 채택되었다. 이 결정을 실행에 옮기기 위해 치타 한인부 당국에 블라고베셴스크에 대회 준비차 파견한 전권위원들을 불러들일 것을 요청했다.

참석자들은 양파의 분쟁을 조정하기 위해 상설적인 '집행부'를 설립해야 한다고 보았다. 집행부 인선에는 분쟁중인 쌍방의 인사들과 중립적 입장에 선 사람들이 고루 안배되어있었을 것이다. 그 중에는 이르쿠츠크파로 간주되는 이괄도 포함되어있었다. 그러나 그는 뒷날 전로한인공산당 중앙총회로부터 질책을 받았다. 중앙총회의 허락없이 그 집행부에 취임한 것은 그의 과업에 모순된다는 것이었다.[124]

---

123)「在魯高麗革命軍隊沿革」, 19쪽.

124) Протокол No.7 Заседания Центрального Комитета Корейских Коммунистиче
ских Организации(한인공산당 중앙총회 회의록 제7호), 1921. 3. 20, РГАСПИ
ф.495 оп.135 д.42 л.7(이하「회의록 제7호」로 줄임).

비상회의 참석자들은 분쟁중인 양측의 조화를 도모하기 위해 중재단을 파견하기로 결정했다. 이르쿠츠크로 파견할 중재단은 4명이었다. 김하석, 엄윤(嚴允), 최고려, 최성우 등이 그들이다. 면면으로 보아서는 중립적 인물이라기보다 이르쿠츠크측에 치우친 인물들로만 구성되어있다는 느낌을 준다. 다른 한편 당대회가 소집중인 블라고베센스크에는 선우정(鮮于正)을 파견하기로 했다.[125]

'특별당원회'는 운동의 분열을 우려하는 지방당 대표들이 중립적 입장에서 소집했음은 틀림없다. 그것은 아래로부터 통일운동이었다. 그러나 '특별당원회'의 결정은 치타 한인부측에 불리하고, 이르쿠츠크 전로한인공산당에 더 유리했던 것으로 보인다. 개최가 임박한 블라고베센스크 당대회를 불법적인 것으로 간주하고, 거기에 파견된 3명의 전권위원을 소환하기로 결정한 데서 이 모임의 성격은 잘 드러난다.

이르쿠츠크 전로한인공산당 중앙총회는 비상회의 집행부를 인정하지 않았다. 1921년 3월 20일에 열린 중앙총회 회의는 "비상회의와 그 모든 결정은 당내 집중제의 원칙을 위반한 것으로서 불법적인 것으로 간주한다"고 결정했다.[126] 그러나 비상회의 집행부는 권한의 우위를 점하고 있던 전로한인공산당측을 제지할 아무런 수단도 갖고 있지 않았다. 그 때문에 이 모임은 치타 한인부측의 당대회를 파탄시키는 외에 아무런 유용한 결과도 낳지 못했다.

1921년 3월 1일에 개최하기로 된 치타 한인부가 주최한 당대회에 호응하여 약 40명의 대표자들이 블라고베센스크 시에 집결했다.[127] 그러나 결국 이 대회는 무산되고 말았다. 거기에는 여러가지 요인이 작용했다.

첫째, 대회준비가 부실했다. 개최 예정일에 맞추어 블라고베센스크에

---

125) 「在魯高麗革命軍隊沿革」, 19쪽.
126) 「회의록 제7호」.
127) 張道政, 앞의 글, 12쪽.

도착한 대표자는 많지 않았다. 심지어 전권위원들도 예정일에 맞추지 못했다. 치타 한인부에서 파견된 전권위원 세 사람이 블라고베셴스크에 도착한 날짜는 3월 6일이었다.[128]

둘째, 회의가 열리기를 기다리던 대표자들의 수가 많지 않았다. 더욱이 그들의 대표성이 국지적이었다. 대표자 40명은 극동공화국 관내인 아무르주·연해주·자바이칼주 한인공산당에서 파견된 사람들로 이루어져 있었다.[129] 특히 한국 국내와 상해, 북경지역 한인 사회주의단체의 대표들이 거의 참석치 못했다. 이것은 치명적 약점이 되었다.

대의원들의 대표성이 국지적 범위에 한정된 상태에서는 당대회를 개최하기가 곤란했다. 출석 대표자들 사이에서도 논란이 일어났다. 급기야 "한국, 상해, 북경 등지로부터 대표들이 오지 않는 경우에는 전한공산당 창립대표회란 '전한' 2자를 관용(冠用)하기 불능하다"[130]는 의견이 강력히 대두했다. 결국 블라고베셴스크 대회는 유회되고 말았다.

숙청

슈마츠키는 치타 한인부의 거듭된 불복종에 직면하여 과감한 조치를 단행하기로 결심했다. 그들을 운동의 일선으로부터 숙청하기로 마음먹은 것이다.

1921년 3월 29일 코민테른 극동비서부와 전로한인공산당 중앙총회의 결정에 복종하지 않는 사람들은 당에서 제명되었다. 치타 한인부의 간부였던 5명은 예외없이 그 처분을 받았다. "박애, 계봉우, 김진, 장도정, 박창은을 개인적으로 당에서 제명하며, 그들에게서 어떤 종류의 당조직에도 가입할 권리를 박탈한다"는 결정이 채택된 것이다.[131]

---

128) 김경재, 앞의 글, 1쪽.
129) 張道政, 앞의 글, 12쪽.
130) 김경재, 앞의 글, 1쪽.

그뿐만이 아니다. 치타 극동국 한인부 자체도 해산되었다. 아무르주 한인공산당의 운명도 그와 다르지 않았다. 코민테른 극동비서부는 1921 년 3월 중순 아무르주 한인공산당의 해체를 지시하는 전보를 러시아공산당 아무르주위원회 앞으로 보냈다.[132]

반대파에게 닥친 불운은 단지 제명에만 머물지 않았다. 슈마츠키는 치타 한인부 지도자들을 '반혁명' 혐의로 체포하라고 지시했다. 극동공화국 총사령부는 박애, 김진, 계봉우를 체포하여 이르쿠츠크로 압송했다. 이르쿠츠크에 체류하던 장도정은 현지에서 체포되었다. 1921년 4월 그믐경의 일이었다.[133] 이들의 운명은 코민테른 극동비서부 처분하에 놓였다. 체포된 한인부 간부들은 이르쿠츠크 감옥에 투옥되었다.

아무르주 한인공산당은 1921년 5월에 재조직되었다. 이르쿠츠크 전로한인공산당 중앙총회가 지명한 전권위원이 그를 담당했다. 기존 멤버 가운데 재등록이 허용된 당원은 73명이었으며, 후보당원은 42명이었다. 이는 아무르주 한인공산당에 소속되어있던 기존 당원 200여 명의 약 1/3 에 해당한다. 즉 기존 당원 중 약 2/3가 당적을 박탈당했던 것이다.[134]

전한공산당 창립대회를 둘러싼 한인 사회주의자들의 대립은 결국 극동국 한인부와 아무르주 한인공산당의 해체라는 강제적, 폭력적 방법으로 인해 일시적으로나마 해소되었다. 이제 '전한공산당' 창립대회는 코민테른 극동비서부 후원하에서 '전로한인공산당 중앙총회'의 주도 아래 소집되게 되었다. 당대회 소집은 단일화된 듯 보였다.

---

131) Протокол No.15 Заседания Цека Корейских Коммунистических Организации (전로한인공산당 중앙총회 회의록 제5호), 1921. 3. 29, 1쪽, РГАСПИ ф.495 оп.135 д.42 л.16об.

132) Отчет No.1 Корейской секции Дальвостсекретариата Коминтерна за истекушую неделю(코민테른 극동비서부 고려부의 지난주 활동보고 제1호), 1921. 3. 20, 1쪽, РГАСПИ ф.495 оп.135 д.33 л.1об.

133) 「在魯高麗革命軍隊沿革」, 54쪽.

134) 「고려공산당 창립대회」, 213쪽.

슈마츠키는 이르쿠츠크 당대회가 개최되기 직전에 코민테른 극동비서부의 기관지 『극동민족』에 투고한 글에서 이렇게 썼다.

최근 한국, 중국, 만주, 극동, 시베리아, 러시아에 소재하는 모든 공산주의단체 대표자들의 통일적 창립대회가 소집되었다. 이 원고가 간행될 즈음에는 코민테른의 지부로서 단일한 고려공산당이 결성되어있을 것이다.[135)

그는 이르쿠츠크 당대회를 가리켜 "한국, 중국, 만주, 원동, 시베리아, 러시아에 소재하는 모든 공산주의단체 대표자들의 통일적 창립대회"라고 불렀다. 그 대회에서 선출된 당기관은 '코민테른의 지부인 단일한 고려공산당'으로 간주되고 있었다.

---

135) Шумяцкий Б.(슈마츠키), Коммунистический Интернациоал на Дальнем Восток е(극동에서의 코민테른), *Народы Дальнего Востока*, Иркутск, 1921, No.1, c.23 ~24.

제8장 대한의용군과 고려혁명군

1. 아무르 강변의 한인 빨치산

니콜라예프스크 공방전

니콜라예프스크는 아무르강 하류의 항구도시이다. 아무르강 하구에서 약 60킬로미터 상류지점에 위치한 이 항구는 아무르강 수운과 해양교통의 접점지역이다. 어업이 활발하였으며, 암군(Амгунь) 강변의 채금사업이 발달하면서 아무르강의 수운과 맞물려 블라디보스톡에 버금가는 상업항구로 발달했다. 1914년에 실시된 행정구역 개편 당시 사할린주로 편입되면서 주 행정의 중심지가 되었다. 상주 인구는 1만 명이었다. 여름철에는 어업 종사자와 광산노동자가 1만 5,000명 이상 유입해들어왔다가 결빙기가 오기 전에 다들 되돌아갔다. 1908년 일본영사관이 개설되었으며, 일본인 상주 인구는 약 500명이었다.[1]

1920년 초 이 도시에서 일본군과 적군 빨치산 사이에 유혈충돌 사건이 일어났다. 1919년 12월 이래 이 도시는 일본출정군 2개 대대와 백위군 1개 대대에 점령되어있었고, 그에 맞서 도시 외곽지역에는 적색 빨치산 부대들이 포진해있었다. 그 중에는 다섯 개의 한인 빨치산부대도 포함되어있었다. 박일리야 부대, 유조심 부대, 김낙현 부대, 홍의표 부대, 안기석 부대가 그것이다.[2] 이들은 100명 안팎의 소부대였으며 한인 빨치산 연합사령부를 조직하고 있었다. 박일리야를 사령관으로 하는 이

---

1) 憲兵司令部, 『西伯利出兵憲兵史』, 東京 : 國書刊行會, 1976, 26~27쪽.
2) 김세일, 『홍범도』 4, 제3문학사, 1989, 34쪽.

310

연합부대는 병력이 700~750명에 달했으며, 전원이 러시아식 소총과 일본식 소총으로 무장하고 있었다.[3]

1920년 초 2,000명이 넘는 규모의 러시아, 한국, 중국인 빨치산 연합부대가 결성되었다. 저명한 빨치산 지도자 트랴피친이 총사령관이 되었다. 빨치산 연합부대는 니콜라예프스크 항구를 해방하기 위해 전투를 개시했다. 전투양상은 대단히 격렬하고 복잡했다. 그 과정에서 일본군인을 포함한 현지 일본인 거류민들이 다수 살해되었다.

『독립신문』에 보도된 기사를 보면, 전투는 3월 하순에 벌어졌다. 이틀 밤낮 동안 쉴새없이 계속된 전투 끝에 적군 빨치산이 승리를 거두었다. 일본군 수비대장은 전사했고 일본영사관 건물은 불타 없어졌다. 시가지에 있던 일본상점들도 전소되었으며, 일본군과 민간인 130명이 포로로 잡혔다. 적군 빨치산은 여러 민족 연합부대였다. 한국인은 약 1,000명이고 중국인이 600명이며, 나머지는 모두 러시아인이라고 한다.[4]

한국인 빨치산이 러시아인, 중국인과 연합작전을 펼친 끝에 거둔 거대한 승리였다. 무장투쟁에 참가한 한인들은 이 전투를 북간도의 봉오동전투, 청산리전투와 더불어 1920년에 거둔 3대 승첩 가운데 하나로 꼽았다.

일본은 이 사건을 1920년 4월 '연해주 토벌'을 위한 구실로 삼았다. 그리고는 겨울철에 얼어붙는 아무르강 하류가 녹기를 기다려 대대적인 보복전을 가할 계획을 세웠다.

빨치산 연합부대는 해동기를 앞두고 일본군의 대규모 보복전을 피하여 니콜라예프스크를 철수해야 했다. 니콜라예프스크에서 철수하기 직전인 5월 25일경에 참혹한 살육이 연출되었다. 빨치산은 그해 4월 일본군이 자행한 '연해주참변'에 대한 보복으로 일본군 포로를 모두 총살했

---

3) 김낙현, 「빨치산의 수기」, 『한국독립운동사자료집』(홍범도 편), 한국정신문화연구원, 1995, 402쪽.
4) 『독립신문』 1920년 5월 6일자, 2쪽.

다. 피살된 일본군은 306명이었다고 한다. 일본인 거류민들도 살해당했다. 거류민 피해자는 약 353명이었다고 한다.[5] 니콜라예프스크 주민들은 모두 시외로 소개되었고, 시가지는 전부 소각되었다.

일본군의 가혹한 보복을 피하기 위해 현지 러시아인과 한인 주민들도 함께 피난길에 올랐다. 피난길은 사람들로 가득 찼다. 신문보도를 보면, 피난민 수는 1만 3,000여 명인데 식료품이 부족하여 큰 곤란에 처해있었다고 한다.[6] 그 중에 한인 피난민은 '수천 명'이었다. 이들은 혹한기에 급박하게 오른 피난길이라 '허다한 풍진'을 겪어야 했다. 그들의 목적지는 아무르주의 수도 블라고베셴스크였다.[7]

일본군은 니콜라예프스크 사건을 시베리아철병 불가론의 명분으로 이용했다. 포로와 민간인에 대한 대규모 학살이라는 이유로 일본은 대대적인 선전공세를 가했다. 러시아정부는 궁지에 몰렸다.

러시아정부는 철수하는 니콜라예프스크 빨치산에게 일본인 민간인에 대한 방화와 살육을 금하는 명령을 내린 바 있었다. 그러나 트랴피친은 이에 불복했다고 한다. 러시아정부는 니콜라예프스크 항구의 파괴와 일본 민간인 살육에 대한 책임을 물었다. 트랴피친 부대의 무장해제와 그 지도자들의 군사재판 회부를 명령한 것이다.

아무르주 군사위원회는 이 지시를 이행했다. 트랴피친 부대는 무장해제되었고, 그 지도자들은 체포되었다. 이들은 아무르주 군사혁명위원회의 결정에 의거하여 인민재판소에 회부되었다. 소도시 켈비에서 열린 인민재판소 법정은 빨치산대표, 주민대표, 참모부대표들로 구성되었다. 트랴피친 등 16명의 군사지도자들은 이 재판에서 총살형을 언도받았다.[8]

---

5) 「尼港日軍戰死數」, 『동아일보』 1920년 6월 11일자 ; 「尼港慘狀發表」, 『동아일보』 1920년 6월 18일자.
6) 『동아공산』 제9호, 2쪽.
7) 『동아공산』 제7호, 2쪽.
8) 김세일, 앞의 책.

312

트라피친의 처형문제는 한인 무장부대 내에 내분의 씨앗을 뿌렸다. 트라피친 체포작전에 동원된 군대 중에는 한인 빨치산 부대도 포함되어 있었다. 이 부대의 주력은 1918년 가을 니콜라예프스크 시내에서 비밀리에 조직된 '조선청년동맹' 회원들이었다. 이 부대의 사령관은 김낙현이고, 군정위원은 박병길(朴秉吉, 1898~1921)이었다.[9]

박병길은 러시아 귀화인으로서 러시아 정규 중등교육을 이수했다. 그는 1917년 니콜라예프스크 한인회가 조직된 이후 서기의 직무를 맡아서 일했다. 니콜라예프스크 시내 한인학교 교원도 겸임했다. 그의 행적은 『독립신문』(1920. 2. 26)에도 보도된 바 있다. 그는 "한인회 설립 시로부터 현금까지 이를 위하여 심력을 탄갈하는 중이며, 더욱 한국의 독립을 위하여 성충(誠忠)을 다하므로 많은 사람에게 감복"을 주고 있다는 평가를 받았다.

니콜라예프스크 한인 빨치산의 대다수는 트라피친이 처형된 데 대해 슬픔과 분노를 느끼고 있었다. 트라피친은 비록 많은 과오를 범했을지언정 항일 빨치산투쟁의 영웅으로 간주되고 있었다. 트라피친 체포에 가담한 한인들은 다수의 빨치산군중으로부터 경원시당했다. 특히 니콜라예프스크 한인 빨치산의 군사간부인 박일리야(사령관)와 김민선(金敏先, 참모장) 등은 트라피친 처형에 협력한 박병길·김낙현 등을 맹렬히 비난했다. 박일리야는 말하기를, 트라피친은 우리의 적 일본군을 연합작전을 통해 박멸한 유공자인데 그를 총살하는 데 참가함은 부당하다고 했다.[10]

박병길과 김낙현 등은 동료들의 비난에 견딜 수 없었다. 그들은 니콜라예프스크 한인 부대를 이탈하고 말았다.

박일리야가 지휘하는 니콜라예프스크 한인 군대가 자유시에 도착한 것은 1920년 10월 중순경이었다. 이들은 극동공화국 인민혁명군 제2군

---

9) 김낙현, 앞의 글, 408~410쪽.
10) 「在魯高麗革命軍隊沿革」, 8쪽(『한국공산주의운동사』 2 자료편).

단 제19연대 제3대대로 편입되었다. 사할린주의 수도인 니콜라예프스크에서 온 군대였기 때문에 이 부대는 통칭 '사할린대대'라고 불리었다. 대대장은 임호(林虎)였다.[11]

집결하는 빨치산

1920년 10월 전후 아무르주 영내로 한인 빨치산 부대들이 집결하는 양상이 나타났다. 러시아 각지에 흩어져 있는 한인 빨치산을 통합하여 단일한 대부대를 편성하려는 논의가 제기된 것이다. 이 논의의 출발점은 상해임시정부 전권위원 한형권이 그해 여름 러시아정부와 비밀리에 체결한 '대일한로공수동맹(對日韓露攻守同盟)'이었다. 이 군사조약은 대규모 한인부대 편성계획의 토대가 되었다.

아무르주는 한인 대부대를 편성하기에 가장 유리한 입지조건에 있었다. 연해주가 백위군과 일본군 점령하에 놓인 조건에서 아무르주는 한·러 국경으로부터 가장 가까운 안전지대였다. 따라서 이 계획의 이니셔티브는 아무르주에 위치한 두 한인 단체가 쥐었다.

하나는 대한국민의회였다. 이 단체에서 나온 한 문서를 보면, 이 계획을 입안한 것은 바로 자신이라고 주장한다. "노령 각 방면에서 고려의병대가 봉기하여 러시아 군대에 일부 일부로 편입된 것을 대한국민의회에서 제2군단에 교섭하여 자유시에 집합하게"[12] 했다는 것이다. 대한국민의회는 러시아 한인 빨치산을 자신의 지휘하에 대규모로 편성하고자 노력했다. 그들의 교섭 상대자인 제2군단은 극동공화국에 주둔한 적위군이었다.

다른 하나는 아무르주 한인공산당이었다. 연해주 각지에는 1918년 이래 한인사회당 군사부의 활동에 힘입어 조직된 한인 빨치산들이 산재해

---

11) 위의 책, 6쪽.
12) 위의 책, 13쪽.

314

있었다. 아무르주 한인공산당은 이들을 아무르주로 불러올림으로써 한인 대부대를 편성할 계획을 세웠다.

대한국민의회와 아무르주 한인공산당은 서로 경쟁 상대가 되었다. 통합된 한인 군대에 대한 정치적 지도권을 서로 다투는 입장에 섰다. 양자는 정치 방면에서 서로 갈등을 벌이고 있었다. 군사 방면의 경쟁은 양자 간의 다툼을 더욱 격화시켰다.

한인 군대의 통일계획은 연해주 한인 빨치산의 공감을 얻었다. 백위파 지방정권의 통치구역이던 연해주에는 1920년 7월 극동공화국과 일본 출정군 간의 협정으로 인해 스파스크 시에서 우수리까지를 경계로 하는 중립지대가 획정되어있었다. 그 이남에는 극동공화국 정규군이 주둔할 수 없었고, 빨치산 부대들만 남아 계속 무장투쟁을 전개하고 있었다. 일본군의 기록에 의하면, "과격파 군대는 일로의정서의 규정에 의해 아군의 주둔구역 내에 침입할 수 없게 되었고, 단지 불령선인(不逞鮮人) 부대가 아군이 주둔하지 않은 벽추 지점에 잠재"13)해 있었다고 한다.

그 중 활동상을 확인할 수 있는 빨치산부대의 수만도 10여 개에 달한다. 이 부대들은 주로 1919년부터 1920년 사이에 결성되었다. 활동범위는 한인 농민들이 밀집한 농촌지대였다. 특히 수청(水靑), 추풍(秋風) 일대의 빨치산 부대들이 규모도 컸고 영향력도 컸다.14)

연해주 한인 빨치산 부대들은 일본군에 반대한다는 측면에서 공통점을 갖고 있었다. 그러나 그들의 정치·사상적 지향에는 편차가 있었다. 연해주 한족공산당의 한 문서를 보면, "빨치산 부대 가운데 일부는 민족주의자들이고 일부는 사회주의자들"이었는데, 그 중에서도 "사회주의자들이 최대의 영향력을 갖고 있었다"15)고 쓰여있다.

---

13) 朝鮮總督府 警務局, 『大正11年朝鮮治安狀況』, 582쪽.

14) 윤상원, 「자유시사변 전후 조선인 무장부대 통합운동」, 고려대 대학원 사학과 석사학위논문, 2001, 22~23쪽.

15) Расположение и численность Корейских партизанских отрядов, согласно д оклада облакома Кор.Ком.Партии от 26 августа 1920г(1920년 8월 26일자 한

그러나 연해주 한인 빨치산 전체가 군대통일 계획에 호응했던 것은 아니다. 그 계획에 적극적으로 부응하고 나선 빨치산은 이만 군대(Иманский отряд), 다반 군대(Дабанский отряд), 독립단 군대 등이었다. 이들은 아무르주 한인공산당의 군대통일 계획에 찬동하고서 아무르주로 이동했다. 1920년 11월경의 일이었다.

다반 군대는 "한인사회당 창립시기에 조직한 근본부대"였다.[16] 이 부대에서 지도적 역할을 수행한 사람들은 1918년 4월 하바로프스크에서 설립된 한인사회당의 적위군에 가담했던 이들이다. 1919년 말 다반에서 재조직된 이 부대는 1920년 초에는 하바로프스크 해방전투에 참전했다. 칼미코프 백위군에 맞서 하바로프스크를 해방하는 데 성공했으나, 그해 4월 일본군의 연해주 참변으로 인해 부득이 아무르주 지역으로 퇴각했다.[17] 이 부대는 하바로프스크 해방 이후 청룡정거장 수비군으로 주둔했기 때문에 한인들 사이에서는 '청룡부대'라고도 불리었다.

이만 군대는 이만 일대의 한인 농촌지대를 근거지로 활동하던 한인 빨치산 부대이다. 김표도르, 김덕보(金德甫), 박공서(朴公瑞) 등이 지휘하는 이 부대는 '제1 이만 군대'라고도 불리었다. 1921년 3월부터 10여 차례에 걸쳐 연해주 이만으로 이동해온 서간도 장백현 군비단(軍備團) 군대를 통상 이만 군대라고 부르던 사정과 구분짓기 위해서이다. '제1 이만 군대'의 활동상은 잘 알려져 있지 않지만, 한인사회당 군사부 활동과의 관련 속에서 결성된 것임에는 의심의 여지가 없다.[18]

독립단 군대는 대한제국 멸망 전후 서간도에서 활동하던 저명한 의병

인공산당 연해주당 보고에 따른 한인 빨치산 부대들의 편성과 숫자), РГАСПИ ф.495 оп.19 д.193.

16) 「노병 김규면 비망록」, 270쪽(박환, 『재소한인민족운동사』, 259~316쪽에 수록).

17) 박노순, 「회상기, 1918~1922년 국민전쟁 당시에 관하여」, 『한국독립운동사 자료집』(홍범도 편), 376~378쪽.

18) 「노병 김규면 비망록」, 270쪽.

316

대장 조맹선(趙孟善) 부대의 후신이다. 이 부대는 1919~1920년에 연해주로 근거를 옮겼는데, 그곳에서 한인사회당 군사부의 지휘를 받는 신민단 군대와 합동했다. 사령관은 조맹선이고, 부사령관은 '빨치산 군대 영웅'이라는 호칭을 듣는 박그리고리, 저명한 연해주 한인사회 지도자 최재형의 아들 최파샤 두 사람이었다. 이 부대는 1920년 하반기에 군대통합 계획에 호응하여 근거지 아누치노를 떠나 아무르주로 이동했다.[19]

그리하여 1920년 11월경에는 일찍이 볼 수 없었던 진귀한 양상이 나타났다. 연해주와 아무르주의 한인 빨치산들이 스보보드니(자유시)로 속속 집결하고 있었다. 그 당시 스보보드니에 집결한 한인 빨치산 부대와 그 지도자들을 일람표로 작성해보면 <표 3>과 같다.[20]

〈표 3〉 1920년 11월 아무르주에 집결한 한인 빨치산 부대와 그 지도자

원래 활동지역		부대 명칭	주요 지도자
연해주	이만강 유역	이만 군대	김표도르, 박공서, 김덕보
	호르강 유역	다반 군대	최니콜라이
	아누치노	독립단 군대	박그리고리, 최파샤
아무르주	니콜라예프스크	사할린대대	박일리야, 임호, 고명수(高明秀)
	스보보드니	한인자유보병대대	오하묵, 최고려, 황하일(黃河一), 전희서(田希瑞), 유수연(兪洙淵), 유선장(柳善長), 최주동(崔柱東)

자유대대와 사할린대대의 알력

군대통합 문제를 둘러싼 아무르주 한인공산당과 대한국민의회 간의 대립이 최초로 구체화된 것은 사할린대대가 스보보드니에 도착한 1920년 10월경이었다. 당시 스보보드니에는 대한국민의회의 정치적 지도를

---

19) 위의 글, 270~271쪽.
20) 「在魯高麗革命軍隊沿革」, 13쪽.

받고 있던 한인 무장부대 한인자유보병대대(자유대대)가 주둔하고 있었다. 사할린대대와 자유대대 지도부는 두 가지 문제를 둘러싸고 대립하게 되었다.

하나는 박병길, 김낙현, 안기석, 채재현 등 사할린대대 이탈자들을 자유대대에서 중용한 사건이다. 이들은 트랴피친 처형에 가담했다가 사할린 한인군대에서 핍박을 받던 사람들이다. 사할린대대를 탈영한 이들은 스보보드니에 주둔중인 자유대대를 찾아갔다. 자유대대 지휘관들은 이들을 환영하여 받아들였으며, 군사간부로 등용했다. 자유대대의 이러한 조치가 사할린대대에게는 탈영자를 처벌하기는커녕 오히려 우대해주는 배신적 행위로 이해되었다.

다른 하나는 한인 군대의 통일과 지휘권에 관한 문제이다. 양측은 한인 군대를 통일한다는 점에서는 일치된 의견을 갖고 있었다. 그러나 한인공산당의 정치적 지휘를 받을 것인지, 아니면 대한국민의회의 정치적 지휘를 받을 것인지를 둘러싸고 양자는 서로 대립했다.

대한국민의회는 적극적인 공세에 나섰다. 1920년 10월 14일 자유대대의 요청하에 양 부대 지휘관 연석회의가 열렸다. 자유대대를 대표하여 출석한 사람은 오하묵, 최고려, 유수연, 황하일 등이었다. 그들은 군대통합을 제의했다. 대한국민의회의 정치적 지도를 수용한 바탕 위에서 양 부대의 통합을 권고한 것이다.

사할린대대를 대표한 박일리야, 김민선 등은 이 제안을 거절했다. 이들은 한인공산당의 지도 아래 한인 군대들을 통일할 것을 희망했다. 이들이 한인공산당을 봉대하기로 희망한 경위에 대해서는 잘 알려져 있지 않으나, 대한국민의회의 지도노선에는 명백한 혐오감을 드러냈다.

사할린대대 지휘부는 자유대대의 행동에 위기감을 느꼈다. 그리고 치타행을 결심했다. 극동공화국에 대한 외교적 교섭에서 우월한 지위에 있는 극동국 한인부에 직접 이 문제를 제기하기로 방침을 세운 것이다. 사령관 박일리야는 치타 출장을 앞두고 군인대회를 소집했다. 사할린대

318

대의 장래가 치타 여행에 달려있으니, 어떠한 풍파가 닥치더라도 흔들리지 말고 자기가 되돌아올 때까지 기다려달라고 연설했다. 박일리야와 김민선은 10월 15일 새벽 열차편으로 치타로 떠났다.[21]

사할린대대 지휘관들이 자유시에 부재하던 중에 돌발사건이 일어났다. 사할린대대가 소속되어있던 극동공화국 인민혁명군 제19연대의 무장해제 사건이 일어난 것이다. 1920년 10월 22일 자유시 전복음모 혐의로 제19연대가 해산되었고, 그 산하 제3대대(사할린대대)는 제2군단 명령으로 자유대대에 편입되었다. 이 사건은 극동공화국 인민혁명군 제2군단과 긴밀한 관계를 유지하고 있던 자유대대가 외교를 통해 사할린대대를 강제로 흡수·통합한 사건이었다.

치타에 도착한 박일리야와 김민선은 극동국 한인부와 사할린대대의 재편성문제를 협의했다. 두 지휘관은 사할린대대에 대한 대한국민의회와 자유대대 지도부의 강압적 태도를 고발했다. 자유대대의 사령관 오하묵은 과거 백위파 장교였으며, 10월 22일 당시 제19연대 포위작전을 지휘했고, 상해임시정부를 반대하는 자이며, 니콜라예프스크부대를 탈영한 박병길을 중용한 자라는 등의 사실이 특히 강조되었다.

극동국 한인부는 사할린대대 지휘관들을 따뜻이 맞았다. 먼저 사할린대대를 치타 한인부 직속으로 배속했다. 나아가 그 부대의 주둔지를 변경시켰다. 대한국민의회의 영향력을 차단하기 위해 자유시로부터 제야시로 옮기도록 조치했던 것이다. 이 조치는 극동공화국 소비에트 인민위원부 의장 크라스노쇼코프를 통해 실행에 옮겨졌다.[22] 재편된 사할린대대 사령관에는 김민선이, 군정위원장에는 박일리야가 선임되었다.

박일리야와 김민선은 12월 말 아무르주로 되돌아왔다. 부재중에 있었던 강압적 조치는 취소되었다. 사할린대대는 자유대대로부터 벗어나 원

---

21) 위의 책, 7쪽.

22) Протокол No.3 Заседания Корейской Секции при Дальбюро Ц.К.Р.К.П.(러시아 공산당 중앙위 극동국 한인부 회의 의사록 제3호), 1920. 12. 14.

상회복되었다. 그러나 양자간에는 적대성이 점차 격화되었다. 이 대립은 아무르주 한인공산당과 극동국 한인부를 한편으로 하고, 대한국민의회와 이르쿠츠크 전로한인공산당 중앙총회를 다른 한편으로 하는 정치적 반목의 한 반영이었다.

양자간의 공방전은 1921년 1월에 접어들면서 한층 더 가열되었다. 사할린대대 군정위원장 박일리야는 1월 10일과 11일 두 차례에 걸쳐 대한국민의회를 직접 압박했다. 그들은 대한국민의회 사무소에 출현하여 사업 및 자금검열을 요구한 뒤에 몇몇 간부를 연행해갔다.[23]

대한국민의회도 가만히 있지 않았다. 박병길이 나섰다. 그는 박일리야를 반혁명 혐의에 걸어 극동공화국 정부에 고발했다. 박일리야는 과거 니콜라예프스크에서 콜차크 기관의 밀정 노릇을 했으며, 트랴피친의 불법행동을 방조했다는 내용이었다. 이 고발로 인해 박일리야는 김민선·이창수 등과 더불어 극동공화국 경찰당국에 구금되었다. 박병길은 이 사건으로 인해 목숨을 내놓아야 했다. 사할린대대의 몇 과격분자들이 문제의 인물 박병길을 암살해버렸다(1921. 1. 16 밤).[24]

격화된 분쟁은 러시아공산당 아무르주 위원회의 중재로 인해 일시적으로 완화되었다. 러시아공산당 아무르주 위원회는 특별위원회를 설치하여 이 사건을 조사하게 했다. 또한 체포된 대한국민의회 위원들을 석방할 것을 결의했다.[25] 그와 동시에 박일리야 등도 극동국 한인부의 외교로 며칠 뒤에 석방되었다.[26]

자유대대와 사할린대대 사이의 분쟁은 이처럼 적대적 양상을 띠게 되

---

23) Доклад о положении корейских революционных организаций комиссии(한인혁명단체의 상황에 관한 보고), 1921. 1. 10, РГАСПИ ф.495 оп.154 д.90.

24「在魯高麗革命軍隊沿革」11~12쪽.

25) Доклад о положении корейских революционных организаций комиссии(한인혁명단체의 상황에 관한 보고), 1921. 1. 10, РГАСПИ ф.495 оп.154 д.90.

26) Протокол №.9 Очередного заседания Корейской Секции при Дальбюро Ц.К.Р.К.П.(러시아공산당 중앙위 극동국 한인부 정례회의 의사록 제9호), 1921. 1. 16.

었다. 양자간의 갈등은 이미 화해할 수 없을 정도로 악화되어갔다. 이러한 적대감은 단지 두 군대 사이의 관계악화만으로 끝나지 않았다. 그것은 러시아와 중국영토에서 활동하던 한인 무장부대의 통일과정에도 나쁜 영향을 미쳤다.

2. 북간도에서 온 독립군들

경신참변

러시아에서 활동하는 한인 빨치산만이 아니었다. 만주에서 활동하던 한인 무장부대들도 극동공화국 관내로 이동하는 정세가 조성되었다. 그 계기는 일본군의 '간도출병'이었다.

만주지역은 3·1운동 직후 고조된 "연병(練兵), 무장운동의 중심지역"[27]이었다. 1919년 3월~1920년 10월 시기에 북간도와 서간도 지방에서는 30여 개의 항일군사단체가 조직되었다.[28] 이 단체들은 국내진공작전을 포함한 적극적인 항일무장투쟁에 나섰다. 하지만 만주를 거점으로 하는 무장투쟁은 1920년 10월~1921년 4월에 실시된 일본군의 '간도출병'으로 인해 심각한 시련에 처하게 되었다.

일본군의 '간도출병'은 만주의 반일독립군을 '소탕'하기 위해 시행한 야수적 군사행동이었다.[29] 일본군 '토벌'작전의 표적은 무장한 독립군 부대에만 향한 것이 아니었다. 그들은 북간도의 한인 집단거주지를 반

---

27) 朝鮮共産黨 滿洲總局, 「報告 : 滿洲朝鮮人的一情形及對中共中央提議的見解」, 1930. 1. 30, 제3항 '在滿洲的朝鮮共産主義者的傳統' 참조

28) 愼鏞廈, 「독립군의 청산리 독립전쟁의 연구」, 『한국민족독립운동사연구』, 을유문화사, 1985, 392쪽.

29) 李錫台 編, 『社會科學大辭典』, 文友印書館, 1949, 10쪽.

일의 온상으로 간주하고 온상 자체를 '토벌'했다. 일본군은 무차별 살상을 자행했다. 그들은 "우리 동포를 만나면 독립운동 관계자의 가족은 물론이고 산간촌민이라 하더라도 사살"[30]했다. 그 결과 각처에서 학살당한 한인 수는 6,000여 명에 달했다.[31] 만주 한인들이 일본군의 무차별적 한인 민간인 살상을 '경신(庚申, 1920년)참변'이라 부르는 것은 바로 이 때문이다.

일본군의 대규모 '토벌'에 임하여 독립군들은 어떻게 대응했는가? 대응책은 두 가지였다. 단기적으로는 진공해오는 적에 맞서 반(反)토벌전에 나서야 했다. 청산리전투는 그와 같은 적극적인 반토벌전이 승리를 거둔 사례였다. 그러나 반토벌전을 장기화하는 데는 무리가 따랐다. 무력의 우열이 워낙 현저하게 차이났기에 반토벌전을 매번 승리로 이끌 수는 없었다. 독립군은 비정규군이었다. 한두 번의 패배만으로도 회복불능의 괴멸적 타격을 입을 가능성이 높았다.

장기적 대책이 필요했다. 무장역량을 보존한 채 적의 예봉을 피할 수 있는 방안이 나와야 했다. 적이 진입해올 수 없는 안전지대로 전략적 퇴각을 고려할 필요가 있었다. 러시아 극동지역으로 병력을 이동하여 그곳에서 진행중인 한인 무장부대 통일계획에 합류하는 것이 그 해답이었다.

대부대 편성의 길

북간도의 한국 독립군부대들은 대부분 1920년 10월~1921년 3월에 걸쳐 러시아·중국 국경지대로 이동했다. 러시아공산당과 적군이 장악하고 있는 안전지대로 건너가기 위해서였다. 이동과정에서 무장단체 지도자들은 공동의 행동방침을 협의하기 위해 회합을 가졌다.

---

30) 임시정부 간도파견원 安定根의 보고(金正明 編, 『朝鮮獨立運動』 2, 126쪽).
31) 李錫台 編, 앞의 책, 11쪽.

첫번째 대규모 회합은 국경지역 밀산에서 이루어졌다. 일본측 정보기록을 보면, 러시아·중국 국경으로 '도주'하던 6개 반일무장부대가 협의회를 개최했다고 한다. 군정서, 신민단, 광복단, 도독부, 한민회, 의군단의 수뇌들이 북로군정서 지도자 서일(徐一)의 주창에 따라 3월 하순에 '육단회(六團會)'를 열었다는 것이다.[32]

이 회의의 중요 의안은 일본군의 '간도출병'에 맞설 장기대책을 수립하는 것이었다. 러시아 영내로 이동하는 문제, 러시아공산당과의 제휴문제 등이 논의되었다. 참석자들의 의견은 똑같지 않았다. 러시아공산당과 연락을 갖고서 행동함이 옳다는 견해와 그들과 전혀 관계를 맺지 않고 행동함이 옳다는 견해로 나뉘었다. 이 회의에서는 러시아공산당과 제휴하여 그 후원하에 극동공화국 영내에서 통일된 대규모 한인 군대를 창설하는 것이 필요하다는 의견에 다수가 동의했다. 반일무장부대들은 러시아공산당과 밀접한 연락을 맺기 위해 '대한총군부'라 부르는 연합사령부를 조직했다.[33]

육단회 이후에도 연합사령부 대한총군부는 더 많은 군사단체들을 망라하기 위해 계속 노력했다. 마침내 4월 12일 이만에서 "대소 36단체의 수뇌자로 이루어진 독립군 대회가 개최되었다.[34] 참가자들은 '대한총군부'를 확대하여 '대한독립단'으로 개칭하고, 간부진을 선출했다.[35] 간부진은 총재 서일, 부총재 홍범도, 외교부장 최명록(崔明祿), 군사고문관 이청천(李靑天), 제1여단장 김규식(金圭植), 제2여단장 안무(安武) 등으로 구성되었다.[36]

연구자 윤상원이 지적했듯이, 대한총군부와 대한독립단의 결성시기에

---

32) 金正明 編, 앞의 책(제5권), 103쪽.
33) 위와 같음.
34) 金正明 編, 앞의 책(제3권), 382~383쪽.
35) 위의 책, 508쪽.
36) 위의 책, 382~383, 508쪽.

는 의문의 여지가 있다. 두 단체가 3월 하순, 4월 12일에 결성되었다는 기록은 일본관헌 문서에만 나온다. 하지만 이 기록들은 착오인 듯하다. 그 이전 시기에 북간도 독립군들이 이미 자유시에 도착했음을 보여주는 기록들이 있기 때문이다. 이만에 집결한 북간도 독립군들이 언제 자유시로 옮겨갔는지는 아직 낱낱이 밝혀져 있지 않다. 하지만 대략 1921년 1월에서 3월 사이에 옮겨갔다고 추정하는 것이 합당하겠다.[37]

대한총군부와 대한독립단은 독립군 상층간부들의 연합기관이었다. 각 무장부대의 독립성은 여전히 유지되었다. 연합사령부를 구성하긴 했지만, 각 부대는 독자적으로 활동했다.

이만에 집결한 독립군은 철도편으로 자유시로 이동했다. 그러나 이만에서 다시 만주로 되돌아간 부대도 있었다. 자유시로 이동하기 전에 독립군부대들은 무장해제를 요구받았다. 외교상의 이유 때문이었다. 극동공화국은 일본군과의 군사적 충돌을 가능한 한 방지하려는 외교정책을 취하였다. 따라서 일본에 적대하는 완전무장한 한국독립군을 중립지대로 통과시키는 것은 무리한 부담이었다. 그러나 한국독립군에게 무장해제는 굴욕이었다. 이를 받아들일 수 없었던 사람들은 만주로 되돌아갔다. 북로군정서 총재 서일과 사령관 김좌진이 그 대표적 인물이다.

북로군정서는 분열되었다. 서일과 김좌진이 지도하는 한 그룹은 단일 무장부대 결성을 포기하고 북간도로 되돌아갔다. 그에 반해 박두희(朴斗熙) 등이 이끄는 다른 그룹은 자유시로 가는 길을 택했다. 만주로 되돌아간 김좌진 등은 동녕현(東寧縣) 춘풍령(春風嶺) 지방에 근거지를 두었다. 일본군 정보기록을 보면, 김좌진 등은 대원모집에 힘쓰고 있으나 종래 배하의 대부분이 자유시로 넘어갔기 때문에 1921년 4월 말 현재 병력규모가 약 50명에 불과했다고 한다.[38]

아무르주에 도착한 북간도의 한국독립군 규모는 대략 1,900명에 달했

---

37) 윤상원, 「자유시사변 전후 조선인 무장부대 통합운동」, 20쪽.
38) 金正明 編, 앞의 책(제5권), 102쪽.

다. 단위부대별 구성과 지도자를 보면 <표 4>와 같다.[39]

〈표 4〉 아무르주에 집결한 북간도 한인 무장부대와 그 지도자

부대 명	주요 지도자	병력 수
총군부 군대	최진동(崔振東), 허재욱(許在旭), 이택(李澤), 오병묵(吳秉默)	
국민회 군대	안무(安武), 정일무(鄭一武), 김광(金匡), 김규찬(金奎燦), 강석진(姜錫鎭)	1900명
독립군 군대	홍범도(洪範圖), 이병채(李秉采)	
군정서 군대	김승빈(金勝彬), 박두희(朴斗熙)	

3. 대한의용군

군대통일 사업의 복잡성

한인 무장부대를 통일하는 문제는 쉬운 일이 아니었다. 갖가지 난관이 존재했다. 가장 큰 어려움은 무장부대들의 독자성이 매우 강하다는 점에 있었다. 1921년 4월경 아무르주에 집결한 한인 무장부대의 전체 성원은 약 4,500명을 헤아리는 규모였다. 이전에 볼 수 없었던 대병력이 집결한 것이다. 그러나 이들은 통일된 규율을 갖고 있지 못했다. 각 무장부대는 상이한 조건과 환경 속에서 형성되었다. 또한 러시아와 만주의 광활한 지대에서 오랫동안 분산적으로 활동해왔다. 이들은 많아야 1,000명을 넘지 않는 중소규모의 유격전투를 수행해왔다. 이 부대들은 "여러 지방에서 개별적으로 조직되었으므로 상호간에 지휘·복종의 권리·의무가"[40] 없었다. 일본제국주의에 반대한다는 점을 제외하고 정치·사상적 지향도 다양했다.

---

39) 「在魯高麗革命軍隊沿革」, 13쪽.

40) 張道政, 「高麗共産黨の沿革」, 8쪽.

병사들은 종래에 소속되었던 단위부대에 대한 귀속성이 강했다. 생사를 같이 넘나든 전우였기 때문이다. 그러나 각 부대를 망라한 통일적인 규율과 지휘체계에 대해서는 생소한 감정을 지니고 있었다. 따라서 "자기의 장교의 지휘를 원할 뿐, 타 군대의 장교와는 일면식도 없기 때문에 그 지휘는 받고 싶어하지 않았다"고 한다.[41]

또 하나의 어려움은 무장부대 외부에 있었다. 군대통일을 가능하게 할 자금과 권한이 외부에서 주어졌던 것이다. 극동공화국 정부와 러시아공산당 그리고 코민테른 기관의 지원이 군대통일을 실현시키는 데 결정적인 요인이 되었다. 4,500명에 달하는 무장부대의 보급(식량·의복·무기)을 한인 무장부대가 자급할 수 없었던 조건이었으므로 이들 각 기관에 대한 외교교섭력이 관건이 되었다. 한인 군대는 조직재편과 지휘부 선출을 임의대로, 독자적으로 행하기 어려운 형편에 놓여있었다.

러시아정부, 극동공화국, 코민테른, 러시아공산당 등은 세계혁명의 관점이나 혹은 러시아혁명의 전국적 승리라는 관점에서 문제를 바라보았다. 따라서 국제정세의 변화는 한인 군대통일 사업에 불안정성을 가져다주었다. 일본과 극동공화국 또는 일본과 러시아정부 간에 협상이 진행될 때마다 한인 군대통일 사업을 대하는 그들의 태도는 변동할 수밖에 없었다.

소비에트러시아의 경제적 곤란도 장애를 주었다. 러시아의 기근과 식량결핍은 한인 무장부대의 편성규모를 무한정 확대할 수 없게 만들었다. 당시 러시아의 경제적 위기는 극도에 달해있었다. 8년간이나 계속되고 있는 전시상태(제1차 세계대전과 내전)로 인해 경제기반 시설이 완전히 파괴되어있었다. 그뿐이 아니었다. 제국주의 열강은 러시아혁명의 파급을 두려워하여 경제봉쇄정책을 취하고 있었다.

그 때문에 러시아공산당과 정부는 한국 독립운동, 사회주의운동 발전

---

41) 위와 같음.

에 이중적 역할을 수행했다. 그것은 한국혁명의 승리를 위한 국제적 지원역량으로서 기능했다. 그러나 그것은 불충분하고 변덕스러웠다. 아울러 빈번한 기조의 변경과 방침 전환 등으로 인한 난관도 적지않게 제공했다.

이러한 안팎의 난관을 해결하기 위해서는 통일에 대한 대중의 강렬한 지향을 효과적으로 수렴하고 대외교섭을 일관되게 수행할 수 있는 주체적 역량이 필요했다. 한인 군대통일 사업의 이니셔티브를 쥐고 있던 대한국민의회와 한인공산당은 이러한 요청을 실행에 옮길 수 있는 위치에 있었다. 당사자들도 그러한 역할을 자임하고 나섰다. 그러나 양자는 이미 정치적으로 반목상태에 있었다. 이들의 대립은 단순히 정치적 측면에서 머물지 않고 한인 군대통일 사업에도 반영되었다.

치타 한인부의 군대통일안

치타 극동국 한인부는 한인 군대통합에 적극적이었다. 자신의 지도 아래 한인 대부대를 창설하려고 했다. 두 가지 방안이 검토되었다. 극동공화국 인민혁명군 총사령관 명령으로 한인 군대 사령관을 임명하는 방안이 하나이고, 다른 하나는 '전한의병대회'를 열어 최고군사위원회를 선출하는 방안이었다.42)

러시아와 중국의 한인 무장부대를 일컬어 '의병'이라고 지칭하는 점이 이채롭다. 대한제국 멸망 전후에 치열하게 전개되었던 의병운동을 연상케 한다. 이 시기 무장투쟁 참가자들은 한말 무장투쟁 전통의 연장선에서 자신들을 바라보았음을 알 수 있다.

둘 가운데 후자가 채택되었다. 왜냐하면 첫 방안을 시행할 경우 한인부가 독단적으로 권리를 남용한다는 비난이 생길 터이고, 군사단체들의

---

42) 張道政, 앞의 글, 9쪽.

반감을 사게 될 것으로 예상되었기 때문이다.[43]

'전한의병대회' 소집계획의 내용을 알아보자. 치타 한인부는 1920년 12월 21일 간부회의에서 이 문제를 다루었다. 소집 대상은 "중국령과 러시아 극동에 소재하는 한인 빨치산 부대들"이었다. 그 대표자들을 불러서 1921년 2월 10일 치타에서 '전한의병대회'를 소집한다는 것이었다. 대회가 소집되기까지 임시군사위원회를 설치하여 모든 한인 군대를 통솔케 한다고 결정되었다.[44]

한인부는 전한의병대회 소집을 앞당기기 위해 힘을 기울였다. 1921년 1월 16일에는 의병대회 소집을 준비할 '전한의병대회 소집위원회'를 구성했다. 위원은 박애, 이다물, 장도정 3명이었다.[45] 소집위원회는 한인 무장부대들에게 대회소집을 알리고 그 대표를 선출하도록 독려하기 위해 사람을 파견했다. 그밖에 대회를 개최하는 데 필요한 기술적 · 행정적 조치들을 준비하는 업무에도 종사했다.[46]

그뿐만이 아니었다. 소집위원회는 '전한의병대회'에서 사회주의자들이 다수를 점하도록 하기 위한 정치적 조치들도 강구했다. 각 한인 부대 내에 공산당 야체이카를 조직하고, 주둔지의 한인공산당으로 하여금 부대 내에서 선전사업을 전개하도록 독려하기로 했다. 이를 위해 극동국 한인부는 "각 공산당 급 군대 지회 내에 금번 군인대표가 가급적 우리 당원 중으로 추천되도록 운동하라"는 통지를 산하 당기관에 발송했다 (1921. 1. 29).[47]

---

43) 위와 같음.

44) Протокол No.6 Заседания Корейской Секции при Дальбюро Ц.К.Р.К.П.(러시아 공산당중앙위 극동국 한인부 비밀회의 의사록 제6호), 1920. 12. 21.

45) Протокол No.9 Очередного заседания Корейской Секции при Дальбюро Ц.К.Р. К.П.(러시아공산당 중앙위 극동국 한인부 정례회의 의사록 제9호), 1921. 1. 16.

46) План работы Комиссии по созыву Съезда Представителей Корейских Партизанских Отрядов находящихся в Китае и на Русском Дальнем Востоке(중국령 및 러시아 극동에 소재하는 한인 빨치산 부대 대표자대회 소집에 관한 위원회의 업무계획), РГАСПИ ф.495 оп.154 д.39.

328

소집위원회는 19개항의 대회프로그램을 작성했다. 그 중에는 군사와 정치방면의 의안들이 고루 섞여있다. 군사방면의 의안으로는 '군사전술', '빨치산 부대들의 조직과 편성', '참모부 성원의 임명', '군정위원제도의 설립과 그 위원 임명', '부대 내 정치사업의 도입', '군사위원회 및 총참모부의 설립과 선출' 등이 예정되었다. 정치문제에 관한 항목으로는 '현정세', '러시아공산당 극동국 한인부의 보고', '민족혁명단체 및 고려공산당에 대한 관계', '소비에트러시아·극동공화국·코민테른과의 관계' 등이 포함되었다.[48]

극동국 한인부는 '전한의병대회' 준비의 일환으로 각 한인 부대의 상황을 파악하기 위해 18개 항목에 걸친 질의서를 발송했다. 그 중에는 부대명칭, 부대설립 시기와 장소, 최근 주둔지, 부대의 편제와 병력 및 간부 현황, 전투경력, 부대의 의식화 및 훈련정도, 부대 장병들의 출신성분, 부대의 정치적 성향, 부대 내 장교와 병사들 간의 관계, 상해임시정부·대한국민의회·한인공산당에 대한 부대 내 장병들의 견해, 군사·정치간부 양성을 위한 군관학교 유무 등의 항목이 포함되어있다.[49]

'전한의병대회' 소집은 러시아와 극동공화국 정부의 협력 속에서 추진되었다. 한인부는 러시아 적군군사위원회 의장이던 트로츠키에게 전한군인대회 소집에 관한 건을 통보했다(1921. 1. 19).[50] 그 다음날에는 '군인대회 소집이유'와 '장래 영향문제', 군인대회를 한인부가 소집하는 이유 등을 담은 보고서를 작성했다.[51] 이것은 아마도 극동공화국이나 러

---

47) 동아국 한인부 조직부, 「일지(1921. 1. 17~2. 9)」, 1쪽.

48) Програма Съезда Представителей Корейских Партизанских Отрядюв находящ
ихся в Китае и на Русском Дальнем Востоке(중국령 및 러시아 극동에 소재
하는 한인 빨치산 부대 대표자대회 프로그램), РГАСПИ ф.495 оп.154 д.39.

49) Сведения о Корейских Партизанских Отрядах(한인 빨치산 부대에 관한 정
보), 1921. 2, РГАСПИ ф.495 оп.154 д.90.

50) 동아국 한인부 조직부, 「일지(1921. 1. 17~2. 9)」, 1쪽.

51) 위의 글, 2쪽.

시아공산당 극동국에 제출하기 위한 것으로 보인다.

전한임시군사위원회

한인부는 1921년 1월 16일 임시군사위원회를 선출했다. 이 위원회는 전한의병대회를 정식으로 개최하기 이전까지 모든 한인 군대를 통솔하는 권한을 부여받았다.

군사위원회 위원으로 임명된 이는 사령관 박창은, 부사령관 이용(李鏞), 군정위원 한창걸(韓昌傑), 편성부대 사령관 김민선, 편성부대 군정위원 박일리야 등이었다.[52] 편성부대란 이미 편제를 완료한 사할린대대를 가리킨다. 참모부장으로는 극동공화국 인민혁명군 참모부의 추천에 의거하여 러시아인 그리고리예프(Григорьев)를 임명했다. 이외에 "사령부의 기술적 활동을 조정하기 위해 그 산하에 10명으로 구성하는 군사전문단을 설치"했다. 그 중에는 베즈니나를 비롯한 3명의 러시아인과 한인 7명, 즉 한창걸, 김민선, 박일리야, 김경천(金擎天), 최니콜라이, 채영(蔡英), 한운룡(韓雲龍)이 포함되었다.[53]

이 중에서 박창은은 치타 한인부 위원이며, 이용과 채영은 상해 한인사회당의 지도자인 이동휘 주선으로 상해임시정부로부터 각각 동로(東路, 연해주)사령관, 북로(北路, 북간도)사령관으로 임명된 터였다.[54] 최니콜라이는 한인사회당 군사부와 긴밀한 연관을 가진 다반 군대 사령관이었고, 채영과 한운룡도 한인사회당의 군사간부였다. 결국 전한임시군사위원회 간부진은 극동국 한인부와 상해 한인사회당, 상해임시정부의 군

---

52) Протокол No.9 Очередного заседания Корейской Секции при Дальбюро Ц.К.Р.К.П.(러시아공산당 중앙위 극동국 한인부 정례회의 의사록 제9호), 1921. 1. 16

53) Протокол No.10 Очередного заседания Корейской Секции при Дальбюро Ц.К.Р.К.П.(러시아공산당 중앙위 극동국 한인부 정례회의 의사록 제10호), 1921. 1. 21, РГАСПИ ф.495 оп.154 д.90.

54) 「在魯高麗革命軍隊沿革」, 14쪽.

사간부들로 이루어져 있었다. 한창걸과 김경천이 다소 예외로 보인다. 두 사람은 연해주 수청에 근거를 둔 한인 빨치산의 저명한 지도자이다. 이들은 아무르주로 집결하는 대신 현지에서 빨치산 운동을 지속했다.

『독립신문』에서도 그와 동일한 평가를 찾아볼 수 있다. 그것에 따르면, 한인의병대 사령부는 치타 한인부의 노력으로 이루어졌는데 "그 당국은 상해정부 위임 군관과 상해공산당, 치타 한인부의 혼합체"라는 것이다.[55]

전한임시군사위원회 총사령관 박창은은 여러 군사간부들과 더불어 치타를 떠나 블라고베셴스크로 향했다(1921. 1. 25). 극동국 한인부로부터 "빨치산 통일문제에 관한 광범한 전권을 부여"받은 상태였다.[56] 그는 극동공화국 국방부의 명령서를 휴대하고 있었다. 사할린대대, 자유대대를 비롯한 '고려 각 의병대'는 박창은의 관할을 받으라는 내용이었다.

박창은 일행이 블라고베셴스크에 도착한 것은 1월 말이었다. 그곳에서 박창은은 아무르주 한인공산당과 협력하여 전한임시군사위원회의 실질적인 편성에 착수했다. 편성을 마친 임시군사위원회는 각 한인 군대에게 보내는 경고문(敬告文)을 발표했다.

이 글에서 임시군사위원회는 극동공화국 정부와의 협상결과를 소개했다. 두 가지 중요 사항을 합의했다고 한다. 하나는 한인 군대의 편성을 무제한으로 승인하고, 무기·피복·식량을 능력있는 데까지 무한정 공급한다는 약속이다. 다른 하나는 전한군사위원회 이외에 어떤 단체에도 군권을 허락하지 않는다는 합의이다.

임시군사위원회는 구체적인 사업방침을 제시했다. 우선 군사간부 양성을 위한 사관학교설립안을 내보였다. 사관학교는 일차로 500명의 학생을 모집하며, 이 졸업생을 근간으로 제1사단을 편성한다는 복안이었

---

55) 鐵兒, 「余의 觀한 三事件」, 『독립신문』 1922년 9월 11일자, 4쪽.

56) Протокол No.8 Чрезвычайного Заседания КорСекции при Дальбюро Ц.К.Р.К.П. (러시아공산당 중앙위 극동국 한인부 비상회의 의사록 제8호), 1921. 1. 5.

다. 제2, 제3 이상의 사단은 사관양성의 인원수를 감안하여 차례로 편성한다고 했다.[57]

긴급한 현안문제인 한인 군대통일 문제에 대해 언급했다. 현재 극동공화국 영토 내에 소재하는 "한인 군대 및 한인으로 편성된 지방대"를 정리하여 그것을 통할하겠다고 밝혔다.

임시군사위원회의 조직구성안과 사업방침은 아무르주에 속속 집결하고 있던 각 한인 군대들에게 지지를 받은 것으로 보인다. 치타 한인부 위원 중 한 사람인 장도정은 이 상황을 이렇게 묘사했다. "그때 중국령에서 온 군대들도 공산당과 깊은 관계가 있었기 때문에 그 방침을 찬성하였을 뿐 아니라, 자기 단체를 유지하려는 각 의병단체는 자기 단체도 아니고 다른 단체도 아닌 공동 통일단체를 성립시켜야 하는 사정과 방침에는 더욱 찬성하게 되었다"[58]는 것이다.

전한임시군사위원회의 지도 아래 통합된 한인 연합부대는 '대한의용군' 또는 '사할린의용대(Сахалинский Партизанский Отряд)'로 불리었다. 앞의 것은 한인들 자신이 부르던 명칭이고, 뒤의 것은 러시아식 명칭으로 극동공화국과의 교섭 필요성 때문에 붙여진 것이었다. 한인 통합부대는 극동공화국 국방부 산하 '사할린 특립 의용연대'로 편제되었던 것이다.

통합부대 대한의용군을 조직한 직후 전한임시군사위원회 지도부는 교체되었다. 박창은이 사령관직을 사임하고, 그에 대신하여 러시아인 그리고리예프가 연대장, 박일리야가 군정위원장에 취임했다.[59] 박창은은 나이가 많지 않았기 때문에 일반 군인대중의 신뢰를 얻지 못했다. "구상유취(口尙乳臭)를 겨우 면한 일개 경박청년(輕薄靑年)"이라는 나쁜 평판을 얻었다고 한다.

새 군사위원회는 한인 부대들의 주둔지를 변경시켰다. 일본군의 첩보

---

57) 위와 같음.

58) 張道政, 앞의 글, 9쪽.

59) 「在魯高麗革命軍隊沿革」, 17쪽.

망이 퍼져있을 가능성이 있는 철도 연선지대를 벗어나 좀더 깊숙한 오지로 한인 군대를 배치할 필요가 있었던 것이다. 새로운 주둔지는 자유시 서북방 70베르스타(약 75km) 지점에 소재하는 마자노프(Мазанов) 마을이었다. 약 150~160호 규모의 러시아인 농민들이 거주하는 농촌지대였다. 그곳으로 한인부대들이 집결했다. 사할린대대와 다반 군대를 비롯하여 북간도에서 도착한 한국인 독립군부대들도 속속 그곳으로 이동했다.

대한국민의회의 저항

전한임시군사위원회의 사업이 순조롭게만 진행된 것은 아니었다. 그들은 저항에 부딪쳤다. 전한임시군사위원회가 주도하는 한인 무장부대의 통일운동에 대해 모든 한인 군대가 지지를 보낸 것은 아니었다. 대한국민의회는 치타 한인부 주도하에 한인 군대가 통일되는 것을 방관하지 않았다.

대한국민의회는 아무르주에 집결하고 있는 한인 군대들을 자신의 이니셔티브하에 통합하기 위해 백방으로 노력했다.[60] 그들은 특히 북간도에서 온 한국 독립군부대들에 주목했다. 그들의 지지를 얻는 것이 중요했다. 러시아 극동에서 모인 5개 부대 가운데 대한국민의회를 지지하는 것은 자유대대 하나뿐이었다. 북간도 군대의 지지를 얻어야만 치타 한인부에 대항하는 힘을 얻을 수 있었다.

북간도 독립군부대들 가운데 총군부 군대와 국민회 군대가 대한국민의회의 계획에 호응했다. 자유대대, 총군부, 국민회 군대는 군대통합에 관한 한 독자노선을 걸었다. 이들은 대표자 5명을 선발하여 외교에 임하게 했다. 선출된 대표자의 면면을 보자. 자유대대 대표 김하석, 최고려, 총군부 대표 김표도르(Федор Ким), 국민회 군대 대표자 김규찬, 김광이 그

---

60) 張道政, 앞의 글, 10쪽.

들이다.[61]

이들은 코민테른 극동비서부가 소재하는 이르쿠츠크로 출발했다. 극동국 한인부의 결정을 번복할 수 있는 힘은 이르쿠츠크에서 나올 수 있다고 판단했던 것이다.

외교교섭만이 아니었다. 대한국민의회를 지지하는 사람들은 실력행사에 나섰다. 마자노프로 이주하라는 전한임시군사위원회의 지시가 시금석이 되었다. 그 명령이 하달되었을 때 자유대대는 "장교 및 군인 일동이 항거"에 나섰다. 그들은 지휘관들이 출장중이므로 그들의 통보를 기다려야 한다고 주장했다.[62]

그러나 이 저항은 곧 분쇄되었다. 전한임시군사위원회는 군대를 동원했다. 자유대대 본부 사무소는 압수수색을 받았다. '기관포 2문, 마차 및 대대본부 서류'가 압수되었고, 항명을 주도한 자유대대 간부들은 체포되었다.[63] 대대장 서리의 직위에 있던 황하일은 외견상 타협적 태도를 보인 탓에 체포를 면했다고 한다. 가장 격렬하게 항명을 주도했던 자유대대 비서장 유선장(柳善長)은 총살될 위기에 처하기도 했다. 그는 이 사건으로 직위해제되었을 뿐 아니라 수감되었다.

결국 자유대대는 전한군사위원회의 지시에 순응해야만 했다. 자유대대는 자유시로부터 20베르스타(약 20km) 떨어진 크라스노야르라는 촌락에 주둔하게 되었다.[64]

---

61) Протокол заседания по Корейскому вопросу(한국문제에 관한 회의록), 1921.
    11. 12, 7쪽, РГАСПИ, ф.495 оп.135 д.28 л.11~24(이하 「한국문제회의록」으로 줄
    임).
62) 「在魯高麗革命軍隊沿革」, 17쪽.
63) 「在魯高麗革命軍隊沿革」, 18쪽.
64) 「在魯高麗革命軍隊沿革」, 17쪽.

전한의병대회

아무르주에 결집한 한인 군대를 '대한의용군'이라는 이름 아래 통합한 것은 커다란 성공이었다. 전한임시군사위원회는 그 성공을 반석 위에 올려놓아야 했다. 그를 위해서는 '임시'라는 글자를 떼내야 했다. 전한 의병대회를 소집하여 정식으로 최고군사기구를 조직해야 했다.

치타 극동국 한인부는 '전한공산당 창립대회'와 '전한의병대회'를 동시에 준비했다. 그러나 앞에서 보았듯이 블라고베센스크에서 소집된 '전한공산당 창립대회'는 무산되고 말았다. 하지만 전한의병대회는 그와 달랐다. "의병단체대표회는 원만하게 성립"할 수 있었다.[65] 전한의병대회 소집을 주도한 이는 극동국 한인부에 의해 군사대회 조직임무를 띠고 파견된 장도정과 임시군사위원회 간부인 이용, 박일리야 등이었다.

전한의병대회는 1921년 3월 중순 크라스노야로보(Краснояорово) 마을에서 개최되었다. 이 대회는 극동공화국 참모본부(командование ДВР)와 러시아공산당 극동국(Дальбюро ЦКРКП)의 승인하에 열렸다.[66] 애초 예정대로 2월 10일에 개최되지 못하고 3월 중순에야 소집된 것에 주목하자. 그것은 의병대회의 소집도 많은 굴곡을 거쳐서 어렵사리 개최되었음을 보여준다. 이르쿠츠크에 자리잡은 전로한인공산당 중앙총회와 아무르주에 자리잡은 대한국민의회가 손을 잡음으로써 극복하기 어려운 난관이 도처에 출몰했을 것이다.

전한의병대회에는 대한의용군에 망라된 각 한인 군대 대표자들이 참석했다. 대회는 3일간 계속되었다. 이 대회에서 정식으로 한인 통합군대의 최고지휘부가 선출되었다. 전한군사위원회와 대한의용군 총사령부가 조직된 것이다.[67]

---

65) 張道政, 앞의 글, 12쪽.
66) 「한국문제회의록」, 1쪽.

군사위원으로는 이용, 채영, 한운룡, 장기영, 박일리야 등 5명이 선임되었다. 대한의용군 사령부 간부로는 홍범도, 안무, 서일, 조욱(曹煜), 이청천, 이용, 채영, 최진동, 오하묵 등 15명이 선출되었다.[68] 군사위원에는 한인사회당계열의 군사간부들이 포진했고, 사령부 간부로는 각 단위부대 지휘관들이 배치되어있음을 알 수 있다. 사령부 간부에 자유대대 지휘관인 오하묵이 포함되어있는 것은 바로 그 때문일 것이다.

전한군사위원회는 자신의 위상을 각 의병부대 대의원들의 손으로 적법한 절차에 따라 조직된 최고군사기관이라고 자부했다.[69] 전한군사위원회는 이용을 대표로 선정하여 치타로 파견했다. 극동공화국과 러시아당 극동국에 전한군사위원회 결성사실을 알리고, 그들과 적절한 관계를 수립하는 임무가 부여되었다.[70]

전한군사위원회는 자신의 당면정책을 다음과 같이 표명했다. 먼저 "중국령, 노령 양령에 있는 각 의병 수만의 병대를 단합하여 일본제국주의 군대를 타격"할 것임을 확인했다. 이에 따르면, 전한군사위원회는 자신의 관할범위를 '중국령, 노령 양령에 있는 각 의병 수만의 병대'로 간주하고 있다. 이미 아무르주에 도착한 2,500명 군대에 대해서만 지휘권을 갖는 게 아니었다. 지금도 계속 집결중인 북간도 군대는 물론이고 남·북만주에 잔류한 한인 군사단체의 군적상에 올라있는 3만 명의 병력이 자신의 관할범위에 있다고 천명한 것이다.

전한군사위원회는 자신의 정치적 성격에 대해서도 천명했다. "베르사유회의를 탈퇴하고 제3국제공산당 적기 아래 함께 공산혁명을 표준할 일"이라고 했다. 붉은 깃발 아래 사회주의혁명을 목표로 하는 붉은 군대임을 명백히 했던 것이다.

---

67) 「在魯高麗革命軍隊沿革」, 23쪽.
68) 朝鮮總督府 警務局, 앞의 책, 55쪽.
69) 「在魯高麗革命軍隊沿革」, 24쪽.
70) 「한국문제회의록」, 1쪽.

한편 민족주의단체에 대한 태도도 언급했다. "민족기관으로서는 대한국민의회는 물론, 상해정부와도 관계하지 않고 원동공산당(극동국 한인부-인용자)과 일치 동작할"71) 것을 표명했다. 이것은 전한군사위원회가 치타 극동국 한인부의 정치적 지도를 받는 군대임을 천명한 것이다. 대한국민의회를 인정하지 않겠다는 말은 수긍하기 어렵지 않다. 그런데 상해임시정부와도 관계하지 않는다고 선언한 것은 의아스러운 일이다. 치타 한인부와 재상해 한인사회당은 1919년 10월 이래 줄곧 임시정부 지지를 표명해오지 않았던가?

그것은 상해 한인사회당이 임시정부로부터 이탈을 선언한 사실과 관련된다. 1921년 1월 한인사회당은 임시정부를 탈퇴하고 국민대표회 소집운동에 착수했다. 이동휘의 주장을 보면, 임시정부 내에서 한인사회당의 역할은 점증하는 친미 그룹들에 의해 점차 약화되어왔다고 한다. 친미 민족주의세력은 안창호와 이승만이 지도하는 두 개의 그룹으로 이루어져 있는데, 그 중에서도 미국에 위임통치를 청원한 이승만 세력의 득세로 인해 상해임시정부의 신뢰도는 땅에 떨어졌다는 것이다. 위임통치를 청원한 친미파 그룹에 맞서기 위해서는 임시정부 속에서가 아니라 바깥에서 싸우는 것이 훨씬 유용하게 되었다는 것이다.72)

대한의용군의 임시정부 봉대 취소는 이처럼 상해 한인공산당의 정책 변화와 맞물려있었다. 대한의용군이 치타 한인부, 상해 한인공산당과 얼마나 긴밀히 연관되어있었는지를 잘 보여준다.

---

71) 張道政, 앞의 글, 12쪽.

72) Ли Донхи · ПакДиншунь(이동휘 · 박진순), Отчет : Народному комиссару иностранных дел, Уважаемый товарищ Чичерин(외무인민위원부 앞 보고, 존경하는 치체린 동무), 1921. 10. 16, 1~2쪽, РГАСПИ ф.495 оп.135 д.49 л.9~16.

4. 고려혁명군

코민테른 극동비서부의 군사정책

이르쿠츠크에서 또 하나의 최고군사기관이 탄생했다. 마자노프에서 전한의병대회가 개최되고, '전한군사위원회'와 '대한의용군'이 정식으로 발족하던 바로 그 시기였다. 이르쿠츠크에서는 코민테른 극동비서부의 주도 아래 '고려혁명군정의회'라는 이름의 최고군사기관이 조직되고 있었다.

극동비서부와 '전로한인공산당 중앙총회'는 자신의 지도 아래 한인 무장단체들을 통일할 계획을 세웠다. 그러던 차에 아무르주로부터 전한군사위원회의 군대통일에 반대하는 한인 군대 대표자 5명이 도착했다. 적시에 적절한 방문자들이 찾아온 셈이다.

극동비서부는 한인 군대 대표자들에게 '고려혁명군정의회' 설립방안을 제기했다. 기존 한인 단체들의 내분으로 인해 군대통일이 어려운 현실정에서는 극동비서부가 직접 주도하여 군사최고기관을 조직해야 한다는 논리였다.

이 제안에 대해 일부 대표자는 반대했다. 아마 북간도 한인 군대의 대표자였을 것이다. 왜냐하면 자신들은 "고려의병대 일부의 대표인 고로 전 고려혁명군대 군정의회를 조직함에 대하여는 권리도 없고 또는 장래 책임문제가 될 것"[73]이었기 때문이다. 그러나 이 반대는 묵살되었다.

극동비서부는 최고기관 선임을 한인 군대의 자체 선출에 맡기고자 하지 않았다. 아래로부터 선출한다면 극동비서부가 바라지 않는 결과가 나올 위험이 있었기 때문이다. 극동비서부는 코민테른의 이름으로 직접

---

73) 「在魯高麗革命軍隊沿革」, 20쪽.

군사최고기관을 지명하기로 결심했다. 다만 전한공산당 창립대회가 소집중에 있음을 감안했다. 정식군정의회는 공산당 대회 後에 조직키로 하고, 임시고려혁명군정의회를 지명하기로 했던 것이다. 그 시기는 1921년 3월 중순경이었다.

극동비서부가 서둘러서 고려혁명군정의회를 설치하기로 결정한 데는 나름대로 이유가 있었다. 당시 조성된 동아시아의 국제정세를 고려한 때문이었다. 그즈음 일본군과 극동공화국 사이에 협상이 진행중이었다. 러시아 극동지역에 출병중인 일본군 철수문제를 다루는 대련(大連)회담이 계속되고 있었다. 따라서 극동공화국으로서는 일본군을 공공연하게 적대시하는 한인 무장부대를 자국 관내에 주둔하도록 허용하는 것이 불편하게 되었다.

극동공화국은 한때 자국 영토 내에 주둔중인 한인 무장부대의 해산을 고려했던 것 같다. 일본과의 외교문제를 회피할 목적으로 극동공화국 정부는 소비에트러시아 정부에 대해 한인 무장부대를 해산시켜버리자고 요청했다고 한다.

코민테른 극동비서부는 달리 생각했다. 신생 소비에트러시아의 혁명성과를 온전히 보전하기 위해서는 일본군 철수가 절대로 필요하지만, 그렇다고 해서 한국혁명의 약화를 초래해서는 안된다는 것이 극동비서부의 의중이었다. 극동비서부는 "현금 동양혁명에 대하여 능히 도화선이 될 만한 것은 고려혁명"이라고 보았다. 그처럼 동아시아 혁명에서 한국의 지위를 높이 평가했던 것이다.[74]

당시만 하더라도 제1차 세계대전 종결 이후 세계적 범위에서 고양된 혁명운동의 파고가 여전히 높았다. 러시아 사회주의혁명의 성과는 유럽의 프롤레타리아트혁명과 아시아의 민족해방혁명에 의해 공고화될 수 있다고 간주되었다. 극동비서부의 정세판단으로는 동아시아 혁명운동

---

74) 위와 같음.

은 일본제국주의를 타도하는 것이 그 관건이 된다. 한국혁명은 전 동양적 혁명운동의 폭발을 초래할 잠재력을 가졌다고 이해되었다. 즉 한국혁명은 동양혁명의 도화선이자 기폭제로 간주되었던 것이다.

극동비서부의 사업 가운데서 한국이 점하는 비중은 다른 나라들보다 결코 낮지 않았다. 극동비서부는 아무르주 한인 군대의 해산에 반대하고 오히려 한인들의 군사활동을 강화하려는 입장을 취했다. 극동비서부는 "군인 하나라도 해산되지 않게끔 결속"시킨다는 태도를 취하였다.

극동비서부와 극동공화국 사이에 빚어진 정책논쟁은 극동비서부의 승리로 끝났다. 다만 조건부 승리였다. 상충된 두 가지 요구를 다같이 충족할 수 있는 조건하에서 고려혁명군정의회를 조직하기로 했던 것이다. 일본군 철수를 촉진하고 한인 무장부대를 강화한다는 두 개의 목표를 달성하자면, 고려혁명군정의회를 조직함으로써 분산된 한인 무장부대를 신속히 결속하고 그 연합부대로 하여금 속히 극동공화국 관내에서 벗어나도록 하는 것이 필요했던 것이다.

고려혁명임시군정의회

코민테른 극동비서부는 임시군정의회 위원을 임명했다. 그 간부진을 보면, 총사령관에 러시아인 칼란다라쉬빌리(Каландарашвили), 위원에 김하석, 채성룡이었다. 부사령관에는 오하묵, 참모부장에는 유수연이 임명되었다.[75] 전로한인공산당 중앙총회와 대한국민의회 인사들로 채워져 있음을 확인할 수 있다. 특히 대한국민의회 군사지도자들인 김하석, 오하묵, 유수연 등이 포진하고 있음이 눈에 띈다.

러시아인 칼란다라쉬빌리를 총사령관으로 지명한 데는 극동비서부 나름의 이유가 있었다. 극동비서부가 보기에 한국혁명운동 내부의 갈등

---

75) 「在魯高麗革命軍隊沿革」, 21쪽.

은 대한국민의회와 상해임시정부의 대립에서 생겨난 것이었다. 따라서 최고군사기관을 구성함에는 이 대립에 휘말리지 말아야 한다. 달리 말하면 기존의 두 기관과 무관하게 외부에서 독립적으로 고려혁명군정의회를 조직해야 한다는 것이었다. 그루지아 출신 러시아인을 사령관에 임명한 것도 그러한 고려에서 나온 발상이었다.[76]

칼란다라쉬빌리는 빨치산 경험이 많은 노련한 군사지도자이며, 특히 일본군과 세묘노프군을 격퇴하는 과정에서 뛰어난 공로를 거두었다고 한다. 러시아 정부와 극동공화국 정부의 신임이 높으므로 군대보급 문제에 관한 원만한 교섭이 가능하다는 점도 높이 평가되었다. 그는 고려혁명군 총사령관에 취임함에 앞서 서약했다. 러시아혁명이 성공했으니 이제부터는 동양혁명에 피를 흘리겠노라고. 한국혁명은 동양혁명의 도화선이므로 "고려혁명에 헌신하여 고려의병대와 흥망을 같이"하겠노라고.[77]

하지만 임시군정의회의 지도부가 '중립적' 인사들로 구성된 것은 결코 아니었다. 코민테른 극동비서부 한국지부는 전로한인공산당 중앙총회와 사실상 동일체였다. 그들은 아무르주에서 이제 막 사회주의를 수용한다고 선언한 대한국민의회 지도자들과 제휴했다. 임시군정의회 간부진 가운데 칼란다라쉬빌리를 제외한 다른 성원은 대한국민의회 군사지도자(오하묵·김하석·유수연)이거나 전로한인공산당 중앙총회의 정치지도자(채성룡)였다. 총사령관을 선정하는 데 적용된 원칙은 임시군정의회 다른 간부들을 선정하는 데는 적용되지 않았다.

임시군정의회 간부진 인선은 아무르주 한인 사회주의자들과 군사지도자들에게 심한 반감을 샀다. 뿐만 아니라 코민테른 극동비서부가 현존하는 최고군사기관인 전한군사위원회를 묵살한 점도 그들을 더욱 불쾌하게 만들었다.

---

76) 「在魯高麗革命軍隊沿革」, 20쪽.
77) 「在魯高麗革命軍隊沿革」, 21쪽.

대한의용군측에서 보기에 슈마츠키는 이르쿠츠크 패거리와 대한국민의회 패거리의 후원자였다. "의병단체에는 한마디 말도 묻지 않고 임의로 고려군정의회를 조직"한 행위가 그것을 입증한다. 한국인 의병부대를 자기 세력하에 두려는 음모라고 볼 수밖에 없었다. 그들은 "전한(全韓)의 의병단체가 회의하여 조직한 전한군사위원회가 무시"당한 점에 특히 분개했다.78)

새로 태어난 임시군정의회는 활동계획을 수립했다. 당시는 일본군과 극동공화국 사이에 '평화협정'을 위한 회의가 열리고 있었다. 그들은 극동공화국 관내에 일본을 적대시하는 한인 군대가 주둔하는 것은 "원동정부에 대하여 외교상의 문제를 야기"79)하고 있음을 주목했다. 그래서 "3개월 이내에 고려의병대를 통일하여 원동정부 지대를 벗어나"기로 계획을 세웠다. 어디로 갈 것인가? 그들은 한국 국경지대를 목표로 삼았다고 한다. 두만강과 압록강 상류지방의 국경 너머 삼림지대를 염두에 두었다. "중국 길림성, 안도·무송 삼림간에 둔진(屯陳)하고 고려지대를 향하여 의병식으로 출몰하면서 전투를 시작할 계획"을 수립했다.

임시군정의회는 한인 군대를 통일하여 '고려혁명군'이라는 이름의 대부대를 편성하고자 했다. 그것을 위한 첫번째 조치로서 시베리아의 한인 무장부대를 휘하에 배치했다. 당시 이르쿠츠크에는 러시아 적군 제5군단 산하에 600명으로 구성된 한인 무장부대가 주둔중이었다. 이 군대는 바이칼호 부근의 한인 무장부대를 통합하여 설립한 것으로서 전로한인공산당 중앙총회의 정치적 지도를 받고 있었다.

임시군정의회는 한인 부대통합 현장인 아무르주로 출발했다. 600명의 이르쿠츠크 부대를 인솔한 채였다. 그 일행 중에는 군대 내에서 사회주의선전을 담당할 "이르쿠츠크 공산당 정치학교 제1회 졸업생 16명"도 포함되어있었다.80)

---

78) 張道政, 앞의 글, 14~15쪽.

79) 「在魯高麗革命軍隊沿革」, 21쪽.

두 개의 사령부

결국 1921년 3월 하순에 두 개의 군사기관이 출현했다. '전한군사위원회'와 '고려혁명군정의회'가 그것이다. 이 둘은 서로 자신이 유일한 최고군사기관이라고 주장했으며, 각기 휘하의 한인 군대를 '대한의용군' 혹은 '고려혁명군'으로 통일하려고 경쟁했다.

군사단체 내부의 대립은 사회주의운동과 한국 독립운동의 분열과 깊이 결합되어있었다. 이해를 돕기 위해 둘의 차이를 도표로 그려보면 다음과 같다.

〈표 5〉 대한의용군과 고려혁명군의 정치적 차이

	대한의용군	고려혁명군
관련 공산단체	아무르주 한인공산당, 러시아공산당 극동국 한인부, 재상해 한인사회당(상해파)	이르쿠츠크 전로한인공산당 중앙총회, 대한국민의회 내 공산야체이카(이르쿠츠크파)
후원 세력	러시아공산당 극동국	코민테른 극동비서부
민족운동 인식	상해임시정부 봉대 (1921년 3월까지)	대한국민의회 봉대
군사지도기관	전한군사위원회	고려혁명군정의회

1921년 4월 임시고려혁명군정의회 지도부는 상대방보다 훨씬 유리한 조건에서 활동하게 되었다. 그 이유는 다음 두 가지이다.

첫째, 재러시아 한인 군대의 관할권이 극동공화국으로부터 코민테른으로 이관되었기 때문이다. 전로한인공산당과 대한국민의회가 추진한 '고려혁명군정의회' 설립계획은 코민테른 극동비서부의 지원을 받았다. 그것은 코민테른 집행위원회의 승인도 얻었다. 따라서 고려혁명군정의회는 코민테른은 물론 러시아공산당, 소비에트러시아 정부, 극동공화국

---

80) 위와 같음.

정부로부터 한인 무장부대들의 유일한 대표기관으로 인정받을 수 있었다.

그즈음 재정지원을 요청하기 위해 찾아온 전한군사위원회 지도자들에게 극동공화국 당국이 "고려 군부를 처리할 권리가 없다"고 거절한 것은 바로 이 때문이었다.[81] 극동공화국 총사령관 에이헤(Эихе)는 한인 무장부대에 관한 사무가 코민테른 극동비서부에 인도되었다고 밝혔다. 그리하여 전한군사위원회와 대한의용군 사령부는 그 존재가 취소되고 말았다.

둘째, 치타 극동국 한인부가 무력화되었기 때문이다. 3월 중순에 이미 치타 극동국 한인부와 아무르주 한인공산당은 해산되었다. 3월 29일에는 치타 한인부 간부들이 전원 당에서 제명되었다. 그뿐인가? 급기야 4월 말에는 한인부 간부 박애, 계봉우, 장도정, 김진 등이 코민테른 극동비서부에 의해 명령불복종에 따른 '반혁명' 혐의로 체포되었다. 전한군사위원회 위원인 이용도 체포 대상자로 지목되어 수배당했다. 그는 검거의 손길을 피해 아무르주 한인 농촌마을에 숨어들어야 했다.

임시고려혁명군정의회 앞에는 아무런 장애도 남아있지 않은 듯싶었다. 그들이 극동공화국 수도 치타에 도착한 것은 1921년 4월 17일이었다. 일행은 군정의회 간부들과 이르쿠츠크 고려공산당 정치학교 졸업생 16명, 총군부·국민회 군대 대표로 선임되었던 김표도르, 김규찬, 강석진, 김광 등으로 구성되었다.[82]

임시고려혁명군정의회 위원들은 극동공화국 총사령관 에이헤와 회담했다. 그 결과 장래 방침에 관한 협의가 이루어졌다. 극동공화국 군무부에서 제2군단에 명령하여 제2군단 관할하에 있는 한인 군대를 임시고려군정의회에 인계하도록 조치한다는 방침이 합의되었다.[83]

---

81) 「在魯高麗革命軍隊沿革」, 24쪽.
82) 위와 같음.
83) 위와 같음.

임시고려혁명군정의회 지도부가 자유시에 도착한 것은 1921년 5월 2일이었다. 당시 각 한인 군대들은 대한의용군의 지휘 아래 마자노프에 주둔해있었다. 자유대대는 전한군사위원회에 의해 무장해제된 채로 러시아 적군 철도수비대에 인계된 상태였다.

임시군정의회는 자유대대를 재무장시켜 산하의 직속 무장대로 재편했다. 극동공화국 군무부로부터 한인 군대를 인계하라는 지시를 받은 제2군단 사령부는 즉각 실행에 옮겼다. 5월 9일자로 제2군단의 통지문이 대한의용군 앞으로 발급되었다.

대한의용군의 저항

이미 저울추는 기울었다. 그러나 대한의용군 사령부는 임시군정의회의 명령에 따르지 않기로 결정했다. 대한의용군의 입장을 설명하기 위해 이르쿠츠크의 코민테른 극동비서부에 파견되었던 장도정은 그 이유를 이렇게 설명했다.

> 슈마츠키의 군사정책이 잘못되었음을 충고하기 위해, 우선 의병단체의 사정을 설명함과 동시에 의병단체에게 묻지 않고 단독적으로 총괄기관을 조직하면 의병단체의 반감을 받기 쉽다는 것, 그리고 의병단체들이 적대시하는 대한국민의회의 패거리를 군사위원으로 삼아서는 더더욱 위험하다는 것을 보고했다.[84]

대한의용군 사령부가 명령불복종의 이유로 제기하는 문제는 두 가지였다. 하나는 코민테른 극동비서부가 한인 군대의 의사를 묻지 않고 독단적으로 최고군사기관을 조직했기 때문이다. 한인 부대의 자주성이 존중되지 못했다는 것이다. 다른 하나는 임시고려혁명군정의회 간부진이

---

84) 張道政, 앞의 글, 14~15쪽.

대한의용군측과 오랫동안 적대관계에 처해있던 대한국민의회측 인사들로 이루어졌기 때문이다. 그런 조건하에서는 한인 군대의 결속이 어렵다는 얘기였다.

그러나 장도정의 의견은 수용되지 않았다. 도리어 명령불복종에 따른 반혁명 혐의로 이르쿠츠크 현장에서 체포되었다.

대한의용군 잔류 간부들은 상황을 역전시키기 위해 고심했다. 상급기관의 결정인지라 복종하지 않을 수 없으나, 그것은 결코 바라지 않는 바였다. 결국 '묘책을 안출'했다. 아래로부터 고려군정의회에 대한 불복종 심리를 확산시키는 일이 필요했다. 대다수 병사대중들로 하여금 아래로부터 고려군정의회에 불복케 한다는 것이다. 그럴 경우 코민테른과 소비에트러시아 정부에 대한 외교교섭을 통해 정치적 역관계를 뒤집을 가능성이 생길 터였다.

체포령을 피해 수배중이던 전한군사위원 이용이 동료위원 한운룡과 채영에게 보내는 1921년 5월 4일자 편지에는 이러한 복안이 잘 나타나 있다. 이 비밀편지는 밀사가 체포되는 바람에 목적지에 도착하지 못하고 도리어 반대파의 수중에 떨어졌다.

> 아무쪼록 군대 내 일반군인으로 하여금 전부나 혹 2/3 이상을 고려군정의회에 불복시키시오. 그리하면 비서부와 고려군정의회를 박멸하겠소.[85]

이용의 의중에는 모스크바에 파견된 한인사회당 대표단이나 상해임시정부 전권위원이 고려되었을 것이다. 아니면 대한의용군 대표단을 파견하는 방법도 모색했을 것으로 보인다. 이 계획에는 러시아 한인 사회에서 당·군의 권력을 장악하는 메커니즘에 관한 통찰이 담겨있다. 되돌아보자. 블라고베셴스크 대한국민의회의 영향력을 뒤집은 것은 그보다 멀리 떨어진 치타의 한인부였다. 치타의 권력을 뒤집은 것은 더 멀리

---

85) 「在魯高麗革命軍隊沿革」, 27쪽.

346

떨어진 이르쿠츠크의 극동비서부였다. 이제 더 멀리 모스크바로 가서 코민테른집행위원회와 러시아정부를 설득하면 만사가 잘 풀린다. 모스크바에서 승리한다면, 상황을 최종적으로 역전시킬 수도 있었던 것이다.

이용의 신변은 더욱 위험하게 되었다. 현지 한인들 사이에는 그가 체포된다면 반혁명파로 몰려 사형에 처해질 가능성이 높다는 우려가 있었다. 그는 체포망을 피해 치타 시내에 숨어있었다고 한다.[86]

대한의용군 사령부의 저항에 부딪친 임시고려혁명군정의회는 대책을 세웠다. 그들이 맨 처음에 취한 방침은 유화정책이었다. 강경한 탄압에 나서지 않은 것은 북간도 한인 군대의 지도자 홍범도와 최진동이 그것을 요구했기 때문이다.

독립군 군대 지도자 홍범도와 총군부 군대지도자 최진동은 대한의용군과 고려혁명군 간의 무장충돌을 우려했다. 두 사람은 군정의회와 평화적인 통일책을 협의하기 위해 자유시로 찾아갔다. 1921년 5월 6일이었다. 양측은 고려군정의회의 조직 경위와 장래 방침을 군인대중에게 설명하는 것이 중요하다는 데 합의했다. 고려혁명군정의회는 설유위원 5명을 선정했다. 김광(金国), 이훈, 송세주(宋世柱), 최흔, 여인빈(呂仁彬)이다. 국민회 군대의 지휘관인 김광을 제외한 4명은 모두 이르쿠츠크 고려공산당학교 졸업생이었다.

대한의용군 사령부는 이 조치를 분열책으로 간주했다. 대한의용군 사령부는 파견된 5명의 설유위원을 가리켜 "너희 놈들은 이르쿠츠크파이니 우리 군대에 적대자"라고 규정하고, 즉각 체포해버렸다.[87] 또한 문제의 회유책에 대한 빌미를 주었던 홍범도와 최진동을 가택연금시켰다(5월 11일). 그러나 항일독립군 영웅으로 꼽히는 두 사람이었다. 두 지도자는 소속 부대원들의 항의로 곧 석방되었다.[88]

---

86) 崔生 海波, 「具北隱, 馬白東 두 분 선생님 前」, 1921. 7. 10, 1쪽, РЦХИДНИ, ф.495 оп.135 д.47 л.60~61об.

87) 「在魯高麗革命軍隊沿革」, 25쪽.

임시고려혁명군정의회는 유화책을 버리고 강경방침을 취하게 되었다. 그들은 5월 12일자로 대한의용군 연대장과 군정위원장에게 출두할 것을 명령했다. 5월 14일에는 대한의용군 인수를 위해 8명의 검사원을 선정, 파견했다. 검사원으로 선정된 이들은 김표도르, 최진동, 김혜선(金惠先), 임호, 극동공화국 제12여단 참모부장, 같은 부대 군정위원장, 철도수비대 장교 2명 등이었다. 그러나 대한의용군 사령부 간부들은 출두지시에 응하지 않았다. 검사원들도 아무런 성과 없이 5월 21일에 자유시로 되돌아가야 했다. 그들은 구금되었던 설유위원들을 석방시켜 함께 귀환하는 데 만족해야 했다.[89]

임시고려혁명군정의회 지도부는 더이상 아무런 실제적인 조치를 취할 수 없었다. 명령에 따르지 않는 대한의용군 지도부를 응징할 수단이 그들에게는 없었다. 자유시에 주둔중인 고려혁명군측 병력수는 600명의 자유대대 병력에 불과한 데 반해, 마자노프에 주둔중인 대한의용군측 병력수는 2,000명에 달했다. 그리하여 이때부터 일정기간 동안 양 진영 간에 대치국면이 조성되었다.

그러나 이 기간 동안 대한의용군측 입장은 점점 악화되었으며, 그에 반해 고려혁명군측 입장은 더욱 강화되어가고 있었다. 5월 13일, 21일, 28일 세 차례에 걸쳐 이르쿠츠크 합동 민족군대 병력 600명이 자유시에 도착하여 고려혁명군정의회 지휘 아래 편제를 완료했다.[90]

게다가 앞서 말한 이용의 편지를 소지한 밀사 동림(董林)이 5월 18일 군정의회측에 체포되었으며, 편지가 발각되었다. 임시고려혁명군정의회는 '특립부'를 설치하여 조사에 착수했다. 이 사건은 코민테른 극동비서부의 전복을 꾀한 엄중한 '반당, 반혁명' 사건으로 간주되었다. 특립부장 이훈과 간부 김표도르의 지휘 아래 반당사건 혐의자들이 속속 체포

---

88) 「在魯高麗革命軍隊沿革」, 26쪽.

89) 「在魯高麗革命軍隊沿革」, 27쪽.

90) 「在魯高麗革命軍隊沿革」, 26～27쪽.

되었다. 블라고베센스크에서 활동하던 사회주의자 8명이 이때 체포되었다. 한인사회당 군사부장 김규면을 비롯하여 전한군사위원회 위원 한운룡, 아무르주 한인공산당 간부 박원섭(朴元燮), 우시욱(禹時旭), 주영섭(朱英燮), 안태국(安泰國), 임상춘(林常春) 등이 그들이다. 상해 한인사회당의 파견원 이한영은 겨우 체포망을 벗어나 중국령으로 피신했다. 또한 체포자들에 대한 압수수색 결과 김규면의 소지품 속에서 거금이 발견되었다. 금·은을 합하여 3만여 원(元)에 달하는 큰돈이었다. 일찍이 박진순과 한형권이 러시아정부로부터 수령했던 혁명자금의 일부였다.

그러나 아무르주 한인공산당 간부들은 현지 당과 정권기관의 신뢰를 얻고 있었다. 체포된 사회주의자 8명은 러시아인 관리들의 도움으로 석방되었다. 임시고려혁명군정의회 특립부가 압수했던 3만여 원의 자금은 아무르주 경찰당국에 압류되었다. 러시아 지방경찰 당국은 항의차 방문한 고려혁명군정의회 지도부에 이렇게 해명했다. 체포된 8명은 당원이므로 지방공산당의 보증으로 석방했고, 3만여 원의 돈은 소비에트 정부나 러시아당 극동국에서 나온 것으로 보이므로 상급기관의 지휘방침에 따라 처리하겠노라고.

제9장 두 개의 창당대회

1. 이르쿠츠크파 고려공산당 창립대회

개막

'전한공산당' 창립대회가 이르쿠츠크에서 열렸다. '전로한인공산당 중앙총회'의 단독 주도로 준비된 이 대회는 1921년 5월 4~15일, 12일 동안 개최되었다. 대회 첫날인 5월 4일 저녁 8시, 회의장으로 사용된 이르쿠츠크 인민회관 대강당에는 대회조직국 전 성원, 국내외 각지 한국인 공산단체들 대표자 85명 그리고 많은 내빈과 방청인들이 참석했다.[1]

의장은 이성(李成)이었다. 그는 대회조직국 의장 자격으로 개회를 선언했다. 개회선언과 함께 오케스트라의 인터내셔널 노래가 연주되었다. 의장은 세계 프롤레타리아트운동을 위해 희생된 투사들을 기념하고자 기립할 것을 제안했다. 모두 기립했고, 오케스트라는 행진곡을 연주했다.[2]

의장 이성의 제안에 따라 레닌, 트로츠키, 지노비예프, 클라라 체트킨, 스미르노프, 슈마츠키 6명이 대회 명예의장으로 선출되었다. 만장일치였다. 넓은 대회장에 환호에 찬 박수소리가 울려퍼졌다.[3]

---

1) Учредительный Съезд Корейской Коммунистической партии(고려공산당 창립대회), Народы Дальнего Востока 2 ,Иркутск, 1921, c.187(이하 「고려공산당 창립대회」로 줄임).

2) Торжественное открытие всекорейского учредительного съезда коммунистической партии(전한공산당 창립대회의 장엄한 개막), РГАСПИ ф.495 оп.135 д.38 л.71(이하 「장엄한 개막」으로 줄임).

3) 위와 같음.

소비에트러시아의 정부와 당기관들을 대표한 내빈들 축사와 그에 대한 답사가 끝난 후 대회 참석자들은 대회 기간 동안 의사를 이끌어갈 5명의 의장단과 4명의 서기를 선출했다. 의장에 선임된 사람은 안병찬(安秉瓚), 김철훈, 최고려, 이성, 김동한(金東漢)이었다.[4] 서기로 선임된 이는 한명세, 김아파나시, 최태열(崔泰烈) 외 1명이었다.[5]

대회 첫날 소비에트러시아의 각 기관과 각 나라 공산당을 대표하여 축하연설을 한 사람들을 살펴보면, 당시 전로한인공산당이 관계를 맺고 있던 외국 혁명단체들의 윤곽을 알 수 있다. 축사를 낭독한 기관은 세 부류였다.

첫째, 코민테른과 국제공청 같은 국제혁명기관이었다. 둘째, 다른 나라 당이었다. 러시아공산당, 중국공산당, 몽골인민혁명당, 러시아공산당 내 독일 및 마자르부, 러시아공산당 내 폴란드부, 러시아공산당 내 부랴트부 대표가 각각 축사를 했다. 셋째, 대회 개최지인 이르쿠츠크 행정당국과 사회단체였다. 이르쿠츠크현 공산당, 소비에트 집행위원회, 노동조합, 국제 빨치산부대 대표들이 축사를 읽었다.[6]

이어 12개조의 의사규정이 채택되었고, 대회의안이 확정되었다. 수정 없이 만장일치로 채택된 대회의안은 16개 항목으로 이루어져 있었다.

1) 한국의 국제정세와 우리의 당면과제(슈마츠키 보고)
2) 한국에서 일본의 민족·식민지 정책
3) 코민테른과 고려공산당의 과제
4) 각 지방보고
5) 전로한인공산당 중앙총회와 코민테른 극동비서부 한국지부의 보고
   (이성 보고)
6) 일본 프롤레타리아트와 한국빈민

---

4) 위의 글, 73쪽.

5) 「장엄한 개막」, 1921. 5. 4, РГАСПИ ф.495 оп.135 д.38 л.2.

6) Протокол заседания 5 мая(5월 5일 회의록), РГАСПИ ф.495 оп.135 д.38 л.2~13.

7) 농업문제

8) 폭동

9) 민족 및 부르주아 단체에 대한 태도

10) 한국에서 소비에트의 건설

11) 노동문제와 산업문제

12) 고려공산당 강령 총론

13) 강령

14) 조직문제와 고려공산당 규약

15) 독자적인 소비에트 건설을 선전·선동할 것인지 혹은 동아시아 여러 민족의 단일한 소비에트의 건설을 선전·선동할 것인지 여부

16) 간부선출[7]

이 의안은 코민테른의 지부이자 한국혁명에 대한 지도를 자임하는 전 한국 공산단체들의 대표자대회라는 위상에 걸맞는 것이었다. 강령과 전술, 조직에 관한 거의 모든 문제가 토론대상이 되었음을 확인할 수 있다. 각 의안은 모두 '초안 작성자의 보고, 보고초안에 대한 참석자들의 토론, 결정서 채택'의 순서를 밟아 심의되었다.

참가자들

이 대회에 출석한 대표자들의 지역별 분포와 그 소속 단체를 일람해 보면 <표 6>과 같다.

대의원 자격을 심사한 위임장 검사위원회의 보고를 보면, "대회에는 26개 단체의 대표자 85명이 도착했다"고 한다. 그 가운데 65명이 의결권을, 18명이 발언권을 인정받았다. 공산단체가 아니라 노동자단체의 대표로 밝혀진 2명은 방청 자격만 인정받았다.[8]

참가단체 수가 달리 집계된 기록도 있다. 이 대회에서 선출된 고려공

---

7) 「고려공산당 창립대회」, 192쪽.

<표 6> 이르쿠츠크 고려공산당 창립대회 참가자들과 그 소속 단체

지역		단체	대표자 수	
한국 국내		서울 공산단체	2명	2명(2%)
중국	관내	북경 공산단체	1명	6명(7%)
		상해 한국공산당	2명	
	만주	하얼빈 공산단체	2명	
		'예환' 공산단체	1명	
극동공화국		프리아무르 제이스키 공산단체	1명	16명(19%)
		하바로프스크 공산단체	3명	
		자바이칼주 치타 공산단체	3명	
		연해주 수찬 공산단체	1명	
		아무르 공산단체	5명	
		고려공산청년회	3명	
소비에트 러시아		러시아공산당 지방당 한인부 (이르쿠츠크, 세미팔라친스크, 옴스크, 튜멘, 노보니콜라예프스크, 모스크바 등)	19명	19명(23%)
군대		고려혁명군	28명	40명(48%)
		러시아 적군 내 공산주의 세포	12명	
합계			83명	83명(100%)

산당 대표 자격으로 코민테른 제3차대회에 출석한 남만춘은 말하기를, 대의원들은 "32개의 한인 공산단체, 8,730명의 공산주의자(그 중 1,880명은 정당원이고 나머지는 후보)"[9]를 대표하는 사람들이었다. 이르쿠츠크 당대회에 참여한 공산단체는 1단체당 정당원 수가 평균 59명이었다. 후보당원을 포함하면 1단체당 구성원은 272명인 셈이다.

대표자를 파견한 공산단체의 소재지가 광범한 점이 눈에 띈다. 극동공화국과 소비에트러시아는 물론이고, 중국 관내와 만주, 한국 국내의

---

8) Второе утреннее заседание(제2회의), РГАСПИ ф.495 оп.135 д.38 л.84.

9) Доклад Корейской Коммунистической партии 3 Конгрессу Коминтерна, Народы Дальнего Востока, Иркутск, 1921, No.2 ; 고려공산당, 「코민테른 제3차 총회에 대한 보고」, 『역사비평』 1989년 가을, 364쪽(이하 「고려공산당 보고」로 줄임).

비밀 공산단체도 이 대회에 참여했다. 그러나 참가자들 대다수는 러시아에 소재하는 공산단체 대표자들이었다. 그 수는 75명으로 전체의 90%를 점한다.

러시아를 제외한 지역의 대표자 수는 8명에 불과하여 전체 구성원의 10%에 지나지 않는다. 이것은 초창기 한국 사회주의운동이 해외에서, 특히 러시아에서 발달한 사정을 반영한다. 그뿐만이 아니다. 이것은 이르쿠츠크파 공산당의 조직기반이 협소했음을 말해주는 증거이기도 하다. 창립 당시 그 조직기반은 압도적으로 재러시아 한인 공산단체들에 기초해있었던 것이다.

한국 국내와 중국에 소재하는 공산단체 대표자들은 이르쿠츠크당의 기반이 협소하지 않다고 주장할 수 있는 살아있는 증거였다. 그들은 극진한 우대를 받았다.

서울공산단체 대표자 두 명 가운데 한 사람의 이름을 확인할 수 있다. 바로 서초(徐超)이다. 서천민(徐天民)이라는 이름으로 더 잘 알려져 있는 그는 1910년 러시아로 망명한 후 10여 년간 금광노동자, 담배공장노동자 등으로 일한 경력이 있다. 그가 사회주의운동에 가담한 것은 35세 되던 1919년이다. 그해 9월 하얼빈에서 사회주의운동에 첫발을 내디딘 그는 비밀 당조직을 창설하는 임무를 띠고서 한국 국내로 두세 차례 파견된 바 있었다. 이르쿠츠크 당대회에는 국내 대표 자격으로 참석했다.[10]

서초는 이르쿠츠크 당대회에서 귀빈 대접을 받았다. 대회 첫날 내빈들 축사에 응하여 답사를 낭독한 이는 서초였다. 그는 대회가 끝난 뒤 중앙위원으로 선임되었다. 또한 코민테른 제3차 대회 파견대표단의 일원으로 선출되어 모스크바로 향했다.

그러나 이르쿠츠크 당대회에 적대적인 입장을 가졌던 사람들은 서초를 국내 비밀 공산단체를 대표할 수 있는 사람으로 보지 않았다. 서초는

---

10) 강만길·성대경 편, 『한국 사회주의운동 인명사전』, 창작과비평사, 1996, 237~238쪽.

354

"하얼빈, 상해 등지로 다년간 약담배(아편) 장사하던" 상인일 뿐 혁명가가 아니라는 것이었다.[11] 반대파들은 서초가 국내 비밀 공산단체를 대표했다는 주장이 거짓이라고 보았다. 이르쿠츠크 당대회에는 국내운동을 대표할 수 있는 사람은 아무도 참석하지 않았다는 것이 반대파의 생각이었다.

상해 한국공산당에서 온 대표자 2명은 안병찬과 김만겸이었다. 두 사람은 1920년 5월 상해에서 조직된 한국공산당 중앙위원들이었다. 상해지역 사회주의운동을 대표할 만한 지위와 영향력을 가진 사람들임에 틀림없었다. 상해 한국공산당이 분열하던 그해 연말에 두 사람은 한인사회당 인사들과 결별하고 잔류파에 속했다. 잔류파 간부들은 이르쿠츠크 전로한인공산당과의 협력 노선으로 전환했다. 두 사람은 바로 그 잔류파의 대표자 역할을 수행했다.

북경 공산단체의 대표자는 장건상이었다. 일본과 미국 두 곳에서 유학하여 대학교육을 이수한, 당시로서는 보기 드문 학력을 가진 39세의 장년이었다. 그는 1920년 가을부터 북경에서 한국인 사회주의단체를 설립하고 그 지도적 지위에 올랐던 인사이다.

하얼빈 공산단체 대표 두 명 가운데 한 사람의 이름을 확인할 수 있다. 바로 유동열이다. 대한제국 고급장교 출신인 그는 일찍이 신민회, 한인사회당 등에 참여한 저명한 혁명가였다. 그의 참여는 이르쿠츠크 당의 권위와 영향력을 높여주었다.

그러나 대회에 출석한 대표자들이 모두 전로한인공산당을 지지한 것은 아니었다. 극동국 한인부와 상해 한인사회당을 지지하는 대의원들도 적지않게 포함되어있었다. 어떤 연유로 반대파들이 이르쿠츠크 당대회에 참석할 수 있었을까? 그것은 1921년 3월 치타 한인부가 소집한 당대회에 참석하려고 블라고베센스크에 집결했던 대표자들과 관련되어있다.

---

11) 崔生 海波, 「具北隱, 馬白東 두 분 선생님 前」 1921. 7. 10, 1쪽, РГАСПИ ф.495 оп.135 д.47 л.60~61об.

그때 40여 명의 지방당 대표자들이 모였다. 이들은 블라고베셴스크 당대회가 무산된 후 코민테른 극동비서부 지시로 이르쿠츠크 당대회에 참석하도록 강제되었다. "그때 아무르에 집결한 대표자들은 러시아의 영내에서 어쩔 수 없이 이르쿠츠크로 이전하게 되었다"고 한다.[12]

이르쿠츠크파의 입장을 전하는 한 문서는 이렇게 표현하고 있다.

창당대회에는 아직 어느 정도 일정한 조직적 형식으로 결속되지 못하고, 나쁜 의미에서 빨치산식으로 양육된 극히 다양한 부류의 공산단체 성원들이 참석했다. 이전에 트랴피친 부대의 빨치산이었던 사람들과 이런저런 아나키스트, 모험주의 그룹과 관련된 사람들이 특히 두드러졌다. 그전의 협의모임에서조차 사업에 혼란을 일으켜서 자신들의 비공산주의적 성격을 모두 드러냈다. 당대회에서도 동일한 사태가 되풀이되었다.[13]

"빨치산식으로 양육된 극히 다양한 부류의 공산단체"라는 말에 주목하자. 이것은 치타 극동국 한인부의 지도하에 통합되었던 극동공화국 내 한인 공산단체를 가리키는 것으로 보인다. 또한 "이전에 트랴피친부대의 빨치산이었던 사람들"이란 표현도 있다. 이는 사할린대대를 지칭하는 것으로서 고려혁명군정의회에 저항하던 대한의용군 소속 대표자들을 의미한다. 이런 사람들이 당대회에 참석해서 혼란을 일으켰다는 것이다.

대의원 83명의 소속 단체 가운데 가장 큰 비중을 점한 것은 한인 무장부대였다. 당시 러시아 극동 아무르주에 집결해있던 한인 각 무장부대 내 공산주의 야체이카를 대표하여 참가한 이들은 모두 40명으로 전체의 48%를 점하였다.

이들의 정치적 구성도 둘로 나뉘어있었다. 이 가운데 15명은 대한국민의회가 지도하던 자유대대에서 선출되었다. '원동군대 내 공산당대표'

---

12) 張道政, 「高麗共産黨の沿革」, 13~14쪽, РГАСПИ ф.495 оп.154 д.248.
13) 「고려공산당 보고」, 364~365쪽.

도 15명이었다. 여기서 말하는 원동군대란 '전한군사위원회'에 의해 지도되는 대한의용군을 지칭한다. 한편 '러시아 적군 내 공산주의세포'란 시베리아 한인 빨치산들을 통합하여 결성한 적군 제5군단 산하 이르쿠츠크 '합동민족군대'를 지칭하는 것으로 추정되는데, 이 단체는 12명의 대표자를 파견했다. 결국 군인대표 40명 가운데 약 1/3은 치타 한인부를 지지하는 이들이고, 2/3는 전로한인공산당을 지지하는 이들이었다. 2명의 오차가 있는 이유는 알 수 없다. 아마 회의 도중에 퇴장을 명령받은 2명이 대한의용군 소속이었던 것으로 추정된다.

충돌

참가자들은 이처럼 두 그룹으로 나뉘어있었기 때문에 이르쿠츠크 당대회는 개회 벽두부터 주도권을 사이에 두고 파란을 겪었다. 문제의 발단은 대의원 자격문제를 둘러싼 논란이었다. 자격심사 과정에서 논란된 문제는 두 가지였다.

첫째, 대한국민의회 내 공산주의 야체이카 대표자의 자격문제가 시비 대상이 되었다. 문제의 대표자는 최고려였다.

둘째, '이중 위임장'을 지니고 참석한 대의원들의 권한문제였다. 장도정이 쓴 글을 보면, "원동군대 내 공산당대표 15명이 두 종의 대표증서를 가져왔는바, 하나는 한글이고 다른 하나는 러시아어"[14]였다고 한다. 문제의 대의원들은 위임장 두 종류를 지니고 참석한 대한의용군 내 공산주의세포의 대표자들이었다.

최고려의 자격문제는 상해 한인사회당 지지자들에 의해 제기되었다. 대회 서기로 선임된 김아파나시가 공격의 선두에 섰다. 김아파나시는 그를 격렬히 비난했다. 대한국민의회 간부인 최고려는 자유대대의 군사

---

14) 張道政, 앞의 글, 13~14쪽.

지도자로서 아무르주 한인공산당과 오랫동안 대립해온 경력이 있었기 때문에 아무르주 한인 사회주의자들에게 사회주의운동에 대한 충성심을 의심받고 있다는 것이다. 군정의회 위원으로 재임중일 때는 현지 공산청년회에 압박을 가한 일도 있다. 그때 부상당한 군인들은 여전히 병원에 입원중이라고 말했다. 김아파나시는 최고려를 대회 대의원으로 인정해서는 안된다고 역설했다.

이에 대해 최고려는 다음과 같이 진술했다.

> 나는 마치 공산청년회 사업을 방해한 것처럼 비난받고 있다. (중략) 지난 10년 동안 나는 민족주의자 대열에 서있었다. 그러나 나는 바로 작년 (1920)에 민족의 해방은 세계 프롤레타리아트혁명 과정에서만 얻을 수 있다는 것을 깨달았다. 설혹 여러분이 나를 대회 성원으로부터 제외시킨다 하더라도, 그럼에도 불구하고 나는 공산주의 신념을 견지하면서 공산주의에 복무할 것이고, 당 최고기관의 모든 결의를 전적으로 지지하고 무조건 복종할 것이다.[15]

최고려의 발언은 전로한인공산당과 대한국민의회 인사들을 흡족하게 했다. 위임장 검사위원장 김철훈과 대회 의장 이성은 최고려의 대의원 자격을 인정해야 한다고 주장했다. 다수파의 뜻대로 결론이 났다. 이르쿠츠크파 인사들이 다수를 점하고 있던 위임장 검사위원회는 최고려의 위임장을 승인했다. 그 결정은 대회석상에서도 추인되었다.[16]

이중 위임장을 소지한 대한의용군 내 공산주의세포 대표자 12명에 관한 자격문제가 심의되었다. 이때부터 대립은 예각화되었다. 참가자들의 발언은 "첨예하고 혼돈된 성격"을 띠게 되었다.[17]

위임장 검사위원회는 문제의 대의원들이 공산단체가 아닌 일반 무장

---

15) 「고려공산당 창립대회」, 197쪽.

16) Протокол заседания 5 мая : 2-ое заседание(5월 5일자 제2회의록), РГАСПИ ф.495 оп.135 д.38 л.6~7.

17) 「고려공산당 창립대회」, 197쪽.

부대의 위임장을 휴대했다고 주장했다. 따라서 공산당대회 대의원으로
는 부적당하다고 했다. 또 위임장을 두 종류나 휴대한 사실은 의혹을 불
러일으켰으므로 관계기관에 전보로 질의하되, 답신이 올 때까지 대표권
을 주지 말자고 제안했다.[18]

이 문제는 대회 총회의 심의로 넘어갔다. 그러나 대회 총회는 검사위
원회의 결정을 뒤집었다. 다시 말해 "그 검사회의 결정을 부인할 것을
가결"했으며, 12명의 대표 자격이 유효하다고 인정했다.[19]

바로 이때 '명예의장 겸 코민테른 전권위원'인 슈마츠키가 개입했다.
그는 귀중한 시간을 사소한 문제로 낭비해서는 안된다고 역설하며, 문
제의 위임장에 대해서는 검사위원회의 결정대로 시행하라고 명령했다.
그뿐만이 아니다. 슈마츠키는 엄중히 경고했다. "대회를 망치려는 의도
를 명백히 드러낸 각 대표자들의 발언을 당창립대회에서는 허용할 수
없다"고.[20] 대회 소수파들의 발언을 봉쇄하려는 의지가 역력했다.

소수파 대의원들은 격분했다. 김아파나시는 맹렬히 항의했다. 공포분
위기 속에서 대회가 진행되어서는 안된다고 역설했다. 슈마츠키는 참을
수가 없었다. 그는 자리를 박차고 일어나 퇴장해버렸다. 대회 분위기는
냉랭하게 얼어붙었다.[21]

다수파는 칼을 빼들었다. 대회진행을 방해하는 소수파를 축출하기로
결심했다. 그들은 코민테른의 지도적 역할을 승인하며 통일된 당 창설
을 바라는 대의원들의 연명부를 작성하자고 제안했다. 연명부에 서명하
는 행위는 코민테른 전권위원 슈마츠키의 지시에 복종한다는 의사를 표
시하는 것으로 간주되었다. 이 명부에는 63명의 대의원들이 서명했다.

---

18) Протокол заседания 5 мая : 1 - ое заседание(5월 5일자 제1회의록), РГАСПИ
ф.495 оп.135 д.38 л.5.

19) 張道政, 앞의 글, 13~14쪽.

20) 「고려공산당 창립대회」, 197~198쪽.

21) Протокол заседания 6 мая : 4 - ое заседание(5월 6일자 제4회의록), РГАСПИ
ф.495 оп.135 д.38 л.8.

서명을 거부한 대의원은 15명이었다.[22]

이 숫자는 당대회에 참석한 두 진영의 비중을 보여준다. 백분율로 환산하면 대략 20% 대 80%에 해당한다. 당대회 참석자 가운데 80%에 해당하는 사람들은 이르쿠츠크 전로한인공산당을 지지했고, 나머지 20%에 해당하는 대의원들은 상해 한인사회당을 지지했던 것이다.

대회 다수파는 규율에 복종하지 않은 15명의 처리문제를 논의했다. 추방 여부를 둘러싼 투표가 실시되었다. 각 개인별 찬반투표의 결과 과반수의 배척을 받은 사람은 5명으로 드러났다. 그 중 한글 이름을 확인할 수 있는 사람은 김아파나시, 박군팔(朴君八), 이재형 등이다. 5명은 대회에서 추방되었다. 특히 김아파나시에게는 당에서 제명한다는 결정까지 부가되었다. 나머지 10명은 대회장에 잔류하도록 허용되었다. 5월 6일, 대회가 열린 지 제3일째 되던 날의 일이었다.

그날 이후로 최초의 참석자 가운데 대회석상에서 추방된 5명과 '이중위임장'을 지닌 10여 명을 제외한 64명의 인원만이 표결권을 가진 정식 대표자로 인정받았다.

계속되는 회의

그날 이후 대회는 순조롭게 진행되었다. 잔류한 60여 명의 대의원들은 대회 의안에 따른 심의를 계속했다. 24개 공산단체의 활동보고를 청취했으며, 전한공산당 창립에 따른 강령, 전술, 조직문제에 관한 심의가 계속되었다.

구체적인 문제들을 심의하기에 앞서 모든 결정은 코민테른이 제기한 원칙에 의거하여 행한다는 결정이 이루어졌다. 이 문제를 제안한 사람은 일찍이 러시아공산당 시베리아국 동양국 부국장을 지냈고, 코민테른

---

22) 위와 같음.

360

극동비서부 간부에 재임중이던 가폰(Филипп Иванович Гапон)이었다. 그는
「코민테른과 고려공산당의 과제」라는 제목의 보고를 통해 이 문제를 제
기했다.23)

가폰은 인터내셔널의 역사에 대해 간략히 언급했다. 1848년 카를 맑스
에 의해 「공산당선언」이 집필된 시기부터 시작해서 제3인터내셔널이 창
립되는 시기까지 국제 사회주의운동의 역사를 개관했다. 그는 특히 제2
인터내셔널 지도자들이 수정주의로 경도되었음을 힘주어 비판했다. 그
는 새로운 인터내셔널 건설문제가 1915년 침머발트협의회에서 제기되
었다고 회고했다. 이 흐름은 제3인터내셔널의 창립으로 이어졌다. 볼셰
비키가 집권한 이후 그 사업은 더욱 고도로 발전하고 있다고 설명했다.

가폰은 코민테른의 사업원칙을 한국에 구체적으로 적용하는 데 고려
공산당의 사명이 있다고 말했다. 진정한 혁명사업이란 제3인터내셔널의
모든 지령을 완수하기 위한 사업이며, 바로 그것이 코민테른의 다른 모
든 지부들이 그러한 것과 마찬가지로 고려공산당의 과제가 된다는 것이
다. 고려공산당의 대열은 언제나 노동계급으로 충당되어야 하며, 프롤레
타리아트화하고 있는 농민에게 주의를 집중할 것을 주장했다. 이어서
고려공산당은 필요한 시기에 적극적으로 행동하기 위해 모든 사건들에
대해 마땅히 준비되어있어야 하며, "이를 위해 상층부부터 하층까지 조
직사업을 견고하게 설정해야 할 필요가 있다"24)고 결론내렸다.

고려공산당의 강령과 전술, 규약에 관한 각종 결의가 뒤이었다. 그 중
에서 안건 제안자를 확인할 수 있는 의안들이 있다. 「일본 프롤레타리
아트와 한국빈민」(보고자 서초), 「민족단체와 부르주아단체에 대한 태도」
(보고자 남만춘), 「한국의 소비에트 건설」(보고자 최고려), 「코민테른 가입
결의」(보고자 김철훈), 「고려공산당 규약」(보고자 안병찬), 「독자적인 소비

---

23) Протокол заседания 8 мая : 5 - ое заседание(5월 8일자 제5회의록) , РГАСПИ
ф.495 оп.135 д.38 л.16.
24) 「고려공산당 창립대회」, 211~212쪽.

에트의 건설을 선전·선동할 것인지, 혹은 동아시아 여러 민족의 단일한 소비에트의 건설을 선전·선동할 것인지 여부」(보고자 한명세) 등이 그것이다. 어떤 사람들이 이르쿠츠크 당대회에서 주도적으로 활동했는지를 엿볼 수 있다.

대회 초기에 벌어진 일대 지진에 뒤이어 몇 차례 여진이 따랐다. 대회 10일째인 5월 13일 회의에서 채동순이 조직부 보고를 행할 즈음에 대회장에 남아있던 한인사회당 지지자가 또 한번 축출당했다. 이번에는 장기영(張基永)이었다. 잔존 대의원들 가운데 일부는 여전히 한인사회당을 옹호한 것으로 보인다. 장기영이 대회참석 자격을 박탈당한 직접 계기는 무엇이었을까? 의사 규정 제10항에 따르면 각 의안에 대한 찬반 발언은 1인당 3분씩밖에 허용되지 않았다. 장기영은 규칙위반 혐의로 처벌되었다. 아마도 그는 조직부 보고에 대한 토론 당시 대회 주도그룹의 의사에 반하여 장시간에 걸쳐 격렬하게 상해파를 지지하는 발언을 한 뒤 대회석상에서 퇴장한 것으로 보인다.[25]

한인사회당에 대한 결정

대회 의안 가운데 하나는 반대파에 대한 태도를 확정하는 것이었다. 반대파란 한인사회당을 지칭한다. 이 안건을 제기한 사람은 북경 공산단체의 대표자 장건상이었다. 그는 맹공을 퍼부었다. 그는 한인사회당을 가리켜 "공산주의와 아무런 공통점도 갖지 않는 협잡배"[26]라고 규정했다.

많은 사람들이 한인사회당을 비난하는 발언에 나섰다. 그들의 발언을 보면, 한인사회당은 종교단체의 성원이나 민족주의자들을 아무런 검열

---

25) Протокол заседания 13 мая : 12-ое заседание(5월 13일자 제12회의록), РГА СПИ ф.495 оп.135 д.38 л.24.

26) 「고려공산당 창립대회」, 228쪽.

없이 공산주의 대열 내에 마구 끌어들이는 사이비 공산주의자이다. 또 다른 발언자는 한인사회당이 언론·출판의 자유 같은 부르주아 민주주의적 권리를 옹호함으로써 공산주의이념과 거리가 멀다는 것을 드러냈다고 말했다.[27]

결국 결의문이 채택되었다. 한인사회당을 이끄는 지도자로서 특별히 5명의 이름이 거론되었다. 박진순, 김립, 이한영, 김하구, 김규면이 그들이다. 이들은 유행을 좇아 사회주의운동에 가담한 '투기적인 비혁명분자'들이다. 그들은 오직 금전을 얻을 목적으로 코민테른에 가입하려고 노력한다. 코민테른은 한인사회당에게 그 어떤 과업도 부여한 바 없다. 한인사회당 지도자들은 이념상으로나 사회적 지위상으로 이미 부르주아지 진영에 가담한 것이나 다름없다고 했다. 결국 결의문은 한인사회당에 단호히 맞서 투쟁해야 한다고 명시했다. 이 결의안은 찬성 44표, 기권 9표로 채택되었다.

서울공산단체 대표 서초는 다시 두 가지 제안을 덧붙였다. 하나는 한인사회당에 가담한 자들의 행적을 심의하여 그들을 공산당에서 출당시키자는 것이었다. 다른 하나는 자금에 관한 것이었다. 한인사회당이 보유하고 있는 모든 자금을 몰수해야 한다는 것이다. 대회 참석자들은 서초의 제안을 받아들였다. 이 대회에서 선출하게 될 새로운 중앙위원회에 그 실행을 위임하기로 결정했다.[28]

대회석상에서는 이동휘를 제명자 명단에 포함시킬 것인지 여부를 둘러싸고 약간 논란이 있었다. 장건상은 매파였다. 그는 이동휘도 그 추종자들과 마찬가지로 협잡배이므로 제명시켜야 한다고 주장했다.

안병찬은 좀더 유연했다. 그는 이동휘와 김립을 구별했다. "김립은 우리 모든 분쟁의 중심적인 범죄자며 그는 오직 자신의 사적인 목적만을

---

27) 「고려공산당 창립대회」, 228~229쪽.

28) Протокол заседания 11 мая : 9 - ое заседание(5월 11일자 제9회의록), РГАСПИ ф.495 оп.135 д.38 л.21.

추구"하는 악한이다. 그에 반해 이동휘는 착각 속에 빠진 탓에 이에 가담했을 뿐이므로 책벌해서는 안된다는 것이다. 안병찬은 제명자 명단에 이동휘를 포함시킬 필요가 전혀 없다고 주장했다.[29]

결국 표의 대다수가 안병찬의 제안 쪽으로 쏠렸다. 이동휘는 제명자 명단에서 빠졌다. 그의 혁명운동에 대한 진정성은 반대파에 속하는 사람들조차 인정하지 않을 수 없었던 것이다.

간부 선출

고려공산당 창립대회는 의안 검토를 모두 마친 뒤 중앙위원회 위원 선출에 착수했다. 규약을 보면, 중앙위원회는 11명의 위원으로 구성되며, 그 중 세 사람(위원장·부위원장·비서)은 상임간부회를 구성한다고 규정되어있다. 중앙위원 전원은 매월 1회 이상 총회를 개최하며, 미룰 수 없는 긴급한 문제는 상임간부회에서 결정하도록 되어있었다.

중앙위원회 내에는 3개 부서를 설치했다. 선전·선동·출판부, 조직지도부, 정보조사통계부가 그것이다. 재정문제는 중앙위원회 상임간부회에서 관리한다고 규정되어있다.[30]

중앙위원회는 코민테른 극동비서부와도 긴밀한 관계를 맺도록 규정되어있었다. 규약을 보면, 중앙위원회는 "극동비서부 한국지부 사업을 수행하기 위한 전권위원으로서 3명의 위원을 선정한다"고 규정되어있다.[31]

대회에서 선출된 11명의 중앙위원 명단은 아직 전모를 알 수 없다. 구

---

29) 「고려공산당 창립대회」, 230쪽.

30) Проект Программы Корейской коммунистической партии принятной Учредительным Съездом Коркомпартии(고려공산당 창립대회에서 채택된 당 강령안), Народы Дальнего Востока, Иркутск, 1921, No.3, с.366(이하 「당 강령안」으로 줄임).

31) 「고려공산당 창립대회」, 367쪽.

코민테른 문서보관소에 남아있는 대회 속기록에도 중앙위원회의 투표 결과는 공개하지 않는다는 이유로 그 명단이 적혀있지 않다. 하지만 여러가지 기록을 종합하면 그 면면을 추정할 수 있다. 가나다순으로 적어보자. 김만겸, 김철훈, 김하석, 남만춘, 서초, 안병찬, 유동열, 이성, 장건상, 최고려, 한명세(위원장) 등이 그들이다.

이들은 3개 부류의 연합진영이었다. 첫째, 시베리아 지방의 초창기 사회주의운동을 이끈 전로한인공산당 중앙총회 사람들이다. 남만춘과 이성, 김철훈이 이에 속한다. 이 중 김철훈은 1919년 이전에 대한국민의회에 깊숙이 관여했던 인물이기도 하다. 둘째, 대한국민의회 출신자들이다. 김만겸, 김하석, 최고려, 한명세 등이 이에 속한다. 셋째, 러시아 이외 지역의 운동을 대표하여 새로 가담한 인물들이다. 서초, 안병찬, 유동열, 장건상 등이 이에 속한다. 결국 고려공산당 중앙위원회는 시베리아의 한인 사회주의세력과 대한국민의회의 연합을 중핵으로 하고, 새로이 중국과 한국 내부의 운동자들이 가담하여 형성되었음을 알 수 있다.

대회에서 선출된 중요 임무 종사자는 더 있었다. 코민테른과 국제혁명기관에 파견할 대표자도 선출했다. 코민테른 제3차 대회(1921. 6. 22~12)에 참가할 대표자로는 5명이 선출되었는데, 남만춘, 한명세, 서초, 장건상, 안병찬 등이었다. 국제공청 제2차 대회(1921. 7. 9~24) 파견 대표자로는 조훈과 '배달모(Пя Дармо)'가, 노동조합인터내셔널 제1차 대회(1921. 7. 3~19) 파견 대표자로는 서초와 이형근(李亨根)이 각각 선임되었다.[32]

모스크바 대표단은 3개 대회 공식 파견자만도 9명에 이르는 대규모였다. 이밖에도 모스크바에 소재하는 고등교육기관 파견 유학생까지 포함하여 수십 명의 대표단이 슈마츠키 인솔하에 모스크바로 떠났다고 한다.

---

32) Протокол заседания 14 мая : 14-ое заседание(5월 14일자 제14회의록), РГА СПИ ф.495 оп.135 д.38 л.25.

폐막

이르쿠츠크 당대회는 5월 15일 저녁 7시에 폐회식을 가졌다. 12일간이나 계속된 긴 일정이 끝났다. 대회 단상에는 명예의장인 코민테른 전권위원 슈마츠키를 필두로 의장단이 자리잡았다. 모든 대의원과 내빈, 청중들이 참석했다.

슈마츠키가 대회의 의의를 설명하는 연설을 마친 뒤, 당 창립 및 코민테른 가입 결의서가 낭독되었다. 낭독은 한국어와 러시아어로 이루어졌다. 한국어는 김철훈, 러시아어는 한명세가 담당했다. 이어서 코민테른 집행위원회와 치타의 러시아공산당 극동국에서 발송한 축하전보가 낭독되었다. 대의원을 대표하여 한명세가 러시아와 코민테른에 대한 감사의 뜻을 표명했다.

이제 모든 일정이 끝났다. 참가자들은 인터내셔널 노래를 합창했다. 그것을 끝으로 명예의장 슈마츠키는 고려공산당 창립대회가 끝났음을 선포했다. 10시 30분경이었다. 대회장으로 사용된 이르쿠츠크 인민회관 강당에는 만세 3창이 울려퍼졌다. "러시아공산당 만세! 고려공산당 만세! 코민테른 만세!"[33]

이리하여 한국 최초의 전국적 공산당이 창립되었다. 역사적인 순간이었다. 그러나 이 창립대회는 비극의 씨앗을 잉태했다. 대회는 소수파의 목소리를 억누른 채 성립되었다. 재상해 한인사회당을 지지하던 대의원들을 추방한 위에서 성립된 것이었다. 이 대회가 진정으로 통일된 공산당이 되기 위해서는 이들 추방된 그룹과 그들의 영향 아래 있는 대중들의 지지를 얻어야만 했다. 그러나 추방된 사람들은 이르쿠츠크에서 성립한 당대회와 거기서 선출된 중앙위원회를 인정하지 않았다. 그들은

---

33) Протокол торжественного / последнего / заседания съезда 15 мая в 7 час вечера в народном доме(5월 15일 저녁 7시 인민회관에서 열린 폐회식 회의록), РГАСПИ ф.495 оп.135 д.38 л.27.

독자행보를 걸었다. 한국 사회주의운동사상 최초로 등장한 전국적 범위의 공산주의 전위당은 출현과 동시에 분열되고 말았다.

2. 이르쿠츠크파의 내부 상황

당 조직원칙

이르쿠츠크 당대회에서 창립된 공산당을 경쟁자들이 만들 별개의 공산당과 구별하기 위해 '이르쿠츠크파 공산당'이라고 부르기로 하자. 상해에서 만들어질 경쟁자들의 당도 명칭은 같았다. 둘 다 고려공산당이었다. 경쟁자들의 당은 '상해파 공산당'이라고 부를 것이다.

이르쿠츠크파 공산당은 초창기 한인 공산단체들이 자체 내에 일정하게 조직상의 결함을 안고 있다고 인식했다. "사회적 처지와 이데올로기에 상관없이 더 많은 당원을 모집하려고 몰두"했다는 것이다. 그 때문에 폐단이 생겼다고 한다. "적대적 인사들에게 자유로이 당대열로 접근할 가능성을 부여했다"[34]는 것이다. 그 결과 공산당의 인적 구성은 성분상 이질적 요소의 혼합이 되었다. 곧 프롤레타리아트적 요소와 함께 소부르주아 민족주의적 요소들이 혼입되었다는 것이 이르쿠츠크파의 생각이었다.

이르쿠츠크파 인사들의 생각에 당내 소부르주아적 민족주의 요소는 기껏해야 낭만적·혁명적 분위기에 편승하여 운동에 뛰어드는 법이다. 더러는 경제적 이득을 목적으로 참여하기도 한다. 그 사례로는 한인사회당이 제격이다.

이르쿠츠크파는 당내 숙청이 필요하다고 보았다. 그래서 당대회 참석

---

34) 「당 강령안」, 365쪽.

자들은 중앙위원회에 "즉각 당의 숙청에 착수하고 당대회 종료 후 4개
월 내에 그것을 완료할 것"[35]을 위임했다.

숙청만이 아니라 확장도 필요했다. 이르쿠츠크 당대회는 자체의 조직
기반을 강화할 필요를 확인했다. 각 지방의 조직사업은 확대되어야 하
며, 그를 위해 대회종료와 함께 "창립대회 성원들은 지체없이 각 지역으
로 분산되어 전투사업과 당조직사업에 착수"할 것을 결의했다.[36]

러시아 내부의 지방조직

1921년 5월 현재 이르쿠츠크파 공산당의 지방조직은 한국, 중국, 만주,
러시아 등지에 산재한 32개 단체로 이루어져 있었다. 대다수 조직은 러
시아 내에 소재해있었다. 조직수의 87%, 당원수의 90%에 해당하는 수가
러시아 영토 내에 있었다.

그러나 러시아 내에서도 각 지역에 따라 당 조직활동의 조건은 매우
달랐다. 조직활동이 가장 자유로운 곳은 바이칼호 서쪽 지역, 즉 시베리
아와 러시아 중앙부였다. 이 지역에서는 러시아공산당과의 긴밀한 협력
이 제도적으로 보장되어있었다.

코민테른 극동비서부 한국지부를 겸하고 있는 고려공산당(이르쿠츠크
파) 중앙위원회는 러시아공산당 중앙위원회와 협의하여 이 지역의 한인
들에게 공산주의를 선전하는 책임을 갖는 '고려선전중앙의회'를 설치할
것을 결정했다.

또한 시베리아 각 지방에는 러시아공산당 각 지방위원회 민족부 산하
에 '고려 선전선동부'를 설치하여 지방 단위의 공산주의 활동을 전개하
도록 조치했다. '고려 선전선동부'는 고려공산당의 현지 지부조직이 사
실상 겸임했음은 물론이다. 러시아 내의 한인 공산단체는 고려공산당의

---

35) 「고려공산당 보고」, 368쪽.
36) 위의 글, 366쪽.

지방기관이면서 동시에 현지 러시아공산당 지방당의 민족부 소속 한인부의 역할을 동시에 수행했던 것이다.

바이칼호 동쪽에 위치하는 극동공화국에서는 고려공산당 조직활동의 정세가 시베리아와 달랐다. 극동공화국의 통치지구에서는 러시아공산당 지방당 산하에 고려부가 반합법적 형태로 조직되었다. 각지의 고려부는 러시아공산당 지방위원회와 따로 위치했으며, 그 어떤 간판도 내걸지 않았고, 모든 인쇄물에 출판지와 발행지를 명기하지 않았다. 이처럼 반합법적으로 활동했던 이유는 일본 때문이었다. 일본제국주의를 공공연하게 비방하는 한인들을 합법적으로 활동하도록 용인할 경우 일본정부의 항의로 인해 외교문제를 야기할 우려가 있었기 때문이다.

비합법 활동이 필요한 곳도 있었다. 연해주가 그곳이다. 여기서는 공산주의운동을 공개리에 전개할 수 없었다. 특별한 조직활동 방식이 채택되었다. 한인 공산단체는 비밀리에 활동해야만 했다. 한인 공산단체들의 간부는 비밀활동에 걸맞게끔 극소수로 구성되었다. 그 수는 통상 트로이카(3인조)로 이루어졌다. 트로이카 가운데 1명은 러시아공산당 지방위원회에서 임명하고, 2명은 고려공산당 중앙위원회에서 임명했다.[37]

러시아 이외의 조직

이르쿠츠크파 공산당은 러시아 이외 지역의 조직기반이 매우 취약함을 잘 알고 있었다. 그를 감안하여 그곳의 조직확대 사업을 특히 중요시했다. 창립대회에서 채택된 이르쿠츠크파 공산당의 규약은 러시아 이외 지역의 조직기반을 강화하기 위해 6개 지방위원회를 설치할 것을 규정하고 있다. 그것을 읽어보자.

---

37) 「당 강령안」, 367~368쪽.

한국 및 중국·만주·몽골·일본지역의 당사업을 위해 6개 지방으로 구분한다. 한국 내에 3개, 중국, 만주, 일본에 각각 1개씩. 중앙위원회는 각 지방마다 그곳의 최고기관으로서 3~5명으로 구성되는 지방위원회나 지방전권위원을 임명한다.[38]

기존에 이미 산하 조직이 존재해있는 곳에는 3~5명으로 구성되는 지방위원회 간부를 임명하며, 미조직 지역에는 '지방전권위원'을 임명했던 것으로 보인다. 지방위원이나 전권위원이 중앙위원회의 임명에 의해 선정되는 점에 주목할 필요가 있다. 공산당 조직을 엄격한 집중제에 의거하여 편성하려고 했음을 의미하는 것이었다.

지방위원회는 자체 판단에 의거하여 예하의 조직체계를 편성할 수 있었다. 당 규약을 보면, "지방위원회나 지방전권위원은 3~5명으로 구성된 도(道)위원회나 도(道)전권위원을 임명하며, 그 예하에 3명의 군(郡)위원회나 군(郡)전권위원을 임명"[39]하도록 규정되어있다.

지방위원회와 도위원회는 필요한 경우 선전선동출판부, 조직지도부, 정보조사통계부와 같은 부서를 설치할 수 있게 했다. 그러나 군위원회 조직은 날렵하게 짰다. 거기에는 부서를 두지 않고 필요한 경우에만 지도선전요원을 두도록 했다.[40]

중국에 설치하는 지방위원회는 상해에 위치하게 되었다. 상해에는 이미 이르쿠츠크파 공산당의 강력한 조직기반이 존재해있었으며, 한때 전 한국적 범위의 임시중앙기관의 역할을 담당한 경험이 있었다. 이르쿠츠크 중앙위원회 못지않은 영향력과 활동성을 갖고 있었다. 이르쿠츠크파 중앙위원회는 상해가 갖는 이러한 중요성을 충분히 알고 있었다. 당 창립대회를 마친 뒤 이곳으로 많은 사람을 파견했다. "3명의 동지와 2명의 중앙위원, 국제공청 극동비서부 전권위원 1명을 상해로 파견"[41]했다. 2

---

38) 「당 강령안」, 367쪽.
39) 위와 같음.
40) 「당 강령안」.

명의 중앙위원이란 안병찬과 김만겸일 것이다. 또한 국제공청 극동비서부 전권위원이란 조훈을 가리키는 것으로 추정된다. 다른 세 사람이 누구인지는 아직 알 수 없다.

뒷날 일본경찰에 체포된 여운형의 진술을 보면, "대회 종료 후 안병찬은 상해로 돌아와 곧바로 이시파(伊市派, 이르쿠츠크파) 고려공산당 상해지부를 조직"했다고 한다.[42] 상해지부란 곧 중국 관내를 통괄하는 지방위원회를 지칭하는 것으로 추정된다. 상해 한국공산당은 이제 고려공산당 상해지방위원회로 재편되었다. 그 위원에는 김만겸, 여운형, 조동호 등이 포함되어있었다.[43]

만주 지방위원회는 하얼빈에 위치했던 것으로 보인다. 당 창립대회 당시 하얼빈 한인 공산단체는 유동열을 대표자로 선정하여 파견했다. 이 단체의 당원은 26명, 후보자는 5명이었다. 이 단체의 활동거점은 북만주였다. 중동선(中東線) 철도 연선지대가 주요 활동무대였다.

그러나 한인이 밀집해있는 북간도와 서간도 일대에는 이르쿠츠크파를 지지하는 공산단체가 아직 존재하지 않았던 것으로 보인다. 그래서 이르쿠츠크파 공산당은 만주 일대의 조직기반을 확대하기 위해 1921년 9월 중앙위원 1명을 파견했다. 그 파견자는 만주지역의 조직활동을 총괄하는 전권위원의 임무를 띠고 있었을 것이다. 그는 하얼빈에서 일본헌병에 체포되었으나, 그 직후 감시 소홀을 틈타 도주하는 데 성공했다.[44]

그는 자신이 체포된 까닭을 현지 상해파 인사들의 배신 때문이라고 믿었다. 이르쿠츠크파 내부문서를 보면, 상해파가 일본헌병과 거래를 맺고 있다는 의심스런 정보가 실려있다. "박진순 그룹의 몇몇 성원들과 일

---

41) Служебная телеграмма(공무전보), 1921. 9. 21.

42) 『朝鮮民族運動史(未定稿)』 1, 468쪽.

43) 위의 책, 468~469쪽.

44) ДВСК(코민테른 극동비서부), Сводка(보고) No.11, Иркутск, 1921. 11. 18.

본헌병 사이에 연락이 있다”는 것이다. 두 그룹 사이에 얼마나 메울 수 없는 의심과 불신이 가로놓여있었는지를 미루어 짐작할 수 있다.

이르쿠츠크파 공산당 중앙위원회는 1921년 11월 만주지역의 조직기반 강화를 위해 새로운 조치를 취했다. “간도와 조선 내에서 정치사업의 수행을 위해 당학교로부터 20명의 한인 정치일꾼을 파견”했던 것이다.[45] 20명의 인적 상황과 그들의 활동상에 관해서는 아직 알려진 게 없다.

한국 국내의 조직사업은 누구도 부인할 수 없는 거대한 의의를 갖는다. 이르쿠츠크파의 국내 기반은 극히 취약했다. 당중앙위원회는 이를 감안하여 창립대회 이후 3개 지방위원회를 국내에 설치할 것을 결정했음은 이미 앞에서 본 바와 같다. 이르쿠츠크파 국내 활동의 기반이 된 것은 ‘서울 공산단체’였다. 이 비밀단체는 주로 조선노동공제회를 통해 활동하고 있었다. 이르쿠츠크파 중앙위원회는 서울공산단체에 대한 자파의 장악력이 그다지 강하지 않음을 시인하고 있었다. 서울공산단체가 “동요분자들이 참여한 때문에 순수하게 공산주의적인 것은 아니다”[46] 라고 자평한 사실에서 그것을 엿볼 수 있다.

이르쿠츠크파의 국내 연결은 당대회 직후 ‘서울공산단체’로부터 또 한 사람이 도착함으로써 더 강화되었다. 그의 이름은 러시아어 표기로 ‘장문(Тянмун)’이라고 하지만, 실제 이름을 확인할 수 없다. 어쨌거나 그가 도착한 것을 계기로 하여 서울공산단체와 이르쿠츠크파 중앙위원회는 더욱 긴밀한 연관을 맺을 수 있게 되었다.[47]

이르쿠츠크파는 국내조직 강화에 큰 힘을 기울였다. 그러나 이르쿠츠크파가 설치한 3개의 국내 지방위원회 조직실상을 파악할 수 있는 자료는 아직 발견되지 않고 있다. 그 중 하나는 서울에 설치되었을 것이다. 서울지방위원회는 비록 조직체계상 일개 지방위원회에 지나지 않았으

---

45) 위와 같음.

46) ДВСК. Сводка(보고) No.7, 1921. 6. 13.

47) 위와 같음.

나 한국 전체의 당사업을 지도할 중앙지도부 활동의 기반이 되기 때문에 어느 지방위원회보다 중요시되었을 것이다.

정치학교

이르쿠츠크파 공산당은 정치학교를 설립했다. 각 지방에 산재하는 지부 조직들의 조직·선전사업을 지원하고, 정치간부를 양성하기 위해서였다. 이 사업은 원래 1920년 8월경 전로한인공산당 중앙총회가 '코민테른 극동비서부 한국지부' 자격으로 시작한 사업이었다. 그 결과 1921년 3월경에는 이미 제1기 졸업생이 배출되었다. 그 중 18명은 임시고려혁명군정의회가 조직되었을 때 그에 배속되어 한인 군대 내의 선전·정치 활동에 종사했다. 그들에게는 군대의 주요 핵으로 복무할 의무가 부과되었다.[48]

1921년 5월의 당 창립대회는 전로한인공산당의 정치학교 사업을 계승하여 당중앙정치학교를 건립·운영할 것을 결정했다.[49] 당중앙위원회는 대회가 종료된 직후 정치학교 사업을 속개했다.

정치학교는 1921년 6월 중순경 러시아공산당 이르쿠츠크현 당학교에 부설된 형태로 조직되었다.[50] 1921년 6월 개교 당시 학생수는 46명이었다. 이들은 각지 공산당에서 입학 추천을 받은 당원들이었다. 그 중 21명은 러시아 극동지역 공산단체에서 파견한 학생들이었다. "원동으로부터 21명의 당학교 학생들이 도착했다"는 기록이 코민테른 극동비서부의 사업보고서에 기재되어있다.[51]

학생규모는 점차 확장되었다. 설립된 지 3개월 만인 1921년 9월에는

---

48) 「고려공산당 보고」, 366쪽.

49) 위의 글, 368쪽.

50) ДВСК, Сводка(보고) No.8, 1921. 6. 22.

51) ДВСК, Сводка(보고) No.7, 1921. 6. 13.

"당학교를 120명 규모로 확장하기로 결정했으며, 그 중 80명은 각별히 한인들 중에서 모집"하기로 했다.[52] 이들은 비교적 단기간의 교육과정을 이수한 것 같다. 1921년 11월에 이미 졸업생 가운데 20명이 간도 및 국내에서 정치사업을 위해 파견된 것을 보면, 이들의 교과과정은 약 6개월 정도였던 것으로 보인다.

고려공산청년회

공산청년회운동의 중심지는 상해였다. 이곳에는 재상해 한국공산당과 발맞추어 공산청년회운동이 진행되었다. 고려공산청년회 상해회가 창립된 것은 1921년 3월 19일이었다. 13명의 청년들이 이를 주도했다.[53]

이 단체는 자신의 조직위상을 지방적 공청기관임과 동시에 임시중앙기관의 역할을 대행하는 것으로 간주하고 있었다. 공청 상해회는 당면 조직활동의 중심목표 가운데 하나를 '전고려공산청년단 총대의회(總代議會)' 소집에 두고 있었다.

간부로는 임기 3개월의 집행위원 5명을 총회에서 선출했다.[54] 1921년 6월 말 현재 집행위원회에는 위원장 최창식(崔昌植), 비서 박헌영, 임원근(林元根), 김단야(金丹冶) 등이 활동중이었다.[55]

고려공청 상해회는 상해의 한인 청년들 내에서 맑스주의를 선전하고 조직을 확대하기 위해 활동했다. 그를 위해 "도서관을 설치하고 공산주의에 관한 서적을 수집, 공산주의 교양에 노력"[56]했다. 공청원의 조직대상은 30세 이하의 공산주의 청년으로 한정되었다. 30세를 초과할 때는

---

52) ДВСК. Сводка(보고) No.9, 1921. 9. 17.

53) 「1921년 11월 10일 상해 고려공산청년단이 국제공산청년동맹 집행위원회에 제출한 보고서」, РГАСПИ ф.533 оп.10 д.1880.

54) 朝鮮總督府 警務局, 『大正11年朝鮮治安狀況』, 419쪽.

55) 金正明 編, 『朝鮮獨立運動』 第5卷, 280쪽.

56) 『朝鮮民族運動史(未定稿)』 1, 469쪽.

374

'찬성원'이 되었다. 찬성원에게는 회의참석권 및 발언권을 부여하지만 의결권은 인정되지 않았다.57) 상해지역의 공청원은 매주 토요일에 정례 회의를 개최했으며, 그 중 "매월 제1예회를 단무(團務) 처리를 위한 총회"로 규정했다.

선전사업의 일환으로 한글로 작성된 사회주의 출판물이 간행되었다. 이들이 간행한 출판물 중에는 『공산독본(共産讀本)』이라는 팸플릿과 『올타』라는 이름의 기관지가 포함되어있었다.58)

고려공청 상해회는 또한 상해 이외의 각처에 고려공청 지부를 결성하기 위해 활동했다. 고려공청 상해회는 1921년 6월 29일 일본 도쿄의 한인 청년 공산주의자들에게 밀사를 파견했다. 그 임무 중의 하나는 "고려공산청년단 동경회 조직문제를 협의"59)하는 것이었다. 고려공청 상해회는 자신의 주도하에 일본, 국내, 중국 각처에 고려공산청년회 지부 조직을 결성하려고 시도했다. 그 조직성과를 토대로 하여 '전고려공산청년단 총대의회'를 소집, 전국적 범위의 활동을 총괄하는 정식 고려공산청년회를 조직하려 했던 것이다.

고려공청 상해회는 1921년 5월 이르쿠츠크 당대회가 개최될 당시 상해 한국공산당과 진퇴를 같이했다. 상해 한국공산당과 더불어 이르쿠츠크 당대회를 지지했던 것이다. 이후 고려공청 상해회는 이르쿠츠크 공산당의 영향력하에 포섭되었다.

이미 보았듯이 이르쿠츠크 당대회는 1921년 7월에 개최된 국제공산청년회 제2차 대회에 대표자 조훈을 파견했다. 그는 대회에서 한국문제에 관해 보고하는 한편, 대회 마지막날에 국제공청 집행위원 가운데 한 사람으로 선임되었다. 국제공청 제2차 대회는 고려공산청년회 중앙기관을 조직할 것을 결의했다. 이 결의를 수행할 전권은 조훈에게 부여되었다.

---

57) 朝鮮總督府 警務局, 앞의 책, 419쪽
58) 金正明 編, 앞의 책, 282쪽.
59) 朝鮮總督府 警務局, 앞의 책, 420쪽.

조훈의 주관하에 '고려공산청년회 중앙총국'이 결성된 것은 1921년 8월이었다. 모스크바에서 되돌아온 그는 고려공청 중앙총국의 소재지를 중국 북경으로 설정했다. 중앙총국 위원으로는 5명이 선임되었다. 조훈을 필두로 이괄, 김호반(金浩盤), 박헌영(朴憲永), 남공선이 그 면면이다. 책임비서 직위에는 박헌영이 취임했다. 조훈은 국제공청 전권위원 자격으로 중앙총국에 참가했고, 남공선은 이르쿠츠크파 고려공산당 대표 자격으로 참가했다.[60] 이때만 해도 고려공청 중앙총국은 이르쿠츠크파 고려공산당과 자매관계에 놓여있는 것으로 간주되고 있었음을 알 수 있다.

고려공청 중앙총국은 북경과 상해를 무대로 삼아 활동했다. 특히 조직을 확대하기 위한 일꾼 양성에 주력했다. 4개월 과정의 속성 정치강습소를 설치했다. 그곳을 통해 1922년 3월까지 11명의 졸업생이 나왔다.

3. 상해파 고려공산당 창립대회

대회소집

1921년 4월 1일 한인사회당 중앙간부는 독자적인 당 창립대회의 소집 통지서를 공표했다. 소집 주체는 "한인사회당총간부대표(제3국제공산당 한인부) 이동휘, 김립, 김규면, 박진순"이라고 명시되었다. 대회 명칭은 '제3회 한인사회당 대표회'였다.

대회 명칭이 이채롭다. 그것은 이 대회가 1918년 4월 하바로프스크에서 창립된 한인사회당의 제3차 대회임을 주장하고 있다. 1919년 4월에 블라디보스톡에서 개최된 대회는 그 제2회 대회로 간주되고 있었음을

---

60) 「高共靑一般進行情況」, РГАСПИ ф.533 оп.10 д.1908.

알 수 있다. 왜 대회 명칭을 그와 같이 규정했을까?

그것은 대회소집 경위와 관련된다. 소집통지서에는 대회의 목적이 코민테른 결의와 위임을 실행하기 위한 것이라고 명시되어있다. 이르쿠츠크 당대회에 비해 상해 당대회가 적법하다는 것을 강조하기 위한 의도였다. 코민테른은 무엇을 위임했는가? 다시 소집통지서를 보자.

거기에는 네 가지 사실이 강조되어있다. 코민테른 제2차 대회에서 한인사회당 대표자가 공식 대의원으로 승인받았다는 점, 한인사회당이 코민테른에 가맹했다는 점, 한국과 이탈리아를 비롯한 사회당 명의의 대표자들은 본국으로 돌아가 사회당을 공산당으로 개편하라는 지시를 받았다는 점, 코민테른은 한인사회당이 중심이 되어 전국적 통일공산당을 완성하라고 위임했다는 점 등이다.[61]

한 가지 의문이 든다. 한인사회당 중앙위원들은 이미 1920년 말 상해 한국공산당 명의로 치타 극동국 한인부에 '전한공산당 대표회' 소집을 위임하지 않았던가? 그랬다. 4월 1일자 소집통지서는 재발급된 것이었다. 종전에 발기했던 전한공산당 당대회는 3월 1일 블라고베센스크에서 개최되어야 했으나 끝내 무산되고 말았음은 이미 본 바와 같다.

한인사회당 중앙간부는 이르쿠츠크 전로한인공산당이 소집한 당대회가 불법적인 것임을 통렬히 비난했다. 비난의 요점을 보자. 그들은 러시아 거주 한인들을 대표하는 지방단체에 불과하면서도 외람되게 중앙간부로 자임하고 있다. 전한공산당을 설립하려면 마땅히 한국 국내를 중심으로 삼고 거기에 해외 각국에 체류하는 한인공산당이 가세해야만 할 터이다. 그런데 러시아와 중국 일부 지방의 대표자들만으로 '전한공산당'이라는 명의를 남용하고 있다. 이르쿠츠크는 한국과 거리가 너무 떨어져 있고 여행의 불편함이 중첩되어있으므로 결코 당대회 개최지가 될

---

61) 한인사회당총간부대표(제3국제공산당 한인부) 李東輝·金立·金圭冕·朴鎭順, 「제3회 한인사회당 대표회 소집통지서」, 1921. 4. 1, РГАСПИ ф.495 оп.135 д.47 л.97.

수 없다. 따라서 그들의 대회는 전로한인공산당 대표회는 될지언정 전한공산당 창립대회는 될 수 없다는 것이었다.

한인사회당 중앙간부는 당대회를 재소집하는 이유를 밝혔다. 국내 대표가 다수 참석할 수 있는 곳이 대회 개최지로 선정되어야 하며, 날짜도 넉넉히 재조정할 필요가 있으므로 이처럼 재소집하게 되었다는 것이다. 대회에 참석할 수 있는 사람은 한인사회당의 지방당 대표와 "본당(本黨) 이외의 공산당 대표"라고 규정되었다. 대회소집 위치는 '상해'이며 날짜는 '5월 15일'이었다.62)

당대회를 준비하는 과정에서 한인사회당은 의열단과 제휴를 시도한 것으로 보인다. 이르쿠츠크 당대회에 참석한 한 대의원은 한인사회당이 민족주의단체인 의열단과 제휴하려 한다고 비난했다. 의열단은 "음모적으로 조직된 것으로 민족주의사상의 이데올로그"인데도 불구하고, 김립이 당세 확장을 위해 이 단체를 이용하려 한다는 것이었다.63)

한인사회당은 각지에 사람을 파견하여 상해대회 참가를 독려했다. 북경 공산단체 대표자 장건상은 상해대회 참가를 권유하기 위해 김립과 김하구가 북경을 포함하여 중국 각지를 순방했음을 증언하고 있다. 장건상은 그들의 권유에도 불구하고 이르쿠츠크를 택했다고 한다. 왜냐하면 "그 사람들이 공산주의와 아무런 공통점도 갖지 않는 모험주의자들"이라고 깨달았기 때문이라는 것이다.64)

고려공산당 창립대회

한인사회당 중앙간부가 소집한 '전한공산당 대표회'는 상해 프랑스조계 내에서 1921년 5월 20~23일에 개최되었다. 대의원들 중에는 러시

---

62) 위와 같음.
63) 「고려공산당 창립대회」, 229쪽.
64) 위의 글, 228쪽.

아지역 공산단체 대표자들은 포함되어있지 않았다. 주로 한국 국내, 중국, 만주, 일본 등지의 한인 공산단체를 대표하는 사람들이 모였다. 대표자의 총수는 정확히 알 수 없지만 약 30명 안팎이었을 것으로 추정된다.

러시아 내 공산단체 대표자들이 참가할 수 없었던 것은 지지단체가 없기 때문이 아니었다. 그것은 정세가 불리했기 때문이었다. 3월 블라고베셴스크 당대회의 무산, 4월 극동국 한인부의 해산 및 관계자들의 투옥, 5월 이르쿠츠크 당대회 개최 등 연속되는 불운의 소산이었다. 결국 러시아 내 각 공산단체로부터 '출석 불능'이라는 전보가 왔다고 한다. 이 때문에 상해에 머물고 있던 이동휘, 박진순, 김립, 김하구, 장민섭, 조응순 등이 노령 대표를 자임하는 데 그쳤다.

중국 각지에서 대의원들이 왔다. "내지의 대표자와 중국령의 대표자를 합하여 상해에서 대표회를 열게 되었다"[65]는 장도정의 언급에 비추어볼 때, 중국 각지에서 참가한 대표자들의 수는 적지 않았을 것으로 보인다. 이 대회에 출석했던 김철수의 기억에 따르면, "남·북만주의 독립운동단체 안의 동지들, 상해·남경·북경 등 중국 관내의 공산단체들"의 대표자들이 참석했다고 한다.[66] 그 중 현정건(玄鼎健)은 상해 대표, 왕삼덕(王三德)은 만주 대표 자격으로 참석했다. 그밖의 참석자 성명은 알려져 있지 않다.

한국 국내로부터 공산주의 비밀결사 '사회혁명당'의 대표자들이 참가했다. 참가자는 김철수, 김종철(金鍾哲), 주종건(朱鍾建), 이봉수(李鳳洙), 엄주천(嚴柱天), 홍도(洪濤), 송무영(宋武英), 도용호(都容浩) 등 8명이었다. 4월 초 서울을 떠난 사회혁명당 대표자들은 북경을 경유했다. 거기서 마침 물의를 빚고 있던 이승만의 위임통치 청원 행위를 규탄하는 성명서에 이름을 실었다. 사회혁명당의 가세는 한인사회당에 커다란 자부심과 힘을 주었다. 대회에서 채택된 「고려공산당선언」의 첫 구절에는 당시

---

65) 張道政, 앞의 글, 12~13쪽.
66) 김철수, 「친필유고」, 『역사비평』 1989년 여름, 351쪽.

참석한 대의원들의 대표성에 관한 언급이 있다. "공산주의 무산계급혁명단체인 한인사회당, 사회혁명당 및 기타 여러 공산당·노동자 각 단체로 조직된 고려공산당 대표회"[67]라는 구절이 그것이다. 사회혁명당은 한인사회당과 병칭되고 있다.

이외에 일본 내 비밀 공산단체를 대표하여 2명의 한인이 참가했다.[68] 그러나 그 이름은 밝혀져 있지 않다. 재일본 유학생그룹의 대표자였을 것이다.

대회는 '진정한' 전한공산당을 창립하기 위한 대표자대회로 규정되었기 때문에 한국혁명의 강령과 전술, 조직문제에 관한 광범한 문제들이 심의되었다. 그 결과 대회선언과 강령이 채택되었다. 당의 전략·전술의 일반적 기조를 규정하고 있는 대회선언은 그 첫머리에 1848년에 맑스와 엥겔스에 의해 작성된 「공산당선언」의 사명을 계승한다는 것을 명시했다. 맨 마지막에는 "모든 무산자여! 공산당 기치 아래 단결하라!"고 맺었다.[69] 조직문제에 관한 논의를 총괄하여 전체 7장 36개조로 이루어진 '당규'도 채택되었다.

대회 참가자들은 한국 사회주의운동을 지도할 최고기관인 고려공산당이 성립되었음을 선포하고, 그 중앙집행기관을 선임했다. '고려공산당 중앙 총감부(總監部)'로 명명된 이 당의 중앙기관은 중앙총회에서 선출된다. 그 임무는 "당의 최고집행기관으로서 일체 사업을 계획·실행하며 각종 기관을 시설·감독하고, 재정을 관리하며, 외교에 관한 사무를 장악"하는 것이었다. 최고기관인 중앙총회는 1년에 1회씩 개최하기로 규약에 규정되었다.[70] 그 위원은 17명으로 구성한다고 명시되었다.

하지만 우리는 대회에서 선출된 '중앙총감부' 위원 전부를 알지 못한

---

67) 朝鮮總督府 警務局, 앞의 책, 385쪽.
68) 金正明 編, 앞의 책, 294쪽.
69) 朝鮮總督府 警務局, 앞의 책, 39~36쪽.
70) 위의 책, 414쪽.

다. 명단을 알 수 있는 이는 13명이다. 이동휘(위원장), 김립(비서부장), 김철수(재무), 최팔용, 이봉수, 장덕수, 홍도, 주종건, 김하구, 박진순, 한형권, 김규면, 이용 등이 그들이다.

중앙총감부는 산하에 여러 부서를 두었다. 그 중 선전업무를 담당하는 기관지부의 간부는 주종건, 유진희(兪鎭熙), 김명식(金明植), 윤자영(尹滋瑛) 4명이었다. 당내에서 이론적 역량과 문필재능이 우수하기로 정평있는 사람들이었다. 상해파 공산당의 기관지로는 『투보(鬪報)』가 발행되었다.

군사부는 군대 내의 사업을 담당하는 부서이다. 그 임원은 김동한, 박일리야, 박그리고리, 이용, 김규면 등 5명이었다.[71] 김동한을 제외한 4명은 아무르주에서 전한군사위원회와 대한의용군 편성에 주도적 역할을 하는 사람들이었다.

한인 각 공산단체들이 여러 나라에 걸쳐 광범한 지대에 산재해있음을 고려하여 중앙총회 아래에 '전국총회, 아령총회, 중령총회'라는 3개 기관을 설치했다. 이 기관들은 각각 한국 국내, 러시아, 중국에 소재하는 각 공산단체를 지도·관장하는 임무를 지니고 있었다. 각각 7명의 간부를 두도록 규정되어있었다.

우리는 한국 국내의 공산단체를 지도할 '전국총회'의 간부명단을 알 수 있다. 전국총회의 간부진은 '내지간부' 혹은 '국내부' 중앙위원이라고 지칭되었다. 그 위원으로는 김명식, 윤자영, 유진희, 한위건, 정노식, 장덕수, 최팔용, 이봉수, 이증림 등 9명이 선임되었다.[72]

이외에도 코민테른과의 연락을 위해 3명의 전권대표단을 선정했다. 이동휘·박진순·홍도가 그들이다.[73] 이들은 대회가 끝난 지 약 한 달이 지난 6월 18일에 모스크바로 출발했다. 이 가운데 이동휘·박진순 두

---

71) 김철수, 앞의 글, 351쪽.
72) 위와 같음.
73) 金正明 編, 앞의 책, 294쪽.

사람은 뱃길을 택했다. 이르쿠츠크파의 영향력이 미치고 있는 시베리아를 통과하는 것이 여의치 않았기 때문이다. 이들은 선편으로 인도양·대서양을 돌아 유럽으로 향했다. 이르쿠츠크파에게 알려지지 않은 홍도는 따로 시베리아 경유노선을 택하여 모스크바로 출발했다.[74]

동양총국 또는 동아공산당 연맹

상해당 참가자들은 독자적인 고려공산당(상해파)을 조직하는 데 성공했다. 그뿐만이 아니었다. 상해파 인사들은 일본과 중국 공산주의자늘과 결합하여 동아시아 공산주의운동을 통일적으로 지도할 것을 목적으로 '동양총국'이라는 기관을 조직했다. 코민테른 극동비서부가 작성한 사업보고서(1921. 6. 13)는 「상해 고려공산당의 상황」이라는 표제 아래 다음과 같이 기록하고 있다.

> (상해파 공산주의자들은-인용자) 한국·중국·일본 공산단체들의 동양총국을 조직하고 있다. 한국측에서는 전 임시정부 국무총리이며 기독교단체의 지도자인 이동휘와 박진순이 참가했다. 중국측으로부터는 중국 아나키스트 그룹의 대표자가, 일본측으로부터는 사토(佐藤) 아무개가 참가했다. '동양총국'의 대표자들이 코민테른대회에 참석하기 위해 유럽을 경유하여 모스크바로 여행중이라고 한다.[75]

이 기록에서 주목되는 점은 두 가지이다. 첫째, 상해파 공산주의자들이 중국·일본의 공산주의자들과 함께 '동양총국'을 조직중이라는 사실이다. 이 기관은 이르쿠츠크파가 의존하던 코민테른 극동비서부의 권위에 대항하기 위해 결성한 것으로 보인다.

상해파 한인 공산주의자들이 이러한 국제적 기관을 조직할 수 있었던

---

74) 위와 같음.

75) ДВСК. Сводка(보고) No.7, Иркутск, 1921. 6. 13.

힘은 어디서 나왔는가? 그것은 박진순의 직위가 '코민테른의 동양전권위원'이었기 때문에 가능했다. 그는 코민테른으로부터 동양 3국의 혁명운동연합기관 설립에 관한 전권을 부여받았던 것이다. 그뿐이 아니다. 한인사회당이 관장하고 있던 모스크바 자금 40만 원 중 일부를 동양총국과 일본공산당 그리고 중국공산당 조직에 할당한 데 힘입은 바도 적지 않았다.

상해파 고려공산당이 1922년 4월에 작성한 사업보고서에 의하면, "중국·일본의 공산당과 연락하여 동아혁명 공동보조를 취"[76]했다는 언급이 있다. 이것은 '동양총국' 조직과 관련이 있는 것이다. 이때 중국공산당이란 "상해에서 황지에민(黃介民)·주더디엔(朱的典) 등의 손에 의해 조직된 것"을 가리킨다. 또한 일본공산당이란 "동경에서 곤도 에이조(近藤榮藏)와 다카오 헤이베(高尾平兵衛)에 의해 조직된 것"을 의미한다. 이 외에도 상해파 한인 공산주의자들은 "동경에서 펑화롱(彭華榮)에 의해 조직된" 대만공산당과도 연락 및 지원체계를 맺고 있었다.[77] 상해파 고려공산당의 자금지출 보고서에 의하면, 중국 및 대만공산당에 1만 1,000원, 일본공산당에 1만 1,500원의 자금을 지원하고 있다.[78]

상해파 한인 공산주의자들이 일본 공산주의자들에게 자금을 지원한 경위와 관련된 일본관헌측 기록이 있다. 그것을 보면, 상해와 일본을 오고간 밀사는 이증림(李增林)이었다. 그는 도쿄에서 "사회주의자 오스기 사카에(大杉榮), 곤도 에이조, 다카쓰 마사미치(高津正道), 사카이 도시히코(堺利彦) 등과 상호 왕복하며, 주의의 전파에 노력하고 그들을 속히 상해에 오도록 권유"했다고 한다. 1920년 10월 이후에 "오스기 사카에와 기타 동지는 차례로 상해에 밀항, 이동휘 및 김립과 면회하여 선전비를 입수한 사실이 있다"고 한다.[79] 또 다른 관헌측 기록에 의하면, "오스기

---

76) 朝鮮總督府 警務局, 앞의 책, 424쪽.
77) 위의 책, 424~425쪽.
78) 위의 책, 438쪽.

사카에의 부하라고 칭하는 하라타(平田) 아무개는 북경에서 김립으로부터 1만 1,000원을 수령하여 머지않아 대련(大連)을 거쳐 일본 내지로 돌아갈 것이라고” 전하고 있다.[80]

모스크바 자금 40만 원의 5.6%에 해당하는 이 금액은 상해파 공산주의자들이 ‘동양총국’ 조직사업의 일환으로 지출한 것으로 추정된다. 뒷날 김철수는 중국 및 일본 공산주의자와의 관계에 대해 이렇게 회고했다.

> 당시에 이동휘·김립 등은 사람(李增林·李春塾)을 일본에 보내 사카이 도시히코(堺利彦)·오스기 사카에(大杉榮)에게 일본공산당 조직을 종용했었는데, 오스기 사카에은 자기는 무정부주의를 고치고 싶지 아니하니 사카이 도시히코·야마카와 히토시(山川均) 등과 상의하라 했다. 그래서 사카이 도시히코·야마카와 아라타(山川荒田)·이치베(市邊) 등과 상의한 결과 자기네들이 곤도 에이조(近藤榮藏)를 상해로 보내와서 우리와 숙의하고 돈도 좀 가지고 갔다. 그이들은 착착 진행이 잘되어서 10월에 당 결성을 보게 되고 또 곤도(近藤)가 상해에 왔다.[81]

북경대학 교수인 천두슈(陳獨秀)를 청하여 무정부주의보다는 공산주의로 전환해가지고 철 같은 조직으로서 공산혁명운동을 힘써보라고 이동휘는 역설했다. 천두슈는 즉석에서 쾌락하고 바로 동지들을 규합하고, 상해에서는 황지에민(黃介民) 일파를 설득해서……천두슈 일파와 연결해서 7월 2일 중국당이 산출된 것이다.[82]

여기서 말하는 ‘일본공산당’이란 1921년 4월 22~23일경에 결성된 코민테른 일본지부, 곧 일본공산당 준비위원회를 가리키는 것으로 보인다.[83] 한편 김철수의 회고에 따르면, 1921년 7월 1일 상해에서 창립된

---

79) 위의 책, 370쪽.

80) 金正明 編, 앞의 책, 111쪽.

81) 김철수, 앞의 글, 350쪽.

82) 위의 글, 350~351쪽.

중국공산당은 바로 상해파 고려공산당과의 연락 속에서 이루어진 것이라고 한다. 이와 같이 한국·중국·일본 공산주의자들의 공동협력 위에서 조직된 것이 바로 '동양총국'이었다. 김철수는 이것을 '동아공산당연맹'의 결성이라고 회고했다.

4. 상해파의 내부 상황

당원

상해 당대회에서 채택된 '당규(黨規)'를 보면, 상해파 공산당은 "국적 여하를 불문하고 한국 내에 정주(定住)하는 자와 국외에 거주하는 한인 중 공산주의에 찬동하는 자로써 조직"[84]한다고 규정되어있다. 러시아에 귀화한 한인도 러시아공산당 당적을 가짐과 동시에 고려공산당 당적을 가질 수 있도록 허용되어있었던 것이다. 러시아에 귀화한 한인 공산주의자들은 대부분 이중 당적을 갖고 있었을 것으로 보인다.

국내에 거주하는 외국인 공산주의자들도 고려공산당의 당원이 될 수 있었다. 하지만 실제 그 사례는 없었던 것 같다.

여기서 주목되는 점은 당원 자격을 '공산주의에 찬동하는 자'만으로 규정하는 것이다. 공산단체 어느 하나에 참가할 것을 조건으로 삼고 있지 않음이 분명하다. 이 조항은 반대파에게 비난을 받는 한 원인이 되었다. 이르쿠츠크파 사람들은 상해파가 순수한 프롤레타리아트적 요소만으로 당을 구성하는 것이 아니라 소부르주아 민족주의자들을 대거 당에 끌어들임으로써 공산주의대열의 순수성을 훼손했다고 비난했다.

---

83) 犬丸義一, 『日本共産黨の創立』, 靑木書店, 1982, 86~87쪽.
84) 朝鮮總督府 警務局, 앞의 책, 406쪽.

상해파 공산당 당원에는 두 종류가 있었다. 정당원과 후보당원이 그 것이다. 정당원은 '선거·피선거 및 발의·의결권'을 가지며, 후보당원은 '발의권'만 인정되었다.

입당을 원하는 공산주의자는 일정한 절차를 밟아야 했다. 정당원 2명 이상의 추천을 받아서 해당 구당회(區黨會) 간부에게 입당을 청원해야 한다. 청원을 접수한 구당위원회는 이를 심사하여 적당하다고 판단할 경우에는 입당희망자를 후보당원으로 지명한다. 후보당원은 일정한 기간 동안에 선전 및 기타 당무에 종사하게 되는데, 그 기간 동안에 우수한 성과를 올린 자는 정당원으로 승급할 수 있다. 정당원 편입은 '구당회의 결의'에 따라야 한다. 이에 의하면 후보당원은 구당 간부가, 정당원은 구당회의 결의를 거쳐 입당하도록 되어있다. 당원의 신규 입당 여부는 구당 차원에서 이루어졌던 것이다. 뒷날 조선공산당의 경우 입당 여부가 중앙위원회 차원에서 결정되었음을 고려할 때 입당절차가 비교적 손쉽게 이루어졌음을 볼 수 있다.

당원의 의무는 "당규에 복종하고, 당내의 비밀을 엄수하며, 주의를 선전하고, 간부의 명령에 절대 복종"하는 데 있었다. 당원의 여타 정치단체 가입 여부는 중앙위원회의 의결을 거쳐 실행하도록 규정함으로써 엄격히 통제했다.[85]

조직체계

「당규」에 의하면 상해파 공산당의 조직체계는 <그림 1>과 같다. 각급 당기관 중에서 최하부 조직형태인 구당회는 "적당한 지역 내에 거류하는 10명 이상의 당원으로 조직"하며, 고려공산당의 '단위조직'이라고 규정되었다. '세포'에 관한 규정이 당규에 포함되지 않은 점으로 볼 때

---

[85] 위의 책, 408쪽.

<〈그림 1〉 상해파 고려공산당 각급 조직체계도

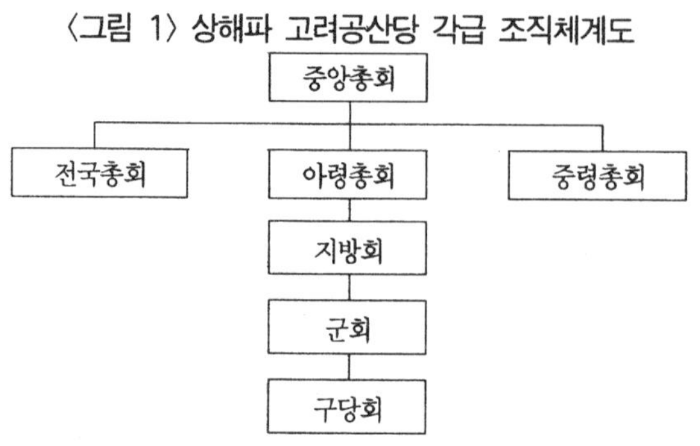

이것은 곧 세포기관을 가리키는 것으로 보인다. '구당회'를 새로 조직할 때는 상급기관인 군회 간부의 승낙을 받아야 하며, 각 구당회의 관할범위는 군회 간부가 획정한다고 규정되었다. 이로 미루어볼 때 구당회는 한국 국내에서는 군회 산하에 당원이 10명 이상 될 경우 설치했을 것이며, 아마도 면(面)을 염두에 둔 규정이었던 것 같다.

'구당회'의 직계 상급기관은 군회이다. 군회는 "1군 내에 재(在)하는 각 구당회의 대표자로 조직"되었다. '군회'의 직속 상급기관은 지방회이다. 지방회는 "1도 또는 이에 준하는 지방 내에 있는 각 군회 대표자로 조직"되었다. 한국과 조건이 다른 러시아와 중국령의 구당회, 군회, 지방회는 중앙총감부가 "적당한 지역을 분획 또는 종합하여" 조직하도록 규정하고 있다.[86]

각급 당조직은 "각 당회의 상설기관원 및 그 상부회에 참석할 대표자를 선정"하도록 했다. 이때 대표자 수는 관할 내의 당원 수 및 하부당회의 수에 비례하여 정하며, "그 비율은 각기의 소집하는 간부가 이를 정"한다고 규정했다.[87] 각급 당회가 소집되기 어려운 긴급한 조건에서는 "각기의 하부회 간부연합회로써 그에 대신"할 수 있도록 했다.[88] 이 조

---

86) 위의 책, 410쪽.
87) 위의 책, 410~411쪽.
88) 위의 책, 417쪽.

항은 일제의 가혹한 식민통치가 또아리를 틀고 있는 한국 국내와 같은 곳에서는 매우 중요한 의의를 지닌 것이었다.

상해파 공산당이 작성한 문서에 보면, 1922년 4월 현재 실제로 조직된 중국·만주·일본·한국 내의 지방회·군회의 수는 40여 개였다. 이 조직들에 포함되어있는 정당원 수는 3,000명이며, 후보당원 수는 2,000명 이내였다. 다만 "러시아에 재주하는 한국인 당원은 현재 조사중"이라고 하여 위의 인원에 포함되지 않았다.[89] 당조직에 관한 이 추산은 상해파 중앙위원회가 1922년 6월 1일자에 작성한 「사업성적·경비결산 개략보고(1921. 3~1922. 4)」에 의거한 것이다.

각 당회의 집행기관은 '간부' 및 '검사부'의 2종으로 구분되었다. 각급 '간부'는 모두 홀수 인원으로 구성되었다. 이것은 가부 동수일 경우 의결이 곤란해지는 폐단을 방지하기 위한 것으로 보인다. 검사부의 임무는 "각 간부의 회계 및 기타 일반사무의 집행을 검사하고 이를 최근 회의에 보고"하는 데 있었다. 이들의 임기는 1년이며, 재선이 가능했다.[90]

한국 국내 조직

상해 당대회에 대표자를 파견한 국내 공산단체는 사회혁명당이었다. 사회혁명당은 평안도, 경상도, 전라도, 함경도 등지에 소재하는 공산주의 비밀결사의 대표자 8명을 파견했다.[91] 상해파 공산당의 국내 기반은 곧 사회혁명당세력이라고 해도 과언이 아니었다. 상해파 공산당은 일본 관헌으로부터 "오로지 한국 내부에 전력을 기울"이고 있다는 평가를 받을 정도로 국내 조직기반 확충에 힘을 쏟았다.[92] 이러한 상해파의 강화

---

89) 위의 책, 435~436쪽.
90) 위의 책, 413쪽.
91) 김철수, 「친필유고」, 『역사비평』 1989년 여름, 11쪽.
92) 朝鮮總督府 警務局, 앞의 책, 288쪽.

된 국내 활동은 사회혁명당세력을 토대로 하여 이루어졌다.

상해파 공산당의 국내 조직을 총괄하는 최고기관은 '전국총회'였다. 이 기관의 간부 성원은 앞에서 말했듯이 김명식·윤자영·유진희·한위건·정노식·장덕수·최팔용·이봉수·이증림 등 9명이었다. 이들은 '내지간부' 혹은 '국내부 중앙위원'으로 불리었다.[93]

이들 '내지간부'는 한인사회당이 모스크바로부터 수령한 운동자금 40만 원 가운데 8만 원을 분배받았다. 상해파 공산당의 국내 조직 활동은 이 자금의 뒷받침을 받아 활발하게 이루어질 수 있었다.

1922년 4월 현재 상해파 공산당의 국내 조직 상황을 살펴보자. 국내부 중앙위원회는 서울에 소재했으며, "각 지방에 산재하는 20여 개의 지방회를 통괄"[94]했다. 여기서 말하는 '지방회'란 상해파 당의 규약에 의하면 "1도(道) 또는 이에 준하는 지방 내에 있는 각 군회 대표자로 조직"[95]하는 기관이었다. 당시 행정구역이 14개 도였음을 감안한다면 각 도에 1개씩 지방회가 조직되어있었고, 주요 도시나 공장지대에도 지방회가 별도로 조직되어있었다고 추정할 수 있다.

상해파 국내조직의 당원수는 "정당원, 후보당원 각 1,000명"[96]이었다고 한다. 정확한 수가 아니어서 다소 신빙성이 떨어진다. 하지만 이를 토대로 할 때 1지방회당 평균 약 50명의 당원과 후보당원을 조직했었던 것으로 보인다.

상해파 공산당은 3·1운동 직후 일제의 '문화정책'으로 인해 불충분하나마 허용된 공개운동 영역에도 적극 진출했다. 특히 '조선청년회연합회' 활동에 역점을 두었다. 상해파 공산당은 '조선청년회연합회'를 "내지 유일의 혁명단체"로 인정하고 있었다. 상해파 국내부는 조선청년

---

93) 김철수, 앞의 글, 365쪽.
94) 朝鮮總督府 警務局, 앞의 책, 427쪽.
95) 위의 책, 409쪽.
96) 위의 책, 427쪽.

회연합회 내부에 "간부원 중 몇 사람을 입당케 한 뒤에 우리 당의 국부(局部, 프랙션)를 설치"했다고 한다. 또한 "각 지방청년회에 순회선전을 한 결과 혹은 아(我) 동지가 되고, 혹은 아 간부가 되어 밀접한 연락을 취해왔다"는 표현에서 알 수 있듯이, 조선청년회연합회 지방순회 강연 등을 적극 활용했음을 알 수 있다. 상해파 국내부의 각 '지방회'는 각지 지방청년회와 밀접한 관련을 맺고 있었음을 짐작할 수 있다.

1922년 4월에 개최된 조선청년회연합회 제3회 총회에서는 상해파 국내부의 영향력이 더욱 증대되었다. 그 총회에서 "간부원 20명 중 14명의 우리 당원이 선거되었고, 또 상무위원 5명 중 4명은 아 당원이며 그 중 1명은 절대적으로 당에 동정하는 사람이기 때문에 이 연합회는 완전히 우리 당에서 지배"하는 상황이 되었다고 한다. 결국 상해파 공산당의 주된 국내기반은 바로 '조선청년회연합회'였던 것이다.

상해파 공산당 국내부는 '조선노동공제회', '흥농회' 등의 노동자·농민단체 내에서도 일정한 영향력을 갖고 있었다. 조선노동공제회는 1922년 4월에 총회를 열었는데, "5명의 아 당원이 그 간부에 들어가 국부(局部)를 설치하여 사업을 진행중"이라고 한다.

그러나 청년회연합회와는 달리 노동공제회 내에서 상해파의 영향력은 그다지 크지 않은 듯하다. 조선노동공제회에서는 이르쿠츠크파를 지지하는 공산주의자들도 일정한 영향력을 갖고 있었다. 또한 양파 가운데 어느 한쪽도 지지하지 않는 공산주의자들, 그밖에 민족주의자들도 일정한 영향력을 함께 나누어 갖는 상태에 있었을 것으로 보인다.

흥농회는 "1920년부터 준비중이었는데, 1921년 10월에 비로소 완성된 조선 유일의 농민적 단체"였다. 그 지부는 3개소이고, 회원수는 3,000명이었다. 상해파 공산당은 흥농회 발기 당시에 "7명의 당원을 발기회에 참가"시켰다고 한다. 그 결과 흥농회 간부원 "7명 중 3명이 아 당원인 고로 국부(局部)를 설치"했다고 한다.[97]

해외 조직

상해파 공산당이 국내 못지않게 역점을 두어 조직활동을 전개한 곳은 만주였다. 그곳에는 3개의 지방회가 설치되었다. 돈화현에 본부를 둔 '북간도지방회'는 "각 현에 설치한 9개소의 군회를 통할"했다. 1922년 4월 현재 정당원 1,721명 후보당원 829명을 포괄하고 있었다.

북간도에는 그외에도 공산청년회가 조직되어있었다. 용정(龍井)에 46명 회원으로 구성된 '공산당 청년회'가 활동중이었다. 상해파의 북간도지방회는 북간도국민회와 밀접한 연계를 갖고 있었다. 1922년 4월 현재 국민회 "간부원 12명 중 8명의 아 당원이 선거된 결과 국부를 설치"했다고 한다.

길림(吉林)에 본부를 둔 '서간도지방회'는 산하에 6개 군회를 두었다. 당원수는 153명이고 후보자는 65명이었다.

요하(饒河)에 본부를 둔 '요하현지방회'는 중동선 철도 연선지대에 산재하는 5개소의 구역회를 관할했다. 당원 275명과 후보 87명을 품고 있었다. 그밖에 회원 20명으로 구성된 공산당청년회가 조직되어있었다.[98]

만주에 소재하는 이 3개 지방회는 중령총회의 통제를 받았다. 중령총회는 만주의 3개 지방회 외에 중국 관내에 소재하는 지방회도 관할했다. 중국 관내에는 상해와 북경에 2개의 지방회가 있었던 것으로 추정된다. 1922년 4월에 작성된 상해파의 자금수지계산서 명세표에는 '북경지방회' 사업비로 자금의 일부가 지급되었노라고 기록되어있다. 상해에는 상해파 공산당의 '중앙총감부' 외에 지방조직인 '상해지방회'가 조직되어있었다. 그 지부장은 김덕(金德)이었다.[99]

상해파 공산당의 일본 내 조직활동은 '동경지방회'를 중심으로 하여

---

97) 위의 책, 429~431쪽.
98) 위의 책, 432~433쪽.
99) 金正明 編, 앞의 책, 297쪽.

이루어졌다. 동경지방회는 1922년 4월 현재 30명의 당원과 20여 명의 후보당원으로 구성되어있었다.[100] 이들은 동우회와 깊은 관련을 맺었다. 동우회는 도쿄에 거주하는 조선인 고학생과 조선인 노동자들의 발기로 1920년 3월에 성립된 노동자단체였다. 상해파 동경지방회는 동우회에 4명의 당원을 가입시켜 프랙션을 설치했다. 또한 한인 유학생단체인 '유학생학우회' 내에도 6명의 당원이 간부로서 활동하고 있었다.[101]

---

100) 朝鮮總督府 警務局, 앞의 책, 433쪽.
101) 위의 책, 434~435쪽.

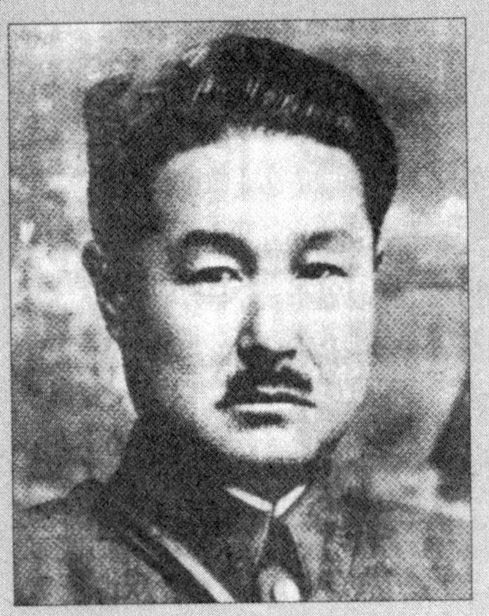

고려공산당 연합 중앙위원 김동한

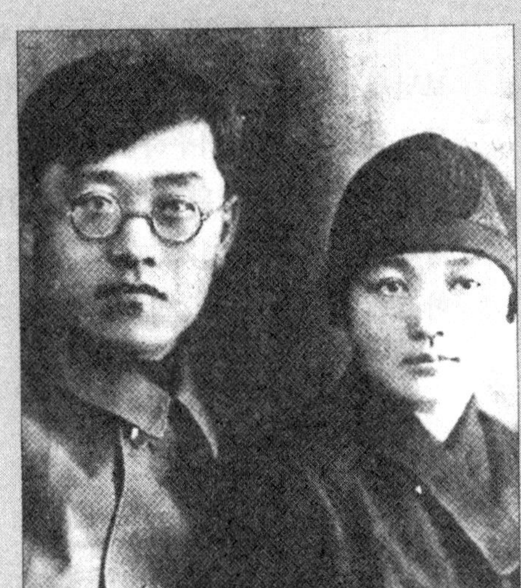

상해파 고려공산당 청년지도자 김아파나시와 그 부인

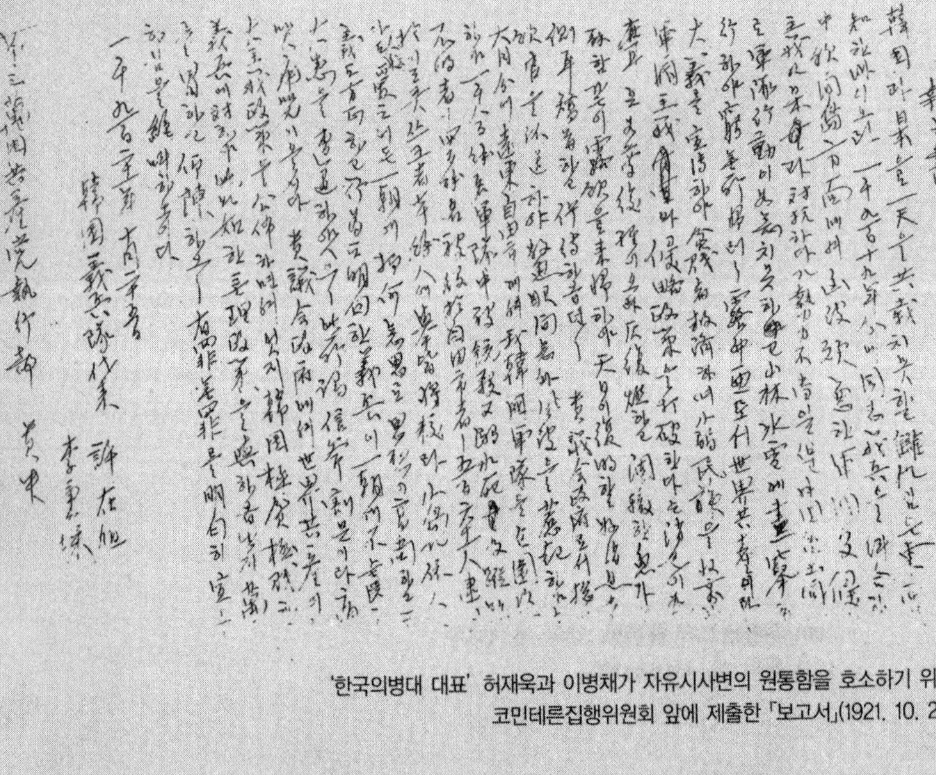

報告書

'한국의병대 대표' 허재욱과 이병채가 자유시사변의 원통함을 호소하기 위해 코민테른집행위원회 앞에 제출한 「보고서」(1921. 10. 25)

코민테른 한국위원회에서 채택한 1921년
1월 15일자 한국문제 결정서(11월결정서)
ㄴ어본 첫 페이지

코민테른 한국위원회 위원 쿠시넨

코민테른 동양부장 겸
한국위원회 위원 사파로프

코민테른집행위원회 의장
지노비예프

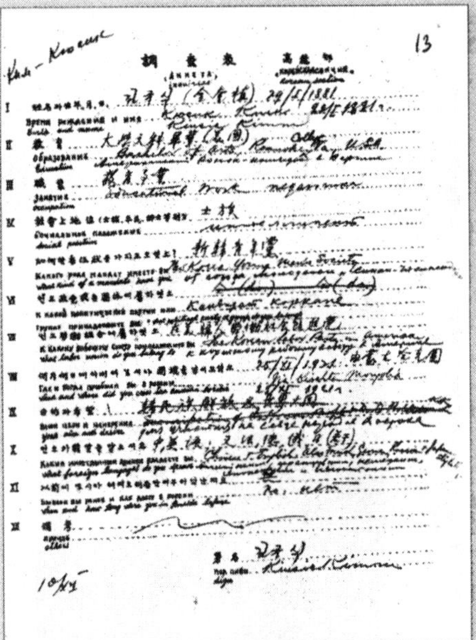

극동민족대회에 참석한 김규식의
자필 신상명세서(조사표)

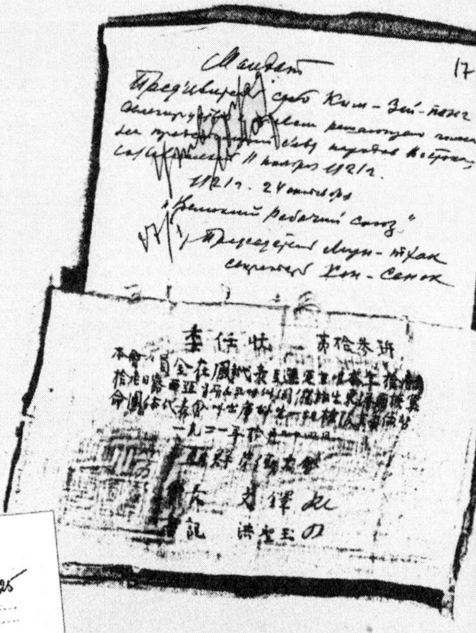

극동민족대회에 참석하기 위해
김재봉이 휴대한 조선노동대회 위임장

극동민족대회에 참석한 여운형의
자필 신상명세서(조사표)

극동민족대회 단상. 단상 테이블에 늘어뜨려진 플래카드에는 한글로 "공산당은 원동해방에 선봉대"라는
글귀가 선명히 적혀있다. 가운데 서있는 사람이 가카야마 센, 오른쪽에서 두번째 앉은 사람이 김규식

극동민족대회 회의장 전경

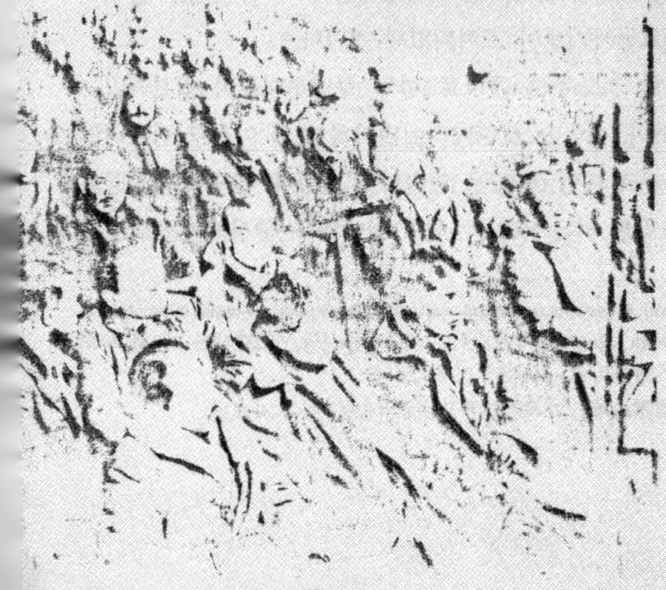

극동민족대회 대의원석

제10장 자유시의 비극

1. 점증하는 위기

고려혁명군정의회

공산당의 분열은 무장단체의 분열을 부채질했다. 두 개의 고려공산당이 성립됨에 따라 러시아 아무르주에 집결했던 한인 무장부대 상호간의 대립은 더욱 첨예화되었다.

이르쿠츠크파 공산당은 무장투쟁을 최우선시했다. 창립대회에서 그들은 "당사업의 방향은 무엇보다 먼저 일제와의 무장투쟁이 되어야 한다"[1]고 결의한 바 있다. 그 때문에 그들은 서둘러 군사문제를 풀려고 했다.

당대회 종료 직후인 1921년 5월 18일에 정식으로 고려혁명군정의회가 조직되었다. 군정의회 위원 선임은 고려공산당 중앙간부에서 후보자를 추천하고 코민테른 극동비서부의 승인을 얻는 방식으로 이루어졌다. 총사령관에 칼란다라쉬빌리, 군정위원에 유동열, 최고려가 임명되었다. 3명으로 구성된 최고군사기관이 조직되었던 것이다.[2]

고려혁명군정의회 지도부는 곧바로 한인 무장부대들이 집결해있는 아무르주로 출발했다. 이들은 칼란다라쉬빌리의 지휘 아래 러시아내전에 참전했던 카프카즈 기병 600명을 인솔하고 있었다. 일행이 극동공화국 수도 치타에 도착한 것은 1921년 5월 23일이었다. 군정의회는 그곳에

---

1) Доклад Корейской Коммунистической партии 3 Конгрессу Коминтерна, Народы Дальнего Востока, Иркутск, 1921, No.2 ; 고려공산당, 「코민테른 제3차 총회에 대한 보고」, 『역사비평』 1989년 가을, 361쪽.
2) 「在魯高麗革命軍隊沿革」, 28쪽(『한국공산주의운동사』 2 자료편).

서 극동공화국 총사령관 라핀과 함께 한인부대의 재편성 및 활동방침에 관한 대책을 협의했다.

군정의회 지도부가 자유시에 도착한 것은 1921년 6월 6일이었다. 거기는 임시군정의회 위원들이 머물고 있는 곳이었다. 이튿날 고려혁명군정의회와 임시군정의회 두 기관 지도부가 연석회의를 가졌다. 두 기관 사이에 업무인수·인계가 이루어졌으며, 「사무집행 전말서」가 전달되었다. 이때부터 임시군정의회 대신에 정식 고려혁명군정의회가 사무를 집행하게 되었다.

그즈음 대한의용군 내에서 균열이 일어났다. 북간도 독립군 지도자들이 평화로운 문제해결을 주장하고 나섰기 때문이다. 대한의용군 사령부는 코민테른 극동비서부의 영향력이 미치지 않는 지역으로 이동할 것을 진지하게 검토하고 있었다. 그러나 북간도 군대의 지도자들이 그에 반대했다. 그들은 한인 부대들 간에 분열을 격화시킬 수 있는 행동은 자제되어야 하며, 한인부대의 평화적 통일을 계속 모색할 것을 주장했다.

북간도 군대 가운데 2개 부대가 대한의용군 사령부의 지휘를 거부하고 나섰다. 홍범도가 이끄는 독립군 군대와 안무가 지휘하는 국민회 군대였다. 두 부대는 주둔지 마자노프를 벗어나 군정의회 주둔지인 자유시로 넘어갔다. 홍범도 부대 440여 명은 6월 2일에, 안무 부대는 6월 9일에 각각 자유시에 도착했다. 그밖에 총군부 군대(최진동) 부대원 가운데 70여 명이 소부대 단위로 무리를 지어 자유시로 향했다. 부대들이 이동하는 동안에 충돌은 없었다.[3]

그리하여 고려혁명군정의회가 자유시에 도착할 즈음에는 한인 각 무장부대들이 자유시와 마자노프에 각각 나뉘어 대치하고 있는 형편이었다. 자유시에는 자유대대, 이르쿠츠크 합동민족군대, 독립군 군대(홍범도 부대), 국민회 군대(안무 부대) 등이 주둔해있었다. 이들은 '고려혁명군'

---

3) 위의 글, 27, 30~32쪽

명의하에 통합되어있었다. 마자노프에는 니콜라예프스크 군대, 총군부 군대, 독립단 군대, 다반 군대, 이만 군대 등이 주둔해있었다. 이들은 대한의용군 명의하에 편성되어있었다.

고려혁명군정의회가 맨 처음 시행한 조치는 마자노프에 주둔중이던 대한의용군 각 부대에 자유시로 이동할 것을 명령한 일이다. 6월 9일이었다. 고려혁명군 총사령관 칼란다라쉬빌리, 코민테른의 파견원 오홀라(Охола), 군정위원 최고려 3명은 직접 마자노프로 갔다. 그들은 대한의용군 전 대원이 집결시켰다. 그들은 군정의회의 사명과 방침에 대해 설명한 뒤 모든 장병들에게 자유시로 이동할 것을 명령했다.

대한의용군 사령부는 두 가지 조건을 제시했다. 그것이 수용되지 않는 한 자유시로 이동할 수 없다고 통고했다. 그 조건 가운데 하나는 대한의용군 지휘관 그리고리예프(연대장)와 김민선(부사령관)의 석방에 관한 건이었다. 이 두 사람은 모종의 임무를 띠고 블라고베셴스크에 출장을 갔다가 마자노프로 귀환하던 도중 군정의회 군대에 체포되어 구속중이었다. 이들은 임시군정의회 위원 오하묵의 명령으로 체포되었다. 군정의회측의 주장을 보면, 그들의 죄목은 “① 상급명령 불복종, ② 설유위원 5명에 대한 불법 구금, ③ 총사령관 허가 없는 근무지 이탈” 등이었다.

또 하나의 조건은 군정의회 간부 중에서 대한국민의회 관계자를 해임시켜달라는 요구였다. 대한국민의회 군사간부인 최고려, 김하석, 오하묵 3명이 군정의회 간부로 재임하는 한 그 명령에 복종할 수 없다는 것이 대한의용군측의 주장이었다. 대한국민의회는 아무르주 한인공산당과 오랫동안 반목해왔고, 따라서 대한의용군의 대다수 군인들이 가장 기피하던 세력이었다.

군정의회는 그 중 첫째 조건만을 수용하기로 결정했다. 군정의회 지도부는 그리고리예프와 김민선을 구금시킨 상황에서는 대한의용군의 장교들 사이에 만연되어있는 의혹을 해소할 수 없다고 보았다. 대한의용군 장교들은 자유시로 일단 나가면 체포될 가능성이 있다고 두려워한다는 것이었다. 그러나 군정의회 위원 중에서 대한국민의회 인사들을 해임하라는 두번째 조건은 받아들이지 않기로 했다.[4]

충돌의 위기

대한의용군은 앞길에 희망을 느낄 수 없었다. 그들은 최후 수단을 실행에 옮기기로 작정했다. 코민테른 극동비서부의 힘이 미치지 않는 곳으로 이동하는 일이 그것이었다. 대한의용군 간부들은 북간도로 회군하기로 마음먹었다. 하지만 군정의회 승인 없이 군대를 이동시키는 일은 커다란 군사적 범죄에 속하는 일이었다.

이 문제를 논의하기 위해 대한의용군 전군이 한 자리에 모였다. '군회(軍會)'를 소집한 것이다. 군회에 참석한 병사대중은 북간도로 회군하는 데 찬성하는 분위기였다. 대한의용군 장병들은 칼란다라쉬빌리를 불신했다.[5] 대한국민의회 출신의 '악당들'을 제외해달라는 요구에 응하지 않았고, 대한의용군 사령관과 참모관을 체포한 일 때문이었다. 장병들은 분노에 휩싸여있었다. 그들은 러시아·중국 국경을 넘어 만주로 나아가기로 결정했다.[6]

결정은 곧 행동으로 옮겨졌다. 대한의용군은 주둔지 마자노프를 떠나 산악지대로 행군을 시작했다. 6월 12일이었다. 급박한 상황이 조성되었다. 이 소식은 곧 군정의회 지도부에 알려졌다. 군정의회 지도부는 긴급회담을 열고 대책을 논의했다. 그 결과 최후의 대책으로 '대한의용군 무장해제'안을 제기했다.

군정의회도 고려혁명군 병사대회를 소집했다. 대한의용군 무장해제안을 대중토론에 부치기 위해서였다. 대회의 의견은 두 가지로 팽팽히 나

---

4) 위의 글, 29~32쪽.
5) 張道政, 「高麗共産黨の沿革」, 15쪽, РГАСПИ ф.495 оп.154 д.248.
6) 김경재, 「흑하사변의 진상 2」, 『독립신문』 1922년 5월 27일자, 1쪽.

400

뉘었다. 자유대대는 강경했다. 그들은 대한의용군 무장해제안을 지지했다. 그러나 북간도 군대와 이르쿠츠크 '합동민족군대' 병사들은 무장해제안에 반대했다. 대한의용군측의 건의를 받아들여 통합에 걸림돌이 되고 있는 오하묵과 김하석, 최고려의 퇴진을 권고하자고 주장했다. 두 의견은 팽팽히 맞섰다. 군인들은 서로 먹살잡이를 하며 논쟁했다. 회의장은 걷잡을 수 없는 소란에 빠져들었다.

군정의회 지도부가 나섰다. 그들은 대한의용군 무장해제안을 관철시키고자 했다. 단호하고도 집요하게 설득했다. 지도부의 제안이 표결에 부쳐졌다. 대다수 군인들이 지도부의 제안에 손을 들었다. 마침내 대한의용군 무장해제안이 다수결로 가결되었다. 대한의용군과 고려혁명군 간의 무력충돌은 불가피하게 되었다.

군정의회는 신속히 작전을 펼쳤다. 대한의용군의 행군을 저지하는 것이 급선무였다. 그를 위해 보츠카레보(Бочкарево)에 주둔중인 러시아 기병대를 동원했다. 기병대로 하여금 대한의용군의 앞길을 차단케 했다. 총사령관 칼란다라쉬빌리가 직접 인솔하는 수개의 중대 병력이 대한의용군의 후미를 추격해갔다. 머지않아 두 군대는 한밤중에 산중에서 조우하게 되었다. 일촉즉발의 긴장감이 흘렀다.

위기일발의 순간에 긴급 협상이 이루어졌다. 이 협상은 이제 막 석방된 대한의용군의 두 간부 그리고리예프와 김민선이 주선했다. 그들은 시간을 다투어 대한의용군 대열을 뒤쫓았으며, 어렵사리 그들을 따라잡았다. 두 지휘관은 대한의용군을 설득했다. 요구조건 가운데 하나는 이미 수용되었으며, 또 다른 요구조건이 시행되는지 여부를 시간을 두고 지켜보자고 설득했다. 이들의 권유는 임박한 충돌에 직면하여 번민과 두려움에 사로잡혀있던 대한의용군 군인들에게 받아들여졌다.7)

그리고리예프는 다시 방향을 바꾸어 군정의회 사령관 칼란다라쉬빌

---

7) 「在魯高麗革命軍隊沿革」, 32~34쪽.

리를 찾았다. 그는 대한의용군 군인들의 마음을 되돌려놓았음을 보고했다. 결국 이 주선이 주효하게 되어 군정의회와 대한의용군 지도부 간에 담판이 이루어졌다. 그 결과 협약이 이루어졌다. 군정의회는 대한의용군 장병들의 안전을 보장하고, 대한의용군은 자유시로 집결한다는 내용이었다.[8] 대한의용군이 마자노프를 출발한 지 만 하루가 지난 6월 13일이었다. 북간도 회군을 단행한 것에 대한 책임문제는 불문에 부쳐졌다. 대한의용군은 자유시에서 3베르스타(약 3km) 떨어진 소도시 수라제프카(Cy ражевка)에 주둔했다.[9]

재합의

모처럼 양측 사이에 타협의 분위기가 조성되었다. 군정의회 지도부는 이 기회를 이용하여 평화적인 방법으로 군사통일문제를 해결하려고 노력했다. 6월 19일 군정의회의 주도하에 통합 장교회의가 개최되었다. 양 군대의 분대장 이상 연대장 이하 직위에 있는 모든 장교들이 소집되었다.

누구나 다 알고 있었다. 협상이 이루어지지 않으면 그것은 곧 유혈충돌을 의미한다는 것을. 대동단결의 필요성에 대한 자각이 어느 때보다 고조된 분위기 속에서 회의가 진행되었다. 마침내 두 군대의 통일이 결의되었다. 회의 참가자들은 앞으로 고려공산당 중앙간부와 고려혁명군 정의회에 절대로 복종하겠다는 결정서를 채택했다.[10]

총사령관 칼란다라쉬빌리는 흡족했다. 그는 '6월 19일'이야말로 한국 혁명 역사에 가장 빛나는 기념일이 될 것이라고 연설했다. 그는 군사통일이 달성되었으며, 과거의 모든 죄는 사면한다고 선언했다. 장교회의의

---

8) 김경재, 앞의 글, 1쪽.
9) 「在魯高麗革命軍隊沿革」, 35쪽.
10) 위의 글, 35~36쪽.

결의는 이튿날 모든 병사들에게 발표되었다. 병사대중은 환호를 터트렸다. 그동안 중립적 입장을 취했던 이르쿠츠크 '합동민족군대'와 북간도 독립군들이 특히 기뻐했다고 한다.[11]

그러나 장교들의 결의는 매우 불안정한 것이었다. 그동안 문제시되어오던 이견들이 해소된 상태에서 이루어진 것이 아니었기 때문이다. 이견은 잠시 봉합되었을 뿐이었다.

통합선언이 있은 지 불과 이틀 뒤에 봉합선이 터졌다. 6월 21일 대한의용군 지휘관 7명이 연명한 혈서가 군정의회 앞으로 제출되었다. 피로 쓴 그 문서에는 '김하석, 오하묵, 최고려' 세 사람을 지도부에서 축출해 달라는 내용이 적혀있었다. 이 요청만 수용된다면 대한의용군 모든 장병은 군정의회에 절대적으로 충성하겠노라는 다짐이 덧붙어있었다.[12]

세 사람은 대한국민의회 출신의 군사지도자들이었다. 이들은 대한의용군 장병들에게는 결코 용납될 수 없는 사람들이었다. 이 문제는 군대통일 여부를 좌우하는 최대의 걸림돌이 되었다.

똑같은 요청이 6월 22일에 열린 '전군대회'에서도 제기되었다. 대회에 참석한 대한의용군 병사들은 "최고려는 대한국민의회에서 법부대신을 지냈으니 우리의 동지가 아니다", 혹은 "작년 니콜라예프스크 군대 무장해제를 강박했다"는 등의 이유로 그의 퇴진을 요구하고 나섰다.

군정의회 위원 최고려가 연단에 올랐다. 그는 결백을 호소했다. 혁명운동에 헌신하려는 뜨거운 열정을 토로했다. 그래도 자신을 받아주지 않는다면 자기가 선택할 수 있는 길은 죽음뿐이라고 비장하게 선언했다. 스스로 사형선고를 내린 것이다. 무거운 침묵이 흘렀다. 10분 동안이나 계속되었다.

군정의회 사령관 칼란다라쉬빌리가 연단에 올랐다. 그는 국제주의자의 의무감으로써 한국혁명에 헌신하려는 자신의 각오를 피력했다. 그는

---

11) 김경재, 앞의 글, 1쪽.

12) 「在魯高麗革命軍隊沿革」, 36쪽.

한인 군대의 평화적 통일이 절대적으로 필요한 일임을 역설한 뒤, 자신의 능력으로는 그 과제를 달성할 수 없으므로 그에 대한 책임을 지고 사령관직을 사임하겠노라고 선언했다.

군대의 평화와 단결을 호소하는 군정의회 지도부의 태도는 비장했다. 그 태도는 대회에 참석한 군인들을 감동시켰다. 분위기는 반전되었다. 최고려의 사형선고 취소, 한인 군대의 일치단결, 총사령관 사임발언 취소를 요청하는 발언이 쏟아졌다. 결국 과거의 모든 시비곡절을 묻어두고 앞으로 대동단결하자는 결의가 이루어졌다.[13]

이르쿠츠크파 공산당은 군정의회 지도부에서 구대한국민의회 인사들을 끝내 제명하지 않았다. 그것은 이르쿠츠크파 공산당의 지지기반이 시베리아 한인 사회주의자들과 러시아 극동의 대한국민의회 주도세력의 연합 위에 구축되어있었기 때문이다.

그러나 대한의용군 사람들의 관점에서 보면 그것은 이해할 수 없는 조치였다. 문제의 세 사람을 감싸는 지도부의 태도는 대한국민의회 패거리를 돕는 행위였다. 또한 대한의용군 군대 전체보다 그 세 사람을 중시하는 태도로 받아들여졌다.[14] 대한의용군의 이러한 불만은 통일에 대한 군중적 열망에 눌려 잠시 수그러들었다. 그러나 불만은 머지않아 또 다른 계기를 통해 다른 형태로 표출되었다.

고려혁명군 편제 명령서

1921년 6월 26일 군정의회는 고려혁명군 편제 명령서를 발부했다. 명령서의 전문에는 대립하는 두 진영이 공유할 수 있는 대의명분이 설명되어있다. "공산주의를 표방하며 고려혁명을 목적하고 생사를 동맹하며 고락을 동상(同嘗)하기 위하여 혁명군에 헌신한 우리"라는 규정이 그것

---

13) 위의 글, 38쪽.
14) 張道政, 앞의 글, 16쪽.

이다. 일치단결의 필요성이 반복적으로 서술되어있다. 그만큼 분열의 위기가 격화되어있었음을 반증한다.[15]

명령서에는 고려혁명군을 3개 연대병력으로 편성하고, 1개 연대는 3개 대대로, 1개 대대는 3개 중대로 편제한다고 적혀있다. 1개 중대의 병력 수는 90명으로 상정되었으며, 1개 대대는 270명, 1개 연대는 810명으로 구성된다고 명시되었다. 이 편제안에 따른다면 한인 군대병력의 총수는 3개 연대 2,430명에다, 2개 경호중대 180명을 합하여 도합 2,610명이다.

편제의 핵심은 대한의용군을 축소하는 데 있었다. 대한의용군은 3개 대대로 편성되어있었는데, 그 중 제3대대(총군부 군대)를 떼냈다. 총군부 군대는 이르쿠츠크 합동민족연대 내 한인 2개 대대와 합동하여 고려혁명군 제1연대를 구성케 했다. 대한의용군의 제1대대 제1중대(이만 군대)도 떼냈다. 이 부대는 다반 군대와 합하여 고려혁명군 사령부 경호대로 편제되었다.

대한의용군의 남은 병력은 제1대대의 2개 중대와 제2대대의 3개 중대 병력이었다. 편제 명령서는 이 잔여 병력만으로 고려혁명군 제2연대를 편성한다고 명시했다. 대한의용군의 5개 중대 병력은 9개 중대로 재분할되었으며, 그들은 다시 3개 대대로 편제되었다. 대한의용군의 1개 중대 병력이 150명 병력으로 구성되었는 데 반하여 고려혁명군의 그것은 90명으로 축소편성되었던 것이다.

고려혁명군의 제3연대는 자유대대, 북간도 독립군 군대(홍범도 부대), 북간도 국민회 군대(안무 부대)를 근간으로 하는 3개 대대로 구성되었다. 위에서 말한 것을 다시 정리해보자.

1연대 : 이르쿠츠크 합동민족연대 한인 2개 대대＋북간도 총군부 군대

---

15) 「명령 No.25 원동고려혁명군대와 및 의용대에」, 1921. 6. 26, РГВА, Ф.1709 О
п.1 Д.6 Л.25.

　　　　(최진동 부대)
　　2연대 : 대한의용군 잔여부대(니콜라예프스크 군대 등)
　　3연대 : 자유대대＋북간도 독립군 군대(홍범도 부대)＋북간도 국민회 군
　　　　대(안무 부대)
　　경호대 : 연해주 이만 군대＋연해주 다반 군대

　대한의용군 장병들은 이 개편안에 불복했다. 군인들은 두 가지 문제를 지적했다. 하나는 1개 중대의 기본병력을 90명이 아니라 종전과 같이 150명으로 하자는 것이었다. 대한의용군 시기에 형성된 결속력을 온존한 바탕 위에서 군대통합이 이루어져야 한다는 말이었다. 다른 하나는 대한의용군의 주력을 구성했던 니콜라예프스크 군대와 북간도 군대를 분리시키지 말고 함께 편성해달라는 것이었다.

　편제 명령서가 발부된 이튿날 6월 27일이었다. 대한의용군 구사령관 그리고리예프와 박일리야 영솔하에 북간도 군인 대표 수십 명이 군정의회 지도부를 찾아왔다. 북간도 부대와 니콜라예프스크 군대의 분리안을 철회하라고 요구하기 위해서였다. 편제 명령서는 두 세력의 통합을 가로막는 최후의 최대 걸림돌이 되었다. 양측의 반목은 이날에 이르러 폭발적 국면으로 진입했다.

　이날 '군인대표회'가 소집되었다. 논란은 구대한의용군 소속 군인 1명(최봉인)의 구속문제를 둘러싸고 벌어졌다. 군정의회 사령부는 그를 가리켜 김하석, 오하묵, 최고려 3명에 대한 암살임무를 받고 파견된 자라고 지목했다. 구대한의용군의 군인 대표자들은 터무니없는 억측이므로 그를 즉각 석방해야 한다고 주장했다. 이 요청은 거절되었다. 얽히고 설킨 온갖 문제가 이날 폭발했다. 대한의용군측 군인 대표자들은 회의장을 박차고 퇴장했다.

　그날 밤 군정의회 지도부는 대책을 마련하기 위해 긴급 회의를 가졌다. 그들은 대한의용군을 상대로 한 평화적인 군대통합은 불가능하다고 판단했다. 더이상의 무마책은 불필요하다고 본 것이다.[16] 이제 남은 길

은 비평화적인 수단뿐이었다. 군대통일을 위해서는 대한의용군에 대한 무장해제를 단행하는 길 외에 아무런 선택의 여지도 없다고 군정의회 지도부는 판단했다.

2. 전투

무장해제

군정의회 사령부는 즉시 무장해제작전에 착수했다. 28일 오전 1시 극동공화국 자유시 수비대(제2군단 제12여단 29연대)와 교섭하여 4개 중대를 차출하고, 여기에 고려혁명군을 가세하여 대한의용군의 주둔지인 수라제프카에 파견했다. 그들은 장갑차를 비롯한 중화기까지 동원했다.

대한의용군측도 사태가 심상치 않음을 감지하고 27일 밤에 주둔지인 수라제프카에서 긴급 '군회(軍會)'를 소집했다. 단호한 결의가 채택되었다. 고려혁명군정의회의 편제 명령에 복종하지 않을 것이며, 만약 강제로 무장을 해제시키려 들 경우에는 "최후의 피 한 방울이 다할 때까지 무기를 놓지 않겠다"는 비장한 결정이 이루어졌다. 왜 무기를 놓지 않겠다는 것인가? 뒷날 상해파 인사가 작성한 한 문서에는 대한의용군 병사들의 의식상태가 이렇게 묘사되었다.

> 그 무기는 일본군과의 전투 속에서 획득했거나 우리 노동자, 농민의 피땀어린 푼돈을 모아 장만한 것이었다. 몸 속에 피가 흐르는 동안에는 어떤 경우에도 넘겨줄 수가 없었다. 무기를 넘겨주느니 차라리 죽는 것이 낫다고 결심했다. 우리는 우리의 무기를 뺏으려는 자들은 일본제국주의와 같은 편에 선 것과 다름없다고 생각했다.[17]

---

16) 「在魯高麗革命軍隊沿革」, 40쪽.

대한의용군 병사들의 의식에 비추어보면 그것은 결단코 복종할 수 없는 명령이었다. 죽기를 각오하고 무장해제에 저항한 데는 이러한 집단적 심리상태가 배후에 놓여있었다.

대한의용군 주둔지 수라제프카는 자유시에서 3킬로미터쯤 떨어진 자그만 도시였다. 이 소도시 곁으로는 아무르강 지류인 제야강이 유유히 흘렀다.

고려혁명군은 28일 오전 5시경에 벌써 수라제프카 일대를 포위하는 데 성공했다. 해가 미처 다 뜨기 전인 오전 6시에 마침내 공격명령이 떨어졌다. 공격의 일선에 선 부대는 극동공화국 인민혁명군 부대들이었다. 고려혁명군정의회가 반혁명분자들을 소탕한다는 명분으로 얻어온 지원군이었다. 러시아 지원군들은 30대의 기관총과 몇 문의 대포를 이용하여 엄청난 화력을 퍼부었다.

대한의용군 장병들은 능동적으로 응사할 기분이 아니었다. 단지 화력이 부족한 때문만은 아니었다. 지난 수년간 백위군에 맞서 어깨를 걸고 함께 싸웠던 러시아인 동료들이 아니던가. 그들과 어리석은 전투를 벌여서 피를 흘리고 싶지 않았던 것이다.

아침 6시에 시작된 전투는 저녁 6시까지 계속되었다. 처참한 상태를 목도한 많은 병사들이 제야 강에 투신자살했다는 기록들이 있다. "남·북만주에서 온 의병들은 우리의 철포가 곧 남·북만주의 노동자들이 일본제국주의자를 타도하고자 피땀으로 사준 총이므로 버릴 수 없다고 하면서 총을 끼고 아무르강 속으로 뛰어들어간 병대(兵隊)가 많았다"고 한다.18)

---

17) Представитель Приморской Корейской Коммунистической организации Кимдо нхан и Представитель Дальневосточной Корейской Красной Молодежи Кимшен у, Письмо вождю мировой красной армии тов. Троцкому(연해주 한인공산당 대표 김동한, 극동한인적색청년회 대표 김성우, 「세계 적군의 지도자 트로츠키 동무에게 보내는 편지」), 1921. 10. 28, 5쪽, РГАСПИ, ф.495 оп.135 д.28 л.39~48 (이하 「김동한·김성우의 편지」로 줄임).

408

이런 류의 기록은 대한의용군측 입장에서 작성된 다른 문서들에서도 빈번히 보인다. 그들은 혁명동료들에게 총맞아 죽느니보다 차라리 물에 빠져죽겠다고 결심한 사람들이었다. 그들은 "무기를 가슴에 꼭 끌어안고, 만주 산악 쪽을 마지막으로 응시한 뒤에 강물 속으로 몸을 던졌다"고 한다.

해가 진 뒤에 최후의 돌격전까지 감행되었다. 수비군측에서는 적극적인 반격을 하지 않았다. 근접거리까지 접근한 공격군들은 수비군 참호에 들어가 학살을 저질렀다. 포로가 된 사람들을 총검으로 여러 번 찔러 죽이는 일도 생겼다. 40명 이상이 그 돌격전에서 사망했다고 한다. 변변한 저항도 해보지 못하고 죽어간 그 사람들은 "만주의 초원과 북부 한국의 산악에서 영웅적인 공훈을 쌓음으로써 조선의 모든 혁명가들을 열광케 하고 일본제국주의자들을 전율케 하던 사람들"이었다.[19]

전투는 고려혁명군측의 승리로 끝났다. 대한의용군은 무장이 해제되었고, 그 소속 군인들은 명령불복종 혐의로 체포되었다.

희생자들

무장해제를 둘러싼 전투 당시 사상자 피해는 얼마나 되는가? 이에 대해서는 상충되는 자료들이 남아있다. 먼저 피해를 입은 대한의용군과 상해파 사회주의자들의 주장을 들어보자.

무장해제사건에 분노한 재북간도 반일단체들이 연명으로 발표한 「성토문」을 보자. 그에 의하면 전투 결과 "적탄에 맞아 사망한 자 72명, 익사자 37명, 기병의 추격을 받아 산중에서 힘이 다하여 사망한 자 200여 명, 행방불명인 자 250여 명"이다. 대략 600여 명이 사망한 것으로 집계

---

18) 張道政, 앞의 글, 16~17쪽.

19) 「김동한·김성우의 편지」, 1921. 10. 28, 6쪽, РГАСПИ, ф.495 оп.135 д.28 л.39
~48.

하고 있다.[20] 또한 포로로 체포된 자는 917명이었다고 파악하고 있다. 이에 따르면, 대한의용군 전체 성원은 약 1,500명이며 그 중 40%가 사망하고, 60%가 체포되었다는 계산이 나온다.

치타 한인부 위원을 지냈던 장도정은 이 전투로 인해 '사상자'가 대략 400명선에 달했다고 추산한다. 이처럼 대한의용군측에 따르면, 400~600명의 사상자가 발생했다고 한다.

그 반면에 가해자측인 고려혁명군정의회는 그보다 훨씬 낮추어 파악하고 있다. 고려혁명군정의회는 당시 피해현황을 "사망자 37명, 부상 4명, 도망 50여 명, 포로 900여 명"으로 공식 발표했다.[21]

고려혁명군정의회측의 입장을 담은 『전로고려혁명군대연혁』에는 그들의 추계가 더 자세히 수록되어있다. "사망자 36명, 포로 864명, 병자로 불참한 자 19명, 전투 중 박일리야의 영솔하에 도망한 자 30명, 행방불명자 59명, 기타 합계 1,012명"이라고 추산한다.[22]

고려혁명군측의 견해를 종합하면, 전투 당시 대한의용군의 병력 총수는 약 1,000명이며, 그 중 90%에 달하는 900여 명이 체포되었고, 사망자는 40명 미만에 그쳤으며, 행방불명이나 도주한 자들이 약 50~90명에 이른다는 것이다.

양측의 집계상의 차이를 어떻게 이해해야 할까? 먼저 전투 당시 대한의용군의 병력 총수가 얼마였는지 확인해보자. 제3자의 입장에서 비교적 공정하게 이 문제를 조사한 『독립신문』 기자 김경재의 보도가 있다. 그는 『독립신문』의 위탁을 받아 현지에 출장을 가서 각 방면으로부터 자유시 사건의 내용을 조사했다. 그에 따르면, 당시 대한의용군의 총병력은 약 1,400명이었다고 한다.[23] 대한의용군측 기록에는 1,500명이라고

---

20) 북간도 11개 반일단체, 「성토문」(朝鮮總督府 警務局, 『大正11年朝鮮治安狀況』, 52쪽).

21) 朝鮮總督府 警務局, 앞의 책, 67쪽.

22) 「在魯高麗革命軍隊沿革」, 41쪽.

23) 김경재, 「흑하사변의 진상 1」, 『독립신문』 1922년 5월 6일자.

적혀있고, 고려혁명군측 집계로는 약 1,000명이었다고 한다. 이로 미루어보면 김경재의 조사는 비교적 사실에 가까운 것으로 보인다.

전체 1,400명 가운데 약 900여 명이 포로로 체포되었다. 양파의 주장이 거의 일치하는 것을 감안할 때 틀림없는 사실인 것으로 보인다. 그러면 나머지 500명의 행방이 문제가 된다. 이 중에서 약 40명은 전투중에 사살되었다. 군정의회측이 시신확인을 통해 집계한 결과이다.

문제는 450명에 달하는 행방불명자이다. 이들은 어디로 갔는가? 모두 사망했을까? 그 부근은 인가가 적고 마적이 출몰하는 곳이었다. 숲 속을 헤매다가 '애매한 죽음'을 당하는 자가 적지 않았을 것이다.[24] 전투중 제야 강변에 투신한 사람들도 행방불명자로 취급되었다. 행방불명자 가운데 적지 않은 사람이 사망했을 것으로 보인다.

그러나 행방불명자 전원을 사망했다고 볼 근거는 어디에도 없다. 『독립신문』 기자 김경재는 행방을 모르는 사람 사오백 명을 사망했다고 보는 것은 '지나친 오해'라고 지적했다. 일부 인사들은 고려혁명군의 공격을 피하여 안전하게 도주했음이 밝혀졌다. 박일리야를 비롯한 약 100여 명의 병사들은 현장을 탈출하는 데 성공했으며, 뒷날 연해주 이만에서 재건된 '대한의용군'에 재가담했다. 도망자 가운데 일부는 혁명운동선에서 은퇴하고 생업에 종사한 이들도 적지 않을 것으로 보인다.

공격에 나선 군정의회측의 희생은 어떠한가? 이르쿠츠크파의 입장을 대표하는 한 문서는 고려혁명군 사망 1명, 극동공화국 제29연대 사망 1명이라고 집계했다.[25] 상해파의 입장을 전하는 한 문서는 "칼란다라쉬빌리의 군대 쪽에서는 사상자가 한 명도 없었다"고 말하고 있다. 군정의회측의 사상자 피해는 극히 경미했던 것이다.

양 군대 사이에 피해정도가 크게 차이나는 이유는 무엇일까? 단순히 양자의 화력과 전투력의 차이 때문이라고 보기에는 그 정도가 너무 심

---

24) 김경재, 「흑하사변의 진상 3」, 『독립신문』 1922년 6월 3일자, 1쪽.
25) 「在魯高麗革命軍隊沿革」, 41쪽.

하다. 이 문제에 관한 한 상해파에 속하는 이들의 주장이 사실에 부합하는 것으로 보인다. 대한의용군 쪽에서 전혀 응사하지 않았기 때문이라는 것이다.26) 그렇다. 이것 외에는 달리 설명할 방도가 없다.

체포된 '포로'의 사후 처리는 어떻게 되었는지 살펴보자. 군정의회는 무장해제 다음날인 6월 30일 포로군인 900여 명의 '죄질'을 심사하기 시작했다. 5명의 위원으로 이루어진 '임시검사부'를 조직하여 일주일간 계속 검사케 했다.

검사원들은 '포로'를 몇 개 등급으로 분류했다. 전원이 3개 등급으로 분류되었다. 첫째, 무죄평결을 받은 부류가 있다. 본인의 의사와 달리 대한의용군 사령부의 강압에 못이겨 그 속에 잔류했다고 규정된 북간도 총군부 군대가 그에 속한다. 또한 "신임 있는 개인의 보증이 있는 군인"도 이 부류로 분류되었다. 이에 해당하는 사람은 도합 364명이었다. 이들은 고려혁명군에 편입되었다.27)

둘째, 강제노동형을 받은 부류가 있다. 범죄행위에 가담했다고 인정된 428명은 극동공화국 제2군단에 인도되었다. 이들은 한달 남짓 포로수용소에 구금되었다. 그 후 그들은 '죄수부대'로 편성되어 아무르주의 깊은 삼림지대 우수문으로 이송되었다. 그곳에서 러시아 군대의 감시하에 강제노동에 종사해야 했다.

『독립신문』은 우수문 노동대의 상황을 보도한 바 있다. 그것을 보면, '죄수'들이 수행한 노동의 종류는 주로 벌목이었다. 이들은 자유시사변이 일어난 지 1년이 더 지난 1922년 8월 현재에도 무임금의 강제노동에 종사했다.

북로군정서 소속 병사로서 자유시사변을 겪었던 이우석(李雨錫)은 뒷날 우수문 노동부대 체험담을 남겼다. 그에 따르면, 우수문의 소재지는 자유시로부터 기차편으로 동북 방향을 향해 하룻밤새 달려가면 당도하

---

26) 張道政, 앞의 글, 16~17쪽.
27) 「在魯高麗革命軍隊沿革」, 43쪽.

412

는 곳이었다. 벌목은 매우 고된 노동이었다. 세 사람이 한 조를 이루어 책임량을 할당해야 했다. 작업중 부상자가 속출했고, 체력이 약한 사람들 중에는 강제노동에 지쳐 사망하는 경우도 많았다. 숙소도 험했다. 빈대로 인해 잠을 이룰 수 없었다. 그나마 다행스러운 것은 음식이었다. 자유시에 주둔중일 때도 음식이 항상 부족했는데, 여기서는 다행히 음식만은 부족하지 않게 먹을 수 있었다고 한다.[28]

강제노동에 종사하던 사람들은 틈만 나면 탈출을 시도했다. 그 중에는 성공을 거둔 사람도 있었지만 많은 사람들이 실패했다. 20여 명의 다수 군인들이 탈출 뒤에 길을 잘못 들어 중국령으로 들어갔다가 중국 육군으로부터 적군이라는 혐의로 총살당한 사례가 있었다. 또 다른 5명의 탈출병사들은 밤중에 먹을 것을 구하려고 러시아인 농촌에 잠입했다가 총에 맞아 살해당한 일도 있었다.[29]

셋째, 자유시사변의 포로들 가운데 '죄질'이 가장 무겁다고 간주된 72명은 '중대 범죄자'로 분류되었다. 이 부류는 주로 장교들이었다. 자유시에 한 달간 구금되어있었던 전직 지휘관들은 7월 30일 이르쿠츠크로 압송되었다. 코민테른 극동비서부와 고려혁명군정의회가 협의하여 조직한 '임시고려군사혁명법원'에서 재판을 받기 위해서였다.[30]

70여 명의 장교들은 한 화물차칸에 실려갔다. 그 중에는 한국 의병운동의 늙은 지도자들도 포함되어있었다. 치타에서 이르쿠츠크로 향하는 도중이었다. 일부 장교들은 이르쿠츠크에서 맞게 될 비참한 운명을 회피하고자 결심했다. 극적인 탈출이 시도되었다. 차량바닥에 파인 틈을 통해 열차가 달리는 동안 철로 사이로 떨어지고자 했던 것이다. 이 무모한 계획은 실행에 옮겨졌다. 이 필사적인 노력 도중에 6명의 지휘관들이

---

28) 박영석, 『일제하 독립운동사연구—만주·노령 지역을 중심으로』, 一潮閣, 1984, 179~181쪽.

29) 『독립신문』 1922년 8월 1일자.

30) 「在魯高麗革命軍隊沿革」, 54쪽.

불운에 빠졌다. 그들은 달리는 기차바퀴에 팔다리가 잘린 채 고통 속에 죽어갔다. 다행히 탈출에 성공한 사람들도 있었다. 두 사람이었다.[31]

'중대 범죄자'에 대한 재판은 1921년 11월까지 계속되었다. 고려혁명군 기관지인 『붉은군사』는 자유시사변 피고인 재판 결과에 대해 다음과 같이 보도했다.

> 지난달(1921년 11월 – 인용자) 27일로 30일까지 4일 동안 고려혁명군법원은 재판위원장 채동순, 위원 홍범도, 박승만 제동무가 출석하여, 금년 6월 28일 자유시병변에 범죄자 50명을 판결하였는데, 세 사람은 2개년, 다섯 사람은 1개년 징역에 처하고, 24명은 1개년 집행유예에 처하고, 17명은 방면하야 군대에 보내여 종사케……[32]

판결의 주체는 고려혁명군 법원이었다. '고려군사혁명법원'이라고도 부른 이 재판소는 "고려혁명 군대에 대한 군사상 범죄자를 심판하기 위하여 조직"된 것으로서, "체제는 위원제를 취했다"고 한다. 재판부는 채동순(위원장), 홍범도, 박승만 3명으로 구성되었다. 이들 중 홍범도를 제외한 두 사람은 이르쿠츠크파 고려공산당의 주요 간부이자 고려공산당의 군정위원장 직위를 역임한 바 있었다.

최종 판결은 1921년 11월 27일부터 30일 사이에 있었으며, 그때까지 50명이 투옥되어있었다. 자유시사변 직후 중대 범죄자로 간주되어 이르쿠츠크 감옥으로 호송된 지휘관들은 72명이었다. 그로부터 5개월 뒤 재판에 회부된 사람은 50명이다. 왜 이런 차이가 났는지에 대해서는 아직 알 수 없다.

---

31) 「김동한·김성우의 편지」, 1921. 10. 28, 7쪽, РГАСПИ, ф.495 оп.135 д.28 л.39
      ~48.
32) 「중대사건 판결」, 『붉은군사』 제2호, 1921년 12월 24일.

3. 고려혁명군의 재편

이르쿠츠크 회군

고려혁명군 지휘부는 비록 값비싼 대가를 치르긴 했지만 한인 군대의 통일이 완수되었다고 간주했다. 이들은 최초의 계획대로 한·중 국경지대로 진출하여 대일전쟁에 착수하고자 했다. 당시 군정의회는 극동공화국 영내를 벗어나 압록강·두만강 일대에 주둔하면서 유격투쟁에 착수할 계획을 갖고 있었다.

그러나 이 계획은 좌절되었다. 1921년 7월 5일 코민테른 극동비서부는 "고려혁명 군대를 만주로 출동할 계획을 정지하고 속히 군대를 영솔하고 이르쿠츠크로 입래(入來)하라"[33]는 전보를 고려혁명군정의회 앞으로 발신했다. 왜냐하면 공교롭게도 극동공화국과 일본 사이에 상호 적대행위의 금지를 논의하던 '대련(大連)회의'가 막바지에 달했기 때문이다.

대련회의 석상에서 일본측 대표는 반일무장부대를 극동공화국 영내에 주둔시키거나 통과시키지 못하도록 요구했다. '대련회의'의 성공을 통해 일본제국주의의 반혁명 간섭을 외교적 수단으로 막아내고자 했던 극동공화국 정부와 러시아공산당은 이 요구를 수용하지 않을 수 없었다. 결국 고려혁명군은 극동공화국 내에 주둔할 수도 없었고, 그곳을 기지로 하는 유격전도 수행할 수 없게 되었다.

고려혁명군정의회와 그를 사실상 이끌고 있던 고려공산당 이르쿠츠크파 지도부는 코민테른 극동비서부의 지시에 응했다. 고려혁명군은 주둔지이던 극동공화국 아무르주 자유시를 떠나 러시아소비에트사회주의공화국의 영토이자 코민테른 극동비서부가 소재하는 이르쿠츠크로 회

---

33) 「在魯高麗革命軍隊沿革」, 43쪽.

군하게 되었다.[34)

고려혁명군정의회는 새로운 정세가 도래할 때까지 일단 극동공화국의 영토에서 벗어나 장기적인 방책을 강구하기로 결정했다. 만주출병의 기회가 다시 도래할 때까지 후방근거지에서 자체 역량의 재편성과 강화에 노력한다는 것이었다. 1921년 8월 5일 고려혁명군은 이르쿠츠크를 향하여 출발했다.

그리하여 극동공화국의 통치력이 미치는 지역에서는 한인 무장부대는 더이상 주둔하지 않게 되었다. 당시 일본군의 정보문서에도 이러한 정황은 반영되어있다. 1921년 말에 작성된 일본군 문서는 "아무르강 상류 스트렌친스크에서 하류 하바로프스크 사이의 유역에서는 무장한 불령단(不逞團)의 존재를 전혀 볼 수 없게 되었다"[35)고 적고 있다.

상해파 고려공산당을 지지하는 사람들은 이르쿠츠크 회군의 불가피성을 인정하지 않았다. 상해파 공산당의 지도자 장도정은 이르쿠츠크 회군을 비난했다.[36) 이르쿠츠크로 회군한 것은 이르쿠츠크파 공산당과 고려혁명군 지휘부의 당파적 이익을 고수하려는 의도에서 나온 것이라고 보았다.

대한의용군에 속했던 군사지도자들은 일본군과 백위파 정권이 자리잡고 있는 연해주 스파스크 일대에서 한인 무장부대의 재건을 꾀하고 있었다. 이르쿠츠크파와 상해파는 '대련회의'를 전후한 국제정세 속에서 서로 다른 군사정책을 취하고 있었던 것이다.

'만주출정' 계획의 중지는 고려혁명군의 한인 병사들을 낙심케 했다. 이르쿠츠크로의 회군에 대한 불만 분위기가 팽배했고, 적지않은 군인들이 개인적으로 탈영하기도 했다. 군정의회 사령부와 고려혁명군은 8월 말경에 이르쿠츠크에 도착했다. 당시 고려혁명군의 병력 총수는 칼란다

---

34) 위의 글, 44쪽.

35) 金正明 編, 『朝鮮獨立運動』 第3卷, 523쪽.

36) 張道政, 앞의 글, 17쪽.

라쉬빌리를 수행했던 코카사스 기병 및 기타 중국인 병사를 제외하면 1,745명이었다.[37]

고려혁명군의 재편성

이르쿠츠크에 주둔하게 된 고려혁명군은 1921년 8월 말 1개 여단으로 재편성되었다. 재편된 고려혁명군의 최고 지휘부서로는 참모부, 공급부, 위생부, 정치부를 포괄하는 여단관리부가 설치되었다. 여단관리부는 자체 직속으로 간부양성을 위한 특립대대(사관학교)를 설치했고, 여단특립 연락중대와 특립보병소대를 두었다. 이 특립부대들은 여단관리부 경호부대였다.

8월 말 개편 당시 고려혁명군의 지휘관으로는 여단장 칼란다라쉬빌리, 군정위원장 박승만이 선임되었다. 10월 3일 이후부터는 간부진이 재편되어 여단장에 오하묵, 정치부장에 채동순이 취임했다.

고려혁명군은 공용화기로는 대기관포(36문), 소기관포(6문), 대포(3문) 등을 보유했고, 개인화기로는 5연발 소총 2,800정과 탄약 42만 발(소총 1정당 150발), 폭발탄 1,500개 등을 장비하고 있었다. 그외에 군용마 150필을 보유했다.[38]

고려혁명군 내의 정치활동은 이르쿠츠크파 고려공산당이 지도했다. 이르쿠츠크파는 고려혁명군 내의 공산주의 활동을 위해 그 속에 '정치부'를 설치했다. '정치부'는 고려공산당의 지방위원회와 동등한 지위·권리를 가지며, 군대 내에서 모든 공산주의자들의 활동을 통괄했다. 고려혁명군 정치부는 중앙위원회가 직접 지도했다.[39]

---

37) 「在魯高麗革命軍隊沿革」, 45쪽.

38) 위와 같음.

39) Проект Программы Корейской коммунистической партии принятной Учредительным Съездом Коркомпартии(고려공산당 창립대회에서 채택된 당 강령안), На

이르쿠츠크파 공산당은 "고려여단 내에서의 정치사업과 당 정치학교 사업"을 담당했으며, 군대 내에서의 공산주의선전을 위한 출판물을 발행했다.[40] 출판물 중에는 고려혁명군 정치부가 발행하는 군대 기관지 『붉은군사』도 포함되어있었다. 이 신문은 제호가 이미 그 성격을 드러내고 있듯이 사회주의 교양을 실시했다. 신문은 지금까지 발견된 바에 따르면, 제2호까지 간행된 것으로 보인다. 그 중 제1호는 1921년 11월 7일, 제2호는 같은 해 12월 24일자로 간행되었다.

고려혁명군 내에는 고려공산당 세포조직이 결성되어있었다. 공산당 세포는 대대단위로 결성되었다. 예컨대 여단 관리부와 제1연대 산하 각급 대대에 결성된 공산주의세포 조직의 설립시기와 당원 수를 들면 다음 <표 7>과 같다.[41] 이에 따르면 1920년 3월에서 1922년 9월 시기에 고려혁명군을 구성하는 각 대대단위 부대들 내에는 빠짐없이 고려공산당 세포기관이 결성되었음을 알 수 있다.

〈표 7〉 각 단위부대 내 공산당세포 결성시기와 당원 및 후보당원 수

단위부대명	세포 결성 시기	대원수	공산당원		공산당원 및 후보당원	
			수	%	수	%
정치부 및 참모부	1921. 6	90	11	12.2	26	28.9
포병대	1921. 11	83	4	4.8	4	4.8
제1연대 1대대	1920. 3	?	40	?	123	?
제1연대 2대대	1922. 9	196	22	11.2	61	31.1
제1연대 3대대	1920. 6	657	7	1.1	204	31.1

결국 고려혁명군은 공산주의이념을 표방함과 동시에 항일독립전쟁을 수행하는 독립군 부대였다. 따라서 "러시아에서 설혹 공산주의에 몸을

роды Дальнего Востока(극동 제민족), Иркутск, 1921, No.3, с.368.

40) ДВСК. Сводка(총괄보고) No.11, Иркутск, 1921. 11. 18.

41) 고려혁명군 내 공산당원과 후보당원 신상조사서류철에서 작성, РГАСПИ ф.372 оп.1 д.618~621.

418

의탁했다 해도 그것은 독립투쟁을 위한 방편이었을 뿐"[42]이라고 보는 견해는 재검토의 여지가 있다. 즉 이 부대를 독립을 위한 필요 때문에 러시아 적군과 연합한 '비사회주의 항일군대'라고 파악하는 것은 잘못이다. 당시 고려혁명군에게는 항일과 사회주의가 배타적인 것이 아니었다. 항일과 사회주의는 고려혁명군의 이념과 활동 속에서 깊은 상호연관을 맺고 있었다.

사관학교

이르쿠츠크로 회군한 고려혁명군의 일상활동은 직접적인 대일본군 전투행위가 아니라 훈련을 강화하는 데 맞추어졌다. 훈련은 군사훈련과 정치교육의 두 가지 측면에서 이루어졌다. 고려혁명군은 중·하급 군사간부 양성을 위해 여단 내에 사관학교를 설치했다. 이 학교는 1921년 10월 28일에 설립되었는데, 수업연한은 6개월이었다. 사관생도는 200여 명이었으며, 2개 중대 6개 구대로 편제되었다.

사관학교의 교과는 포병과(기병교관대, 보병척후대), 연락과(통신·전화·연락대), 기술과(의생 및 간호대, 무기제조견습생, 음악대 등)로 나뉘어있었다. 이 중 일부 교과는 러시아 적군 제5군단 내 러시아인 교관을 초빙하여 수업하게 했다.[43]

사관학교 교장에는 일본육사 출신의 이청천이 취임했다. 사관학교 군정위원장 선우정(鮮于政)의 평가에 따르면, 이청천은 "본시 우리나라 양반으로 일본에 유학한 후 지금까지 지식계급과 관료계급에 함양된 사람이므로 자존성과 자대심은 한편에 늘 있는 모양이고, 학교에 대한 정성

---

42) 안성규, 「항일고려혁명군 실태」, 『WIN』 1996. 7, 156~160쪽. 이 글 161~163쪽에 수록된 「고려혁명군 사병 명단」은 「고려혁명군 내 공산당원 및 후보당원 명단」으로, 162쪽의 '비당원(425명)'은 '후보당원'으로 정정되어야 할 것이다.

43) 「在魯高麗革命軍隊沿革」, 45쪽.

은 대단하고, 다못 학생으로 하여금 어느 때든지 자기 지휘 밑에 달아두고자 하는 기상"44)을 갖고 있었다고 한다.

교관으로는 2명의 중대장과 6명의 구대장이 집무했다. 중대장의 직무는 채영(蔡英), 김승빈(金勝彬)이, 구대장의 직무는 김의준, 이봉기, 김신복, 황선규, 김복권, 강근호가 맡았다. 사관학교 내의 정치사업을 담당한 군정위원장에는 선우정이 선임되었다. 「고려혁명군 장교 일람표」에 따르면 최호림(崔虎林)이 사관학교 군정위원의 직무를 맡았다고 기재되어 있다. 최호림과 선우정이 사관학교 군정위원의 직책을 교대로 담당한 것 같다. 그밖에 사관학교 본부 부관으로는 김명무, 박밀양(朴密陽), 최필립 등이 선임되었다.

사관학교 군정위원장 선우정이 1922년 1월 1~14일 동안의 사관학교 운영상황에 대해 작성한 보고서를 보면, 군사교련은 매일 3시간씩 시행되었다. 과목으로는 "각개교련, 사격자세(입사·슬사·복사), 총도수체조, 예행연습, 산조, 돌격" 등이 채택되었다.45)

강연과 토론회를 통한 정치교육도 사관학교의 중요 교과목이었다. 강연제목으로는 「단합적 병영생활」, 「자본주의 제도론」 등이 선정되었고, 토론주제로는 「원동형편」, 「혁명군의 책임 및 고려청년의 앞길」 등이 선정되었다. 사관생도들이 특히 관심을 기울인 문제는 국제정세였다. 1922년 1월 당시에 특히 "학도들을 재미있게 만든 문제는 워싱턴대회와 극동민족대회"였다고 한다.

사관학교의 운영에 필요한 일체의 군수물자는 러시아 적군 제5군단에서 조달받았다. 그러나 물자와 설비는 항시 부족했다. 겨울철 혹한으로 유명한 시베리아의 이르쿠츠크에서 증기난로를 충분히 지필 수 없었기 때문에 영내 공간은 대단히 추웠으며, 사료가 부족하여 군마 세 필이 죽기도 했으며, 정치교육을 시행할 공간이 없었고, 피복이 불충분하며, 교

---

44) 「고려인 제1여단 사관학교 장교 심리조사표」, РГВА. Ф.1709 оп.1 Д.5 Л.2.
45) 「고려혁명군내 사관학교 운영상황」, РГВА Ф.1709 Оп.1 Д.9 Л.1.

과서와 지필묵이 부족하여 많은 곤란을 겪었다.[46)

4. 후유증

성명전

대한의용군 무장해제 사건은 국내외 한국인 사회에 큰 충격을 주었다. 사건의 진상을 둘러싸고 많은 억측과 소문이 휩쓸었다. 자유시사변이 발발한 뒤 얼마 안되어 상해파와 이르쿠츠크파는 각각 자신의 입장에서 이 사건의 전말을 해명하는 성명서들을 다투어 공표했다.

북간도의 11개 반일단체는 자유시사변 발생 석 달 후에 「성토문」을 발표했다.[47) 이 문서는 대한의용군과 상해파 공산당의 입장에서 자유시 사변의 전말을 소개하고 고려혁명군정의회의 범죄적 행위를 고발한 최초의 문서이다. "오인은 지금 눈물을 뿌리며 필(筆)을 들어 동포 각위(各位)에게 참혹하고 비분(悲憤)한 사실을 고(告)"한다는 말로 시작되는 이 성토문은 이르쿠츠크파 공산당과 고려혁명군정의회를 궁지로 몰았다. 이 문서에는 국민회, 군비단, 신민단을 비롯한 북간도의 11개 반일단체와 그 대표자 22명이 서명했다.

거의 같은 시기에 고려혁명군정의회도 「선포문」을 발표해서 이 사건에 대한 자신의 입장과 견해를 천명했다. 1921년 9월 30일에 발표된 이 문서는 방어적 입장에서 쓰여있다. 선포문을 발표한 취지는 허위소문을 불식하기 위한 것이었다. "지난 6월 자유시에서의 군대 소동(騷動)에 대하여 뜬소문과 사실과 다른 점이 있어 당시의 실황을 밝혀 독립혁명운

---

46) 위의 글, РГВА. Ф.1709 Оп.1 Д.9 Л.10.
47) 朝鮮總督府 警務局, 앞의 책, 62~63쪽.

동 단체 및 각인에게 그 진상을 알리도록 하기 위해” 작성된 것이라고 밝히고 있다.[48]

자유시사변을 둘러싼 논란은 1년이 지난 1922년 6월 이후 연말에 다시 재연되었다. 자유시사변의 성격과 책임소재를 논하는 글들이 성명서, 신문기고, 팸플릿 등의 형태로 다수 발표된 것이다. 대한의용군 입장을 대표한 글로는 “이만 모 산중에서 연해주 의용군대, 우스몽 노동대, 이르쿠츠크 독립군 각 대표자” 명의로 나온 「동포에게 읍고(泣告)하노라」(1922. 6. 28)를 비롯하여 『독립신문』 지상에 ‘일서(逸曙)’라는 필명으로 기고된 「철아군(鐵兒君)에게 여(與)하노라」 등을 꼽을 수 있다.[49] ‘일서’는 “이만 대한의용군에 대하여는 내가 조직 초로부터 해산 당시까지 친력(親歷)한 사실”이라고 주장한다. 그의 본명은 김홍일(金弘壹)이었다.

고려혁명군의 입장을 대변하는 문서로는 ‘철아(鐵兒)’라는 필명으로 『독립신문』 지상에 기고한 「여(余)의 관(觀)한 삼사건(三事件)」을 들 수 있다. 철아는 최의수(崔義洙)의 필명이다.

또한 팸플릿 형태로 출간된 필자 미상의 『재로고려혁명군대연혁(在魯高麗革命軍隊沿革)』이 있다. 고려혁명군의 논리를 가장 풍부하게 전형적으로 보여주는 문헌으로 평가받는 이 소책자는 초기 한국 사회주의운동과 군사활동을 자세히 기록하고 있는 중요한 자료이다. 이 책의 서언에는 “우리가 혈전을 선언한지 범(凡) 4개 성상”이라는 구절이 있다. 이는 3·1운동이 발발한 지 4년째 되는 해인 1922년에 이 글이 작성되었다는 것을 의미한다. 또한 “유사(有事) 이래 주년(週年)이 이과(已過)”했다는 구절이 있는데, 이로 미루어보면 자유시사변이 발발한 1921년 6월로부터 일주년이 지난 시점, 즉 1922년 7월에서 12월 사이에 집필되었음을 알 수 있다. 한편 본문에 1922년 8월 9일 우수문노동병 석방(54쪽), 1922년 8월 15일 이르쿠츠크 주둔 조선인 무장대의 극동으로의 이동(51쪽) 등의

---

48) 朝鮮總督府 警務局, 앞의 책, 64쪽.

49) 逸曙, 「鐵兒君에게 與하노라 1」, 『독립신문』 1922년 11월 8일자.

사실이 기재되어있음을 감안하면, 이 글은 1922년 8월 말 이후에 쓰여졌음을 확인할 수 있다.

이 책의 집필자는 서언에서 집필 목적을 밝혔다. 자유시사변에 관해 '허구낭설의 악선전'이 종횡하고 있음을 유감스럽게 생각한 나머지 사건의 진상을 보도할 목적으로 글을 쓴다는 것이다. 집필자가 자유시사변의 가해자인 이르쿠츠크파 공산당에 속하는 인사였음을 알 수 있다. 아마도 대한국민의회 출신자로서 고려혁명군정의회 위원을 지낸 김하석이나 최고려가 그 필자였을 것으로 추정된다.

이렇듯이 공개리에 발표된 글 외에 러시아정부와 코민테른에 대한 외교교섭의 필요 때문에 작성한 글들이 있다. 이 중에는 피해자 대한의용군측의 입장을 대변하는 글들이 많다. 보기를 들면 허재욱(許在旭)과 이병채(李秉埰)가 '한국의병대 대표' 자격으로 코민테른 집행위원회 앞에 제출한 1921년 10월 25일자 보고서,[50] 이르쿠츠크 당대회에서 축출된 대의원 김동한과 김아파나시 두 사람이 러시아정부 군사인민위원 트로츠키 앞으로 보낸 1921년 10월 28일자 편지,[51] 자유시사변에 관한 문답기록을 담은 1921년 11월 12일자 코민테른 한국위원회 회의록,[52] 치타 극동국 한인부 위원 장도정이 코민테른 집행위원 가타야마 센(片山潛)에게 제출한 「고려공산당의 연혁」 등이 그것이다.

이 중에서 대한의용군측의 입장과 논리를 가장 체계적으로 서술한 것으로는 장도정이 작성한 문서를 들 수 있다. 이 문서는 고려공산당 당내 투쟁의 전말을 보고하고, 이르쿠츠크파에 대한 코민테른 극동비서부의 일방적 지지가 얼마나 참혹한 해악을 끼쳤는지를 고발하는 데 역점을 두고 있다.

---

50) 韓國義兵隊代表 許在旭·李秉埰, 「보고서」 1921. 10. 25, РГАСПИ ф.495 оп.135 д.28 л.5.

51) 「김동한·김성우의 편지」, 1921. 10. 28, РГАСПИ ф.495 оп.135 д.28 л.39~48.

52) Протокол заседания по Корейскому вопросу(한국문제위원회 회의록), 1921. 11. 12, с.14, л.11~24, РГАСПИ, ф.495 оп.135 д.28.

위 문서들을 통해 자유시사변을 바라보는 양파의 시각을 비교·검토해보기로 하자. 양측은 자유시사변의 원인과 성격을 판이하게 달리 인식했다.

이르쿠츠크파는 자유시사변은 오래된 병폐에서 나온 것이라고 주장했다. '고려혁명계' 전체에 퍼져있는 폐단이 자유시라는 의외의 장소에서 불행히 터져나왔을 뿐이라고 보았다.[53] 한인 군대 상호간의 군사적 충돌은 우연적 돌발사건이 아니라 오랜 기간 한국 독립운동계에 내재한 모순이 불행히 표출된 결과라는 것이다. 이때 '고려혁명계' 내부의 모순이란 무엇을 뜻하는가. 그것은 '상해임시정부와 대한국민의회'의 양분, '상해 공산당과 이르쿠츠크 공산당'의 대립을 지칭한다.[54]

자유시사변의 책임은 이들 각 정치세력의 지도부에 있다고 보았다. 각 집단의 최고기관에 재임중인 사람들이 지위를 보존하고 자파의 세력 확장을 꾀한 데 비극의 원인이 있다는 것이다. 특히 군권 장악의 욕구를 억제하지 못해서 발생한 것으로 파악한다. 이르쿠츠크파의 견해에 따르면, 결국 자유시사변은 상해임시정부와 대한국민의회, 상해파 공산당과 이르쿠츠크파 공산당 간의 군권투쟁의 성격을 띤다.

이르쿠츠크파는 자유시사변에 긍정적 측면이 있다고 주장했다. 비극적 경과를 거치긴 했으나 그를 통해 한인 무장부대가 통일되는 성과를 거두었다는 것이다. 극동민족대회에 참가한 이르쿠츠크파 상해지부 간부 여운형은 말하기를, "종래 분산된 이질적인 한국 독립군은 몇 가지 피치못할 논쟁 ― 통일과정에서 블라고베센스크의 충돌 ― 을 거친 후 마침내 하나의 지휘하에 통일되었다"고 했다. 이어서 "고려혁명군의 중핵은 고려공산당의 정치적 지도하에 있는 이르쿠츠크의 고려여단"이라고 말했다. 자유시사변을 거쳐서 형성된 '이르쿠츠크의 고려여단'이 한인 무장부대 통일의 산물이라고 주장했다.[55]

---

53) 「在魯高麗革命軍隊沿革」, 4쪽.
54) 鐵兒, 「余의 觀한 三事件」, 『독립신문』 1922년 9월 11일자, 4쪽.

424

상해파의 인식은 판이하게 달랐다. 4,000명의 독립군이 한 자리에 집결한 것은 독립운동사상 처음 있는 일이었다. 이처럼 대단한 일을 이끌어낸 주체는 치타 한인부와 상해 한인사회당이었다는 것이 이들의 주장이었다. 그 노력에 힘입어 최고군사기관인 '대한의용군 사령부'가 조직되었다. 그런데 거기에 대한국민의회 간부들이 개입했다. 그들이 이르쿠츠크파 공산당과 결탁하여 군권쟁탈의 야심을 드러냈다는 것이다.

따라서 상해파의 견해에 따르면, 자유시사변의 성격을 양파의 군권쟁탈전으로 보는 것은 흑백을 호도(糊塗)하는 것이다. 상해 공산당과 치타 한인부는 군사통일을 유지·확장하려는 욕구를 갖고 있었을지언정 쟁탈욕을 일으킬 까닭이 없다. 군권쟁탈에 나선 것은 대한국민의회와 이르쿠츠크 공산당일 뿐이라는 것이 상해파 사람들의 주장이었다.56)

이처럼 자유시사변의 원인과 성격을 판이하게 이해하고 있었기 때문에 피해를 초래한 책임귀속 문제에 대해서도 양자는 정반대되는 주장을 폈다. 이르쿠츠크파는 양비론을 내세웠다. 유혈참사를 초래한 책임은 대한의용군 사령부와 고려혁명군정의회 양쪽에 다 있다는 것이다. 그 중에서도 유혈충돌을 초래한 직접적인 책임은 한인 군대의 평화적 대동단결을 방해한 대한의용군측에 있다고 한다. 혈전을 무릅쓰고 명령불복을 선동한 자들의 책임이 무장해제를 집행한 자들의 책임보다 엄중하다는 것이다.57)

상해파는 유혈의 책임이 전적으로 가해자측에 있다고 말한다. 그들은 자유시사변을 통해 독립운동진영에 말못할 피해가 초래되었음을 강조한다. 북간도 11개 반일단체가 연명으로 발표한 「성토문」을 읽어보면, 그 피해는 세 가지로 제시된다. 첫째, 독립군 수백 명의 생명을 상실한 것, 둘째, 1,000명의 장병을 감옥에 가두고 1년 넘게 옥고를 치르게 한

---

55) 『極東勤勞者大會,議事錄全文』, 合同出版, 1970, 138쪽.

56) 逸曙, 「鐵兒君에게 與하노라 1」, 『독립신문』 1922년 11월 8일자.

57) 鐵兒, 「余의 觀한 三事件」, 『독립신문』 1922년 9월 11일자, 4쪽.

것, 셋째, 중국령과 노령으로 탈출하여 길에서 방황하며 몸둘 곳을 찾지 못해 고통받는 사람들을 다수 만들어낸 것 등이다.[58]

상해파는 이러한 피해를 초래한 직접 책임자는 고려혁명군정의회라고 단정한다. "남의 권리를 빼앗기 위하여 군정의회를 조직하여 가지고 바람 없는 바다에 파란을 일으킨 자"들이 책임을 져야 한다고 주장했다.[59]

상해파는 피해를 초래한 책임자를 색출하여 '징벌'할 것을 주장했다. 상해파의 주장에 의하면 그 책임자는 우선 대한국민의회이다. 북간도 11개 단체의 「성토문」은 대한국민의회를 극력 비난했다. 그에 따르면, 러시아 거주 한인의 자치기관일 뿐인 대한국민의회는 감히 전체 한국인에 대한 통치권을 몽상했다. 그들은 대한의용군을 자기 수중에 넣기 위해 "한인 군대를 러시아군의 일부로 편입하는 조건"으로 코민테른 극동비서부 휘하에 들어가 갖은 음모를 꾸몄다는 것이다.

그뿐만이 아니다. 대한국민의회와 더불어 이르쿠츠크파 고려공산당, 코민테른 극동비서부장 슈마츠키, 고려혁명군정의회 사령관 칼란다라쉬빌리 등도 유혈사건의 책임자로 지목받았다. 앞서 말한 「성토문」을 보면, 이 사건에 책임을 져야 할 인사들이 낱낱이 구체적으로 지목되어 있다. 거명된 인물은 "문창범, 김철훈, 오하묵, 원세훈, 이성, 조훈, 남만춘, 최고려, 오진형(吳鎭珩), 김응섭(金應燮), 유동열, 서초(徐超), 안병찬, 장건상, 최의수(崔義洙), 김기룡(金琪龍)" 등 17명이었다.[60] 대한국민의회와 이르쿠츠크 공산당의 중요 인물이 고루 망라되어있다.

---

58) 연해주의용군대 등 각대표자, 「동포에게 泣告하노라」(朝鮮總督府 警務局, 『大正11年朝鮮治安狀況』, 105쪽).

59 逸曙, 「鐵兒君에게 與하노라 1」, 『독립신문』 1922. 11. 8.

60) 북간도 11개 반일단체, 「성토문」 1921. 9(朝鮮總督府警務局, 앞의 책, 55쪽).

테러

자유시사변으로 인해 대한국민의회와 이르쿠츠크파 공산당의 신망은 급격히 실추되었다. 상해파에 속하는 일부 인사들은 학살책임자들을 '징벌'하기 위한 수단으로써 테러를 선택했다.

북간도 11개 단체의 연명으로 발표된 「성토문」에 '노농회'의 대표로 참여한 조응순이 그 보기이다. 그는 치타 극동국 한인부의 후보위원이었으며 상해파 고려공산당 창립대회에도 출석한 바 있는, 상해파 공산당의 주요 구성원이었다. 그는 1921년 9월 하얼빈에서 테러단체 '결사대'를 조직했다. 일본경찰의 파악에 따르면 대원은 모두 13명이었다.

이 단체의 저격대상자는 "진짜 독립단원이 아니면서 독립단원의 가면을 쓰고 독립단을 팔아 자기 밥벌이를 하거나, 진짜 공산당원이 아니면서 공산당원이라고 자칭하며 공산당을 파는 자, 또는 표면으로는 열성을 가장하며 몰래 정부를 파는 자들"이었다. 자유시사변에 책임을 져야 할 인물들이 그에 포함되었음은 물론이다. '자유시사변으로 동지들을 구금하고 동포 600명을 참살'했다는 죄목으로 안병찬, 이성, 조훈, 유동열 등이 암살대상자로 지목되었다.[61]

다만 이 테러단체가 상해파 공산당의 조직활동의 일환으로 이루어진 것인지 여부는 알 수 없다. 이들이 암살대상으로 지목한 인물 중에는 자유시사변의 가해책임자들만이 아니라 '모스크바자금'을 횡령했다는 혐의로 상해파 공산당의 김립도 포함되어있기 때문이다.

결사대 대원들은 이르쿠츠크파 주요 지도자들과 대한국민의회 간부들의 행동을 추적했다. 급기야 1921년 12월 4일에는 안병찬과 원세훈의 암살을 시도했다. 하지만 그것은 실패했다.[62] 이 사건에 관한 일본관헌

---

61) 金正明 編, 앞의 책(제5권), 296쪽.
62) 위의 책(제3권), 518쪽.

측의 기록을 보면, 암살계획이 미리 누설되었기에 그들의 시도는 실패로 끝났다고 한다.

결사대 대원들은 12월 18일에는 김만겸과 이성의 저격에 착수했다. 김만겸은 암살현장에 존재하지 않았기 때문에 무사했고, 현장에 있었던 이성이 괴한이 쏜 권총에 맞았다. 이성은 다리 두 군데에 관통상을 입었다.[63] 테러단체 결사대는 사건 직후 자신들이 거사했음을 밝혔다. 그 행위가 자유시사변의 책임자에 대한 응징임을 널리 밝히려고 한 것이다. 이성을 저격한 이유는 사사로운 원한이나 금전강탈에 있지 않으며, 그가 자유시사변을 일으킨 공적(公敵)이기 때문이라고 했다. 이 통고는 '상해임시정부와 재상해 한인교민단에 전해졌다.

이성을 저격한 사람은 '결사대' 대원 계영화(桂永化)였다. 계영화는 이성을 저격한 이튿날 몇몇 결사대원과 함께 서간도로 길을 떠났다고 한다. 상해경찰의 사건수사를 피할 목적에서였다. 그뿐만이 아니다. 이들은 다음 암살대상자로 유동열을 지목했다. 유동열이 1921년 12월 상순에 길림을 거쳐 서간도로 들어왔다는 첩보가 접수되었기 때문이다.[64]

---

63) 위의 책(제5권), 291쪽.
64) 金正明 編, 위의 책, 297쪽.

제11장 두 공산당의 혁명이론과 정책

1. 정세인식

국제질서 재편을 보는 시각

1921년 5월 한국 민족해방운동 선상에 두 개의 전국적 공산당이 나타났다. 이 두 정당은 자기 자신을 모든 한인 공산단체들을 대표하는 유일한 공산당이라고 주장했다. 운동의 대열은 분열되었다. 경쟁하는 두 당은 각각 독자적인 조직체계와 규율을 갖고 있었으며, 독자적인 혁명이론과 정책을 수립했다.

두 공산당의 혁명론과 정책에서 나타나는 공통점과 차이점은 무엇인가? 이 과제의 천착은 한국 사회주의운동의 최초 분열이 왜 발생했는지를 그들의 사상·의식과 관련시켜 해명하는 작업이다. 이 문제의 해명은 사회주의분파 발생의 내적 원인을 파악하는 데 도움을 줄 것이다. 두 당의 혁명론과 정책에서 공통적으로 나타나는 요소부터 살펴보기로 하자.

초창기 사회주의자라면 어느 당에 속해있든 상관없이 공통적으로 갖고 있는 생각이 있었다. 제1차 세계대전 직후에 조성된 국제정세에 관한 인식이 바로 그것이다.

초창기 사회주의자들은 제1차 세계대전 종결 이후 재편되는 세계질서에 대해 민족주의자들과 구분되는 독자적인 인식을 보여주었다. 그것은 국제연맹과 미국의 후원을 얻어 한국의 독립을 꾀하려는 경향을 비판한다는 점이다.

상해파 당대회에서 채택된 「선언」을 들여다보자. 「선언」은 물에 빠진 자는 지푸라기라도 잡는다는 속담을 거론했다. 그에 빗대어 "정의와 인

도에 호소하여 국제연맹의 후원을 기대하며, 일·미(日美)간의 분규로써
절호의 기회를 작(作)하고자 하는 그 심리"를 비판하기 위해서였다. 유럽
열강이 식민지의 해방을 도울 리 없다고 보았다. "인도·안남·필리핀
등이 모두 영(英), 불(佛), 미(美)의 권력 폭압하에서 절규"하고 있다고 주
의를 환기했다.[1]

이러한 인식은 이르쿠츠크파 사회주의자들도 마찬가지로 갖고 있었
다. 이르쿠츠크파 당대회에서 채택된 강령에는 자본주의 나라들의 원조
를 기대하는 견해의 위험성이 언급되어있다.

> 고려공산당 창립대회는 '우호적인' 자본주의 나라들로부터 원조를 기대
> 하는 것의 해독성을 폭로하고, 자본주의적 표식하에 ─ 미국, 일본 혹은
> 연합국의 표식하에 ─ 또 다른 자본주의적 예속을 한국에 가져다줄 뿐인
> 그 원조의 모든 위험성을 한국인민들 앞에 폭로했다. 그와 동시에 대회는
> 모든 자본주의 및 제국주의에 대한 투쟁의 임무를 한국 근로대중 앞에
> 제기했다.[2]

한국인민에게 '우호적인' 자본주의 열강의 원조란 결국 또 다른 식민
지적 예속을 초래할 위험이 있다고 경고한다. 따라서 미국을 포함한 자
본주의 열강은 일본제국주의가 한국인민의 적인 것과 마찬가지로 투쟁
대상이 된다는 것이다.

이러한 인식은 3·1운동 2주년(1921. 3. 1)에 즈음하여 이르쿠츠크에서
행한 채동순의 언급과 궤도를 같이한다. 채동순은 '고려공산당 중앙총
회와 코민테른 극동비서부 한국지부'를 대표하여 연설했다. 그는 "세계
열강이 우리 동무일까?"라고 묻고 스스로 답했다. "아니오"라고. 그는

---

1) 朝鮮總督府 警務局, 『大正11年朝鮮治安狀況』, 393쪽.

2) Проект Программы Корейской коммунистической партии принятной Учредител
ьным Съездом Коркомпартии(고려공산당 창립대회에서 채택된 당 강령안), Нар
оды Дальнего Востока, Иркутск, 1921, No.3, c.358~359(이하 「당 강령안」으로
줄임).

"우리의 참동무는 세계 빈천자"라고 말했다. "고려혁명자들은 동무와 동무 아닌 것을 오늘부터 자각하고 세계 빈천자 혁명과 연합하여야 우리의 자유를 회복"[3]하리라고 연설했다.

초창기 한인 사회주의자들은 제1차 세계대전의 본질을 열강의 이해관계의 충돌로 파악했다. 그 전쟁의 기원은 각국 부르주아지의 커다란 뱃속을 채우려는 데 있었다. '세계의 영구평화'니 '평등세계의 실현' 운운하는 교전국들의 개전이유는 모두 피압박 군중에 대한 기만에 불과한 것이라고 이해했다.[4]

한국인 민족주의자들이 한국독립을 선전할 절호의 연단으로 간주해온 베르사유 강화회의도 사회주의자들에게는 평가절하되었다. 그것은 단지 패전국의 배상금 쟁탈에 여념 없는 '이리떼'에 불과한 것이었다. 영·불의 대립, 태평양문제를 둘러싼 미·일의 대립은 모두 그 표현이라고 보았다.[5]

미국이 제창한 '국제연맹'도 다를 바 없었다. 전쟁 때문에 파괴된 자본주의 산업조직을 부활하고, 고조되는 세계혁명운동을 방어하려는 데에 그 목적이 있다고 보았다.[6] '전로고려인중앙선전의회' 위원장 한규선이 1921년 3월 "고려혁명자들은 국제연맹회의 찬조를 기다리지 말 것"을 호소한 것은 바로 이러한 의식의 발로였다.[7]

일본을 보는 눈

초창기 한인 사회주의자들이 공통적으로 갖고 있던 또 하나의 견해는 일본제국주의에 관한 인식이었다. 그들은 민족주의자들과 달리 일본의

---

3) 『동아공산』 제13호, 1921. 3. 20, 2쪽.
4) 朝鮮總督府 警務局, 앞의 책, 391쪽.
5) 위의 책, 392쪽.
6) 위의 책, 392~393쪽.
7) 『동아공산』 제13호, 1921. 3. 20, 2쪽.

한국지배를 단순한 이민족 지배가 아니라고 보았다. 그것은 제국주의의 식민지통치라고 인식했다. 따라서 모든 일본인을 적대시할 것이 아니라 일본의 자본가와 제국주의만을 적대시해야 한다고 보았다. 일본의 혁명 세력은 국제적 제휴의 대상으로 간주되었다.

보기를 들어보자. 1921년 5월 이르쿠츠크 당대회 참가자들은 일본인 노동자를 가리켜 한국 무산자들과 공통의 이해관계를 갖는 미래의 동맹자라고 규정했다. 그들은 일본의 혁명적 프롤레타리아트와 힘을 합쳐야 한다고 결의했다.[8]

'전로한인공산당 중앙총회' 위원장 이성은 1920년 8월 29일 국치일 기념대회 석상에서 같은 취지의 발언을 했다. 일본 통치당국의 군국주의와 부호계급을 제외한 모든 일본인이 우리 동무라고 연설했다.[9] 같은 날 배포된 전로한인공산당 중앙총회 「선포문」에도 동일한 내용이 실렸다. 일본인 전체를 배척할 것이 아니라 군국주의와 민족배외주의에 젖은 지배계급과 그들의 추종자를 배척해야 한다는 구절이 명시되었다.[10]

이르쿠츠크파 사회주의자들은 식민지민족의 민족주의마저 극단적으로 부정하는 경향이 있었다. 그들의 기관지『동아공산』지면에는 이런 경향이 선명히 표현되어있다. 그들의 견해에 따르면, 나라와 민족을 차별하는 관념은 모두 다 일본군국주의자와 자본가들의 야심정책의 소산이라고 한다.[11] '한국의 군국주의자와 자본가들'도 마찬가지라고 한다. 민족관념 자체를 부르주아적인 것으로 인식했던 것이다.[12] 그들에게는

---

8) Доклад Корейской Коммунистической партии 3 Конгрессу Коминтерна, Народы Дальнего Востока, Иркутск, 1921, No.2 ; 고려공산당,「코민테른 제3차 총회에 대한 보고」,『역사비평』1989년 가을, 365쪽(이하「고려공산당 보고」로 줄임).

9)『동아공산』제2호, 1920. 9. 8, 3쪽.

10) 위와 같음.

11)『동아공산』제3호, 1920. 9. 25, 3쪽.

12) 이봉춘,「대한독립군들에게」,『동아공산』제3호, 1920. 9. 25, 3쪽.

432

억압민족의 민족주의와 피억압민족의 민족주의를 구분하는 안목이 없었던 것으로 보인다. 양자는 역사적으로 서로 다른 역할을 수행한다는 의식을 갖고 있지 않았던 것 같다. 이러한 극단적인 민족관념은 상해파 사회주의자들에게서는 찾아보기 어렵다. 이르쿠츠크파 사회주의자들에게 고유한 현상이었던 것으로 보인다.

상해파 사회주의자들도 일본혁명을 동아시아혁명의 파트너로 인식했다. 1919년 4월 블라디보스톡에서 열린 한인사회당 대회에서 채택된 강령이 그것을 잘 보여준다. 그 강령에는 "일본과 한국의 근로대중의 이해는 서로 연관을 갖고 있으며, 일본제국주의와 자본의 압제가 그들에게 동일하게 고통을 주는 점을 고려한다면, 양국 혁명단체들 간의 긴밀한 연관은 불가피하다"[13)는 결의가 포함되어있었다.

일본의 혁명세력과 제휴한다는 인식은 초창기 한인 사회주의자들에게 공통된 것이었다. 일본경찰의 정보문서를 보면, 반일 한국인들 중에는 "일본에서도 조만간 혁명운동이 발발하여 국체(國體)가 붕괴될 것"이라고 기대하는 자들이 많다고 한다. "한국독립의 목적에 도달하기 위한 방법으로서 일본인 사회주의자와 연결하여 사회혁명의 사상을 보급하는 것이 득책(得策)"이라고 일컫는 자들이 많다는 것이다.[14) 일본혁명과 한국독립을 서로 연관지어서 보는 것은 초창기 한인 사회주의자들 정세인식의 한 특징이었다.

일부 민족주의자들은 사회주의자들의 일본관을 이해하지 못했다. 일본인들과 접촉한다는 점을 이유로 들어 초창기 사회주의자들을 비난하곤 했다. 김구는 일본의 혁명세력과 제휴하려는 사람들을 '새로운 친일파'라고 매도했다. 김구는 "일본인은 모두가 우리의 적일 뿐이다"라고 주장했다. 일본인 사회주의자와 연락을 주고받는 한인 사회주의자들을

---

13) Пак Диншунь(박진순), Социалистическое движение в Корее(조선의 사회주의 운동), Коммунист. Интернационал, М. - Пг., 1919, No.7~8, с.1173~1174.

14) 朝鮮總督府 警務局, 앞의 책, 41쪽.

친일파라고 지목했다고 한다.15)

세계혁명과 한국혁명

초기 한인 사회주의자들은 한국독립을 세계혁명의 일환으로 파악했다. 상해에서 유일학우구락부(留日學友俱樂部) 주최로 열린 한 강연회(1920. 4. 5)는 그 좋은 보기이다. 그날 「사회주의에 대하여」라는 연제로 연단에 선 사람은 손두환(孫斗煥)이었다. 그는 한국 독립운동을 "일본의 침략주의에 반항한다는 견지로 보아 국제적 사회주의운동"이라고 말했다. 한국 독립운동을 "진정으로 동정(同情)하는 자는 세계의 노동계급과 사회주의자"라고 이해했다.

『독립신문』(1919. 9. 27)에 「대한노동당의 출현을 규(叫)함」이라는 글을 기고한 '묵당(默堂)'이라는 필명의 한 사회주의자가 있다. 그는 '러시아의 사회주의'와 '유럽의 노동당'을 국제적 제휴대상으로 파악했다. 묵당은 말하기를, 사회주의와 노동당은 "미래의 신문화에 최선의 공헌"을 하기 위해 부단한 노력을 기울이고 있다고 높이 평가했다. 한국민족도 다른 나라보다 앞서 가지는 못할망정, 나란히 발을 내딛고 함께 전진해야 한다고 주장했다.16)

세계혁명과 한국혁명의 상호 연관성에 대한 인식은 상해파 당대회 문헌들에서 더욱 명료히 표명되었다. 당대회에서 채택된 「고려공산당 선언」에는 세계혁명의 성취를 위해 폭넓은 단결이 필요하다고 적혀있다. 제2인터내셔널은 국제연맹 후원하에 근근이 숨을 몰아쉴 뿐 더이상 우리의 동지가 아니다. 국제 사회주의운동을 대표하는 기관은 코민테른이라고 했다.17) 상해파 고려공산당은 자신들이 이미 한인사회당 명의로

---

15) 김철수, 「친필유고」, 『역사비평』 1989년 여름, 351쪽.

16) 『독립신문』 1919년 9월 27일자, 1쪽.

17) 朝鮮總督府 警務局, 앞의 책, 394쪽.

434

코민테른에 참가한 바 있음을 상기했다. 코민테른은 "우리와 운명을 함께할 자"이며, 고려공산당은 코민테른의 독립적인 한국지부라고 명시했다.[18]

코민테른과의 연대에 기초해서 한국독립을 세계혁명의 일환으로 수행하려는 관점은 이르쿠츠크파 사회주의자들도 견지하고 있었다. 이르쿠츠크파 공산당의 주요 간부인 남만춘은 3·1운동 2주년 기념식에서 말하기를, 우리 혁명을 참으로 도와줄 자는 "영·미·법·덕 이런 나라들이 아니오 다만 러시아 의회정부"[19]라고 단언했다. 이르쿠츠크 고려공산당은 자신의 전략·전술을 코민테른이 제기한 원칙에 의거해서 수립한다고 결의했다. 그들의 시각은 창립대회에서 채택한 슬로건에도 잘 반영되어있다. 「연합하라 세계 빈천 무산자와!」, 「전쟁하자 세계혁명선에서」, 「박멸하라 세계 군국자와 자본가들을」 등을 채택한 바 있다.[20]

2. 혁명론

이르쿠츠크파의 혁명론

1921년 5월에 결성된 두 공산당은 정치사상의 측면에서 소홀히 볼 수 없는 차이점을 드러냈다. 가장 두드러진 차이는 한국혁명의 성격을 둘러싸고 나타났다. 이르쿠츠크파 공산당의 강령은 "일본권력과 외국 및 토착자본으로부터 한국을 해방하고 서구 여러 나라 프롤레타리아트와의 협력 속에서 공산주의에 입각한 사회를 건설하는 것"을 정치적 목표로 설정했다.[21] 한국해방이란 일본제국주의 지배로부터의 해방은 물론

---

18) 위의 책, 394~395쪽.
19) 『동아공산』 제13호, 1921. 3. 20, 2~3쪽.
20) 논설, 「고려혁명기념사」, 『동아공산』 제13호, 1921. 3. 20, 1쪽.

이고 토착 한인 부르주아지의 지배로부터도 해방되는 것을 의미했다. 이르쿠츠크파 사회주의자들은 일제로부터 한국을 해방시킴과 동시에 공산주의사회를 건설할 것을 제시했던 것이다. 그들은 민족해방과 사회주의혁명이 시간상 앞뒤에 놓이는 게 아니라고 생각했다. 양자를 동시에 수행한다는 관점을 지니고 있었다.

이르쿠츠크파 공산당의 사회주의혁명론은 이들의 경제정책에서도 드러난다. 이들은 "일본제국주의뿐 아니라 착취 일반의 타도"[22]를 목표로 설정했다. "모든 공장, 은행, 철도, 광산, 어업, 기타 대기업을 몰수하고 그것을 모든 근로자의 소유로 전환시킬 것"[23]을 규정했다. 일본자본의 착취는 물론이고 한국인의 부르주아적 착취도 일소대상이 되었다. 단지 노동착취가 없는 소규모 가내공업만이 몰수대상에서 제외되었다.

경제정책의 사회주의적 성격은 그들의 농업정책에도 반영되어있다. 그들의 농업강령을 살펴보자.[24] 그들은 모든 착취자들의 토지를 몰수할 것을 제시했다. 몰수대상 토지는 "지주 및 대토지소유자의 모든 토지, 일본 식민회사의 토지, 자신은 직접 경작노동에 참여하지 않으면서 빈농이나 중농을 착취하는 모든 사람들의 토지"라고 지목되었다. 이 토지를 배상 없이 신속히 몰수한다는 것이다. 몰수대상에는 일본제국주의 기관의 토지는 물론이고 한국인 지주와 부농의 토지도 들어있다. 제국주의적, 봉건적 착취는 물론이고 농촌의 부르주아적 착취형태도 일소대상이 되었다. 오직 '고용노동을 사용하지 않는 소농경영'의 토지만이 몰수에서 제외되는 것으로 규정되었다.

---

21) 「당 강령안」, 353쪽.

22) Учредительный Съезд Корейской Коммунистической партии(고려공산당 창립대회), Народы Дальнего Востока 2, Иркутск, 1921, с.237(이하 「고려공산당 창립대회」로 줄임).

23) 위와 같음.

24) 이르쿠츠크파 고려공산당의 농업강령 내용에 관한 설명은 다음 자료에 따른 것이다. 「당 강령안」 362~363쪽 ; 「고려공산당 창립대회」, 222~224쪽.

436

한국의 모든 토지는 전 인민의 소유로 간주되었다. 토지국유화정책을 제시한 것이다. 따라서 모든 농업생산자는 오직 토지용익권만을 인정받았다. 토지용익권은 자기 노동력으로 직접 경작하는 자에게만 부여된다고 규정되었다. 조문을 보자. "자신의 직접 노동에 의거하여 그 토지를 경작하던 종전의 소작인들로 구성되는 사회적 이용기관"은 토지용익권을 부여받을 수 있다. 이는 협동농장이나 국영농장을 뜻한다.

또 있다. '타인노동을 고용하지 않는 소농경영'도 그 권리를 인정받았다. 이들에게는 지주와 부농, 일본인으로부터 몰수한 노동용구, 역축(力畜), 관개설비, 농업용수 등의 양도가 약속되었다. 그리하여 혁명권력 수립 이후 한국농촌에는 '빈농·고농들의 협동농장 경영'과 '타인노동을 고용하지 않는 소농경영' 이 두 가지 경영형태만이 존재할 수 있도록 설계되었다.

이르쿠츠크파 사회주의자들의 농업정책의 목표는 농촌에서 봉건적, 부르주아적 착취형태를 일소하는 데 놓여있었다. 이 농업정책은 그들의 사회주의혁명관에 조응하는 것이다.

그들의 혁명관은 국가건설론에도 반영되어 나타난다. 이르쿠츠크파 사회주의자들은 "봉건군주제 한국의 회복은 한 명의 노동자, 한 명의 농민도 용인해서는 안된다"[25]고 함으로써 대한제국의 부활을 꿈꾸는 복벽론에 대해 명시적으로 반대하고 나섰다.

부르주아민주주의공화국 건설론에 대해서도 반대를 표명했다. 이르쿠츠크파 사회주의자들에 의하면, 그 견해는 "아메리카형의 국가체제를 완성된 모범이라고 간주하는 쁘띠부르주아지와 인텔리"[26]들이 주장하는 것이다. 그것은 노동자·농민에게는 결코 완전한 자유를 주지 않는다고 평가했다. 부르주아민주주의 국가체제하에서는 "근로대중의 빈곤이 외래 제국주의자의 대리인들과 자국 부르주아지의 영화와 더불어"

---

25) 「고려공산당 창립대회」, 226쪽.
26) 위와 같음.

병존한다. 따라서 '평등'이나 '자유'라는 부르주아민주주의의 슬로건은 기만적인 것이 되고 만다는 것이다.[27] '자유'와 '민주주의'의 표상인 것처럼 보이는 미국마저 부르주아 독재를 대변하는 국가이다. "부르주아지에게만 우선권을 줄 뿐으로 노동자들이 조금이라도 자신의 의지를 밝히려고 시도할 경우에는 수만 명의 노동자를 살육하고 감옥에 가두고" 있다는 것이 그들의 견해였다.[28]

이르쿠츠크파 사회주의자들은 근로자들이 직접 권력을 장악할 것을 제시했다. "한국의 노동자·농민이 만약 완전한 정치적·경제적 해방을 바란다면, 그리고 그들이 일본·미국의 자본가들과 자민족 부르주아지의 마수에 빠져들기를 원치 않는다면, 그들은 부르주아민주주의적 슬로건을 거부하고 근로자들의 권력수립의 길로 나서야 한다"고 역설했다.[29]

이러한 생각은 1920년 9월 이르쿠츠크 한인노동회 결성회의에서 행한 이성의 연설에도 표명되어있다. 그는 자본가를 박멸한 뒤에 "정치기관이나 사회조직이나 기타 어떠한 것이든지 다 우리 노동자가 전권(專權)"[30]해야 한다고 역설했다. 노동자의 전권을 실현하기 위해서는 국가권력이 부르주아지와 그 정치세력에 의해 장악되는 것을 용인하지 말아야 한다. 달리 말하면 "권력으로부터 비근로자적 요소를 제외시킬 것", "지주·장군·관료 등과 같은 모든 특권적 요소"를 제외시키는 것이 필요했다.[31] "귀족, 부르주아지, 관리" 등은 한국 노동자·농민에게는 '내부의 적'으로 간주되었다.[32]

이르쿠츠크파 사회주의자들은 노동자의 전권이 실현되는 '근로자들

---

27) 위의 글, 226~227쪽.
28) 위의 글, 227쪽.
29) 「당 강령안」, 360쪽.
30) 『동아공산』 제5호, 1920. 10. 25, 3쪽.
31) 「당 강령안」, 361쪽.
32) 「고려공산당 창립대회」, 225~226쪽.

438

의 권력’형태로써 소비에트를 제시했다. 이들은 “한국 노동자·농민 소비에트공화국” 건설을 표방했다.33) 왜 소비에트인가? 이들은 말하기를, “소비에트체제는 노동자·농민 등 근로대중이 특권적 요소들(지주, 장군 등)을 제외시키고 자신의 운명을 스스로 개척할 수 있는 유일한, 적절한 체제”라고 한다. “오직 소비에트권력만이 지주의 토지를 박탈하여 근로 빈농의 손에 넘겨줄 가능성을 제공한다”는 것이다.34) 그뿐만이 아니다. 해방 이후의 순조로운 발전을 위해서도 소비에트권력이 불가피하다고 주장했다. 한국의 소비에트권력은 다른 소비에트 국가들과 우호관계를 맺음으로써 “한국이 사회주의경제로 이행하는 데서 고통 없는 지름길을 보장”35)해준다는 것이다.

농민이 주민의 대다수를 구성하고 있는 한국과 같은 후진농업국에서 과연 소비에트권력이 수립될 수 있는가? 이 의문에 대해서도 이르쿠츠크 사회주의자들은 대답을 준비했다. 그들은 “경제적으로 후진적인 나라들에서 사회혁명은 불가능하다”고 생각하는 것은 옳지 않다고 반론했다. 그런 생각을 하는 사회주의자는 ‘카우츠키류의 사회협조주의자’이거나 혹은 ‘멘셰비키’일 거라는 것이다.36)

이르쿠츠크파 사회주의자들은 러시아 내 소수민족의 사례를 들어 설명했다. ‘투르케스탄, 키르키즈, 아제르바이잔 기타 작은 공화국 농민들의 경험’을 거론했다. 후진국가의 농민이 구래의 특권층을 배제하고도 스스로 자신의 일을 관리할 수 있음을 보여준 사례라는 것이다.37) 선진 소비에트 나라들의 형제적 도움을 받는다면 한국과 같은 후진농업국에서도 소비에트권력을 수립할 수 있다고 주장했다.38) 선진 사회주의나라

---

33) 위의 글, 223쪽.
34) 「당 강령안」, 361쪽.
35) 위와 같음.
36) 「고려공산당 창립대회」, 220쪽.
37) 위의 글, 227쪽.
38) 위의 글, 220쪽.

의 지원을 얻는다면 한국에서 단기간에 사회주의사회를 건설할 수 있다는 것이 그들의 생각이었다.

이르쿠츠크파 사회주의자들의 혁명성격론과 국가건설론은 비단 그들만의 생각이 아니었다. 그 관념은 슈마츠키를 비롯한 코민테른 극동비서부의 견해이기도 했다.

이르쿠츠크에서 열린 3·1운동 2주년 기념식장에 몽골인 '얼인친'은 내빈 자격으로 참석했다. 그는 연설을 마친 뒤 "고려소비에트 정부 만세, 중국소비에트 정부 만세, 몽골소비에트 정부 만세"를 소리높여 외쳤다. 코민테른 극동비서부 중국부를 대표하여 연설한 '조비신'도 같은 생각이었다. 그는 "동양 빈천자가 연합하여 일본 군국자와 재정(財政) 세력가들을 박멸하고 고려와 중국과 몽고에 소비에트정부를 건설"하자고 역설했다. 코민테른 극동비서부에 망라된 각국 사회주의자들은 모두 비슷한 생각을 했던 것이다. 코민테른 극동비서부가 한국, 중국, 몽골과 같은 동아시아 피압박민족의 혁명정권을 소비에트 형태로 수립하고자 했음을 알 수 있다.[39]

소비에트건설론은 한국 일국의 차원에서만 고려된 것은 아니었다. 이르쿠츠크 당대회 석상에서는 권력문제 슬로건으로서 "동아소비에트를 내세울 것인가, 아니면 일국 단위의 소비에트 구호를 제기할 것인가"라는 문제가 나왔다. 이 문제를 발의한 한 참가자는 한국 근로자들의 해방이 한국 한 나라의 정변으로는 실현되지 않는다고 보았다. 한국의 해방은 "오직 전 세계 근로자들의 세계적 해방과정에서만 생각될 수 있"다고 강조했다. 그는 "반드시 프롤레타리아세력, 그 중에서도 우선 동아시아, 그다음에는 아시아 전체, 마지막으로 모든 대륙의 그들과 굳게 협조"해야 한다고 언급했다. 이 관념은 한국독립을 세계혁명의 한 고리로 파악하는 사고로부터 나온 것이었다. 이 문제를 발의한 대의원은 '동아

---

39) 『동아공산』 제13호, 2쪽.

440

소비에트' 건설론을 제안했다.[40)

이 의안을 둘러싸고 대회참가자들은 찬반 토론을 전개했다. 민족 단위의 일국적 소비에트 건설론을 지지하는 이는 소수였다. 대다수가 동아소비에트 건설론에 대해 찬성발언을 했다. 이어서 진행된 표결에서도 동아소비에트 수립론이 압도적 다수표로 채택되었다.[41)

이르쿠츠크파의 혁명론과 국가건설론은 후일 '좌경'적 전략계획의 한 표본으로 비판받았다. 1930년대 중엽 조선공산당 재건운동에 종사하던 최성우는 좌경적 강령의 사례로서 이르쿠츠크파의 강령을 들었다.

> 나는 1921년도 결의(이르쿠츠크파)에 대하여 말하려 한다. 그 결의에는 조선혁명의 부르주아민주주의 계단을 아주 부인했다. 그 결의에는 다만 소비에트 주권을 세울 데 대하여서만 말하고 그만두었다. 이것이 '좌경'적 오류ㅡ혁명의 부르주아민주주의적 계단을 부인하는 트로츠키주의적 설정이다.[42)

이르쿠츠크파의 강령은 두 가지 점에서 좌경적인 것으로 비판받았다. 하나는 한국혁명의 부르주아적 성질을 인정하지 않은 점이다. 한국사회 구성의 특성상 제국주의적 억압과 봉건적 잔존물에 대해 투쟁할 필요성이 그 당시에는 전면에 제기되어야 했다. 그런데도 그것에 앞서 부르주아적 요소에 대한 투쟁과제를 전면에 내세운 점이 비판의 대상이 되었다. 한국혁명의 성질을 사회주의혁명으로 간주하고 있는 것에 대한 비판이었다.

다른 하나는 '소비에트 주권을 세우는 것만 말하고 그만둔 점'이다. 프롤레타리아트독재 권력의 수립이 사회주의자의 궁극적 목적이 되는

---

40) 「고려공산당 창립대회」, 241쪽.

41) 위의 글, 242~243쪽.

42) 최성우 지음, 조동규 번역, 『조선혁명에서 프롤레타리아트의 영도권 문제ㅡ조선공산당 행동강령 연구에 대하여』, 외국로동자출판부 : 모스크바, 1935, 12쪽.

것은 틀림없으나, 한국의 혁명운동이 당면한 주·객관적 조건상 그 즉각적 실현은 불가능하다는 것이 뒷날 비판자들의 생각이었다. 부르주아 민주주의 혁명과제를 수행할 '프롤레타리아트와 농민의 혁명적 민주주의 독재'권력 수립론이 제기되어야 했다는 것이 비판의 핵심이었다.

어쨌거나 우리는 이르쿠츠크파 사회주의자들의 정치사상의 핵심은 사회주의혁명론에 입각한 소비에트 건설론에 있었음을 확인했다. 이는 이르쿠츠크파에 고유한 특징이었다. 모든 한인 사회주의자들이 그처럼 생각했던 것은 아니다. 그와 경쟁하던 상해파 사회주의자들의 생각은 달랐다.

상해파의 혁명론

상해파 공산당 창립대회 문헌들이 있다. 거기에는 상해파 사회주의자들의 전략·전술 계획이 적혀있다. 그들은 자신의 혁명이론과 정책은 코민테른에 의거하고 있음을 명시했다. "세계 무산자혁명의 대본영, 제3국제공산당의 대범(大範)에 준거"한다는 것이다.[43] 코민테른의 '대범'이란 곧 코민테른 강령과 기타 각 결의를 지칭한다.

상해파 사회주의자들도 반(反)자본주의 혁명, 사회주의사회 건설을 목표로 설정하고 있다. 그들의 「강령」에 적힌 글귀를 읽어보자.

오인은 사회 각원(各員)의 원만한 영달을 위하여 부자유·불평등의 원인인 현사회의 모든 계급을 타파하며, 자본주의적 제도의 골수(骨髓)로서 산업계 무정부상태의 원동인 생산기관의 사유와 자유경쟁은 이를 반드시 혁파하여 집중 공영(共榮)적 생산·분배의 방식으로 교체함으로써, 오인의 사회는 절대평등 대동(大同)세계로 된다고 말할 수 있다.[44]

---

43) 朝鮮總督府 警務局, 『大正11年朝鮮治安狀況』, 402쪽.
44) 위의 책, 399쪽.

여기에는 상해파 사회주의자들의 궁극적 목표가 설명되어있다. 현존 사회의 '부자유·불평등의 원인'인 모든 계급을 타파한다는 점, 생산기관의 사유와 자유경쟁제도를 혁파한다는 점, 집중공영적 생산·분배방식을 도입한다는 점 등이 명시되었다. 그를 통해 도달하고자 한 목표는 '사회 각원의 원만한 영달'이 이루어지는 '절대평등의 대동세계'이다. 사회주의사회를 건설한다는 목표를 분명히 제시하고 있음을 확인할 수 있다.

이 목표를 달성하는 수단도 구체적으로 제시되었다. "각 공장 및 제조소 등의 생산기관, 철도·기선 등의 교통·운수기관, 전기·가스·수도 등의 일용필수에 관한 기관, 토지·광산·삼림은 그를 공유공영(公有共榮)으로 할 것" 등의 구절이 계속되고 있다. 상해파 구성원들의 사회주의자로서의 면모가 명확히 드러나고 있다.[45]

그런데 상해파 사회주의자들이 최고강령과 최저강령을 구분하고 있는 점에 주목해야 한다. 상해파 공산당의 강령은 '목하(目下)의 급(急)에 대한 강목(綱目)'을 별도로 설정했다. 지금 긴급히 시행해야 할 당면목표를 설정하고 있는 것이다.

첫번째 항목은 한국독립의 과제에 관한 것이다. 상해파 공산당의 강령을 보면, "민족적 해방이 사회혁명의 전제"이며,[46] "오인의 민족적 해방운동은 사회혁명의 일 계단"[47]이라고 명시되어있다. 사회주의 건설에 앞서 그 전제 혹은 일 계단인 '민족해방'이 선행되어야 한다는 견해를 표명한 것이다. 한국의 당면 혁명운동의 성질은 민족해방혁명이라고 이해하고 있었음을 뜻한다.

민족해방과 사회주의 건설이라는 두 과제의 상호관계는 어떠한가. 상해파 사회주의자들의 생각으로는, 민족해방운동은 결코 '목적'이 아니

---

45) 위의 책, 401쪽.

46) 위의 책, 403쪽.

47) 위의 책, 389~390쪽.

었다. 그것은 최종 목적으로 나아가는 경과적인 '한 계단'이었다. 그들은 "현 사회의 모든 계급을 철저히 타파하고자 한다. 이것이 곧 오인의 신조"라고 언급했다. 상해파의 이러한 혁명론은 곧 민족해방혁명으로부터 사회주의혁명으로 성장·전화하는 연속혁명론의 하나였다. 이것은 한국의 당면혁명의 성질을 사회주의혁명으로 간주하고 있었던 이르쿠츠크파의 생각과는 명백히 다른 것이었다.

연속혁명론(the theory of uninterrupted revolution)은 카를 맑스 자신에 의해 1850년경에 최초로 제기된 바 있다. 맑스는 1850년 3월 「공산주의자 동맹에 보내는 중앙위원회로부터의 편지」에서 연속혁명론에 관한 분명한 언급을 남기고 있다. 그 내용은 "혁명과정이 여러 국면을 경유한다는 것, 그리고 혁명의 부르주아민주주의적 단계와 프롤레타리아적 관계 사이에는 혁명이 없는 평온한 시기가 오래 지속될 필요가 없다"는 것이다.[48]

맑스의 연속혁명론에 관한 사상을 레닌도 지지했다. 레닌은 "위 편지를 '무척 흥미롭고도 교훈적인' 것이라고 표현했으며, 부르주아민주주의 혁명에서 프롤레타리아당의 혁명전술을 작성할 때, 그리고 부르주아민주주의혁명을 사회주의혁명으로 성장·전화한다는 이론을 기초할 때에 이 편지를 근거로 했다"고 한다.[49]

나는 과거 이 문제를 다룬 논문에서 이와 다른 견해를 피력한 바 있다. 즉 상해파는 "민족의 독립을 위한 투쟁을…… 사회주의혁명에 선행하여 수행되는 것이 아니라 그와 동시에 진행되는 것으로 간주"했다고 평가하고, 이에 의거하여 상해파의 혁명론은 이르쿠츠크파와 다를 바 없다고 해석했다.[50]

---

48) 소련공산당 중앙위원회 마르크스레닌주의 연구소 지음, 김라합 옮김, 『칼 마르크스 (1)』 소나무, 1989, 336쪽.

49) 위의 책, 335쪽.

50) 임경석, 「일제하 공산주의자들의 국가건설론」, 『대동문화연구』 27, 1992, 208쪽.

내가 그렇게 생각했던 데는 다음과 같은 이유가 있다. 즉 상해파의 강령을 민족해방혁명으로부터 사회주의혁명으로 성장·전화해가는 연속혁명의 강령으로 이해하기 위해서는 상해파의 국가건설론이 프롤레타리아트 독재국가 건설이 아니라 민족해방혁명 단계에 조응한 별개의 국가형태를 제기했어야 한다는 점이다. 하지만 상해파의 국가건설론에서는 최고강령에 조응하는 프롤레타리아트 독재권력, 즉 소비에트권력 수립의 필요성이 운위되고 있을 뿐 그에 선행하는 최저강령에 조응한 권력구상이 있었는지 여부가 불분명했다. 따라서 그 당시 나는 상해파의 혁명이론이 연속혁명론에는 이르지 못했다고 판단했다. 바로 이러한 이유로 이르쿠츠크파와 상해파 사이의 국가건설론상에서 차이점을 발견하지 못했던 것이다.

그러나 나는 그 뒤에 다음 두 가지 점에 유의하게 되었다. 하나는 상해파 사회주의자가 이르쿠츠크파와 달리 최고강령과 구별되는 최저강령적 요구를 제기한다는 점, 즉 한국혁명의 부르주아적 성질을 인정하고 있다는 점이다. 다른 하나는 뒤에서도 언급하겠지만, 상해파가 이르쿠츠크파와 달리 민족혁명단체들과의 정치적 제휴의 필요성을 인정하여 민족통일전선 정책을 견지하고 있는 점이다.

이 두 가지 요소는 설사 상해파가 최저강령에 조응한 권력구상을 갖지 않았다 하더라도 사실상 연속혁명론의 골자를 체득하고 있었음을 보여주는 증표로 인정할 수 있다. 그래서 나는 상해파의 혁명론이 국가건설론에 이르기까지 완성된 자기입론에 도달하지는 못했지만, 이르쿠츠크파의 사회주의혁명론과 명백히 구별되는 입장에 서있다고 판단하게 되었다.

상해파의 이런 견해는 분리 이전의 재상해 한국공산당 시절에도 이미 명백히 표명된 바 있었다. 당시 이 당의 정치노선을 천명한 문서 「고려공산당 정략」은 "정권을 노동군중의 장악으로 귀(歸)케 할 것"51)을 주장함으로써 프롤레타리아트 독재론을 천명했다. 그와 동시에 민족해방의 과제를 그에 선행하는 것으로 제시했다. 그 문서를 보면, "금일 한인의 최대 문제는 즉 독립이다. 고로 한인은 개인과 단체를 막론하고 모두 이 독립 일기(一旗)에 심신을 집중"해야 한다고 적혀있다.[52] 그들은 한국의 독립이 '당략 실행상 선결 임무'라고 파악했다. 이들의 견해로는 "조국광복은 본당 목적인 공산 및 노농집정(勞政)의 전제"였다.[53] 사회주의혁명에 선행하여 민족해방혁명을 수행할 것이며, 그것은 곧 프롤레타리아트 독재수립으로 성장·전화할 것이라는 관념을 그들은 이미 갖고 있었던 것이다.

다음으로 상해파 공산당의 국가건설론에 대해 알아보자. 상해파는 당대회에서 채택한 「고려공산당 선언」에서 자신의 최고강령인 사회주의혁명에 조응하는 국가권력 형태로서 "무산자독재 한국소비에트 정치의 실현을 기(期)"한다는 것을 명백히 하고 있다.[54] 혁명을 통해 수립할 권력의 본질은 프롤레타리아트 독재이며 그 형태는 소비에트라는 것을 밝힌 셈이다.

이러한 관념은 또 다른 문헌 「고려공산당 강령」에서도 되풀이 확인되고 있다. "오인은 무산계급의 집정(勞政)으로써 자본주의의 폭위로부터 인류를 해방하는 최선의 방법이라고 말하며, 또 보편적 절대자치의 소비에트 정치로써 무산계급 집정의 유일한 정체(政體)라고 말한다"는 규정이 그것이다.[55] 하지만 상해파는 최저강령적 요구인 민족해방혁명에 조응하는 국가권력에 대해서는 독립적인 구상을 갖지 않았던 것으로 보인다. 이 주목되는 논점에 관해 상해파 당대회의 문헌들은 아무런 구체적인 언급도 주지 않고 있다. 이것은 그들이 연속혁명론에 상응한 국가

---

51) 『朝鮮民族運動史(未定稿)』 1, 39쪽.

52) 위의 책, 38쪽

53) 위의 책, 40쪽

54) 朝鮮總督府 警務局, 앞의 책, 395쪽.

55) 위의 책, 399~400쪽.

446

건설론의 체계를 완성된 형태로 입론하지 못했음을 의미하는 것으로 보인다.

이상에서 혁명이론에 관한 이르쿠츠크파와 상해파의 차이점을 확인할 수 있었다. 상해파 공산당의 중앙위원이던 김철수는 뒷날 다음과 같은 주목할 만한 언급을 남겼다.

> 그때엔 레닌이 아직 생존시라, 고려 두 당의 정강을 보고서 '상해에서 세운 정강이 옳다. 식민지의 당이 어찌 바로 사회혁명으로 들어갈 수 있냐'(고 말했다—인용자). 이는 이르쿠츠크파의 정강에 사회주의혁명을 내걸고 오히려 상해파의 정강을 민족주의자들의 것이라고 공격 보고했기 때문에 (이르쿠츠크파가—인용자) 좌경적임을 지적했던 것이다.[56]

레닌이 이러한 언급을 한 시기는 당 창립대회를 마친 두 개의 고려공산당이 코민테른 대표단을 모스크바에 파견했을 때였으리라. 상해파 공산당의 모스크바 대표단이 레닌과 회견한 1921년 11월 28일 전후의 일로 추정된다. 이 언급을 통해서도 우리는 이르쿠츠크파 공산당이 한국혁명의 성격을 사회주의혁명으로 바로 들어갈 수 있는 것으로 파악한 데 반하여, 상해파는 그에 선행하는 민족혁명 단계를 별도로 설정했었다는 것을 재삼 확인할 수 있다.

이르쿠츠크파는 민족혁명 단계를 선행시키는 상해파의 연속혁명론을 이해할 수 없었다. 그들은 민족해방을 앞세우는 상해파의 강령을 민족주의자들의 강령이라고 공격했다. 이르쿠츠크파 당대회에서 이루어진 다음 발언은 바로 상해파를 염두에 둔 것이었다.

> 민족적인 단체들과 종교·정치적 단체들, 더 정확히 말해 소비에트러시아의 지원 가능성을 확신하였던 그 지도자들은 목적이 수단을 합리화한다는 것에 입각하여 그 대다수는 실제로는 민족주의자로 남아있으면서

---

56) 김철수, 「친필유고」, 『역사비평』 1989년 여름.

도 공산주의적으로 채색했다.[57)

이르쿠츠크파의 생각에 상해파의 자칭 사회주의자들이란 본질적으로 민족주의자이면서도 모스크바의 재정원조를 탐내 사회주의의 가면을 쓴 자들로 보였던 것이다.

결국 1921년 5월 당시 한국인 사회주의자들이 양파로 분립하게 된 데는 정치사상적 배경이 있었음을 확인할 수 있다. 이르쿠츠크파 공산당은 한국혁명의 성격을 사회주의혁명으로 간주하던 일군의 사회주의자들을 대표하는 조류이다. 그에 반해 상해파 공산당은 민족해방혁명이 선행한 뒤에 그것이 사회주의혁명으로 성장·전화한다는 연속혁명론의 지지자들을 대표하는 조류였던 것이다.

3. 전술

민족주의에 대한 태도

민족주의단체에 관한 사회주의자들의 태도를 확정하는 문제는 이르쿠츠크파와 상해파의 분열을 초래한 직접적 원인이었다. 이르쿠츠크파 당대회에서 제출된 이 문제에 관한 기조보고를 들어보자. 보고 연설자는 남만춘이었다.[58)

새로 생겨나고 있는 고려공산당의 대다수 동지들, 특히 민족혁명운동의 참가자였던 동지들은 아직 민족주의적인 프티부르주아지 이데올로기

---

57) 「고려공산당 창립대회」, 220~221쪽.

58) Протокол заседания 11 мая : 8-ое заседание(5월 11일자 제8회의록), РГАСПИ ф.495 оп.135 д.38 л.20.

448

의 편린들을 완전히 벗지 못하고 있으며, 고려공산당의 조직적 원칙과 공
산주의의 본질 자체를 이해하지 못하고 병립할 수 없는 두 개의 개념인
당과 정부를 혼동하는 경향이 있다. 이러한 착오를 바탕으로 해서 지금까
지 전권적인 정부적 기관의 명칭을 주장하며 한국 「정부」 같은 것을 지
향하는 온갖 논쟁이 일어났다. 그 결과는 이번 대회에 알려져 있는 고려
공산당 산고(産苦)의 고통스로운 진통이었다. 따라서 우리 공산주의자들이
민족혁명 단체들에 대해 일반적으로 어떠한 태도를 취해야 할 것인가 하
는 문제는 우리에게 긴박한 문제이며, 더욱이 당의 과제에 대해 근본적으
로 눈을 밝게 해주는 문제이다.[59]

여기서 ‘민족주의적인 프티부르주아지 이데올로기의 편린을 벗지 못
한 공산주의자들’이란 곧 상해파 공산당을 지칭한다. ‘고려공산당 산고
의 고통스러운 진통’이라고 불린 두 개 진영으로의 분열은 바로 상해파
의 ‘착오’와 ‘혼동’에서 비롯되었다는 것이 이르쿠츠크파 공산당의 견해
였다. 따라서 이르쿠츠크파는 민족혁명 단체에 대한 정책을 세우는 것
은 ‘긴박한 문제’이면서 ‘근본적 문제’로 간주했던 것이다.

비난받는 상해파 공산당의 입장을 먼저 알아보자. 1921년 5월 상해파
당대회에서 채택한 「고려공산당 선언」을 보면, “모든 혁명단체에 대해
서는 대성(大成)에 달하는 계단으로서 오인의 주장과 부합하는 범위에
한하여 차(此)를 찬조할 것”이라고 표명했다.[60] 문맥이 다소 불명확해
보인다. 그것은 일본경찰의 손으로 일역된 텍스트로부터 다시 번역한
탓이리라.

“대성에 달하는 계단으로서 우리의 주장과 부합하는 범위”란 구체적
으로 무엇을 뜻하는가? 강만길 교수는 이 대목을 들어 사회주의단체에
대한 찬조를 얘기한 것으로 해석한 바 있다.[61] 하지만 이 구절의 해석은

---

59) 「고려공산당 창립대회」, 219쪽.
60) 朝鮮總督府 警務局, 앞의 책, 403쪽.
61) 강만길, 「독립운동과정의 민족국가건설론」 『한국민족주의론』, 창작과비평
　　사, 1982, 110쪽.

전후 문맥 속에서 이루어질 필요가 있다. 상해파 공산당이 민족해방혁명을 사회주의혁명에 선행하여 수행할 것을 주장하고 있음을 감안하자. 위 문장은 달리 해석될 수 있는 것으로 보인다. '대성(大成)'이란 상해파의 최고강령인 사회주의혁명을 지칭하고, 그 계단(階段)이란 최저강령인 민족해방혁명을 가리키는 것으로 해석해야 한다. 그렇다면 위 인용문은 민족해방혁명에 참가하는 혁명단체에 대해 찬조방침을 천명한 것으로 이해할 수 있다.

우리의 해석은 상해파 공산당의 한 별동대인 치타 극동국 한인부의 대정방침(大政方針)에 의해서도 뒷받침된다. 치타 극동국 한인부는 코민테른의 결정에 의거하여 민족혁명을 방조한다는 뜻을 밝힘으로써 민족혁명 단체에 대한 통일전선정책을 지지하고 있었다.

상해파 민족통일전선 정책론의 배경에는 식민지 한국에서는 사회구성원의 계급적 분열과 적대가 그다지 진전되어있지 않다는 생각이 전제되어있었다. 한국인들은 일본자본가들의 강철 같은 억압 아래 놓여있으므로, 그 중에는 "자본가도 없고 군주정치주의자도 없다." 오직 피억압자만 있다. 식민지적 조건에 처해있는 한국인들은 총체적으로 무산자이다. 따라서 광범한 민족적 통일기관을 창출하는 것은 사회주의적 이상과 모순되지 않는다는 것이 그들의 주장이었던 것이다. 결국 상해파 공산당은 "한국을 이민족의 멍에에서 약탈적인 일본에게서 해방시키려고 지향하는 이상은 공산당의 원칙에 대립되지 않는다"고 보았다. 그들은 한국의 민족주의자들을 혁명적 요소로 평가했다.[62]

이르쿠츠크파 공산당의 민족주의자에 대한 태도를 살펴보기로 하자. 이르쿠츠크파 당대회는 '민족부르주아지에 대한 태도' 문제를 의안의 하나로 상정했으며, 토론 끝에 다음과 같은 결의를 채택했다.

고려공산당은 한국 혁명운동의 부르주아적 성격과 주어진 세력관계 아

---

62) 「고려공산당 창립대회」, 239쪽.

450

래서의 이 운동의 역사적 불가피성을 확인하면서 민족해방운동을 지원하
고 혁명투쟁을 위해 진정으로 혁명적인 민족단체를 활용하기 위해 이들
과 접촉하고 일시적인 협정이라도 맺도록 하는 것이 필요하다고 간주한
다. (중략) 공산당은 민족해방운동을 지원하면서 이와 동시에 자신의 특수
한 계급적 과제 민족 내에서의 부르주아민주주의 운동과의 투쟁의 과제
를 자각하며 자신의 계급적 프롤레타리아적 운동의 독자성을 유지하며
대중을 조직하고 노동자·농민의 공산당조직이 스스로 혁명에 다가서서
소비에트공화국을 건설할 수 있도록 하기 위하여 어디에서나 이들 조직
(소비에트—인용자)을 건설하며, 이에 의해서 근로대중의 계급적 자각의
빠른 발전을 촉진시킨다.[63]

이 결의를 보면, 이르쿠츠크파는 주어진 세력관계를 고려할 때 한국
혁명이 부르주아적 성질을 띤다는 것을 인정한다고 말한다. 이 말은 실
천적으로 한국 독립운동을 지지하는 것으로 표현된다.

그러나 이르쿠츠크파의 이 규정은 상해파의 한국혁명관과 비교할 때
매우 제한된 것이었다. 상해파 공산당은 민족해방혁명을 사회주의혁명
에 선행하는 독자적인 단계로 규정하고 있으나, 이르쿠츠크파는 그것의
독자적인 의의를 인정하지 않았다. 이르쿠츠크파는 한국의 독립과 동시
에 사회주의혁명을 수행하는 것으로 이해한다. 따라서 그들에 의하면,
한국의 해방이란 단순히 일제로부터 국가주권을 회복하는 것만을 뜻하
지 않는다. 그것은 프롤레타리아트 독재기관인 「한국 노동자·농민 소
비에트공화국」을 세워서 사회주의경제정책을 실행에 옮기는 것을 의미
한다.

이르쿠츠크파는 상해파의 총체적 무산자론을 비난했다. 한국에서도
계급적 분화는 다른 나라들과 마찬가지로 진행되고 있다는 것이다. 한
국의 부르주아지는 한국의 프롤레타리아트에게는 적대적인 세력이 된
다고 인식했다. "다른 나라들에서 노동운동에 해로운 요소들은 우리 한

---

63) 위의 글, 220~221쪽.

국에서도 해로운 요소”가 된다는 것이다. 이르쿠츠크파 사람들이 “‘민족통일전선’의 이념은 프롤레타리아 독재라는 강령에 서있는 우리 공산주의자들에게 아무런 의미도 없다”[64]고 말하는 것은 바로 이 때문이었다.

그러나 이르쿠츠크파는 1921년 5월 당대회에서는 약간 후퇴했다. 이 대회 대의원들은 ‘진정으로 혁명적인 민족단체’와 ‘일시적인 협정’을 맺을 필요성을 인정하게 되었다. 이 표현은 민족혁명 단체와의 정치적 제휴를 인정하는 것으로서 주목할 만한 의의를 갖고 있다. 그러나 그것은 다음 세 가지 점에서 상해파의 민족통일전선 정책과 구별된다.

첫째, 이르쿠츠크파는 민족혁명단체와의 제휴를 결코 상설적인 것으로 생각하지 않았다. 그 제휴는 어디까지나 ‘일시적’인 것으로 한정되고 있었다. 거꾸로 말한다면 민족혁명 단체와의 협정을 맺지 않을 수도 있음을 암시하고 있다.

둘째, 이르쿠츠크파는 일시적인 협정을 맺을 수 있는 상대로서 ‘진정으로 혁명적인 민족단체’를 엄격히 한정하고 있다. 이르쿠츠크파가 인정하는 ‘진정한 민족혁명 단체’란 어떤 단체를 의미하는지 이르쿠츠크파 사회주의자들 자신의 규정을 통해 알아보자.

> 민족혁명단체라고 불릴 수 있는 조직은 이민족 자본의 권력으로부터 민족적 해방을 위한 적극적인 실질적 투쟁의 기관으로, 실제로 혁명적 활동기관으로 존재하는 그러한 조직들뿐이다. 요컨대 활동하지 않는 모든 조직은 혁명적 기관을 자처할 수 없을 뿐만 아니라 오히려 기생적이고 해악스러운 것이라고 해야 할 것이다.[65]

진정한 민족혁명 단체란 일본제국주의에 반대하는 ‘적극적인 실질적 투쟁기관’에 한정된다. ‘활동하지 않는 조직’은 설혹 일제에 반대한다고 자임하더라도 그 혁명적 성격을 인정할 수 없다는 것이다. 이때 적극적

---

64) 위의 글, 239쪽.
65) 위의 글, 219~220쪽.

인 실질적 투쟁이란 아마도 군사적 수단을 통한 무장투쟁을 지칭하는 것으로 보인다. 민족주의 정치세력 가운데 외교론이나 실력양성론 같은 조류는 이들에 의하면 '오히려 기생적이고 해악스러운' 존재로 간주될 뿐이었다. 이러한 의미로 볼 때 외교론자들과 실력양성론자들이 포함되어있는 상해임시정부는 '진정한 민족혁명단체'일 수 없다는 것이 이르쿠츠크파의 생각이었을 것이다.

셋째, 민족혁명 단체에 대한 일시적 제휴방침은 프롤레타리아트 운동의 특수한 계급적 과제인 부르주아민족주의에 대한 투쟁을 독자적으로 수행하는 것을 전제하는 한에서만 인정되는 것이었다. 근로대중의 계급적 자각을 위한 활동은 언제 어디서나 항상적으로 수행된다. 따라서 한국인 부르주아지에 대한 투쟁의 과제는 설혹 민족주의혁명 단체와 제휴를 맺고 있을 때도 서슴없이 수행해야 하는 것으로 간주되었다.

종교정책

상해파와 이르쿠츠크파의 종교정책은 두드러지게 다르다. 대한제국 시기 이래로 종교단체는 한국 근대사의 굵직한 정치적 사건에 항상 연관되어있었다. 갑오농민전쟁은 동학과 뗄 수 없는 관계에 있고, 독립협회와 애국계몽운동은 기독교와의 연관이 깊다. 3·1운동 당시 민족대표 33인은 천도교, 기독교, 불교 3개 종교단체 대표자들로 구성되었다. 따라서 사회주의자들의 종교정책은 첨예한 정치적 문제로 발전할 가능성을 갖는다.

상해파의 종교정책을 보자. 그들의 강령을 보면, 종교는 기본적으로 사회해방의 장애물이라고 규정되어있다. 따라서 '종교적 미신의 굴레'로부터 인간을 해방하기 위해 과학적 문화운동과 종교배척운동을 실행할 것을 주장한다.

그러나 단서조항이 있었다. "신자의 신앙심을 모욕하는 행동은 일체 회피"해야 한다는 것이다. 왜 이러한 단서조항이 필요했을까? 상해파 공산당은 그 이유로서 "종교적 맹신을 오히려 독실하게 할 우려가 있기 때문"이라고 설명하고 있다.[66]

하지만 그것은 정책적 고려에서 나온 판단이었을 것이다. 한국 민족주의자들이 대다수 기독교, 천도교, 대종교 기타 종교단체와 깊은 관련을 갖고 있었음을 고려할 필요가 있다. 그들과의 제휴를 위해서는 종교대책이 완화될 필요가 있었다. 종교단체에 대한 상해파의 유연한 대응태도는 그들이 민족통일전선 정책을 견지하고 있었던 데서 파생된 것이었다.

이르쿠츠크파의 통일전선정책이 상해파보다 더 한정된 것이었음은 이미 살펴본 바와 같다. 그 때문일까. 이르쿠츠크파 공산당의 종교정책도 상해파의 종교정책과 많이 달랐다.

1921년 5월 이르쿠츠크 당대회에서 종교단체에 대한 태도를 결정하기 위해 대회 주도그룹이 제출한 보고문을 보자. 한국의 종교단체들은 종교기관이면서 또한 동시에 강력한 정치단체의 성질을 띠고 있음이 지적되어있다. 그것은 '반(半)종교적인 정치단체'였다고 한다. 그 중 특히 기독교와 천도교가 주목되었다. 주도그룹의 견해에 의하면, 기독교와 같은 '외국 종교단체'는 "외국 선교사들이 외국자본의 유입과 이 나라의 점차적인 점령, 그리하여 식민지로 만들기 위해 만들고 지도하는 조직"이었다. 그에 반해 천도교 등의 '민족종교 단체'는 "봉건적 노예상태의 결과로 성장한 조직"이었다.[67] 어느 것이나 다 퇴행적 역할을 해왔다는 것이다.

종교문제에 대한 토론에 들어가기 앞서 기조 발표자는 "이들 조직에 대해서는 단호한 투쟁을 전개하고 항상 모든 종교적 편견과 성직자의 책략을 폭로할 필요가 있다"[68]고 제안했다. 이르쿠츠크파 주도그룹은

---

66) 朝鮮總督府 警務局, 앞의 책, 405쪽.
67) 「고려공산당 창립대회」, 220쪽.

종교단체에 대한 투쟁의 과제를 프롤레타리아트운동의 독자적 과제의 일환으로서 강도 높게 제기했던 것이다.

그런데 이 제안은 다른 참석자들에 의해 약간의 수정을 거치게 되었다. 수정된 내용은 종교단체에 대한 투쟁형태 문제였다. 일부 참석자들은 "우리나라에서 종교단체는 주지(周知)하는바 혁명적 세력을 대변하며 따라서 그것들은 우리의 일시적인 동맹자가 된다"고 주장했다. 종교단체에 대한 '단호한 투쟁'은 현시기 전술에 배치된다. 따라서 그들에 대한 투쟁은 이념에 관한 것이어야 하며, '사상투쟁'이라는 구절로 대치되어야 한다고 주장했다.[69] 이 의미는 "기독교의 이념, 불교의 이념에 대해 맑스주의와 공산주의의 이념을 대립"시켜야 한다는 것으로 부연설명되고 있다.

우리는 종교문제에 대한 수정제안자는 러시아영토 내에서 온 사람들이 아니라 한국 국내이거나 상해, 북경 등에서 온 대표자일 거라고 추정한다. 한국 혁명운동에 오랫동안 참가한 경력을 가진 사람들이 그러한 주장을 제기할 수 있었을 것이다.

이 주장은 수용되었다. 그 결과 "고려공산당은 외국 선교사의 종교단체들과 이와 유사한 요소들의 반동적인 중세적 영향에 대해 사상투쟁을 전개"한다는 결의안이 통과되었다.[70] 이르쿠츠크파 주도그룹이 견지한 종교단체에 대한 강도 높은 투쟁방침은 대회석상의 토론과정을 통해 약간 유연하게 변모되었다. 그 투쟁의 강도와 형태가 완화되었던 것이다.

상해임시정부에 대한 태도

두 고려공산당의 민족혁명단체에 대한 태도의 차이는 상해임시정부

---

68) 위와 같음.
69) 위의 글, 221쪽.
70) 위와 같음.

에 대한 그들의 정책에 잘 반영되었다. 상해파가 민족혁명 단체에 대해 통일전선정책을 취하고 있었음을 가장 잘 입증해주는 것은 그들이 상해임시정부를 지지하고 그에 참가했다는 사실 그 자체이다. 상해파 사회주의자들은 이미 1919년 10월 상해임시정부의 개조에 호응하여 그에 참가했다. 이것은 그들의 민족통일전선정책의 표현이었다.

그러면 한인사회당 간부들이 임시정부에서 탈퇴한 것은 무슨 이유 때문인가? 권희영은 이것을 통일전선정책의 부인이라고 해석했다. 상해파가 1921년 봄 상해임시정부와 결별한 것으로 보나 1921년 5월의 「고려공산당 선언」을 통해 볼 때 "민족주의자들과의 통일전선에 보다 부정적 입장을 취하고 있었"[71]다는 평가이다. 그에 반해 이르쿠츠크파가 오히려 민족주의자들에 대한 통일전선정책에서 더 적극적인 자세를 보였다고 한다.

우리는 여기서 상해파 사회주의자들이 상해임시정부에서 이탈한 사실의 의미를 추적할 필요를 느낀다. 상해파 공산당은 두 차례에 걸쳐 임시정부로부터 이탈을 꾀했다. 그 중 첫번째 시도는 1920년 6월에 이루어졌다. 당시 이동휘는 국무총리직 사임을 선언한 뒤, 이승만의 위임통치를 성토했다. 이르쿠츠크파는 이것을 가리켜 전후 모순되는 행위라고 비난하면서 임시정부를 통해 고려혁명계 주권을 장악하려는 파당행위가 미수에 그친 탓이라고 해석했다.[72]

그러나 그 사임은 곧 번복되었다. 두번째 시도는 결국 양자의 결렬로 귀결되었는데, 그것은 1921년 1월에 이루어졌다.[73] 이동휘의 국무총리직 면직은 수리되었다. 1921년 2월 4일 이동녕이 그에 대신하여 국무총리대리로 임명되었다.

---

71) 권희영, 「제1차 극동노력자대회 및 극동혁명청년대회에서의 한국혁명의 문제」, 『정신문화연구』 13권 3호, 1990. 9, 100쪽.
72) 「在魯高麗革命軍隊沿革」, 9쪽(『한국공산주의운동사』 2 자료편).
73) 『조선민족운동연감』, 266쪽(金正明 編, 『朝鮮獨立運動』 第2卷).

조선총독부 경무국 문서(1921. 2. 8)를 보면, 이 사건은 임시정부 제도개선을 둘러싼 3개 정치세력의 알력에서 비롯된 것이라고 한다. 이동휘 그룹은 현재의 대통령제를 폐지하고 의원제를 채택하자고 주장한 데 반하여, 이승만·안창호 그룹은 둘 다 대통령제의 유지를 고집했다는 것이다. 이동휘의 사직이유는 자신의 제안이 받아들여지지 않았기 때문이라고 한다.[74]

이동휘는 1921년 1월 24일 국무총리직 사임에 대한 「선포문」을 발표하여 자신의 입장을 명백히 했다. 그것을 보면, "쇄신의안을 정무회의에 제출했는데 한마디의 심의도 없이 묵살하는고로, 자신의 실력으로는 이 난관을 헤쳐 나가기 어렵다"고 설명되어있다.[75] 일본정보 문서와 달라 보이지 않는다.

이동휘의 사임 배경에는 임시정부 소재지 이전문제도 포함되어있었다. 일본정보 문서를 보면, "이동휘는 임시정부를 시베리아로 옮길 것을 제의하였으나 그것도 이승만 등의 반대에 부딪쳐 일마다 자기에게 불리한 결과를 낳게" 되었다고 한다.[76] 또 다른 일본관헌 문서는 이 충돌을 "이승만·안창호 등의 온화파와 이동휘 등의 급진파 간의 주의적 충돌을 원인(遠因)으로 하고, 러시아 과격파와의 연락에 관해 가부 두 가지 설로 갈리는 등의 근인(近因)에 의해" 초래된 것으로 해석한다.[77]

이동휘의 국무총리직 사임은 한인사회당이 상해임시정부에서 탈퇴했음을 의미한다. 왜 탈퇴했는가? 이동휘와 박진순이 상해파 공산당대표단 자격으로 러시아 외무인민위원부 앞에 제출한 문서가 있다. 거기에는 상해파가 왜 임시정부에서 탈퇴했는지 상세히 설명되어있다.

그것에 따르면, 1921년 1월의 임시정부 탈퇴는 민족통일전선정책의

---

74) 金正明 編, 위의 책, 136쪽.

75) 『조선민족운동연감』, 266쪽.

76) 金正明 編, 앞의 책, 447쪽.

77) 위의 책, 130쪽.

취소를 뜻하는 것이 결코 아니었다. 상해파 공산당은 "친미 우익 그룹에게 앞으로도 지도적 역할을 계속 맡겨두는 것은 무의미한 행위"라고 판단했다. 왜냐하면 친미일변도의 임시정부 정책이 계속됨으로써 임시정부에 대한 대중의 신뢰가 점점 실추되었기 때문이다. 그를 저지할 필요가 있었다. 상해파 공산당의 임시정부 탈퇴는 민족주의 내의 반공파·대미의존파와의 결별을 의미하는 것이었다.

임시정부 내의 대미의존파란 누구를 가리키는가? 상해파의 기록을 보면, 거기에는 두 개 그룹이 있다. 안창호 그룹과 이승만 그룹이 그들이다. 안창호 그룹의 정책은 좀더 실용적이다. 그들은 "대중의 압력에 밀려 소비에트러시아에 대한 접근정책을 실행하고자" 노력했다고 한다. 그들은 두 개의 전선을 유지하기를 기대했다. 하나는 미국이고, 다른 하나는 소비에트러시아였다.[78]

그에 반해 이승만 그룹은 소비에트러시아와 어떤 공통점도 갖기를 바라지 않는다고 한다. 이 그룹은 한국 혁명운동계에서 가장 우익적인 그룹이라고 지목받았다. 이들은 소비에트러시아의 군사적, 재정적 지원을 받아서 미국의 이익을 증진하는 일에 관심을 갖고 있다고 한다. 이들은 소비에트러시아와 일본의 전쟁을 기대한다. 왜냐하면 둘 다 약화되기를 기대하기 때문이다. 하지만 이들은 소비에트러시아의 지원으로 인해 상해파 공산당의 영향력이 강화되는 일을 두려워한다. 그들은 상해파 공산당을 무엇보다 가장 증오하며, "심지어 지금은 일본 못지않게 증오한다"고 썼다.[79]

결국 상해파 공산당이 1921년 1월에 단행한 임시정부 탈퇴는 곧 "대중의 전적인 신뢰를 받는 최고혁명기관"을 다시 조직하는 계획과 맞물

---

78) Ли - Донхи · ПакДиншунь(이동휘 · 박진순), Отчет : Народному комиссару инос транных дел, Уважаемый товарищ Чичерин(외무인민위원부 앞, 존경하는 치체린 동무), 1921. 10. 16, 4쪽, РГАСПИ, ф.495 оп.135 д.49 л.9~16.
79) 위의 글, 3~4쪽.

려있었다. 그것은 곧 국민대표회 소집운동이었다. "어떤 대가를 치르더라도 기관을 새로 창설함으로써 다수를 획득하기로 결정"했던 것이다.[80]

상해파 공산당은 민족통일전선 내에서 헤게모니를 장악하는 일을 중요시했다. 그들은 다수를 점하는 방법으로써 그를 보장받고자 했다. 민족통일전선을 유지시켜나가는 전제조건으로서 '다수획득'을 염두에 두고 있었던 것이다. 그런 점에서 볼 때 임정 탈퇴는 통일전선정책의 철회가 결코 아니었다. 그것은 상해임시정부가 민족통일전선 기관으로서 더 이상 적합하지 않다는 판단에서 비롯된 행동이었다.

상해파는 자신이 통일전선기관 내에서 헤게모니를 요구할 권리가 있다고 자부했다. 왜냐하면 "한국 내에서 활동하는 혁명세력의 실제 상호관계로 보아 우리가 한국혁명 지도기관에서 다수파를 요구할 권리가 있기 때문"이라는 것이다.[81]

상해파의 주장은 허장성세가 아니었다. 그들이 임시정부와 결렬한 직후인 1921년 3월부터 다음해 4월까지의 활동상을 기록한 한 문서가 이것을 뒷받침해주고 있다. 이 문서에 의하면, 당시 상해파 공산당의 사업기조 가운데 하나는 "민족혁명운동의 각 단체를 후원하고 그 혁명사업을 촉진"하는 데 있었다. 이 사업기조에 의거하여 상해파 공산당은 각지의 민족혁명단체들과 긴밀한 관련을 맺으며 활동했다.

보기를 들면, 중국 관내에서는 "북경에서 신숙(申肅) 및 박용만(朴容萬) 등의 손으로 조직된" 군사통일회, "상해·북경에서 김원상(金元象 : 金元鳳의 오식인 듯—인용자) 및 이호반(李鎬班) 등의 손으로 조직된 결사단체"인 모험단 등이 그 제휴대상이었다.[82] 특히 군사통일회는 당시 이승만의 위임통치 청원 행위를 문제삼아 이승만을 성토하고, 임시정부 불신

---

80) 위의 글, 2쪽.
81) 위의 글, 3쪽.
82) 朝鮮總督府 警務局, 앞의 책, 425쪽.

임을 결의했으며, 또한 임시정부 불신임에 따른 제반 문제를 논의하기 위한 국민대표회의 소집을 주장하고 있었다.[83]

한편 만주에서는 "간도의 다수 주민으로 조직된" 북간도국민회가 상해파 공산당과 제휴하여 활동했다. 또한 국내에서는 "그 표면상의 목적은 청년의 덕·지·체(德智體) 3육(育)을 발전시키는 데 있다고 하지만, 그 실은 혁명청년의 집회"라고 간주한 조선청년회연합회를 비롯하여 조선노동공제회, 홍농회 등의 단체가 상해파의 활동기반이 되었다.[84]

일본에서는 "도쿄에 거주하는 조선 고학생 및 일본 각지에 산재한 조선 노동자 등의 발기에 의해 1920년 3월 성립된 노동자적 단체"인 동우회(同友會), "조선유학생의 단체로서 그 목적은 상호의 신의를 두텁게 하는 데 있다고 하지만 사실은 조선에서 가장 오래된 청년혁명가들의 단결"인 유학생학우회 등이 상해파의 활동기반이었다.[85]

결국 상해파 공산당이 상해임시정부와 결별한 것은 그것이 민족통일전선기관으로는 부적당하다고 판단한 때문이었다. 상해파 공산당은 임시정부와 결별한 뒤 한국·중국·만주·일본 등지에 소재하는 더욱 대중적이며 투쟁적인 민족단체들과 정치적 제휴에 착수했으며, 나아가 국민대표회운동을 통해 더욱 확대된 규모의 새로운 민족통일전선 기관을 수립하고자 했던 것이다.

상해파와 달리 이르쿠츠크파 사회주의자들은 일관되게 상해임시정부에 대해 반대태도를 취했다. 이들이 임시정부에 반대한 이유는 다음 세 가지였다.

첫째, 그 정부가 부르주아민주주의 유형의 국가라는 점이었다. 이르쿠츠크파는 "상해에서 2년 전에 수립된 현존 대한민국임시정부는 이미 한

---

83) 노경채, 「국외 민족운동의 노선과 이념의 변화과정」, 『3·1민족해방운동』, 500쪽.

84) 조선총독부 경무국, 앞의 책, 428~430쪽.

85) 위의 책, 434~435쪽

460

국을 자신들이 영도하는 '대민주공화국'으로 간주하고 있다"[86]고 파악하면서 실제로 상해임시정부는 아메리카형(型)의 부르주아민주공화국을 지향하고 있다고 이해한다. 이르쿠츠크파는 중국, 터키, 이란의 사례를 들었다. 이 사례들은 부르주아민주공화국이 노동자, 농민에게는 아무런 자유도 가져다주지 못했음을 잘 보여준다. 예컨대 신해혁명기 중국의 경우 "민주정치를 수립하려고 하던 중국인들의 노력은 성공을 거두지 못하고, 민주정치에 대한 모조품으로 퇴화했으며, 민주권력은 몇몇 장군들과 관료들의 수중에 장악되었다"는 것이다. 결국 아메리카형의 '자유민주주의'는 부르주아지만의 자유를 대표할 뿐이며 본질상 부르주아독재라는 것이 그들의 생각이었다.[87]

상해임시정부를 반대하는 두번째 이유는 그 구성이 부르주아지 및 구래의 관료지배층에 의해 이루어졌다는 점이었다. 1921년 6월 코민테른 제3차 대회에서 이르쿠츠크파 공산당의 대표자 남만춘은 이에 대해 언급했다. 그는 말하기를, "정부의 구성은 사실상의 민족해방투쟁과 아무런 관련도 없는 행정부의 여러 지도급 인사들, 한국에서 군주제 복귀를 꿈꾸는 이전의 제국(대한제국 — 인용자) 관료들로" 이루어져 있다고 비난했다.[88]

셋째, 상해임시정부의 정책이 제국주의 국가에 대해 의존적이라는 점이다. 이르쿠츠크파 사회주의자들의 견해에 의하면, 임시정부의 주도권을 쥐고 있는 외교론자들은 한국 근로대중의 해방을 위해 일하지 않는다. 그들은 일본 아닌 다른 제국주의 나라에게 한국을 새롭게 예속시키기 위해 활동하는 자들이었다.

따라서 이르쿠츠크파 사회주의자들의 관점에 의하면 상해임시정부는 적극적인 실질적 투쟁기관이라기보다 기생적이고 해악스러운 존재에

---

86) 「당 강령안」, 1921, No.3, c.360.
87) 위와 같음.
88) 「고려공산당 보고」, 361쪽.

지나지 않았다. 그러므로 그것은 '진정으로 혁명적인 민족단체'로 볼 수 없었으며, 따라서 일시적이나마 협정의 대상으로도 간주할 수 없었다.

제12장 모스크바 외교전

1. 이르쿠츠크파 모스크바 대표단

코민테른 제3차 대회(1921. 6. 22~7. 12)에는 이르쿠츠크파 고려공산당 대표단이 참석했다. 대회가 열린 첫날 한국대표단이 작성한 보고서 말미에는 이르쿠츠크 당대회에서 선출된 5명의 대표자들이 서명을 남겼다. 남만춘, 한명세, 장건상, 서초, 안병찬이 그들이다.[1] 이 가운데 두 사람이 의결권을 갖는 정식 대의원으로 인정되었다. 남만춘과 한명세이다. 다른 세 사람은 심의권이나 방청권만 인정된 듯하다.

코민테른 제3차 대회에서 주도적 역할을 수행한 이는 남만춘이었다. 그는 대회석상에서 한국대표단을 대신하여 연설했다. 1921년 7월 14일 대회가 종료된 지 이틀이 지난 날 코민테른 집행위원회 멤버가 확정되었다. 의결권을 갖는 34명의 위원, 심의권을 갖는 16명의 위원이 선출되었는데, 그 중에는 한국을 대표한 사람도 있었다. 바로 남만춘이다. 그는 심의권을 갖는 16명 가운데 한 사람이었다.[2]

코민테른 제3차 대회와 거의 같은 시기에 국제공산청년회 제2차 대회(1921. 7. 9~7. 24)도 열렸다. 이 대회에는 이르쿠츠크당 대표자로 조훈과 '배달모(Пя Дармо)'가 파견되었다. 이 중에서 조훈이 주된 역할을 했다. '배달모'가 이 회의에 참석했는지 여부는 기록상 확인되지 않는다.

코민테른 대회에서 남만춘이 수행한 역할을 국제공청대회에서는 조훈이 담당했다. 그는 한국문제에 관해 보고하는 한편, 대회 마지막 날에

---

1) РГАСПИ ф.372 оп.1 д.434 л.20.

2) Адибеков Г. М., Шахназарова Э.Н., Шириня К.К. Организационная структура Коминтерна(코민테른의 조직체계), 1919~1943, М., РОССПЭН, 1997, 38~39쪽.

국제공청 집행위원 가운데 한 사람으로 선임되었다. 국제공청 제2차 대회는 고려공산청년회 중앙기관을 조직할 것을 결의했다. 이 결의를 수행할 전권은 조훈에게 부여되었다.

같은 기간에 노동조합인터내셔널 제1차 대회(1921. 7. 3~7. 19)가 열렸다. 프로핀테른이라는 러시아어 이니셜로 잘 알려진 이 기관의 창립대회에는 이르쿠츠크파 공산당에서 서초와 이형근(李亨根)이 파견되었다. 이 중에서 이형근의 역할이 어떠했는지는 전혀 알려져 있지 않다. 서초는 조선노동공제회에서 파견한 대표자 자격으로 이 대회에 참석했다. 그는 대회 조직위원회에 신상조사서를 제출했다. 거기에는 노동공제회 회원이 1921년 2월 현재 3만 5,000명이며, 지금까지 국제 노동조합기관과 아무런 연계도 갖지 못했다고 썼다.[3]

이처럼 이르쿠츠크 공산당 대표단은 1921년 여름 모스크바에서 열린 각종 국제대회에서 눈부신 활약상을 보였다. 국제공산당, 국제공청, 노동조합인터내셔널 대회에서 의결권을 갖는 정식 대의원으로 활동했다. 뿐만 아니라 대회가 종료된 이후에는 국제기관의 집행부 멤버에 선임되기도 했다.

1921년 여름에는 이르쿠츠크파 고려공산당의 우세가 확고히 정착된 듯이 보였다. 코민테른과 국제공청, 노동조합인터내셔널과의 관계에서 이르쿠츠크파는 공식 대표자 자격을 획득했다. 그들은 모스크바 외교에서 더할 나위 없는 거대한 성공을 거두었다.

---

3) Анкета Ченмина(서천민의 사상조사서), РГАСПИ, ф.534 оп.1 д.8 л.93~96об.

2. 상해파 모스크바 대표단

모스크바 가는 길

상해파 고려공산당 대표단이 소비에트 러시아에 입국한 것은 1921년 9월 16일이었다.[4] 출발지 상해를 떠난 지 석 달이 지난 뒤였다. 여름 초입인 6월 18일 상해를 출발했는데 벌써 북국에서는 가을색이 짙어가고 있었다.

대표단이 발을 내디딘 곳은 제정러시아의 유서 깊은 수도였던 페트로그라드 항구였다.[5] 그 중 한 사람이 러시아 입국 직후에 작성한 신상명세서에 따르면, 일행은 에스토니아를 경유하여 국경을 넘었다고 한다. 발틱 해안에 자리한 에스토니아의 레발 항이 마지막 출항지였던 것이다.

대표단 일행은 세 사람이었다. 49세 초로의 연령층에 접어든 한국 민족해방운동의 저명한 지도자 이동휘, 러시아어를 유창하게 구사하는 연해주 교민 출신의 25세 청년 박진순, 뒷날 이름높은 한글학자로 성장하는 29세의 청년 이극로(李克魯)가 그들이다. 그 중에서 이동휘와 박진순은 상해파 고려공산당대회에서 선출된 공식 대표자였고, 이극로는 중국어 및 유럽어 통역자였다.

이들의 여행일정이 이처럼 길었던 데는 까닭이 있었다. 상해와 모스크바 사이의 거리가 워낙 멀기도 했거니와 대표단이 자신의 행로를 바

---

4) Анкета Пак Динь Шуна(박진순 신상명세서), 1921. 9. 16, РГАСПИ ф.495 оп.228 д.481.

5) 1921년 9월 당시 이 도시의 명칭은 페트로그라드였다. 제정러시아의 오랜 수도로서 페테르부르크라고 불려온 이 도시는 1914년, 1924년, 1990년에 각각 페트로그라드, 레닌그라드, 페테르부르크로 개명되었다.

닷길로 잡은 탓이었다. 그 길은 '동남아시아, 인도, 북아프리카, 남유럽, 동유럽 등지의 여러 나라'를 경유하는 우회로였다.[6] 그런데도 이 길을 택한 이유는 육로여행의 위험성 때문이었다. 시베리아가 내전의 소용돌이에 휘말려있는 데다가 경유지인 이르쿠츠크 일원에는 그들을 적대시하는 코민테른 극동비서부가 버티고 있었다.

바닷길을 택한 대표단 일행에 들지는 않았지만 또 한 사람의 상해파 공산당 공식 대표자가 있었다. 육로를 택한 홍도가 그 사람이다. 그는 하얼빈, 치타, 이르쿠츠크를 거쳐 시베리아 횡단열차를 통해 모스크바에 도착했다. 일본 메이지(明治)대학 유학생 출신 28세의 청년 홍도는 이르쿠츠크파 사람들에게 잘 알려져 있지 않았기 때문에 그들의 주목을 끌지 않은 채 시베리아를 경유할 수 있었다. 그에게는 아무르주 일원의 분쟁실태를 조사하는 임무가 부과되어있었다. 그는 자유시사건의 전말에 관한 생생한 조사결과를 갖고서 모스크바에 왔다. 그가 모스크바 대표단에 합류한 시점은 대략 10월 하순이었던 것 같다. 10월 16일자 문서의 말미에는 이동휘와 박진순 두 사람의 서명만 적혀있는데, 11월 초에 작성된 문서에는 그에 더하여 홍도의 서명도 함께 담겨있다.

상해파 대표단의 과업

모스크바까지 여행하는 것도 힘들었지만, 그곳에서 수행해야 할 과업은 더욱 힘든 것이었다. 대표단은 이중 삼중의 무거운 과업을 수행해야 했다.

무엇보다 먼저 빼앗긴 당권을 되찾아와야만 했다. 불과 1년 전만 해도 상해파 공산당은 코민테른의 정식 지부로 인정받았다. 코민테른 제2차 대회(1920. 7. 19~8. 7)에서 박진순은 상해파 공산당의 전신인 '한인사회

---

6) 이극로, 「나의 이력서, 반생기」, 『朝光』 1938. 10, 75쪽.

당'의 대표자로서 의결권을 행사하는 공식 대의원으로 활동한 바 있었다. 그러나 1년 뒤에는 상황이 역전되었다. 이동휘 일행이 모스크바에 도착하기 2개월 전에 열린 코민테른 제3차 대회에서는 이르쿠츠크파 고려공산당이 그 지위를 차지했다.

어떻게 이러한 일이 가능했을까? 그것은 코민테른 극동비서부 때문이었다. 이미 보았듯이 이 기구는 러시아공산당 시베리아국 산하 '동양국'을 코민테른으로 이관한다는 1921년 1월 15일자 코민테른 집행위원회 소위원회 결정에 의거하여 설립되었다.[7] 극동비서부는 분립한 두 개의 고려공산당에 대해 편파적인 태도를 취했다. 이르쿠츠크파만 일방적으로 지지했던 것이다.

그 태도가 어떠했는지를 상해파의 시선을 빌려서 들여다보자. 상해파 대표단은 극동비서부를 장악한 코민테른 관료들을 맹렬히 비난했다. 비난의 초점은 공산당 조직문제에 놓여있었다. 그들은 수많은 결함을 내포한 이르쿠츠크 대회를 전 한국적 공산당대회로 승인했고, 한국 사회주의 대열을 양분시켜 백해무익한 적대감을 조성시켰으며, 코민테른 지부인 상해파 공산당의 일꾼들을 억압했다는 것이다. 상해파 대표단은 극동비서부 책임자 슈마츠키를 직접 거명했다. 슈마츠키가 동양의 각국 근로대중에 대한 코민테른의 높은 권위를 손상시키고 말았다는 것이다.[8]

그즈음 코민테른 극동비서부와 이르쿠츠크파 공산당의 위세는 하늘을 찌르는 듯했다. 극동비서부는 코민테른이 심혈을 기울여 추진하는

---

7) Док. No.272 из протокоал заседании малого бюро ИККИ(코민테른집행위원회 소위원회 회의록 발췌, 문서번호 272호), 1921. 1. 15, Ф.495 оп.2 д.6 л.10, ВКП (б), КОМИНТЕРН И ЯПОНИЯ(러시아공산당, 코민테른과 일본) 1917～1941, Москва : РАССПЭН, 2001, 254쪽.

8) Делегаты Центрального комитета Корейской Компартии(бывш. Социал.), Пункт ы обвинения против В.Щумяцкого[고려공산당(구한인사회당) 중앙위원회 대표 자들, 슈마츠키 비판 요점], 1～2쪽, РГАСПИ ф.495 оп.135 д.30.

극동민족대회 개최를 주도하고 있었다. 이 때문에 극동민족대회에 참석할 한국대표단을 주선하고 조직하는 일은 전적으로 이르쿠츠크파 공산당에게 맡겨진 상태였다. 소비에트러시아와의 관계 속에서 한국독립운동의 활로를 개척하려는 수많은 민족혁명 단체들이 이르쿠츠크파와 연계를 맺기 시작했다. 한국 내외 각지에 소재하는 24개 반일혁명단체가 극동민족대회에 대표자를 보냈는데, 그들은 모두 이르쿠츠크파와 기맥을 통하게 되었다. 한국 독립운동 내에서 이르쿠츠크파의 영향력이 빠른 속도로 고양되고 있었다. 그에 반해 상해파 공산당은 극동민족대회 준비과정에서 전적으로 소외되어있었다.

당권을 되찾는 일만이 아니었다. 상해파 모스크바 대표단에게는 자유시사변의 원통함도 해결해야 했다. 이르쿠츠크파는 자유시사변을 통해 재러시아 반일독립군 부대들에 대한 지도권을 장악했다. 이르쿠츠크파 공산당이 지명한 고려혁명군정의회가 통합 무장부대 전체에 대한 통수권을 행사하고 있었다. 그에 저항하는 사람들은 핍박을 받았다. 500여 명의 병사들이 포로로 간주되어 시베리아 삼림지대의 강제벌목 노동에 배치되었다. 그들은 배치된 지역의 이름에 따라 '우수문 노동대'라고 불리었다. 장교 70여 명은 이른바 '군사혁명재판소'의 판결을 거쳐 반혁명 범죄자라는 누명을 쓰고 이르쿠츠크에 투옥되어있었다.[9] 그들을 구출해야 했다. 수감되거나 강제노동에 종사중인 군인들을 석방해야 하고, 그들에게 들씌워진 반혁명 범죄자라는 굴레를 벗겨주어야 했다.

---

9) Представитель Приморской Корейской Коммунистической организации Кимдон хан и Представитель Дальневосточной Корейской Красной Молодежи Кимшену, Письмо вождю мировой красной армии тов. Троцкому(연해주공산단체 대표자 김동한, 극동한인적색청년회 대표 김성우, 「세계 적군의 수령 트로츠키 동무에게 보내는 편지」), 1921. 10. 28, 7쪽, РГАСПИ ф.495 оп.135 д.28(이하 '김동한·김성우, 「편지」'로 줄임).

상해파 대표단의 힘

모스크바 대표단은 궁지에 몰린 상해파 공산당의 유일한 희망이었다. 상황을 반전시킬 수 있는 마지막 남은 힘이었다. 대표단은 외교적 교섭력을 최대한 발휘해야 했다. 무엇보다 이동휘의 쟁쟁한 명망이 한 자산이었다. 박진순은 소비에트러시아의 수반인 레닌에게 보낸 편지에서 이동휘를 가리켜 "한국 혁명운동의 쟁쟁한 영수(вождь)이자 한국 공산주의자들의 지도자"라고 표현했다. 그는 '1919년 3월 혁명 이후 대한민국임시정부 국무총리'를 지낸 이동휘 동무가 "고려공산당(구사회당) 중앙위원회 결정에 따라 임시정부를 탈퇴하고, 모스크바에 왔다"고 썼다.[10] 상해파 공산당원들이 그에게 걸었던 기대감과 경의가 묻어나온다.

박진순이 갖고 있는 모스크바 외교경험도 상해파의 한 자산이었다. 러시아 연해주에서 태어나 그곳에서 중등교육을 이수한 그는 러시아어를 유창하게 구사했다. 뿐만 아니라 그는 필명으로 서울에서 간행되는 출판물에 논문을 기고할 수 있을 정도로 한국어에도 능통했다. 이미 풍부한 모스크바 외교경험도 있었다. 모스크바 파견은 벌써 두번째였다. 1919년 7월 한인사회당의 파견을 받아 코민테른에 파견된 바 있는 그는 1919년 12월부터 1920년 9월까지 모스크바에 장기간 체류했다. 그 기간 동안 소비에트러시아 정부의 외무인민위원부(НКИД)와 코민테른에서 한인사회당 대표 자격으로 일했다. 이러한 경력은 양 기관 종사자들과 폭넓은 지면을 쌓는 데 도움이 되었다. 모스크바 체류중에 열린 코민테른 제2회 대회에 참가한 그는 대회 마지막 날에 코민테른집행위원회 위원으로 선출되었다.[11] 그것은 코민테른 역사상 한국인 사회주의자가 진출

---

10) Секретарь Корейской Делегации Компартии Пак Диншунь, Письмо Владимиру Ильевичу(고려공산당 대표단 비서 박진순, 「블라디미르 일례비치 동무에게 보내는 편지」), 1921. 10. 21, москва : РГАСПИ ф.5 оп.3 д.214(이하 '박진순, 「편지」'로 줄임).

한 최고위직이었다.

상해파 대표단은 각계 요로당국에 대해 전방위적인 외교전을 펼쳤다. 코민테른집행위원회가 가장 주된 대상이었다. 대표단은 "1919년 3월부터 지금까지 한국 혁명운동의 전 기간에서 우리가 수행한 행동"[12]을 기록한 상세한 보고서를 작성했다. 그 글은 "고려공산당 중앙위원회가 두 개로 분열 형성된 원인을 해명하는 데"[13] 목적이 있었다. 물론 자파 입장에 충실히 입각한 것이었다. 이 보고서는 10월 초순 코민테른집행위원회 앞으로 제출되었다.

코민테른만이 아니었다. 소비에트러시아 정부 당국도 중요한 교섭대상자였다. 상해파 대표단은 10월 16일 외무인민위원부 장관 치체린 앞으로 서류를 제출했다. 그 속에는 상해파 공산당이 취해온 상해임시정부 정책의 논리와 변동과정이 설명되어있었다. 상해파 공산당에 대한 러시아 외무인민위원부 레벨의 협력 가능성을 확장하려는 의도였다.

레닌도 외교대상이었다. 박진순은 '고려공산당 대표단 비서' 명의로 회견을 요청하는 10월 21일자 서한을 보냈다. '한국혁명뿐만이 아니라 전체 동아시아혁명에서 제기되는 많은 문제들'에 관해 '격의 없는 담화'를 나누기를 희망한다고 적었다.[14] 이 요청은 수용되었다. 상해파 대표단 3명은 통역 김아파나시와 더불어 11월 28일 저녁 레닌의 집무실로 초대되었다. 회견은 우호적 분위기 속에서 약 1시간 가량 지속되었다. 이들은 한국혁명의 전략과 전술에 관해 의견을 교환했다.[15]

---

11) Биография Пак Динь Шуна(박진순 自傳), 1937. 10. 10, РГАСПИ ф.495 оп.228 д.481.

12) Ли Донхи・Пак Диншунь, Отчет : Народному комиссару иностранных дел, Уважаемый товарищ Чичерин(이동휘, 박진순, 「보고 : 외무인민위원 치체린 동무 앞」), 1921. 10. 16, 1쪽, РГАСПИ ф.495 оп.135 д.49.

13) 박진순, 「편지」, 1921. 10. 21, 1쪽.

14) 위와 같음.

15) 김아파나시, 「레닌과의 회견기」, 『태평양의 별』 1929. 1. 22 ; 김블라디미르 지음, 조영환 옮김, 『재소한인의 항일투쟁과 수난사』, 국학자료원, 1997, 177

이로 미루어보면 상해파 대표단은 코민테른으로부터 공식 대표권을 인정받았음이 틀림없는 듯하다. 그들이 모스크바 도심에 위치한 고급 호텔 '륙스(ЛЮКС)'에 투숙한 사실도 그를 방증한다. 대표단의 한 사람인 박진순은 그 호텔 168호실에 투숙해있었다.[16] 이 호텔은 코민테른의 중요 간부들과 그에 가입한 각국 공산당의 공식 사절단만이 묵을 수 있는 곳이었다.

상해파 대표단이 공식 대표권을 인정받았다는 것은 무척 이례적인 일이다. 왜냐하면 불과 두 달 전에 이르쿠츠크파 대표단이 코민테른 공식 지부로 인정된 바 있었기 때문이다. 이는 코민테른 가입단체가 아닌 공산주의 단체의 대표자가 공식 대표단과 동일한 대우를 받았음을 뜻한다. 상해파 공산당의 지위는 적어도 코민테른 가입단체 자격을 둘러싸고 이르쿠츠크파와 효력을 다투는 수준까지는 인정받았던 것으로 보인다.

협력자들

상해파 대표단의 외교 노력은 전방위적일 뿐만 아니라 다층적으로 전개되었다. 다층적이라 함은 협력자들을 통해 여러 채널의 외교 라인을 가동했다는 뜻이다. 당시 모스크바에는 상해파 대표단 외에 이르쿠츠크파에 적대적인 한국인들이 체류중이었다. 그들은 상해파 대표단과 별개로 반이르쿠츠크파 외교활동에 임했다. 그들은 일종의 별동대였다.

특히 1921년 5월 이르쿠츠크파 고려공산당 창립대회에서 추방된 4명의 사회주의자들이 열성적으로 움직였다. 김동한(金東漢), 장기영(張基永), 홍진우(洪震宇), 김아파나시[한국명 김성우(金聲宇)]가 그들이다. 이들은 상해파 공산당의 지지자들이었다. 이들은 이르쿠츠크 공산당 창립대회가 억압과 공포분위기 속에서 진행되었다고 주장했다. 대회석상에 참석한

~180쪽.

16) 박진순, 「편지」, 1921. 10. 21, 1쪽.

그들은 코민테른 극동비서부와 이르쿠츠크파 지도자들을 격렬히 비난했다. 의사진행을 방해한다는 이유로 추방된 이들은 급기야 반혁명자로 낙인찍혀 거주제한 처분을 받았다.[17)

그러나 이들은 거주제한 처분을 무시했다. 모스크바로 결집한 네 사람은 '이르쿠츠크 당대회에 참석한 러시아공산당 연해주, 프리아무르주, 아무르주 한인공산단체 대표자들' 명의로 활발한 반이르쿠츠크파 캠페인에 착수했다. 이들은 1921년 10월을 전후하여 세 차례나 코민테른집행위원회 앞으로 공동명의로 된 보고서를 제출했다.[18) 이들은 한 목소리로 이르쿠츠크 공산당 창립대회의 불법성에 항의하고 나섰다.

이들의 항의는 당조직문제에만 한정되지 않았다. 자유시사변의 참혹한 결과와 그에 대한 이르쿠츠크파의 책임문제에 대해서도 공공연히 거론했다. 위 네 사람 가운데 김동한과 김아파나시는 10월 28일자로 「세계적군의 수령 트로츠키 동무 앞」으로 보내는 통렬한 고발장을 제출했다.[19) 당시 트로츠키의 러시아정부 내 직위는 군사인민위원이었다. 1918년 3월 14일부터 1922년 12월 30일까지 그 직위에 재임했다.[20)

자유시사변 이후 발족한 통합 무장부대 고려혁명군은 러시아 적군 제5군단 예하로 배속되어있었음에 주목할 필요가 있다.[21) 결국 소비에트

---

17) 崔生 海波, 「具北隱, 馬白東 두 분 선생님 前」, 1921. 7. 10, 1쪽, РГАСПИ ф.495 оп.135 д.47.

18) Ким Донхан · Тян ГиЕн · Хон Дину · Ким шену, Доклад Представетелей от Приморской, Приамурской и Амурской Областные Корейских коммунистических организаций РКП, участвовавших на Иркутском Партийнем съезде(김동한 · 장기영 · 홍진우 · 김성우, 「이르쿠츠크 당대회에 참석한 러시아공산당 연해주, 프리아무르주, 아무르주 한인공산당 대표자들의 보고」), 1쪽, РГАСПИ ф.495 оп.135 д.28.

19) 김동한 · 김성우, 「편지」, 1921. 10. 28.

20) Гл. ред. С. С. Хромов, Гражданская война и военная интервенция в СССР : Энциклопедия(소련내전과 간섭 : 백과사전), М., Сов.Энциклопедия, 1987, 374쪽.

21) 「在魯高麗革命軍隊沿革」, 『한국공산주의운동사』 2 자료편, 고려대학교 출판부, 1980, 45쪽.

러시아 정부의 군사 총책임자에게 서한을 보냄으로써 그의 지휘를 받고 있던 고려혁명군정의회의 불법성을 탄핵하고자 했던 것이다. 고발장에는 자유시사변의 경위, 유혈사건의 참혹성과 그 책임자, 전투상황, 체포된 사람들의 운명이 비분강개한 어조로 상세히 기재되어있다. 물론 피해자측의 입장에서 작성된 것이었다.

자유시사변은 이르쿠츠크파 공산당의 아킬레스건이었다. 이 문제를 호소하기 위해 모스크바에 온 또 다른 사람들이 있었다. 피해를 입은 한인 무장부대의 군사대표자들이었다. 그들도 코민테른집행위원회에 대한 외교전에 임했다. 허재욱(許在旭)과 이병채(李秉埰)는 10월 25일 '한국의병대 대표' 명의로 '제3국제공산당 집행부' 앞에 「보고서」를 제출했다.[22]

대한제국 시기에 정규 한국군의 '영장(營長)'을 지낸 탓에 '허영장'이라는 별칭으로 더욱 널리 알려진 허재욱은 무장해제 당시 '총군부' 소속의 군사간부였다.[23] 이병채는 대한제국 망국 이전인 1907년에 이미 서울진공 작전에 참가한 경력이 있는 원로 의병지도자였고, 자유시사변 당시에는 북간도국민회 군대의 지휘관으로 재임했다.[24]

이들은 자유시사변으로 피해를 입은 한국인 무장부대를 대표하는 입장에 섰다. 코민테른집행위원회에 체포·수감중인 한국인 '의병'들을 석방하고 자유시사변을 재심해줄 것을 요청했다.

이제 모스크바에서는 어느 누구도 한국문제 해결의 필요성을 부인할

---

22) 한국의병대 대표 許在旭·李秉埰, 「보고서 : 제3국제공산당 집행부 귀중」, 1921. 10. 25, РГАСПИ ф.495 оп.135 д.54 л.22.

23) Протокол заседания по Корейскому вопросу(한국문제회의록), 1921. 11. 12, 3쪽, РГАСПИ, ф.495 оп.135 д.28 л.11~24(이하 「한국문제회의록」으로 줄임).

24) 1920년 5월 28일자 북간도국민회 문서 「군무기관조직의 건」에 따르면, 1920년 5월 국민회 군무위원회는 새로운 진용을 편성했다. 그 중에서 이병채는 북로제1군사령부 지휘부 성원 가운데 한 사람이었다. 즉 사령부장 홍범도, 참모 이병채 등이었다(국회도서관, 『한국민족운동사료』 3·1운동편 其一, 1977, 798쪽).

수 없게 되었다. 한국 사회주의운동 진영과 반일무장부대 대열 내부에 화해할 수 없는 적대적인 분쟁이 존재한다는 것이 명백해졌다. 코민테른은 그에 대해 어떻게든 입장을 표명해야만 했다. 코민테른 최고위기구 내에서는 한국문제를 심의할 특별위원회 설립론이 대두되었다. 당과 군, 양대 영역에서 확고한 우위를 점한 것처럼 보이던 이르쿠츠크파에게 명백히 불리한 분위기가 조성되었다.

이르쿠츠크파 공산당은 수세에 놓였다. 그러나 상해파 공산당 대표단의 전방위적인 다층적 외교활동에 비해 이르쿠츠크파 공산당의 외교활동은 매우 부진했다. 그럴 수밖에 없었다. 그즈음 이르쿠츠크파 공산당은 코민테른 극동비서부와 더불어 극동민족대회 소집 준비에 눈코 뜰 새 없이 바빴기 때문이다.

이르쿠츠크로 집결하는 1백 수십 명의 한국, 중국, 일본 사회주의자들을 맞아들이고, 대회의안을 작성하며, 각 민족별 분과마다 보고서와 테제 초안을 작성해야 했다. 대회준비 상황을 알리는 영어판 공보물과 벽신문을 발행했고, 코민테른 주요 문헌 20종을 동양 각국어로 번역하기도 했다. 이르쿠츠크파 공산당은 극동민족대회를 차질 없이 준비하기 위해 거당적인 노력을 기울여야만 했다.[25]

따라서 한국위원회 설립론이 제기되던 당시에 모스크바에서 이르쿠츠크파의 입장을 대변할 수 있는 사람은 많지 않았다. 이르쿠츠크파 공산당 중앙위원 한명세와 고려혁명군정의회 위원을 지낸 김하석 두 사람이었다. 한명세는 주로 공산당의 분쟁에 관해서, 김하석은 자유시사변으로 표출된 한국인 군사단체의 내분에 대해서 자파의 입장을 대표했다.

이르쿠츠크파 공산당은 한국위원회 설립에 반대의사를 표명했다. 한명세는 10월 25일 코민테른집행위원회 앞으로 자파의 입장을 담은 문서

---

25) Секретарь ДВСКИ Г.Войтинский, Сводка Дальневосточного Секретариата Коминтерна(극동비서부 비서 보이친스키, 「코민테른 극동비서부 보고」), 1921. 12. 1, 1~5쪽, РГАСПИ ф.495 оп.154 д.122 л.22~26.

를 제출했다. 그는 불만을 터트렸다. "이제까지 코민테른집행위원회는 박진순 등의 몇몇 개인이 올린 한쪽 편 정보만 접수"했다는 것이다. 자신이 제출한 것은 "고려공산당 공식 대표자의 상세한 보고서"이므로 상해파와 자신들의 두 보고서를 비교한 뒤 합당한 결정을 내려달라고 요청했다.26)

거기서 한명세는 당혹감을 털어놓았다. "한국의 분쟁을 해결하기 위한 위원회"가 설립될 예정이라는 소식을 들었다는 것이다. 전혀 예기치 못했다고 한다. 한명세에 따르면, 이르쿠츠크에서 올해 5월에 창립된 고려공산당은 러시아 내 한인들은 물론이고 한국 국내, 북간도 한인 사회의 공산주의단체를 망라한 '통일'공산당이다. 그뿐이랴. 그것은 코민테른 제3차 대회(1921. 6. 22~7. 12)에서 이미 지부로 승인받은 바 있다.

한명세의 생각에 의하면, 한국 사회주의운동 내부에는 분쟁이 존재하지 않는다. '한국의 분쟁' 운운하는 것은 부적절하며, 상해파는 고립된 조그만 단체에 불과할 뿐이다. 한국위원회가 설립된다는 풍설이 나도는 것은 상해파 음모의 소산일 것이다. 바로 이것이 한명세의 생각이었다. 그는 코민테른의 지부인 '통일'공산당을 대표하여 코민테른집행위원회에 명백히 반대의견을 표명했다. 한국위원회 설립에 결코 동의할 수 없다고.27)

---

26) Представитель Коркомпартии Хан Мен Ше, Заявление в Исполнительный Комитет Коммунистического Интернационала(고려공산당 대표 한명세, 「코민테른 집행위원회에 보내는 상신서」), 1921. 10. 25, 1쪽, РГАСПИ ф.495 оп.135 д.46 л.9(이하 '한명세, 「상신서」'로 줄임).
27) 한명세, 「상신서」, 1921. 10. 25, 1쪽.

3. 한국위원회

한국위원회의 설립

마침내 한국위원회가 설립되었다. 코민테른 집행위원회 상임간부회(п резидиум ИККИ)는 한국 사회주의자들의 분쟁문제를 다룰 조사위원회의 설립을 결정했다. 상임간부회는 1919년 7월 18일 코민테른집행위원회 내에 설립된 소위원회(малое бюро ИККИ)를 계승한 것으로서, 1921년 8월 26일부터 그와 같이 개명된 바 있다.[28] 이 기구는 코민테른의 실질적인 상설 최고지도기관이었다. 한국위원회의 설립 결정은 코민테른 극동비 서부와 이르쿠츠크파 공산당의 반대를 무릅쓰고 내려진 것이었다. 상해 파 대표단의 외교활동이 첫 성공을 거둔 셈이다.

한국위원회의 설립이 언제 결정되었는지는 아직 정확히 알 수 없다. 그러나 대략적인 추정은 가능하다. 한국위원회의 설립을 반대한 한명세 의 「상신서」가 10월 25일자로 작성되었음에 주목하자. 1921년 11월에 접 어들자마자 한국위원회가 활동을 개시했음을 미루어볼 때, 결국 한국위 원회의 설립 결정이 내려진 시점은 그해 10월 말경이었을 것이다. 상해 파 공산당 대표단이 모스크바에 도착한 지 한달 남짓 뒤 이르쿠츠크파 대표가 반대의견을 제출한 직후였다.

한국위원회 설립을 결정하는 과정에 이르쿠츠크파는 거의 개입하지 못했다. 이르쿠츠크파 중앙위원 한명세는 설립사실을 나중에 통고받았 을 뿐이라고 말했다. 이로부터 재미있는 추정이 가능하다. 이르쿠츠크파 는 극동에 소재하는 코민테른 현지기관과 러시아 적군 제5군단 수뇌부 의 전적인 신임을 받고 있었지만,[29] 모스크바에서는 사정이 달랐던 것

---

28) ВКП(б), КОМИНТЕРН И ЯПОНИЯ(러시아공산당, 코민테른과 일본) 1917~1941, Мо сква : РАССПЭН, 2001, 254쪽.

같다. 모스크바의 코민테른 본부에 대한 외교교섭력에서는 도리어 상해파가 이르쿠츠크파보다 우월했던 것으로 보인다.

한국위원회 위원은 세 사람이었다. 사파로프(Георгий Иванович Сафаров), 벨라 쿤(Béla Kun), 쿠시넨(Otto Wilhelm Kuusinen)이 그들이다. 이들은 1921년 11월 당시 코민테른집행위원회 비서이거나 상임간부회 위원들이었다. 막강한 권한을 가진 코민테른의 고급 간부들이었다.

사파로프는 당년 31세의 러시아인으로서 10대 후반 대학생 시절에 이미 혁명운동에 투신한 볼세비키였다. 그는 제1차 세계대전이 진행중이던 1917년 3월 교전국 독일정부의 협력 아래 혁명의 와중인 러시아로 입국한, 저 유명한 '봉인열차'의 탑승자 188명 가운데 하나였다. 그는 코민테른 창설 이후 그 지도자 반열에 올랐다. 한국위원회가 설립된 1921년 11월 현재 코민테른집행위원회 비서였으며, 이듬해 2월에는 코민테른집행위원회 동양부장을 지냈다. 그는 1926년 지노비예프 그룹이 실각할 때까지 줄곧 러시아당과 코민테른에서 동양담당 분야의 지도적 지위에서 일했다.

벨라 쿤은 당년 36세의 저명한 헝가리 사회주의자이다. 그는 1918년 헝가리공산당 설립을 주도하고 창립 책임비서가 되었다. 1921년 2월 이후에는 줄곧 코민테른 상임간부회 위원으로 재임했다. 한국위원회가 설립된 그해 11월에도 그 직위에 있었으며, 1937년 대숙청에 연루되어 실각할 때까지 코민테른 지도자로 일했다.

쿠시넨은 당년 41세의 핀란드인으로서 1918년 핀란드공산당 창설에 참여했고, 단명했던 핀란드소비에트공화국 교육인민위원을 지낸 바 있다. 1919년 코민테른 설립 이후 1943년에 해산할 때까지 줄곧 그 지도적

---

29) Полномочный Представитель Корейского Временного Правительства Хан Хен куон, Народному Комиссару по Иностранным Делам РСФСР(대한민국임시정부 전권대표 한형권, 「러시아소비에트사회주의공화국연방 외무인민위원에게」), 1921. 8. 2, 2쪽, ф.495 оп.135 д.49.

지위에 재임했으며, 1921년 11월 현재 코민테른집행위원회 총비서였다.

한국위원회는 설립되자마자 조사작업을 서둘렀다. 활동기간은 길지 않았다. 위원회가 「한국문제 결정서」(이하 '11월 결정서'로 줄임)를 작성하여 코민테른 상임간부회 앞에 제출한 시점은 1921년 11월 15일이었다. 설립 직후 활동을 개시했다고 하더라도 위원회의 활동기간은 고작 보름에 지나지 않는다.

이 짧은 기간 동안 어떤 방식으로 한국 혁명운동의 선상에 조성된 복잡한 문제를 조사했는가? 엄밀히 말하자면 위 세 사람은 한국문제에 관한 한 문외한이나 다름없었다. 그들 중 어느 누구도 한국위원회 위원에 선임되기 전까지 한국문제에 종사한 경험을 갖고 있지 않았다. 그들이 어떻게 한국문제에 관한 판단근거를 얻었는지 궁금하다. 한국문제 결정서에 그것을 시사하는 구절이 있다. '11월 결정서'에 따르면, '당사자 면담과 문서들에 의거하여' 현안 문제에 대한 판정에 도달했다고 한다.[30] 위원들에게 아무런 선입견도 없었다면, '당사자 면담'과 당사자들이 제출한 '문서들'은 이들의 의중을 좌우할 결정적 근거로 작용했을 터였다.

심의

과연 어떤 사람들이 한국위원회에 의견을 개진할 수 있었는가? 원한다고 해서 누구나 다 '당사자'로 인정받았던 것은 아니다. 인정받기 위해서는 몇 가지 조건을 충족해야만 했다. 첫째, 당과 군대 양 부문의 분쟁당사자임을 증명할 수 있어야 했다. 당이나 군사단체의 파견자임을 입증할 수 있는 증명서를 제출해야 했을 것이다. 둘째, 한국위원회가 활

---

30) Члены комиссии Белакун · Куусинен · Сафаров, предств. РВСР Илюшин, В Президиум ИККИ и в ЦКРКП(위원 벨라 쿤, 쿠시넨, 사파로프, 공화국혁명군사위원회 대표 일류신, 「코민테른집행위원회 상임간부 및 러시아공산당 중앙위원회 앞」), 1921. 11. 15, 1쪽, РГАСПИ ф.495 оп.135 д.30 л.19~21.

동하던 1921년 11월경 모스크바에 체류중이어야 했다. 셋째, 자신의 의사를 러시아어로 직접 전달할 수 있는 러시아어 능통자이거나, 그렇지 않으면 러시아어 통역의 도움을 받을 수 있어야 했다. 이런 조건을 갖춘 사람들만이 한국위원회 위원들과 직접 회견하여 구두로 자신의 뜻을 전달하거나, 아니면 서면으로 의견을 개진할 수 있었다.

상해파와 이르쿠츠크파 두 공산당의 파견대표자들이 그에 해당했다. 이미 말했듯이 상해파 대표단은 자신의 공식 보고서를 10월 초순경에 제출했고, 이르쿠츠크파 대표자는 그보다 약간 늦게 10월 25일에 제출했다. 두 공산당 대표 외에도 자신의 의사를 개진했던 이들이 있다. 한국위원회 설립 전후에 코민테른집행위원회 앞으로 보고서(доклад)와 상신서(Заявление) 등을 제출한 당과 군의 대표자들이 그들이다. 앞서 언급했던 4명의 지방당 대표자와 2명의 군사 대표자들이 그에 해당한다.

한국위원회는 정기모임을 거듭하면서 제기된 문제들을 심의했던 것으로 보인다. 그 회의석상에는 위원들 외에 '당사자'들이 초대되었다. 제기된 논점마다 대립하는 쌍방의 대표자를 입회시킨 조건 속에서 심의를 진행했던 것이다.

한국위원회의 심의양상을 잘 보여주는 사료가 있다. 자유시사변의 원인과 정황을 심의하기 위해 소집된 한국위원회 11월 12일자 회의록이 그것이다.[31) 이 문서는 의안과 결정사항을 간단히 기재한 의사록류와는 달리 참석자 개개인의 발언을 옮겨적은 속기록이다. 14쪽 분량의 비교적 상세한 이 기록은 한국위원회의 회의진행 방식을 잘 보여준다.

이 회의에는 자유시 무장충돌 사건에 관해 증언할 수 있는 당사자들이 출석했다. 참석자 중에는 자유시사변의 재심을 요청한 바 있는 '한국의병대 대표' 허재욱과 이병채가 포함되어있었다. 이들은 피해자측을 대표하는 것으로 간주되었다. 한편 자유시사변의 가해자측으로는 '고려

---

31) 「한국문제회의록」, 1921. 11. 12.

혁명군정의회 위원' 자격의 김하석, '이르쿠츠크파 고려공산당 대표' 자격의 한명세가 참석했다. 사안이 자유시사변이었던 만큼 주로 김하석이 발언하고 있다.

참석자 가운데 '상해파 고려공산당 대표'가 보이지 않는 점이 눈에 띈다. 이날 회의의 목적이 당이 아니라 군 내부의 분쟁을 조사하는 데 놓여있었기 때문인 듯하다. 상해파 공산당은 자유시사변의 당사자로 간주되지 않았던 것이다.

주최측을 대표한 참석자는 한국위원회 위원 사파로프였다. 그가 회의를 주재했다. 다른 두 명의 위원은 이 회의석상에는 참석하지 않았다. 이로 미루어보면 한국위원회에서 조사업무를 주도한 이는 세 사람 가운데 사파로프였던 것으로 보인다. 한편 그외에 또 한 사람의 러시아인이 출석했음이 눈에 띈다. 공화국혁명군사위원회(PBCP, Революционный Военный Совет Республики) 위원 자격의 일류신(Илюшин)이라는 사람이다. 자유시사변 이후 성립한 한국인 통합 무장부대가 러시아 적군 제5군단 산하에 배속되어있었던 만큼, 그 부대의 거취에 관해서는 코민테른과 러시아 군부 사이에 밀접한 업무협의가 필요했을 것이다. 일류신은 바로 그 목적 때문에 이 회의에 출석한 것으로 보인다.

회의는 러시아어와 한국어로 진행되었다. 그 때문에 양국어를 자유롭게 구사할 수 있는 통역이 필요했다. 통역을 맡은 이는 김아파나시였다.[32] 그가 통역에 임했다는 것이 이채롭다. 그는 상해파 공산당의 지지자였기 때문이다. 그는 한국위원회가 설립되기 직전에 다른 세 명의 상해파 지지자들과 함께 이르쿠츠크 공산당 창립대회의 불법성을 고발하는 장문의 고발장을 코민테른에 제출했다. 또한 11월 28일에 이루어진 상해파 모스크바 대표단의 레닌 회견장에도 통역으로 참석했다. 왜 이르쿠츠크파 인사들이 그의 참석을 용인했을까? 그것은 아마도 참석자

---

32) 「한국문제회의록」, 1921. 11. 12, 1쪽.

가운데 양국어를 구사하는 유일한 사람이었기 때문인 듯하다. 허재욱과 이병채, 김하석은 러시아어가 통하지 않거나 능숙하지 못했고, 한명세와 러시아인들은 한국어를 구사하지 못했다.

개회 벽두에 위원장 사파로프는 이 회의의 목적을 설명했다. "한국인 빨치산 부대 무장해제의 원인과 정황을 명백히 하는 것"이라고.[33] 다시 말해 자유시사변의 진상을 밝히는 것이 이 회의의 목적이었다. 이날 회의는 모스크바 외교전의 성패를 좌우하는 결정적 고비 가운데 하나였다.

오전 11시 50분부터 오후 4시까지 약 4시간 남짓 동안 자유시사변의 진상을 둘러싼 날카로운 공방전이 전개되었다. 발언권은 먼저 피해자측에게 주어졌다. 허재욱이 자유시사변의 경위를 자세히 설명했다. 그는 한인 무장부대들의 자유시 집결, 통합부대 대한의용군 결성과 그 지도부 선출, 고려혁명군정의회 위원들과의 불화, 무장해제 전후 정황 등에 관해 상세히 발언했다.

허재욱은 위원장 사파로프의 날카로운 질문을 받아야 했다. 사파로프는 무려 13개의 질문을 퍼부었다. 특히 유혈사태를 초래한 책임소재를 둘러싸고 날카로운 추궁이 이루어졌다. 사파로프는 무장해제 지시에 불복종한 사람들에게 그 혐의를 두었다. 그는 무장해제 지시가 정당했고, 그에 불복종한 데서 유혈사태가 발생했다고 보고 있었다.

그뿐이랴. 고려혁명군정의회 위원 김하석도 반발했다. 급기야 김하석과 허재욱은 논쟁까지 벌였다. 논쟁은 신랄하고도 격렬했던 것 같다. 속기를 담당한 러시아어 서기가 그 내용을 미처 옮기기 곤란할 정도였다. 언쟁은 통역을 매개하지 않은 채 진행된 것으로 보인다. 서기는 속기록에 다만 두 사람이 논쟁했다고만 썼다.

발언권은 김하석에게도 주어졌다. 그는 이르쿠츠크파의 관점에서 사

---

33) 위와 같음.

태의 전후 관계를 요약했다. 김하석의 발언에 대해서도 위원장은 질문을 했다. 군사적 업무에 대해서는 김하석이 답했지만, 당적 업무에 대해서는 한명세가 대신 답변하기도 했다.

이따금 통역 김아파나시도 논의에 끼여들었다. 그가 보기에 자유시사변에 관해 한인 의병들의 입장을 대변해야 할 허재욱과 이병채의 발언이 불만스러웠다. 뒷날 연합중앙간부 이동휘와 홍도가 사파로프에게 보낸, 아마도 김아파나시가 러시아어 문서 작성에 참가했을 한 문서에 따르면, 이병채와 허재욱의 설명은 자유시사변의 실제와 거리가 몹시 멀었다고 적혀있다.34) 허재욱과 이병채의 입장은 이르쿠츠크파의 그것과 적대했음은 물론이지만, 그렇다고 해서 상해파의 그것과도 같지 않았던 것이다. 그들은 양대 공산당과 분쟁에 대해 중립적인 태도를 취한 사람들의 입장을 대표했던 것으로 해석된다.

긴 회의가 끝난 뒤 사파로프는 다음과 같이 선언했다. "문제는 명료해졌다. 오늘 회의에서 종래 알지 못했고 불명료했던 많은 것들이 밝혀졌다. 코민테른집행위원회는 이 모든 문제에 관해 결정을 내릴 것이다"라고.35) 이날 회의는 진상조사를 위한 최후 모임이었다. 이로 미루어볼 때 쟁점 가운데 하나인 두 공산당의 분쟁에 관한 진상조사도 거의 동일한 방식으로 이미 시행되었을 것으로 보인다.

이날 회의를 끝으로 코민테른 한국위원회는 결정서 초안 작성에 들어갔다. 마지막 진상조사 모임이 열린 지 3일 뒤인 1921년 11월 15일에 한국문제 결정서가 성안되었다. 13~14일 이틀 동안 사파로프는 결정서 초안을 작성하고, 다른 한국위원들과 의견조율을 마쳤을 것이다.

---

34) Члены Обцека Коркомпартии Ли Донхи · Хон до, Заведывающему Восточным Отделам Исполнительного комитета 3 коммунистического Интернационала, тов Сафарову(고려공산당 연합중앙위원회 위원 이동휘, 홍도, 「코민테른 집행위원회 동양부장 사파로프 동무 앞」), 1921. 12. 29, 7쪽, РГАСПИ ф.495 оп.135 д.46 л.14~17об.

35) 「한국문제회의록」, 1921. 11. 12, 14쪽.

4. 한국문제 결정서(1921. 11. 15)

텍스트의 종류와 구성

한국문제 결정서의 엄밀한 내용분석이 가능하게 된 것은 최근의 일이
다. 구코민테른 문서보관소의 자료들이 공개된 1992년 이전만 하더라도
연구자들은 이 문서의 일역본만 접할 수 있었다. 일본어 번역본에는 다
음 두 개의 판본이 남아있다.

(A) 檢査委員 ペルラクン,クウシニン,サパロフ, 全露西亞軍政委員會 代
表 イルルシン, 「第三國際共産黨檢査委員會決定書」 1921년 11월 15일 ;
일본외무성문서, Sp.46, pp.430~439 ; 朝鮮總督府 警務局, 『大正11年朝鮮治
安狀況(2)』, 441~450쪽 ; 村田陽一, 『コミンテルン資料集』 2, 大月書店,
1978, 75~77쪽 ; 金正柱, 『朝鮮統治史料』 7권, 194~196쪽.
(B) 「第三國際共産黨委員會(第一次決定)」(在哈爾賓總領事 山內四郎 報
告, 「共産黨ニ關スル譯出文書送付ノ件」, 1923년 4월 9일 機密 第171號) ;
梶村秀樹·姜德相 共編, 『現代史資料』 29, 東京 : みすず書房, 1972, 461~
462쪽.

일본제국 외무성 관리들이 번역한 이 판본들 사이에는 내용상 적지않
은 차이가 있다. 이 중에서 두번째 것(B)은 신뢰하기 어렵다. 결정서 5개
항목 가운데 제3~5항이 아예 누락되어있다. 심지어 문맥을 이해하기
어려울 정도로 번역이 졸렬하다. 이 때문에 연구자들은 첫번째 텍스트
(A)를 더 신뢰해왔다. 텍스트(A)는 문장의 조리도 더 정연하고 누락된 항
목도 없다. 문서형식도 완비된 외양을 갖추고 있다. 어떤 경위를 거쳤는
지 모르지만, 결정서 원본에서 곧바로 번역되었을 것 같은 심증을 준다.
영문자료집을 간행한 서대숙도 첫번째 텍스트에 주목했다. 그가 소개한

영어본 텍스트는 코민테른집행위원회가 채택한 원본이 아니라 일역본
(A)를 중역한 것이었다.[36]

그러나 종래 많은 연구자들이 주텍스트로 삼았던 일역본(A)도 전적인
신뢰를 누리기에는 부족함이 많다는 게 밝혀졌다. 이는 코민테른 한국
위원회가 채택한 원본과 비교하는 속에서 확인할 수 있다. 구코민테른
문서보관소에는 두 종류의 원본이 소장되어있다. 러시아어본과 독어본
이 그것이다.

　러시아어 원본 : Члены комиссии Бела Кун·Куусинен·Сафаров, предст
в.РВСР Илюшин, В Президиум ИККИ и в ЦКРКП, 1921. 11. 15, РГАСПИ, ф.495 о
п.135 д.30 л.19~21.
　독일어 원본 : An das Präsidium des Exekutivkomites der 3 International,
1921. 11. 15, РГАСПИ, ф.495 оп.45 д.1 л.1~5.

두 문서는 내용과 형식 두 측면에서 아무런 차이도 갖고 있지 않다.
둘 사이에는 사료의 일차성에 관한 한 아무런 우열도 존재하지 않는다.
둘은 어느 한편이 원본이고 다른 한편은 그 번역본이라는 관계에 놓여
있지 않다. 달리 말하면 둘 다 코민테른 한국위원회가 채택한 공식 문서
였다.

원본이 여러 언어로 작성된 이유가 있다. 코민테른집행위원회의 공용
어가 러시아어, 영어, 독일어, 프랑스어 4개 언어였기 때문이다. 따라서
현존하는 위 두 개 외에 영어와 프랑스어로 작성된 두 개의 원본이 더
있었을 것으로 추정된다.

이 문서를 작성한 주체는 두말할 나위 없이 한국문제위원회였다. 문
서 말미에 위원 세 사람의 서명이 나란히 적혀있다. 거기에 더하여 또

---

36) Decision of the Inspection Committee of the Communist International, November 15,
　　1921(DAE-SOOK SUH, *Documents of Korean Communism 1918~1948*, Princeton
　　University Press, Princeton, New Jersey, 1970, pp. 67~70).

484

한 사람의 이름이 더 서명란에 적혀있다. 공화국혁명군사위원회 위원 일류신이 그 사람이다. 11월 12일자 한국위원회 회의에도 참석한 바 있는 일류신은 자유시사변에 관한 한 러시아정부의 입장을 대변하는 지위에 있었다.

이 문서의 수신처는 두 군데였다. 하나는 '코민테른집행위원회 상임간부회'였다. 한국위원회는 이 기구의 결정에 따라 그 산하에 임시로 설립된 것이니만큼 자신의 활동결과를 보고할 의무를 지니고 있었다. 다른 하나는 '러시아공산당 중앙위원회'였다. 이 기관이 수신처의 하나가 된 것은 업무협조 차원에서 이루어진 일로 보인다. 왜냐하면 결정서 제4항은 러시아공산당 중앙위원회 앞에 제안하는 내용이기 때문이다.

결정서는 짤막한 전문(前文)과 5개 항목으로 구성되어있다. 먼저 전문을 보자.

코민테른집행위원회 상임간부회 결정에 따라 조직된 한국문제위원회(Kомиссия по Корейскому вопросу)는 당사자 심문과 문서들에 의거하여 다음과 같이 결정한다.37)

여기에는 결정서 채택의 주체, 권한과 소속, 채택경위에 관한 간단한 정보가 담겨있다. 일어 번역본(A)에는 이 구절이 불명료하게 표현되어있다. 거기에는 "한국문제에 대해 제3국제공산당 중앙집행부의 결의에 따라 조직된 검사위원회"라고 번역되어있다. 두 가지가 잘못 알려져 왔음을 알 수 있다. 첫째, 명칭이다. 이 기구의 정식 명칭은 '검사위원회'가 아니라 '한국문제위원회'였다. 둘째, 위원회의 설립근거이다. 일역본의 '코민테른 중앙집행부'란 표현은 코민테른집행위원회(ИККИ)를 연상케 한다. 하지만 실제로 위원회가 책임을 지는 곳은 집행위원회 내부의 상설기관인 상임간부회였다.

---

37) 「11월 결정서」, 1921. 11. 15, 1쪽.

공산당 분쟁에 대한 평결

본문은 5개항으로 이루어져 있다. 내용상으로는 두 부분으로 대별된다. 하나는 고려공산당 내분의 성격과 해결책을 다룬 제1항과 제5항이고, 다른 하나는 자유시사변의 원인과 책임소재, 그 사후 조치를 규정한 제2, 제3, 제4항이다.

먼저 11월 결정서에서 당내 분쟁이 어떻게 파악되었는지를 확인해보자. 제1항은 두 공산당의 차이점에 대한 언급으로부터 시작된다.

고려공산당(Корейская Комм.Партия)이라는 동일한 명칭을 사용하는 현존하는 두 단체는 한국 민족운동의 두 중심인 대한국민의회와 상해임시정부의 존재와 관련하여 형성되었다. 양자를 분립시킨 차이점은 원칙적 성격을 띠지 않으며, 위에서 말한 두 중심 사이의 알력의 단순한 연장일 뿐이다.[38]

이에 따르면, 한국 사회주의운동진영 내에는 두 개의 공산당이 존재하는데, 둘 사이에는 별다른 차이점이 존재하지 않는다고 한다. 특히 차이점이 원칙적이지 않다는 언급에 주목할 필요가 있다.

이 부분을 일어번역본(A)는 오역했다. "양당이 서로 분립한 원인은 확실하지 않지만, 상기 양 기관이 충돌을 계속한 것으로 보아 틀림없다"[39]고 번역했다. 밑줄 부분에 유의하자. 일본어 번역본만을 통해 본다면 코민테른은 초창기 한국의 두 개 공산당이 분립한 원인을 해명하려고 시도하지 않았거나 혹은 그 해명이 불가능하다고 보았던 것으로 된다.

그럴 리가 만무하다. 한국위원회는 상해파와 이르쿠츠크파 두 공산당의 분립이 무원칙한 것임을 맨 먼저 천명하고자 했던 것이다. 양당의 차

---

38) 위와 같음.

39) 朝鮮總督府 警務局, 『大正11年朝鮮治安狀況(2)』, 442쪽.

486

이가 원칙적이지 않다는 바로 이 주장이야말로 11월 결정서의 핵심논지였다. 코민테른 한국위원회는 이 판단을 기준으로 삼아 각종 현안에 대한 세부적 결정을 내렸다.

결정서는 두 그룹의 기원에 대해 언급했다. 그에 따르면, 두 개의 고려공산당은 대한국민의회와 상해임시정부의 존재와 관련하여 형성되었다고 한다. 상해임시정부와 깊은 관계를 맺고 있는 상해파 공산당은 1919년에 처음 코민테른과 연락을 취했다. 한편 대한국민의회와 관계를 맺고 있던 이르쿠츠크파 공산당은 1920년 6월 공산주의 강령을 수용했고, 1921년 4월에는 민족주의단체인 대한국민의회로부터 공식적으로 탈퇴했다고 한다.[40]

이 설명이 실제에 부합하는지 대조해보자. 얼핏 보면 별다른 이상을 발견하기 어렵다. 그러나 미세하지만 실제와의 균열이 느껴진다. 두 공산당의 차이점이 원칙적 성격을 띠지 않는다는 주장을 합리화하려는 의도가 바탕에 깔려있음을 감지할 수 있다.

11월 결정서에는 상해파 공산당이 상해임시정부로부터 연유한 듯한 암시가 내포되어있다. 그러나 그것은 명백히 사실과 다르다. 상해파 공산당의 기원은 상해임시정부와 무관하게, 그보다 훨씬 더 이른 시기에 비롯되었다. 그것은 1918년 4월 하바로프스크에서 창립된 한인사회당을 모태로 한다. 그들은 설립 당시에 대한국민의회 집행부세력과 치열한 투쟁을 겪어야 했다. 대한국민의회 집행부세력은 3년 뒤에는 이르쿠츠크파 고려공산당의 유력한 간부들로 변신했지만, 그즈음에는 부르주아적 발전전망을 지향하고 있었다. 한인사회당은 대한국민의회 집행부세력과 격렬히 대립하는 속에서 자신의 사회주의적 정체성을 확인했다.[41]

이르쿠츠크파의 기원에 관한 11월 결정서의 설명도 석연치 않다. 이 그룹의 기원을 전적으로 대한국민의회와의 연관 속에서만 구하고 있다.

---

40) 「11월 결정서」, 1921. 11. 15, 1쪽.

41) 반병률, 『성재 이동휘 일대기』, 129~157쪽 참조

1920년 6월 공산주의 강령을 수용했다는 말은 무엇을 뜻하는가? 그것은 4월참변을 피해 아무르주로 이동한 대한국민의회 집행부가 그곳에서 러시아공산당에 입당한 사실을 가리킨다. 1921년 4월 대한국민의회로부터 공식적으로 탈퇴했다는 말은 무엇인가? 과거에 일어번역본만을 접할 수 있었던 조건하에서 연구자들은 이 구절을 온전히 이해할 수 없었다. 일역본(A)가 이 구절을 잘못 번역했기 때문이다. "국민의회가 형식적으로 공산주의로 나아간 것은 실은 1921년 4월경이었다"라고 했다.[42] 문맥이 통하지 않을 뿐더러 원문에 대한 오역임이 분명하다. 그 구절은 대한국민의회 집행부세력이 이르쿠츠크파에 합류하기 위해 종래 몸담고 있던 단체에서 대거 탈퇴한 사실을 지칭한다.

이르쿠츠크파의 기원에 관한 위의 언급들은 사실의 일부만 주목한 결과이다. 이르쿠츠크파는 실제로는 양대 세력의 연합 속에서 비롯되었다. 바이칼호 서쪽 시베리아 일대의 한인 사회주의자들이 그 하나이고, 연해주에 기반을 둔 대한국민의회 집행부세력이 다른 하나이다. 둘은 1920년 11월경에 제휴에 착수했다. 그때부터 이르쿠츠크파 공산당은 전체 한국혁명의 지도권을 지향하는 독자적인 '공산주의 그룹'으로 나아갔다고 봐야 한다.[43] 나중의 일이지만 두 세력은 4년 뒤에 결별했음을 덧붙여두고자 한다. 그때 대한국민의회 집행부세력은 '국민의회파'라는 이름으로 사람들에게 회자되었다.

왜 사실의 일부에만 주목했을까? 이르쿠츠크파를 구성하는 양대 세력 가운데 하나만을 부각한 데는 뭔가 석연치 않은 복선이 깔려있는 듯하다. 한국 사회주의운동사에 대한 무지 때문만은 아닐 것이다. 한국위원회는 모종의 의도를 갖고 있었던 것 같다. 위원들은 양파 사이에 별다른 차이가 없음을 입증하고 싶어했다. 상해파와 이르쿠츠크파 둘 다 민족

---

42) 朝鮮總督府 警務局, 『大正11年朝鮮治安狀況(2)』, 442~443쪽.

43) 임경석, 「이르쿠츠크파 공산주의 그룹의 기원」, 『한국현대사와 사회주의』, 역사비평사, 2000, 225~233쪽.

주의 단체와 깊은 관련을 맺고 있다는 점에서 공통된다고 역설하고 싶었던 것이다. 그 때문인지 양파 사이에 내재하는 모든 차이점은 사소한 것으로 치부되었다. 누가 먼저 사회주의운동에 발을 내디뎠는지, 혁명론과 정책에 관해서는 차이가 없는지, 차이점이 있다면 어느 견해가 옳은지, 민족해방운동에 대한 영향력은 누가 더 큰지 등의 문제를 한국위원회는 천착하지 않았다. 이 모든 것을 다 묵살해야만 양자동등론을 내세울 수 있었던 것이다.

따라서 11월 결정서가 양파의 상호 비난에 대해 무혐의 처분을 내린 것도 당연한 일이었다. 결정서에 따르면, 양측은 서로 상대방을 민족주의자라거나 국제연맹에 접근했다고 비난하면서 다투었다고 한다. 그러나 한국위원회는 양자의 비난을 모두 근거 없는 것으로 일축했다. "이 비난은 파쟁이 격화된 소산일 따름이다"44)라는 것이 한국위원회의 소견이었다.

한국위원회는 두 고려공산당 가운데 어느 한편만을 배타적으로 지지하려고 하지 않았다. 양파 가운데 어느 하나를 승인하지도 않았고, 어느 한편의 상대적 우월성조차도 인정하지 않았다. 위원회는 양파가 동등하며 등가(等價)라고 판단했던 것이다. 이러한 태도는 슈마츠키를 수반으로 하는 극동비서부의 입장과 달랐다. 극동비서부는 이르쿠츠크파의 배타적 대표성을 지지했다. 코민테른 내부에도 서로 다른 시각이 혼재해 있었던 것이다. 현지 파견기관의 입장은 '일방 승인론'인 데 반해, 집행위원회 상임간부회의 입장은 '양파 동등론'이었다.

한국위원회는 극동 현지기관의 '일방 승인론'을 비판하고 나섰다. 결정서 제1항에서 "코민테른 극동비서부는 이르쿠츠크파를 편파적으로 지지함으로써 갈등을 가일층 격화시켰음이 명백하다"고 명시했다.45) 이 조항은 상해파 공산당의 거센 항의를 수용한 결과였으며, 따라서 상해

---

44) 「11월 결정서」, 1921. 11. 15, 1쪽.
45) 위와 같음.

파의 정치적 승리를 의미하는 것이었다. 한국위원회는 극동비서부로 하여금 '양파 동등론'에 입각한 정책집행을 지시했다. 결정서 제5항에서 "극동비서부는 이 결정을 충실하게 이행할 의무를 진다"고 밝혔던 것이다.[46]

11월 결정서는 고려공산당의 분열을 종결짓기 위한 구체적인 방침을 제시했다. 그것은 '양자 통합'의 길이었다. 결정서에 따르면, "어느 그룹도 한국 혁명분자들의 배타적 대표권을 주장할 수는 없으며, 따라서 양자의 통합만이 좋은 결과를 가져올 수 있다"는 것이었다. '양자 통합'은 고려공산당의 당내투쟁을 종결지으려는 코민테른의 최초 방침이었다.

양자 통합을 어떻게 실현할 것인가? 한국위원회가 내린 처방을 보자. 그것은 임시중앙위원회 구성과 통합대회 소집 두 가지였다. 위원회는 코민테른집행위원회 상임간부회에 이렇게 권유했다. "한국 내지와 해외 이주민의 모든 단체를 망라하여 대표하는 대회를 소집할 때까지 두 그룹이 통합하여 같은 수의 대표자로 구성되는 새로운 임시중앙위원회를 구성한다"는 결정을 내리도록 권고했던 것이다.

군대 분쟁의 평결

다음으로 한국문제의 또 하나의 쟁점인 자유시사변에 대해 한국위원회가 어떤 결정을 내렸는지에 관심을 돌려보자. 결정서는 먼저 "양측의 갈등을 극한적으로 첨예화시킨 것은 자유시사변(Амурский инцидент)이었다"고 규정했다.[47] 한국문제를 해결하자면 자유시사변이 초래한 파괴적 영향력을 치유할 필요성을 인정했던 것이다.

11월 결정서는 이 참변을 야기한 원인이 대한의용군측에도 있고, 고려혁명군정의회측에도 있다고 판단했다. 결정서에 따르면, 무장충돌을

---

46) 「11월 결정서」, 1921. 11. 15, 3쪽.
47) 위의 글, 2쪽.

초래한 원인은 한인 빨치산부대(대한의용군) 지휘부의 '종파적 선동'에 있다고 한다. 결정서는 그 잘못에 대한 책임을 물었다. "유혈충돌이 불가피함을 알면서도 끝까지 사태를 그 쪽으로 이끌고 간" 지휘관 그리고 리예프와 박일리야가 책임을 져야 한다고 규정했다.

한편 고려혁명군정의회측의 잘못으로는 세 가지를 거론했다. 1921년 5월 대한의용군 지지를 표방한 러시아공산당 극동총국 한인부 책임비서 박애를 체포한 것, 대한의용군측으로부터 불신임을 받는 구대한국민의회 간부들을 군정위원으로 선임한 것, 무장해제를 명령한 것이 그것이다. 여기서 주목할 점이 하나 있다. 대한의용군의 잘못을 책임질 사람이 구체적으로 명시된 데 반해 고려혁명군정의회의 잘못은 누가 책임져야 하는지 명백히 서술되어있지 않았다. 이르쿠츠크파는 자유시사변의 가해자이고, 상해파는 피해자였다. 그런데도 한국위원회는 가해자측의 책임을 불문에 부쳤다. 따라서 자유시사변에 관한 한국위원회의 평결이 이르쿠츠크파에게 전적으로 불리했다고 평가하는 것은 부적절해보인다.

11월 결정서는 피해자측의 원상회복 조치도 잊지 않았다. 결정서는 '임시특별군사혁명재판소'의 판결을 부인했다. 이 재판소는 전적으로 이르쿠츠크파의 의도대로 운용된 바 있다. 이르쿠츠크파는 고려혁명군정의회의 무장해제 지시에 복종하지 않은 한인 게릴라들을 반혁명적 요소로 간주했다. 대한의용군 지도부와 그를 따랐던 병사들을 체포, 투옥했다. 임시특별군사혁명재판소는 '반혁명분자'에 대한 사법적 처분을 담당했다. 코민테른 한국위원회는 그 사법적 처분을 문제삼은 것이다.

11월 결정서는 코민테른 극동비서부에 맞서 독자노선을 걸었던 러시아공산당 극동총국 한인부 비서 박애의 재판도 무효화시켰다. 1921년 5월 22일에 열린 임시특별혁명재판소 법정에서 박애는 징역 10년형을 선고받았다. 결정서는 그것을 '종파투쟁의 괴이한 발현'이라고 평가했다. 결정서는 박애의 이른바 죄목 9개조를 낱낱이 재심했다. 그 결과 자유시사변 직전에 박애가 취했던 이른바 반혁명행위 7개조에 대해 무죄 처분을 내렸다. 무죄로 평결하지 않은 혐의 사실은 두 가지였다. 제3조 코민테른 전권위원 슈마츠키 동무가 극동국 한인부를 이르쿠츠크로 옮기라고 한 명령을 불이행한 점, 제7조 이르쿠츠크에서 열린 고려공산당 전국대회 소집을 방해한 점이 그것이다. 결정서는 그 행위의 성격을 반혁명 범죄라기보다 "당 심사위원회의 심의대상이 될 만한 행위"로 간주했다. 결국 한국위원회는 "아무런 심의절차도 거치지 않은 채" 박애를 즉각 석방할 것을 결정했다.

박애만이 아니었다. 그밖의 피해자들에게도 재심의 기회를 부여했다. 결정서는 자유시사변조사위원회를 설립하여 진상을 조사하게 하고, "자유시사변에 연관하여 투옥된 80명 가운데 필요하다고 인정되는 자를 석방할 권한을 그 조사위원회에 위임"했다.[48] 이른바 반혁명 혐의로 수감된 사람들에게 석방의 가능성이 주어졌던 것이다.

11월 결정서는 한국 사회주의운동과 반일무장부대 내에 조성된 두 세력 가운데 어느 하나에도 배타적 우위를 인정하지 않은 점에 그 특징이 있다. 두 고려공산당은 단지 공산주의자 그룹으로서만 간주되었으며, 어느 하나의 당도 코민테른의 지부로 승인되지 못했다. 두 그룹은 동등하게 취급되었다. 1921년 초여름의 유혈참극에 대해서는 쌍방의 잘못을 인정했다. 그래서 피해자측을 원상회복시키되 가해자측에게도 책임을 묻지 않았다. 당내 분쟁에 관해서는 '양파 동등론'이, 군대내 유혈분쟁에 관해서는 '양비론'이 적용되었던 것이다.

그럼에도 불구하고 11월 결정서는 상해파의 승리이자 이르쿠츠크파의 패배로 간주되었다. 왜냐하면 이 결정서는 이르쿠츠크파의 승리로 완전히 기울어버린 저울추를 다시 평형상태로 되돌렸기 때문이다. 이러한 변화는 특히 다음 사실들에서 잘 드러났다. 극동비서부의 이르쿠츠크파 후견 역할이 과오로 규정된 점, 반혁명집단으로 낙인찍혔던 상해

---

48) 위의 글, 3쪽.

파 공산당의 지위가 이르쿠츠크파와 대등한 것으로 간주된 점, 자유시
사변으로 인해 투옥된 상해파 공산당의 일부 지도자들이 석방된 점 등
이 그것이다.

결정서가 채택된 뒤

상해파는 11월 결정서를 크게 환영했다. 상해파 모스크바 대표단은
'연합중앙위원회' 구성안에 선뜻 응했다. 이동휘와 홍도가 결정서 채택
후 9일 밖에 지나지 않은 11월 24일에 코민테른집행위원회 앞으로 제출
한 서한이 있다. 여기서 그들은 '연합중앙위원회 위원'을 자임하고 있
다.49) 이로부터 우리는 다음 두 가지 사실을 알 수 있다. 11월 24일 이전
에 한국문제 결정서가 코민테른집행위원회 상임간부회의 승인을 받았
으며, 이미 연합중앙위원 선임이 이루어졌다는 사실이 그것이다. 아직
정확한 날짜는 모르지만 상임간부회는 11월 15일자 한국위원회의 결정
서를 지체 없이 승인했던 것으로 추정된다.

그러나 이르쿠츠크파는 격렬하게 반발하고 나섰다. 이르쿠츠크파 대
표자 한명세는 결정서가 채택된 이튿날인 11월 16일 집행위원회 상임간
부회 앞으로 의견서를 제출했다. 그는 결정서에 담긴 이르쿠츠크파에
대한 불리한 규정을 낱낱이 논박했다. 그는 이르쿠츠크파 공산당이 현
존하는 한국 안팎의 모든 공산주의단체를 대표하고 있으므로 상해파와
같은 종파단체와 다르다고 주장했다. 또한 대한국민의회와 이르쿠츠크
파 공산당 사이에는 아무런 공통성도 존재하지 않는다고 강변했다.50)

---

49) Члены Цека объединенной Корейской компартии Ли‐Донхи・Хон‐до, Исполн
ительному комитету 3 коммунистического Интернационала,(고려공산당 연합
중앙위원회 위원 이동휘・홍도, 「코민테른 집행위원회 앞」), 1921. 11. 24, 1
쪽, РГАСПИ ф.495 оп.135 д.46 л.13.

50) Представитель Коркомпартии Хан Мен Ше, Доклад в Президиум ИККИ(고려공
산당 대표 한명세, 코민테른집행위원회 상임간부회에 보내는 보고서), 1921.

한명세는 11월 결정서 채택 여부를 재심해야 한다고 주장했다. 1921년 12월 15일 이르쿠츠크에 주둔중인 고려혁명군 내 당원집회에서 그가 행한 연설을 보자. "나는 (11월 결정서에 - 인용자) 승낙치 아니하고 국제당에 재판을 요구"했다고 한다. 그러나 결과는 그의 기대와 어긋나고 말았다. "20여 일 만에 그냥 (두 고려공산당을 - 인용자) 연합하기로 판결"이 났다고 한다.51) 이르쿠츠크파의 결정서 불복 요청이 기각되었던 것이다. 결국 11월 결정서는 수정 없이 원본 그대로 통과되었음을 알 수 있다.

극동비서부의 러시아인 간부들도 11월 결정서에 강력히 반발했다. '코민테른 전권위원 슈먀츠키, 책임비서 보이친스키, 정보부장 슐례팍'은 극동비서부의 최고위 책임자들이었다. 극동민족대회를 주관하느라고 이르쿠츠크에 체류중이던 그들은 모스크바로 지급전보(12월 17일자)와 상세한 서면(12월 21일자)을 보내 항의의사를 전달했다. 수신자는 코민테른집행위원회 비서이자 한국위원회 위원인 사파로프였다. 그들은 노골적인 반감을 감추지 않았다.

그들의 의견에 따르면, 11월 결정서는 "진실한 공산주의자들이 힘써 수립한 한국 혁명운동에 대한 지도권을 명백히 좌절시키고 있으며, 인위적·기계적으로 이 지도권을 혁명에 투기적으로 참가한 협잡꾼들에게 넘겨주고 있다"는 것이다. 이르쿠츠크파는 '진실한 공산주의자들'이며 상해파는 투기적 목적으로 혁명에 참가한 '협잡꾼들'이라고 지칭되고 있다. 또한 11월 결정서 때문에 한국 혁명운동에 위기가 조성되었다고 표현되어있다.

급기야 극동비서부 간부진은 사임 의사를 표명했다. 그들은 "우리는 권한과 의무를 벗으려 하며, 극동비서부의 자금과 연락을 다른 사람에게 넘기도록 지시해줄 것을 요청한다"고 썼다.52) 물론 이들의 사임 요청

---

11. 16, 1~2쪽, РГАСПИ ф.495 оп.135 д.46 л.10~12.

51) 『붉은군사』 제2호, 1921. 12. 24, 5쪽.

52) Уполкоминтерна Шумяцкий, Отвественный Секретарь Войтинский, Завинфотде

은 받아들여지지 않았다. 개회가 임박해있는 극동민족대회를 성사시켜야 할 막중한 임무가 그들에게 부과되어있었기 때문으로 보인다.

우리는 여기서 11월 결정서가 한국문제를 해결한 것이 결코 아님을 확인할 수 있다. 극동비서부와 이르쿠츠크파를 한편으로 하고, 상해파를 다른 한편으로 하는 양측의 적대성은 전혀 해소되지 않았다. 11월 결정서는 그들의 분쟁을 새로운 국면으로 이끌었을 뿐이다. 그들의 힘겨루기는 새로운 조건 속에서 재개될 수밖에 없었다.

люм Слепак, Служебная телеграмма ДВС Коминтерна Сафорову копия завдальв остотделом Хотимскому председателю Зиновьеву(코민테른 전권위원 슈마츠키, 책임비서 보이친스키, 정보부장 슬레팍, 「극동비서부 업무전보 : 사파로프, 극동부장 호침스키, 의장 지노비예프 앞」), 1921. 12. 18, 1쪽, РГАСПИ ф.495 оп.135 д.29 л.14.

제13장 극동민족대회와 한국

1. 극동민족대회의 소집

대회 명칭

극동민족대회란 1922년 1월 21일부터 2월 2일까지 코민테른집행위원회가 주최한 동아시아 각국 공산당 및 민족혁명단체 대표자들의 연석회의를 가리킨다. 이 대회가 처음 소집된 시기는 1921년 8월이었다. 워싱턴회의가 개최되기로 예정된 시점이었다. 코민테른집행위원회는 「다가오는 워싱턴회의에 관한 테제」를 채택했으며, 워싱턴회의에 대항하여 그해 11월 11일 이르쿠츠크에서 극동민족대회를 개최하기로 결정했다.

이 대회의 이름은 여럿이다. 공식적으로 불리던 이름만도 셋이다. 러시아어 대회 기록을 보면, 극동민족대회(Съезд народов Дальнего Востока), 극동근로자대회(Съезд трудящихся Дальнего Востока), 제1회 극동 공산주의 및 혁명단체 대회(1-й Конгресс коммунистических и революционных партии Дальнего Востока) 세 개의 명칭이 혼용되고 있다.[1]

영어표기도 그와 같다. 영문 의사록을 보면, 극동근로자대회(The Congress of the Toilers of the Far East), 극동 공산주의 및 혁명단체 제1회 대회(The First Congress of the Communist and Revolutionary Organisations of the Far East)라는 명칭이 쓰이고 있다.[2] 여기에 더하여 한국대표단 집행부가 1922년 2월 8일에

---

1) Информационная дата No.1 Меморандум: Информация, касающаяся Корейской делегации на Конгрессе коммунистических и революционных партии Дальнего Востока(극동민족대회 한국대표단에 관한 비망록 제1호), 1922. 2. 8, РГАСПИ ф.495 оп.135 д.60 л.1~6.

496

작성한 「비망록」에 따르면, 제1회 극동피압박민족대회(The First Congress of
the Oppressed Peoples of the Far East)라는 명칭도 사용되었다.3)

이 중에서 어느 것이 공식 명칭인지 가르기 어렵다. 왜냐하면 대회 기
록에는 여러 명칭이 다같이 사용되고 있기 때문이다. 보기를 들어보자.
대회 의장 지노비예프는 개회사에서 “동지 여러분, 나는 코민테른집행
위원회를 대표하여 극동근로자대회의 개회를 선언합니다”라고 말했다.4)
그에 반해 대회에서 채택된 선언의 제목은 「극동 여러 민족에 대한 극
동 공산주의 및 혁명단체 제1회 대회의 선언」으로 되어있다.

동양권 언어로는 어떻게 표기되었나? 중국어 대회의사록을 보면, 이
대회는 ‘원동공산혁명당 제1차 대회’라고 지칭되고 있다.5)

한국인 참가자들의 호칭은 더 다양했다. 대회 참가자들이 휴대한 위
임장에 기재된 명칭은 ‘동양민족혁명단체대표회’였다. 보기를 들면, 조
선노동대회에서 파견된 김재봉(金在鳳)의 위임장에는 “본회 회원 김재봉
을 대표로 선정하여 본년 11월 11일 로서아 일꾸스크에서 개최하는 동
양민족혁명단체대표회에 출석하는 일체 권한을 위임함”이라고 적혀있
다.6) 이 명칭이 기재된 위임장을 휴대한 사람은 강필수, 권정필, 김상덕,
김승학, 김시현, 김익동, 임원근, 장덕진, 전헌, 정광호 등이었다. ‘동양’
이란 말 대신에 ‘원동’이라는 용어를 써서 ‘원동민족혁명단체대표회’라
고 사용한 용례도 많았다. 대회 참가자 김상덕, 임원근, 장덕진, 정광호,
조동호, 최창식의 「조사표」에는 그처럼 적혀있다.

‘원동민족대의회’라는 용어로 이 대회를 표현한 대표자도 있었다. 모

<hr>

2) Comintern, *The First Congress of the Toilers of the Far East*, Petrograd, 1922.

3) Memorandum, information relative to the Korean delegation to the congress of the
   communist and revolutionary parties of the Far East, 1922. 2. 8, 1쪽, РГАСПИ ф.495
   оп.154 д.175 л.77~80.

4) 高屋定國・辻野功 譯, 『極東勤勞者大會,議事錄全文』, 合同出版, 1970, 1쪽.

5) 『遠東共産革命黨第一次大會記事錄』, 1922, РГАСПИ ф.495 оп.154 д.166.

6) 「위임장 제13호 (金在鳳)」, РГАСПИ ф.495 оп.154 д.178.

스크바 고려학생회 회장 홍진우(洪震宇)는 2명의 대표자를 파견하도록 허용해달라는 「청원서」에서 그와 같은 표현을 썼다.7) 이와 비슷한 용례로는 '원동민족대회',8) '원동민족회의',9) '동양민족대회'10) 등이 사용되었다.

이외에도 여러 종류의 용례를 발견할 수 있다. '원동민족혁명대표회의',11) '동양민족혁명대회',12) '원동피압박민족대표자대회'13) 등이 그것이다. 대회 참가자 여운형은 뒷날 진술하기를, 개최 통지문에는 '동방피압박민족대회'라고 되어있었지만 제국주의 국가인 일본대표가 참가한 것을 고려하여 '원동민족대회'라고 명칭을 바꾸었다고 했다.14)

이 글에서는 뭐라고 부를까? 원동이라는 용어가 오늘날 거의 통용되지 않음을 고려하고자 한다. 또한 한국인 참가자들이 부르던 이름 가운데서 가장 간명한 것을 고르되, 러시아어와 영어로도 사용되고 있는 명칭을 택하여 '극동민족대회'라고 부르기로 한다.

대표자 선정

대회소집을 주관한 기관은 코민테른 극동비서부였다. 극동비서부는 극동 여러 나라의 혁명운동을 촉진할 목적으로 1921년 1월 이르쿠츠크 시에 설립되었다. 이 기관의 책임자는 '코민테른 '전권위원' 직함을 가진

---

7) 「청원서」, 1922. 1. 17, РГАСПИ ф.495 оп.154 д.175 л.42об.

8) 金丹冶, 「레닌회견인상기」(1), 『조선일보』 1925년 1월 2일자.

9) 「조사표(呂運亨)」, РГАСПИ ф.495 оп.154 д.179 л.25.

10) 「조사표(崔高麗)」, РГАСПИ ф.495 оп.154 д.181 л.76.

11) 「조사표(김원경)」, РГАСПИ, ф.495 оп.154 д.178 л.40.

12) 『독립신문』 1922년 6월 24일자.

13) 呂運亨, 「나의 회상기 (1)」, 『중앙』 1936. 3 ; 『몽양여운형전집』 제1권, 한울, 1991, 44쪽.

14) 「피의자(여운형) 신문조서(제4회)」, 1929. 8. 3 ; 『몽양여운형전집』 제1권, 한울, 1991, 491쪽.

슈마츠키였다. 그는 5명의 위원들과 함께 최고집행기구인 간부회를 구성했다. 간부회 위원 중에는 한국 사회주의운동에 깊은 영향을 끼친 보이친스키도 포함되어있었다.[15]

극동비서부 내에는 민족별 지부가 조직되어있었다. 1921년 11월 현재 고려부, 중국부, 일본부, 몽골·티베트부 등 4개 지부가 활동했다. 이 가운데 고려부는 1921년 5월 이르쿠츠크에서 창립된 고려공산당 중앙위원회와 긴밀한 관계를 맺고 있었다. 흔히 '이르쿠츠크파 공산당'으로 불린 이 공산당의 중앙위원회는 3명의 위원을 선정해서 극동비서부 고려부로 파견했다.[16] 이들 파견위원에 의해 양자의 밀접한 관계가 보장되었다. 그해 11월 현재 극동비서부 고려부의 한국인 위원은 한명세, 최고려, 이형근이었다.

극동민족대회에 참가할 한국인 대표자의 선정을 주관한 곳은 바로 극동비서부 고려부였다. 고려부는 이르쿠츠크파 공산당의 중앙위원회와 국내외 각 지부를 통해 대표자 선정에 착수했다.

가장 많은 한국인 대표자들이 선정된 곳은 상해였다. 3·1운동 이후 수많은 망명자들이 모여들었던 상해는 대한민국임시정부의 소재지일 뿐 아니라 여러 반일정치단체의 활동근거지이기도 했다. 일본경찰의 정보문서에 따르면, 1921년 10월 23일 저녁 상해에서 김만겸을 포함한 10여 명의 한국인들이 회합했다. 이 자리에서는 "이르쿠츠크에서 11월 11일에 개최될 극동혁명당대회에 제출할 사항 및 파견대표자를 결정"했다고 한다.[17] 또한 선정된 대표자들은 이튿날부터 3명씩 짝을 지어 출발

---

15) Список сотрудников дальне-восточного секретариата коминтерна состоящих на лицо к1-му наября 1921г. согласно утвержденных штатов от 1-го июля с/г(1921년 11월 1일자 코민테른 극동비서부 임직원 명단), 1~2쪽, РГАСПИ ф.495 оп.154 д.91.

16) Проект Программы Корейской коммунистической партии принятной Учредительным Съездом Коркомпартии(창립대회에서 채택된 고려공산당 강령안), Народы Дальнего Востока(극동제민족), Иркутск, 1921, No.3, 366쪽.

17) 大正10年11月7日 高警第28730號, 「國外情報, 上海における共産黨の狀況」;

하기로 예정되었다고 한다.

이 정보기록은 거의 실제에 부합하는 것으로 판단된다. 위의 기록에 나오는 김만겸은 당시 상해에 소재하던 고려공산당(이르쿠츠크파) 중앙위원회의 위원장으로 재임중이었다.[18] 원래 이르쿠츠크파 공산당 중앙위원회의 소재지는 1921년 5월 창립 당시에는 이르쿠츠크였다. 하지만 창립 이후 머지않아 국내공작을 강화하기 위해 북경으로 옮긴 바 있으며, 10월 10일자로 다시 중앙위원회를 상해로 이전하기로 결정했다.[19] 결국 10월 중순 이후에는 김만겸을 필두로 하는 이르쿠츠크파 공산당 중앙위원회가 상해에서 활동하고 있었으며, 이들이 극동민족대회 대표자 선정을 주도했던 것이다.

상해에서 출발한 대표자들의 위임장 발급일자를 확인하면 이 점이 더 명료해진다. 위임장 발급일자가 확인된 경우는 다음과 같다. 1921년 10월 20일(김승학·임원근), 21일(여운형), 22일(김상덕·정광호), 24일(김단야), 27일(김규식) 등이다. 1921년 10월 20일부터 27일에 걸쳐있음을 알 수 있다. 상해 대표자들의 최종 선정에 이르쿠츠크파 공산당 중앙위원회가 깊이 개입했음은 틀림없는 사실로 생각된다.

선발된 대표자들은 재상해 여러 반일단체의 위임장을 휴대했다. 위임장을 발급한 단체는 고려공산당 중앙위원회(6명)와 상해지부(1명), 고려공산청년회 상해회(1명), 신한청년당(1명), 독립신문사(2명), 화동(華東)한국학생연합회(2명), 대한애국부인회(1명), 이팔(二八)구락부(1명), '조선기독교연맹'(1명)[20] 등이었다.

金正明 編, 『朝鮮獨立運動』 제5권(共産主義運動篇), 284쪽.

18) 고려공산당 대표 呂運亨의 위임장은 '고려공산당 중앙위원회 의장 김만겸, 서기 안병찬'의 명의로 발급되었다(Мандат, РГАСПИ ф.495 оп.154 д.179, л.26а). 또한 화동한국학생연합회 대표 金尙德의 위임장에는 고려공산당 중앙위원회 위원장 김만겸의 추천이 쓰여있다(Протокол No.2 Заседание мандатной комиссии, 1922. 1. 17, 1쪽, РГАСПИ ф.495 оп.154 д.167).

19) 고려공산당 중앙간부 위원장 김철훈, 「李成·金哲勳·韓震山 3동무가 북경에서 수금되였던 사실보고」, 1921. 12. 27, РГАСПИ ф.495 оп.135 д.41.

국내에서도 상당수의 대표자가 선정되었다. 상해의 대표자 선정이 이르쿠츠크파 고려공산당 중앙위원회의 주도하에 이루어진 데 비해, 국내 대표자 선정은 같은 당 '내지부(內地部)' 간부에 의해 주도되었다. 이르쿠츠크파 공산당은 창립 직후 국내기반을 강화하기 위해 이교담(李教淡)과 서초를 차례로 국내에 파견한 바 있었다. 그들은 노동대회의 지도자인 노병희(盧秉熙), 조선총독부 경무국의 경부로 재직중이던 황옥(黃鈺)과 협의하여 비밀리에 내지부와 세포단체를 조직했다.21)

이르쿠츠크당 내지부는 자신의 영향력이 미치는 공개·비공개단체 속에서 파견자를 물색했다. 국내 대표자들에게 위임장을 발급한 단체는 조선노동대회(6명), 조선공제단(3명), 조선학생대회(2명), 조선청년회연합회(2명)였다.

가장 많은 대표자를 파견한 조선노동대회는 1920년 2월 16일에 창립된 공개 노동자단체였다. 이 단체는 1921년 하반기 시점에는 이르쿠츠크파 내지부에 의해 주도된다고 지목받고 있었다.22)

조선공제단이 어떤 단체인지는 아직 알려져 있지 않다. 이 단체의 이름을 당시의 일본관헌 자료나 신문·잡지 등에서 전혀 찾아볼 수 없다. 극동민족대회 한국대표단이 작성한 「비망록」에 따르면 이 단체는 1919년 3월 2일 서울에서 비밀리에 결성되었다. 중앙기관의 소재지는 서울이고 13개 도에 지부를 갖고 있으며, 전국에 걸쳐 2만 7,300명의 단원을

---

20) '리га Корейских Христиан'라는 러시아어 표기를 직역한 이름이다. 한국대표단 집행부가 작성한 「비망록」에 따르면, '조선기독교회 대표부'로 표현되어있다. 이 단체는 40만 조선 기독교도를 대표하며, 1919년 3월 1일 이후에 자신의 대표자를 상해로 파견했다고 한다. 이 기관의 한글 명칭에 대해서는 아직 밝히지 못했다.

21) Доклад No.2 Положение всех коммунистических организаций в Корее(보고 제2호, 한국 내 모든 공산주의 단체의 사황), 1924. 3. 18, 2쪽, РГАСПИ ф.495 о п.135 д.71.

22) История и деятельность нейтральной коркомпартии, Доклад делегата Тену (중립조선공산당의 역사와 활동, 대표자 전우의 보고), 1쪽, РГАСПИ ф.495 о п.135 д.64.

갖고 있다고 한다.23) 이 기록은 어쩌면 허위로 작성되었을 가능성이 있다. 자파의 영향력을 과장할 목적으로 존재하지도 않는 단체를 실재하는 것처럼 꾸몄을 개연성이 있다는 말이다. 설혹 그 단체가 실재했다고 하더라도 규모가 과장되었음은 틀림없는 것 같다. 어쩌면 이르쿠츠크파 공산당 내지부와 그 산하 세포단체를 가리키는 것일 수도 있겠다.

한편 공개단체인 조선학생대회와 조선청년회연합회가 이르쿠츠크파의 주도에 의해 운영되었다는 기록은 아직 본 적이 없다. 특히 조선청년회연합회는 상해파 고려공산당 '내지부'에 의해 사실상 주도된 것으로 알려져 있다. 그럼에도 불구하고 이 단체들에서 2명씩의 대표가 선정되었다는 사실은 주목할 만하다. 이 두 개의 합법 공개단체 속에 이르쿠츠크파 내지부의 영향력이 어느 정도 존재하였음을 시사해준다.

국내에서 선정된 대표자들의 위임장 발급일시는 상해의 경우와 거의 같거나 약간 늦었다. 1921년 10월 24일(강필수 · 김시현 · 김익동 · 김재봉), 25일(권정필), 11월 10일(전헌) 등이었다.

상해와 국내에 뒤이어 서간도의 여러 반일단체에서도 적지않은 대표자들이 파견되었다. 대표자를 파견한 단체는 대한광복군총영(2명), 대한독립단(2명), 대한청년단연합회(2명), 광한단(光韓團, 1명)이다. 이 단체들의 소재지는 모두 압록강 하류의 국경 맞은편인 관전현(寬甸縣)이었다. 이르쿠츠크파 공산당의 어느 기관이 이곳 대표자들의 선정에 개입했는지는 아직 명료하지 않다. 지리적 근접성으로 볼 때 아마 이르쿠츠크파 공산당의 북경지부가 개입하지 않았나 생각된다. 혹은 이르쿠츠크파 공산당 중앙위원회에서 특파한 요원들이 주선했을 가능성도 있으리라.

러시아 이르쿠츠크에 소재하던 반일단체에서도 대표자들이 선발되었다. 고려혁명군에서 7명의 대표자가 선임되었다.24) 고려혁명군은 1921

---

23) Memorandum, information relative to the Korean delegation to the congress of the communist and revolutionary parties of the Far East, 1922. 2. 8, 1쪽, РГАСПИ ф.495 оп.154 д.175.

년 6월의 자유시사변을 거친 뒤에 재편성된 노령·북간도 반일무장부대의 연합부대였다. 당시 1개 여단 규모의 편제를 유지하면서 이르쿠츠크에 주둔중이었다. 이 부대의 정치적 지도성은 이르쿠츠크파 고려공산당이 장악하고 있었다.[25)]

한편 이르쿠츠크 고려공산청년회도 1921년 12월 10일자로 2명의 대표자를 선임했다.[26)] 이 단체는 국제공산청년회 극동비서부 직할하에 이르쿠츠크에서 결성된 공청단체였다. 선발된 두 사람이 자신의 직업을 '적군'이라고 자임한 것으로 미루어볼 때, 이르쿠츠크 고려공청의 구성원도 대부분 고려혁명군에 속한 사람들이었을 것으로 생각된다.

이밖에도 선정 경위는 아직 알 수 없지만 국내 신의주 부두조합(1명), 일본 내 한국인 유학생들의 비밀단체 붉은별무리(赤星團, 1명), '우크라이나고려노동회'(1명)[27)]에서도 대표자를 이르쿠츠크로 보내왔다.

신의주 부두조합의 대표자 독고전(獨孤佺)은 압록강 대안의 반일단체들과의 연계 속에서 선임되었을 것으로 추정된다. 압록강 맞은편에 위치한 중국령 안동(安東)은 임시정부 교통사무국이 활발히 활동하던 곳으로서 한국 국내로 사람과 물자를 빈번히 반입하는 거점으로 유명했다.

'우크라이나 고려노동회'는 제1차 세계대전 당시 차르 러시아정부에

---

24) Выписка из протокола общего собрания Красноармейцев и Комсоветава 1-й Корейской Бригады(고려혁명군 병사·사령부 총회록 초본), 1921. 12. 17, РГАСПИ ф.495 оп.154 д.181.

25) 임경석, 「초기 사회주의자들의 군사활동－고려혁명군을 중심으로」, 『국사관논총』 제75집, 국사편찬위원회, 1997.

26) Протокол объединенного заседания членов ячейки Коркомсомола и членов ячейки при ДВСКИМ(고려공산청년회 야체이카 및 국제공청극동비서부 산하 야체이카 연합회의록), 1921. 12. 10, РГАСПИ ф.495 оп.154 д.179.

27) 'Украинск.Корревработ.Совета и от Ц.К.У.К.П.'라는 러시아어 표기를 번역한 명칭이다. 더 정확하게 표현한다면 '우크라이나 고려노동자혁명의회 및 우크라이나공산당 중앙위원회 대표'라고 해야 할 것이다. 한편 한국대표단 집행부가 작성한 「비망록」에 따르면, '남러시아고려노동회'라고 표현되어있다. 이 단체의 한글명칭에 대해서는 아직 정확히 알 수 없다.

의해 노무자로 징집되어 우크라이나의 돈바스(도네츠크 탄광지대)에서 일하던 3,000명의 한국인 탄광노동자들의 단체였다. 그들은 1917년 2월 혁명 후 연해주로 되돌아가고자 노력했으나, 내전 발발로 인해 부득이 그곳에 눌러앉아 계속 석탄채굴에 종사해야 했다. 이 단체의 대표자 이영선(李永善)은 한국인 노동자들을 연해주로 귀환할 수 있게끔 코민테른 집행위원회와 러시아공산당 중앙기관에 교섭할 목적으로 파견된 사람이었다.[28]

이르쿠츠크 집결

상해·서간도·국내에서 출발한 대표자들이 대회개최 예정지인 이르쿠츠크로 집결하기 위해서는 지극히 위험하고 모험에 찬 여행을 감수해야만 했다. 두 가지 코스를 이용할 수 있었다. 하나는 만주를 통과하는 노선이고, 다른 하나는 몽골을 횡단하는 노선이었다.

만주경유 노선은 천진(天津)을 출발하여 봉천(奉天), 장춘(長春), 하얼빈(哈爾賓), 치치하얼(齊齊哈爾)을 거쳐 만주리(滿洲里)까지 철도를 이용하는 노선이었다. 이 노선을 택할 경우 철도를 이용하여 신속히 이동할 수 있는 장점이 있지만, 매우 위험했다. 남만주철도는 일본제국주의의 세력권이었으며, 하얼빈에서 만주리에 이르는 중동선 철도는 러시아 백위파 장군인 호르바트의 세력권이었다. 철도를 오가는 열차 속에는 사복을 입은 밀정들이 의심스러운 인물을 유심히 살피고 있는데다가, 특히 산해관 이북의 만주에 들어서기만 하면 일본경찰력이 언제라도 '범죄용의자'를 마음대로 체포할 수 있었다. 또한 장춘이나 봉천 같은 대도시 철도역은 경비가 삼엄하기 때문에 열차에 앉은 채로 그냥 통과할 수 없었

---

28) Лиеншен(이영선), Доклад в Исполнительный Комитет Коммунистического Инт ернационала 「Восточный отдел」(코민테른 집행위원회 「동양부」 앞 보고), РГА СПИ ф.495 оп.135 д.31.

504

다. 대도시 철도역에 도착하기 전 한두 정거장 앞에서 반드시 하차해서 마차편을 이용하여 대도시 철도역을 우회해야 했다.[29]

상당수의 대표자들이 만주를 경유하여 만주·러시아 국경을 넘었다. 국경을 언제, 어디서 넘었는지를 확인할 수 있는 대표자는 14명인데, 그 가운데 12명이 만주경유 노선을 택했다. 만주리를 통과하여 러시아에 입국한 날짜는 10월 30일(권애라), 10월 31일(임원근·김단야·조동호), 11월 3일(김원경·정광호·김상덕·최창식), 11월 6일(장덕진), 11월 24일(독고전), 11월 30일(김재봉), 12월 15일(전헌) 등이었다.

만주경유 노선을 택할 수 없을 경우에는 북경을 떠나 몽골을 횡단해야 했다. 이 여행길은 철도가 없었기 때문에 자동차를 이용할 수밖에 없었다. 북경 서북방의 소도시 장가구(張家口)를 기점으로 고비사막을 횡단하여 몽골의 수도 고륜(庫倫)을 거쳐 몽골·러시아 국경도시 캬흐타에 이르는 이 노선도 위험하기는 마찬가지였다. 몽골을 근거지로 활동하던 러시아 백위파 운게른 장군의 2만 명에 달하는 반혁명군이 궤멸된 직후였다.[30] 또한 벌써 혹한기에 접어든 고비사막을 건너야 했다. 대표자 가운데 이 노선을 택했던 사람은 여운형과 김규식이었다. 이들은 11월 25일 몽골·러시아 국경을 넘는 데 성공했다.

한국인 대표자들이 대회개최 예정지인 이르쿠츠크에 도착한 시점을 살펴보자. 대회소집 예정일인 11월 11일 이전에 목적지에 도착할 수 있었던 한국인 대표자는 한 명도 없었다. 다른 나라 대표자들의 경우도 사정은 비슷했다. 11월 11일 이전에 도착한 대표자는 중국인 3명, 일본인 1명으로 도합 4명에 불과했다.[31] 한국인 대표자들이 이르쿠츠크에 도착

---

29) 이만규, 『여운형투쟁사』, 민주문화사, 1946 ; 『몽양여운형전집』 2, 286~287쪽.

30) 여운형, 「몽고사막 횡단기」(나의 회상기 제2편), 『中央』 1936. 4 ; 『몽양여운형전집』 1, 46쪽.

31) Приказ No.7 Дальневосточного Секретариата Коминтерна(코민테른 극동비서부 명령 제7호), 1921. 12. 6, 1쪽, РГАСПИ ф.495 оп.154 д.93.

한 것은 11월 11일부터다. 그날 11명이 도착했으며, 이어서 13일에 7명, 26일에 1명, 12월 9일에 14명이 왔다.[32]

이처럼 대표자들의 이르쿠츠크 도착이 훨씬 지연되었기 때문에 극동민족대회는 예정대로 진행될 수 없었다. 부득이 대회 개최일이 연기되었다. 대회 개최일이 연기된 까닭과 관련하여 일본의 저명한 사회주의자 가타야마 센(片山潛)의 러시아 입국이 지체된 때문이라든가,[33] 제국주의의 가면을 더 잘 폭로할 재료를 얻기 위해 워싱턴회의의 종료를 기다려서 개최하는 것이 좋겠다고 판단된 때문이라고 해석하는 경우가 있었다.[34] 이런 견해들을 틀렸다고는 말할 수 없지만, 가장 주된 원인을 설명하는 것은 아니라고 생각된다.

대회개최 예정일을 20일이나 초과한 뒤인 12월 1일 현재 이르쿠츠크에 집결한 각국 대표자 총수는 68명이었다. 이는 예정된 수의 절반에 불과했다. 게다가 하얼빈 - 만주리 노선을 통해 21명의 대표자가, 몽골경유 노선을 통해 16명의 대표자가 이르쿠츠크로 여행중이었다고 한다.[35] 12월에 접어들었는데도 대회준비가 아직 완료되지 않았던 것이다. 결국 각국 대표자들이 예정기일을 훨씬 초과한 뒤에야 이르쿠츠크에 집결했다는 사정이야말로 극동민족대회의 개최일시를 연기시킨 가장 주된 이유가 되었던 것이다.

---

32) Анкетный список No.1 - й прибывающих делегатов Кореи на Съезд Народов Дальнего Востока(극동민족대회 한국인 대표자들의 조사표 일람 제1호), РГАСПИ ф.495 оп.154 д.175.

33) 渡邊春男, 『片山潛と共に』, 東京 : 和光社, 1955, 73쪽.

34) 山極晃, 「極東民族大會について (1)」, 『橫浜市立大學論叢』(人文科學系列) 第17卷 第2 · 3合倂號, 1966, 22쪽.

35) Секретарь ДВСКИ Г.Войтинский(코민테른 극동비서부 비서 보이친스키), Сводка Дальневосточного Секретариата Коминтерна(코민테른 극동비서부 보고 요약), 1921. 12. 1, 1쪽, РГАСПИ ф.495 оп.154 д.122.

2. 한국대표단

대표자 일람표

이르쿠츠크에 도착한 대표자들은 자신의 신원을 증명하기 위해 코민테른 극동비서부 앞으로 파견단체의 위임장을 제출했다. 「조사표」라는 이름의 신상명세서도 작성했다. 조사표는 성명, 생년월일, 직업, 소속단체, 외국어 구사능력 등을 포함한 12개 항목으로 구성되어있었다.[36] 이 조사표는 대표자 통계표의 기초자료가 되었다.

이제 한국인 대표자의 일람표를 작성해보자. 이 작업에 활용할 수 있는 4종류의 대표자 일람표가 있다.

(1) 극동민족대회 한국인 대표자들의 조사표 일람 제1호(Анкетный список No.1 - й прибывающих делегатов Кореи на Съезд Народов Дальнего Востока, РГАСПИ ф.495 оп.154 д.175). 러시아어 타자본. 4쪽 분량. 문서 말미에 코민테른 극동비서부장 슈마츠키의 서명이 있다. 이 자료에는 '일련번호, 성명, 파견단체, 생년월일, 직업, 사회성분, 교육수준 및 외국어 능력, 공신당원 여부, 이르쿠츠크 도착시기, 주소' 등이 기재되어있다. 가장 상세하게 망라된 자료다. 51명의 한국인 명단이 기재되어있다. 작성시기는 적혀있지 않으나, 1921년 12월 21~26일 사이에 작성된 것으로 추정된다.

(2) 코민테른 극동비서부가 국제연락부 차장 봄페 동무에게 제출한 위임장 일람표(Список мандатов сданных Замзавмежсвязь тов. Вомпе Дальвостс

---

36) 「조사표」의 각 항목은 다음과 같다. ① 성명과 생년월일, ② 교육, ③ 직업, ④ 사회상 지위(士族·平民·紳士 等別), ⑤ 여하한 위임장을 가지고 오셨소? ⑥ 어느 정당 혹은 단체에 속했소? ⑦ 어느 노동조합에 속했소? ⑧ 何月何日에 어데서 러시아 국경을 넘어오셨소? ⑨ 목적과 희망, ⑩ 어느 외국말을 아시오? ⑪ 이전에 러시아에서 오랫동안 머물렀었는지요? ⑫ 비고.

екретариатом Коминтерна, РГАСПИ, ф.495 оп.154 д.176). 러시아어 타자본. 2쪽 분량. 작성자는 코민테른 극동비서부다. 작성시기는 기재되어있지 않으나, 일람표 (1)과 거의 같은 시기에 작성되었을 것으로 보인다. 이 자료에는 '일련번호, 국적, 증명번호'가 기재되어있으며, 대표자 106명의 민족별 명단이 적혀있다. 이 중 한국 사람은 51명이다.

(3) 자격심사위원회 회의록 제2, 제3호(Протокол No.2, No.3 Заседание мандатной комиссии, 1922. 1. 17, РГАСПИ ф.495 оп.154 д.167). 제2호 회의록에는 28명의 한국인 대표자 자격심사 결과가, 제3호 회의록에는 23명의 심사 결과가 기재되어있다. 도합 51명이다.

(4) 의결권을 인정받은 대표자 일람표(Список утверждениях мандатов с решающим голосом, 1922. 1. 17, РГАСПИ ф.495 оп.154 д.175). 러시아어 필기본. 4쪽 분량. 문서 말미에 "1922년 1월 17일 비코프(Быков)"라는 서명이 있다. 그가 이 문서를 작성한 사람으로, 자격심사위원회 서기 가운데 한 사람이다. '일련번호, 대표자, 파견단체' 순으로 명단이 기재되어있다. 일련번호는 1번에서 50번까지 기재되었으나 26, 27, 28번이 빠져있다. 결국 47명의 명단이다.

위의 자료들은 코민테른 극동비서부와 극동민족대회 자격심사위원회가 작성한 것이다. 이 문서들에는 한국인 인명과 소속 단체가 러시아어 철자법에 따라 기재된 까닭에 한글·한자표기를 확인하기 곤란한 경우가 상당히 포함되어있다. 이 경우 각 대표자의 위임장과 조사표를 대조하여 한글·한자 표기를 확인했다.

대표자들의 이모저모

먼저 12월 20일 현재 대표자로 확정된 한국인 48명의 가나다순 명단을 보자(<표 8> 참조).

508

〈표 8〉1921년 12월 20일 현재 한국인 대표자 명단

번호	성명	출발지	파견단체	생년월일	직업	교육정도	외국어	공산단체소속
1	康弼秀	국내	조선노동대회	1893.11.15	농업	중등	일	고려당후보(이)
2	權愛羅(여)	상해	고려공산당상해지부(이)	1899.11.1	교사	중등		고려당원(이)
3	權正弼	국내	조선청년회연합회	1890.11.10	농민	중등	일	고려당후보(이)
4	金奎植	상해	신한청년당	1881.1.29	교육가	고등	영불독러중일	고려당후보(이)
5	김길봉	이르쿠츠크	고려혁명군	1894	군인, 정치사업	초등	러	러시아당원
6	金丹冶	상해	고려공산청년회상해회	1900.1.16	혁명사업	중등		고려당후보(이)
7	金德榮(여)	상해	고려공산당(이)	1882.10.11	교사	중등	러독	고려당원(이)
8	金尙德	상해	화동(華東)한국학생연합회	1894.8.10	학생	중등	중일	무소속
9	金承學	상해	대한독립신문사	1880.7.12	신문기자	중등		고려당원(이)
10	金始顯	국내	조선노동대회	1883.6.9	농업	고등	일	고려당원(이)
11	金元慶(여)	상해	고려공산당(이)	1899.9.22	교사, 혁명사업	중등		고려당원(이)
12	金益東	국내	조선노동대회	1885.7.21	농업	독학	일	고려당원(이)
13	金在鳳	국내	조선노동대회	1891.5.8	방직공	고등	일	고려당원(이)
14	金河錫	이르쿠츠크	고려혁명군	1886	교사	중등		러시아당원
15	羅容均	상해	이팔구락부	1899.11.29	혁명사업	고등	영일중	무소속
16	獨孤佺	국내	신의주부두조합	1892.11.10	상인	중등	일	고려당원(이)
17	文陶	일본	붉은별무리(赤星團)	1892.10.21	학생	고등	일	고려당후보(이)
18	閔佑寧	국내	조선노동대회	1887.8.16	농업	중등		고려당원(이)
19	朴昌來	이르쿠츠크	이르쿠츠크 고려공산청년회	1899.7.19	군인	중등	일	고려공청원
20	朴熙坤	서간도	대한독립단	1895.5.7	농업	중등		고려당후보(이)
21	白南俊	서간도	대한광복군총영	1883.11.29	농업	가정교육		고려당원(이)
22	成旭煥	국내	조선노동대회	1883.6.10	상인	한국무관학교	일	고려당원(이)
23	孫公璘	국내	조선학생대회	1902.11.14	학생	중등	영일	고려당후보(이)
24	承震	서간도	광한단(光韓團)	1889.9.23	농민	가정교육	중	무소속
25	呂運亨	상해	고려공산당(이)	1881.1.22	혁명사업	고등	영중	고려당원(이)

26	柳健赫	서간도	대한청년단연합회	1892.7.1	농업	중등		고려당원(이)
27	尹元章	서간도	대한청년단연합회	1896.4.1	기술자	중등	중	고려공청원
28	李茂	국내	조선청년회연합회	1890.11.5	농민	중등	영일	고려당후보(이)
29	李善求	이르쿠츠크	이르쿠츠크고려공산청년회	1899.6.14	군인	초등		고려공청원
30	李永善	돈바스	'우크라이나고려노동회'	1887.5.22	혁명사업	중등	러중일	우크라이나당원
31	李宛雄	서간도	대한독립단	1896.9.17	농업	가정교육	중일	고려당원(이)
32	李在坤	국내	조선학생대회	1902.5.25	학생	고등	일	고려당후보(이)
33	이화룡	이르쿠츠크	고려혁명군	1879	군인, 정치사업	중등		러시아당원
34	林元根	상해	대한독립신문사	1900.4.10	언론인	중등		고려당후보(이)
35	張德震	서간도	대한광복군총영	1898.5.20	사무원	고등	일	고려당후보(이)
36	全政琯	국내	조선공제단	1899	학생	중등	일	고려당후보(이)
37	全憲	국내	조선공제단	1897	농업	중등		고려당원(이)
38	鄭光好	상해	화동(華東)한국학생연합회	1900.8.22	대학생	고등		고려공청원
39	鄭守貞(여)	상해	대한애국부인회	1896	학생	중등		고려당후보(이)
40	鄭泰和	국내	조선공제단	1896	학생	중등	일	고려공처우언
41	趙東祜	상해	고려공산당(이)	1893.8.4	언론인, 혁명사업	고등		고려당원(이)
42	蔡東順	이르쿠츠크	고려혁명군	1892	교사, 정치사업	중등	러	러시아당원
43	崔高麗	이르쿠츠크	고려혁명군	1893	노업	중등	러	러사아당후보
44	崔振東	이르쿠츠크	고려혁명군	1882.7.17	노업	초등		무소속
45	崔昌植	상해	고려공산당(이)	1892.7.3	언론인	고등		고려당원(이)
46	韓明世	이르쿠츠크	고려공산당(이)	1885	교사	중등	러	러시아당원
47	玄楯	상해	'조선기독교연맹'	1889.3.16	목사	중등		무소속
48	洪範圖	이르쿠츠크	고려혁명군	1867.8.27	군인	가정교육		무소속

대표자의 대다수는 20~30대의 연령층에 속해있었다. 20대에 속하는 사람은 23명으로 전체의 48%를 점했으며, 30대에 속하는 사람은 18명으로 38%였다. 양자를 합하면 전체의 86%에 해당한다. 대표자 가운데 최

고령자는 고려혁명군의 대표자인 홍범도였다. 그는 1867년생으로서 당시 55세였다. 한편 최연소자는 1902년생인 이재곤과 손공린이었다. 조선학생대회의 대표자로 파견된 이 두 사람은 당시 20세였다.

직업항목을 살펴보자. 그것에 따르면 학생 8명, 교사 7명, 언론인 4명, 직업혁명가 4명, 군인 5명, 농업종사자 14명, 상인 2명, 기타 4명(목사·기술자·사무원·방직공) 등으로 집계된다.

하지만 이 중에는 납득하기 어려운 부분이 몇 곳 있다. 조사 당시의 직업을 기재한 경우도 있지만, 혁명운동에 참가하기 이전에 종사하던 직업을 기재한 경우도 있는 것 같다. 보기를 들면, 최고려나 최진동을 농민으로 간주하는 것은 아무래도 어색하다. 참가자 가운데 유일하게 노동자라고 자임한 김재봉도 전문학교 과정인 경성공업전습소 염직과를 졸업한 뒤, 『만주일보』 신문기자를 지낸 경력을 가진 신지식층이었다.[37]

또한 직업적 혁명가라고 자임한 사람이 4명인데, 당시 참가자 가운데 직업적으로 민족혁명운동에 종사하지 않은 사람이 과연 있었을지 의문이다. 결국 이 항목은 실제 직업을 반영한다기보다 자신의 직업을 무엇이라고 생각했는지에 관한 설문결과로 봐야 할 것이다.

다음으로 교육정도별 분포를 보자. '고등'이란 국내에서 전문학교를 다녔거나 해외유학을 통해 대학을 다녔음을 가리키는데, 11명으로 23%에 달한다. 고등보통학교 수준의 학업을 이수했음을 뜻하는 '중등'교육 이수자는 29명으로 60%를 점하고 있다. 다시 말해 중등 이상의 근대교육을 받은 신지식층이 전체의 83%에 달하는 것이다.

하나 이상의 외국어를 구사할 수 있는 대표자는 28명이었다. 전체의 58%에 해당한다. 하지만 이 집계는 실제를 과소평가한 것으로 보인다. 보기를 들면, 현순은 영어를 능숙하게 구사할 수 있는 능력이 있었으며,

---

37) 강만길·성대경 편, 『한국사회주의운동인명사전』, 115쪽.

최진동은 중국 관리를 지낸 적이 있기 때문에 중국어에 능통했다. 그런데 왜인지 모르지만 이 집계표에는 반영되어있지 않다.

공산주의단체 소속 여부를 묻는 항목에 주의를 돌려보자. 대표자 가운데 고려공산당의 위임장을 지참한 사람은 7명, 공산청년회의 위임장을 지참한 사람은 3명에 불과했다. 다른 사람들은 국내외 각종 반일단체의 파견을 받았다. 하지만 그들 중 대다수는 동시에 고려공산당이나 러시아공산당 혹은 고려공산청년회의 구성원이기도 했다. 고려공산당의 당원이거나 후보당원인 사람은 30명이었다. 여기서 고려공산당이란 이르쿠츠크파를 지칭하는 것임은 물론이다. 국내에서 파견된 13명의 대표자들이 모두 공산당원이거나 후보당원이라고 자임하고 있는 점이 이채롭다. 또한 김규식이 이 시기에 자신을 이르쿠츠크파 고려공산당의 후보당원이라고 밝힌 점도 주목된다.

한국대표단

극동민족대회에 참석하기 위해 이르쿠츠크에 도착한 각국 대표자들은 코민테른 극동비서부의 안내에 따라 본회의 준비작업에 착수했다. 극동비서부는 참석자들에게 숙소와 식사를 제공했으며, 대회 준비상황을 알리기 위해 영어와 중국어로 「벽신문」을 제작했다. 제작된 벽신문은 참석자들이 묵고 있는 극동비서부 공용 숙소에 매일 부착되었다. 그 밖에 영어판 대회 소식지도 발행되었다.

또한 참석자들에게 배포할 목적으로 러시아어와 영어로 된 주요 문헌이 동방 각국어로 번역되었다. 12월 1일 현재 코민테른 제2, 제3차 대회의 각종 테제 20종이 한국어, 중국어, 일본어로 번역되었거나 번역중이었다. 한국어 번역이 완료되어 인쇄중인 문서 가운데 「레닌과 로이의 테제」, 「바쿠 대회의 선언」 등이 포함되어있는 점이 눈에 띈다.[38] 다시 말해 한국인 대표자들은 민족·식민지문제에 관한 코민테른 내부의 논

512

의를 한글문헌을 통해 상세히 접하고 있었던 것이다.

극동비서부는 기술적, 실무적 지원을 제공하는 데 멈추지 않았다. 극동민족대회가 나아가야 할 정치적 방향도 제시했다. 「워싱턴회의와 극동 각 나라의 관계에 대한 공통 테제」는 극동비서부 자신이 준비했으며, 각 민족단위의 개별 문제에 관한 보고서 작성은 각국 대표자들에게 맡겨졌다.

각국 대표자들은 본 회의에 상정할 보고서를 준비할 목적으로 각 민족별 분과를 조직했다. 한국인들도 한국대표단을 조직했다. 12월 1일 현재 이르쿠츠크에 도착했던 한국인 대표자들은 22명이었다. 이들은 한국대표단을 구성하여 「병합 이후의 한국정세」와 「한국의 민족해방투쟁」이라는 두 개의 보고서를 준비하고 있었다.[39]

한국대표단은 자체의 집행부를 선출했다. 한국대표단 조직 당시의 집행부 면면에 대해서는 아직 알 수 없다. 하지만 약간 뒷시기의 임원진 구성을 알려주는 자료가 있다. 본회의 개최 직전인 1922년 1월 17일에 각국 대표단 집행부 연석회의가 열렸다. 이 회의는 대회의 원활한 진행을 협의하기 위해 열린 것인데, 이 자리에 참석한 한국인은 김규식과 채동순(일명 채알렉산드르)이었다.[40] 이 두 사람은 한국대표단의 집행부 임원이었음에 틀림없다. 그로부터 3일 후에 열린 한국대표단 총회의 회의기록을 보면 두 사람의 직위를 알 수 있다. 김규식은 '한국대표단 집행위원회 의장'이며, 채동순은 '한국대표단 집행위원회 서기'였다.[41]

---

38) 보이친스키, 앞의 글, 3쪽.

39) 위의 글, 2쪽.

40) Протокол No.2 заседания объединенного исполбюро делегации СНДВ(극동민족대회 각 대표단 집행부 연석회의록 제2호), 1922. 1. 17, РГАСПИ ф.495 оп.154 д.167.

41) Executive committee of the Korean delegation to the Congress of communist and revolutionary parties of the Far East, To the Mandate Commission, First Congress of communist and revolutionary parties of the Far East, 1922. 1. 21, РГАСПИ ф.495 оп.154 д.175.

한편 민족별 분과 외에 공산당원과 후보당원으로 구성되는 공산주의
자들 별도의 논의체계가 마련되었다. 이것은 '공산당 프락치야'라고 불
리었다. 한국대표단 내의 공산당 프락치야는 고려공산당 강령 및 전술
문제에 관해 협의했다.[42)]

한국대표단과 고려공산당 프락치야의 논의체계에는 극동비서부 산하
고려부가 능동적으로 개입했다. 당시 고려부 임원은 4명이었다. 앞서 말
한 바 있는 한국인 3명(한명세·최고려·이형근)과 러시아인 세묜 다비도
비치(Семен Давидович)가 그들이다. 이들은 이르쿠츠크파 고려공산당과
정치적, 조직적으로 밀접히 연관되어있었다. 다시 말해 극동민족대회 한
국대표단의 구성과 활동에는 이르쿠츠크파 공산당의 영향력이 관철되
고 있었던 것이다.

3. 두 개의 공산당 프락치야

고려공산당 연합중앙위원회의 개입

한국대표단에 대한 이르쿠츠크파 고려공산당의 주도성은 1921년 12월
에 접어들면서부터 동요하기 시작했다. 코민테른 집행위원회의 1921년
11월 15일자 한국문제 결정서가 그 계기가 되었다.

11월 결정서에 의거해서 한국 사회주의운동의 통일을 임무로 하는
'고려공산당 연합중앙위원회'가 조직되었다. 이 중앙위원회는 8명의 위
원으로 구성되었다. "쌍방으로부터 동수의 인원"이 참가하게 되었으므
로 이르쿠츠크파에서 4명, 상해파에서 4명이 선정되었다. 이들의 임무는
"한국 내지 및 해외 여러 단체의 대표들로 대의회가 소집"될 때까지 한

---

42) 보이친스키, 앞의 글, 2쪽.

514

국 사회주의운동을 지도하는 것이었다. 새로운 공산당대회를 소집하는 것이 그들의 가장 중요한 임무였음은 말할 나위도 없다. 이들 8명으로 구성된 임시연합중앙위원회가 코민테른으로부터 고려공산당의 유일한 대표성을 인정받게 된 것이다. 8명의 명단은 아직 다 밝혀져 있지 않다. 명백한 것은 당시 모스크바에 체류중이던 이동휘와 홍도가 상해파 몫으로 선임된 4명 가운데 포함되었다는 점이다. 한편 이르쿠츠크 위원 중에는 한명세와 안병찬이 포함되어있었다.

연합중앙위원회가 조직된 직후 위원 가운데 2명만이 모스크바에 체재중이었다. 이동휘와 홍도가 그들이다.[43] 두 사람은 고려공산당 신임 중앙위원 자격으로 행동하기 시작했다. 연합중앙위원회의 주도권을 장악한 두 사람은 맨 먼저 코민테른 극동비서부와 자신의 상호관계를 명백히 하고자 했다. 1921년 11월 24일자로 코민테른집행위원회에 질의서를 보낸 것은 그 때문이었다.

그 질의서를 보면, 슈마츠키는 동아시아 각국 공산당 중앙위원회를 코민테른 극동비서부의 민족별 지부로 간주하여 각국 공산당 중앙이 극동비서부의 지시에 복종해야 한다고 주장했다는 것이다. 이동휘와 홍도는 슈마츠키의 의도를 분쇄하고자 했다. '고려공산당 중앙위원회와 극동비서부의 상호관계'가 어떠해야 하는지를 집행위원회에 질의했다. 아울러 극동비서부 설치에 관한 코민테른집행위원회의 결정서 사본을 제출해줄 것을 요청했다.[44]

신임 연합중앙위원회의 입장에서 보면, 슈마츠키의 조직론은 분명히 국제주의에 대한 난폭한 위반이었다. 각국 공산당은 코민테른의 지부로 간주되었으므로 각국 공산당 중앙위원회의 위상은 응당 집행위원회와

---

43) 「在魯高麗革命軍隊沿革」, 46쪽(『한국공산주의운동사』 2 자료편).

44) Члены Цека объединенной Корейской компартии Ли - Донхи · Хон - до, Исполн ительному комитету 3 коммунистического Интернационала(고려공산당 연합 중앙위원 이동휘 · 홍도, 「코민테른 집행위원회 앞」), 1921. 11. 24, РГАСПИ ф.495 оп.135 д.46 л.13.

의 상호관계 속에서 배치되어야 했다. 그런데 슈마츠키는 동아시아 각국 공산당 중앙위원회를 코민테른집행위원회가 아니라 그 산하 기관인 극동비서부의 지부로 두자고 주장했던 것이다.

코민테른집행위원회가 이 질의를 어떻게 받아들였는지는 아직 확인할 수 없다. 하지만 적어도 슈마츠키의 의도는 좌절되었음이 틀림없는 듯하다.

신임 연합중앙위원 두 사람은 코민테른 극동비서부가 버티고 있는 이르쿠츠크로 향했다. 그곳에는 고려혁명군 1개 여단 병력이 주둔해있고 극동민족대회 대표단이 머물고 있었다. 두 사람은 1921년 12월 2일 이르쿠츠크에 도착했다.45)

두 사람의 이르쿠츠크행에는 상해파에 속하는 주요 인물들도 동행했다. 1921년 12월에서 이듬해 1월 사이에 극동비서부 공용 식당에서 식권을 발부받는 사람 명단 중에는 이동휘와 홍도 외에도 김아파나시, 장도정, 장기영, 이다물, 도용호(都容浩) 등의 저명한 상해파 요인들의 이름이 적혀 있다.46) 이들은 당시 이르쿠츠크에 체류하면서 신임 중앙위원의 활동을 원조했던 것으로 보인다.

신임 중앙위원 두 사람은 극동민족대회 한국대표단의 구성에 변화를 주기 위해 노력했다. 그 노력은 12월 21일 '고려공산당 연합중앙위원회 및 코민테른 극동비서부 고려부의 연석회의' 석상에서 구체화되었다. 이 회합에는 전자를 대표하여 이동휘와 홍도가, 후자를 대표해서 다비도비치와 한명세가 참석했다. 결국 이 자리에서 극동민족대회에 파견할

---

45) Члены Обцека Коркомпартии Ли-Донхи·Хон-до(고려공산당 연합중앙위원 이동휘·홍도), Заведывающему Восточным Отделам Исполнительного комитета 3 коммунистического Интернационала, тов Сафарову(코민테른 집행위원회 동양부장 사파로프 동무에게), 1921. 12. 29, 1쪽, РГАСПИ ф.495 оп.135 д.46.

46) Приказ No.3 Дальне-восточного Секретариата Коминтерна(코민테른극동비서부 명령 제3호), 1922. 1. 2, РГАСПИ ф.495 оп.154 д.183 ; Приказ No.6 Дальне-восточного Секретариата Коминтерна(코민테른 극동비서부 명령 제6호), 1922. 1. 3, РГАСПИ ф.495 оп.154 д.183.

고려공산당 중앙위원회 대표자들이 재선출되었다. 선정된 대표자는 6명
이었다. 여운형, 조동호, 한명세, 문시환(文時煥), 김동한(金東漢), 이석기
(李錫基)가 그들이다.[47]

앞의 세 사람은 이미 이르쿠츠크파 공산당 중앙위원회의 파견을 받아
대회에 파견된 인사들이었다. 이들은 신임 연합중앙위원회의 대표자로
재선출되었다. 그에 반해 뒤의 세 사람은 상해파 인물이었다. 마침내 상
해파는 고려공산당 연합중앙위원회 명의로 3명의 자파 인물을 극동민족
대회에 파견하는 데 성공했던 것이다. 이제 한국대표단의 수는 이르쿠
츠크파 공산당의 주선으로 이르쿠츠크에 집결했던 48명에다가 연합중
앙위원회에서 추천한 상해파 지분 3명을 더하여 도합 51명이 되었다.

대회 장소의 변경

극동민족대회를 개최할 조직적 준비는 대회소집 예정기일을 한 달쯤
초과한 뒤에야 비로소 거의 마무리되어갔다. 12월 3일 코민테른 극동비
서부장 슈마츠키는 모스크바의 집행위원회 앞으로 대회 개최일을 빨리
통지해줄 것을 요청했다.[48] 이제 대회 개최일이 언제 확정되더라도 무
난히 치를 수 있는 준비가 갖추어졌던 것이다.

모스크바로부터의 회신은 12월 하순에 내려왔다. 그것은 '뜻밖의 명
령'이었다. 이르쿠츠크 개최예정을 취소하고 모스크바에서 대회를 열겠
으니, 모두 모스크바로 오라는 것이었다. 각국 대표자들은 대회개최지
변경 소식을 기쁜 마음으로 받아들였다. 참가자 가운데 한 사람인 여운
형은 "건설기에 들어선 새 러시아의 발랄한 공기를 충분히 호흡"할 기

---

47) Выписка из протокола членов объединенного ЦК ККП и Корсекции ДВСК(고
    려공산당 연합중앙위원 및 코민테른 극동비서부 고려부 위원 연석회의록 초
    본), 1921. 12. 21, РГАСПИ ф.495 оп.154 д.181.

48) Шумяцкий, Письмо ИККИ тов. Сафарову(코민테른 집행위원회 사파로프 동무
    에게 보내는 편지), 1921. 12. 3, с.1, л.12, РГАСПИ ф.495 оп.135 д.29.

회가 주어진 데 대해 가슴 벅찬 감흥을 느꼈다고 한다. 그는 뒷날 작성한 회상기에서 "모스크바! 레닌이 살고 있는 곳, 신흥 러시아의 혁명지도자들을 눈앞에 볼 수 있는 모스크바! 우리는 뛰는 가슴을 누르면서 행리를 다시금 수습했다"고 썼다.[49]

백수십 명의 각국 대표자들을 태운 특별열차가 이르쿠츠크를 출발했다. 1월 초순의 혹한기에 시베리아 평원을 10여 일간 달려서 모스크바에 도착한 것은 1922년 1월 7일이었다.[50] 그 정황에 대해 김단야는 다음과 같이 설명했다.

아시아와 구라파의 지경(접경－인용자)인 우랄산록을 통과하기는 그 이듬해 즉 1922년 1월 10일경이오, 바로 모스크바 길거리에 발길을 옮겨는 것은 그달 15일이었다. 정거장에서 직행으로 '뜨리치 돔 소비에트'로 가서 유(留)하게 되었는데, 그때 나(김단야－인용자)와 동행한 여러 사람은 조선·중국·일본·몽고 및 남양 쟈바 사람 등 백수십 명이었다.[51]

도착 날짜에 일주일 정도의 착오가 있음이 보인다. 어느 기록이 더 정확한지는 아직 판별하기 어렵다. 하지만 위 언급은 대표단 백수십 명의 이동정황을 짐작하는 데는 도움이 된다.

이제 모스크바에서 본격적인 대회개최 준비가 시작되었다. 각 민족별 대표단 집행부 연석회의가 소집되어 대회진행 방법에 관해 협의했다. 한국대표단장 김규식이 참석한 이 회의에서는 준비상황을 점검하고, 공식 언어 지정, 통역 등 기술적인 문제를 논의했다.[52]

---

49) 여운형, 「모스크바의 인상(나의 회상기 제4편)」, 『中央』 1936. 6 ; 『몽양여운형전집』 1, 70쪽.

50) 위의 글, 72쪽.

51) 김단야, 「레닌회견인상기」, 『조선일보』 1925년 1월 22일자.

52) Протокол No.2 заседания объединенного исполбюро делегации СНДВ(극동민족대회 각 대표단 집행부 연석회의록 제2호), 1922. 1. 17, РГАСПИ ф.495 оп.154 д.167.

이어서 '대표자 자격심사위원회'가 구성되었다. 심사위원은 각 민족별로 2명씩, 코민테른 집행위원회에서 지정한 3명, 도합 11명으로 구성되었다. 한국대표단에서 파견된 심사위원은 여운형과 최고려 두 사람이었다.[53] 자격심사위원회는 대표자들이 제출한 위임장과 조사표를 검토하여 대표자 자격을 인정할 것인지 여부와 각 대표자에게 결의권과 심의권 가운데 어느 것을 부여할 것인지를 결정했다.

두 개의 당 프락치야

대회가 임박한 시점에도 상해파는 한국대표단에 대한 영향력을 확대하기 위해 노력했다. 또 다른 방법이 활용되었다. 모스크바 현지의 한국인 유학생과 노동자단체에서 대표자를 파견케 했던 것이다. '모스크바 고려학생회'는 본회의 개최 3일 전인 1월 17일자로 자신들의 대표자 2명의 대회 참석을 허용해달라는 청원서를 제출했다.[54] 두 대표자의 이름은 김규찬(金奎燦)과 김정하(金鼎夏)였다. 또한 모스크바에 소재하는 '전러시아 고려노동회'에서도 2명(洪震宇와 박파벨 알렉산드로비치)의 대표자를 극동민족대회에 파견했다.

모스크바 현지의 유학생 및 노동자단체의 청원은 결국 수용되었다. 이는 대회 종료 후에 작성된 한국대표단 집행부의 「비망록」에서 확인된다. 그것에 따르면, 극동민족대회 한국대표단의 구성원은 총 56명이며, 그 중에는 모스크바 고려학생회와 전러시아 고려노동회의 두 대표도 포함되어있다.[55]

---

53) Протокол No.2 Заседания мандатной комиссии(자격심사위원회 회의록 제2호), 1922. 1. 17.

54) 「청원서」, 1922. 1. 17, РГАСПИ ф.495 оп.154 д.175.

55) Memorandum, information relative to the Korean delegation to the congress of the communist and revolutionary parties of the Far East, 1922. 2. 8, 2쪽, РГАСПИ ф.495 оп.154 д.175.

마지막 한 사람의 이름을 확인하는 일이 남았다. 우리는 그 이름을 초기 사회주의자들의 약력을 수록한 책『일제하 극동시베리아의 한인사회주의자들』에서 찾을 수 있다. 이 책의 저자 김마트베이 티모페예비치는 극동민족대회에 대표자로 참석한 경력이 있다고 한다.56) 어느 단체의 대표자로 파견되었는지는 알 수 없지만 그는 이르쿠츠크파에 대한 강한 귀속감을 갖고 있다고 지목받는 인물이었다.

이제 새로 밝힌 8명의 명단을 첨부함으로써 한국대표단의 구성원 56명 전체의 일람표를 완성시켜보자(<표 9> 참조).

〈표 9〉 1921년 12월 21일 이후 합류한 한국인 대표자 명단

번호	성명	출발지	파견단체	생년월일	직업	교육 정도	외국어	공산단체 소속
49	金東漢		고려공산당연합 중앙					고려당원(상)
50	文時煥		고려공산당연합 중앙					고려당원(상)
51	李錫基		고려공산당연합 중앙					고려당원(상)
52	金奎燦	모스크바	모스크바고려학 생회					고려당원(상)
53	金鼎夏	모스크바	모스크바고려학 생회					고려당원(상)
54	박파벨	모스크바	전러시아고려노 동회					고려당원(상)
55	洪震宇	모스크바	전러시아고려노 동회					고려당원(상)
56	김마트베이	모스크바						

뒤늦게 합류한 대표자 가운데 김마트베이를 제외한 7명은 한국대표단 내에서 상해파의 입장과 정책을 대변했다. 이들은 대회기간 동안에 자체의 논의체계를 유지하면서 공동보조를 취했다. 보기를 들어보자. 본회

---

56) 마트베이 티모페예비치 김 지음, 이준형 옮김,『일제하 극동 시베리아의 한인 사회주의자들』, 역사비평사, 93쪽.

의 개최 기간중이던 1922년 1월 27일 밤 이들 7명은 대표자 숙소인 소비에트 제3관 사무실에 별도로 모여 오전 회의중에 있던 한국대표자의 발언내용이 부적절한 데 대한 대책을 논의하고 있었다.[57)]

이들은 자신의 모임을 '공산주의대표자그룹'으로 간주했다. 다시 말해 '공산당 프락치야'를 자임하는 논의체계가 또 하나 더 작동되고 있었던 것이다. 한국대표단 내부에 형성된 두 개의 공산당 프락치야는 각각 이르쿠츠크파와 상해파의 입장과 정책을 대변했다.

대표단 내에서 이르쿠츠크파 프락치야의 수가 압도적인 다수였다. <표 7>에서 보았듯이 한국대표단 가운데 이르쿠츠크파 공산당원이거나 후보당원인 자는 30명이었다. 그들과 보조를 같이하는 러시아, 우크라이나 공산당원도 7명이었다. 이르쿠츠크파 공산당 프락치야의 수는 37명에 달했던 것이다. 또한 당원은 아니지만 이르쿠츠크파 공산당과 보조를 같이하던 고려공산청년회에 망라된 자는 5명이었다.

그에 반해 상해파 공산당 프락치야의 수는 7명에 지나지 않았다. 상해파를 대표해서 연합중앙위원회 위원으로 취임한 이동휘와 홍도는 나머지 6명의 위원들이 모두 집결하기 전까지는 일시적이나마 당권을 장악할 수 있었지만, 극동민족대회 한국대표단 내에서는 여전히 소수파의 지위에 머물러있었던 것이다.

한국대표단 내에는 공산당 프락치야에 속하지 않은 무소속 대표자도 있었다. 그 수는 6명이었다. 이들도 양파의 분쟁으로부터 자유롭지 못했던 것 같다. 보기를 들면, 나용균은 "문시환과 가깝게 지냈기 때문에 주류인 이르쿠츠크파로부터 철저한 감시를 당했다"고 한다.[58)] 그는 대회 선언문에 서명을 거절했다는 이유로 이르쿠츠크파에 속하는 인사들과

---

57) Протокол общего собрания группы коммунистов-делегатов на съезд Народо в Дальнего Востока(극동민족대회 공산주의대표자 그룹 총회 회의록), 1922. 1. 27, РГАСПИ ф.495 оп.154 д.167.

58) 나용균과 이정식의 인터뷰, 1969. 8. 26(Robert A.Scalapino & Chong-Sik Lee 지음, 한홍구 옮김, 『한국공산주의운동사 (1)』, 돌베개, 1986, 80쪽에서 재인용).

갈등관계에 처하기도 했다.

극동민족대회 한국대표단 내에서 두 공산당 프락치야의 상호관계는 결코 우호적이지 않았다. 두 프락치야는 상해파의 중진인 박진순의 본회의 참석문제를 놓고 날카롭게 대립했다. 박진순은 극동민족대회 개최 직전에 자격심사위원회 앞으로 대회에 참석할 권한을 부여해달라는 청원서를 제출했다. 그의 청원은 제한된 형태로 수용되었다. 그는 결의권은 없지만 심의권을 인정받는 개인 자격 참가자로 인정받은 것이다.59)

이 소식은 지체 없이 한국대표단에 알려졌다. 그 이튿날인 1월 21일 한국대표단은 총회를 열어 이 문제를 심의한 결과, 박진순의 본회의 참여를 봉쇄하기로 결정했다. 그 결정에 따르면, 박진순은 한국 혁명운동에 참가한 적도 없고, 그것을 잘 알지도 못하면서 코민테른 제2차 대회에 허위보고를 했으며, 그밖에도 다양한 과오를 저질렀다고 한다. 한국대표단 총회는 그를 '범죄자'로 규정했으며, 그의 대회 참가에 결단코 반대한다고 결의했다.60) 이 결의는 '한국대표단 집행위원회 의장' 김규식의 명의로 자격심사위원회 앞에 전달되었다. 이르쿠츠크파는 한국대표단 내에서 다수를 점하고 있었기 때문에 한국대표단 집행부를 장악할 수 있었던 것이다.

결국 극동민족대회 한국대표단 내에 존재하는 갈등은 상해파 공산당과 이르쿠츠크파 공산당 사이의 분파투쟁을 반영하는 것이었다. 이 분쟁은 본회의가 열린 기간에도 계속되었다. 한국혁명의 전략과 전술문제도 이러한 소용돌이에서 벗어나지 못했다.

---

59) Протокол заседания мандатной Комиссии(자격심사위원회 회의록), 1922. 1. 20, РГАСПИ ф.495 оп.154 д.167.

60) Executive committee of the Korean delegation to the Congress of communist and revolutionary parties of the Far East, To the Mandate Commission, First Congress of communist and revolutionary parties of the Far East., 1922. 1. 21, РГАСПИ ф.495 о п.154 д.175.

4. 본회의

개막

극동민족대회는 1922년 1월 21일 모스크바에서 개회했다. 김단야의 회고에 의하면, "화미장엄(華美壯嚴)을 세계에 자랑하는 크레믈린 궁전" 안에서 개회식이 열렸는데, 참가자들은 "전세계에 권위를 떨치던 러시아 황실의 인간향락을 다하던 그의 궁전 안에 동양의 망명가, 무산자가 모임을 이루게 된 것"에 감개무량한 감회에 젖었다고 한다.[61]

대회 자격심사위원회의 보고에 의하면 이 대회에 참가한 대표자의 민족별 구성과 그 인원 수는 <표 10>와 같다.

<표 10> 극동민족대회에 참가한 대표자의 민족별 구성과 인원 수

민족	결의권을 가진 대표	심의권을 가진 대표	대표 총수
한국	52		52
중국	37	5	42
일본	13	3	16
몽골	14		14
부랴트	8	4	12
자바	1		1
칼미크	2		2
야쿠트		3	3
인도		2	2
합	127	17	144

<표 10>에 적힌 수는 대회가 개최된 직후의 상황을 반영한다. 그때

---

61) 『조선일보』 1925년 1월 23일자.

까지만 해도 한국인 대표단의 수는 아직 52명이었다. 그는 전체 대의원의 36%를 점하고 있으며, 참가민족 중에서 가장 많은 수였다. 여기에다가 추가로 대의원 자격을 인정받은 4명을 합한다면, 한국대표단이 전체 출석자 속에서 점하는 비중은 더욱 높아질 것이다.

대회 첫날 회의에서 의장단 16명이 선출되었다.[62] 코민테른집행위원회에서 2명, 극동비서부에서 2명, 한국·중국·일본·몽골 대표 중에서 2명씩, 자바 대표 1명, 각국 청년단체 대표 중에서 1명, 여성단체에서 1명꼴로 선임되었다. 한국대표 몫으로 선임된 이는 김규식과 여운형이었다. 거기에 더하여 각국 청년단체 대표 자격으로 김단야가, 여성단체 대표 자격으로 김원경이 각각 선임되었다. 의장단에 피선된 한국인은 도합 네 사람이었다.

첫날 회의에서 각국 대표단장은 차례로 연단에 올라 개회연설을 했다. 중국인 대의원을 대표하여 연설한 이는 장구오타오(張國燾)이고, 일본인 참석자들을 대표하여 등단한 사람은 미즈타니 겐이치(水谷健一)였다.[63] 한국인 참석자들을 대표하여 등단한 사람은 파리강화회의에 한국대표로 파견됨으로써 널리 이름을 떨친 40세를 갓 넘긴 우사(尤史) 김규식이었다.

김규식은 미국과 러시아를 날카롭게 대비시켰다. 과거에 워싱턴은 민주주의와 번영의 중심지였는데, 모스크바는 차르의 전제와 제국주의적 팽창의 표상으로 간주되어왔다는 것이다. 그러나 이제 상황은 역전되었다고 그는 힘주어 강조했다. 모스크바는 '세계 프롤레타리아트 혁명운동의 중심지'로서 극동 피압박민족의 대표자를 환영하고 있는데, 워싱턴은 '세계의 자본주의적 착취와 제국주의적 팽창의 중심'으로서 존재하게 되었다는 것이다.[64]

---

62) 高屋定國·辻野功 譯, 『極東勤勞者大會,議事錄全文』, 東京 : 合同出版, 1970, 27~28쪽(이하 『의사록』으로 줄임).

63) 『遠東共産革命黨第一次大會記事錄』, РГАСПИ ф.495 оп.154 д.166.

524

그는 한국대표단이 모스크바에 온 이유를 이렇게 천명했다. 하나의 불씨, 세계 제국주의·자본주의체제를 재로 만들어버릴 불씨를 얻고자 기대한다고.[65] 김규식의 이 연설은 회의장에 모인 140여 명의 대표자들과 수많은 방청객들의 박수갈채를 받았다.

극동민족대회(1921. 1. 21~1922. 2. 2)가 열리는 기간 동안 도합 12회의 본회의가 열렸다. 본회의에서는 다음 네 가지 주요 의제를 토의했다.

1. 국제정세와 워싱턴회의의 결과(보고 : 코민테른 집행위원장 지노비예프)
2. 각국 정세보고(중국, 한국, 일본, 몽골 4개국의 혁명운동과 정세에 관한 보고)
3. 민족·식민지문제와 그에 대한 공산주의자의 태도(보고 : 코민테른 집행위원 사파로프)
4. 선언

본회의에서의 연설·보고·토론은 러시아어와 영어로 진행되었으며, 주요 보고문은 한국어, 중국어, 일본어, 몽골어 등 각국어로 번역되어 본회의가 끝날 때마다 참석자들에게 배포되었다.

한편 본회의 외에 4개국의 민족별 부문회의가 열렸다. 둘째 날에 있을 "지노비예프 동지 연설의 중국어, 몽골어, 한국어로의 번역은 민족별 부문회의에서 듣도록" 하자는 제안이 통과되고 있다. 이로 미루어볼 때 상정된 의안에 대한 구체적인 문제의 토의는 각 부문회의에서 더욱 상세하게 이루어졌음을 알 수 있다. 한국혁명의 성격과 과제에 대한 구체적인 토론과 결정은 바로 여기서 이루어진 것으로 보인다. 그외에 「노동조합부문회의」, 「부인부문회의」, 「청년부문회의」 등과 같은 직능별 부문회의 체계가 별도로 개최되었다.

---

64) Речь от Ким - Гюсек[Пак - Киен](김규식[박경]의 연설), РГАСПИ ф.495 оп.154 д.159, л.18.
65) 『의사록』, 37쪽.

지노비예프의 연설

국제정세와 동아시아 각국 혁명운동의 정책에 관한 논의는 제1, 제3 의제의 보고와 토론을 통해 이루어졌다. 이 문제에 관한 논의는 코민테른집행위원회의 직접 지도하에 이루어졌다. 그 의안의 보고자는 코민테른 의장인 지노비예프와 집행위원 사파로프였다.

먼저 「국제정세와 워싱턴회의의 결과」라는 제하에 이루어진 보고 및 토론내용을 살펴보기로 하자.

코민테른 의장 지노비예프는 이 보고 연설에서 국제정세의 기본특징을 규정하고 극동민족대회 참가자들의 당면임무를 제시했다. 그는 동아시아혁명의 중요성을 강조했다. "제1차 세계대전 후 시대의 주요 특징은 유럽문제가 아니라 아시아·극동문제가 점점 절박하게 정면에 나서고 있다는 사실에 있다"66)고 말했다. 그는 1921년 12월 10일 워싱턴에서 체결된 4국 정부(미·영·프·일)의 조약을 맹렬히 비난했다. 그것을 "네 마리 흡혈귀의 동맹"이라고 비꼬았다. 그 조약이 체결된 날은 "인류 역사상 가장 암담한 날 가운데 하나"라고 표현했다.

그는 워싱턴회의에서 한국문제가 어떻게 처리되었는지에 관해서도 언급했다. 지노비예프는 "한국 해방운동의 일부 활동적인 멤버들까지도 무슨 기적이 일어나지 않을까, 무엇인가 한국문제가 명료해지는 결과가 그에 뒤이어 나오지 않을까라고 생각하면서 워싱턴에 기대를 걸고 있었음"을 지적했다. "그러나 무엇이 일어났는가?" 그는 반문했다. "마치 지구상에 한국이 존재하지 않는 것처럼, 마치 한국의 존재를 들어본 적이 없는 열강이 워싱턴에 모인 것처럼, '한국'이란 단어는 워싱턴회의에서 한마디도 언급되지 않았다"고 주의를 환기했다. 그는 워싱턴회의를 통해 교훈을 얻을 수 있다고 주장했다. 제국주의 열강으로부터는 아무것

---

66) 위의 글, 48쪽.

526

도 기대할 게 없으며, 만약 있다면 그것은 '다만 새로운 억압과 착취를 기대할 수 있을 뿐'이라고 말했다.[67]

지노비예프는 일본혁명이 극동문제 해결의 결정적 요소라고 단정했다. 그는 "일본 프롤레타리아트는 극동문제 해결의 열쇠를 자신의 수중에 쥐고" 있다고 표현했다. 달리 말해 극동문제를 진실로 해결할 수 있는 유일한 길은 "일본 부르주아지의 패퇴와 일본혁명의 최종적 승리"라고 표현했다. 지노비예프는 유럽혁명에서 영국이 점하는 지위는 동아시아혁명에서 일본이 점하는 지위와 같다고 말했다. 그는 "영국에서의 혁명이 없으면 유럽혁명은 찻잔 속의 태풍에 불과할 것"이라고 말한 맑스의 말을 인용했다. 뒤이어 "일본혁명 없이는 극동의 다른 어느 혁명도 비교적 중요하지 않은 지방적인 사건에 불과하다"고 단언했다.[68]

이러한 평가는 지노비예프의 정세관과 결합되어있다. 지노비예프는 극동·태평양문제를 둘러싼 미·일간의 모순은 워싱턴회의에 의해 일시적으로 조정되었음을 인정했다. 하지만 그것은 머지않아 결렬될 것이며, 동아시아에서 전쟁의 위기를 불러오고 말 것이라고 예견했다.

> 1918년에 끝난 제1차 제국주의 전쟁에 뒤이어 극동과 태평양문제를 중심으로 하는 제2차 전쟁이 연속될 것이다. 이 전쟁은 프롤레타리아트혁명의 승리에 의해서만 회피된다. 이 전쟁이 1925년에 발발할지, 1928년에 발발할지, 1년 일찍 일어날지, 1년 늦게 일어날지 말할 수는 없다. 그러나 그것은 불가피하다.[69]

지노비예프의 예언은 대회 참가자들에게 깊은 인상을 준 듯하다. 김단야는 이 연설을 오래 기억했다. 그는 극동민족대회가 끝난 지 3년이 지난 뒤에 신문에 기고한 글에서 그 정황을 묘사했다. 김단야는 '지노비

---

67) 위의 글, 51~52쪽.
68) 위의 글, 62~63쪽.
69) 위의 글, 65쪽.

예프의 제1차 예언'이 있었다고 회고했다. 1928년에는 반드시 동양 천지에 큰 전쟁이 일어날 것이라고 했다는 것이다. 김단야는 "과연 만국 무산군(無産軍)의 장수인 지노비예프의 예언이 그대로 나타날 날이 올 것인가?"라고 기대감을 표명했다.[70]

지노비예프는 일본 프롤레타리아트와 한국·중국의 피억압 대중들이 결합해야 한다고 주장했다. 그는 자신의 보고 말미에서 "전 극동의 피압박 비프롤레타리아트 대중의 활동과 일본의 공업 및 농촌 프롤레타리아트의 활동을 결합하는 것"이 극동민족대회의 임무라고 표현했다.[71]

지노비예프는 자신의 보고를 끝낸 뒤 식민지에서 제기할 권력문제 슬로건에 대해 특별히 덧붙였다. 그는 일본을 제외하고는 극동의 대부분 국가에 프롤레타리아트가 거의 존재하지 않는다는 점을 지적했다. 그럼에도 불구하고 후진국·식민지에는 소비에트제도로 이행할 조건이 성숙해있다고 한다. 그는 "중국과 한국의 참된 혁명가는 지금 '소비에트' 슬로건을 들어야 한다"고 강조했다. 그는 이 문제가 코민테른의 결의에 몇 번씩이나 지적되어왔다고 주의를 환기시켰다. 지노비예프는 "소비에트제도를 주장하면 여러분은 대담하다고 말할지도 모른다"고 스스로 반문했다. 그는 그렇지 않다고 답했다. 소비에트라는 정부형태는 "공업프롤레타리아트를 갖지 않은 나라에서도 가능하다"고 주장했다.[72]

사파로프의 동아시아혁명론

「민족·식민지 문제와 그에 대한 공산주의자의 태도」는 사파로프의 몫이었다. 그는 코민테른집행위원이자 동양부장의 직책을 맡고 있었다. 그는 기조보고를 통해 민족혁명운동에 대한 공산당의 정책문제를 논했

---

70) 金丹冶, 「레닌회견인상기(6)」, 『조선일보』 1925년 1월 27일자.
71) 『의사록』, 65쪽.
72) 위의 글, 208~209쪽.

528

다.

먼저 극동의 식민지문제가 국제정치의 초미의 관심이 되고 있는 이유를 설명했다. 제1차 세계대전을 통해 유럽 자본주의 나라들의 생산기반이 파괴된 데 반해, 미국과 일본은 전쟁기간중에 산업의 번영을 겪었다. 전쟁에서 거의 아무런 역할도 하지 않았거나 최소한의 역할만 했던 두 나라가 1914~1918년 전쟁의 승리자가 되었다는 것이다.[73]

사파로프는 전쟁이 종결된 후 공황이 두 나라에 도래했음에 주목해야 한다고 말했다. 1920년 3월 일본의 견방적업에서 시작된 공황은 전체 산업부문으로 파급되어 수많은 중요 은행을 파산시켰고 외국무역을 격감시켰다. 그것은 급기야 미국에까지 확대되었다. 사파로프는 전후 일본과 미국에서 발생한 공황으로 인해 동아시아 식민지문제가 "바야흐로 제국주의 세계정치의 가장 중요한 요소"로 되었다고 평가했다. 이제까지 제국주의 열강의 각축의 초점에서 벗어나있던 극동이 그 방대한 원료와 값싼 노동력의 이용 가능성 때문에 주목의 초점이 되고 있다는 것이다.[74]

그는 후진국·식민지의 민족해방운동을 돕겠다고 천명했다. 코민테른이 식민지의 프롤레타리아트운동만을 지지한다는 생각은 잘못이라는 것이다.[75] 하지만 그와 동시에 프롤레타리아트의 독자성을 견지할 필요성을 아울러 주장했다. 피억압민족의 프롤레타리아트는 "민족혁명 투쟁의 지도자, 모범적 담당자"가 되어야 한다고. 또한 "이 운동 속에서 독립적 역할"을 맡아야 한다고 주장했다. 사파로프는 바로 그런 조건에서 민족해방운동의 승리의 가능성은 그만큼 더욱 증대한다고 설명했다.

사파로프는 한국에서도 민족통일전선정책이 실현되어야 한다고 주장했다.

---

73) 위의 글, 213쪽.
74) 위의 글, 213~214쪽.
75) 위의 글, 234쪽.

민족혁명운동이 부르주아민주주의운동임을 충분히 인식하고 있으나, 그럼에도 불구하고 우리는 해방을 위한 모든 민족운동을 지지해왔듯이 그것을 지지한다. 왜냐하면 그것은 제국주의에 대립하고 있으며, 국제적 프롤레타리아트의 이익과 조화를 이루고 있기 때문이다.…… 거기서(한국에서—인용자) 민족통일전선에 대하여 말하는 것은 옳다. 그러나 동시에 타협과 평화주의에 의거해서 그 나라의 해방을 이루려는 모든 시도를 철저히 폭로해야 한다.76)

사파로프는 식민지 한국의 민족혁명운동은 부르주아적 성질을 띠고 있다고 말했다. 그럼에도 불구하고 그것이 제국주의에 반대하는 요소이기 때문에 공산주의자들이 지지해야 한다는 점을 명백히 했다. 따라서 한국에서도 민족통일전선정책이 수행되어야 한다. 다만 '타협과 평화주의'에 기초한 민족주의조류에 대해서는 철저히 고립화시킬 것을 아울러 당부했다.

사파로프는 민족해방운동의 투쟁수단과 국제적 연대의 필요성에 대해서도 언급했다. 그는 한국의 민족혁명이 승리하기 위해서는 무장투쟁수단을 택해야 한다고 말했다. 또한 진정으로 승리를 원한다면 제국주의국가에 대한 원조를 기대하는 것이 아니라 국제 프롤레타리아트운동과 연대해야만 한다고 주장했다.77)

한국 대표들의 토론

지노비예프와 사파로프의 보고에 대해 각국 대표자들은 심의에 들어갔다. 한국인 대표자들의 관심을 모았던 논점은 다음 네 가지였다. 이 네 가지 논점은 민족별 분과회의의 예비토론을 거친 것이었다. 따라서

---

76) 위의 글, 226~227쪽.
77) 위의 글, 227쪽.

530

발언자 개인의 생각이라기보다 한국대표단 대다수의 의견으로 봐도 그다지 무리가 없을 것이다.

첫째, 지노비예프가 피력한 정세관에 대한 문제였다. 1월 25일 제7회의 석상에서 임원근이 발언했다.[78] 그는 특히 1928년 미·일전쟁 발발론에 대해 깊은 공감을 표시했다.

동지 지노비예프는 그 연설에서 가까운 장래 1925년이나 1928년에 극동에서 전쟁이 일어나는 것이 불가피하다고 예언했다. 만약 우리가 이 전쟁에 대하여 준비하지 않는다면 우리는 하나씩 각개격파될 것이다.……우리는 지노비예프 동지의 보고를 완전히 우리 계획의 기초로서 받아들여야 한다.[79]

워싱턴회의로 인해 지금 당장은 혁명운동이 퇴조하고 있다. 하지만 가까운 장래에 그것은 필연적으로 혁명적 위기로 전화할 것이라는 진단에 동의하고 있음을 알 수 있다. 아울러 한국대표단은 그것을 장래 행동계획의 기초로 받아들일 것을 합의한 것으로 보인다.

한국대표단이 관심을 기울인 두번째 논점은 한국 혁명가들 내에 워싱턴회의에 환상을 가진 그룹이 있다는 지노비예프의 지적이었다. 1월 27일 제9회의 석상에서 채동순이 발언에 나섰다.[80] 그는 지노비예프의 발언을 부연했다. 상해임시정부가 바로 그러한 부류에 속하며, 심지어 자칭 공산주의자들 내에도 그러한 부류가 있다고 주장했다.

---

78) 영문 의사록에는 그의 이름이 'Kim Khu'라고 적혀있다. '김구'라고 읽힌다. 한편 러시아어 의사록에는 'Ким Ху'라고 적혀있다. '김후'라고 발음된다. 그의 본명은 중국어 의사록에서 확인할 수 있다. 바로 林元根이다.

79) 『의사록』, 203쪽.

80) 영문 의사록에는 'Kor Khan', 러시아어 의사록에는 'Кор Хан'이라고 적혀있다. 각각 '고간', '고한' 등으로 발음된다. 이 때문에 종래 연구자들은 이 사람을 高漢이라고 오인했다. 중국어 의사록 『遠東共産革命黨第一次大會記事錄』에 따르면, 이 발언자는 '蔡柯列'이다. 채알렉산드르를 가리킨다. 채알렉산드르의 한글성명은 채동순이다.

코민테른이 이르쿠츠크에서의 근로자대회에 극동의 모든 근로자를 초
대했을 때 소위 상해임시정부(군대 없는 장군과 같은 것)는 그 대신에 워싱
턴으로 그 대표를 보냈다. 그 대표는 지금 워싱턴에서 모든 출입문의 계
단 앞에서 공손한 존경을 표시하고 있다. 그러나 이것은 큰 손실이 아니
다. 왜? 왜냐하면 상해임시정부는 자신이 공산주의의 길에 들어섰다고는
결코 말하지 않기 때문이다. 우리 사이에는 박쥐와 같이 행동하는 '공산
주의자'가 있다. 워싱턴회의에 상해정부의 대표를 파송할 것을 지지하고
있는 측은 이 패거리들이며, 그들 속에는 자신을 어느 당의 중앙위원회
멤버라고 말하는 자도 있다.[81]

여기서 말하는 "박쥐와 같이 행동하는 공산주의자"란 누구인가? 그것
은 곧 상해파 고려공산당을 지칭하는 것이었다. 한국대표단은 상해파
공산당이 워싱턴회의에 대한 상해임시정부의 외교론을 지지했다고 비
난했다. 따라서 상해파는 진정한 공산주의자라고 볼 수 없다는 것이 이
들의 주장이었다. 대담한 발언이었다. 한국 사회주의운동의 내분을 극동
민족대회 본회의 석상에 올려놓았다. 코민테른의 국제회의장이 이르쿠
츠크파의 파쟁을 위한 무대가 된 셈이다. 게다가 상대방을 공격하기 위
해 사용한 표현의 수사법이 극히 모욕적이었다.

문제의 초점은 상해파 공산당이 워싱턴회의에 대한 상해임시정부의
외교론을 지지했는가 여부에 있다. 하지만 채동순의 주장은 어떤 근거
에 의거했는지 알 수 없다. 왜냐하면 상해파 공산당은 이미 1919년 4월
시점에 자본주의 열강에 대한 외교론에 반대의 뜻을 명백히 했기 때문
이다. 당시 베르사유 강화회의에 파견된 대한국민의회의 대표를 소환한
다는 결정을 내린 바 있었다. 워싱턴회의에 대한 대표파견 문제가 거론
되던 1921년 하반기 시점에 상해파 공산당은 이미 상해임시정부를 탈퇴
했었다. 탈퇴이유는 임시정부 내에서 우위를 점하고 있던 친미정치세력

---

81) 『의사록』, 239~240쪽.

의 미국에 대한 추종노선을 반대했기 때문이었다.

채동순의 모멸적 발언은 한국대표단 내에서 물의를 빚었다. 그날 저녁 12시 한국대표단의 숙소로 쓰이던 소비에트 제3관 사무실에서 고려공산당 프락치야 회의가 열렸다. 상해파 공산당을 지지하는 7명의 대표자가 모였다. 김동한, 이석기, 문시환, 김정하, 김규찬, 홍진우, 박파벨이 그들이다. 이들은 오전 회의에서 행한 채동순의 발언을 문제삼았다.[82] 이 프락치야 회의에서 구체적으로 어떤 논의가 있었고, 그 결정이 어떻게 집행되었는지는 아직 알 수 없다. 본회의가 진행중인 시기에도 상해파와 이르쿠츠크파는 각각 공산당 프락치야 회의를 갖고서 독자적으로 활동했음을 확인하는 데 만족하기로 하자.

극동민족대회 한국대표단이 주목한 세번째 논점을 보자. 그것은 상해임시정부를 민족혁명단체로 인정할 수 있는지 여부의 문제였다. 한국에서 민족통일전선정책이 수행되어야 한다고 주장한 사파로프의 보고에 대해 토론에 나선 이도 채동순이었다. 그는 이 문제를 상해임시정부에 대한 정책문제와 연관시켰다.

그는 사파로프를 정면에서 논박하는 화법을 택하지 않았다. 그는 측면으로 에둘렀다. 채동순은 말하기를, "나는 한국대표단을 대표하여 사파로프 동지의 보고를 전면적으로 지지하며, 그것을 극동에서의 우리 사업의 기초로 삼는 것을 우리의 의무라고 생각한다"[83]고 전제했다. 다만 상해임시정부는 그것에 속하지 않는다고 주장했다.

> 우리는 모든 민족혁명적 부르주아 조직을 충분히 지지한다. 그러나 그것은 이 조직들이 제국주의자에게 굴종하지 않고 제국주의자 및 그들 세계의 약탈자와 접촉을 갖지 않으며 그들에게 손가락 하나 닿지 않는 한

---

82) Протокол общего собрания группы коммунистов‑делегатов на съезд Народов Дальнего Востока(극동민족대회 공산당 대표자 그룹 총회 회의록), 1922. 1. 27, РГАСПИ ф.495 оп.154 д.167 л.45об.

83) 『의사록』, 240쪽.

에서이다. 우리 한국 공산주의자는 회유적 정책을 실행하는 분자와는 결코 통일하지 않을 것임을 나는 언명한다.…… 공산당은 한국의 모든 프롤레타리아트 분자와 혁명적 부르주아적 조직과의 단결과 가능한 한 협력을 목적으로 한다. 그러나 조정적 정책에 가세하는 자와는 그렇지 않다.[84]

채동순의 주장에 의하면, 민족혁명적 부르주아단체로 인정할 수 있으려면 제국주의자들과 "손가락 하나 닿지 않는 한"에서만 가능하다. 이런 기준에서 볼 때 상해임시정부는 제국주의에 대해 타협적이며 의존적이기 때문에 여기서 제외된다는 것이다. 바로 여기서 이르쿠츠크파 공산당이 상해임시정부를 적대시하는 논거의 일부를 발견할 수 있다.

한국대표단이 주목한 네번째 논점은 일본 프롤레타리아트와 한국 근로대중 간의 연대문제에 관한 것이었다. 1월 27일 제9회의 석상에서 이재곤이 토론에 나섰다.[85] 그는 일본 프롤레타리아트와 한국 근로대중간의 결합이 현실적으로 어렵다는 것을 제기했다. 한국에 이주해온 일본인들은 자신의 상태를 개선하기에 급급한 나머지 식민지 한국의 근로대중을 동일시하지 않는다는 것이다. 오히려 억압과 종속하에 둘 것을 희망한다. 이재곤은 말하기를, 일본 노동자들은 한국의 형제 노동자를 경멸하고 있으며, 제국주의적·자본주의적 자국 정부를 돕고 있다고 지적했다.[86] 일본 노동자들은 민족배외주의적 성격을 갖고 있으며, 자국의 식민지 지배정책을 지지하고 있음을 지적했던 것이다.

이재곤의 문제제기는 사파로프의 제안이 실현되기 어려운 과제임을 지적한 것이었다. 사파로프는 답변에 나섰다. 그는 러시아의 예를 들어

---

84) 『의사록』, 241쪽.

85) 영문 의사록에는 'Kim Chow', 러시아어 의사록에는 'Ким Чоу'라고 적혀있다. '김주'에 가깝게 발음된다. 이 때문에 연구자들은 이 사람을 金柱, 곧 김단야로 오인해왔다. 중국어 의사록에 따르면, 이 사람은 李在坤이다.

86) 『의사록』, 244쪽.

부연설명했다. 1917년 혁명 전에는 투르키스탄, 키르기스, 카프카스 등지에서 볼셰비키당의 세력이 미약했다. 그 이유는 차리즘이 프롤레타리아트의 가장 낙후한 부분, 러시아인 가운데 가장 가난한 부분을 이 국경지역으로 추방한 탓이다. 일제도 마찬가지라는 것이다. 일본제국주의가 식민지에 거주하는 자국 노동자의 하층부를 매수·타락시키는 것, 그것만 가지고 국제적 혁명역량 편성의 척도로 삼아서는 안된다는 게 사파로프의 대답이었다.[87]

한국문제에 관한 결의

극동민족대회에 제출된 한국문제에 관한 보고는 다음 세 종류였다.

① 워싱턴회의와 한국에 대한 그 관계
② 한국의 혁명운동
③ 한국의 경제·농민·노동자의 상태와 노동자·농민대중의 운동

이 중 ①과 ②는 1월 24일 제5회의에서 낭독되었다. 보고자는 누구인가? 문서 ①의 보고자는 영문 의사록에는 'Wong Kieng'이라고 적혀있다. 실명을 확인하는 데 유익한 길잡이가 되어온 중국어 의사록에는 '박인(朴仁)'이라는 가명이 기재되어있다. 유감스럽게도 우리는 이 사람의 실명을 아직 확인하지 못했다. 문서 ②의 보고자는 영문 의사록에는 'PakKieng', 러시아어 의사록에는 'Пак Киен'이라고 적혀있다. '박경'이라고 발음된다. 중국어 의사록에는 '박금원(朴金円)'이라고 적혀있다. 다행히 그의 실명을 확인할 수 있다. 그는 대회 첫날 연설한 한국대표단장과 동일인으로 바로 김규식이다.

보고문 ③은 원래 3개의 독립된 문서로 작성되었다. 「한국의 경제상

---

87) 『의사록』, 265쪽.

태」, 「노동자의 상태와 노동운동」, 「농민의 상태와 농민운동」이 그것이다. 그러나 본회의에서는 시간관계상 하나의 보고로 묶어서 발표되었다. 이 보고는 1월 25일 제6회의에서 이루어졌다. 보고자는 영문 의사록에는 'Kho', 노어 의사록에는 'Xo'로 적혀있다. 각각 '고', '호'라고 발음된다. 그의 실명은 중국어 의사록에 나와있다. 바로 조동호(趙東祜)이다. 그의 러시아어 표기는 'Чо Тон Xo'이다. 의사록 서기는 아마 동양식 성명 철자법을 잘 모르는 러시아인이었나 보다. 맨 끝 글자인 'Xo'를 조동호의 성(姓)으로 착각했던 것 같다.

이 보고서 초안들은 코민테른 극동비서부 고려부가 주관하여 작성한 것이다. 따라서 이 문서들에 나타나는 견해들은 당시 이르쿠츠크파 고려공산당의 전략과 전술계획을 표명한 것으로 이해해도 좋다.

본회의에서 제출된 세 가지 의안에 대한 토론과 결정은 한국인 대표자들로 구성된 민족별 분과회의에서 다루어진 것으로 보인다. 앞서 말한 바와 같이 극동민족대회에서는 본회의와 병행하여 각 민족별 분과회의가 열렸다. 민족별 분과회의에서는 각국 혁명정세에 대한 분석과 검토가 이루어졌으며, 각 나라 혁명운동의 전략과 전술에 관한 논의가 이루어졌다. 보기를 들면, 일본 분과회는 가타야마 센(片山潛)과 사파로프를 중심으로 하여 일본인 대표자들이 전원 참가한 가운데 수차례에 걸친 논의 끝에 「일본공산주의자의 임무」라는 제하의 정강을 채택했다.[88] 한국문제 결정도 마찬가지였다. 한국문제에 관한 논의는 분과회의에서 이루어졌으며, 결의안도 거기서 채택되었다.

한국문제에 관한 한국대표단의 결의안이 어떤 내용으로 이루어져 있는지를 살펴보자. 이 문서의 원문은 현재 발견되지 않았다. 이 문서의 내용은 원문을 통해서가 아니라 여운형의 경찰진술을 통해서만 확인할 수 있을 뿐이다. 따라서 아래 소개하는 결의안 내용은 기억의 불완전성,

---

88) 犬丸義一, 『日本共産黨の創立』, 青木書店, 1982, 151~154쪽.

일제경찰에 체포된 상태에서의 진술 임의성이라는 두 가지 요인 때문에 정확한 것이라고 보기는 어렵다. 다만 전체 문맥은 대체로 원문과 일치하는 것으로 추정된다.

① 조선에는 아직 공업이 발달하지 않고 또 계급의식이 유치하므로 계급운동은 시기상조이며,

② 조선은 농업국으로서 일반대중은 민족운동에 동참하고 있기 때문에 계급운동자는 독립운동을 후원 지지하라는 방침을 결정하였고,

③ 상해임시정부는 명칭만 너무 과대하고 실력이 이에 따르지 않고 있는고로, 임시정부의 조직을 개혁하는 것이 필요하다.[89]

제1, 2항은 한국혁명의 성격에 대한 언급으로 해석된다. "계급운동은 시기상조"라고 표현한 것은 자본주의적 관계의 미성숙으로 인해 곧바로 사회주의혁명을 표방할 수 없음을 뜻한다. 한국은 식민지이므로 민족독립이 당면목표가 되어야 하며, 그것은 부르주아민주주의혁명의 과제를 수행한다는 것을 의미한다. 한국혁명의 궁극적 목적은 프롤레타리아트 독재 강령을 시행하는 데 있지만, 그에 앞서 '민족해방혁명' 단계에 조응하는 최저강령적 요구를 제기해야 한다는 뜻이다.

여기서 표명된 견해는 본회의에서 발표된 제2보고 「한국의 혁명운동」에서 언급된 '고려공산당의 정책'과 부합한다.

고려공산당의 정책은 첫째로 나아갈 단계로서 제국주의 열강의 착취에 대하여 한국인 대중을 통일된 입장으로 결집하는 것이며, (둘째로 나아갈 단계로서 – 인용자) 한국인민의 순수한 해방을 위하여 노력하는 것이다. 이들 두 가지 주요한 목적을 위해 고려공산당은 전한국 혁명운동의 통일을 가능한 한 원조할 것을 결정했다.[90]

---

89) 「피의자신문조서(제1회)」, 1929. 7. 8 ; 『몽양여운형전집』 제1권, 413쪽.
90) 『의사록』, 141쪽

한국혁명은 두 단계의 과제를 갖고 있다고 한다. 첫 단계는 제국주의 열강의 착취에 대한 한국 민족해방의 과제를 수행하는 것이다. 둘째 단계는 한국인민의 '순수'한 해방을 위해 투쟁하는 것으로 설정되어있다. 전자는 바로 민족해방혁명 단계에 조응한 최저강령적 과제의 수행을 의미하는 것이며, 후자에서 말하는 '순수'란 곧 계급적 해방을 뜻하는 것으로서 프롤레타리아트 독재 수립을 위한 투쟁 과제를 제시한 것이다.

이르쿠츠크파 공산당의 입장에서 볼 때 이것은 거대한 전환이었다. 종래 견지해오던 혁명론을 폐기하고 새로이 민주주혁명 강령을 세웠던 것이다. 이르쿠츠크파 공산당도 민족해방혁명을 당면 혁명단계의 과제로 설정하고 그것을 사회주의혁명으로 성장·전화시켜나가는 연속혁명의 관점을 수용했음을 본다. 상해파 공산당이 이미 견지해오던 그 혁명론을 이르쿠츠크파 공산당도 1922년 1월 시점에 수용했던 것이다.

한국문제 결의안 제2, 3항은 민족통일전선에 관한 언급으로 해석된다. 이르쿠츠크파 고려공산당도 민족통일전선 정책을 수용했음을 보여주고 있다. 즉 상해임시정부를 민족통일전선기관으로 개조하기 위해 국민대표회를 소집한다는 방침이 여기에 반영되어있다.

극동민족대회 한국대표단이 국민대표회 소집을 발기하기로 결정했음을 시사해주는 또 다른 자료가 있다. 『독립신문』은 극동민족대회에 참가한 한국인들이 "국민대표회를 기성하자는 결의를 행했"[91]다는 기사를 남기고 있다.

본회의에서 발표된 제2보고 「한국의 혁명운동」에는 "고려공산당의 정책수행 수단"이 담겨있다. 그것에 따르면, 명실상부한 '중앙혁명지도기관'을 세우기 위해 '국민선거위원회'를 소집할 필요가 있다고 한다. 그 일은 이미 실행중이다. "그 위원회를 소집할 준비에 착수하기 위하여 여러 지방에서 파견되어 온 대표들로 구성된 '조직위원회'가 현재 상해에

---

91) 『독립신문』 1922년 12월 23일자, 2쪽.

있다"고 언급하고 있다.[92] 여기서 말하는 '중앙혁명지도기관'이란 곧 민족통일전선기관을 지칭하며, '국민선거위원회'란 국민대표회를 가리킨다.

결국 이르쿠츠크파는 1922년 1월에 혁명론의 전환을 겪었다. 이때 비로소 사회주의혁명 단계에 선행하는 민족해방혁명을 최저강령적 목표로 설정했다. 또한 그를 위한 정책수단으로서 새로운 민족통일전선기관의 수립을 구상하고 있었다. 그것은 국민대표회 소집운동에 참가하는 것으로 나타났다. 상해파 공산당이 이미 1921년 1월에 소집했던 국민대표회에 이르쿠츠크파 공산당도 만 일년 뒤에 비로소 가담했던 것이다.

5. 극동혁명청년대회

극동혁명청년대회

극동청년대회는 극동민족대회 회기 도중에 열렸다. 김단야의 회고에 의하면, 극동민족대회는 1922년 1월 26일경 의사를 거의 끝마쳤으며, 그 이후 3일 동안 '제1차 극동청년대회'가 열렸다고 한다.[93]

김단야의 기억은 날짜만 제외하면 거의 정확하다. 『제1회 극동혁명청년대회 의사록』을 보면, 이 대회는 1922년 1월 30일에서 2월 1일까지 3일 동안 모스크바에서 개최되었다. 이 기간 동안 네 차례 회의가 열렸다.[94]

이 대회의 주최자는 이르쿠츠크에 소재하는 국제공산청년회 극동비

---

92) 『의사록』, 141~142쪽.

93) 『조선일보』 1925년 1월 24일자.

94) Первый Съезд Революционной Молодежи Дальнего Востока(제1회 극동혁명청년대회 의사록), РГАСПИ, ф.533 оп.8 д.87.

서부였다. 따라서 극동민족대회의 경우와 마찬가지로 이 대회에 참가한 한국인 대표의 선정 및 한국관계 보고안의 작성은 국제공청 극동비서부 내 고려부의 지도하에 이루어진 것으로 보인다. 이 고려부의 지도자는 조훈이었으며, 그는 이르쿠츠크파 공산당에 대한 소속감을 갖고 있었다.

극동혁명청년대회의 참석자는 "민족대회에 참가한 청년단체 대표 70여 명"이었다.[95] 한국대표단은 8개 청년단체 9만 4,000명의 회원을 대표하는 21명으로 구성되었고, 중국측으로부터 30개 단체 7만 3,000명을 대표하는 37명이 참석했으며, 그외 부랴트·몽골의 대표자 14명, 일본의 대표자 5명이 이 대회에 참가했다.[96] 한국인 대표자 18명의 이름과 신상을 확인할 수 있다(<표 11> 참조).[97]

대표자들은 대다수가 극동민족대회 대의원이었다. 두 사람만 예외였다. 모스크바 고려공산청년회를 대표한 김원, 김선택이 그들이다. 나머지 16명은 극동민족대회에도 의결권을 가진 정식 대표자로서 참석했다.

이들 18명은 한국 국내, 중국, 만주, 러시아, 일본 등지에 소재한 8개 청년단체의 대표자들이었다. 그 중에서 중국 상해 고려공산청년단 소속원이 7명으로서 가장 많았다. 그 다음은 서울에서 온 4명이다. 이들 가운데 두 명은 조선청년회연합회, 다른 두 명은 조선학생대회의 위임장을 소지하고 있었다.

만주 관전현(寬甸縣)에 본부를 두고 있는 대한청년단연합회에서도 2명의 대표가 참석했다. 이르쿠츠크 고려공산청년회에서도 2명이, 모스크바 고려공산청년회에서도 2명의 대표가 참석했다. 일본 도쿄에 소재하는 붉은별무리(赤星團)에서도 한 사람의 대표자를 보냈다.

18명 가운데 화동한국학생연합회 대표 김상덕, 정광호를 제외한 다른

---

95)『조선일보』1925년 1월 24일자.

96) 권희영, 「제1차 극동노력자대회 및 극동혁명청년대회에서의 한국혁명의 문제」,『정신문화연구』13권 3호(통권 40호), 1990, 101쪽.

97) Анкета для делегатов(대의원 신상명세서), РГАСПИ ф.533 оп.8 д.91 л.14~31.

<표 11> 극동혁명청년대회 한국대표단 명단

이름	나이	단체 소재지	소속단체	직업
장덕진(張德震)	24	상해	재상해고려공산청년단	학생
임원근(林元根)	21	상해	재상해고려공산청년단	언론인
김단야(金丹冶)	21	상해	재상해고려공산청년단	상해고려공청비서
김원경(金元慶)	22	상해	재상해고려공산청년단	고려공산당부인부장
권애라(權愛羅)	22	상해	재상해고려공산청년단	신문기자
김상덕(金相德)	28	상해	화동(華東)한국학생연합회	학생
정광호(鄭光好)	22	상해	화동(華東)한국학생연합회	
유건혁(柳健赫)	30	寬田(만주)	대한청년단연합회	농업
윤원장(尹元章)	25	寬田(만주)	대한청년단연합회	철공
문도(文陶)	29	동경	붉은별무리(적성단)	학생
이무(李茂)	32	서울	조선청년회연합회	농업
권정필(權正弼)	32	서울	조선청년회연합회	농업
손공린(孫公璘)	20	서울	조선학생대회	학생
이재곤(李在坤)	20	서울	조선학생대회	학생
이선구(李善求)	23	이르쿠츠크	일꾸스크지방고려공산청년회	군인
박창래(朴昌來)	22	이르쿠츠크	일꾸스크지방고려공산청년회	군인
김원(金源)	20	모스크바	재모스크바고려공산청년회	학생
김선택(金善澤)	22	모스크바	재모스크바고려공산청년회	학생

16명은 모두 공산당의 정당원이거나 후보당원이었다. 그 중 김선택은 러시아공산당원이었고, 다른 사람들은 고려공산당 소속이었다. 정광호도 1921년 8월 재상해 공산청년단에 가입했다고 기재한 것을 보면, 공산주의단체에 가입하지 않은 무소속 인사는 김상덕 한 사람뿐이다.

참가자들의 연령은 평균 24세였다. 최연소자는 20세(손공린·이재곤·김원)이고 최고령자는 32세(이무·권정필)였다. 20대 전반에 해당하는 사람이 12명으로 67%이고, 20대 후반에 해당하는 사람이 3명, 30대 전반의 연령층에 속한 사람도 3명이었다.

대회에서는 "원동에 있는 청년문제를 토의"했다.[98] 대회 의안에는 국제공산청년회와 극동공산청년 간의 관계, 현지보고, 청년의 과제, 선언서 등이 포함되어있었다.

극동청년의 과제에 관해 기조연설을 한 바 있는 국제공청 집행위원 달린(Далин)은 한국의 청년운동에 관해 다음과 같이 언급했다. 그는 한국에서 청년들의 독자적인 조직이 출현한 것은 "3월 혁명이 끝나자마자 빨치산운동이 광범위하게 발전하고 수백 개의 조직들이 생겨나던" 시기였다고 지적했다. 한국의 내적 특수성 때문에 한국청년들은 "청년의 처지를 개선하는 과제를 목적으로 하지 않았으며, 오로지 한국을 일본의 압제로부터 해방시킨다는 과제만을 제기하고 있다"고 이해했다. 그는 이어서 기존의 청년단체들이 민족주의적 이데올로기를 견지하고 있다고 파악한 뒤, 한국의 진정한 적은 일본인들이 아니라 일본의 자본임을 자각해야 한다고 촉구했다. 그는 발생중인 한국의 사회주의운동이 "마땅히 한국청년의 전체적인 혁명운동에서 지도적인 역할을 맡아야 한다"고 주장하고, 한국 청년공산주의자들의 가일층의 활동을 당부했다.[99]

극동민족대회의 폐막

극동민족대회 참가자들은 대회 마지막날인 2월 2일 제12 회의에서 대회선언을 채택했다. 선언문 작성은 의장단에게 위임했다. 이 선언문 초안은 김규식을 포함한 6인위원회에서 가다듬었다.[100] 대회는 2개의 결

---

98)『조선일보』 1925년 1월 24일자.

99) Далин С.(달린), Съезд революционной молодежи Дальнего Востока(극동혁명 청년대회), Интернационал Восток, М. - Пг., 1922, No.8, c.224.

100)「극동공산주의 및 혁명단체 제1회 대회의 극동 여러 민족에 대한 선언」,『의사록』, 210쪽.

542

의와 1개의 선언을 채택한 후 폐회했다.

폐회에 즈음하여 한국대표단을 대신하여 현순이 기념연설을 했다. 그는 유창한 영어로 워싱턴회의와 극동민족대회를 날카롭게 대비시켰다. 워싱턴회의는 극동인민을 착취·억압하기 위한 제국주의자들의 단결인데 반하여, 이 대회는 동양과 서양의 단결이자 프롤레타리아트의 국제적 단결이라고 말했다.[101]

극동민족대회에서는 극동의 혁명운동을 총괄하는 별도의 상설기구를 조직하지는 않았다. 폐회식은 페트로그라드 우리츠키 궁전에서 거행되었다.

극동민족대회가 폐막한 뒤, 대회 참석자들은 3~4일간의 휴식을 취했다. 각국 대표단은 휴식기간 동안 페트로그라드 시내에 있는 각 행정기관과 대공장, 회사 등을 시찰했다. 그들이 귀국길에 오르기 시작한 것은 1922년 2월 5일부터였다.[102] 많은 사람들이 한꺼번에 국경을 통과하는 것은 부적절했다. 그들은 이르쿠츠크까지는 동행했지만, 거기서부터는 제각각 흩어져야 했다. 이들은 삼삼오오 소규모로 짝을 지어 중국·러시아 국경을 넘었다.[103]

상해에서 출발한 대표자들은 앞서거니 뒤서거니 하면서 대략 3월 중순경에 귀환했다. 대표자들의 상해귀환 날짜를 일본경찰은 놓치지 않고 점검하고 있었다. 그것에 따르면, 조동호는 1922년 3월 10일, 나용균·김단야·임원근은 3월 16일, 여운형은 3월 17일 상해에 도착했다.[104]

극동민족대회는 동아시아 여러 나라 사회주의운동에 영향을 주었다. 이 대회는 중국공산당으로 하여금 종전의 사회주의혁명 강령을 고쳐서 민주주의혁명 강령을 제정하는 데 큰 영향을 주었다. 1921년 7월 제1차

---

101) 『의사록』, 299~300쪽.
102) 『조선일보』 1925년 1월 25일자.
103) 『조선일보』 1925년 2월 2일자.
104) 『朝鮮民族運動史(未定稿)』 6, 102쪽.

전국대회 당시 사회주의혁명 강령을 채택했던 중국공산당은 다음해 7월에 열린 제2차 전국대회에서 종전의 전략계획을 버리고 새로이 민주주의혁명 강령을 취했다. 거기서 중국공산당은 중국사회의 당면혁명을 "제국주의와 봉건주의에 반대하는 민족민주혁명"이라고 규정했다. 또한 중국공산당은 극동민족대회 종료 이후 국민당과 합작으로 민족통일전선정책을 실시하게 되었다. 중국공산당은 노동자·농민·소부르주아지·민족부르주아지 4대 계급을 혁명의 추진세력으로 인정했으며, "타도 제국주의! 타도 봉건군벌! 민주공화국 수립!"의 슬로건을 제기했다.[105]

극동민족대회는 한국 사회주의운동에도 영향을 미쳤다. 특히 한국대표단의 활동을 지도한 이르쿠츠크파 고려공산당은 이 대회 이후 혁명이론과 정책에서 커다란 전환을 겪었다. 종전의 사회주의혁명 강령을 고쳐서 민족해방혁명의 과제를 사회주의혁명에 선행하는 한 단계로 승인하게 되었다. 또한 민족통일전선정책을 프롤레타리아트 독재강령과 배치된다고 인식하던 과거의 인식에서 벗어났다. 민족혁명단체들과 제휴하여 민족통일전선기관을 설립할 필요성을 인정하게 된 것이다. 이러한 정책전환은 곧 국민대표회 소집운동에 참여하는 것으로 나타났다.

이르쿠츠크파 공산당의 정책전환은 일찍이 상해파 사회주의자들이 경험한 것과 본질상 동일한 것이었다. 상해파 사회주의자들도 1919년 4월 블라디보스톡 대회에서 사회주의혁명 강령을 채택하고 민족주의자들을 부르주아적이라는 이유로 배척했다. 그러나 그들은 1919년 하반기 상해임시정부 통합문제를 거치면서 민족해방운동을 사회주의혁명에 선행하는 한 단계로 위치짓고, 민족통일전선정책을 수용하였다. 상해파 공산주의자들이 1919년 하반기에 경험한 것을 이르쿠츠크파는 1922년 1월에 경험했던 것이다.

---

105) 何幹之, 『中國現代革命史(上·下)』, 1957~58(김계일 역, 『중국민족해방운동과 통일전선의 역사』 제1권, 사계절, 1987, 59~60쪽).

КИМ-ГУ-СИК.   Товарищи делегаты революционных организаций Дальнего Востока от имени Корейской делегации, от имени революционного народа Кореи приношу Вам самый искренний и сердечный привет при открытии этого конгресса трудящихся масс, коммунистического движения и революционных народов Дальнего Востока. Мы прибыли

сюда на этот конгресс в этот великий, центральный, исторический город - Москву, которая вызывает в нашей памяти старинные воспоминания. С этим городом была в прошлом связана идея Московского владычества. Мы очень часто представляли себе Московское правительство проводником идеи империалистского деспотизма и захвата. В течение многих лет в прошлом мы обычно думали, что Вашингтон является центром так называемых: либерализма, демократии и процветания. - Но все в мире меняется.

Мы пришли к тому, что фактически получилось наоборот. В настоящее время Московского владычества не существует. Теперь Москва является центром мирового пролетарского революционного движения, и мы с удивлением видим, что она приветствует у себя угнетенные народы Дальнего Востока в их революционном движении. Теперь Вашингтон является центром мировой капиталистической эксплоатации и империалистского захвата. В настоящий момент, когда мы пришли сюда на открытие этого конгресса, мы видим, что он является только предварительной подготовкой к нашей борьбе против мирового империализма и капитализма. В настоящий момент мы начинаем объединяться и нам пора понять необходимость этого объединения. Мы знаем лозунг " Пролетарии всех стран соединяйтесь", и нашим лозунгом должно быть: " Трудящиеся Дальнего Востока, объединяйтесь". Раньше мы боролись, трудились и сражались разрозненно, в одиночку. Возьмите например корейское движение

극동민족대회 첫날(1922. 1. 21)
제1회의에서 행한
김규식의 연설
(노어 속기록에서)

Россия в течение нескольких лет страдала от блокады западных империалистов, и всетаки она бесстрашно и неудержимо идет вперед.

Женщины Дальняго Востока страдают от экономического гнета капиталистов и империалистов. Они соединятся с русскими женщинами и рука об руку с ними поведут общую борьбу против мирового капитализма и империализма. /аплодисменты/.

ЗИНОВЬЕВ.   От имени Корейской делегации слово имеет тов. Хен.

ХЕН. /по английски. / Перевод на русский тов. Тхиль. Товарищи, я считаю большим почетом для себя присутствовать здесь, на таком необычном собрании. Приветствую вас от имени трудящихся масс Кореи, страдающих под ярмом японского империализма. Приветствую вас от имени революционного корейского народа, который стремится сбросить с себя это ярмо. Мое сердце преисполняется радостью при виде того, как вы, товарищи, боретесь не только за Россию, но и за всемирную пролетарскую революцию. Вы являетесь авангардом в этой борьбе.

Мы?, делегаты Дальняго Востока, собрались на большой Съезд в Москве, где обсуждали различные пути революционного движения на Дальнем Востоке. Теперь мы уже направляемся домой. Недавно состоялась также конференция в Вашингтоне. К каким же решениям пришла эта конференция. Говоря кратко, эту конференцию можно назвать союзом империалистов для эксплоатации и угнетения пролетарских масс Дальняго Востока. А каковы результаты Съезда в Москве? Это союз братской солидарности между революционными

극동민족대회 마지막날(1922. 2. 2)
한국대표단을 대신하여
현순이 행한 연설
(노어 속기록에서)

숙소인 소비에트 제3관 앞에서 포즈를 취한 일본인 대표자들. 출입문에 러시아어로 '소비에트 제3관', '입구'라고 적혀있다. 그 위에 한자로 "환영(歡迎)"이라고 적어넣은 플래카드가 걸려있다. 두터운 외투, 털모자, 장화 등으로 온 몸을 감싼 모습이 이채롭다.

극동민족대회 대의원석

제14장 사회주의운동의 지각변동

1. 혁명정세의 퇴조

전환

1921년 말 1922년 초에 한국 사회주의운동은 지각변동을 겪었다. 운동의 중심이 해외로부터 국내로 이동하기 시작했다. 또한 운동의 주된 형태가 무장투쟁에서 대중투쟁으로 전환되는 현상이 나타났다. 해외망명지와 이주민사회를 장악한 세력이 운동의 주도권을 쥐던 시기는 서서히 종언을 고했다. 그 대신 국내대중 속에서 영향력을 확보한 세력이 운동의 주도권을 잡는 새로운 시기가 도래했다.

왜 이런 현상이 1921년 말 1922년 초에 나타났는가? 여러 가지 원인이 있겠지만, 가장 결정적인 것은 혁명적 정세가 이때부터 퇴조기로 전환한 데서 찾아야 하겠다.

1919년 3·1운동 발발과 더불어 고양된 한국의 혁명적 정세는 3년 정도 지속되었다고 평가할 수 있다. 한국의 독립 가능성에 대한 낙관적 전망이 사람들을 사로잡았다. 수많은 한국사람들이 조국의 독립이라는 공동체적 대의를 위해 자신을 헌신했다. 1919년 6월 베르사유 강화회의가 소득 없이 끝났지만 운동의 열기는 식지 않았다. 해외망명지에서 한국인들의 정치적 능동성이 더욱 고양되었고, 한·중 국경지대와 러시아령 극동에서 무장투쟁의 열기가 치솟아올랐다.

거듭된 타격이 있었다. 1920년 4월 연해주참변, 그해 10월부터 이듬해 봄까지 계속된 북간도 '경신참변', 국제연맹회의를 겨냥한 외교운동론의 소득 없는 귀결, 1921년 6월의 자유시사변 등은 한국인들의 혁명적 열정에 찬물을 끼었었다. 그래도 혁명정세는 수그러들망정 꺾이지는 않았다. 한국인들은 독립에 대한 낙관을 거두지 않았다.

그러나 한국의 국제적 지위가 변모될 가능성이 사라졌음을 최종적으로 확인해주는 사건이 일어났을 때, 혁명적 정세는 더이상 지속될 수 없었다. 그 사건이란 바로 워싱턴회의였다.

워싱턴회의에 대한 기대

워싱턴회의(1921. 11. 11~1922. 2. 6)에는 미국을 비롯한 9개국(미국, 영국, 프랑스, 일본, 이탈리아, 중국, 벨기에, 네덜란드, 포르투갈)이 참가했다. 의제는 해군군축, 태평양문제, 극동문제 등이었다. 이 회의는 아시아·태평양 일대의 이권을 둘러싼 열강의 대립을 외교적 수단으로 해결하기 위해 소집된 것이었다. 제1차 세계대전 이후 세계질서 재편의 마지막 막이 오른 것이다. 온 세계가 그 귀추에 주목했다. "세계의 모든 시선은 그리로 모여 실로 그 회의는 일시 전세계의 주목의 초점"이 되었다.[1]

많은 민족주의자들이 한국독립의 기대를 워싱턴회의에 걸고 있었다. 재미 한인 교포들이 발행하는 한글신문 『신한민보(新韓民報)』는 베르사유회의와 워싱턴회의는 다르다고 보도했다. 워싱턴회의는 "특별히 원동과 태평양문제를 위하여 개최되는 것"이므로, 한국문제도 의제·가운데 하나로 상정될 것이라고 기대했다. 그러므로 한국인들은 "비상한 기운과 능력을 내어 비상한 운동을 하여 보아야 할 때"라고 주장했다.[2]

이승만·서재필이 지도하던 임시정부 구미위원부도 워싱턴회의에 대한 기대감을 표명했다. 『통신』 제30호를 보면, '한·일 양국의 대판결'이 이루어질 때가 왔다고 쓰여있다. "망하든지 흥하든지 이 기회를 이용하여 왜적과 대판결을 지을지어다"라고 비장한 결의를 밝히고 있다.

---

1) 金丹冶, 「레닌 회견 인상기(1~11)」, 『조선일보』 1925년 1. 22~2. 2일자.
2) 『독립신문』 1921년 10월 14일자, 1쪽.

임시정부 소재지인 상해지역 민족주의자들도 워싱턴회의에 기대감을 갖고 있었다. 백암 박은식은 워싱턴회의에 우리 민족의 사활이 걸려있다고 표현했다. 재상해 협성회(協成會)에 망라된 외교론을 지지하는 민족주의자들은 1,000년에 한번 올까말까 한 기회를 맞았다고 크게 흥분했다. 그들은 한국인들의 '공동일치'와 '내외협력', '동포의 일심(一心)과 희생'을 촉구했다.3)

국내에서 발행되고 있던 한글신문들도 같은 논조였다. "우리 조선 사람의 사활문제가 저 워싱턴회의에 달렸다"4)면서 회의의 경과를 대서특필했다. 『동아일보』는 워싱턴회의와 관련된 사설만도 50~60회 게재하고 있었다.5)

왜 국내외 안팎에서 많은 사람들이 워싱턴회의에 한국독립의 기대감을 걸고 있었을까? 거기에는 외교론 나름의 정세관이 전제되어있었다. 그들은 미·일전쟁이 발발할 가능성이 있다고 인식했다. 『독립신문』(1920. 3. 20)은 사설 「미일전쟁」에서 두 나라의 전쟁은 길어도 수년 내에, 짧으면 몇 달 내에 있으리라고 단정했다.6) 주요한은 시사단평란에 쓰기를, 미국·일본의 전쟁은 기정 사실이며 다만 시간문제일 뿐이라고 단정했다. 그 시기가 무르익었는가 아닌가라고 자문한 그는 "시기가 이미 무르익었다"고 답을 내렸다.7) 한국문제가 단독으로 미·일전쟁의 원인이 되기는 어렵겠지만, 태평양·중국·시베리아 3대 문제를 둘러싼 모순이 복합적으로 작용하여 전쟁의 발단이 될 수 있다고 보았던 것이다. 미·일전쟁론은 미국의 원조를 전제로 한 독립운동론, 외교론의 정세판단 기초가 되었다.

---

3) 위와 같음.

4) 金丹冶, 「레닌 회견 인상기」, 『조선일보』 1925년 1월 23일자.

5) 고정휴, 『대한민국 구미위원부 연구(1919~25)』 고려대 한국사학과 박사학위 논문, 1991, 224쪽.

6) 『독립신문』 1920년 3월 20일자, 1쪽.

7) 『독립신문』 1920년 3월 16일자, 4쪽.

　그러나 모든 민족주의자들이 워싱턴회의에 사활적 기대를 걸었던 것은 아니다. 실력양성론자들은 외교론자들과 다른 정세관을 갖고 있었다. 그들은 태평양회의를 한국독립의 사활문제로 보지 않았다. 그 이유는 워싱턴회의에 임하는 미국의 가장 큰 목적이 중국과 태평양에서 일본의 세력을 억제하는 데 있기 때문이다. 한국은 미국의 관심사가 아니라는 것이다. 미국의 입장에서 보자면, 중국과 태평양으로 진출하려는 일본을 막아내려면 한국과 만주 쪽으로 일본의 혈로를 열어주어야 함이 옳을 터이다. 따라서 워싱턴회의에서 ‘대한독립승인안’이 통과되지는 않을 것이라고 보았다.[8]

　그러나 실력양성론자들이 워싱턴회의에 대한 외교노력 자체를 부인한 것은 아니다. 임시정부를 탈퇴하고 국민대표회 소집운동에 가세한 실력양성론의 지도자 안창호는 1921년 8월 임시정부측 요인들의 요청을 수락하여 워싱턴회의에 대한 공동보조를 취하기로 합의했다. 그 결과 외교연구회가 조직되었다. 실력양성론자들은 “이 기회가 천재일우는 아니라 하더라도 우리 기회 중에 한 기회”라고 보았다. 워싱턴회의를 방관하지는 말고 적절하게 활용한다는 태도를 취했던 것이다. 그들은 한국독립 문제가 결의되지는 않겠지만 토의에 오를 가능성은 없지 않다고 보았다.[9]

　외교론과 실력양성론을 견지하는 민족주의자들이 워싱턴회의에 대해 나름대로 관심을 갖고서 대응한 데 반하여, 사회주의자들은 전혀 아무런 기대를 갖지 않았다. 사회주의자들은 워싱턴회의의 본질을 미·일 두 강국의 이해관계를 조정하기 위한 것이라고 인식했다.

　김단야는 말하기를, 태평양 연안의 이권쟁탈이 격화되어 극도로 위험하게 되자 그것을 완화할 목적으로 워싱턴회의가 소집되었다고 했다. 따라서 이 회의는 한국독립에 대해 유리한 조건을 주기는커녕 “동양 약

---

8) 『독립신문』 1921년 10월 5일자, 1쪽.
9) 위와 같음.

550

소민족의 앞길에 무섭고 위험한 회의”라고 규정했다.[10] 극동민족대회에 참가한 한 대표자는 워싱턴회의를 가리켜 “아시아대륙의 착취를 위한 아메리카·프랑스·일본·영국간의 수치스러운 4국 협정”이라고 불렀다.[11]

임시정부는 사절단을 구성하여 그들에게 외교활동에 관한 전권을 위임했다. ‘한국대표단(Korean Mission)’은 이승만(단장), 서재필(부단장), 정한경(서기) 등으로 구성되었으며, 그외에 미국인 돌프, 토마스 2명이 고문 및 특별고문으로 위촉되었다.[12]

미국인 고문 돌프는 영향력 있는 변호사였다. 그 수완이 “법조계에 상당히 알려져 있는” 인사였다.[13] 토머스는 전임 콜로라도주 상원의원 출신으로서 한국에 대한 열렬한 동정자로 잘 알려져 있었다. 그는 1920년 미국 상원에 「한국독립 승인안」을 제출한 바 있으며, 한국대표단의 법률고문으로 일했다. 이들은 미국대표단에 한국문제를 워싱턴회의에 제출해줄 것을 요청했다. 그렇지 않다면 한국대표단이 직접 회의석상에 참석하여 연설할 기회를 갖도록 주선해줄 것을 요청했다.

한국대표단의 외교교섭력을 강화할 목적으로 대규모 청원운동이 조직되었다. 한국의 종교·사회단체 대표자와 전국 13도 지역대표 373명이 서명한 「한국인민치서태평양회의(韓國人民致書太平洋會議)」라는 청원서가 워싱턴회의 사무국에 제출되었다.[14] 일본은 이 문서를 평가절하했다. “서명자의 필적은 2~3명의 손으로 이루어진 것이 명백하며, 또한 경성의 각종 단체의 대표자로 서명한 것 가운데 14~15명의 인장 모양과 실제 사용중인 인감을 대조해보니 모두 달랐다”는 이유를 들었다. 일

---

10) 김단야, 「레닌 회견 회상기」, 『조선일보』 1925년 1월 23일자.

11) 『極東勤勞者大會, 議事錄全文』, 合同出版, 1970, 112쪽(이하 『의사록』으로 줄임).

12) 朝鮮總督府 警務局, 『大正11年朝鮮治安狀況』, 283쪽.

13) 워싱턴회의 일본전권 보고, 1921. 12. 25, 『朝鮮民族運動史(未定稿)』 2, 122쪽.

14) 朝鮮總督府 警務局, 앞의 책, 16쪽.

본은 이 청원서가 날조된 것이라고 주장했다.[15)

1921년 11월 12일에 회의가 개막되었다. 한국대표단은 미국을 비롯한 8개 참가국 대표단을 상대로 청원활동을 전개하여 한국대표의 회의 참석과 한국독립 문제의 상정을 요구했다. 그러나 미국을 비롯한 열강은 한국대표단의 외교활동을 철저히 외면했다. 미국의 한 신문기자가 적절히 묘사한 것처럼, 한국대표단은 회의장 주변을 서성거리면서 배회할 도리밖에 달리 할 일이 없었다.[16)

워싱턴회의 결과는 한국인들에게 실망을 안겨다주었다. 워싱턴회의는 미국·영국·일본의 해군 보유 함정의 톤수를 5 : 5 : 3의 비율로 확정했다. 중국문제에 대해서는 문호개방 원칙을 결의했다. 한국문제는 회의석 상에서 전혀 거론되지 않았다.[17) 열강은 서로 협의하여 평화적으로 이권을 분배했다. 한국의 식민지적 지위는 일본의 최대 경쟁국인 미국에 의해 재차 승인된 셈이었다. 아시아·태평양문제를 둘러싼 전후 국제질서의 재편이 완료되었다. 워싱턴체제라고 불리는 안정된 국제관계 시스템이 구축된 것이다. 이 시스템은 1934년 12월 일본의 통고에 의해 파기될 때까지 12년 동안 작동되었다.[18)

잦아드는 혁명의 파고

워싱턴회의는 한국 독립운동의 앞길에 어두운 그림자를 드려놓았다. 이 회의를 계기로 하여 1919년 3월 이래 지속되어오던 혁명적 정세가 퇴조기로 전환되었다. 일본의 한국지배가 미국·영국·프랑스에 의해 재승인되었다. 국제정세를 업고 일거에 한국독립을 꾀할 수 있다고 생

---

15) 위의 책, 17~19쪽.
16) *Korea Review* 3 · 12, 1922. 2, pp. 10~11(고정휴, 앞의 글, 256쪽에서 재인용).
17) 朝鮮總督府 警務局, 앞의 책, 153쪽.
18) 경기도 경찰부, 『治安情況』 1935. 3, 39쪽.

각한 독립운동자들의 계획은 실현 불가능한 것이 되고 말았다. 한국의 독립가능성은 영영 사라진 듯했다.

상해 망명인사 가운데 한 사람은 워싱턴회의가 종료된 직후인 1922년 2월 10일에 아는 사람에게 편지를 썼다. 거기에 상해 독립운동진영의 분위기가 묘사되어있다. 먼 장래에는 어떨지 모르겠지만 현정황은 '낙담과 절망'뿐이라고 썼다.[19]

일본정보 문서에도 반일운동이 퇴조해가는 양상이 포착되어있다.

조선 독립운동은 1920년 8월 미국의원 관광단의 조선방문을 한 계기로 하여 기세가 꺾이고 민심이 점차 조용하게 되었다. 다시 워싱턴회의의 종료를 한 계기로 하여 민심이 안정되어 무력수단이나 시위운동 같은 방법으로써 혹은 외국에 의지하기도 했으나 도저히 급속하게 독립의 목적을 달성하기는 불가능하다는 것을 일반적으로 자각하게 되었다.[20]

독립운동의 퇴조는 상해임시정부의 재정고갈로 표출되었다. 일제경찰 문서에 의하면, "저들의 참칭 상해임시정부는 1921년 5~6월경에 이르러 재정이 완전히 고갈하여 어쩔 수 없이 붕괴상태에 빠지게 되었고, 각지의 불온행동도 부진상태를 면치 못"[21]하는 상태가 되었다.

퇴조기의 조짐은 '질풍노도'의 시기에 독립운동에 뛰어들었던 인사들이 이탈하는 데서도 나타났다. 앞길을 비관하여 일본 관헌에게 "공순(恭順)의 뜻을 표하며 귀향의사를 출원(出願)하는 자"가 속출했다.[22] 『독립신문』 사장 이광수가 그 보기이다. 그는 조선총독부 경무국의 양해 아래 망명생활을 청산하고 국내로 귀국했다. 임시정부 군무차장을 지낸 김희선(金羲善)도 그 대열에 끼여들었다.

---

19) 朝鮮總督府 警務局, 앞의 책, 212쪽.
20) 위의 책, 11쪽.
21) 위의 책, 22쪽.
22) 위와 같음.

이탈자가 속속 나옴으로써 반일운동진영은 커다란 심리적 충격을 받았다. 『독립신문』 1921년 10월 28일자 사설은 「적에게 귀순하는 자들이여」이다. 거기에는 분노와 허탈감이 잘 나타나있다. 『독립신문』은 투항자들에게 경고했다. "적에게 견주었던 총부리를 장차 네게 돌리고, 적에게 빼었던 검을 장차 네게 향"하겠다고 언명했다.

이제 독립운동에는 새로운 운동론이 필요하게 되었다. 결정적 투쟁의 시기는 가고 장기간의 고난에 찬 준비기가 도래한 것이다. 민족주의자에게나 사회주의자에게나 준비기에 걸맞는 새로운 전략과 전술이 요청되었다.

민족주의자들이 선택한 새로운 길은 문화운동론이었다. 워싱턴회의를 취재하고 돌아온 동아일보 기자 김동성(金東成)이 가까운 사람들에게 그 소감을 피력한 바 있다. 거기에는 문화운동론을 수용하는 민족주의자들의 심리상태가 잘 드러나있다. 그는 1921년 9월 28일 서울을 출발하여 하와이에서 열린 세계신문기자대회에 참석했다. 그 후 워싱턴회의를 취재하기 위해 미국 본토로 건너갔다가, 1922년 1월 12일 서울로 돌아왔다.

김동성은 미국과 영국에 걸었던 기대가 환상이었음을 자인했다. 미·영 두 나라는 "자국의 이익을 도모하는 데 급급"했다. 그로 미루어보면 과거에 한국독립에 동정적 태도를 보인 미국인들의 진의도 의심스럽다. 그것은 "필경 종교선포의 한 수단으로서 교묘하게 한국인의 심리에 영합한 것"에 불과하다고 단정했다.[23]

김동성은 일본의 국제적 지위가 더욱 향상되었다고 지적했다. 일본은 "세계 5대 강국의 반열을 뛰어넘어 3대 강국의 하나"로 지칭될 정도이다. 회의기간 동안 일본대표단의 위세는 당당했다고 한다. 미국정부는 그들을 극진히 대접했고, 다른 나라 대표단들도 일본의 눈치를 볼 정도

---

23) 『朝鮮民族運動史(未定稿)』 2, 180쪽.

554

였다고 한다.

김동성이 내린 결론은 비관적이었다. 현 국제정세하에서 한국의 독립은 도저히 불가능하다고 인식했다. 한국독립은 당분간 절망적이므로 "우리 한국인은 마땅히 교육·산업과 같은 문화적 시설에 열중하여 실력양성에 진력해야 한다"는 결론에 도달한 것이다.[24]

결국 1919~1921년 시기 한국의 국내 민족주의자들이 독립운동에 혁명적으로 진출할 수 있었던 것은 제1차 세계대전 직후 일본과 미국 간의 모순이 격화될 가능성이 존재했기 때문이었음을 확인할 수 있다. 이 시기 민족주의자들은 미국이 지원할 가능성에 고무되어있었다. 그러나 이제 한국독립은 불가능한 상태에 빠졌다. 이런 조건 속에서 국내 민족주의자들이 나아갈 길은 전망 없는 '독립운동'보다 실력양성노선에 입각한 문화운동이라고 판단하게 되었다.

김동성이 보기에, 만약 독립운동을 지속하고자 한다면 그 진로는 오직 러시아공산당과 제휴하는 것뿐이었다. 그는 흉금을 털어놓을 수 있는 소수의 주변사람들에게 감개무량한 어조로 말했다. "장래에는 미국인과 같은 야심가에게 기대하지 말고 차라리 다액의 군사비와 무기공급에 인색하지 않은 러시아공산당과 결합하는 것이 좋겠다"고 토로했다고 한다.[25]

독립운동을 지속하기를 원했던 사람들은 김동성의 내심의 길을 걸었다. 한국독립의 길은 제국주의에 의존하는 것이 아니라 그에 적대적으로 맞서는 것이어야 한다는 맑스주의자들의 설명에 귀기울였다. 사회주의 노선은 전망을 상실하고 침울해있는 한국인들에게 새로운 희망을 제공했다. 특히 1919~1921년의 고조기에 자의식을 형성한 청년·학생들은 대거 맑스주의를 수용했다.

---

24) 위의 책, 180~181쪽.
25) 『朝鮮民族運動史(未定稿)』 2, 181쪽.

2. 해외 양파 배격운동

운동의 중심이동

혁명적 정세의 퇴조는 사회주의자들에게도 전술전환의 필요성을 느끼게 했다. 고조기의 전술은 이제 더이상 유효하지 않았다. 1919~1921년 시기 사회주의자들의 주된 전술이었던 독립전쟁론은 이제 현실성을 상실하게 되었다. 독립전쟁론을 계속 견지한다면 국지적 의미를 갖는 사건을 만들어낼 수는 있다. 하지만 그건 그뿐일 것이다. 수많은 사람들에게 희망을 줄 수 있는 새로운 대안이 필요했다.

사회주의자들은 그 대안을 대중 속에서 찾았다. 3·1운동의 용광로 속에서 날카로운 정치의식을 획득한 거대한 대중의 역동성이 한국 국내에서 꿈틀거리고 있었다. 노동자·농민·청년·학생단체들이 비 온 뒤 죽순 솟듯이 전국 도처에서 생겨났다. 그들을 조직화·의식화하는 일이 긴급한 과제가 되었다. 1921년 말 1922년 초 이후 사회주의자들은 그 과업에 착수했다. 독립전쟁론을 대신하여 새로운 운동론이 제기되었다. 바로 대중운동론이었다. 광범한 군중을 조직화·의식화하여 혁명투쟁의 주인공으로 나서게끔 사업하는 일이 바로 그것이었다.

1921년 말 1922년 초부터 사회주의운동의 중심이 해외로부터 국내로 이동하게 된 원인은 운동의 주된 전술형태가 바뀐 것과 무관하지 않을 것이다. 대중운동을 하려면 대중 속으로 파고 들어가야 했다. 그 때문에 국내운동의 비중이 높아지는 것은 당연한 일이었다.

그러나 단지 그 때문만은 아니었다. 운동의 중심지가 국내로 이동한 배경에는 더 큰 이유가 숨어있었다. 1921년 말 1922년 초부터 국내 사회주의자들 속에서 기존의 양대 공산당을 배격하는 거센 힘이 분출되어나왔다. 바로 그 힘이 지각변동을 초래한 진정한 진원이었다.

왜 기존의 두 공산당을 배격했는가? 그 원인은 기존의 두 공산당이 제공했다. 초기 운동을 주도하던 두 고려공산당은 1921년 말 시점에 와서는 더이상 신뢰를 얻지 못했다. 자신이 뿌려놓은 시행착오와 잘못이 쓴 열매를 거두었기 때문이다.

이르쿠츠크파 공산당은 그해 6월에 있은 자유시사변의 업보에서 벗어날 수 없었다. 한국 혁명운동의 정화라 할 수 있는 4,000여 명 독립군을 무력충돌로 이끌게 한 책임을 져야 했다. 이르쿠츠크파 공산당은 동족상잔의 추악한 범죄자들로 지목되었다. 수조차 알 수 없는 많은 사람들의 억울한 죽음을 초래했고, 죄 없는 독립군 수백 명을 강제노동의 고역에 시달리게 했다. 그들은 혁명운동의 지도자가 아니라 도리어 억압자라는 낙인에서 벗어날 수 없었다.

상해파 공산당은 모스크바 자금을 유용했다는 혐의를 받았다. 막대한 모스크바 자금을 사회주의운동에 사용하지 않고 사사로이 자기 집단의 이익을 증진하는 데 썼다는 비난을 받았다. 또한 그 정책노선이 공산당의 것인지 의심받을 정도로 우경화했다는 비난도 받았다. 결국 상해파 공산당은 모스크바 자금을 탐내어 제멋대로 공산당을 참칭한 사이비 공산당으로 지목되었다. '사기 공산당'은 상해파 고려공산당의 별명이 되었다.

해외의 양파 공산당은 국내 대중운동 속에 뿌리박고서 무섭게 성장해오는 국내 사회주의자들의 배척을 받았다. 국내의 신흥 사회주의자들은 거대한 잠재력을 발휘하기 시작했다. 그들은 기존 두 공산당의 지도적 역할을 인정할 수 없었다. 그들에게 운동의 주도권을 양여하려 하지 않았다. 1922년 1월 마침내 해외 양파의 주도성에 반대하는 국내 사회주의자들이 행동에 착수했다.

사기 공산당 사건

사기 공산당 사건이란 일회적인 사건이 아니라 1922년 1월에서 6월까지 발생한 일련의 상해파 배격운동을 가리키는 말이다. 김윤식(金允植) 사회장 반대운동(1~2월), 조선청년회연합회 탈퇴운동(4월), 서울청년회의 상해파 요인 제명 사건(6월), 조선노동공제회의 상해파 요인 제명사건(4~6월) 등이 그것이다.

김윤식 사회장 반대운동이란 1922년 1월 21일에 사망한 김윤식의 장례를 사회장(社會葬)으로 성대하게 치르려는 움직임에 대한 반대운동을 가리킨다. 상해파 국내부가 주도하고 여러 민족주의세력이 참가한 '김윤식사회장 장의위원회'에 대항하여 '김윤식사회장반대회'가 결성되었다. 강연회 개최, 삐라 발행, 신문·잡지를 통한 여론형성 등의 방법으로 반대운동이 전개되었다. 사회장은 결국 취소되었다.[26]

김윤식 사회장이 취소된 그날 국내 사회주의세력의 지도자 김한(金翰)이 『조선일보』에 기고한 기사는 김윤식 사회장 반대운동의 성격을 이해하는 데 매우 유익하다. 김한은 말하기를, 김윤식 사회장 반대운동은 "귀족사회를 파괴하고 자본가계급 타파와 사회개량가의 매장"을 위한 투쟁이었다고 규정했다.[27] 두 가지 성격이 중첩된 것으로 보는 점에 주목하자. 그가 말하는 "자본가계급의 타파"란 김윤식 사회장 장의위원회에 참여한 기독교세력과 동아일보 그룹에 대한 사회주의자들의 투쟁을 뜻한다. "사회개량가의 매장"이란 곧 문화운동세력과의 연합을 추진하

---

26) 박철하, 「1920년대 전반기 중립당과 무산자동맹회에 관한 연구」, 『숭실사학』 13, 숭실대학교 사학회, 1999 ; 박종린, 「김윤식 사회장 찬반 논의와 사회주의세력의 재편」, 『역사와현실』 38, 2000. 12.

27) 金翰, 「故金允植社會葬反對に際し此の文を一般民衆に送る」, 『조선일보』 1922년 2월 3일자 압수기사(조선총독부 경무국 도서과, 『諺文新聞差押記事輯錄(朝鮮日報)』, 1932).

558

고 있던 상해파 공산당 국내부 간부들에 대한 반대투쟁을 가리킨다. 이 운동의 성격은 이중적으로 이해함이 옳다. 그것은 국내 상해파의 계급연합정책에 반대하는 신흥 사회주의자들의 반상해파 운동이었으며, 또한 반민족주의운동이었다.

조선청년회연합회에서 상해파 요인들을 축출하려는 시도는 1922년 4월에 개최된 연합회 제3회 대회석상에서 이루어졌다. 강령과 조직형태, 집행위원 선임문제를 둘러싼 첨예한 논란 끝에 청년회연합회 상임집행위원 '장덕수, 오상근(吳祥根), 김명식(金明植)' 3명을 제명하자는 제안이 제출되었다. 이들은 상해파 국내부 위원들이었다. 그러나 이 제안은 부결되었다. 국내의 신흥 사회주의자들은 서울청년회를 전면에 내세워 입장을 같이하는 8개 단체와 함께 청년회연합회를 탈퇴하게 했다. 이어서 새로운 전국적 청년단체를 결성하기 위해 전조선청년당대회 소집운동에 착수했다.28)

국내의 신흥 사회주의자들은 조선청년회연합회 집행부를 장악하는 데는 실패했으나, 자신이 장악하고 있던 서울청년회 내에서 상해파 계열의 집행위원을 축출하는 데는 성공했다. 1922년 6월 장덕수, 김명식, 오상근, 최팔용(崔八鏞), 이봉수(李鳳洙) 등 5명이 서울청년회에서 제명되었다.29)

반상해파 운동은 조선노동공제회에서도 되풀이되었다. 그해 4~6월에 걸쳐 노동공제회에서 앞서 언급한 인물들과 그밖의 상해파 요인들이 제명되었다.

상해파공산당 국내부의 영향력은 1921년까지만 하더라도 국내에서 가장 유력했다고 볼 수 있다. 오랜 역사를 갖고 있는 사회혁명당의 전통을 계승했을 뿐 아니라 『동아일보』라는 가장 영향력있는 국내 신문을 활용할 수 있었다. 그뿐이랴. 조선청년회연합회, 서울청년회, 조선노동공제

28) 李江, 「조선청년운동의 사적 고찰 (상)」, 『현대평론』 1927. 9, 39~43쪽.
29) 李江, 「조선청년운동의 사적 고찰 (중)」, 『현대평론』 1927. 10, 22쪽.

회 등과 같은 가장 유력한 대중단체들 속에 깊이 뿌리를 내리고 있었다. 상해파 공산당 국내부의 영향력은 이처럼 강력했다. 그러나 그 영향력은 국내 신흥 사회주의자들의 6개월에 걸친 집요한 공세에 밀려 여지없이 꺾이고 말았다.

상해파 공산당이 영향력을 급격히 상실한 이유는 '사기 공산당'이라는 지목이 사람들에게 널리 인정되었기 때문이다. 신흥 사회주의자들은 상해파 공산당을 상급조직으로 인정하기를 거부했을 뿐만 아니라, 그것을 비공산주의적 '사기 공산당'으로 규정하고 나섰다. 그 근거는 다음 두 가지였다.

하나는 모스크바자금 유용 혐의이다. 상해파 공산당은 소비에트러시아 정부로부터 거액의 혁명자금을 지원받았는데, 그것은 "첩살림비, 유흥비, 워싱턴회의 대표 파견비, 분쟁경비 등에 낭비되었고, 혁명적 용도로는 전혀 쓰이지 않았다"는 혐의를 받고 있었다.[30]

상해파 공산당이 사기 공산당으로 간주된 또 다른 이유는 상해파가 '문화운동'기관으로 지목되고 있던 동아일보 세력과 제휴하고 있었기 때문이다. 상해파 국내 간부인 장덕수는 "조선에서는 아직 혁명을 위한 계기가 성숙하지 않았기 때문에 반드시 문화계몽운동을 통해 인민의 경제적 생활수준을 향상시키고 민족의 잠재력을 교육"하는 것이 요청된다고 보았다. 그에 반해 신흥 사회주의세력의 리더 김사국(金思國)은 "혁명적 투쟁방법을 통해 조선의 완전독립을 달성한다"는 관점을 견지했다.[31] 이른바 문화운동자들을 민족혁명운동세력으로 인정할 수 없다는 것이었다. 문화운동세력과 문화운동론에 대해 사회주의자들이 어떤 태

---

30) Информация из Сеула от Дегуан(서울에서 온 霽觀의 통신), 1922. 11. 25, 1쪽, РГАСПИ ф.495 оп.135 д.70 л.20~22.

31) Доклад Ким Сагука во ИККИ No.1, Краткий исторический обзор возникновения и деятельности коммунистической организации в Корее(김사국의 보고 제1호, 한국 내 공산단체의 형성과 활동에 관한 약사), 1924. 3. 17, 4쪽, РГАСПИ ф.495 оп.135 д.96 л.47~57(이하 「김사국의 보고 제1호」로 줄임).

560

도를 취해야 하는가, 바로 이 문제가 1922년 사기 공산당 사건을 불러일으킨 최대 이슈가 되었다.

조선공산당(중립당)의 결성

국내 신흥 사회주의자들이 반상해파 캠페인에서 성공을 거둘 수 있었던 또 하나의 이유가 있다. 반상해파 운동을 수행하는 과정에서 분산되었던 국내외 신흥 사회주의자들이 강력한 공산주의 그룹을 결성했기 때문이다.

김윤식 사회장 반대운동에는 상해파나 이르쿠츠크파에 소속되지 않은 세 개의 공산주의단체가 참여했다. 1921년 5월 서울에서 재결성된 '조선공산당', 같은 시기 일본에서 결성된 또 하나의 공산주의 그룹 '재일본조선인공산주의단체', 1921년 10월 도쿄에서 결성되었다가 머지않아 서울로 거점을 옮긴 '사회혁명당(서울파)'이 그것이다. 이들은 김윤식 사회장 반대운동을 통해 일체감을 고양시켰다. 각파 공산주의세력의 공동행동은 급기야 조직적 통합으로 발전해갔다. 특히 국내에 세력기반을 갖고 있는 두 공산주의 단체 사회혁명당(서울파)과 조선공산당은 조직통합에 합의했다.

1922년 3월 31일 무산자동맹회의 결성은 바로 이 두 비밀 공산주의단체의 조직적 통합을 표상하는 것이었다. 무산자동맹회는 그해 1월 '조선공산당'의 합법 외곽단체로서 설립된 무산자동지회와 그해 2월 '사회혁명당(서울파)'의 합법 외곽단체로서 설립된 신인동맹회를 통합하여 발족했다. 이는 비합법 국면에서 사회혁명당과 조선공산당이 통합하는 과정을 반영하고 있다.

하지만 사회혁명당(서울파)과 조선공산당이 통합한 경위와 시점에 대해서는 아직 정확히 확정할 수 없다. 이에 대해서는 두 개의 불일치하는 기록이 있다. 하나는 무산자동맹회 결성과 동시에 통합단체가 결성되었다는 정재달(鄭在達)의 기록이다. 이에 따르면, 당은 무산자동맹회와 같은 시기에 결성되었으며, 그 명칭은 '조선공산당'이었다.[32] 다른 하나는 1922년 6월 사회혁명당(서울파)을 해산하고 '통일조선공산당 창립대회 소집준비위원회(оргбюро по созыву учредительного съезда единой Кор. К. п.)'가 결성되었다는 김사국의 기록이다.[33]

통합시점과 통합단체의 명칭을 둘러싼 이러한 상이한 기록 때문에 통합경위에 대해 정확히 서술하는 것은 아직 곤란하다. 하지만 통합단체의 결성일자가 적어도 1922년 3월에서 6월 사이였음은 분명한 것 같다. 이 단체의 지도자는 신백우(申伯雨), 김사국, 원우관, 김한, 이영, 정재달 등이었다.[34] 이들은 구사회혁명당(서울파)과 구조선공산당에서 지도적 역할을 수행했던 사람들이다. 김사국과 이영은 구사회혁명당을 대표하여, 신백우·원우관·김한·정재달은 구조선공산당을 대표하여 통합된 '조선공산당'의 지도부를 구성했다.

김윤식 사회장 반대운동에서 드러났듯이 통합단체의 구성원들은 해외에서 격렬하게 전개된 상해파, 이르쿠츠크파 두 공산당의 분쟁에 대한 혐오감을 공유했다. 통합된 공산주의단체는 양파 어느 쪽에 대해서도 전국적 지도성을 갖는 상급조직으로 인정하기를 거절했다. 바로 이러한 태도로 인해 통합된 '조선공산당' 혹은 '통일조선공산당 창립대회 소집준비위원회'는 '중립당'이라는 별칭을 갖게 되었다.

이르쿠츠크파 배격운동

상해파와 함께 이르쿠츠크파 공산당 국내세력도 배척을 받았다. 이르

---

32) История и деятельность нейтральной коркомпартии : Доклад делегата Тену (대표자 전우의 보고, 중립조선공산당의 역사와 활동), 3쪽, РГАСПИ ф.495 о п.135 д.64 л.51~57(이하 「전우의 보고」로 줄임).

33) 「김사국의 보고 제1호」, 1924. 3, 9쪽.

34) 「高麗黨運動의 略史」 1924. 9. 29, 1쪽, РГАСПИ, ф.495 оп.135 д.222а л.1~11.

쿠츠크파 공산당의 국내조직은 1921년 이교담(李敎淡), 서초 등을 국내에 파견함으로써 이루어졌다. 이들은 노동대회의 지도자인 노병희(盧秉熙) 등과 협력하여 세포단체와 내지부를 조직했다.[35]

이르쿠츠크파가 배척받는 중요한 이유 가운데 하나는 1921년 6월 자유시사변의 책임문제였다. 이 사건에서 다수의 사상자가 발생한 것은 주로 이르쿠츠크파의 종파행위 때문인 것으로 간주되었다. 중립당은 자유시사변에서 '죄 없는 희생자들'이 생긴 데 대해 특히 분노했다.[36]

뿐만 아니라 경찰간부 황옥(黃鈺)이 이르쿠츠크파 내지부 간부로 선임되어있었던 점도 의혹의 대상이 되었다. 그래서 황옥뿐만 아니라 이르쿠츠크파 내지부 자체가 의심을 받았다. 국내외를 왕래하는 이르쿠츠크파 당원들은 황옥의 주선으로 여행권을 발급받았기 때문에 별다른 의심 없이 국경을 통과하곤 했다. 이러한 행동은 일본경찰의 밀정이 아니고서는 불가능한 것으로 간주되었다.

결국 1922년 5~6월에 노병희, 황옥 등을 비롯한 이르쿠츠크파 내지부 요인들은 국내 대중단체 가운데서 자신들이 주도권을 쥐고 있던 노동대회에서 제명되었다. 그리하여 그해 6월 이후 조선공산당(중립당) 구성원들이 노동대회의 지도권을 장악하게 되었다.

중립당은 해외 양파의 영향력 약화에 성공한 데 힘입어 1922년 6월경에는 서울청년회, 노동공제회, 노동대회 등을 통해 국내 합법 공개영역의 대중운동 속에서 강력한 영향력을 갖게 되었다. 이에 기초해서 중립당은 자신의 위상을 통일조선공산당으로 전환시키고자 했다. 자신의 위상은 '통일조선공산당 창립대회 소집준비위원회'가 되며, 각도에는 도위원회를, 각군에는 세포단체를 결성하기로 결정했다. 세포단체의 수가 100개를 초과할 때 적당한 장소에서 창립대회를 개최한다는 것이었

---

35) Ли Шенг(이성), Доклад ЦК Коркомпартии Иркутской группы(고려공산당 이르쿠츠크파 중앙총국의 보고), 2~3쪽, РГАСПИ ф.495 оп.135 д.64 л.14~28.
36) 「전우의 보고」, 1쪽.

다.37)

또한 그해 8월 조선공산당(중립당)의 지도하에 '고려공산청년회 중앙총국'도 결성했다. 위원에는 김사국, 김사민, 정재달, 고준, 조훈 등이 선임되었다.38) 그 주요 간부들이 국제공청의 전권위원인 조훈과 더불어 공산청년회 조직의 집행부를 장악하게 되었던 것이다.

이리하여 한국 사회주의운동의 첫 국면은 막을 내렸다. 1917년부터 1921년까지 5년 동안 지속된 이 국면에는 국내외 광활한 지역에서 한인 사회주의단체들이 활화산처럼 분출되어나왔다. 수많은 단체들 속에서 두 개의 중심이 형성되었다. 창립대회 개최지를 빌려서 '상해파'와 '이르쿠츠크파'라 불리던 두 고려공산당은 당권, 군사통수권, 혁명론과 정책노선을 둘러싸고 각축을 벌였다. 그러나 두 공산당의 전성기는 1921년 말 1922년 초를 고비로 하여 저물었다. 이제 '해외시대'가 끝나고 새로운 시대가 개막되었다. 국내 대중운동 속에 뿌리박은 새로운 주역들이 등장했다. '각파 공산주의그룹의 시대'가 도래한 것이다.

---

37) 「김사국의 보고 제1호」, 1924. 3, 9쪽.
38) 「고공청일반진행정황」, 4쪽, РГАСПИ ф.533 оп.10 д.1908 л.1~11.

564

참고문헌

1. 사료

1) 간행자료집

독립운동사편찬위원회 편,『독립운동사자료집』(1~8권), 1970~1974.
국사편찬위원회,『한국독립운동사 자료』1~38권, 1970~2002.
국사편찬위원회,『한민족독립운동사자료집』1~52권, 1986~2002.
국회도서관,『대한민국임시정부의정원문서』, 1974.
국회도서관,『한국민족운동사료』(중국편), 1976.
국회도서관,『한국민족운동사료』(3·1운동편 其一), 1977.
국회도서관,『한국민족운동사료』(3·1운동편 其二), 1978.
국회도서관,『한국민족운동사료』(3·1운동편 其三), 1979.
『한국독립운동사자료집』홍범도, 한국정신문화연구원, 1995.
『독립군의 수기』(해외의 한국독립운동사료 XII, 러시아편 ②), 국가보훈처, 1995.
『3·1운동 독립선언서와 격문』(해외의 한국독립운동사료 XXV, 일본편 ⑦)
　　　　국가보훈처, 2002
김준엽·김창순 공편,『한국공산주의운동사』(자료편1·2), 고려대 아세아문
　　　　제연구소, 1979·1980.
이재화·한홍구 편,『한국민족해방운동사 자료총서』(전5권), 경원문화사,
　　　　1990.
한국역사연구회 편,『일제하 민족해방운동사 자료총서』(전12권), 고려서림,
　　　　1992.
임영태 편,『식민지시대 한국사회와 운동』, 사계절, 1985.
배성찬 편,『식민지시대 사회운동론 연구』, 돌베개, 1987.
한대희 편역,『식민지시대 사회운동』, 한울림, 1986.

신주백 편역, 『1930년대 민족해방운동론 연구』(1·2), 새길, 1990.

오미일 편, 『식민지시대 사회성격과 농업문제』, 풀빛, 1991.

金正明 編, 『朝鮮獨立運動(共産主義運動篇)』(第4·5卷), 原書房, 1967.

朴慶植 編, 『朝鮮問題資料叢書』(제5·6·7·8권), アジア問題研究所, 三一書房, 1982~1983.

姜德相 編, 『現代史資料』(第25~30卷: 朝鮮篇), みすず書房, 1967~1976.

金正柱 編, 『朝鮮統治史料』(全10卷).

Dae-Sook Suh, *Documents of Korean Communism: 1918~1948*, Princeton Univ. Press, 1970.

2) 일본정부 기관의 편찬자료

『日本外務省陸海軍省文書』(국회도서관 소장 마이크로필름)

日本外務省 編, 『特殊調査文書』(全62卷), 高麗書林 影印, 1991.

日本外務省 編, 『外務省警察史(支那部)』(全5卷), 高麗書林 影印, 1991.

日本外務省 編, 『外務省警察史(間島部)』(全15卷), 高麗書林 影印, 1991.

拓務省 管理局, 『拓務省所管各地域ニ於ケル思想運動概觀』, 1931.

朝鮮總督府 警務局, 『大正11年朝鮮治安狀況』(1·2)

朝鮮總督府 警務局, 『朝鮮の治安狀況』(昭和2年版), 1927.

朝鮮總督府 警務局, 『朝鮮の治安狀況』(昭和5年版), 1930.

朝鮮總督府 警務局, 『最近に於ける朝鮮治安狀況』(1933년도판), 1934.

朝鮮總督府 警務局, 『最近に於ける朝鮮治安狀況』(1936년도판), 1937.

朝鮮總督府 警務局, 『最近に於ける朝鮮治安狀況』(1938년도판), 1939.

朝鮮總督府 警務局, 『高等警察報』(제1~6호), 1933~1937.

朝鮮總督府 警務局, 『高等外事月報』(제1호, 2호, 3호, 4호, 6호, 8호, 9호, 12호, 13호, 14호), 1939 ~1940.

朝鮮總督府 警務局, 『高等警察關係年表』, 1929. 11.

朝鮮總督府 警務局, 『高等警察用語辭典』, 1933.

朝鮮總督府 警務局, 『國外於容疑朝鮮人名簿』, 1934.

朝鮮總督府 警務局, 『共産主義運動ニ關スル文獻集』, 1936.

京畿道 警察部, 『治安槪況』(1925년, 1926년, 1928년, 1929년, 1931년판).

京畿道 警察部,『治安情況』(1935년판).

慶尙北道 警察部,『高等警察要史』, 1943 (고려대 민족문화연구소에서 영인, 1967).

慶尙南道 警察部,『高等警察關係摘錄(1919~1935年)』, 1936.

朝鮮總督府 法務局,『朝鮮獨立思想運動變遷』, 1931.

朝鮮總督府 法務局,『朝鮮獨立運動調査報告書』.

朝鮮總督府 法務局,『日本の社會主義及危險主義關係情報雜纂』.

朝鮮總督府 高等法院 檢事局 思想部,『朝鮮思想運動調査資料』(第1,2輯), 1932,
    1933.

朝鮮總督府 高等法院 檢事局 思想部,『思想月報』(全42號), 1931. 4~1934. 9.

朝鮮總督府 高等法院 檢事局 思想部,『思想彙報』(全26號), 1934. 12~1943. 10.

朝鮮憲兵隊司令部 編,『輓近ニ於ケル鮮內思想運動ノ情勢』, 1928 (이재화·한홍
    구자료집 제2권에 수록).

齋藤實文書資料 編,『民族運動』(全3卷), 高麗書林 影印.

『思想情勢視察報告書』(全10卷), 高麗書林 影印.

『昭和特高彈壓史』(全8卷), 高麗書林 影印.

3) 구코민테른 문서보관소 자료

문서보관소 명칭 : РГАСПИ, Российский Государственный Архив Социально‐Полити
    ческой Истории(러시아국립사회정치사문서보관소. 1999년 명칭 변경).

Расположение и численность Корейских партизанских отрядов, согласно доклад
    а облакома Кор.Ком.Партии от 26 августа 1920 г. РГАСПИ, ф.495 оп.19
    д.193.

Согласно доклада облакома Кор.Ком.Партии, организованы Комячейки в следующи
    х пунктах, РГАСПИ, ф.495 оп.19 д.193.

Заявление Корейской коммунистической партии 14 человек в г.Омске, 1919. 11.
    21, РГАСПИ, ф.495 оп.135 д.3 л.1~2.

Протокол общего собрания Н~Николаевского Корейского Общества 28 Декабря
    1919 г. РГАСПИ, ф.495 оп.135 д.3 л.3.

Декларация независимости Кореи, 1919. 3. 17, РГАСПИ, ф.495 оп.135 д.5 л.3об.

Устав Корейского национального комитета в России, РГАСПИ, ф.495 оп.135 д.5 л.7 об.

Резолюция о корейских коммунистических секциях(проект), 1920(*1921). 1. 29, РГАСПИ, ф.495 оп.135 д.8 л.1.

Resolution of the executive of the communist international adopted on the 28~th of november 1920, РГАСПИ, ф.495 оп.135 д.8 л.2.

Протокол No. Совершенно~секретного совещания Секции Восточных Народов Сибирского облартного Бюро при ЦКРКП с представителем~начольником Корейских отрядов Семенова тов Ким. 1920. 9. 13, РГАСПИ, ф.495 оп.135 д.9 л.2 об.

Телеграмма Зиновьеву от сиббюро ЦКРКП о Пак Диншуне, 1920. 10. 16, РГАСПИ, ф.495 оп.135 д.9 л.3.

Телеграмма от Гончарова, 1920. 12. 17, РГАСПИ, ф.495 оп.135 д.9 л.4~5.

Протокол заседания Призидиума секции Востнародов с корейским отделом, 1920. 9. 19, РГАСПИ, ф.495 оп.135 д.10 л.3об.

Список технических сотрудников Корейского отдела секции Восточных Народов, крайне нуждающихся в нижеполменованных предметах, 1920. 9. 25, РГАСПИ, ф.495 оп.135 д.10 л.6.

Доклад о работе секции востнародов сиббюро ЦКРКП, 1920. 10. 7, РГАСПИ, ф.495 оп.135 д.10 л.9об.

Протокол заседания президиума секвостнара и цека коркоморганизаций, 1920. 11. 29, РГАСПИ, ф.495 оп.135 д.10 л.12.

Список корейцев находящихся курсантами при Партшколе, 1920.4.22, РГАСПИ, ф.495 оп.135 д.11 л.12.

Перевод письма премьера Корейского правительства Ли~Донг~Вей В.И.Ленину, 1920.5.24, РГАСПИ, ф.495 оп.135 д.11 л.24.

Представитель Временного Корейского правительства, Упономоченному Народного Комиссариата по Иностранным Делам Гражданину Янсону, 1920.5.29, РГАСПИ, ф.495 оп.135 д.11 с.1, л.26.

Замуполнаркоминдел Уполвостран Гончаров, Москва Наркоминодел Карахану Отдел Востока Янсону, РГАСПИ, ф.495 оп.135 д.11 л.32.

Граждан корейцев Города Томска, Заявление уполномоченного РСССР иностранны
м делам Сибири и Дальнего Востока, РГАСПИ, ф.495 оп.135 д.11 л.52.

Протокол Объединенного совешания представителей от всех местных корейских
организации и представителя Комиссариата Иностранных дел тов.Янсона,
1920.3.30, РГАСПИ, ф.495 оп.135 д.12 л.1об.

Протокол No.4 заседания корейской Секции при МКРКП, 1920.12.29, РГАСПИ, ф.495
оп.135 д.12 л.2.

Список Корейских секции РКП подлежащих организации, РГАСПИ, ф.495 оп.135 д.12
л.3.

Протокол No.1 Собрании Корейской Комунистической ячеики, 1920.3.7, РГАСПИ,
ф.495 оп.135 д.14 л.1об.

Протокол No.2 Собрании Корейской Комунистической ячеики, 1920.3.18, РГАСПИ,
ф.495 оп.135 д.14 л.2об.

Протокол No.3 Заседания Корейской секции при Иркутской Губ.РКП, 1920.3.21,
РГАСПИ, ф.495 оп.135 д.14 л.3.

Протокол No. общего собрании Корейской секции при Иркутской Губком. РКП,
1920.3.23, РГАСПИ, ф.495 оп.135 д.14 л.4об~5.

Выписка из протокола Иркутского котитета партии коммунистов, 1920.3.25, РГАС
ПИ, ф.495 оп.135 д.16 л.2об.

Заместитель уполномоченного, Корейской секции при губернском комитете РКП,
1920.4.28, РГАСПИ, ф.495 оп.135 д.16 л.5.

Доклад ЦЕКА Коркоморганизации Секции Востнародов Сиббюро ЦЕКА РКП, 1920.10,
РГАСПИ, ф.495 оп.135 д.17 л.1.

Центральный комитет Корейских коммунистических Организации, Письмо в Центр
альный комитет РКП, 1920.11.16, РГАСПИ, ф.495 оп.135 д.17 л.2об.

Протокол No.1 заседания Центрального Комитета Корейских Коммунистических
организации, 1920.7.21, РГАСПИ, ф.495 оп.135 д.19 л.1.

Протокол No.2 заседания Центрального Комитета Корейских Коммунистических
организации, 1920.8.2, РГАСПИ, ф.495 оп.135 д.19 л.2об.

Протокол No.3 заседания Центрального Комитета Корейских Коммунистических
организации, 1920.8.5, РГАСПИ, ф.495 оп.135 д.19 л.3.

Протокол No.4 заседания Центрального Комитета Корейских Коммунистических организации, 1920.8.6, РГАСПИ, ф.495 оп.135 д.19 л.4об.

Протокол No.5 заседания Центрального Комитета Корейских Коммунистических организации, 1920.8.12, РГАСПИ, ф.495 оп.135 д.19 л.6.

Протокол No. заседания Центрального Комитета Корейских Коммунистических организации, 1920.8.14, РГАСПИ, ф.495 оп.135 д.19 л.7.

Протокол No.6 заседания Центрального Комитета Корейских Коммунистических организации, 1920.8.19, РГАСПИ, ф.495 оп.135 д.19 л.8.

Протокол No.7 Экстренного заседания ЦК Коркоморганизации, 1920.8.20, РГАСПИ, ф.495 оп.135 д.19 л.9.

Протокол No.8 Чрезвычайнного заседания Центрального Комитета Корейских Коммунистических организации, 1920.8.25, РГАСПИ, ф.495 оп.135 д.19 л.10.

Протокол No.9 заседания Центрального Комитета Корейских Коммунистических организации, 1920.8.26, РГАСПИ, ф.495 оп.135 д.19 л.11.

Протокол No.10 заседания Центрального Комитета Корейских Коммунистических организации, 1920.9.2, РГАСПИ, ф.495 оп.135 д.19 л.12~13об.

Список сотрудников Корейского Отдела Секции Восточных народов Сиббюро Р.К.П. Состовлен 2 сентябюря 1920 года. РГАСПИ, ф.495 оп.135 д.19

Протокол, 1920.9.5, РГАСПИ, ф.495 оп.135 д.19 л.14об.

Протокол No.11 заседания Центрального Комитета Корейских Коммунистических организации, 1920.9.7, РГАСПИ, ф.495 оп.135 д.19 л.15.

Протокол No.12 заседания Центрального Комитета Корейских Коммунистических организации, 1920.9.9~10, РГАСПИ, ф.495 оп.135 д.19 л.16об.

Доклад сделанный на заседании Центрального Комитета Корейских Коммунистиче ских Организации 9 и 10 сентября 1920 года товарищами Н.Ф.Ким приехавш его из Дальняго Востока для установления связи и разрешения политиче ских вопросов, РГАСПИ, ф.495 оп.135 д.19 л.18об.

Секретарь Цека Коркоморганизации А.Цай, Доклад о работе Корейского отдела Секции Восточных Народов, РГАСПИ, ф.495 оп.135 д.19 л.22об~23.

Доклад тов.Ан - ый прибывшего 10/IX из Читы на заседании Цека Коркоморганизац ии, 1920.9.10, РГАСПИ, ф.495 оп.135 д.19 л.25.

570

Протокол No.13 заседания пленума Центрального Комитета Корейских Коммунист
ических организации, 1920.9.14, РГАСПИ, ф.495 оп.135 д.19 л.27.

Доклад тов.Намм Манчун на заседании Центрального Комитета Корейских Коммуни
стических организации 14 сентября 1920 года об урегулировании работы
отделов ЦК и поднятии авторитета ЦК, РГАСПИ, ф.495 оп.135 д.19 л.30.

Протокол No.14 заседания Центрального Комитета Корейских Коммунистических
организации, 1920.9.16, РГАСПИ, ф.495 оп.135 д.19 л.31.

Инструкция, РГАСПИ, ф.495 оп.135 д.19 л.33.

Протокол объединенного заседания Центрального Комитета Корейских Коммунис
тических организации и Секции Восточных народов, 1920.9.17, РГАСПИ,
ф.495 оп.135 д.19 л.34.

Протокол No.15 Центрального Комитета Корейских Коммунистических организац
ии, 1920.9.23, РГАСПИ, ф.495 оп.135 д.19 л.35.

Протокол No.16 заседания Центрального Комитета Корейских Коммунистических
организации, 1920.10.22, РГАСПИ, ф.495 оп.135 д.19 л.37.

Протокол No.17 Центрального Комитета Корейских Коммунистических организац
ии, 1920.10.28, РГАСПИ, ф.495 оп.135 д.19 л.38.

Протокол No.18 заседания Центрального Комитета Корейских Коммунистических
организации, 1920.11.2, РГАСПИ, ф.495 оп.135 д.19 л.41.

Доклад члена ЦЕКА Коркомморганизации тов.Нам - манчун о результатах командир
овни в город В - Удинск, 1920.11.13, РГАСПИ, ф.495 оп.135 д.19 л.42об.

Доклад(письмо) тов.Ли - Кара из Шанхаи в ЦК Коркомморганизации, 1920.9.22, РГАС
ПИ, ф.495 оп.135 д.19 л.43.

Протокол No.19 заседания Центрального Комитета Корейских Коммунистических
организации, 1920.11.4, РГАСПИ, ф.495 оп.135 д.19 л.44.

Протокол No.2 Заседании Корейского Центрального Совета Агитации и пропаган
ды, 1920.11.2, РГАСПИ, ф.495 оп.135 д.19 л.45.

Протокол No.20 заседания Центрального Комитета Корейских Коммунистических
организации, 1920.11.11, РГАСПИ, ф.495 оп.135 д.19 л.47.

Доклад члена Д - Восточного Комитета Корейской Коммунистической партии Пак -
Чан - Ин, 1920.11.11, РГАСПИ, ф.495 оп.135 д.19 л.48~49об.

Центральный К‑ет Коркомморганизации, Инструкция делегатам командируиммы н
а Д.Восток для партработы, РГАСПИ, ф.495 оп.135 д.19 л.50.

Протокол No.21 заседания Центрального Комитета Корейских Коммунистических
организации совместно с ответствнными корейскими партработниками,
1920.11.17, РГАСПИ, ф.495 оп.135 д.19 л.51об.

Протокол No.22 заседания Центрального Комитета Корейских Коммунистических
организации, 1920.11.18, РГАСПИ, ф.495 оп.135 д.19 л.52.

Протокол No.23 заседания Центрального Комитета Корейских Коммунистических
организации совместно с ответственными работниками Коротдела Секции
Восточных Народов, 1920.11.22, РГАСПИ, ф.495 оп.135 д.19 л.53.

Протокол No.24 заседания Центрального Комитета Корейских Коммунистических
организации, 1920.11.24, РГАСПИ, ф.495 оп.135 д.19 л.54.

Протокол No.25 Центрального Комитета Корейских Коммунистических организац
ии, 1920.11.26, РГАСПИ, ф.495 оп.135 д.19 л.55.

Протокол No.26 заседания Центрального Комитета Корейских Коммунистических
организации, 1920.12.1, РГАСПИ, ф.495 оп.135 д.19 л.56.

Протокол No.27 заседания Центрального Комитета Корейских Коммунистических
организации, 1920.12.3, РГАСПИ, ф.495 оп.135 д.19 л.57.

Протокол No.28 Центрального Комитета Корейских Коммунистических организац
ии, 1920.12.13, РГАСПИ, ф.495 оп.135 д.19 л.58.

Протокол No.29 внеочередного заседания Центрального Комитета Корейских Ком
мунистических организации, 1920.12.24, РГАСПИ, ф.495 оп.135 д.19 л.59.

Протокол No.30 заседания Центрального Комитета Корейских Коммунистических
организации, 1920.12.27, РГАСПИ, ф.495 оп.135 д.19 л.60.

Г.Н.Цай, Доклад первому всероссийскому съезду Корейских коммунистических ор
ганизации к организационным вопросам / работа на местах и заграницей,
РГАСПИ, ф.495 оп.135 д.19 л.61~62об.

Резолюция по текущему моменту принятая Корейским съездом 12 Июля 1920 года,
РГАСПИ, ф.495 оп.135 д.19 л.63об.

Перевод письма товарища Ли~Квар из Урги от 30 августа 1920 года, РГАСПИ,
ф.495 оп.135 д.19 л.68.

572

Лишенг·Пак∼Сынман·Ким∼Черхун·Гр.Цай, Письмо в Центральный Коммитет Корейс
     ких Коммунистических Организации, 1920.12.23, РГАСПИ, ф.495 оп.135 д.19
     л.70∼72об.

Отчет Издательского П/отдела ЦЕКА Коркоморганизации за 1920 года газеты "Во
     сточная Коммуна", 1920.12.30, РГАСПИ, ф.495 оп.135 д.19 л.73.

Протокол No.3 Корейского Центрального Совета Агитации и Пропаганды,
     1920.11.26, РГАСПИ, ф.495 оп.135 д.19 л.75.

Протокол No.4 Заседании Корейского Центрального Совета Агитации и Пропаган
     ды, 1920.12.20, РГАСПИ, ф.495 оп.135 д.19 л.76.

Пак Диншунь, Открытое письмо тов. Л.М.Карахану, 1920.1.18, РГАСПИ, ф.495 оп.135
     д.22 л.4∼7.

The constitution of Socialist party adopted by the Central Executive Committee held in
     Shanghai on january 25∼th 1920, РГАСПИ, ф.495 оп.135 д.22 л.17∼18.

Доклад уполномоченного Корейской делегации ЦК Корейской Социалистической
     партии Диншунь Пак, Народному Комиссариату по Иностранным Делам.
     1920.1., РГАСПИ, ф.495 оп.135 д.22 л.25∼28.

Пак Диншунь, Письмо Леву Михайловичу, 1920.4.5, РГАСПИ, ф.495 оп.135 д.22 л.29
     ∼31.

Пак Диншунь, Письмо Зиновьеву, 1920.6.30, РГАСПИ, ф.495 оп.135 д.22 л.32∼33.

Хан‐Хен Куан, Общее положение в Восточной Азии (перевод с корейского подлин
     ника). 1920.6.28, РГАСПИ, ф.495 оп.135 д.22 л.40∼53.

제3회 萬國共産團 제2차 대의회에 한인사회당에서 대표로 온 朴鎭順, 「동지
     레닌 씨에게 대한 나의 의견이라」, 1920.8.3, РГАСПИ, ф.495 оп.135 д.22
     л.54об.

Пак Диншунь, Женское движение в Корее, 1920.8.16, РГАСПИ, ф.495 оп.135 д.22 л.55
     ∼56.

Пак Диншунь, Великий Сдвиг, 1920.8., РГАСПИ, ф.495 оп.135 д.22 л.57∼60.

Пак Диншунь Чуньу, Телеграмма, замнаркоминдел Карахану, четвертый 1920.10.17,
     РГАСПИ, ф.495 оп.135 д.22 л.62.

Чуньу, Телеграмма, Коминтерн No.2, 1920.10.17, РГАСПИ, ф.495 оп.135 д.22 л.62.

Пак Диншунь Чуньу, Телеграмма, Коминтерн No.1, 1920.10.14, РГАСПИ, ф.495 оп.135

д.22 л.62.

Делегат ЧАСОВАНГ, Доклад представителя Корейской социалистической партии и сполнительному комитету 3-го коммунистического интернационала, 1920.11.11, РГАСПИ, ф.495 оп.135 д.22 л.63~65об.

Ким-Дохан · Ким Сену / Афанасий · Хон-Дину · Тянг-Гиен · Ли Роман · Ли Луир, Доклад по поводу создания корейской коммунистической партии(перевод с корейского), РГАСПИ, ф.495 оп.135 д.22 л.66~68об.

Доклад председателя Корейской рабочей партии Ли, 1920.11.23, РГАСПИ, ф.495 оп.135 д.22 л.70~74об.

일꾸트쓰크 고려공산당 중앙총회 회장 대리 남만춘, 「지령」 1920.12.15, РГАСПИ, ф.495 оп.135 д.25 л.1

韓國義兵隊代表 許在旭·李秉琛, 「보고서」, 1921.10.25, РГАСПИ, ф.495 оп.135 д.28 л.5.

Ким-Донхан · Тян-ГиЕн · Хон-Дину-Ким-шену, Доклад Представетелей от Приморской, Приамурской и Амурской Областные Корейских коммунистических организаций РКП, участвовавших на Иркутском Партийнем съезде, РГАСПИ, ф.495 оп.135 д.28 л.6~9об.

Протокол заседания по Корейскому вопросу, 1921.11.12, РГАСПИ, ф.495 оп.135 д.28 л.11~24.

Представитель Приморской Корейской Коммунистической организации Кимдонхан, Представитель Дальневосточной Корейской Красной Молоджи Кимшену, Письмо вождю мировой красной армии тов.Троцкому, 1921.10.28, РГАСПИ, ф.495 оп.135 д.28 л.39~48.

Шумяцкий, Письмо ИККИ тов.Сафарову, 1921.12.3, РГАСПИ, ф.495 оп.135 д.29 л.12.

Уполкоминтерна Шумяцкий, Отвественный Секретарь Войтинский, Завинфотделом Слепак, Служебная телеграмма ДВС Коминтерна Сафорову копия председателю ИККИ Зиновьеву, завдальвостотделом Хотимскому, 1921.12.17, РГАСПИ, ф.495 оп.135 д.29 л.13.

Уполкоминтерна Шумяцкий, Отвественный Секретарь Войтинский, Завинфотделом Слепак, Служебная телеграмма ДВС Коминтерна Сафорову копия завдальвостотделом Хотимскому председателю Зиновьеву, 1921.12.18, РГАСПИ, ф.495

оп.135 д.29 л.14.

Шумяцкий, Письмо секретарю ИККИ тов.Сафарову, 1921.12.21, РГАСПИ, ф.495 оп.135 д.29 л.15~19.

Делегаты Центрального комитета Корейской Компартии(бывш.Социал.), Пункты обв инения против Иркутской группы корейцев, РГАСПИ, ф.495 оп.135 д.30 л.13 ~15.

Делегаты Центрального комитета Корейской Компартии(бывш.Социал.), Пункты обв инения против В.Шумяцкого, РГАСПИ, ф.495 оп.135 д.30 л.16~17.

Делегаты Центрального комитета Корейской Компартии(бывш.Социал.), Пункты обв инений против делегата Иркутской группы Ханменше, РГАСПИ, ф.495 оп.135 д.30 л.18.

Члены комиссии Белакун・Куусинен・Сафаров, В Президиум ИККИ и в ЦКРКП, 1921.11.15, РГАСПИ, ф.495 оп.135 д.30 л.19~21.

Лиеншен, Доклад в Исполнительный Комитет Коммунистического Интернационала (Восточный отдел), РГАСПИ, ф.495 оп.135 д.31 л.2об.

Отчет No.1 Корейской секции Дальвостсекретариата Коминтерна за истекушую неделю, 1921.3.20, РГАСПИ, ф.495 оп.135 д.33 л.1об.

Отчет No.2 Корейской секции Дальвостсекретариата исполкома Коминтерна с 20 ~26 марта 1921 года, РГАСПИ, ф.495 оп.135 д.33 л.2.

Отчет No.3 Корсекции Дальвостсекретариата Коминтерна с 27 марта по 2 апреля 1921 года, РГАСПИ, ф.495 оп.135 д.33 л.3об.

Отчет No.4 Корсекции Дальвостсекретариата Коминтерна с 3~го по 9~е Апрел я 1921 г., РГАСПИ, ф.495 оп.135 д.33 л.4об.

Отчет No.5 Корсекции Дальвостсекретариата Коминтерна с 10~го по 16~е Апр еля 1921 года, РГАСПИ, ф.495 оп.135 д.33 л.5.

쁘리아물공산당연합회 회장대리 ×××, 서기 朴英, 「통지서 : 里萬지방회 귀중」, 1921.1.9, РГАСПИ, ф.495 оп.135 д.36 л.1.

쁘리아물주 한인공산당연합회 회장 ×××, 서기 朴英, 「통지서 : 이만지방회 귀중」, 1921.1.20, РГАСПИ, ф.495 оп.135 д.36 л.2.

뿌리암물주임시연합회장 대리 全用健, 서기 朴英, 「통지서 : 伊萬지방회 귀중, 연합회 소집에 관한 건」, 1921.2.14, РГАСПИ, ф.495 оп.135 д.36 л.6об.

쁘리아물주 한인공산당연합회장 全用健, 서기 朴英, 「통지서 : 伊萬공산당지방회 귀중」, 1921.2.14, РГАСПИ, ф.495 оп.135 д.36 л.7.

쁘리아물주 한인공산당연합회장 朴英, 「伊萬공산당지방회 귀중」, 1921.3.6, РГАСПИ, ф.495 оп.135 д.36 л.8.

Заявление от Корейской делегации(Пак Диншун・Ли Донхы・Хондо) Исполкому Коминтерна, 1921.11.27, РГАСПИ, ф.495 оп.135 д.37 л.6об.

고려공산당 중앙간부 위원장 金哲勳, 「제3국제공산당 동양비서부에, 고려공산당 중앙간부 사업성적 보고의 첨부서」, 1921.(12).27, РГАСПИ, ф.495 оп.135 д.37 л.20.

고려공산당 중앙간부 위원장 김철훈, 「박진순 일파에 대한 보고 : 제3국재공산당 동양비서부에」, 1921.(12).27, РГАСПИ, ф.495 оп.135 д.41 л.15~18.

고려공산당 중앙간부 위원장 김철훈, 「李成・金哲勳・韓震山 3동무가 북경에서 수금되얏던 사실보고」, 1921.12.27, РГАСПИ, ф.495 оп.135 д.41 л.19об.

Протокол No.1 Заседания Центрального Комитета Корейских Коммунистических Организации, 1921.1.11, РГАСПИ, ф.495 оп.135 д.42 л.1.

Протокол No. 2 Заседания Центрального Комитета Корейских Коммунистических Организации, 1921.1.12, РГАСПИ, ф.495 оп.135 д.42 л.2.

Протокол No.3 Заседания Центрального Комитета Корейских Коммунистических Организации, 1921.1.18, РГАСПИ, ф.495 оп.135 д.42 л.3.

Протокол No.4 Заседания Центрального Комитета Корейских Коммунистических Организации, 1921.1.20, РГАСПИ, ф.495 оп.135 д.42 л.4.

Протокол No.5 Заседания Центрального Комитета Корейских Коммунистических Организации, 1921.1.29, РГАСПИ, ф.495 оп.135 д.42 л.5.

Протокол No.6 Заседания Центрального Комитета Корейских Коммунистических Организации, 1921.2.1, РГАСПИ, ф.495 оп.135 д.42 л.6.

Протокол No.7 Заседания Центрального Комитета Корейских Коммунистических Организации, 1921.3.20, РГАСПИ, ф.495 оп.135 д.42 л.7.

Протокол No.8 Заседания Центрального Комитета Корейских Коммунистических Организации, 1921.3.20, РГАСПИ, ф.495 оп.135 д.42 л.8.

Протокол No.9 Объединенного Заседания ЦЕКА с представители Читинского Чрезвычаиного собрания, приехавшими в Иркутск для разрешения вопросов по созыву партииного съезда, 1921.3.21, РГАСПИ, ф.495 оп.135 д.42 л.9.

Протокол No.10 Заседания Цека Корейских Коммунистических Организации, 1921.3.21, РГАСПИ, ф.495 оп.135 д.42 л.10.

Протокол No.11 Заседания Цека Коркоморганизаций с представителями корнацсовета, 1921.3.22, РГАСПИ, ф.495 оп.135 д.42 л.11об.

Протокол No. Заседания Военной комиссии совместно с ЦК Коркоморганизаций и представителями корпартизанчастей, 1921.3.23, РГАСПИ, ф.495 оп.135 д.42 л.12.

Протокол No. Заседания Военной комиссии совместно с ЦК Коркоморганизаций и представителями корпартизанчастей, 1921.3.23, РГАСПИ, ф.495 оп.135 д.42 л.13об.

Протокол No.13 Заседания Центрального Комитета Коркомарганизаций, 1921.3.26, РГАСПИ, ф.495 оп.135 д.42 л.14об.

Протокол No.14 Заседания Цека Корейских Коммунистических Организации, 1921.3.28, РГАСПИ, ф.495 оп.135 д.42 л.15об.

Протокол No.15 Заседания Цека Корейских Коммунистических Организации, 1921.3.29, РГАСПИ, ф.495 оп.135 д.42 л.16об.

Протокол No.16 Заседания Цека Корейских Коммунистических Организации, 1921.3.30, РГАСПИ, ф.495 оп.135 д.42 л.17.

Протокол No.17 Заседания Цека Корейских Коммунистических Организации, 1921.3.31, РГАСПИ, ф.495 оп.135 д.42 л.18об.

Протокол No.18 Заседания ЦК Коркоморганизации, 1921.4.2, РГАСПИ, ф.495 оп.135 д.42 л.19.

Протокол No.19 Заседания Цека Коркоморганизации, 1921.4.4, РГАСПИ, ф.495 оп.135 д.42 л.20.

Протокол No.20 Заседания ЦК Коркоморганизации, 1921.4.6, РГАСПИ, ф.495 оп.135 д.42 л.21.

Протокол No.22 Заседания ЦК Коркоморганизации, 1921.4.8, РГАСПИ, ф.495 оп.135 д.42 л.22.

Протокол No.23 Заседания ЦК Коркоморганизации, 1921.4., РГАСПИ, ф.495 оп.135 д.42 л.23.

Протокол No.24 Заседания ЦК Коркоморганизации, 1921.4.12, РГАСПИ, ф.495 о п.135 д.42 л.24об.

Протокол No.25 Заседания ЦК Коркоморганизации, 1921.4.14, РГАСПИ, ф.495 о п.135 д.42 л.25.

Протокол No.26 Заседания ЦК Коркоморганизации, 1921.4.18, РГАСПИ, ф.495 о п.135 д.42 л.26.

Протокол No.27 Заседания ЦК Коркоморганизации, 1921.4.19, РГАСПИ, ф.495 о п.135 д.42 л.27.

Протокол No.28 Заседания ЦК Коркоморганизации, 1921.4.23, РГАСПИ, ф.495 о п.135 д.42 л.28.

Протокол No.29 Заседания ЦК Коркоморганизации, 1921.4.25, РГАСПИ, ф.495 о п.135 д.42 л.29об.

Протокол Заседания членов объединенного ЦК Коркомпартии, членов старого ЦК и секретарей Корсекции, 1921.12.13, РГАСПИ, ф.495 оп.135 д.43 л.1~4.

2 - ое заседание членов объединенного ЦК Коркомпартии, членов старого ЦК и секретарей Корсекции, 1921.12.14, РГАСПИ, ф.495 оп.135 д.43 л.5~7.

Представитель Коркомпартии Хан - Мен - Ше, Заявление в Исполнительный Комитет Коммунистического Интернационала, 1921.10.25, РГАСПИ, ф.495 оп.135 д.46 л.9.

Представитель Коркомпартии Хан - Мен - Ше, Доклад в Президиум ИККИ, 1921.11.16, РГАСПИ, ф.495 оп.135 д.46 л.10~12.

Члены Цека объединенной Корейской компартии Ли~Донхи·Хон~до, Исполнитель ному комитету 3 коммунистического Интернационала, 1921.11.24, РГАСПИ, ф.495 оп.135 д.46 л.13.

Члены Общека Коркомпартии Ли - Донхи · Хон - до, Заведывающему Восточным Отдел ам Исполнительного комитета 3 коммунистического Интернационала, тов Сафарову, 1921.12.29, РГАСПИ, ф.495 оп.135 д.46 л.14~17об.

Ли~донхи·Ким, Здравствуйте тов.Куусинен!, 1921.12.31, РГАСПИ, ф.495 оп.135 д.46 л.24об.

Сотрудник Корреввоенсовета Федор Иванович Ким, Доклад в Революционный Военн ый Совет Корейских Войск. 1921.6.12, РГАСПИ, ф.495 оп.135 д.47 л.11об.

대한국민의회 회장 文昌範, 비서 太廷奎, 「제20호, 고려혁명군정의회 귀하」, 1921.7.30, РГАСПИ, ф.495 оп.135 д.47 л.59.

崔生 海波, 「具北隱, 馬白東 두 분 선생님 前」, 1921. 7. 10, РГАСПИ, ф.495 оп.135 д.47 л.60~61об.

의장 文昌範, 비서 太廷奎, 「謄本, 최중천 조사」, 1921.7.27, РГАСПИ, ф.495 оп.135 д.47 л.62.

崔海波, 「남세극·유×溪·崔元一·許東奎 4位 先生」, 1921.7.10, РГАСПИ, ф.495 оп.135 д.47 л.63об.

李翰榮, 「김학석 동무 앞에」, 1921.1.18, РГАСПИ, ф.495 оп.135 д.47 л.76~78.

血誠團 발기자, 「혈성단 (규약)」, 단기 4250(1917).4.2, РГАСПИ, ф.495 оп.135 д.47 л.85.

金河錫, 「김규면·朴愛·한형권 諸位에게」, РГАСПИ, ф.495 оп.135 д.47 л.86.

金河錫, 「金喆勳형 보시오」, 단기 4253(1920).9.20, РГАСПИ, ф.495 оп.135 д.47 л.88.

金成武·白元普, 「島山·石梧 兩位 均鑑」, 4254(1921).4.2, РГАСПИ, ф.495 оп.135 д.47 л.89.

西比利亞 치따 寄生 弟 金成武, 「李東暉·盧伯麟·金奎植 3位 勾鑑」 4254(1921). 4.2, РГАСПИ, ф.495 оп.135 д.47 л.90.

한인사회당총간부대표(제3국제공산당 한인부) 李東輝·金立·金圭冕·朴鎭順, 「제3회 한인사회당 대표회 소집 통지서」, 1921.4.1, РГАСПИ, ф.495 оп.135 д.47 л.97.

Мария Пак - Ай, Письмо, 1921.4.27, РГАСПИ, ф.495 оп.135 д.47 л.116.

春谷, 「東海동무여」, (1921).3.26, РГАСПИ, ф.495 оп.135 д.47 л.136~137.

朴英, 「李漢榮 我兄」, (1921).3.30, РГАСПИ, ф.495 оп.135 д.47 л.164об.

Полномочный Представитель Корейского Временного Правительства Хан - Хенкуон, Народному Комиссару по Иностранным Делам РСФСР, 1921.8.2, РГАСПИ, ф.495 оп.135 д.49 л.3~6.

Ли - Донхи·ПакДиншунь, Отчет: Народному комиссару иностранных дел, Уважаемый товарищ Чичерин, 1921.10.16, РГАСПИ, ф.495 оп.135 д.49 л.9~16.

Делегаты Объединенного съезда Коммунистической Партии Кореи : Лидонхы Юндя ени Кимшену, Доклад о политической деятельности коммунистичеукой партии Кореи (бывш. социалистической), доклад 1, РГАСПИ, ф.495 оп.135 д.55

л.37~42об.

Зав.ДВотдел.НКИД, Товарищу Сафарову, 1922.2.7, РГАСПИ, ф.495 оп.135 д.57 л.2.

金一星 · 金泳哲, 「보고 : 제3국제공산당 집행부 前」, 1922.11.25, РГАСПИ, ф.495
　　　 оп.135 д.57 л.6~12.

Информационная дата No.1 Меморандум: Информация, касающаяся Корейской делег
　　　 ации на Конгрессе коммунистических и революционных партии Дальнего
　　　 Востока, 1922.2.8, РГАСПИ, ф.495 оп.135 д.60 л.1~6.

Информационная No.2~й Меморандум : План и цели объединения Корейского рево
　　　 люционого движения, 1922.2.8, РГАСПИ, ф.495 оп.135 д.60 л.7~16.

Список материалов к докладу в ИККИ о расколе, РГАСПИ, ф.495 оп.135 д.63 л.28.

Краткий очерк о корейском коммунистическом движении(История образавания Ир
　　　 кутской и Шанхайской групп), РГАСПИ, ф.495 оп.135 д.63 л.29~35.

Постановление о фиктивности мандатов 8 - ми делегатов от Хунчуна, набранных
　　　 Шанхайской группой, 1922.10.25, РГАСПИ, ф.495 оп.135 д.63 л.56.

고려공산당연해주연합회대표 일동, 「결정서 : 상해파에서 증모하야 온 琿春
　　　 대표 8인에 委任狀이 위조임을 증명하는 것」, 1922.10.25, РГАСПИ, ф.495
　　　 оп.135 д.63 л.57.

Докладная о подлоге Шанхайской группы мандатов для делегатов Пук - кандо Енг
　　　 - анхен и Тон - хвахенн, 1922.10.29, РГАСПИ, ф.495 оп.135 д.63 л.58~59.

Приморская областная нейтральная коркоморганизация : Доклад тов.Лиде, РГАСП
　　　 И, ф.495 оп.135 д.64 л.49~50.

История и деятельность нейтральной коркомпартии : Доклад делегата Тену, РГА
　　　 СПИ, ф.495 оп.135 д.64 л.51~57.

Заявление от Пак Диншуня к Президиуму Исполкома Коминтерна, 1922.2.17, РГАСП
　　　 И, ф.495 оп.135 д.65 л.36об~37.

Член объединенного ЦК Корейской Коммунистической партии и Бывший председат
　　　 ель совета министров Корейского временного правительства Ли Дон~Хи,
　　　 Тов. Куусинену, Генеральному секретарю ИККИ, 1922.2.12, РГАСПИ, ф.495 о
　　　 п.135 д.66 л.1~6об.

Протокол заседания членов Объединенного ЦК, 1922.2.14, РГАСПИ, ф.495 оп.135
　　　 д.66 л.8.

580

Член ОБЦЕКА Корейской Компартии Ли Дон‐Хы, Президиуму Исполнительного коми
тета 3 Коммунистического Интернационала, 1922.2.16, РГАСПИ, ф.495 о
п.135 д.66 л.9об.

Член ОБЦЕКА Корейской Компартии Ли Дон‐Хы, Письмо, 1922.2.21, РГАСПИ, ф.495
оп.135 д.66 л.10об.

Член Оъединенной ЦК Корейской Компартии Ли Дон‐Хы, Исполнительному комитет
у 3 коммунистического интернационала и центральному комитету российс
кой коммунистической партии, 1922.2.21, РГАСПИ, ф.495 оп.135 д.66 л.11~
13.

Член объединенного ЦК Корейской Компартии и бывший председатель Корейского
временного правительства Ли Дон‐Хи, Тов.Радек, члену Исполкома Коминт
ерна, 1922.2.12, РГАСПИ, ф.495 оп.135 д.66 л.15~18об.

Переговоры по прямому проводу члена врем.кор.цека Хондо со сотрудником Тян‐
Гиен, командированным на Дальный Восток, 1922.1.27 РГАСПИ, ф.495 оп.135
д.66 л.21об.

Член Ц.К. Объединенной Корейской Коммунистич.Партии Ли Донхы, Исполнительном
у Комитету 3‐го коммунистического Интернационала, 1922.3.5, 1922.1.27
л.22об.

Докладная записка Представителя Корделегации съезда трудящихся Дальнего Во
стока и члена Коркомпартии Хан‐Менше, 1922.2.13, 1922.1.27 л.24~28.

고려공산당연해주지방연합총회 집행위원장 李中執,「報明書 제55호, 본회 명
의 개정의 건」, 1922.3.10, 1922.1.27 л.97.

고려공산당연해주지방연합총회 집행위원장 李中執,「報明書 제54호, 본당 조
직의 유래 査報의 건」, 1922.3.10, 1922.1.27 л.98~106.

Издательская деятелность "Чо Сен Конг Сан Данг", РГАСПИ, ф.495 оп.135 д.70
л.56а~57.

Доклад No.2 Положение всех коммунистических организаций в Корее, 1924.3.18,
РГАСПИ, ф.495 оп.135 д.71 л.12~15.

Кии Сагук, Краткий информационный доклад, 1923.8.1, РГАСПИ, ф.495 оп.135 д.71
л.17.

「내지당 사업보고 제1」, РГАСПИ, ф.495 оп.135 д.71 л.25~27об.

國際共産黨 遠東部 高麗中央局 委員 李東輝, 「國際共産黨執行部へ」, 1923.11.17, РГАСПИ, ф.495 оп.135 д.71 л.28~33.

СПИСОК Курсантов Корейской Партшколы.(고려공산당학교 학생 일람표), РГАСПИ, ф.495 оп.154 д.15 .

Протокол Общего собрания членов и кандидатов Р.К.П. Интернатионального полка при 5 Армии no.1(제5군 국제연대 러시아공산당원 및 후보당원 협의회 의사록, 제1호), 1920. 8. 18, РГАСПИ, ф.495 оп.154 д.20.

Протокол Общего собрания членов и кандидатов Р.К.П. Интернатионального полка при 5 Армии no.2(제5군 국제연대 러시아공산당원 및 후보당원 협의회 의사록, 제2호), 1920. 8. 24, РГАСПИ, ф.495 оп.154 д.20.

Корейская Секция(한인부), отпуск(발송문서 사본), 1920. 12, РГАСПИ, ф.495 оп.154 д.24

Корейская Секция при Дальбюро Ц.К.Р.К.П.(러시아공산당중앙위 극동국 한인부). отпуск no.9(러시아공산당중앙위 극동국에 보내는 문서 사본), 1920. 12. 2, РГАСПИ, ф.495 оп.154 д.24.

Корейская Секция при Дальбюро Ц.К.Р.К.П.(러시아공산당중앙위 극동국 한인부), отпуск no.25(이르쿠츠크 공산단체 대표자에게 보내는 문서 사본), 1920. 12. 14, РГАСПИ, ф.495 оп.154 д.24.

Корейская Секция при Дальне - Восточное Бюро Ц.К.Р.К.П.(러시아공산당중앙위 극동국 한인부), отпуск no.26. (발송문서 사본), 1920.12.14, РГАСПИ, ф.495 оп.154 д.24.

Корейская Секция при Дальне - Восточное Бюро Ц.К.Р.К.П.(러시아공산당중앙위 극동국 한인부), отпуск(극동공화국정부에게 보내는 문서 사본), 1920.12. 15, РГАСПИ, ф.495 оп.154 д.24.

Секретарь Корейской Секции(한인부 비서), Заседанию Корейских Коммунистичес ких организации(고려공산단체 대표자 회의에게 보내는 문서 사본), 1920.12.16, РГАСПИ, ф.495 оп.154 д.24.

Корейская Секция при Дальне - Восточное Бюро Ц.К.Р.К.П.(러시아공산당중앙위 극동국 한인부), отпуск no.38(발송문서 사본), 1920.12.20, РГАСПИ, ф.495 оп.154 д.24.

Корейская Секция при Дальне - Восточное Бюро Ц.К.Р.К.П.(러시아공산당중앙위 극

동국 한인부), отпуск no.42(러시아공산당 중앙위 동방·자바이칼국에 보내는 문서), 1920.12.23, РГАСПИ, ф.495 оп.154 д.24

Корейская Секция при Дальне - Восточное Вюро Ц.К.Р.К.П.(러시아공산당중앙위 극동국 한인부), отпуск no.38(치타市 교통국에 보내는 문서), 1920.12.23, Р ГАСПИ, ф.495 оп.154 д.24.

Секретарь Корейской Секции(한인부 비서), В агентурную часть Госполитоохраны ДальнеВосточной Республики.(극동공화국 국가정치안전부 첩보과에 보 내는 문서), 1921.1 추정, РГАСПИ, ф.495 оп.154 д.24.

Протокол no.1, Заседания Корейской Секции при Дальне - Восточном Вюро Ц.К.Р.К. П.(러시아공산당 중앙위 극동국 한인부 회의 의사록 제1호), 치타, 1920. 12.2, РГАСПИ, ф.495 оп.154 д.39.

Протокол no.2, Очередного заседания Корейской Секции при Дальбюро Ц.К.Р.К.П. (러시아공산당 중앙위 극동국 한인부 정례회의 의사록 제2호), 치타, 1920.12.3, РГАСПИ, ф.495 оп.154 д.39.

Корейская Секция при Дальне - Восточное Вюро Ц.К.Р.К.П.(러시아공산당중앙위 극 동국 한인부), телеграмма(러시아공산당중앙위 극동국에 보내는 전보), 1920.12.6, РГАСПИ, ф.495 оп.154 д.39.

Протокол no.3, Заседания Корейской Секции при Дальбюро Ц.К.Р.К.П.(러시아공산 당 중앙위 극동국 한인부 회의 의사록 제3호), 치타, 1920.12.14, РГАСПИ, ф.495 оп.154 д.39

Выписка из протокола заседании Корейской Секции при Дальбюро Ц.К.Р.К.П. no.3, no.4(러시아공산당 중앙위 극동국 한인부 회의 의사록 제3,4호 발췌), РГ АСПИ, ф.495 оп.154 д.39.

Протокол Заседания Представительей Корейских Коммунистических Организаций (고려공산단체 대표자 회의 의사록), 치타, 1920.12.17, РГАСПИ, ф.495 о п.154 д.39.

Протокол no.4, Заседания Корейской Секции при Дальбюро Ц.К.Р.К.П.(러시아공산 당중앙위 극동국 한인부 회의 의사록 제4호), 치타, 1920.12.19, РГАСПИ, ф.495 оп.154 д.39.

Протокол no.5, Заседания Корейской Секции при Дальбюро Ц.К.Р.К.П.(러시아공산 당중앙위 극동국 한인부 회의 의사록 제5호), 치타, 1920.12.20, РГАСПИ,

ф.495 оп.154 д.39.

Выписка из протокола заседании Корейской Секции при Дальбюро Ц.К.Р.К.П. no.5 (러시아공산당중앙위 극동국 한인부 회의 의사록 제5호 발췌), 치타, 1920.12.20, РГАСПИ, ф.495 оп.154 д.39.

Протокол no.6, Заседания Корейской Секции при Дальбюро Ц.К.Р.К.П.(러시아공산당중앙위 극동국 한인부 회의 의사록 제6호), 치타, 1920.12.21, РГАСПИ, ф.495 оп.154 д.39.

金哲勳·李成·朴承晩·蔡成龍, В Корейскую Секцию при Дальбюро Р.К.П.(러시아공산당 극동국 한인부 동지들에게 보내는 편지), 1920.12.22, РГАСПИ, ф.495 оп.154 д.39.

Протокол no.7, Очередного заседания Корейской Секции при Дальбюро Ц.К.Р.К.П. (러시아공산당 중앙위 극동국 한인부 정례회의 의사록 제7호), 치타, 1920.12.29, РГАСПИ, ф.495 оп.154 д.39.

Положеник Комиссии Корейской Секции Дальбюро Ц.К.Р.К.П. по созыву общепартизанского Сьезда(러시아공산당 극동국 한인부 위원회의 전 빨치산 대회 소집에 관한 규정), РГАСПИ, ф.495 оп.154 д.39.

Програма Сьезда Представителей Корейских Партизанских Отрядов находящихся в Китае и на Русском Дальнем Востоке(중국령 및 러시아 극동에 소재하는 한인 빨치산부대 대표자대회 프로그램), РГАСПИ, ф.495 оп.154 д.39.

Програма 1-го ВсеКорейского Сьезда Коммунистических Организаций(제1회 전한공산당 대회 프로그램), РГАСПИ, ф.495 оп.154 д.39.

План работы Комиссии по созыву Сьезда Представителей Корейских Партизанских Отрядов находящихся в Китае и на Русском Дальнем Востоке(중국령 및 러시아 극동에 소재하는 한인 빨치산부대 대표자대회 소집에 관한 위원회의 업무계획), РГАСПИ, ф.495 оп.154 д.39.

세계대동회 원동부, 「여자가 공산당원이 된 이유라」, РГАСПИ, ф.495 оп.154 д.71.

세계대동회 원동부, 「까르을 마륵쓰와 에곌쓰의 행록이라」, 1920.5, РГАСПИ, ф.495 оп.154 д.71.

세계대동회 원동부, 「아구스트 베벨씨 행록이라」, 1920. ?, РГАСПИ, ф.495 оп.154 д.71.

세계대동회 원동부, 「레닌씨의 行錄이라」, 1920.11, РГАСПИ, ф.495 оп.154 д.71.

고려공산당중앙총회, 『동아공산』, 제10호(1920.12.27), 제9호(1920.12.16), 제8호(1920.12.7), 제7호(1920.11.24), 제6호(1920.11.7), 제5호(1920.10.25), 제4호(1920.10.10), 제3호(1920.9.25), 제2호(1920.9.8), 제1호(1920.8.14), РГАСПИ, ф.495 оп.154 д.73.

Делегация Коммпартии Кореи(고려공산당 대표단), Докладная записка, Завдальв остотделом ИККИ Трилиссеру(코민테른집행위원회 극동부장 트릴리쎄르에게 보내는 보고서), 1921.7.9, РГАСПИ, ф.495 оп.154 д.81.

Протокол 1 - го заседания Комиссии по созыву 1 Всекорейского Сьезда Коммунистических Организаций(제1회 전조선 공산주의단체 대회 소집위원회 제1차 회의 의사록), 치타, 1921.1.5, РГАСПИ, ф.495 оп.154 д.90.

Протокол no.8, Чрезвычайного Заседания КорСекции при Дальбюро Ц.К.Р.К.П.(러시아공산당 중앙위 극동국 한인부 비상회의 의사록 제8호), 치타, 1921.1.5, РГАСПИ, ф.495 оп.154 д.90.

Протокол no.9, Очередного заседания Корейской Секции при Дальбюро Ц.К.Р.К.П.(러시아공산당 중앙위 극동국 한인부 정례회의 의사록 제9호), 1921.1.16, РГАСПИ, ф.495 оп.154 д.90.

Сведения о Корейских Партизанских Отрядах(한인 빨치산 부대에 관한 정보), 1921.2, РГАСПИ, ф.495 оп.154 д.90.

Доклад о положении корейских революционных организаций комиссии(러시아공산당 아무르주 위원회 결정에 따라 설립된 위원회의 한인 혁명단체의 상황에 관한 보고), 1921.1.10, РГАСПИ, ф.495 оп.154 д.90.

Протокол no.10, Очередного заседания Корейской Секции при Дальбюро Ц.К.Р.К.П.(러시아공산당 중앙위 극동국 한인부 정례회의 의사록 제10호), 치타 1921.1.21, РГАСПИ, ф.495 оп.154 д.90.

Протокол no.11, Чрезвычайного Заседания КорСекции при Дальбюро Ц.К.Р.К.П.(러시아공산당 중앙위 극동국 한인부 비상회의 의사록 제11호), 치타 1921.1.24, РГАСПИ, ф.495 оп.154 д.90.

Протокол no.6, заседания правления Корейского Центрального Совета агитации и пропаганды(고려중앙선전의회 집행부 회의 의사록 제6호), 1921.1, РГАСПИ, ф.495 оп.154 д.90.

Протокол no.7, заседания правления Корейского Центрального Совета агитации и пропаганды(고려중앙선전의회 집행부 회의 의사록 제7호), 1921.2.2, Р ГАСПИ, ф.495 оп.154 д.90.

동아국 한인부, 「일지(1921.1.20~2.8)」, РГАСПИ, ф.495 оп.154 д.117.

동아국 한인부 조직부, 「일지(1921.1.17~2.9)」, РГАСПИ, ф.495 оп.154 д.117.

동아국 한인부 군사부, 「일지(1921.1.17~3.2)」, РГАСПИ, ф.495 оп.154 д.117.

телеграмма(전보), РГАСПИ, ф.495 оп.154 д.120.

телеграмма(전보), РГАСПИ, ф.495 оп.154 д.120.

4) 정기간행물

1) 신문

『每日申報』/『東亞日報』/『朝鮮日報』

『獨立新聞』 창간호(1919.8.21)~제189호(1925.11.11)

『동아공산』 고려공산당(이르쿠츠크파) 중앙총회 기관지

김봉우 편,『일제하사회운동사자료집, 지방별 기사모음』(전12권), 한울, 1989 ~1991.

신주백 편,『일제하 신문사설·연재자료집』, 영진문화사, 1991.

2) 잡지

『開闢』/『共齊』/『階級鬪爭』/『大衆』/『無産者』/『批判』/『思想運動』/ 『新光』/『新階段』/『新生活』/『我聲』/『理論鬪爭』/『朝鮮之光』/『斥候隊』/ 『現階段』/『現代評論』/『解放運動』

Народы Дальнего Востока(극동민족), 코민테른 극동비서부 기관지 제1호 (1921.4?), 제2호(1921.6.23), 제3호(1921.8.1), 제4호(1921.10.15), 제5호 (1921.12)

Бюллетени Дальне‐Восточного секретариата Коминтерна(코민테른 극동비서부 통보), 제2호(1921.3.20), 제3호(1921.4.3), 제4호(1921.4.17), 제5호

586

(1921.4.24), 제6호(1921.5. 14), 제7호(1921.5.29), 제8호?(1921.12. 영문), 제
9호(1922.1.15)

3) 러시아 정기간행물에 수록된 한국관계 기사

Пак Диншунь(박진순), Социалистическое движение в Корее(한국의 사회주의운
- 동), Коммунист. Интернационал, М. - Пг., 1919, No. 7~8, с.1171~1176.

Положение в Восточной Азии(동아시아의 상황), Коммунист. Интернационал, М. -
Пг., 1920, No.13, с.2554~2562.

Революционное движение в Коее : 1919г.(한국의 혁명운동 : 1919년), Вестник На
р. комиссариата иностр. дел, М., 1920, No.8, с.135~139.

Доклад Корейской Коммунистической партии 3 Конгрессу Коминтерна(코민테른
제3차대회에서 고려공산당의 보고), Народы Дальнего Востока, Иркутск,
1921, No.2, с.249~260(번역 : 고려공산당, 「코민테른 제3차 총회에 대
한 보고」, 『역사비평』, 1989년 가을).

Доклад о профессиональном движении в Корее на Международном Конгрессе Крас
ных Профссиональных Союзов в Москве(모스크바의 국제적색노동조합 대
회에서 한국노동조합운동에 관한 보고), Народы Дальнего Востока, Ирку
тск, 1921, No.3, с.347~352.

Доклад представителей Корейской Федерации Лиги Молодежи и комму - нистическ
их ячеек молодежи на 2й Конгрессе Коммунистического Интернац - ионала
(코민테른 제2차 대회에서 고려공산단체와 청년동맹 대표자의 보고), Н
ароды Дальнего Востока, Иркутск, 1921 , No.3, с.369~376.

Документы революционого движения нородов Дальнего Востока к съезду корейск
их делегатов(한인대표자대회에 대한 극동 제민족의 혁명운동 문헌), На
роды Дальнего Востока, Иркутск, 1921, No.1, с.89~96.

Женское движение в странах Дальнего Востока(극동 여러 나라의 여성운동), Нар
оды Дальнего Востока, Иркутск, 1921, No.3, с.377~392.

Кауфман Л.(카우프만), В тисках японского империализма(일제의 압박 밑에서),
Народы Дальнего Востока 2, Иркутск, 1921, с.115~122.

Учредительный Съезд Корейской Коммунистической партии(고려공산당 창립대

회), Народы Дальнего Востока 2, Иркутск, 1921, с.187~248.

Проект Программы Корейской коммунистической партии принятной Учредительны
м Съездом Коркомпартии(고려공산당 창립대회에서 채택된 당 강령안), Н
ароды Дальнего Востока, Иркутск, 1921, No.3, с.353~368.

Революционная Корея и шанхайское правительство(혁명적 한국과 상해임시정
부), Народы Дальнего Востока, Иркутск, 1921, No.3, с.405~408.

Шумяцкий Б.(슈마츠키), Коммунистический Интернациоал на Дальнем Востоке(극
동에서의 코민테른), Народы Дальнего Востока, Иркутск, 1921, No.1, с.19
~26.

Гранд Н.(그란트), Этапы освободительного движения в Корее(한국 해방운동의
여러 단계들), Народы Дальнего Востока, Иркутск, 1921, No.5, с.613~622.

Вознание Дальне Восточного секретариата Коминтерна молодежи Китайскому Сою
зу молодежи, Корейской федерации лиги молодежи, ко всей рабочей молод
ежи Японии(중국청년동맹·조선청년회연합회·일본의 모든 청년노동
자들에게 보내는 국제공청 극동비서부의 호소), Народы Дальнего Восто
ка, Иркутск, 1921 , No.4 , с.501~502.

Выступление представителя Коммунистической партии Кореи на 3 конгрессе Ком
мунистического Интернационала(코민테른 제3차 대회에서의 고려공산
당 대표자의 연설), Бюл. 3 конгресса Коммунист. Интернационал, М., 1921,
No.23, с.495~496.

Обращение Дальне восточного секретариата Исполкома 3 Коммунистического Инт
ернационала к ЦК Киткоморгнизации Японкомпартии и Коркомпартии по но
воду созыва съезда народов Дальнего Востока в Иркутске на 11 ноября
1921 г.(코민테른 집행위원회 극동비서부가 1921년 11월 11일 이르쿠츠
크에서 극동민족대회를 개최하는 것에 관해 중국공산당·일본공산당
·고려공산당 중앙위원회에 보내는 호소), Народы Дальнего Востока, Ир
кутск, 1921, No.4, с.494~495.

С. Д.,В порабощенной Корее : Письмо из Кореи(노예화된 조선에서 : 조선에서 온
편지), Новый Восток, М., 1922, No.2, с.581~590.

Далин С.(달린), Съезд революционной молодежи Дальнего Востока(극동혁명청년
대회), Интернационал Восток, М. - Пг., 1922, No.8, с.221~226.

588

Казанин М.(카자닌), Кореиская проблема(한국문제), Вестник Нар. комиссариата иностр. дел., М., 1922, No.4~5, с.228~229.

Ли Ир Ю.,Доклад корейской делегации : на 1 конгрессе революционной молодежи Дальнего Востока Москва янбарь 1922 г.(1922년 1월 모스크바 : 제1회 극동혁명청년대회에서 행한 한국 대표의 보고), Междунар юнош корреспонденция, М., 1922, No.14, с.13.

Манифест дальневосточного създа революционной молодежи(극동혁명청년대회선언), Интернационал молодежи, М. - Пг., 1922, с.227~230.

Манифест дальневосточного създа революционной молодежи(принятый на 1 конгрессе революционной молодежи Дальнего Востока) Ко всем юным труженикам Кореи Китая Японии и Монголии(제1회 극동혁명청년대회에서 채택된, 한국·중국·일본·몽골의 청년 근로자에게 보내는 대회 선언), Междунар юнош корреспонденцня, М., 1922, no.14, с.17~19.

Пробуждающийся Восток(각성하는 동방), Юный коммунист, М., No.3~4, с.6~7.

Нам Манчун(남만춘), Современная Корея(현대조선), Наш Путь, Чита, 1923, No.13~14, с.22~33.

Сперанский А Ф.(스페란스키), Национальное движение в Корее(한국민족운동), Новый Восток, М., 1923, No.3, с.122~138.

Гоженский И.(고젠스키), Участие корейской эмиграции в революцинном движении на Дальнем Востоке(극동혁명운동에서 한인 이주민들의 참여), Революция на Дальнем Востоке, М., Испарт, 1923, с.357~374.

Масумото х.(마쓰모토), Рабочее движение в Корее(한국의 노동운동), расный интернационал профсоюзов, М., 1923, No.3, с.461~462.

Попытки организацнн корейского рабоче - крестьянского союза(조선노농동맹의 조직경험), Междунар раб. двнжение, М., 1923, No.44, с.9.

Рабочее движение в Корее(한국의 노동운동), Междунар. раб. двнжение, М., 1923, No.30, с.10.

Спальвин Е.(스팔리빈), Первая попытка празднования первого мая в Корее : 1923 г(1923년 한국에서의 첫번째 메이데이 기념 행사), Новый Дальний Восток, Владивосток, 1923, No.6 9, с.129.

Сен Катаяма(片山 潜), Коминтерн и Дальний Восток(코민테른과 극동), Коммунист.

Интернационал, М., 1924, No.1, c.205~212.

Сен Катаяма(片山 潛), Корейские рабочие в Японии(일본의 한국인 노동자), Красный интернационал профсоюзов, М., 1924, No.6, c.716~721.

5) 단행본 · 팸플릿

코민테른,『극동근로자대회』, 페테로그라드, 1922.(일문판, 1970)

Далин С.(달린), Молодежь в революционном движении в Корее(한국 혁명운동에서의 청년), М., Изд-во Новая Москва』, 1924.

Каспарова В.(카스파로바), Женщина Востока(동방의 여성), ,Л., Изд-во Прибой』, 1925. 90c.

Нам Манчун(남만춘), Угнетенная Корея(억압받는 조선), М., 1925 ; 南萬春 著, 리종일 譯,『압박받는 고려(일본제국주의 지배하에 있는 고려)』, 세계혁명자구제회 해삼위위원회 발행, 해삼위, 1926.

Савельев Л.(사벨리예프), Молодежь восточных колоний(동방 식민지의 청년), М.~Л, 1926, 124 c.

Лозовский А.(로조프스키), Тихоокеанская конфернция профсоюзов(태평양노동조합 회의), М.-Л, Гос. изд-во, 1927, 64 c.

Рубинштейн Л.(루빈쉬쩨인), Прообуждающаяся Корея: К процессу Корейской компартии(각성하는 조선 : 조선공산당 재판에 대하여), М., Изд. ЦК МОПР, 1927 ; 드 루빈쉬쩨인 지음, 조이완 옮김,『각성하는 고려(고려공산당 공판에 제하여)』, 해삼위, 1927(한글, 45쪽).

Вяйнэ Пукке, Тихоокеанский секретариат профессиональных союзов(태평양노동조합 비서부), хабаровск Владивосток, 1929, 82 c.

хаяма У.(Эйдус х. Т.)(하야마/에이두스), Рабочее движение в колониях Востока(동방 식민지의 노동운동), М.-Л, Госиздат, 1930, 112 c.

최성우 지음, 조동규 번역,『조선혁명에서 프롤레타리아트의 영도권 문제 : 조선공산당 행동강령 연구에 대하여』, 1935.

Шабшина Ф.И.(샤브쉬나), Нардное восстание 1919г. в Корее(1919년 조선인민봉기), М., Изд-во АН СССР, 1952, 280 c.

Пигулевская Е А.(피구레프스카야), Корейский народ в борьбе за независимост

590

ь и демократию(독립과 민주주의를 위한 한국인민의 투쟁) : 1876~1952,
　　М., Изд－во АН СССР, 360 с.
Шабшина Ф. И.(샤브쉬나), Очерки новейшей истореи Кореи(한국현대사 개설) :
　　1918~1945гг》, М., Изд~во вост. лит., 1959.
АН СССР(소련 과학아카데미), КОМИНТЕРИ И ВОСТОК, ,Изд.НАУКА,Москва, 1969(日譯,
　　『コミンテルンと東方』, 協同産業出版社, 1971).
АН СССР(소련 과학아카데미), БИБЛИОГРАФИЯ КОРЕИ(한국학 문헌목록) : 1917~
　　1970, М., 1981.

2. 연구논저

1) 단행본

조선역사편찬위원회,『조선민족해방투쟁사』, 평양, 1949(朝鮮歷史硏究會 日譯,
　　京都 : 三一書房, 1952).
장복성,『조선공산당파쟁사』, 대륙출판사, 1949(돌베개, 1984 복간).
리청원,『조선에 있어서 프롤레타리아트의 헤게모니를 위한 투쟁』, 평양,
　　1955.
리나영,『조선민족해방투쟁사』, 평양 : 조선노동당출판사, 1958(朝鮮問題硏究
　　所 日譯,新日本出版社, 1960).
坪江汕二,『朝鮮民族獨立運動秘史』, 1959(초판), 巖南堂書店 1966(개정증보판).
과학원 역사연구소,『조선근대혁명운동사』, 평양, 1961(서울 : 한마당, 1988.재
　　간행).
방인후,『북한 '조선노동당'의 형성과 발전』, 고려대 아세아문제연구소, 1967.
DAE - SOOK SUH, The Korean Communist Movement, 1918~1948, Princeton University
　　Press, 1967(현대사연구회 옮김,『한국공산주의운동사 연구』, 화다, 1985).
Robert A.Scalapino & Chong Sik Lee, Communism in Korea, Part 1 : The Movement,
　　University of California Press, 1972(한홍구 옮김,『한국공산주의운동사』1
　　~3, 돌베개, 1986).

김준엽 김창순, 『한국공산주의운동사』 1~5, 고려대 아세아문제연구소, 1967
　　　~1976(청계연구소, 1986 재간행).
이기하, 『한국공산주의운동사』 1~3, 국토통일원, 1976.
당력사연구소, 『조선로동당략사』, 평양 : 조선로동당출판사, 1979(서울 : 돌베
　　　개, 1989. 1, 2권으로 분책하여 재간행).
高峻石, 『コミンテルンと朝鮮共産黨』, 東京 : 社會評論社, 1983(김영철 옮김, 『조
　　　선공산당과 코민테른』, 공동체, 1989).
金森襄作, 『1920年代朝鮮社會主義運動史』, 東京 : 未來社, 1985.
서중석, 『한국근현대의 민족문제연구』, 지식산업사, 1989.
역사문제연구소 편, 『쟁점과 과제 민족해방운동사』, 역사비평사, 1990.
서중석, 『한국근현대민족운동연구』, 역사비평사, 1991.
한국역사연구회 1930년대연구반, 『일제하 사회주의운동사』, 한길사, 1991.
역사학연구소 편, 『한국공산주의운동사연구-현황과 전망』, 아세아문화사,
　　　1997.
반병률, 『성재 이동휘 일대기』, 범우사, 1998.
권희영, 『한인 사회주의운동 연구』, 국학자료원, 1999.
성대경 엮음, 『한국현대사와 사회주의』, 역사비평사, 2000.

2) 논문

Ким Сын хва(金承化), Великая Октябрьская социалистическая революция и револ
　　　юционное движение в Коpee(10월 사회주의 대혁명과 조선의 혁명운동)」,
　　　Всемирно историческое значение Великой Октябрьской социалистической
　　　революции, М., 1957, с.441~459.
Цыпкин С А.(치프킨), Участие корейских трудящихся в борьбе против интервенто
　　　в на Советском Дальнем Востоке(소비에트 극동에서의 외국간섭군에 반
　　　대하는 투쟁에서 한인 근로자들의 참여) : 1918~1922」, Вопросы истори
　　　и, М., 1957, No.11, с.171~185.
хан С А., Участие корейских трудящихся в гражданской войне на русском Дальне
　　　м Востоке(러시아 극동 지방의 내전에서 한인 근로자들의 참여) : 1918
　　　~1922, Корея История и экономика, М., 1958, с.52~65.

592

Гуревич А М.(구례비치), Влияние Великой Октябрьской социалискической револю
    ции на подъем национально освободительного движения народов в колони
    альных и зависимых странах Востока(동방 식민지 종속국 인민들의 민족
    해방운동의 고양에 미친 10월 사회주의 대혁명의 영향) : 1918~1922, Г
    омель, 1958, 106с.

Бабичев И И.(바비체프), Участие трудящихся Китая и Кореи в борьбе против инт
    ервентов и белогвардейцев на Дальнем Востоке(극동지방의 외국간섭군
    및 백군에 반대하는 투쟁에서 중국인·한인의 참여) : 1918~1922, Турд
    ы хабар.мед.инта, 1958, с.3~12.

콜라르즈, 李錫崑 역, 「在쏘련 한국인들의 生態」, 『사상계』 1958년 3월호.

Бабичев И И.(바비쳬프), Участие китайских и корейских трудящихся в гражданс
    кой войне на Дальнем Востоке(극동내전에서의 중국인·한인 근로자들
    의 참여), Ташгент, Госиздат УзССР, 1959, 83с.

Мазуров В М.(마주로프), В. И. Ленин и Корея(레닌과 조선), Ленин и Восток, М.,
    1960, No., с.169~183.

Соркин Г 3.(소르킨), Съезд народов Дальнего Востока(극동민족대회), Проблемы
    востоковедения, М., 1960, No.5, с.76~86.

Устинов В М.(우스티노프), Борьба иностранных групп РКП(б) за осусесквление пр
    ициинов пролетарского интернационализма(프롤레타리아국제주의 원칙
    의 실현을 위한 러시아공산당 외국인 그룹의 투쟁), Автореф.лисс.канд.и
    ст. наук,М ., 1961, 19с.

хан с., Корейские партизаны в борьбе за власть Советов на Дальнем Востоке
    (극동에서 소비에트 권력을 위해 투쟁한 한인 빨치산들) : 1918~1922,
    Воен. - ист. журн., М., 1963, No.5, с.109~114.

伊藤秀一, 「10月革命後數年間ソヴェト・中國・朝鮮勤勞者の國際主義的連帶に
    ついて(1~2)」, 『歷史評論』 162~163, 1964. 2~3.

Ким Сын хва(金承化), Очерки по истории Советских Кореичев, (изд.(наука), Алма
    Ата, 1965(鄭泰秀 옮김, 『소련한족사』, 대한교과서주식회사, 1989).

DAE - SOOK SUH, *The Korean Communist Movement, 1918~1948*, Princeton University
    Press, 1967(현대사연구회 옮김, 『한국공산주의운동사 연구』, 화다,
    1985).

김준엽·김창순, 『한국공산주의운동사』 1, 고려대 아세아문제연구소, 1967 (청계연구소, 1986 재간행).

엠·아·페르시츠, 「ロシアにおける東方の國際主義者と民族解放運動の若干の 問題」(АН СССР, КОМИНТЕРИ И ВОСТОК, Изд.НАУКА, Москва, 1969 ; 日譯,『コミンテルンと東方』, 協同産業出版社, 1971 수록).

хан С. А. Ким В.В., Корейские интернационалисты в борьбе за власть Советов на Дальнем Востоке(극동에서 소비에트 권력을 위해 투쟁한 한인 국제주의 자들) : 1918~1922」, Учен.зан.Кемеров.пед.ин - та, No., 1970, с.37~56.

Robert A.Scalapino & Chong Sik Lee, *Communism in Korea, Part 1 : The Movement*, University of California Press, 1972(한홍구 옮김,『한국공산주의운동사』 1 ~3, 돌베개, 1986).

신재홍, 「자유시참변에 대하여」,『백산학보』 14, 1973.

原暉之, 「ロシア革命,シベリア戰爭と朝鮮獨立運動」(菊地昌典 編, 『ロシア革命 論』, 1977).

原暉之, 「シベリア·極東ロシアにおける十月革命」,『スラブ硏究』 24, 1979.

原暉之, 「極東ロシアにおける朝鮮獨立運動と日本」,『三千里』 17, 1979.

М. Т. Ким, Корейские интернационалисты в борьбе за власть Советов на Дальнем Востоке, изд.(наука), М., 1979(이준형 옮김,『일제하 극동시베리아의 한인 사회주의자들』, 역사비평사, 1990).

藤本和貴夫, 「極東ロシアにおける初期ソヴェト政權の成立~1917年」, 『阪大法學』 116·117, 1981.

西重信, 「シベリア出兵と朝鮮人-日本軍の朝鮮人對策を中心として」,『三千里』 37, 1984.

劉孝鐘, 「極東ロシアにおける朝鮮民族運動 : '韓國倂合'から第一次世界大戰の勃發まで」,『朝鮮史硏究會論文集』 22, 1985.

金靜美, 「朝鮮獨立運動史上における1920年10月」, 『朝鮮民族運動史硏究』 3, 1986.

반병률, 「대한국민의회의 성립과 조직」,『한국학보』 46, 일지사, 1987년 봄.

劉孝鐘, 「極東ロシアにおける10月革命と朝鮮人社會」,『ロシア史硏究』 第45號, 1987.

반병률, 「대한국민의회와 상해임시정부의 통합정부 수립운동」,『한국민족운동사연구』제2집, 1988.

이명화, 「노령지방에서의 한인민족주의 교육운동」, 『한국독립운동사연구』제
  3집, 1989.

서대숙 엮음, 이서구 옮김, 『소비에트 한인백년사』, 태암, 1989.

권희영, 「제1차 극동노력자대회 및 극동혁명청년대회에서의 한국혁명의 문
  제」, 『정신문화연구』 13권 3호(통권40호), 1990. 9.

반병률, 「초기 한인 공산주의운동의 올바른 이해를 위하여」(마뜨베이 찌모피
  예비치 김 지음, 이준형 옮김, 『일제하 극동시베리아의 한인 사회주의
  자들』, 역사비평사, 1990 수록).

반병률, 「김알렉산드라 페트로브나(스탄케비치)의 생애와 활동」, 『윤병석 교
  수 화갑기념 한국근대사 논총』, 지식산업사, 1990.

반병률, 「노령지역 한인 정당의 결성과 변천―한인사회당과 상해・이르꾸츠
  크파 고려공산당을 중심으로」, 『독립운동의 이념과 정당』, 독립기념관
  개관 4주년 기념 제5회 독립운동사 학술심포지엄 자료집, 1991.

권희영, 「한인사회당 연구(1918~1921)」, 『한국사학』 11, 정신문화연구원,
  1991.

劉孝鐘, 「在ソ高麗人社會の歷史と現狀―'民族自治'をめぐって」, 『在ソ朝鮮人の
  ペレストロイカ』, 凱風社, 1991.

劉孝鐘, 「2月革命と極東ロシアの朝鮮人社會」, 『ロシアと日本』 3, 1992.

신춘식, 「조직주체를 중심으로 본 조선공산당 창건과정」, 『성대사림』 8, 성대
  사학회, 1992.

권희영, 「고려공산당 연구(1921~1922)」, 『한국사학』 13, 정신문화연구원,
  1993.

반병률, 「한인사회당의 조직과 활동(1918~1920)」, 『한국학연구』 5, 인하대 한
  국학연구소, 1993.

劉孝鐘, 「チェコスロヴァキア軍團と朝鮮民族運動―極東ロシアにおける三・一
  運動の形成」, 『舊ソ連の民族問題』, ソビェト史硏究會 編, 1993.

劉孝鐘, 「シベリア戰爭とロシアの朝鮮人」, 『日露200年』, ロシア史硏究會 編,
  1993.

임경석, 『고려공산당 연구』, 성균관대학교 박사학위논문, 1993. 8.

임경석, 「1920년대 중국 동북지역의 조선인 '만주공청'그룹」, 『오송이공범교

수정년퇴임기념동양사논총』, 지식산업사, 1993.
박철하, 「1920년대 전반기 조선공산당 창립과정―꼬르뷰로 국내부를 중심으
로」, 『숭실사학』 8, 1994.
반병률, 「이동휘와 한말 민족운동」, 『한국사연구』 87, 1994.
권희영, 「자유시사변 연구」, 『한국사학』 14, 한국정신문화연구원, 1994
반병률, 「이동휘와 1910년대 해외민족운동―만주·노령 연해주 지역에서의
활동(1913~1918)」, 『한국사론』 33, 서울대 국사학과, 1995.
최규진, 『코민테른 6차 대회와 조선공산주의자들의 정치사상 연구』, 성균관
대학교 박사학위논문, 1996.
임경석, 「사회주의운동」, 『한국역사입문』 3, 풀빛, 1996.
임경석, 「일제하 사회주의운동사 연구의 성과와 과제―1980년대 중엽 이후에
발표된 연구논저를 중심으로」, 『한국사론』 26, 국사편찬위원회, 1996.
전명혁, 『1920년대 국내 사회주의운동 연구―서울파를 중심으로』, 성균관대
학교 박사학위논문, 1997.
반병률, 「이동휘와 3·1운동」, 『우송조동걸선생정년기념논총 2 한국민족운동
사연구』, 나남출판, 1997.
임경석, 「연해주 솔밭관 한족공산당에 관한 일 고찰」, 『우송조동걸선생정년
기념논총 2 한국민족운동사연구』, 1997.
임경석, 「초기 사회주의자들의 군사활동―고려혁명군을 중심으로」, 『국사관
논총』 제75집, 국사편찬위원회, 1997.
임경석, 「한말 노령의 애국계몽운동과 블라디보스톡 한인거류지」, 『성대사
림』 제12·13합집, 성대사학회, 1997.
임경석, 「공산주의운동사 연구의 의의와 과제」, 『역사와현실』 28, 한국역사연
구회, 1998.
임경석, 「서울파 공산주의 그룹의 형성」, 『역사와현실』 28, 한국역사연구회,
1998.
임경석, 「권업회 설립 전후 재노령 한인정치세력과 안창호」, 『도산사상연구』
제5집, 도산사상연구회, 1998.
박철하, 「북풍파 공산주의 그룹의 형성」, 『역사와현실』 28, 한국역사연구회,
1998.
이애숙, 「1922~1924년 국내의 민족통일전선운동」, 『역사와현실』 28, 한국역

사연구회, 1998.

강호출, 「재노령 고려공산당창립대표회준비위원회(오르그뷰로) 연구」, 『역사와현실』 28, 한국역사연구회, 1998.

이현주, 『국내 임시정부 수립운동과 사회주의세력의 형성(1919~1923)-서울파, 상해파를 중심으로』, 인하대학교 박사학위논문, 1999.

박철하, 「1920년대 전반기 중립당과 무산자동맹회에 관한 연구」, 『숭실사학』 13, 숭실대학교 사학회, 1999.

임경석, 「극동민족대회와 조선대표단」, 『역사와현실』, 제32호, 한국역사연구회, 1999.

임경석, 「3·1운동과 일제의 조선 지배정책의 변화-만세시위운동에 대한 일제의 대응방식을 중심으로」, 『일제식민통치연구 1 : 1905~1919』(한국현대사의 재인식 14), 한국정신문화연구원 편, 백산서당, 1999.

임경석, 「식민지시대 한국의 민족주의와 민족운동」, 『인문과학』 제30집, 성균관대 인문과학연구소, 2000.

박종린, 「김윤식사회장 찬반 논의와 사회주의세력의 재편」, 『역사와현실』 38, 2000.

임경석, 「잊혀진 혁명가 윤자영」, 『진보평론』 제3호, 2000년 봄.

임경석, 「3·1운동 전후 한국 민족주의의 변화」, 『역사문제연구』 제4호, 역사문제연구소, 2000.

임경석, 「이르쿠츠크파 공산주의 그룹의 기원-전로 한인공산당 중앙총회 회의록 연구」, 『한국현대사와 사회주의』, 역사비평사, 2000.

임경석, 「박헌영과 김단야」, 『역사비평』 2000년 겨울.

전명혁, 「1920년대 코민테른의 민족통일전선과 서울파 사회주의 그룹」, 『한국사학보』 11, 고려사학회, 2001.

김무용, 「한국 근현대 사회주의운동, 이상과 현실의 갈등」, 『역사문제연구』 7, 2001.

반병률, 「제2회 특별전로한족대표회의(1918년 6월)와 러시아 한인사회」, 『역사문화연구』, 한국외국어대학교 역사문화연구소, 2002.

찾아보기

【ㅅ】

【ㅋ】

칼란다라쉬빌리(Каландарашвили)
 339, 340, 396, 398, 400, 402, 410,
 425
칼미코프 81
코민테른 극동비서부 67, 299, 300,
 301, 302, 306, 307, 308, 337, 338,
 339, 340, 343, 344, 355, 360, 363,
 367, 372, 397, 399, 412, 414, 425,
 429, 439, 466, 471, 488, 490, 494,
 507, 514, 515
코민테른 동아비서부 197, 198
쿠시넨(Otto Wilhelm Kuusinen) 476
크라스노쇼코프(Александр Михайлов
 ич Краснощёков) 65, 67, 69, 73,
 75, 260, 261, 263, 266, 269, 276,
 318
클라라 체트킨 349

【ㅌ】

태용서(太用瑞) 157
태평동(太平洞) 19
『투보(鬪報)』 380
트랴피친 310, 311, 312, 317, 319,
 355
트로츠키 328, 349, 471

【ㅍ】

파라다이스 21
평화롱(彭華榮) 382

【ㅎ】

한(韓)미하일 78
한국 노동자·농민 소비에트공화국
 438, 450
한국공산당 194, 196, 199, 201, 202,
 203, 204, 205, 267, 268, 283, 294,
 295, 296, 298, 303, 354, 370, 444
한국위원회 474, 475, 476, 477, 478,
 479, 481, 484, 488, 489, 490, 491,
 492
한군명(韓君明) 286
한규선(韓奎善) 172, 224, 229, 247,
 248, 430
한명세(韓明世) 39, 137, 147, 226,
 350, 361, 364, 365, 462, 473, 474,
 475, 479, 480, 481, 492, 498, 513,
 514, 515, 516
한민회 322
한봉익(韓鳳翼) 220, 222, 229
『한살림』 144
『한성순보(漢城旬報)』 26
한세묜(Хангай Семен) 229
한여결(韓汝潔) 78
한용운(韓龍雲) 47
한용헌(韓容憲) 63, 78, 133, 286

한국 사회주의의 기원

처음 찍은 날 2003년 6월 1일
다시 찍은 날 2014년 2월 28일

지은이 임경석
펴낸이 정순구
펴낸곳 역사비평사

등록 제300—2007—139호(2007. 9. 20)
주소 110—260 서울시 종로구 가회동 173번지 3층
전화 02—741—6123~5
팩스 02—741—6125
홈페이지 www.yukbi.com
전자우편 yukbi@chol.com

책값은 표지 뒷면에 표시되어 있습니다.
잘못 만들어진 책은 구입하신 서점에서 바꾸어 드립니다.